U0484031

汉藏文化艺术交流史

刘志群 著

History of
the Han-Tibetan
Cultural and Artistic
Exchanges

图书在版编目（CIP）数据

汉藏文化艺术交流史 / 刘志群著 . -- 南京 : 江苏凤凰文艺出版社 , 2022.7

ISBN 978-7-5399-8063-8

Ⅰ . ①汉… Ⅱ . ①刘… Ⅲ . ①汉族—民族文化—文化交流—文化史—藏族 Ⅳ . ① K281.4 ② K281.1

中国版本图书馆 CIP 数据核字 (2015) 第 000055 号

汉藏文化艺术交流史

刘志群　著

出 版 人　张在健
策　　划　王宏波
责任编辑　孙　茜　傅一岑　高竹君
装帧设计　马海云
责任印制　刘　巍
出版发行　江苏凤凰文艺出版社
　　　　　南京市中央路 165 号，邮编：210009
网　　址　http://www.jswenyi.com
印　　刷　苏州市越洋印刷有限公司
开　　本　718 毫米 ×1000 毫米　1/16
印　　张　51.25
字　　数　643 千字
版　　次　2022 年 7 月第 1 版
印　　次　2022 年 7 月第 1 次印刷
书　　号　ISBN 978-7-5399-8063-8
定　　价　380.00 元

图1　坐落于布达拉宫的红山与药王山之间的三座白塔，相传为文成公主所建，布达拉宫与三座白塔是汉藏文化交流的结晶（作者　摄）

图 2　唐阎立本绘《步辇图》局部（记录了唐太宗会见松赞干布派来迎娶文成公主的使者禄东赞的场景，现藏于北京故宫博物院）

图3　唐卡《魔女仰卧图》（又称《西藏镇魔图》，现藏于西藏博物馆）

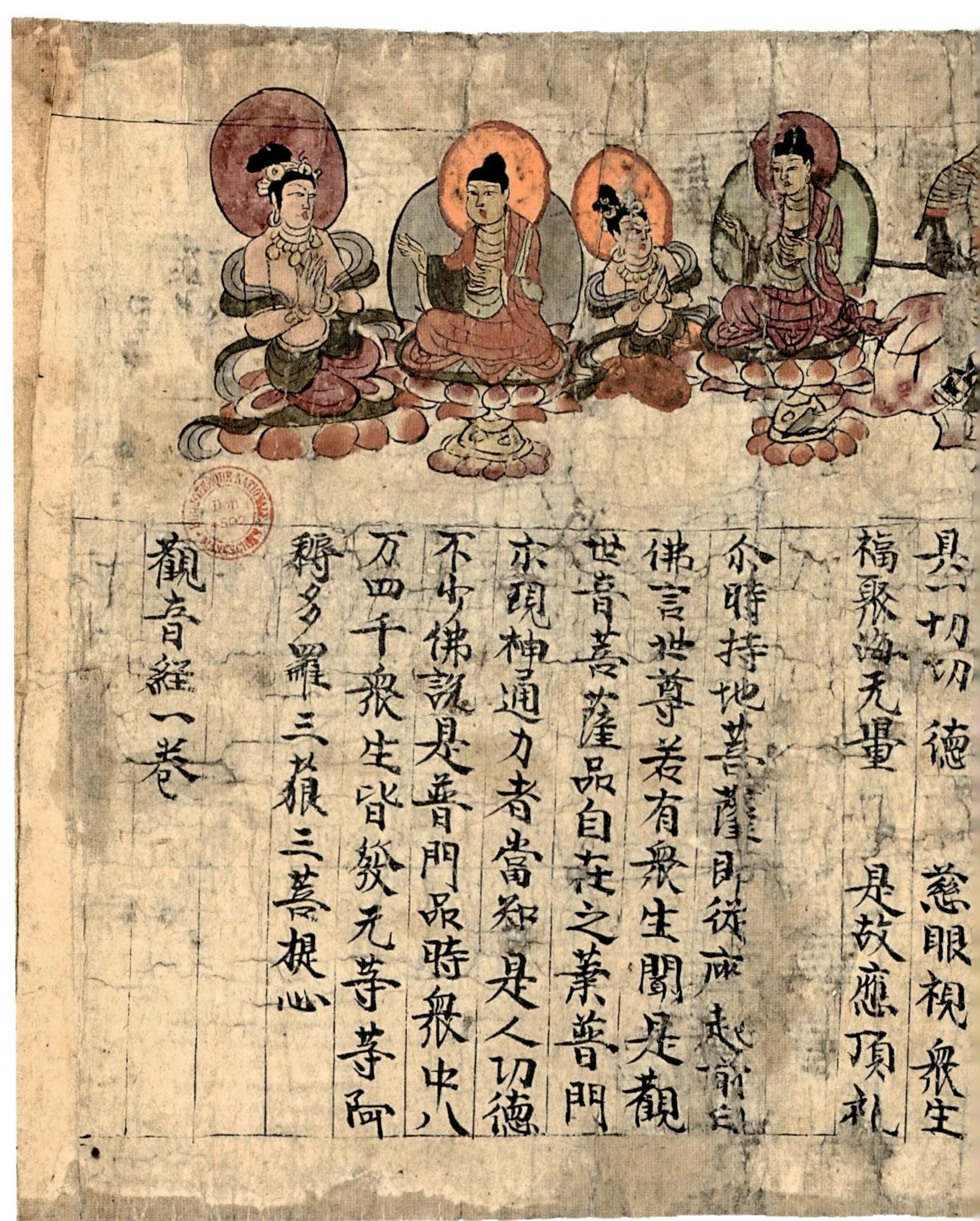

图 4　敦煌图卷《观音经变图卷》局部（现藏于法国国家图书馆）

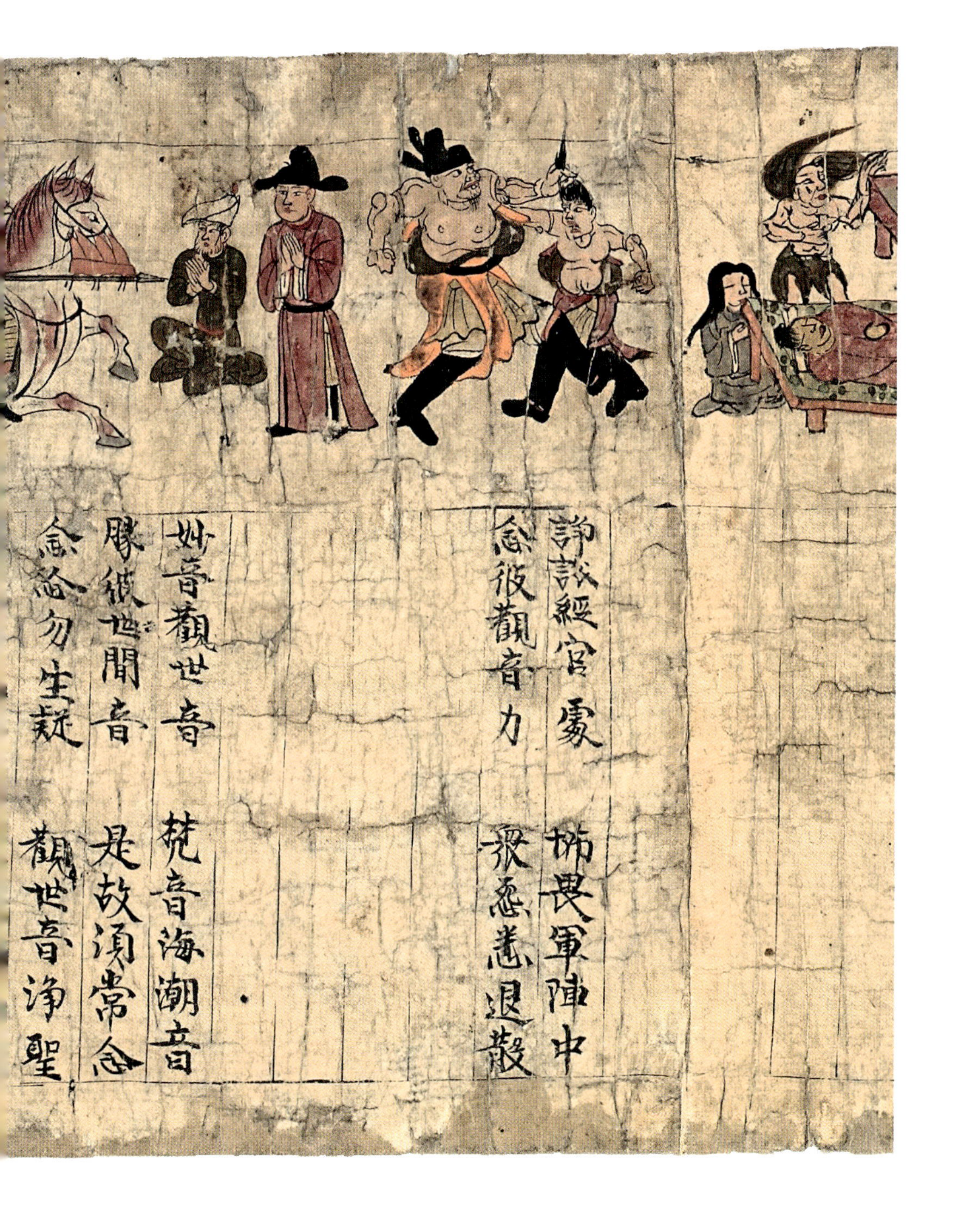

諍訟經官處　怖畏軍陣中
念彼觀音力　衆怨悉退散
妙音觀世音　梵音海潮音
勝彼世間音　是故須常念
念念勿生疑　觀世音淨聖

图 5　敦煌绢画《千手千眼观音菩萨曼陀罗》（因下部漫漶不清，画面重心在顶部的药师佛，故亦称《药师净土变》，现藏于大英博物馆）

图 6　藏传样式菩萨造像幡

图 7　唐卡《苦修僧的典范米拉日巴》

图 8　北京房山云居寺北塔

图 9　黑水城缂丝唐卡《绿度母》（现藏于俄罗斯艾尔米塔什博物馆）

图 10　黑水城唐卡《药师佛》（现藏于俄罗斯艾尔米塔什博物馆）

图 11-1　宋张胜温绘《大理国梵像卷》局部之“南无释迦牟尼佛会”（现藏于台北故宫博物院）

图 11–2　宋张胜温绘《大理国梵像卷》局部

图 12 《忽必烈册封八思巴为国师图》（现藏于加拿大不列颠哥伦比亚省大维多利亚美术馆）

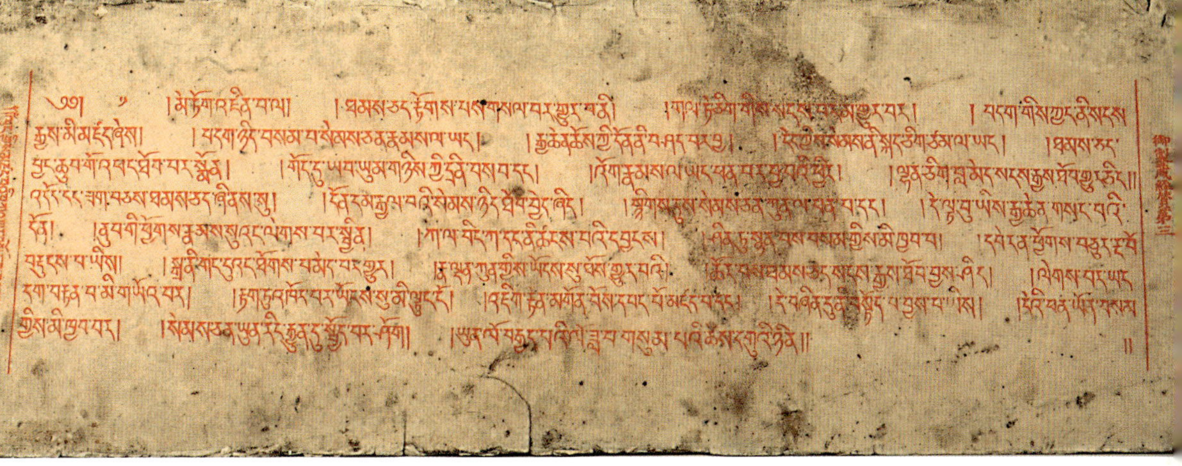

图 13　永乐版《甘珠尔》（现藏于西藏色拉寺）

图 14　八思巴文蒙古语铁质金字圣牌
（现藏于西藏扎什伦布寺）

图 15-1　西藏萨迦寺北寺

图 15-2　西藏萨迦寺南寺

图 16-1　西藏夏鲁寺

图 16-2　夏鲁寺斗拱

图 17　夏鲁寺壁画《文殊菩萨与两位侍立菩萨》

图 18　夏鲁寺壁画《汉装礼佛行列图》

图 19　夏鲁寺壁画《大日如来佛》

图 20　夏鲁寺壁画《杰·喜饶炯乃像》

图 21　夏鲁寺壁画《须摩提女请佛故事》局部《欢迎的人群》

图 22　夏鲁寺壁画《四臂观音》

图 23　杭州飞来峰元代藏式造像

图 24　北京昌平居庸关云台

图 25　居庸关过街塔浮雕（四大天王）

图 26　北京妙应寺白塔

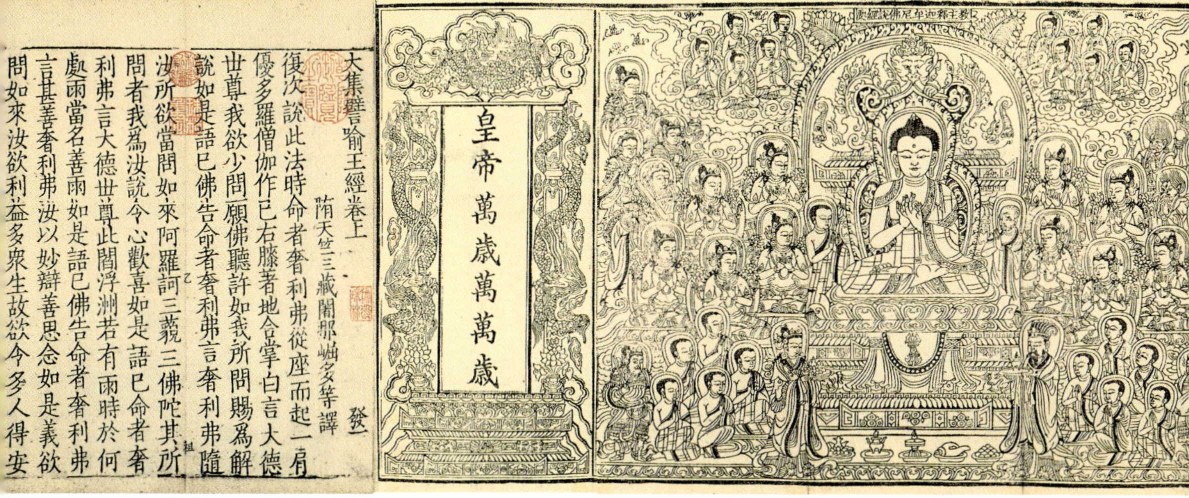

大集譬喻王經卷上　　發一

隋天竺三藏闍那崛多等譯

復次說此法時命者奢利弗從座而起一肩優多羅僧伽作已右膝著地合掌白言大德世尊我欲少問願佛聽許如我所問賜爲解說如是語已佛告命者奢利弗言奢利弗隨汝所欲當問如來阿羅訶三藐三佛陀其所問者我爲汝說令心歡喜如是語已命者奢利弗言大德世尊此閻浮洲若有雨時於何處雨當名善雨如是語已佛告命者奢利弗言甚善奢利弗汝以妙辯善思念如是義欲問如來汝欲利益多衆生故欲令多人得安

图 27　元杭州刊《普宁藏》经本《大集譬喻王经》及其扉画（现藏于台北故宫博物院）

图 28-1　敦煌莫高窟第 465 窟元代壁画局部（图片来自［法］伯希和《敦煌石窟图录》）

图 28-2　敦煌莫高窟第 465 窟元代壁画局部

图 29　明永乐铜鎏金释迦牟尼佛坐像

图 30　明宣德铜鎏金金刚手菩萨像

图 31　青海瞿昙寺

图 32　青海塔尔寺（作者　摄）

图 33　西藏色拉寺（作者　摄）

图 34-1　北京五塔寺金刚宝座塔

图 34-2　五塔寺金刚宝座塔上的浮雕佛像

图 35　五台山大白塔（位于山西省五台山台怀镇塔院寺）

图 36 《普度明太祖长卷图》局部（又名《噶玛巴为明太祖荐福图》，现藏于西藏博物馆）

图 37　西藏扎基寺

图 38　扎基拉姆

图 39-1　罗布林卡宫门

图 39-2　康松司伦（罗布林卡主建筑之一）

图 39-3 格桑颇章(罗布林卡主建筑之一)

图 39-4 措儿颇章(湖心宫,罗布林卡主建筑之一)

图 40　七佛画像唐卡之释迦牟尼像

图 41　唐卡《释迦牟尼像》（曲英多吉作）

图 42　唐卡《五世噶玛巴得银协巴》，17 世纪藏族绘画噶雪派的代表作之一，记录了五世噶玛巴得银协巴朝见明成祖的情景，从内容到形式都是汉藏艺术交融的结晶

图 43 《司徒班钦·却吉迥乃像》

图 44　唐卡《白度母》（司徒班钦·却吉迥乃作）

图 45 《四世班禅洛桑·却吉坚赞》

图 46　唐卡《萨迦班智达》

图 47　唐卡《八世达赖喇嘛强白嘉措》

图 48　“张大人花”（作者　摄）

图 49-1　传统藏戏中采用戏曲“武打”和“竹马”形式（作者　摄）

图 49-2　传统藏戏中出现汉族寿星（作者　摄）

图 49-3　传统藏戏中船夫后背装饰龙纹（作者　摄）

图 49-4　传统藏戏《文成公主》中的唐皇和公主（作者　摄）

图 50　北京西黄寺清净化城塔（六世班禅塔）

图 51　唐卡《三世章嘉若必多吉》

图 52　山西五台山菩萨顶

图 53　织锦唐卡《萨迦班智达贡噶坚赞》（下织有汉藏两种文字题款：“中华民国浙江杭州都锦生丝织厂织”）

目 录

前言

藏族古谚称："内地香茶藏地水，亲不过汉族三外甥。"自文成公主入藏后，吐蕃历代赞普多自认是唐皇的外甥，以后又有金城公主和亲吐蕃，不断加深藏汉两族之间的亲好往来。约一千二百年以前就确立了"社稷如一""和同一家"思想的"甥舅会盟碑"，今天还巍然屹立在拉萨大昭寺前。对历史上藏汉两族的亲好合作，藏汉人民一直把它作为"千古佳话"，世代书载口碑，涓涓不息，流传至今。

其实，汉藏亲缘近系，往来密切，两族文化艺术交流渐至融合从远古时期就开始，一直延续到唐、宋、元、明、清、民国，而且越来越巨大和紧密，传统真是悠久而绵长，故而著其青史留世。

英国学者威廉·哈尔斯·里弗斯(1864—1922)在其论著《美拉尼西亚社会史》中论述："各族的联系及其文化的融合，是发动各种导致人类进步的力量的主要推动力。"按文化人类学的观点，一个民族的大发展，必然要通过自身的开放，与多种文化发生碰撞、交流中吸收、融化外来优秀的东西，进行文化整合而得以实现。自古以来，西藏和内地就有着紧密的联系。远古时期西藏地区与中原地区的文化就开始了相互交流与影响。特别是自唐代始，由于统一后的吐蕃政权有力的推动和唐朝开放的民族政策的实行，以及内地先进文化的魅力所系，促使内地和西藏文化艺术交流得到加强；宋代虽然国势较弱，但与西藏的交流也从未中断，宋人编著的《册府元龟》，其中就有丰富的吐蕃史料；至元代，西藏正式纳入中国版图，直接受中央管辖，成为中华民族大家庭中不可分离的重要一员，汉藏两大民族的文化艺术交流更加频繁；至明清和民国时期,交流融合达到了圆融鼎盛的程度。

一、加强汉藏文化艺术交流研究的意义

(一)汉藏文化艺术交流在促进民族融合以及中华民族“多元一体”格局演进中的意义

藏民族之所以成为中华多元一体民族国家中的一个重要成员,就在于它与作为中华民族主体的汉族以及其他民族有着源远流长的文化交流,互相吸收、融合的历史关系。从远古时期开始,中华大地上的远古文化从多元分散发展到逐渐汇聚、辐射,交互影响不断增强,这是认识中国统一多民族国家历史的起点。到了7世纪吐蕃王朝崛起,统一西藏地方,并在近两个世纪之内维系青藏高原的区域性统一,与唐王朝建立起甥舅关系,促进了汉藏文化的进一步交流,由此凸显出缔造中国统一的多民族国家的历史作用。到了13世纪中叶即元代,西藏成为中央政权管辖治理下一个地方,汉藏两个民族文化艺术的相互交流、相互融合达到空前的程度。到了明清时期,汉藏文化艺术交流融合达到了繁荣、圆融和鼎盛程度,如“西藏艺术中所具有的内地艺术色彩和内地艺术中表现出的西藏艺术因素,表明清代汉藏民族在政治、经济上的联系全面加强后,彼此文化上的认同感也得到更进一步的增强。藏族人民喜爱龙凤牡丹,汉族人民喜爱吉祥八宝,正是这种文化认同感的具体表征”[1]。直至民国时期,交流融合也没有停止,特别是藏传佛教与汉传佛教之间不断交流,使内地与西藏地方之间的文化不断产生碰撞和冲击,并互相选择、吸收、消化而重构、发展,互相接近、投缘、融汇而和合。

[1] 吴明娣:《汉藏工艺美术交流史》,北京:中国藏学出版社,2007年,第244页。

任何有悠久传统的文化都不可能是一种单一性质的文化，必然具有“跨文化性”，承认并积极地利用这种“跨文化性”有益于增加民族文化的丰富性，提升民族文化的创造力。反之，只会导向狭隘的民族主义和宗教激进主义等邪道，将民族文化引进死胡同。不同文化之间的相互交流应成为它们之间和谐共处、共同繁荣的基础。维持民族团结和融合最可靠的手段是在不同的民族之间建立起文化上的认同感和情感上的亲和关系。而揭示各民族文化间的共性并说明它们的历史渊源，显然有利于这种认同感和亲和关系的建立。[1]因此，千百年来汉藏文化艺术相互流传、相互影响，起到维系汉藏民族情感纽带的作用，使汉、藏及满、蒙古、维吾尔等民族“共尊中国”有了共同的物质基础和情感基础。若漠视这一点，将导致对汉藏文化艺术交流认识的片面与不足，也不利于深刻揭示汉藏民族文化艺术的内在联系。正是由于汉藏文化艺术交流对丰富和发展中华文化做出了不可磨灭的贡献，并且对汉藏民族的物质生活和精神生活均产生了显著影响，才使得中华文化能够成为汉、藏等各族人民共同的财富和精神家园。

从汉藏文化艺术交流和融合的历史看，从远古时期汉藏两个民族的亲缘关系以及文化上的联系，唐蕃和亲遂“社稷如一”“和同一家”，藏王松赞干布派大臣禄东赞到唐朝上书认为吐蕃是“圣天子平定四方，日月所照之国”，到宋、元、明、清和民国时期的文化艺术交流和融合的史实资料，都权威地证明了一个事实：西藏地方不仅自元代开始就成为中国中央政权管辖治理下一个地方，而且自古以来就是中国的一个不可分割的部分。这种文化艺术交流成为藏族归入中华民族大家庭最为重要的动因；这种源远流长的文化艺术交流融汇和合的历史事实，成为汉藏民族共同缔造伟大祖国的有力证据，也在促进汉藏民族融合的历史进程以及中华民族多元一体格局演进中起到了不可低估的重要作用，影响深远。

---

[1] 参见沈卫荣：《汉藏交融与民族认同》，《读书》2010年第1期。

（二）藏族文化在中华民族文化中的重要地位显示了加强汉藏文化艺术交流研究在今天现实发展中的不可低估之意义

藏戏是藏文化艺术典型的集中代表，以藏戏演出观摩为中心活动的雪顿节，是由宗教活动演变而成为藏区僧俗同乐的全民戏剧节、狂欢节。每年夏秋时节，西藏拉萨雪顿节来临，众多藏戏演出团体纷纷登台表演各自最优秀、最擅长的剧目。与此同时，青藏高原各地的藏戏包括各种歌舞团和民间艺术团体纷纷展开演出活动，人们身背糌粑口袋、青稞酒壶和汉阳锅，或骑马或步行，翻山越岭，长途跋涉，倾城倾村出动，万人空巷，争相观摩，演出日以继夜，观众如醉如痴。人们还点起篝火，以雪山森林为天然布景，自己表演自娱性藏戏和其他歌舞艺术。在此期间，整个青藏高原是一片歌舞戏剧的海洋，全民都沉浸在欢乐之中。

整个雪顿节期间演出藏戏，成了藏民族一年一度享受生活、放牧诗意、体验生命创造乐趣的精神家园。正是藏戏这种至今仍然鲜活地存在着的民间文化，连同它深层底蕴里包含着的宗教层面与世俗层面相融为一体之文明和文化内涵，奏响了作为生存于人类极限之地的藏民族，在开拓人类生存、发展维度上的辉煌乐章。正是这种神奇、独异、悠久、灿烂的在宗教信仰型社会中生成的传统藏文化艺术，以其独到创造，特别是自成体系的生命意识、情感形态、价值观念和思维方式，为人类文化和文明的发展做出了自己卓越的贡献。藏文化不仅具有浓厚的本土色彩，而且与中华文明也有着从政治主权到经济文化的密切关系，仅从文化上看，从器物工具、典章制度、典籍经卷，到宗教和世俗艺术，以及记述历史的传统，两者都有着源远流长的相互交流吸收的历史。

伟大的藏文化艺术，作为一条又粗又大之文化脉系，同以汉族为首的其他众多民族文化一起，构成了能体现出东方智慧又令世界瞩目的中华民族多元一体的伟大文明和文化根系。正是藏族文化在中国五十六个民族文化中占有的仅次于作为中华民族主体的汉族文化的重要地位，显示出加强汉藏文化艺术交流研究在今天文化大发展、大繁荣的现实面前不可低估的意义。站在时代前沿,作为中华民族大家庭里一个重要成员的藏民族及其文化,如何与中华文明主流的汉文化互补共进?如何进一步融入当代正处于改革开放、革故鼎新、全面重构和创造的中华民族多元一体文明和文化体系中去?如何在与现代中华文明和现代人类文明发展接轨的过程中,与多种外来文化互相碰撞、淘洗、汲取和交融,进行现代化的文化整合,促其按照既符合民族文化优秀传统,又符合人类文明发展走向而变革、传承、发展和创新?凡此种种,值得我们对其做更深层的追溯、研究和探讨。

(三)汉藏两种显然不同的文化艺术类型在交流中显示出互补共进的巨大意义

汉藏文化交流源远流长,唐代时,阴阳五行、《易经》,包括伏羲、文王、周公、孔子四大圣人的某些思想,就已传入西藏。《土观宗教源流》中专门讲述了汉地儒家、道家和佛教的源流。敦煌古藏文文献中也有以《尚书》《战国策》《史记》等为底本的片段小故事等。吐蕃时期的编年史和赞普传略,明显受到汉族古代史书著述的重大影响,也促使后来藏族史、传、志文学格外发达。然而,由于地理的、历史的种种缘故,两者就其文化类型来说,还是有着明显的根本性的不同。从总体看,汉文化是世俗伦理性文化,从发轫时期的孔子起,主要注目于现实人生,其思考是入世的,最终被完善为忠君报国、修身齐家治国平天下的儒家思想和伦理道德,一直作为影响着汉族行为方式的主流。而西藏文化则是保留了大量原始古老思维的,宗教性十分强烈并更多关注出世的文化。再就个案比较而言,仅以绘画艺术论,尽管在基本表现法则上有许多属于同一文化体系内相通之处,如同属于线条艺术,散点透视关系,介于完全具象与完全抽象之间,都不属于严格的写实主义,等等;但因两者的文化传统差别很大,其艺术风格也迥然有别。

1. 从文化底蕴看

汉族文化艺术体现的是儒家“天人合一”的思想，把人作为文化的主体和对象，于是人和自然的和谐、人和人的和谐及其伦理道德的社会价值体系，便成为其文化的核心和灵魂。其祭祀文化就更具有人间性的、现实性的浪漫主义、现实主义和表现主义的性格和色彩。而藏族文化艺术体现的是，以苯教入世思想为根底的在对自然的抗争和依赖中形成的文化机制，以及以佛教出世思想为根底的在对人生的超脱和扭曲中形成的文化机制，二者相互契合发展成一种融宗教与世俗为一体的特殊的文化底蕴。其祭祀文化就呈现出更为浓厚的象征主义、神秘主义和完全脱离现实却与世俗人情相通的幻想主义意味。

2. 从宗教文化看

汉族佛教文化自魏晋时期传入，到宋元以后逐渐被东方化，其结果是东方禅机悟性得以保留，宗教性却大幅度减弱，故而其祭祀文化更多地朝民间习性上靠，朝着自然回归和老庄禅学的方向超脱，朝着人格理想升华，它更多体现的是人格和个体的精神。藏地却因佛教文化的传入，使宗教得以超大规模地发展，祭祀活动虽然与民间世俗生活愈益融合，但它是朝宗教的境界升华，回归一种带有集体主义性质的精神大家庭，其艺术体现的是宗教的整体精神。西藏的祭祀文化基本上属于理性的艺术，但又有非理性的成分，却因能回归到古老民族的精神怀抱而显得温煦和踏实。正因如此，西藏宗教美术虽然初看时有许多恐怖、神秘乃至沉重的形象，但仔细体味却不乏敦厚、朴实与乐观等品质，难怪藏民族性格中有一种独有的幽默和轻松。

3. 从线条和色彩看

汉地的线条重在抒发性灵乃至体现人格和个性，讲究寄寓绘画者的情操、修养等；而藏地的线条更注重客观的和固定模式化的意境，无须加进绘画者的体验，故而更多地采用铁线描。色彩上的差别更大，汉地艺术特别是文人画主张以墨代色，水墨写意，色彩用得更少，淡墨挥洒，以白当黑，追求苍凉、淡雅和自然的神韵；而藏地绘画的色彩，强烈厚重，繁复富丽，五彩斑斓，而且强调对比，喜欢用浓重的色彩，描金涂银，突出神佛的象征意蕴，确实能收到金碧辉煌、圆满祥瑞、佛光普照、神威显耀、满壁（或幅或殿）生辉的艺术效果，突出其民族独有的特色。

宗教信仰型社会中生成的藏文化艺术，极度缺乏入世的积极进取精神；而世俗信仰型社会中生成的汉文化艺术，极度缺乏出世的终极关怀精神。二者的交流融合，可以大大促进两个民族文化艺术的发展，以至影响到政治、经济和社会的互补共进。因此，鼓励更多关于加强汉藏文化艺术交流的研究，对于仅次于汉族文化脉系的藏文化在与汉文化的交流中，构建能体现东方智慧而令世界瞩目的中华民族多元一体的伟大文明和文化根系，有着更深刻的探索意义。

（四）加强汉藏文化艺术交流，对于维护祖国统一和民族团结，建设和谐社会，具有不可低估的现实意义和深远的历史意义

关于汉藏文化艺术交流史的研究，国内外尚无专著，目前只见关于个别艺术门类的如《汉藏工艺美术交流史》，一般文化联系的如《古代汉藏文化联系》，个别朝代艺术交流的如《元代汉藏艺术交流》等。全面系统地深入展开汉藏文化艺术交流史的研究，国内外涉足者甚少，重点难点颇多。第一，该研究是处女地上的开拓和创新，也是边疆少数民族和西部地区艺术基础与综合理论研究的开拓和创新。第二，这是格外急迫的一个课题，因为在国外分裂主义势力污蔑所谓西藏文化毁灭的特殊背景下，提供相关研究成果，对推动中华文明传承和理论创新，为党和政府的科学决策服务，为社会主义物质文明、政治文明、精神文明和生态文明建设服务，全面繁荣和发展艺术科学都具有重要的理论意义和价值。第三，该研究可以在学术上填补此领域的空白。因此，选择这一课题，对于维护祖国统一和民族团结，粉碎分裂势力的图谋，建设和谐社会，具有不可低估的现实意义和深远的历史意义。

二、汉藏文化艺术交流融合的必然性

（一）从汉藏文化艺术的同质性看其交流融合的必然性

从“西藏民族是黄帝子孙之后裔说”，到“汉藏两族同宗同祖的传说”，到“汉藏两族语言的同源性”，到“汉藏两族在血缘上和文化上的深刻、广泛、紧密的联系”，到“考古出土遗物所反映出的汉藏两族文化联系的大量踪迹”，到“体质人类学种种测验数据上反映出的汉藏两族近缘关系”，等等，都说明汉藏两族文化艺术有着深刻的亲缘关系，这种亲缘关系反映了同为中国人“打断骨头还连着筋”这一本质属性的同质性，也决定了两者交流融合的必然性。

再从“青藏高原与内地是同一地理单元”，到“西藏地理环境在其东部、东北部相对开放的特点，促使西藏远古时期的石器文化与东部、东北部文化之间的联系”，到“中外学者对汉藏关系研究印证藏族文明与我国西部戎氏羌文明的紧密关系”，到“西藏的远古文明在大单元上属于东亚文化体系”，到“唐代开始吐蕃东向内倾发展”，到“元代开始归入祖国版图”而造成交流融合的规模更趋广大、深入和繁盛，等等，自远古时期到中国历史的各个时期，汉藏两个民族生活在这一完整统一的自然和社会、政治和经济文明共同体内，这种全方位的整体文明环境的同质性，自然而然地造就了两者文化艺术交流融合的必然性。

（二）从藏传佛教形成缘起、发展环境和教义内容看其交流融合的必然性

我国藏文化由于历史的、地理的和其他各个方面的原因，形成了以藏传佛教文化为主导的文化，这里涉及藏传佛教与中国传统文化的关系问题。藏传佛教是指在中国藏民族聚居地区形成，在藏、蒙古、土、裕固等民族普遍传播和信仰的具有明显民族性、区域性特点的宗教文化。它在中国传统文化直接影响和滋养下形成和发展，是中国传统文化的延伸和重要组成部分，这也

造就了历史上汉藏文化艺术交流融合的必然性。

1. 从藏传佛教形成缘起看

在前弘期，佛教从天竺和唐朝两路同时传来；而后弘期，无论是上路弘传，还是下路弘传，都与内地佛教的影响有关。因为从文化性质来说，印度佛教传入，是不同文化的引进，要经过一个与当地固有文化长时间碰撞、吸收、改造、消化的过程；而汉地佛教传入藏地，则是佛教传入汉地后，经过磨合、消化和扬弃，变成中国传统文化的一部分，再向边远地区延伸和推广。前者是异质文化的吸纳，后者是同质文化的交融。

2. 从藏传佛教发展的环境看

从藏传佛教发展的历史看，固然不能排除印度等国家、地区及民族的文化输入，也不能排除地方高僧大德的个人作用，但这种影响与中国内地传统文化、中央政府对藏传佛教的形成、发展所起到的强大作用比较，其程度是无法比拟的。在藏传佛教的形成与发展过程中，没有一个地区和民族能给它提供像中国内地那样的经济、政治、文化环境，因此从一定意义上说，藏传佛教是在中国传统文化的哺育和历代中央政府的呵护支持下形成和发展起来的，与中国传统文化有着内在本质的联系。

3. 从藏传佛教教义内容看

从密宗中的道教内容、密宗经典翻译中的儒家文化影响都可看出，密宗不论是传入中国前(印度密宗吸收了中国道教的元素)还是传入中国后，都与中国传统文化有着千丝万缕的联系。从唐代内地禅宗在吐蕃的广泛传播；摩诃衍在“僧诤”失败回内地以后，禅宗在吐蕃仍然有所传播和发展，以至于后来形成藏族禅宗系统；禅宗的思想被宁玛派和噶举派如“大手印”等吸收，米拉日巴的苦修[1]中就有禅定苦修的含义；到唐代末期敦煌地区藏传佛教与汉传佛教

[1] 见书前彩插图7。

的融合；再到藏传佛教与汉传佛教在元、明、清和民国时期都不断相互交流和影响……可见，藏传佛教与汉传佛教乃至中国传统文化的关系，是中国传统文化整体与部分、源与流的关系。两种文化内在的密切的关联，也是藏族、蒙古族等信仰藏传佛教的民族与整个中华民族大家庭历史联系的见证与结果。[1]

（三）从中华文化主体凝聚力和边缘向心力看其交流融合的必然性

中华文化是一个庞大的多元形态复合体。一方面，在其地域空间范围内，始终存在着不同历史背景、发展特点和结构特征的地方文化、边疆文化、民族文化。尤其是各少数民族文化和汉民族文化的差异性发展始终存在。但是，在中华文化这样一种多民族文化长期共存的格局中，一直存在着一个起主导作用的核心民族文化，即汉民族文化。这个主体核心文化在中华文化的最初发展阶段便初具雏形，以后在中华诸多民族文化中一直处于比较高的发展水平，有着超越其他少数民族文化的影响力，可以在吸纳其他民族文化的过程中产生一种中心文化或核心文化的凝聚力或吸引力，形成一种稳定的多元文化结构体系，保持文化传统的脉络长期延续相传。另一方面，在中华文化史上，汉民族主体文化的存在，并未导致其他区域民族文化个性特征的消失。这些边疆少数民族文化在与汉民族文化发生日益广泛的紧密联系的同时，还在不同程度上保存了自己的文化个性。汉民族文化与周围区域民族文化的长期共存，以及文化多样性的长期存在，使得中华文化内部保存了某种源于多样性的活力和互补性，从而使中华文化内部各民族可以在相互刺激和影响中产生新的发展契机。作为中华文化主体或核心的汉文化，从来不是一个封闭单一的文化体系，而是一个融汇其他少数民族文化机制的开放文化体系。汉民族文化以强大的文化凝聚力形成一个稳定的中华多民族文化体系中的核心，维系着这个多元文化体系持续发展。而少数民族文化无论其文化发展

[1] 李清凌：《藏传佛教与中国传统文化的关系》，《中国藏学》2001年第3期。

水平如何,都不同程度地表现出对汉文化的向心力,把汉文化作为仿效学习的典范。虽然藏族也受到西亚、南亚文化的影响,但这些外来文化影响的较之内地汉文化的影响而言始终是次要的。历史上,从唐代开始,西藏地区就把对中原汉文化的学习模仿作为发展自己文化的重要途径。朝贡贸易体制和由此建立起来的中央帝国与四周藩属国的臣属体制,进一步形成了中华文化这种主体凝聚力和边缘向心力。汉藏两种文化的联系接触必然引起相互的影响和渗透,因此两种文化的交流融汇也是必然的。

三、汉藏文化艺术交流融合的形式和特点

(一)汉藏两种文化艺术直接双向交流的形式和特点

汉藏两族彼此之间的广泛了解、来往和文化上的直接交流、沟通,最早始于唐代。元代,两族之间的交往达到高潮,呈现出自身的特点。其一,这种交往是深入的、实质性的。例如《至元法宝勘同总录》这一巨大文化工程的实施,是汉藏佛学界密切配合,共同研究、校勘、汇集汉藏佛教经、律、论的一次盛举,它为汉藏两地佛教优势互补、内容贯通奠定了坚实的基础,为两地佛教的深入交往、密切合作开辟了道路。其二,是双向的、互利互惠的。汉地佛教与藏传佛教在元代以前的交流基本上是单向的,从元代起,两者之间开始双向交流。这种双向的互利互惠的交流极大地丰富了两地佛教的内涵,促进了佛教文化的繁荣。其三,是多样一体的。元代汉藏佛教之间的交流,从一个方面说明了元代是民族大团结、文化大融合的时代,呈现了各民族文化的特色,是多样的;但它又是在元代大一统的格局中进行的,是中华民族文化绚丽多彩的表现,是多元一体的。[1]

[1] 参见孙悟湖:《元代汉地佛教与藏传佛教之交流略述》,《西藏研究》2002 年第 4 期。

其实，自唐代以来，汉藏文化艺术交流已经开始双向进行，当内地工艺美术传入西藏和其他藏区，对藏族人民的物质、文化生活产生重要影响的同时，藏族金银器、氆氇等工艺品也不断传入内地，增进了藏汉文化的交流、融合，为内地工艺美术注入了新的活力，使其艺术面貌更加丰富。宋、元、明、清各个朝代的宗教文化艺术也都是双向交流的，到民国时期规模更大。汉藏文化艺术在双向交流的过程中，相互受影响的程度在客观上又是不平衡的。“内地丝绸、瓷器是西藏及其他藏区无法生产的稀缺物品，输入藏区后成为上层社会的生活必需品，既具有实用价值，又有很高的艺术价值，因此其影响显而易见。而西藏及其他藏区输入内地的金银器、氆氇等工艺品并非内地没有能力生产的稀缺物品，它们大量通过朝贡传入宫廷，其政治上的象征意义大于实用价值，它在宫廷和上层社会生活中仅仅是起到了有益的补充和使物质生活更加丰富的作用。”因此，“内地所受到的藏族工艺美术的影响在唐宋时期的金银器、丝绸等工艺品上得到了一定的反映，然而相对于内地工艺美术对藏族物质生活和精神生活所产生的全面而深刻的影响而言，这种影响是十分有限的。这与西藏及其他藏区和内地政治、经济、宗教、文化等方面的巨大差异有直接关系”。[1]

（二）汉藏两种文化艺术通过入驻中原王朝的中介和桥梁进行交流的形式和特点

远在新石器时代，藏北高原与中国北方草原地带不仅在基本文化面貌上大体一致，而且二者已存在文化内涵上的深刻联系。在吐蕃时代，吐蕃王朝的扩张也主要呈现一种由东北方向沿青海、甘肃、宁夏而及于新疆、陕西，向中国北方草原地区延伸的势头。这种扩张势头，使吐蕃在文化和种族上都大量地吸收和融合了北方游牧民族的成分。由于历史上藏民族与北方游牧民

[1] 吴明娣：《汉藏工艺美术交流史》，北京：中国藏学出版社，2007年，第252页。

族的长期交往与联系，导致藏族和蒙古族种族与文化上存在明显亲缘关系，这决定了两个民族在宗教上存在着明显的融通性。从宏观格局看，中国地域大体可以划分为三个大的文明区：以黄河、长江两大流域为中心的汉族文明区；以北方草原地带为中心的北方游牧文明区；以青藏高原为中心的西藏文明区。西藏文明作为一种很独特的高原文明，它与中原以农耕为特色的汉族文明之间的确存在着一定的距离和差异；相反，西藏文明与北方游牧文明则有着较大的融通性；而同时，由于历史上中原汉族文明与北方游牧文明之间的长期交融与碰撞，使得汉族文明对北方游牧文明具有了很大的兼容性。这就是汉藏文化的交流主要通过藏族和蒙古族两个民族文化的交流来实现的原因。

宗教文化交流促进了西藏与中原的政治联系。青藏高原地势高亢，干旱寒冷，自然灾害频繁。藏族竭其智能不足以争，于是将所祈求之愿望与要求，寄托于宗教神幻世界，以求于鬼神。蒙古族自古以来生活在我国北方高寒干旱的草原上，游牧经济必然造成对自然环境的依赖性。这种生态环境和青藏高原极为相似，因此当藏传佛教传播到蒙古时，被蒙古社会广泛接受。藏传佛教在我国青藏高原、内蒙古高原、滇西北高原的半月形的传播，对元代及其以后西藏和中央政权的政治联系产生了极为深刻的影响。历代中央王朝在治理西藏的过程中，都采取了尊崇藏传佛教的政策。因此，在西藏归入全国统一的过程中，特别是元、清两代中央政权对西藏的统治，都是借助蒙古来实现的。尤其是元代，是通过蒙古入驻中央这个中介和桥梁实现的。然而，蒙古对西藏的统治之所以能起到联结西藏与中原政治关系的纽带作用，并不单单是由于其拥有强大的军事实力，而是存在着一种内在的、更本质的原因，这就是蒙古在征服和统治西藏的过程中，蒙藏两个民族之间发生了宗教与文化上的深刻联系。清代满族入主中央王朝后，西藏地方藏传佛教格鲁派势力是借助蒙古和硕特部固始汗的力量统一西藏，再由清中央王朝加以扶持封授而实现的。由于努尔哈赤开始重视内蒙古科尔沁草原并请来了西藏萨迦派大喇嘛，在沈阳建立实胜寺，接着又派人与西藏各种教派联系，才有后来五世达赖朝觐顺治皇帝的盛事。可以说,藏族和蒙古族两个民族的文化交流和共同的宗教信仰是其政治联系的一个重要原因。实际上,藏传佛教文化圈这两次以蒙古为对象的大规模扩展,都标志着西藏文明重心向东倾斜,这种倾斜使西藏最终通过蒙古和清朝这一中介和桥梁而归属于中原政体之中,从而使其文化艺术交流融合的规模达到繁荣和鼎盛。

(三)汉藏杂居地区文化交流的形式和特点

由于历史和地理的原因,我国藏区与邻近的内地若干地方形成了汉藏杂居的现象,如四川的阿坝和甘孜、甘肃的甘南、青海的河湟等地区。如青海的河湟地区,在吐蕃王朝和唃厮啰政权统治河湟时期,一度出现过部分汉族被“藏化”的现象;但从民族发展史考察,各兄弟民族融入汉族始终是中华民族融合的主流。由于汉族绝对的人数优势和特有的扩展性,河湟藏族处于浓郁的汉文化氛围中,原来的游牧经济迅速向农业经济转变,二者的语言、生活习俗等也通过密切的交流互相吸收,或不断趋同。同时,蒙古族、土族、回族、撒拉族等,或融合他族而成,或于不同时期迁入,成为河湟地区的重要民族成分,从而形成后来河湟地区以汉族为主、藏族为多数、多民族并存杂居的格局。河湟地区地处多种文化交汇地带,这种独特的地理位置使各民族形成了内在的统一性,这既是各民族差异发展的自然基础,又是各民族互相联系的自然纽带。各族人民在这一地理环境中形成不可分割的民族互动关系,其中,友好交流、和睦共处始终是民族关系发展的主流,各个民族之间特别是汉藏民族之间的文化艺术交流十分频繁,且颇有成效。

(四)汉藏两地通过王朝宫廷的推崇而产生的文化艺术交流的形式和特点

汉藏两地文化艺术交流得力于王朝宫廷的推崇而扩展。如元、明、清三朝帝王大多对藏传佛教尊崇有加,甚至有些帝王不论其是否完全出于政治目的,客观上对藏传佛教的虔诚敬信达到了痴迷的程度,如元世祖忽必烈、明武宗朱厚照、清高宗弘历等，这也会对藏传佛教艺术影响力的扩大起到推波助澜的作用。一部分宫廷实用工艺品及陈设品也借鉴吸收了藏传佛教艺术，呈现出汉藏艺术相融合的特征，广泛服务于宫廷生活，使宫廷工艺烙上了浓厚的藏传佛教艺术色彩。因此，藏传佛教艺术对元、明、清三朝内地工艺美术的影响，在宫廷工艺方面表现得最为突出。首先，宫廷为满足藏传佛教寺院及各教派领袖等上层人物的需要，大量制作具有藏传佛教艺术特点的工艺品用于赏赐，宫廷生产的这些藏传佛教工艺品除供赏赐之需，也供设于宫廷佛堂及其他皇家寺院。藏传佛教艺术对内地工艺美术的影响不仅限于宫廷，也扩散到五台山、北京、沈阳、承德等内地藏传佛教传播的中心地区，以及为宫廷加工藏传佛教工艺品的产地，如元、明、清时期的官窑所在地景德镇及丝织品生产中心四川、江浙、广东等地。由于内地各个时期政治、宗教中心及工艺美术主要产地的变化，藏传佛教艺术影响的地域范围和程度有所不同，但在这些地区的工艺品上可以发现受到藏传佛教艺术影响的蛛丝马迹。

由于元、明、清各朝政权高度集中，帝王具有绝对的权威和巨大的影响力，其个人趣味在很大程度上会因上行下效的作用而扩散到民间，各地民间工艺由于效仿宫廷工艺也间接地受到了藏传佛教艺术的影响。与此同时，藏传佛教艺术品也通过民间贸易的渠道传入内地，从唐朝的唐蕃互市到宋、元、明、清的茶马贸易，以及与使臣、僧侣往来相伴随的民间贸易，也在客观上促进了藏传佛教艺术在内地民间的流传，并产生了一定的影响。[1]

（五）汉藏两地通过经济交往和物品交换而产生的文化交流的形式和特点

汉藏两地之间的经济交往和物品交换频繁，如茶马互市和各种规模的经济贸易。通过诸多渠道，内地的茶叶、金银、彩币、绸缎、绮衣、水果、炉具、纸张、灯笼、瓷器、农具等源源不断地流入藏区，促进了藏区农耕、纺织、印刷等

[1] 参见吴明娣：《汉藏工艺美术交流史》，北京：中国藏学出版社，2007年，第253页。

技术的发展；藏区的氆氇、良马、牦牛、麝香、羊毛、青稞、藏香、佛教经典、铜佛、唐卡等源源不断地输入内地，促进了内地的毛纺、工艺、饲养业的发展。这些经济贸易和商品交换，其本身就是一种不同文化之间的交流，也同时推动了文化艺术品的交流，络绎不绝的使团商人也就成了不同文化的使者。其形式和特点，就是在西藏与内地的交界州县设立茶马互市口岸，这种茶马互市口岸从唐朝开始，规模越来越大。为了适应经济、文化交流的需要，中央政府专门采取了各种促进汉藏文化艺术交流的措施，如明代设置"西番馆"，专管藏区来往的公文信函翻译保存等；明朝在北京开办藏经厂，专门刻印藏传佛教经典书籍；永乐年间，内地刻印的藏文大藏经《甘珠尔》首次在西藏全本刻版印刷；万历年间刻印的《丹珠尔》被朝廷分别赐给藏区宗教领袖和主要寺院；清代宫廷更有"造办处"，大量塑制藏传佛教造像、佛经和各种用于祭祀、赏赐的工艺品。

四、本著的研究基础、历史分期及著作体例

（一）本著的研究基础

以往对于汉藏文化艺术交流的研究多集中在宗教、文学、哲学等领域，全面、系统和深入的汉藏文化艺术交流的研究未能得到应有的重视，特别是大文化范围内的交流方面的研究，包括制度文化、天文历算文化、医学文化、茶马贸易及其文化、器物文化、风俗文化、建筑文化、绘画雕塑、工艺美术、语言文字等，这方面虽然有吴健礼先生的《古代汉藏文化联系》，但只是论及大的世俗文化和宗教文化范围的联系，至于交流和融合方面则涉及得很少，而且缺少世俗艺术特别是宗教艺术方面的详细内容。仅就宗教文化艺术交流方面的研究来说，虽然已有国内外一些学者的成果，如国内有熊文彬先生的《元代藏汉艺术交流》，但只限于一个朝代的宗教艺术，其他朝代和其他世俗艺术

方面的内容就没有涉及。在国外,西方学者从事藏学研究比较早,很多藏学家的研究范围早已扩展到艺术领域,并出现了专门从事西藏艺术研究的艺术史家,有关西藏艺术的研究成果相对而言也蔚为壮观。因为汉藏文化艺术交流是西藏艺术研究史家必然触及的问题,他们自然会对这一重要领域产生比较大的热情。然而,“从西藏艺术研究的历史看来,很大一部分研究西藏艺术史的西方学者,从根本上将西藏艺术作为印度、尼泊尔艺术的附庸或者是东印度波罗艺术的一种变体,有意无意地忽略西藏艺术与中原艺术内在的联系”。[1]“但在从事西藏艺术史的西方研究者中,也存在着能够客观公正地解析西藏艺术所受历史影响的学者。如法国学者海瑟·噶尔美女士就专门以汉藏艺术交流为着力点撰就了《早期汉藏艺术》一书,她在著作中强调,汉藏艺术上的交流,丰富和发展了藏族艺术,这一点十分可贵。只是噶尔美女士所研究的对象主要是佛经插图和金铜造像,兼及寺院壁画,而未涉及工艺美术。另有一些西方学者对研究西藏或内地工艺美术怀有浓厚兴趣,却并不注意研究汉藏工艺美术之间的关系问题。”[2]

因此,综合国内外研究情况,从整体上看依然缺乏对于汉藏文化艺术交流的比较全面、系统的观照,现有研究多偏重于对宗教艺术如绘画、雕刻、建筑的考察,很少涉及工艺美术和大文化的种种方面,以及世俗艺术和宗教艺术的种种方面。有些学者即便涉猎了工艺美术,也主要局限于刺绣、缂丝、木雕、牙雕等与绘画、雕刻联系比较直接的工艺美术门类。有幸的是,吴明娣博士著有《汉藏工艺美术交流史》一书,该书详尽地将汉藏民族之间的丝绸、瓷器、金银器、玉石器、漆木器、氆氇等工艺品的相互交流影响阐述得清清楚楚:“工艺美术在汉藏民族之间的文化交流中担当着重要角色,丝绸、瓷器、金银器、玉石器、漆木器、氆氇等工艺品千百年来不仅在汉藏民族的物质、文化生

[1] 谢继胜:《西夏藏传佛画》,石家庄:河北人民出版社,2001年,第4页。

[2] 吴明娣:《汉藏工艺美术交流史》,北京:中国藏学出版社,2007年,第4页。

活中发挥着重要作用，而且还成为官方及民间交往中的常备礼品和贸易中的重要商品。这些工艺美术品是物质文明和精神文明的共同载体，在流通中不仅满足了人们的物质生活所需，而且增进了文化艺术交流，汉藏民族艺术在各自保持民族特色的同时，相互吸收，相互借鉴，使汉藏工艺美术出现相互融合的特征。汉藏工艺美术交流既见于汉、藏文献记载，又有不少实物留存于世，成为汉藏民族交往、文化融合的重要物证。”[1]因此，十分感谢吴明娣博士提供了大量观点和资料，笔者将其纳入本著的研究之中，十分有利于汉藏文化艺术交流研究的深入。

（二）本著的汉藏文化艺术交流历史分期

自远古时期开始，汉藏民族就有亲缘关系，相互的文化联系和交流影响就十分紧密，唐代以来更是持续不断，但各个历史时期汉藏文化艺术交流状况各不相同，为了便于总体把握各个时期汉藏文化艺术交流的基本特点，笔者参考吴明娣博士《汉藏工艺美术交流史》，对各个历史时期进行了以下总体概括：

1. 远古至隋代为“萌生期”

自远古时期开始，汉藏两个民族的亲缘关系就表现在了种种方面，相互之间的文化联系和交流影响则更加明显。从考古发现来看，自旧石器时代特别是其晚期细石器出现，一直到新石器时代都有大量的出土物证，包括古蜀文明时期和秦汉时期，汉藏之间的文化联系和交流影响，也一直呈增长趋势。

2. 唐代为“勃发期”

唐代时期，唐蕃的文化艺术通过和亲、通使、赏赐、互市等途径相互传播、相互影响。正如松赞干布执意聘娶文成公主，就是为了引进大唐的先进文化

---

［1］ 吴明娣：《汉藏工艺美术交流史》，北京：中国藏学出版社，2007 年，第 1 页。

和科学技术。首先是制度文化，为松赞干布的“文治”提供了借鉴；其次是汉地禅宗佛教文化也开始进入吐蕃；再次是器物文化，正如唐人所言，“金玉绮绣，问遗往来”。这一时期，也是跨越青藏高原的丝绸之路开始形成并兴盛的时期，它对唐代及后世汉藏文化艺术交流产生了深远影响。

3. 宋、辽、西夏为“繁衍期”

这一时期的汉藏文化艺术交流，通过宋朝与吐蕃部落首领之间的往来和茶马贸易等方式得以延续，也迂回曲折地经由辽、金、西夏统治集团与地方藏区势力之间的往来等渠道进行。这样导致汉传和藏传佛教之间不断交流，内地的丝绸、瓷器和藏区的金银器、毛织品等汉藏工艺品相互流通，使汉藏文化艺术交流呈现多元化的格局，并衍生出不同风格的汉藏艺术品。

4. 元代为“兴旺期”

元代西藏与内地在政治上的统一，使汉藏文化艺术交流得到全面的推进，出现了空前繁荣的局面。元代内地几乎所有的重要工艺品种被输入雪域，其品种之多、数量之大达到了前所未有的程度。与此同时，藏传佛教艺术在内地广为流传，内地工艺美术也随同建筑、雕塑、绘画一起受到藏传佛教艺术的显著影响。自此，藏族艺术被融入中华民族的主流艺术之中。

5. 明代为“圆融期”

明代，一方面，不断召请藏传佛教各教派领袖至内地朝觐和展开佛事活动，促使藏传佛教文化艺术在内地大量传播；另一方面，大规模地将内地文化艺术品通过赏赐、贸易等途径输入西藏及其他藏区，因此使汉藏文化艺术交流更加深入。永乐、宣德时期将其推向新的高峰。“明代汉藏工艺美术交流圆融无碍，在艺术上进入佳境，是汉藏文化艺术交流的黄金时代。”[1]

---

[1] 吴明娣：《汉藏工艺美术交流史》，北京：中国藏学出版社，2007年，第246页。

6. 清代以后为“鼎盛期”

由于清代尊藏传佛教格鲁派为国教,汉藏文化艺术交流在广度和深度上得到了全面提升。清廷源源不断地将宫廷生产的高档艺术品赏赐给藏传佛教上层人物,其品种、数量与元明两朝相比,有过之而无不及;在原有品种之外,又有新的前朝罕有的艺术品落户雪域,“其花样翻新,穷工极巧,更是此前各朝难以企及”。同时,数目可观的藏传佛教艺术品被贡入清廷,通过民间贸易相互流通的汉藏艺术品也显著增加。[1]民国时期,汉地僧人去藏地学法,藏传佛教僧人在内地传教,呈现欣欣向荣的局面,则进一步推动了汉藏文化艺术的交流和融合。

(三)本著的研究过程和著作体例

早在20世纪80年代,随着《中国戏曲志・西藏卷》的编纂不断推进,在搜集和研究藏戏史料的过程中,笔者发现了一些汉藏文化交流的史料,并试验性地撰写了《汉藏文化交流史话》等诸多短文在《西藏日报》发表。21世纪以后,在编纂藏戏集成志书的基础上延伸发展而来的《中国藏戏史》,就是对藏戏在中华民族逐步形成的多元一体文化格局和历史背景下,在藏汉民族相互影响中渐次起源、生成、发展和繁荣历史的线索和轨迹进行追溯和探讨的一种尝试。在《中国藏戏史》作为国家年度课题结项并出版以后,笔者开始竭尽全力广泛阅读、搜集汉藏文化艺术交流的文章和著作,着手本著的研究,经过五六年的努力终于成稿。

本著从远古时期开始,按照唐、宋、元、明、清一直到民国的历史脉络,记叙汉藏文化艺术相互交流、影响和融合的史实资料,以开放的视角、严谨的历史眼光和比较研究的方法,把汉藏文化艺术放到东西方和藏地内外,特别是中华民族逐步形成的多元一体文化格局里相互影响的历史背景中去,从而追

---

[1] 参见吴明娣:《汉藏工艺美术交流史》,北京:中国藏学出版社,2007年,第246-247页。

寻它在各个历史时期发展的线索和轨迹,寻求其规律性理论认识和概括。虽然本著的研究有一定的广度,并尽力达到一定的深度、精准度和有一点突破性的创意,但是由于资料搜集和研究功力的局限,许多方面尚存挂一漏万以及或偏细或偏简的缺陷,如有些地方采取了专一人物或事件的论述。

前言中,对于各个时期汉藏文化艺术交流融合的总体规律和特点做了一些概括:按各个历史时期分章,每一章下分节,一般(除第一章)第一节为这一时期汉藏政权之间政治和经济交往,以及中央王朝对促进西藏地方经济和文化发展的政策;第二节为汉文化艺术在西藏的传播及其影响;第三节为藏文化艺术在内地的传播及其影响;个别王朝时期有第四节,内容为藏族与其他民族的文化艺术交流及其影响。节下按照文化艺术各个门类(少数是对于交流融合影响较大的人物和事件)分"一、二、三……","一"下按(一)、1、(1)"次序排列。至于现当代,汉藏文化艺术交流、影响和融合的范围更广,规模更大,层次更深,品质更高,史实资料也更多,这属于另一个专门的研究课题,本著仅以附录的形式反映了与现当代汉藏文化艺术交流直接相关的两个侧面。

第一章　远古至隋代时期汉藏民族的亲缘关系和文化联系

自古以来，生活在亚洲内陆的汉藏两个民族不仅毗邻而居，而且具有亲缘关系，两个民族间经济和文化上的交往也就无可避免地一直存在和进行着。一般认为汉藏民族间的官方正式交往始于唐代，但鉴诸史籍，中国中央政权在唐以前已与吐蕃部落建立了联系。因此，无论是在官方还是在民间，在长期历史交往中两个民族的文化相互流传、彼此借鉴、互为影响，也就必然保持着紧密的联系。

第一节　汉藏民族的亲缘关系和文化上的密切联系

藏族是一个历史悠久的古老民族，也是中华民族不可分割的历史成员和现实成员。从考古发现的材料看，早在几万年前的旧石器时代，藏族的先民就劳动、生息和繁衍在被称为“世界屋脊”的青藏高原上。到了一千多年前的唐代，藏族已发展成为一个拥有几百万人口，具有独特民族风格和灿烂文化的强大民族，史称其为“吐蕃国”。按照范文澜先生《中国通史简编》的描述：“原来寂寞无所闻见的中国广大西部，因强有力的吐蕃国的出现，变得有声有色了。这是吐蕃历史的大进步时期，也是中国西部居民开始参加历史活动的时期。”一个在一千多年前曾一度主宰过中亚和中国西部历史舞台的强大藏民族，之所以一直向心于中华民族并加入到中国这个大家庭中，从历史文献和考古学、语言学、民族学、体质人类学等多学科的材料中可以论证发现,其渊源在于藏族与汉族有着十分密切的亲缘关系和文化上的联系。

一、汉藏亲缘关系的自然地理环境因素

人类对自然的依赖性很强,地理环境直接影响到文明发展的程度、规模、趋向和风格。西藏地处祖国的西南边疆,是世界上最高的青藏高原的主体部分,平均海拔高度在四千米以上,素有“世界屋脊”之称,在自然地理学上具有独特的高、干、寒特征,所以又被称为南北两极之外的地球第三极。它不仅在地质上有着独特的成因和构造,在地形、气候、水文、植被、土壤等方面都有许多与众不同的特点,是地球上一个非常特殊的地理区域。

(一)西藏的自然地理环境与其东边地区的环境具有相当的一致性

青藏高原雄踞中国的西部,构成了中国地势三级阶梯的第一级。西藏位于青藏高原的西南部,作为青藏高原的主体部分,与整个青藏高原组成了一个天然的地理单元。因此,西藏与其东的川西高原、滇西北高原以及东北方向的甘青地区,都属于青藏高原的地理范围,在环境上具有相当的一致性。就其地形而言,这些地区都属于海拔超过三千米的高原;就其气候而言,都具有气温低、气温年较差小、太阳辐射强烈以及垂直差异明显等特性,在中国气候区中同属于高原气候区;就其植被而言,则都属于以高寒荒漠、高寒草原、高寒灌丛草甸、山地寒温性针叶林带为主的青藏高原高寒植被区。同时值得指出的是,西藏所在地域原来是个波浪滔天的古特提斯洋,直到三千万年前的始新世末期才结束了海洋的历史,并在近二三百万年中发生强烈的隆起而逐渐形成了世界最高的青藏高原,导致了原来炎热湿润的西藏地区也逐渐变得干旱而寒冷。也就是说,西藏曾经是个类似于我国东部长江流域的自然条件较为优越的地区。即从古以来,西藏与我国东部地区其实同属于一种相似相依的自然地理环境。

与此相反的是，西藏和其南边印度、尼泊尔地区的地理环境具有极大的差异性。青藏高原属于欧亚板块的一部分，与后者分属不同的地理单元；后者又因为受南亚热带季风和低纬度、低海拔的影响，有明显的湿润季节，降水充分，气温较高，即使是和西藏紧邻的尼泊尔山国，也受到热带季风的强烈影响，形成充沛的降水和茂密的森林植被。

（二）西藏在其东部和东北部有着相对的开放性

西藏东部是著名的横断山区，由于怒江、澜沧江、金沙江等大河的深切，这些河道实际上成为西藏向东进入云南、四川的天然通道。西藏的东北部则是海拔五千多米的唐古拉山，但在唐古拉山东北部的青海一侧海拔近四千米，故唐古拉山的相对高度不是很大，翻越唐古拉山并不十分困难。

与此相反，西藏在其南部、西部和西北部却具有较强的封闭性。西藏西部和南部是世界上最高的喜马拉雅山脉，其平均海拔超过六千米，全长二千四百千米，宽二百至三百千米，和南边的恒河、印度河平原高差达五千米，形成了巨大的天然屏障和南亚相隔。加上喜马拉雅山脉南坡垂直高差很大，沟壑纵横，加剧了其屏障的作用。西藏的西北部是平均海拔六千米左右的昆仑山，昆仑山和其北侧的塔里木盆地的高差达三千至五千米，加之塔克拉玛干沙漠以及藏北干旱的高原环境，使昆仑山这一天然屏障同样具有较大的封闭作用。

（三）西藏地形与中国东部地区成为一个地理单元上的整体和西藏东向内倾发展的原因

西藏的地形可分为三个阶梯：第一个阶梯是藏北高原，平均海拔四千五百米以上；第二个阶梯是藏南谷地，平均海拔三千五百米左右；第三个阶梯是藏东峡谷，平均海拔三千五百米以下。总的特点是西北高、东南低，这一特点与整个中国地势从西到东由高到低三个阶梯（青藏高原是第一阶梯，云贵高原和黄土高原是第二阶梯，黄河、长江中下游到沿海地区是第三阶梯）的总体趋势相一致，使它在地理单元上天然地与中国东部成为一个整体。

正是西藏地理环境在其东部、东北部相对开放的特点，促进了西藏远古时期的石器文化与东部及东北部文化之间的联系。就整个西藏石器文化而言，它已经不是一个单一的和封闭的文化系统，而是在本土文化的基础上吸收了外来文化的成分，而且这些外来文化都来自西藏东部和东北部地区，西藏南部和西部的文化即南亚次大陆的文化大都未能进入西藏高原。比如，西藏的新石器时代考古发现表明，至少存在着以昌都“卡若”文化为代表的居住于藏东河谷区，从事定居农耕经济并兼有狩猎、畜牧经济的卡若居民群体；以拉萨“曲贡”文化为代表的居住于雅鲁藏布江中下游地区，从事定居农业经济和渔业经济为主的曲贡居民群体；以细石器文化为代表的主要活动于藏北高原地区，从事游牧和狩猎经济的藏北游牧居民群体。卡若文化中的半地穴红烧土房屋、彩陶花纹、陶器造型和黄河中上游地区的原始文化有许多相似之处；卡若遗址的楼层建筑、贝饰的发现，表明其和我国南方地区的原始文化有过接触；而粟类谷物的大量发现，则表明其可能受到了黄河流域原始农业的影响。曲贡文化因所处的位置，则较多表现为本土性的特点。广泛分布于藏北的细石器文化，多为非几何形状的细石器，完全属于以华北为中心的非几何形细石器传统。

因此，自然地理环境上的紧密联系，以及后来经济上农牧互补的巨大影响，推动了西藏高原文明的东向内倾发展。青藏高原受周边三大地域文明的影响是不同的，“两河流域的影响比印度文明较小，而黄河流域古文明及中原地区的汉族文明的影响又远大于印度文明”[1]。波斯文明作为古代中亚西亚地区的灿烂文明之一，曾深刻影响过吐蕃的早期文明，特别是象雄文明。但是中亚地区频繁易主，使这一地区的文明传统时断时续而各不相同，印度的

[1] 张云：《丝路文化·吐蕃卷》，杭州：浙江人民出版社，1995年，第20页。

佛教也曾全面地影响了吐蕃佛教的前弘与后弘，但是当阿拉伯人的伊斯兰教军队占据中亚南亚西北部时，波斯文明和印度文明都改变了颜色，古印度闻名于世的佛教文化甚至丧失了传统。对于南、西、北三面包围着伊斯兰教文化的吐蕃佛教文化而言，东向发展是其唯一的出路[1]。西藏的远古文明从大的单元上应属于东亚文化体系。西藏文化这种从一开始就与东部的文化发生深刻的渊源联系，而不与西部、南部的文化发生渊源联系的发展轨迹，正是推动后来西藏文明不断东向内倾发展，从而最终归属于中华文明这一大格局的重要原因。

二、关于藏族族源与汉藏关系的考证

（一）两份论证藏族族源及汉藏关系文献手稿的缘起

在《中国地方志集成·西藏府县志辑》中，有两份论证藏族族源及西藏地区古代与中原地区关系的极其珍贵的文献手稿：一份是黄籀青著《黄帝源流考》，又名《西藏民族是黄帝子孙之后裔说》（铅印本，1936 年）；另一份是刘赞廷（1888—1958）对其的补注。黄籀青于 1913 年起任川边宣慰使，壮年因公入藏，前后十年间，结合中国上古古籍文献，深入考查了藏地的山川和族俗。他循着黄帝沿昆仑东下入主中夏所经之地理山川及古宫遗迹，一一进行考证。经刘赞廷补注后，他们共同的结论是，黄帝及王母并非神话，而是历史，其人其事均有据可证。刘赞廷于民国初年川藏战争时任川边军分统，曾受命参与川藏和平谈判，他历时十四年从事边疆少数民族特别是藏族事务的研究工作，留下了大量有关川藏边务的手稿，数量多达八十余卷，又编辑了包括昌都等在内的西藏东部十八种县志稿。《黄帝源流考》即由他特意收录于《民国昌都县志

[1] 参见张云：《吐蕃的起源及其与中原的文化联系》，《甘肃民族研究》1996 年第 3、4 期。

手稿》之中，可惜收录的并非原文全稿，只是原著中所注释引文的择要汇集；不过，他为了证明黄文的正确，又附加了自己的十八条补注以作参考。

（二）黄籀青考证的主要观点

黄籀青考证说："昔游藏卫，溯昆仑，南越冈底斯山；西登帕米尔高原。俯仰天地之形势，群山四陲，如辅东之相依；浩然之气，如虹似玉；实为黄帝子孙发祥之地。……黄帝故都为王母之国。……冈底斯山为昆仑之墟，方八百里。左有瑶池，右有玉山；石城金屋，为黄帝初始之都。厥后（黄帝）东渡昆仑之丘，比至昌都，突地幅员，四山环拱，形势雄伟，遂建新都。……附墉丕绩，故（黄帝）放昌意于若水，嗣后入主中原。昌意系黄帝次子，婚蜀山氏之女昌仆，生颛顼而娶于越。（昌意）长有圣德，时为少昊金氏，寿八十四岁崩。廷臣逢迎，（颛顼）即位为高阳氏，遂选宗室子孙之贤者留守故国。时以帝喾之世，《纪》云：'龆龀有德，十五而佐颛顼。嗣后高阳氏谂知其贤，不传其子而传帝喾，名高辛氏。'……盖帝喾为玄嚣之子。玄嚣即昌意之兄。颛顼、帝喾，皆黄帝子孙也。自高辛氏继统，使其庶子禹号仍留故国。四传至番禹，适洪水为灾，东西隔绝，因地险远尽，视为放流之所。舜窜（流放）三苗于三危，系为禹号番禹氏。故今藏称'番'，即由斯也。以后子孙繁殖，播布全藏，为极盛之民族。……《山经》云：'昆仑之墟，有帝喾台、帝尧台、帝舜台，禹曾巡游。'荀子云：'禹学于王母，始成东归，佐尧治水八年，复导黑、弱二水，西涉流沙，至昆仑之墟，重游故都，遍览三帝之台，旋经三危，迨大功告成，回朝上书，籍治水之绩，著以《山经》。'"[1]

最后，他总结道："四千年前华夏一家，汉藏不分畛域，至组成五族共和一国焉！"

[1] 陈崇凯、唐水江：《〈黄帝源流考〉及刘赞廷补注标点简评》，《西藏地方志》1999年第2期。

（三）刘赞廷补注中的观点

刘赞廷注文中说："冈底斯山，即古之阿耨达山。居天地之中央，星辰四拱，日月环绕，为黄帝故都。…… '石城金屋'，系藏人建筑之形势（式），凡达赖宫殿及各处寺院，皆以石垒，高数丈，金瓦宝顶，辉煌夺目，犹不失王母之遗风。……昆仑之丘，有黄帝故宫，系在昌都，因据昆仑之阳，二水环绕畿辅，左右华封万里，一神都也。……黄帝在未入中原以前，放昌意于若水者，因四夷丕震，以诸侯领之。嗣后沿黄河东巡，入主华夏。……若水即雅砻江也。……籍古溯源，黄帝实出昆仑之墟，昌都为其新都。所谓昆仑之丘有黄帝故宫，在此明矣！……三苗者人名，为戎之始祖。……三危者地名。康熙五十八年，达赖喇嘛上西藏全图，选入地理全书名曰《大清一统志》。《禹贡》之'导黑水于梁州徼外，经三危入于南海'，悉为藏地脉。……今考其实，三危者，犹中国之三省也：打箭炉之西南，拉里城之东南，为喀木（昌都）之地；达赖所属为卫地（拉萨和山南）；班禅额尔德尼所属为藏地（即日喀则），合之三地为三危，犹非谬也。……王母国系黄帝母国，故称王母之国。……黄帝溯昆仑东下，由昌都北越巴颜喀喇山，经河源沿黄河入主中夏。因黄河水黄色，故名黄帝。'中国历传人由西方来'。系黄帝子孙之家传，人死后称为归西，系不忘其故国也。"[1]

他在最后总结道："综上所考：黄帝起于冈底斯山，建新宫于昌都。厥后沿黄河入主中夏，遗留子孙于故国，蕃衍繁盛以至西欧。故小亚细亚东西，悉为黄种民族，皆黄帝之后裔也。"[2]

（四）两人的共同结论

根据黄籀青和刘赞廷的考证，得出的共同结论是："黄帝有故宫和新都，

---

［1］ 陈崇凯、唐水江：《〈黄帝源流考〉及刘赞廷补注标点简评》，《西藏地方志》1999年第2期。

［2］ 出处同上。

其初建之故宫即故都是在冈底斯山‘左有瑶池,右有玉山’的‘石城金屋’,再建之新都则在‘突地幅员,四山环拱,形势雄伟’的昌都。黄帝有二子玄嚣和昌意,玄嚣生子帝喾,昌意生子颛顼。昌意被流放于若水,遂后入主中原。其子颛顼继位后,帝喾十五岁就辅佐颛顼,以后颛顼年老时因念其贤而不传其子,而传帝喾,名号高辛氏。高辛氏之后四传至‘番禹氏’,此时适逢舜流放三苗于由番禹氏当政的‘三危’。‘三危’即‘喀木’(昌都)、‘卫地’(拉萨和山南)和‘藏地’(日喀则)。”[1]由此可知,今日藏族系帝喾及三苗之后,而三苗为戎人之始,帝喾和戎皆黄帝之后裔,故而藏族亦为黄帝之后裔。

三、藏族与汉族在血缘、文化上的密切联系

关于藏族起源,历来就有争论。考古资料证明,早在旧石器时代西藏就有原始人类居住。显然,关于藏族族源所谓“南来说”(来自印度)、“西来说”(来自伊朗)、“东来说”(黄河上游的羌之一部鲜卑“拓跋”南迁)都是不能成立的。按照民间传说,藏区最初由“神猴”与“岩魔女”相结合始有人类,把“吐蕃”称为“猿猴”种系。而藏族的王统来源,据《迪乌宗教源流》《雍布拉康志》等古籍记载:在波密有一妇女恰姆增共生了九个儿子,老九名“乌贝惹”,因与众人不和而离开了波密,游历至山南,被当地部落立为“赞普”(即“王”),从此出现了子孙世袭“赞普”的制度。这就是吐蕃王朝第一个王聂赤赞普及其王统的来历。这与前述黄、刘二人的考证,也是大体相符的。

(一)藏族在血缘、文化上与汉族的祖先密切相关

根据考古资料,黄河流域属于我国古代氐羌文化系统,尤中在《中国西南

[1] 陈崇凯、唐水江:《〈黄帝源流考〉及刘赞廷补注标点简评》,《西藏地方志》1999年第2期。

的古代民族》一文中提出："黄帝族原来和羌族是同一族群，后来黄帝族进入中原地区。"同样，炎帝与羌也有同源关系。据宋代罗泌《路史》后记载："姜姓炎帝之裔也。"古文中"姜"与"羌"乃一字。我国第一个奴隶制国家"夏"的首领启，其父大禹也"兴于西羌"[1]。殷商与羌人往来更加密切，《诗·商颂·殷武》说："昔有成汤，自彼氐羌，莫敢不来享，莫敢不来王。"周人女始祖是姜嫄，与羌有关。周公之父，又与姜女结婚，更加强了血缘和政治上的联系。因此，炎帝族、黄帝族、夏族、周族等同为羌系民族，当他们先后迁居中原地区融合为华夏后，共同创造了黄河中下游的仰韶文化。而另一些仍然留居西北甘、青地区的古氐羌人创造了仰韶文化系统的另一些文化类型，即马家窑文化、齐家文化、寺洼文化等。古代氐羌系统的民族分布非常广泛，可以说包括我国西南、西北半壁河山中的民族大都出自氐羌系统。现在我国出自氐羌系统的民族除汉族外，还有藏、羌、彝、纳西、景颇、普米、独龙、怒、门巴、珞巴、傈僳、拉祜、白、基诺、阿昌等民族。这些民族，在语系上属于汉藏语系藏语族。古代的氐羌语被认为是这个语族的原始母语。西北民族大学博士生导师多识活佛说："炎帝正是松赞干布时期'年'人的祖先。'炎'字的古读音与'念''年'相同，至今陕甘一带的汉语口语中仍然保持着'炎'字的古读音为'年'。而古文献《五部遗教·神鬼部》记述的'年'图腾共有七种，其中第五位'人身牦牛头的年酋共公'，与炎帝的形象完全相当……吐蕃以前藏地先后出现'十个王朝'，其中第七个是'马桑'王朝。'马桑'即'马羌'，是藏文方言读音的差别。第八个就是卢王朝，'卢'即'龙'，汉族自称'龙的传人'。"[2]

根据历代的文献记载，徐中舒先生考证出中原地区的夏族与北方的胡人、南方的越人、西方的氐羌人都有密切的历史渊源关系。《国语·晋语》载：

---

[1] （汉）司马迁撰：《史记》卷十五《六国年表》，北京：中华书局，1982年。

[2] 杨玫：《苍茫天路唐蕃古道》，西藏自治区出版资助项目送审打印稿，第244页。

“昔少典娶于有蟜氏，生黄帝、炎帝。黄帝以姬水成，炎帝以姜水成。成而异德，故黄帝为姬，炎帝为姜。”因此黄帝、炎帝都是羌人。徐先生说：“夏王朝的主要部族是羌。”正如《史记・六国年表》云“禹兴于西羌”，说明夏与羌有同源关系。据《史记・五帝本纪》记载黄帝有二子：“一曰玄嚣，是为青阳，青阳降居江水；其二曰昌意，降居若水。”这与黄籀青之说相同。据尤中先生考证，“江水”“若水”即指今金沙江、雅砻江流域一带。如此看来，早在原始社会时期，黄帝族系统的某些氏族部落群就曾向西藏高原的东端雅砻江、金沙江流域一带迁徙，与当地藏族的先民发生过联系。春秋末有名的羌人先祖无弋爰剑在青海生存和外迁，到了他的第四代发展为许多部族，其中唐旄及无弋爰剑孙印氏进入青海西南（今玉树）和藏北羌塘地区，他的另一支后裔发（音驳）羌进入青藏高原东南。

综上所述，所谓炎黄文化即包括氐羌文化，华夏文明完全容纳了我国古代西部戎氐羌文明。因此，追根溯源，形成吐蕃人的主体民族——藏族，在血缘上、民族上、文化上与汉族的祖先是密切相关的。

（二）中外学者对汉藏关系研究的印证

法国著名藏学家石泰安教授的《川甘青藏走廊古部落》一书中，在对西藏古文献中的古部落做了系统深入的研究之后，得出结论：“由此看来，西藏传说中认为六个‘原始部落’都位于中部藏区之外，在东部藏区的边缘地区，我们发现了许多地名、民族名或其他与这些神话传说中的部落有关系的名词。其中有些名称或名词是由于杂居的背景所造成的，尤其是在羌族人中更为明显，他们与西藏中部的古老藏族有着近缘关系，但又具有明显的不同之处。因此，汉族人把吐蕃人与羌人联系起来的做法并没有错。这两个人种集团并不完全一致,但后者曾是形成前一个民族的重要组成部分。"[1]石泰安先生使用大量的藏文文献资料和古代传说,雄辩地证明:汉文史书中有关吐蕃族源与西羌关系密切的说法是可靠有据的。这对于我们探讨藏族族源与我国西部戎氐羌文明的关系,既有推动作用,又有启迪意义。一生曾五次(一说三次)旅藏的法国著名女藏学家亚历山大·达维·耐尔(1868—1969)指出:"许多世纪以来,西藏历史就与中国密不可分。"[2]

龙西江先生通过古地理、古经籍文献、上古民族史、考古学和文化人类学的综合研究得出结论:"从旧石器时代开始到新石器时代,华北地区的人群就不停地向西部的青藏高原、新疆和中亚地区迁徙。这些西部高原上的人群同时又不停地穿过横断山区和河西走廊迁回到中原的黄河流域和长江流域的故土上。"[3]这一观点再一次证实了西藏东部和东北部相对开放的环境特点在西藏和祖国联系中的作用。

西藏著名学者恰白·次旦平措也曾撰写《以友好为主流的唐蕃关系》一文,利用大量确凿的史料论证了"汉、藏、蒙三个民族同源说"。汉藏同源说,实际上是汉唐以来中国史学的一个传统观点,其基本论点是"藏出自羌,汉藏同源"。持这种观点比较有影响的当代学者还有著名史学家顾颉刚先生、范文澜先生,西北大学黄奋生教授,四川大学徐中舒、任乃强、冉光荣等教授,四川民族研究所的李绍明、周锡银教授,西北民族大学的多识教授,青海民族学院的李文实教授,中国藏学研究中心的龙西江研究员和青海省委党校的贡乔泽登先生等。虽然各研究者的角度不同,具体结论有差异,但共同的看法是,汉藏两个民族在族源上有血缘渊源关系。直接的观点是,古代的羌人"是青

[1] [法]石泰安:《川甘青藏走廊古部落》,耿昇译,王尧校,成都:四川民族出版社,1992年,第181页。
[2] 旦增伦珠:《[法]达维·耐尔和她的〈古老的西藏面对新生的中国〉》,《西藏研究》1987年第1期。
[3] 龙西江:《论藏汉民族的共同渊源》,《新华文摘》1995年第10期。

藏高原的最古老的土著民族，其后裔就是今天的藏族”[1]。有学者认为，中国历史上的“夏、周两个朝代都是来自西部青藏高原及其边缘地带的古羌人进入中原建立的”，“位于西藏的古象雄、苏毗女国是公元前10世纪以前至公元前6世纪之间，逐渐从今青海省的汉藏交界处迁徙到西藏的。古象雄是古轩辕国、古支那国、古昆仑；苏毗女国是西王母国。它们是我国周王朝在西北地区的遗族和母国。青海玉树嘉二十五族、外象雄西藏丁青三十九族和川西北嘉绒，均是象雄和苏毗女国的‘嘉’（夏）部落，是我国古代夏王朝的同族。吐蕃亦是夏的部落”[2]。贡乔泽登先生认为，古代羌人在藏族形成以前就是一个具有共同语言、文化和身处共同地域的人们共同体，她是由青藏高原细石器文化时期的居民发展而来，她的某些部分加入了华夏族等人们共同体，其主要部分则成为藏族族源的主体。秦汉以来，羌人在青藏高原的东、西、西南形成了三大聚居区，与我国现在藏族聚居区相一致[3]。

（三）汉藏语同源说明汉藏两族有过共同的历史命运或紧密的文化联系

19世纪丹麦语言学家拉斯姆斯·拉斯克（1787—1832）说：“在没有书面文献以前，我们要找出任何民族的历史，语言就是一个最主要的工具。因为这个民族的宗教、风俗、法律和制度尽管起变化，而它的语言却常保存下来，虽然不是没有改变，可是甚至在几千年后还可以辨认出来。”[4]也就是说，语言的这种保守性使它有资格说明更早时代的历史或文化的存在与联系。通过长期的研究，语言学界基本确立了有关汉藏语同属于一个语系的科学分

[1] 贡乔泽登：《略论藏族族源问题》，《青海藏学论文选辑（一）》，1983年内部印刷。

[2] 龙西江：《再论藏汉民族的共同渊源》，《西藏研究》2004年第1期。

[3] 参见贡乔泽登：《略论藏族族源问题》，《青海藏学论文选辑（一）》，1983年内部印刷。

[4] 岑麒祥、岑运强：《语言学史概要》，北京：世界图书出版公司北京公司，2008年，第103页。

类。因为二者有许多共同特点:在语音上,除少数语言,每个音节都有固定的声调;在语法上,均以词序和虚词为表达语法意义的重要手段,词序比较固定;在词汇上,二者主要由单音节的单纯词和多音节的复合词组成。[1]在历史语言的研究领域,国内外许多学者对原始汉藏语同源问题进行了富有成效的研究,这引起了人们的广泛关注。美国学者包拟古在长篇论文《原始汉语与藏语:建立两者之间关系的若干证据》中就对这一问题进行了深入的探讨,通过研究,他从读音和字义上论证了四百八十六个汉藏语同源字[2]。我国学者对这一问题也有深入和系统的研究,例如,俞敏探讨了汉藏两族语言的同源问题,并制作了汉藏同源字稿,列出了六百个左右的汉藏同源字[3]。历史语言研究是历史研究的重要辅助手段,原始语言的同源现象是汉藏两个民族在古代共同历史命运的一种反映,它是两族血缘上和文化上相互联系和密切融合的产物。[4]

关于古代汉语的形成以及它与藏语的关系,学术界尚有不同看法,但是说周朝是汉语发展的重要阶段,或者说是汉藏语系的一个重要发展时期,大致是认同的。如本尼迪克特认为:“汉—藏语的成分只构成汉语的表层,而底层另有不同的来源。……周朝人可能操某种汉—藏语言,后来这种语言融合或渗入到商朝人所操的非汉—藏语言之中。”[5]桥本万太郎则认为,汉语是从周代开始由西向东发展的。前者否认商人语言为汉藏语,后者则承认商人语言是在周人语言东向发展之后产生的,但两者都承认周人所操语言为汉藏语。这自然本之于周人与“羌”无所不在的血缘与文化联系。但是,从目前

[1] 参见马学良主编:《汉藏语概论》(上),北京:北京大学出版社,1991年,第4—13页。

[2] 参见[美]包拟古:《原始汉语与汉藏语》,潘悟云、冯蒸译,北京:中华书局,1995年,第46—341页。

[3] 参见俞敏:《俞敏语言学论文集》,北京:商务印书馆,1999年,第204—208页。

[4] 张云:《西藏历史问题研究》,北京:中国藏学出版社,2006年,第33页。

[5] [美]P.K.本尼迪克特:《汉藏语言概论》,乐赛月、罗美珍译,中国社会科学院民族研究所语言室,1984年。

所见考古材料来看，青藏高原在新石器时代，甚至旧石器时代即有人类居住，尤其是作为吐蕃人本部的今西藏山南地区的人群，他们是否与古羌人在语言与民族上完全相同或者存在某种差异？这就涉及青藏高原地区内部的文化交流问题。西汉扬雄在其所著《方言》中的许多“关西话”语词，即包含了诸多藏缅语词，“汉语中的藏缅语词除了春秋时代的表层词，往上推应当还有夏、商和西周三个时代的底层词、表层词和其他方式来的借词”[1]。联系到昌都卡若文化中的中原文化因素，也许汉藏语言文化之间的联系还可以继续上溯数百年、上千年。至于后世，由于秦汉及隋唐王朝均定都西北，接受或与西羌文化交流的机会是很多的，被吸收的羌文化又以“官方”文化的身份影响及于全国。《广韵》说：“爹，羌人呼父也。”这一称谓早已为汉族所接受，它可以说是汉藏语言与文化关系十分密切的一点说明。[2]美国汉藏语言学家白桂思（Christopher Beckwith）曾指出，古汉语文献中“吐蕃”二字的读音就是“发羌”，可见人类学家王明珂先生将他研究羌族历史源流的名著题名为《羌在汉藏之间》确实是很有见地的，或许更确切的表达还应该是“羌在汉藏中间”。至少在今天的汉族和藏族人身上，都还流着古代羌人的血液。[3]

四、民间故事中汉藏等民族同宗同祖的传说

在西藏珞巴族村寨中有这样一个传说，祖辈们讲，汉人、藏族人、珞巴人、门巴人和登（又作“僜”）人原来是同父同母的五兄弟。

很早以前，世界上到处都是水，浩瀚的海洋中有一个顶天的孤岛，叫“白玛岗”，是隐秘的莲花蕊的意思。那个时候，天上有九个太阳，热得地上冒火，

[1] 吴安其：《汉藏语同源问题研究》，《民族语文》1996 年第 2 期。

[2] 参见张云：《吐蕃的起源及其与中原的文化联系》，《甘肃民族研究》1996 年第 3、4 期。

[3] 参见沈卫荣：《汉藏交融与民族认同》，《读书》2010 年第 1 期。

水在减少，慢慢露出了好多平原和丘陵。世界就这样逐渐形成了。一个暴雨天，太阳的儿子达西和月亮的女儿亚姆同时降落下来。那时，地上没有树，也没有庄稼，更没有人和动物。他们俩住在岩洞里，看天是蓝的，看水是蓝的，景色美极了。他们结婚后五年连生五个儿子。没有几年，五兄弟都长大了。他们的头发撒落在地上长出了茂密的森林，他们的粪便变成了群山，他们的尿汇成了条条溪流和湖泊，稻种是从仙鸟肚子里带过来的，野牛、黄羊是指甲变成的。五兄弟从此不挖草根度日了，有粮食吃了，身上有树叶遮羞了，日子过得蛮不错的。可是，成群的野兽从面前跑过去，就是逮不住。大哥（汉人）说："咱们没有肉吃，生活够苦了，还是分家吧，各自想办法！"老二（藏族人）附和兄长的意见。三个弟弟再三劝说也没有挽留住大哥和二哥，他们俩朝着树叶指的方向即向北走去。二哥在波堆（今波密一带）患病留下了。大哥聪明，身体也好，走了好多好多个"克土"[1]，到了汉地的峨眉山，在那里住下了。大哥和二哥都与猴子结合后生下了很多很多后代。

后来，老三（珞巴人）和老四（门巴人）及老五（登人）也因不和分了家。老四往西迁徙到门隅和朱隅（不丹），老五往东在察隅定居下来。老三即珞巴族的祖先不愿意离开家乡，就继续住在山洞里。有一次，他被藤绊了一跤，从中得到启示，制成了弓箭，从此可以随心所欲地猎取野兽，生活更好了。这时他也更加热爱自己家乡，便在珞隅地区繁衍后代至今。[2]

五、从体质人类学论证藏族与中原民族的近缘关系

从现代体质人类学的资料得知，在新石器时代到铜器时代的我国北方草

[1] 二十为一个"克土"，是珞巴人的最高数字。

[2] 参见冀文正搜集整理：《西藏民间故事》（第六集），拉萨：西藏人民出版社，1993年，第4页。

原地区，早期可以明显分辨出两种体质类型，一种与现代北亚蒙古人种接近，另一种与现代东亚蒙古人种接近；到了晚期，这两种体质类型具有混合的现象，从而趋于统一。而新石器时代中原地区也存在着两种体质类型，一种接近东亚蒙古人种，另一种接近南亚蒙古人种；但到了青铜时代，黄河流域的居民接近东亚人种，而且与现代华北人有相当明显的关系。藏族在古代有土葬和岩葬的习俗，有人认为“缺乏古代体质的资料”[1]，这种说法是不正确的。事实上，现在已经有了关于藏族古代体质的资料，这就是新石器时代的“林芝人”。

（一）作为藏族先民的林芝人与汉族在体质特征上相似

林芝地区 1975 年发现了较为完整的女性人骨，俗称“林芝人”。林芝人作为几千年前的藏族先民，在人种上有如下几个特点：

1. 林芝人的头骨弦弧指数 90.1，接近丽江人的 90.8，更接近现代人的 89.7；枕骨弦弧指数 77.5，较接近旧石器时代晚期丽江人的 80.6；头骨颞线所在的位置等比较接近丽江人、资阳人。资阳人、丽江人都是我国西南地区发现的旧石器时代的原始人，我国学者一般把资阳人作为在我国华南发现的旧石器晚期的原始蒙古人种的代表之一。西藏林芝人接近资阳人，说明其自身也是蒙古人种。资阳人和丽江人既是中华民族的祖先，也是西南地区包括藏族在内的各民族的共同祖先。

2. 林芝人头骨颞线所在位置比较接近现代华北人，其枢椎的测量结果表明，也比较接近殷代中原人；鼻根区高度 2.5 毫米，最接近蒙古人种和我国新石器时代的西安半坡人，与欧洲人的 5 毫米差距最大；鼻根区指数 35.7，最接近蒙古人的 35.8，比较接近半坡人的 29.7。

---

[1]　[英] H.E. 黎吉生：《西藏简史》，李有义译，中国社科院民族研究所民族历史研究室、民族学研究室，1979 年内部参考资料。

3. 印度和伊朗人属于欧罗巴人种(白色人种)中的"印度—阿富汗种族"类型,而林芝人的鼻颧角(149°)与黄种人(145°—149°)最接近,与欧罗巴人种(135°—137°)相差比较大。

4. 从林芝人下颌支最小宽度的比较来看,"林芝人的族源关系接近于汉族和藏族"[1]。这也证明"林芝人"是藏族先民,其体质特征接近汉族。这就是说,藏族先民在种族来源上与中原地区各民族的先民基本一致。

(二)其他对汉藏人员体质人类学测量调查的材料

1965年,复旦大学的教师和学生对咸阳西藏民族学院的1542名学员进行了体质测量。这些学员来自西藏各地,代表了西藏地区藏族的基本体质特点。这次测量分析表明,"藏族应属蒙古人种",其体质特征如下:身材中等;肤色较深,为黄褐色,发型多为直发;眼色一般呈褐色,眼裂较宽,倾斜度外角高于内角;具有蒙古褶;额倾斜度多直立,男性略较倾斜;眉脊微显;面宽中等,女性稍宽;鼻根高度介于低与中等之间,女性偏低;鼻梁直,而鼻尖鼻基略向上翘,鼻孔大多为卵圆型,鼻子属中鼻型;唇厚中等,但大多为凸唇;头型也属中等。由此说明,现代藏族在体质特征上与蒙古人种中的东亚种族类型最为接近。1980年,对中央民族学院藏族干部训练班145人体质调查的结果表明,他们的体质特征属于我国大多数民族所具有的东亚种族类型。

汉文化最先发祥于黄河中游的黄土谷地,包括今天的我国陕西和河北等地。现代体质人类学的比较研究成果表明,藏族的体质特征与我国陕西和河北的汉族最为接近[2]。袁义达和杜若甫在《中国十七个民族间的遗传距离的初步研究》一文中指出:"研究结果表明,藏族与蒙古族的遗传距离最近

[1] 林一璞、陈万勇、张森水:《林芝人及其文化遗物》,中国科学院青藏高原综合科学考察队编:《西藏古生物》(第一分册),北京:科学出版社,1980年。

[2] 张振标:《藏族的体质特征》,《人类学报》1985年第3期。

(0.0104)。”[1]这里的藏族是指我国西藏地区的藏族和居住于印度、尼泊尔、挪威的原西藏人群。

又据学术报告,对当时居住于印度北部的原我国西藏藏族一百三十六人的调查结果显示,基因 Di^a 频率平均为 0.049,接近于华北汉族的频率(t=0.46)[2]。在混血方面,还没有找到任何材料可以说明藏族与伊朗人的混血事实。相反,国内外学者的体质研究资料表明,藏族的体质特征以我国东亚种族类型特征为主,其次包括与我国南亚种族类型特征的混合因素,考古资料也证明了这种混合因素的存在。

1986 年,中国科学院古脊椎动物与古人类研究所的副研究员张振标通过对在西藏发现的细石器文化和 1957 年在雅鲁藏布江与尼洋河汇流处的林芝村发现的新石器时代人骨研究推论,林芝人颅骨属于蒙古人种现代人类型。这一研究表明,西藏人和其他地区的汉族及少数民族都源于以北京周口店山顶洞人为代表的中国北部的晚期智人,也就是说,山顶洞人是藏汉各民族的共同祖先。藏族是从西藏地区旧、新石器时代居民发展而来,后来随着历史的发展和人群的迁徙,北部地区古代蒙古人种以及华北居民不断迁入与混合,逐渐形成今日的藏族体质类型。

另据报道,1984 年以来,西藏自治区医学科学研究所与北京儿科研究所 HLA 实验室及中日友好医院临床医学研究室等单位协作,分别对西藏拉萨市和日喀则地区的藏族人进行了 HLA(白细胞抗原)研究。结果证实,藏民族的白细胞抗原分布特征完全符合中华民族概貌,藏民族属于中国北方人群,而与印度、巴基斯坦和尼泊尔等国居民有极大差异。[3]

---

[1] 袁义达、杜若甫:《中国十七个民族间的遗传距离的初步研究》,《遗传学报》1983 年第 5 期。

[2] 袁义达、徐玖、张志、杜若甫:《华北汉族 Kell、Kidd、Diego、Duffy、Lutheran 和 Xg 血型系统的分布》,《遗传学报》1982 年第 5 期。

[3] 参见李炳太:《藏民族属我国北方人群》,《中国民族》1987 年第 4 期。

20世纪90年代初，我国科学工作者在广泛取样的基础上，对藏族居民进行了白细胞抗原（HLA）研究，发现藏民族的白细胞抗原同我国北方人群的白细胞抗原相同，这也印证了林芝发现的古人类遗骸属蒙古人种的结论。21世纪初，美国哈佛大学和我国的复旦大学、云南大学共同对中国22个省市的汉族人群以及川、滇、藏、青等藏区人群男性Y染色体类型进行了对比、分析和研究，发现汉族人群同藏族人群有相同的特异性Y染色体类型。

以上藏族的体质、遗传距离、血型等调查资料和考古材料完全证明：藏族的种族来源与印度、伊朗等国无甚关联，与此相反，藏族无论在古代还是现代，都与我国其他各民族的体质特征基本接近，特别是与我国北方和西北部的民族（包括汉族和其他少数民族）非常接近。这就表明藏族和我国许多民族在种族上应拥有共同的祖先，在体质特征上同属于黄种人的东亚类型。从体质人类学的科学性来说，关于藏族种族渊源的“南来说”“西来说”包括纯粹的“东来说”是没有科学根据的。科学研究的论证资料充分表明，藏族以及在西藏境内的其他民族，与中原民族有着近缘关系，他们毫无疑问都是中国人。[1]

第二节 从考古层面看远古时期中原与西藏的文化联系

一、旧石器时期中原文化与西藏文化的联系

自20世纪50年代以来，在定日、日土、普兰及藏北申扎等地先后发现了一批旧石器时代的原始文化遗物，包括刮削器、尖状器等。所发现的石器均为地面采集，故而无法判断出准确的年代，但根据这些石器的形制和制作工

[1] 参见格勒：《略论藏族古代文化与中华民族文化的历史渊源关系》，《中国藏学》2002年第4期。

艺特点，可以初步判断是旧石器时代中期和晚期的文化遗物。这些旧石器虽然石片厚大，质料多为角岩，又不与细石器共存，但与河南安阳小南海遗址和四川富林遗址发现的旧石器相比，形制都较细小，也有别于甘肃、宁夏、江苏、河南、广西、内蒙古等地多用石英岩或燧石制成的旧石器。总体来看，西藏的旧石器与中原的旧石器有着共同的工艺传统，属于同一体系的文化传统。

西藏申扎、双湖一带以及西藏其他地方发现的旧石器与我国各地的旧石器有着共同特征：以石片石器为主，并保留着砾石面。据安志敏等人研究，藏北申扎、双湖一带的旧石器与华北旧石器时代晚期遗存有着密切联系，“例如椭圆形的长刮器、长条形圆头刮器和尖状器等，均与宁夏水洞沟遗址出土的遗物相近似或基本一致，同时相似的器形也见于河北阳原虎头梁和山西沁水下川遗址”[1]；而与定日县苏热发现的旧石器相比，在制作工艺上也有共同之处，这说明它们属于同一个原始文化系统。从时代上看，定日县苏热旧石器的时代可能比申扎、双湖一带的早一些，这表现在后者的器形和加工比前者更有进步。定日县苏热旧石器的类型和加工方式，同样与我国内地旧石器比较相近，尤其与华北旧石器时代中期和晚期的石器相近。甚至有学者认为，“定日旧石器中某些类型，可以从中国猿人文化中找到其祖型，因此，可以设想，定日旧石器源于内地”[2]。

1990 年 6 月在吉隆县发现的旧石器，在打片技术上使用直接锤击法和压制技术，显示出与中国西南地区旧石器文化的相似性，并与中国南方盛行的以砾石作为原料打制的旧石器传统之间有关系。同时，西藏地区旧石器在器形和工艺等方面明显具有我国华北旧石器的常见特征，即石片石器占绝大多数，均用锤击法打片，多由破裂面向背面加工，并保留砾石面，组合形式以砍砸器、边刮器、尖状器三种器形最为普遍。

---

[1] 安志敏、尹泽生、李炳元：《藏北申扎、双湖的旧石器和细石器》，《考古》1979 年第 6 期。

[2] 一丁：《从近年新发现看西藏的原始文化》，《化石》1981 年第 2 期。

这还可以证明,西藏旧石器时代的原始文化与印度旧石器时代的文化有明显的不同。例如,印度聂瓦斯与西藏毗邻,在其早期或晚期的文化中,早期石器粗大而有手斧,晚期有长石片做的短刮器,这些在西藏的旧石器中都未见到。[1]正如安志敏等人指出的那样:“巴基斯坦的梭安(Soan)文化和印度的聂瓦斯(Nevasian)文化都和西藏的发现(指旧石器)有着显著的不同”,两地的旧石器文化“分别属于不同的文化系统,而没有什么必然的联系”[2]。在考古实物的证据面前,西藏与印度“文化同源”或“种族同源”说不攻自破。过去藏族史籍中普遍记载的藏族源于印度释迦王系之言,显然是佛教徒的附会之说,并无可信依据。[3]

以上资料可以说明,在距今五万年之前的旧石器时代中晚期,西藏地区的原始居民就与黄河中下游地区的早期人类有着密切的文化联系,同时与祖国境内其他地区的原始居民存在着共同的文化因素。

二、细石器时期中原文化与西藏文化的联系

考古发现表明,从中石器时代开始到整个新石器时代,青藏高原存在着一种以藏北高原为中心分布广泛的细石器文化。据不完全统计,1956—1989年,在西藏高原先后发现细石器地点四十余处;1990年,又在吉隆、仲巴、萨迦、昂仁及日喀则等四县一市境内发现细石器地点三十余处,采集到的石制品标本数以千计。这些细石器地点,除聂拉木县的亚里村、羊圈,吉隆县马法

[1] 安志敏、尹泽生、李炳元:《藏北申扎、双湖的旧石器和细石器》,《考古》1979年第6期。

[2] 安志敏、尹泽生、李炳元:《藏北申扎、双湖的旧石器和细石器》,《考古》1979年第6期。

[3] 参见格勒:《略论藏族古代文化与中华民族文化的历史渊源关系》,《中国藏学》2002年第4期。

木湖岸和昌都卡若遗址等四处分布在藏南、藏东外，其余均分布在冈底斯山和念青唐古拉山之间的羌塘大草原。尽管细石器的分布地域十分广阔，但各地发现的细石器都有相同的文化特征[1]，它们是同一个系统的原始族群的遗物。从采集的石器标本来看，西藏的细石器具有某些明显的地区性特点。例如，申扎、双湖一带的圆体石核中，“带侧翼的圆锥形的棱柱形，半圆的锥形和柱形，以及斜面圆锥形均为其他地区所罕见”[2]。但是，西藏的细石器同旧石器一样，并不是孤立发展的，它同我国中原地区的原始文化又有着一定的共性特点和渊源关系。

藏南聂拉木县发现的文化遗存，与陕西大荔沙苑地区的发现相比，二者除都有占很大比重的细石器外，还有不少带有旧石器外貌的石片石器，如聂拉木的圆头刮削器，就很像我国其他地区旧石器时代遗址中所见的类似制品。此外，二者都未发现磨制石器和陶器等物。[3]一种在西藏细石器中具有特点的遗物——楔形石核，在申扎、双湖[4]、那曲、聂拉木的亚里均有发现[5]。其中，在申扎、双湖一带的细石器总数中，这种石核占 45.74%。这种细石核在我国中原和其他地区都有广泛的分布，如山西沁水下川，河北阳原虎头梁，黑龙江昂昂溪榆树屯，牡丹江虎头山，辽宁林西，内蒙古多伦三沙梁、东苏尼特、阿布德伦台、大义发泉村，新疆罗布淖尔等，甚至河南安阳后岗龙山文化中也出土了一件类似的石核。[6]定日县苏热的细石器类型和加工技术，与内地细石器较为接近，特别是与华北旧石器中晚期的近似，而与喜马拉雅山南

[1]　参见侯石柱：《西藏考古大纲》，拉萨：西藏人民出版社，1991 年，第 28—44 页。

[2]　安志敏、尹泽生、李炳元：《藏北申扎、双湖的旧石器和细石器》，《考古》1979 年第 6 期。

[3]　参见同上。

[4]　参见戴尔俭：《西藏聂拉木县发现的石器》，《考古》1972 年第 1 期。

[5]　参见安志敏：《海拉尔的中石器遗存——兼论细石器的起源和传统》，《考古学报》1978 年第 3 期。

[6]　参见同上。

麓印度的聂瓦斯早期或晚期文化均不同。藏北申扎县珠洛勒的细石器与苏热的有些相像，但表现出明显的进步性，可能是苏热旧石器的继续和发展。其特点与宁夏水洞沟的细石器文化相似，与印度聂瓦斯晚期和巴基斯坦梭安晚期文化则明显不同。申扎县多格则和阿里日土县扎布的以中小型为主的细石器，归属于以小型石器为特征的"周口店第一地点——峙峪系"。

由此可见，西藏的细石器文化与中原地区有一定的联系。有考古学家认为："西藏高原的细石器出现较晚，又缺乏更原始的器形，当是承袭了源自华北的细石器传统，而发展成具有地区特点的文化遗存。"[1]细石器最早产生于旧石器时代，但西藏至今没有发现细石器与旧石器共存的情况，二者互不相混，不但分布的地点不同，石器的质料、工艺和器形也各具特征，明显属于两个不同系统的文化，二者之间看不出有什么明确的承继关系。与此相反，我国华北地区的旧石器与细石器之间有较明显的承继关系。而且，旧石器时代晚期遗址中已出现细石器的雏形，像峙峪遗址，就是亚洲范围内最早的细石器遗址（距今约二万八千年）；而出土典型细石器的下川和虎头梁遗址，也被认为属于旧石器晚期末叶，其年代比西藏细石器早得多。西藏至今没有找到旧石器时代晚期的细石器，而中石器时代和新石器时代的细石器又都是典型的完全成熟的细石器，这就否定了西藏的细石器是本地形成的可能性。据有关考古专家证明，"华北黄河流域是细石器起源的真正中心"[2]。西藏的细石器就其工艺传统而言，应当说是源自华北黄河流域。[3]

因此，西藏的细石器一般认为是属于华北细石器传统向南传播的一支，而且它们无论从类型还是工艺来说，都与我国东北、内蒙古、华北北部至新疆

---

[1] 安志敏、尹泽生、李炳元：《藏北申扎、双湖的旧石器和细石器》，《考古》1979年第6期。

[2] 安志敏：《海拉尔的中石器遗存——兼论细石器的起源和传统》，《考古报告》1978年第3期。

[3] 参见格勒：《略论藏族古代文化与中华民族文化的历史渊源关系》，《中国藏学》2002年第4期。

一带分布的细石器属同一文化系统,即“北方细石器文化系统”。我国著名的考古学家贾兰坡教授经过对旧石器文化及细石器文化的起源、传播的系统研究,断定广泛分布于中国许多地区乃至亚洲许多其他国家与地区的细石器,都起源于中国的华北。[1]无疑,西藏的细石器也系从华北起源而来。考古学者们正在进一步研究西藏的细石器与中国南方乃至南亚、中亚地区非几何型系统细石器的关系。

三、新石器时期中原文化与西藏文化的联系

(一)从卡若遗址看

1978—1979 年,两次发掘了西藏昌都卡若遗址;1990 年 8—9 月,发掘了拉萨曲贡及堆龙德庆县达龙查的新石器文化遗址。从新石器文化遗物中可发现,西藏的原始文化发展到新石器时代晚期,更明显地表现出其地方性特征与中原有一定联系的特点。以往有的学者总是习惯于把西藏的原始文化作为河湟(甘、青地区)传去的一支,忽视了土著文化存在的因素和其他地区文化的影响。西藏有些原始文化因素与甘、青地区的考古发现的确有不少相似之处,反映出这两个相邻的地区在原始时代的关系比较密切;不过,当我们进一步追溯其根源时,却发现西藏的原始文化中有些因素明显是受中原文化的影响,甘、青地区不过是中原文化向西藏传播的通道而已。

研究表明,卡若文化与黄河流域的古文化有千丝万缕的联系。卡若遗址的半地穴红烧土房屋、彩陶花纹、陶器造型等,可以同黄河中上游地区的原始文化进行比较。卡若遗址出土的打制石器有肩石斧、磨制条形石斧、凹背直刃石刀、盘状敲砸器等,这些新石器在黄河上游的马家窑文化中都有发现。

---

[1] 参见贾兰坡:《中国细石器的特征和它的传统、起源与分布》,《古脊椎动物与古人类》1987 年第 2 期。

卡若文化的陶器特点和器形也与马家窑系统类似。卡若遗址中大量出现的人工栽培作物——粟，显然与马家窑文化的传播有关，可能受到了黄河流域原始农业的影响。据研究，我国的古代粟米在中原地区人工栽培成功后，大约自新石器时代开始，由中原地区向西传播，甘、青一带的氐羌系统的先民可能最早接受了古粟的生产技术。因为甘肃永靖大何庄（公元前3700年）[1]、马家湾（公元前3200年）[2]和青海乐都柳湾（公元前3400年）[3]等遗址中均有粟米出土。然后通过甘、青这个西北高原地区的中介地，古粟的生产技术又分别向两个方向继续传播：一个是“经阿拉伯、小亚细亚、俄国、奥地利，以至传遍整个欧洲”[4]，一个是经青藏高原东部的横断山区（卡若遗址经放射性碳素测定约在公元前3000年左右）向东南亚传播[5]。由此可以推知，种植粟米是中原地区的原始居民所发明，种粟文化经过甘、青地区向南传播。西藏昌都卡若遗址中的粟米，显然是受中原文化影响的产物。

卡若遗址中的楼层建筑、贝饰的发现，表明卡若文化和我国南方原始文化有过接触。卡若遗址中的陶器罐、钵、盆等器物组合，小口高领平底，陶器纹饰以刻划纹为主等特征，与云南元谋大墩子遗址所代表的原始文化有渊源关系。此外，卡若文化与横断山脉地区乃至长江流域的原始文化存在一定联系。如卡若遗址的半地穴式房屋建筑中“井栏式”的木结构与长江流域的“井栏式”建筑有某种联系。卡若文化遗址在文化内涵上与黄河流域的马家窑、半山、马厂文化相似。在西藏以西印尼交界地区克什米尔布尔兹霍门的新石器时代遗址中，曾发现半地穴式房屋以及长方形双孔石刀，可能是受到

[1] 黄河水库考古队甘肃分队：《临夏大何庄、秦魏家两处齐家文化遗址发掘简报》，《考古》1960年第3期。

[2] 端居：《齐家文化是马家窑文化的继续和发展》，《考古》1976年第6期。

[3] 青海省文物管理处考古队等：《青海乐都柳湾原始社会墓葬第一次发掘的初步收获》，《文物》1976年第1期。

[4] 吴梓林：《古粟考》，《史前研究》1983年创刊号。

[5] 童恩正：《试谈古代四川与东南亚文明的关系》，《文物》1983年第9期。

了我国黄河流域的影响,而通过卡若传播过去的。半地穴式住房,有人曾把这种建筑形式列入“氐羌原始文化的因素”[1],也不无道理,因为黄河上游的部分新石器时代的文化遗址中也发现了不少半地穴式住房。不过,当我们翻开《新中国的考古发现和研究》一书第二章“新石器时代”,全面审查半地穴式住房的来龙去脉时,却发现这种原始的建筑形式最早出现在中原地区。例如河北武安县磁山遗址,是华北地区新石器时代遗址中最早的遗址之一,其年代约在公元前6000年至公元前5600年之间,在这个遗址中发现了半地穴式窝棚。复原卡若遗址中的半地穴式住房后,也显示其为窝棚式的原始建筑。黄河中游地区龙山文化的基本特征之一是“他们住着半地穴式的圆形房子”,“室内的地面上大都涂有一层白灰”,而卡若遗址中半地穴式住房室内地面上也有一层白灰。所以,我们有理由认为,西藏昌都卡若遗址中半地穴式的建筑形式,可能是受中原文化的影响而产生的。研究古代建筑的有关学者也承认:“从卡若文化和相邻地区原始文化居住遗址的典型结构复原中考察:我们可以发现作为藏族的先民的原始氏族社会的文化的重要组成部分——建筑,虽然有自己独特的文化系统,但与黄河中、上游的新石器文化有着非常密切的关系,在新石器时代早、中期它们的房屋建筑发展的趋向大致相同。”[2]

鼎类三足器是中原华夏族创造的富有特征性的器物,西藏卡若遗址中未发现这类器物,表明卡若遗址是一种与中原文化不同的地方文化。但是,卡若遗址中出土的某些器物的特点与中原地区新石器时代的某些器物特点有明显的相似之处,当是受了中原文化的影响。例如,卡若遗址出土的一批磨制的石刀(共二十件),大部分是穿孔石刀,其中包括半月形的石刀。这类穿孔的半月形石刀在中原仰韶文化和龙山文化的某些遗址中均有出土。[3]两

[1] 李昆声:《云南原始文化族系试探》,《云南社会科学》1983年第4期。

[2] 江道元:《西藏卡若文化的居住建筑初探》,《西藏研究》1982年第3期。

[3] 参见中国社会科学院考古研究所编:《新中国的考古发现和研究》,北京:文物出版社,1984年,第33—171页。

地的差别只是表现为穿孔方法和刀刃所开的部位不同而已。卡若遗址出土的陶器,其花纹既有自己的独特风格如剔刺花纹等,又有中原仰韶文化和龙山文化中发现的陶纹如绳纹和篮纹等。卡若遗址的陶器大多有用手制和泥条盘筑法以及以平底器为主的特点,这也与仰韶文化相同。这些相同之处至少表明,两地文化曾经存在交流。[1]

(二)从曲贡遗址看

从曲贡出土的新石器标本可以看出,新石器晚期藏族先民所创造的农耕文化,其发展水平是比较高的,大体与同期的黄河与长江文明同步,并不显出明显的落后。

石棺葬文化的联系。石棺葬文化是古蜀国乃至古代长江流域中上游地区的一种殡葬习俗,古蜀国第一代王蚕丛的墓葬就是石棺和石椁;拉萨曲贡遗址也出土了石椁。这反映了古代曲贡人与古蜀人有文化上的联系。

蛇纹陶器上蛇图腾文化的联系。曲贡遗址中出土的一件陶器上有蛇形纹饰,它是祭祀神器上的装饰纹;四川金沙遗址也出土有石蛇神器。这反映了两者在蛇图腾崇拜文化上的联系。

崇玉文化的联系。古代华夏文化有崇玉的思想,三星堆遗址中出土了大量的玉琮、玉璧、玉佩,以玉璧礼天,以玉琮礼地,祭祀天地;曲贡遗址的石椁中出土了磨制精美的石器和玉器,显示墓主人是当地部族的首领。这表明了两者在崇玉文化上的联系。

青铜箭镞文化的联系。曲贡文化遗址中有一枚青铜箭镞,它与四川三星堆文化遗址中出土的青铜箭镞十分相似,这说明两者或有联系。1991 年,在曲贡遗址出土了一枚青铜箭镞,是经过冶炼的铜锡合金铸造的。1999 年 2

---

[1] 参见格勒:《略论藏族古代文化与中华民族文化的历史渊源关系》,《中国藏学》2002 年第 4 期。

月，金沙遗址在史前文化层中也出土了一枚铸造的青铜箭镞。两种箭镞都只有一支，不像是当时的狩猎工具，而更像是祭祀器物，因远古时期人们崇拜弓箭而视其为神器。曲贡遗址周围没有发现铜矿和冶炼铜的场所，而离三星堆遗址和金沙遗址不远的彭州龙门山镇却有铜矿、金矿和玉石矿，同时发现了炼铜和炼玉的场所。因此，曲贡的青铜器很可能是由古蜀国传去的。

（三）从其他考古遗存看

吐蕃早期的考古遗存与川西、滇西北的石棺葬有很多共同之处。特别值得注意的是，在西藏境内，吐蕃时期的考古遗存石棺葬，其分布地越往东，其特征就越接近川西、滇西北的。新中国建立后在西藏的昌都、林芝、墨脱、当雄等地发现了数十处石棺葬，与川西、云南的石棺葬有许多共同之处。如从西藏东部昌都贡觉县的相皮石棺葬墓出土的双大耳陶罐、单大耳陶罐上的宽带耳，具有口沿俯视呈“尖核桃形”，以及陶罐中鼓腹、小平底等特征。这种“尖核桃形”或椭圆形俯视口沿，也出现于内地的青海马厂文化，盛行于甘肃临洮寺洼文化，在青海卡约等文化中也有发现，是甘青地区原始文化中所特有的。再如西藏林芝县的杜布石棺葬墓中的土坑竖穴、石板筑棺材、有盖板、无棺底、葬式为仰身直肢等特征，与川西、滇西北的石棺葬大体相同。“川西、滇西北石棺葬的年代大约上起战国，下到西汉后期，个别还延续到东汉，相当于西藏吐蕃早期或早于吐蕃时期，也就是说川西、滇西北石棺葬的年代下限与西藏相皮类型和杜布类型相当。可见，相皮类型、杜布类型与川西、滇西北石棺葬当为同一种文化遗存。而西藏中部和南部的曲贡类型和普努沟类型，则是相皮类型和杜布类型的延续和发展。”[1]

林芝县云星等四个遗址和采集点的磨光黑陶以及鬶（古代炊器）常见于甘、青地区的齐家文化，说明其可能受到公元前2000年左右的齐家文化的影

---

[1] 侯石柱：《西藏考古大纲》，拉萨：西藏人民出版社，1991年，第103页。

响，年代当晚于齐家文化。在阿坝藏区的汶川、理县遗址中出土的新石器时代的泥质灰陶、红陶、夹砂陶和绘有黑彩的彩陶片，其纹饰与甘肃马家窑文化的彩陶相似，这种彩陶文化同古代西北黄河上游仰韶文化系统中的马家窑文化有密切的联系。在理县佳山的石棺葬中出土的器物有陶器、铜器、铁器、漆器、竹器等，钱币有秦汉的半两和五铢钱，这些与巴蜀文化有着密切联系。据专家研究，阿坝藏区部分石棺葬中出土的器物与青海卡约遗址文化关系密切。卡若出土的双肚罐与河南郑州大河村出土的彩陶双连壶以及青海民和官户遗址出土的提梁彩陶罐十分相似，这说明二者有文化上的联系。

在西宁市宗日山遗址的157号墓，出土了一件舞蹈图案的彩陶盆，在橙红色的泥胎上，用黑色描绘有精美的图案。在盆内壁上有两组舞蹈人，分别为十一人和十三人，人像头饰宽大，下着裙衣，手拉手，表现出古人集体跳舞的画面。经碳14测定，陶盆距今约四千六百年。专家认为这种彩陶画既有仰韶文化的元素，又有青藏高原古羌人文化的特点。在阿坝州马尔康哈林遗址出土的一件陶塑人面像，发现了粟的碳化物。专家判断遗址距今五千年左右，认为这种陶画可能与黄河长江流域上游文化有联系。昌都卡若遗址出土的彩绘是直接绘在夹砂陶磨光面上的，与马厂文化遗址的彩陶相似。[1]

（四）从考古文化总体看

根据考古发掘，在新石器文化时期，青藏高原至少存在着四大原始居民群体：一是以卡若文化为代表，居住于藏东河谷，从事定居农耕经济并兼有狩猎畜牧经济的村落群体；二是以曲贡文化为代表，居住在雅鲁藏布江中游地区，以从事定居农牧业和渔猎经济为主的村落群体，即卫藏土著居民群体，其中贡嘎昌果沟文化遗址，可能代表雅隆部的土著文化；三是以细石器文化为

[1] 参见吴健礼：《古代黄河长江流域与青藏高原绘画文化的联系》，《西藏日报》2010年5月20日。

代表，主要活动于藏北羌塘地区，从事游牧和狩猎经济的藏北游牧部落群体；四是以（青海）卡约文化为代表的农耕经济和畜牧经济结合的安多居民群体。这四大居民体系奠定了以后藏族文明的基本格局，从而表明距今四千多年前创造出来的青藏高原远古先民文化与黄河流域、长江流域乃至华北地区的旧、细、新石器文化有过密切的联系。他们相互影响，相互吸引，既保持各自独特的文化传统，又不是孤立发展，他们的石器文化受到了周围地区的影响，同时也影响着周围地区。

综上所述，西藏远古文明并不是封闭孤立的，从旧石器时代到细石器时代，就与东部黄河流域文明和其他地区文明发生了某种联系。到新石器时代，这种联系进一步加强，并形成一种文化上的深刻渊源关系。在新石器时代中晚期，西藏高原出现了许多氏族、部落，他们互不统属，各自分散，多元发展，谓之"小邦"——藏文史籍记载那时有"十二小邦"和"四十小邦"。随着各氏族、部落相互征战，彼此兼并，多元汇聚之势不断增强。至迟在公元前4世纪，西藏范围内逐渐形成了三个势力较大的部落联盟，即象雄（汉文献中称为"大小羊同"）、吐蕃和苏毗。这三大部落联盟组成了远古时期西藏地方原始先民群的主体。在有关6世纪古代民族的记载中，准确地叙述了以始祖悉补野为姓的西藏最主要的地方实力集团。如《通典》载："吐蕃在吐谷浑西南……始祖赞普，自言天神所生，号鹘堤悉补野，因以为姓。"[1]在三大部落联盟中，苏毗与中原隋朝亦有通贡关系，《北史·西域列传》卷九十七中记载有"隋开皇六年（586），苏毗女王遣使朝贡"。在象雄、吐蕃、苏毗三大部落联盟之外，藏东的附国地跨金沙江两岸，也是一个大的部落联盟。公元608年，附国向中原隋朝朝贡，《隋书》卷八十三专门记述了"附国"一节。地处西藏中心地带的吐蕃，至晚在隋朝时已为内地所知。朗日伦赞在统一吐蕃的过程中，即向中原学习了历算和医药等知识。如《汉藏史集》载："朗日伦赞时期，由

[1]（唐）杜佑撰：《通典》卷一九〇《边防六·吐蕃》，杭州：浙江古籍出版社，2007年，第1022页。

汉地传入历算六十甲、医疗、讲论饮食利益和危害的保养方法。”[1]这一切为尔后唐蕃之间的密切往来和文化交流奠定了基础。

四、藏族文化与中华民族的古老文化之间存在着无法分割的血脉联系

我国第一位藏族博士格勒针对“外来说”中普遍流行的藏族起源于“印度王族”观点（“南来说”），分别从文献记载、考古学、语言学、藏族体质特征以及地理分析的角度予以批驳。他说，从记载藏族先民起源于印度的文献本身看，各个史家的说法矛盾百出，而藏籍中最真实可信的古典文献《敦煌藏文历史文书》中就没有“南来说”的记载。其实，藏族文化是在藏族本土地区土著文化的基础上，吸收融合了我国三大原始民族系统文化而形成的。

格勒博士说，三大原始考古文化系统及其民族文化，沿着黄河、长江、北方草原向西迁徙和流动的部分汇集在号称“世界屋脊”的青藏高原，也就是说，辽阔的青藏变成了中华民族三大考古文化和民族系统的西部延伸交接的区域，从而使青藏高原的古代文化和民族在本身固有传统的基础上呈现出一种复合的性质，并且不同的地区由于所接受的外来文化和民族系统的主次不同，表现出的考古文化系统和民族系统的特点也迥然相异。大体说来，藏北高原因为与我国北方草原地域相连，环境相同，所以主要接受中华民族北方草原从事游牧狩猎的古代民族的文化。藏东高山河谷地区地处我国黄河、长江之间，横断山区的大渡河、雅砻江、金沙江、澜沧江和怒江等南北流向的江河把南北两大系统的民族文化沟通，使这一地区成为一个我国黄河流域和长江

[1] 达仓宗巴·班觉桑布：《汉藏史集》，陈庆英译，拉萨：西藏人民出版社，1986年，第87页。

流域南北两大民族系统的荟萃之地。藏南谷地作为藏族文化的中心地区和民族的发祥地，自新石器时代起就存在一个独特的土著文化系统，从文献记载和考古学的资料来看，这一土著文化系统与现代藏族的文化关系非常密切。

藏族文化与中华民族古老文化结成了无法分割的血脉联系。格勒博士认为："古老的藏族文化不是从天上掉下来的，而是以藏南谷地的土著文化为基础，同时吸收和融合中华大地上北方草原地区的原始游牧文化和胡民族系统的游牧民族、中原地区的原始仰韶文化和氐羌系统的民族而形成的。"[1]他指出，藏族的古代文化明显表现出多重性的特点：一方面具有藏族地区本土的土著性特点，亦可称为地区性特点；另一方面又包含着北方地区的游牧文化特点和中原地区氐羌系统包括黄河、长江两大流域的原始文化特点，因而藏族无论在血统上还是在文化上都不是单一的。从整体来看，藏族的古代文化毫无疑问是中华民族古老文明不可缺少的重要组成部分。早自旧、新石器时代开始藏族文化在其起源形成过程中就与中华民族的古老文化相交、相融、相亲，并结成了无法分割的血脉联系。

第三节 远古时期其他汉藏文化联系的踪迹

古代中原巫术文化与青藏高原苯术文化有着许多相似性，这从一个侧面反映了汉藏文化之间的联系。

[1] 陈菲、孙闻：《藏族源于中华大地上三大原始民族系统的融合》，《西藏日报》2008年4月25日。

一、崇拜大山和祖先的思想

远古时期,中原地方的氏族部落往往把当地的大山视为神山和自己的祖先。汉族的先民华夏族,一说最初就是以华山、夏水取名的。到了周代,华夏族视东岳泰山、南岳衡山、西岳华山、北岳恒山、中岳嵩山为“五岳神山”,视黄河、长江、淮河、济河为“四渎之神”,历史上称为敬奉“五岳四渎”之神。这显示了氏族部落联盟和周天子管辖范围的扩大。祝融氏传说是古代苗族的首领,死后葬于衡山之阳,后人称该山峰为“祝融峰”,以纪念这位英雄。西藏古代象雄部族视冈底斯山为父神,玛旁雍错湖为母神。雅隆部族视雅拉香波山为神山和祖先,后来又将沃卡的一座大山以过去部落首领沃岱贡杰之名来命名,随后雅隆部族势力扩大,又将沃岱贡杰神山奉为父神,把周围八座大山命名为子神。苏毗部族把念青唐古拉山和阿钦冈甲山视为父神和守护神。

不难看出,古代中原地方的巫术文化与青藏高原的苯术文化中崇拜大山和祖先的思想颇为相似。

二、古代黄河、长江流域和青藏高原敬奉鸟为祖先及神灵的传说

古代传说,黄河流域商朝国君的祖先是“玄鸟”生出的。在长江流域古蜀国三星堆遗址发掘的大型祭祀物中,出土的一棵青铜神树上就有十只神鸟,同时还出土了不少青铜铸造的鸟的头型,这表示鸟为古蜀国一部分氏族的图腾。一些古蜀国君主名也与鸟有关,如鱼凫、杜宇(死后化为杜鹃鸟)等。可见古代黄河流域和长江流域一部分氏族曾经把鸟视为祖先和神灵加以敬奉。而古代青藏高原的一些神话传说中有“大鹏展翅分天地”的说法,认为宇宙是大鹏展翅后才分开为天和地,同样是把大鹏视为祖先来敬奉。

这种把鸟视为祖先和神灵的相似传说,显示了古代青藏高原文化同黄河流域、长江流域文化的联系。

三、早期苯教的神祇和中原地方巫术中的神祇

古代汉地的巫术信奉天神、地神、龙王、祖先、山神、门神、灶神、雷神、火神等神灵。古代青藏高原的苯术信奉赞神(天神)、年神(山神)、龙神(水神)、丹玛(地神)、战神、舅神、守舍神和灶神等。汉藏两地的神祇之间,既有区别,也有一些共同之处,如藏地的"龙神"与汉地的"龙王"。苯教中的"龙神"虽没有明确是哪一种动物,但说了"龙神"可以自由变成蛇的形象和虫的形象四处游荡,飞起来是虫,落下来是蛇,而且水中的鱼等动物都是"龙神"。从这个角度讲,"龙神"非常类似汉文史料中所解释的龙蛇同体、龙鱼互化的形象。《太平玉览》载,古炎帝为牛首人身。苯教《十万龙经》中,也有"牛首人身"的"龙神"的传说,现今嘉绒藏区供奉的大神,就是"牛首人身"。古代中原巫术在祭祀时,都要举行血祭的仪轨,屠猪、宰羊、杀鸡作为牲祭。古代雅隆苯教也盛行血祭,雅隆部族的"笃苯"又称为"因苯巧那派","巧那"就是藏语血祭的意思。

不难看出,雅隆部族的"笃苯"与中原巫术有诸多相似之处,这说明古代中原地方的巫术和青藏高原的苯术,在神祇文化方面确实有一定的联系。

四、古代汉地巫术的"跳傩"与古代藏地苯术的"跳神"

古代中原地方的巫术有各种傩祭的迎神赛会,舞者戴着各种傩的面具,身着盛装,跳着各种舞蹈,名曰"跳傩",旨在驱逐瘟疫,驱赶魔鬼,祈祷丰年。这种"跳傩"经过一段时间的发展,又演变为"傩戏",俗称"巫师戏""端公戏"。而古代青藏高原的苯教也有"跳神"的仪轨,人们戴着古代各部族的图腾面具,如牛头、羊头、马头、鹿头、猴头、熊头等和各种守护神、山神面具,着盛装,跳各种舞蹈,同样为了驱魔降鬼,祈祷丰年。这种动物图腾形象在敦煌莫高窟西魏时期第285窟的窟顶东披壁画中也有反映,画的是狩猎图,有穿

黑衣的变形猎人开弓射箭,以及用朱砂所绘的牦牛,人物面部不清楚,但头部飘有鸟羽,可见是当时部落的原始装饰。猎人叉脚用力射击,牦牛中箭受惊跃起,粗大浓密的牛尾向上高举,生动真实地表现了射猎野牦牛的情景。

汉地巫术的“跳傩”和藏区苯教的“跳神”,从表现形式和目的来看多有相似之处;但古代苯教“跳神”的面具是各种动物图腾和守护神、山神之类,而中原巫术“跳傩”的面具则是各类巫术中的神祇,还是有所不同的。

五、古代中原地区的“神汉”“大仙”与藏地的“笃苯”神附体及护法神“降神”

古代中原地方的巫术中有一种“神附体”和“降神”的仪轨。一些自称为“天仙”或“大仙”的人,往往称什么神附在自己身上了,或者说自己在什么时候死去,是什么神附在自己身上才复活过来,充当鬼神世界同人间世界对话的媒介。从战国时期魏人西门豹治邺整治“河伯娶妇”一事中出现的“巫婆”来看,大约在公元前 5 世纪,中原地方已有了这种充当“神”的代言人与人对话的职业了。“神汉”又称“降神”,在举行一定的巫术仪轨后,巫师全身作颤抖状,然后装作不省人事,过了一阵儿,又恢复了知觉,说自己已经上天庭入地狱,与鬼神对话并传达信息,为人间奉天祭祀,镇鬼驱魔。18 世纪藏族著名学者土观・洛桑却吉尼玛(又作土观・罗桑却季尼玛)在《土观宗派源流》中记载:“聂赤赞普后过六世到赤德赞普时,卫部(今拉萨地区)的翁雪纹,有名叫辛氏家庭的一个童子,年十三岁,被鬼牵引,走遍藏地,到了他二十六岁时始进入人世。由于非人鬼类的力量,故说什么什么地方,有什么什么鬼神,它能作如何如何的祸福,应当作这样的供祀,或作禳祓送鬼等术,始能效云……”[1]直至和平解放前，西藏各地还有许多护法神“降神”活动，地方政府还专门有乃琼护法神进行“降神”为重大事情做决断。

西藏这种“神附体”及护法神“降神”活动与古代中原地方“神汉”“大仙”的“降神”仪式颇为相似。

六、最早进入卫藏腹地的汉族女性

《汉藏史集》（又名《汉藏文书》）载：“仲年德如（雅隆部第三十世赞普，约在公元5世纪）对其子（达日年塞）说：‘吐谷浑的医生将来吐蕃为你治愈眼睛。如医眼不果，则到孙波（即苏毗），有一苯教徒之妻，名‘价莫价江’（意为“汉族夫人”或“汉族妇女”），她曾与我在某夜相识，她有子名孙日容波，是你兄长，将他召唤前来，继承王位。”[2]后来达日年塞治好了眼疾，为雅隆部第三十一世赞普。古代西南地方女巫盛行，这些地方又距川西氐羌族居住的地域很近，上述这位汉族妇女就可能是一名女巫，因嫁给了一位苏毗苯波为妻而进入苏毗地方的。这个女巫可能会蕃语，否则不能同雅隆一位赞普相识，而且才能在卫藏地方传授“汉式解咒法”。这表明公元6世纪前，有汉族妇女曾进入青藏高原腹地传播巫术。这以后，卫藏地方出现了一种巫术“价莫曲多”（意为“汉女解咒法”），《藏汉大辞典》诠释为“汉式解咒法，防止宿敌诅咒的禳解法术”，该词条还表明这种禳解法是汉族女子创立的。公元5世纪即北魏时期，说明那时就有汉族女子进入西藏传播汉文化。

[1] 土观·罗桑却季尼玛：《土观宗派源流》，刘立千译注，拉萨：西藏人民出版社，1984年，第194页。

[2] 这一段史料也为16世纪《新红史》等史籍所引用。

七、关于“天神之子”的传说

相传,夏、商、周历朝的始祖,都有其母与某位神灵结合有孕继而产子的传说。这类传说的实质是,一方面表明该民族的先祖不是一般人,而是神灵所生,他的王权也是天神所授,所以古代帝王称为“天神之子”即天子;另一方面也反映出当时还处于母系氏族制社会或者母系氏族制影响还较大的社会,孩子往往只知其母,不知其父,故而托辞系其母与神灵结合后怀孕所生。西藏也有传说,吐蕃从第一世赞普到第七代赞普都是“天神之子”下凡,死后又沿着“天梯”升入天界。雅隆部族第八代赞普在比武中被大臣罗昂杀死,王位丧失,“天梯”断了。王妃沦为奴隶,被驱赶到雅拉香波山上放牧。有一天晚上,她梦见与一位白衣山神交合,醒来时只见一头白牦牛在她的身旁。王妃怀孕生下如勒杰,后来如勒杰夺回了王位。这种在梦中与山神交合有孕的故事模式,同样被移植到了其他神话里,如史诗人物格萨尔王的母亲,也是在梦中与阿尼玛卿山的山神交合才生下格萨尔的。

可见,汉藏两地关于“天神之子”的说法极为相似。

八、古代汉藏民族的共同习俗

汉地往往认为一个人的名字就是人灵魂的一部分。如将过世之人或祖先的名字写在木牌上加以供奉,称为灵牌或灵位;又如将某人的姓名、生辰写在纸上,或绘真像,或扎人形,加以诅咒。藏地也有供先人灵牌或诅咒仇人的现象。汉藏两地皆重视语言的成分。如重盟誓,春秋战国时期各国诸侯常常举行盟会;吐蕃时期更是“一年一小盟,三年一大盟”。重视语言威力,还表现在语言禁忌上,如对皇帝不能直呼其名,不能与其名字同音;而在过年、结婚、祝寿等喜庆的日子里,汉藏两地都约定俗称不能说不吉利的话等。这些共同心理,也反映了古代汉藏文化之间的联系。[1]

九、五行学说传入藏地

按照张庆有先生的研究,羌人从河、湟流域带来的中原汉族奴隶社会晚期文化,无疑对雪域高原先民的衣食住行产生了巨大影响。藏族接受阴阳五行学说甚早,远者可以上溯至周朝初年,姬、姜两大部落的流动和转徙。姜姓一直留在西北,从事放牧生活,被称为羌人者,就是藏族先民某支的祖先;羌人文化直接为青海、甘肃、四川等地的藏族文化所继承和发扬,而且对中原汉族文化产生过巨大影响。藏族先民(姜—羌)与姬姓周人有着天然的姻亲渊源。周人与伏羲氏系同一血脉,中华民族之始祖伏羲氏受河图、洛书的启示创制先天八卦,生活在今甘肃天水一带的伏羲氏之部落依靠狩猎为生,他们与羌、戎部落接触频繁。西夏文诗歌《颂师典》载:“藏汉弥人同母亲,地域相隔语始异。藏地高高遥西隅,边陲藏区有藏字。”[2]而将伏羲氏的先天八卦改进为后天八卦的周文王,也系姬姓,名昌(与伏羲氏同一血脉),故羌人在与华夏部落的广泛接触中了解周易八卦也是很自然的事。由此可以推断,五行学说的思想和方法在藏族先民中早有流传。

苯教文献《朵堆》(又作《多堆》)中记载:敦巴辛饶·米沃的十二功业之五“幻变子嗣”里,“娶贡萨赤坚后生有辛吾岗查一子;孔子献上其女楚菊,生有辛子楚吾通,楚菊熟谙历算”[3]。《土观宗派源流》中亦有“藏土所传的医明《四续经》,其最初来源,亦出自汉土。经内五行,不是按天竺所说的地、水、

[1] 参见吴健礼:《漫话古代汉藏文化联系》,拉萨:西藏人民出版社,2005 年。

[2] 参见陈炳应:《西夏的诗歌、谚语所反映的社会历史问题》,《西北师大学报(社会科学版)》1980 年第 2 期。

[3] 琼布·洛珠坚赞:《世间本教源流》,多杰南杰译注,《中国藏学》1999 年第 2 期。

火、风、空，而说的是木、火、土、金、水”[1]之论述。藏族先民在了解周易八卦的义理后，运用河图、洛书以“土”为中心派生出藏族历称的“九宫八卦”中的四角五行结构，以及与苯教万字符咒的巧妙结合，形成“曼陀罗”（又写为“曼荼罗”，即坛城）。从中可以看出，藏传佛教文化的核心象征图案“曼陀罗”（坛城）是源于周易与藏土苯教文化的义理。[2]因为与曼陀罗有关的印度“克利梵陀”，是在之后的11世纪阿底峡入藏注入坦特罗金刚密乘内涵才传入的。

十、汉地僧人和道士到西藏并参与苯教经典的编纂和传播

据藏文史料《隆钦教法史》记载，早在公元4世纪前后，即第二十八代藏王拉脱托日年赞时，就有汉地僧人到过吐蕃。

《阿坝州志》载：“阿坝州金川县的苯教寺院雍仲拉顶的寺史记载，公元8世纪，嘉绒地方的苯教祖师之一德吉美尔多墨，在金川墨尔多山西南的巴尔亚皑的上部地方，像狮子张口状的岩石下面掘出了汉族苯教译师李德医师秘藏的苯教经典三十五部。李德医师是苯教祖师辛饶・米沃有名的六大嗣承人之一，是与吐蕃第九代赞普同时代的人。”这段记载表明，既然这位汉族苯教译师李德与第九代赞普同时代，就必然是公元1世纪的人；而他既然是敦巴辛饶的六大嗣承人之一，就必然到过卫藏、工布或阿里地方，得敦巴辛饶传授苯教教法。这是迄今为止藏区苯教寺庙史上第一次关于公元1世纪进入

[1] 土观・罗桑却季尼玛：《土观宗派源流》，刘立千译注，拉萨：西藏人民出版社，1984年，第205页。

[2] 参见张庆有：《从布达拉曼荼罗文化的形成和发展看藏汉文化之交融》，《西藏艺术研究》1998年第4期。

青藏高原腹地的第一位汉族人的记录。[1]

《土观宗派源流》中说："（苯教）其见解行持与诸乘教理论，是按照总摄苯教八万四千法门的《密咒关隘日光庄严论》中所写的。此论是大食、汉地、天竺及藏地等众多成道大德在芒喀秘密苯窟中聚会时纂集的。"[2]噶尔美《苯教史・嘉言至宝》记载："永恒苯教的太阳发出光芒，因为（这地方）被知识渊博的导师的光芒所充满，他们就是所谓学术世界的六位异人，即大食智者察脱拉海，知识的五个分支，他都精通；拉达克学者阿卓，他精通公开传授的知识；汉地学者来当芒布，他精通秘传的知识。"该书又引用《什续》，说"白乃古、高昌苯钦、白秀札木和'价苯'（汉族道士）来当芒布……以他们神奇的力量，把南诏、高昌、汉地（指吐蕃占据的河陇地方）等归于吐蕃统治"。来当芒布所传授的秘密知识，即道教在占卜、祈福、禳灾、镇邪、祭祀中的一些秘密仪轨，而《苯教九乘》的前四乘，就是专门讲述这些仪轨的。英人施耐尔格鲁夫所著《苯教九乘》导论中说，苯教徒使用的"仙人"一词是指受到全部戒律的人，戒律的整个精神是佛教的，但其中许多纲目甚至某些成条的素材显然不是佛教的，早期的原始苯教中也没有这种说法。因此《苯教九乘》的戒律中有关"修道成仙"仪轨的部分应是由来当芒布编纂进去的。据此，《土观宗派源流》所说的汉语中称圣贤为"神仙"的"仙"，可能是藏人错讹而为"辛"的说法。由此可知，汉族道士曾参与苯教经典的编纂和传播。

苯教经典中说，俄茂隆仁是苯教徒心目中的极乐净土，形状似八瓣莲花，中心是九层雍仲山和四面围绕的宫殿，环绕这一中心的还有十二座城市，其中四座城市在其东南西北的四个角点。两边的城市称为"支那俄玛"，

---

［1］ 参见吴健礼：《漫话古代汉藏文化联系》，拉萨：西藏人民出版社，2005 年，第 13—15 页。

［2］ 土观・罗桑却季尼玛：《土观宗派源流》，刘立千译注，拉萨：西藏人民出版社，1984 年，第 198 页。

意思为“汉地竹林”,据说孔老夫子就住在这个竹林殿内。在这里,孔子成为汉地的一位国王,也是苯教教主辛饶·米沃的信徒。在敦煌古藏文文献中也发现有“孔子神变王”降福、护持的卜辞。从这些不难看出,苯教作为吐蕃原始宗教,与汉地的神话故事乃至儒教、道教之间,都有交叉汇合的文化交流。

十一、苯教对纳西东巴教的影响

据苯教经典记载,在几次崇佛灭苯时期,不少苯教大师四散逃亡,其中逃亡到四川西部的很多,这对居住在这里的纳西族产生了巨大影响。据专门研究东巴教的纳西学者说,东巴教还有一个原始名称,就叫“苯波”,与西藏苯教徒的自称一样。学界普遍认为,东巴教就是纳西原始宗教与藏族的苯教和藏传佛教结合的产物,当然其中也有汉传佛教与道教的一些影响。纳西传说说则更加具体,说东巴教就是敦巴辛饶从拉萨传来的,他先到了中甸白地,在那里创立了一个新的教派,叫“东巴”。苯教一个主要的神叫“古孜盘苯波”,而东巴教的第一个神就叫“盘”;东巴教的三尊大神以及护法神,不仅有不少与苯教相同,甚至连名称都是用藏语读音。东巴文中还直接借用了藏文字母书写,有的东巴经中还大段地夹写着藏文。纳西喇嘛学习藏文,也使用藏文。纳西的天文历法同样在很大程度上受到藏历的影响,连五行中以铁代金的习惯都一样。甚至关于祖先来源、猴子变人和来自天神等记载,在东巴经与藏文化经书中也都惊人地相似。此外,两者宗教活动中僧人所戴的五佛冠,包括打鬼舞及其使用的法器,也有很多是一样的。

十二、汉藏文化交流的重要通道“唐蕃古道”东段的开辟

秦国羌人无弋爰剑为了回归故土一路逃亡，秦厉公派兵追捕，但没能追上。他逃入河湟，在西宁一带，将自己在秦国所学的畜牧耕作技术传授给羌人，成为他们的首领，由此开辟了青海道，成为后来汉藏文化交流的重要通道“唐蕃古道”东段，大大促进了汉藏文化艺术的交流。[1]

十三、青海湖畔“女国”的“西王母”

早在先秦时代，《山海经》中就记载了关于“西王母”的传说。西王母是居住在昆仑山脉“瑶池之中”的女神。黄帝大战蚩尤时，她曾派出战将相助。上古先王尧、舜、禹都曾拜见西王母，向她学习治国、治水之道，因此她被视为共同的“华夏之母”。《汉书・地理志》记载：“金城郡临羌西北至塞外，有西王母石室、仙海、盐池，北侧湟水所出，东至允吾入河。”据此，史学界一致认为“瑶池”即青海湖。至于西王母的身世，则众说纷纭，有说她是上古羌人女首领，也有说她和苏毗一样，隶属于象雄文化的青海湖畔“女国”。倘若是后者，那么汉藏交往最早从周代就开始了：《列子・周穆王》记载，汉族天子周穆王慕西王母之名，乘坐八匹骏马拉的车来到昆仑山麓，西王母在瑶池招待了他，“遂宾于西王母，觞于瑶池之上。西王母为王谣，王和之，其辞哀焉”。

[1] 杨玫：《苍茫天路唐蕃古道》，西藏自治区出版资助项目送审打印稿，第 244 页。

第四节 秦汉时期汉族与青藏高原的文化联系

一、古代青藏高原部族称中原地方为“嘉纳”

汉族古称“华夏”。古代青藏高原各部族把华夏族称为“嘉”，因为“夏”字古读“嘉”；又因为秦朝时期汉族喜穿黑色衣服，藏语称黑色为“纳波”，所以称秦朝为“嘉纳”。自此以后，青藏高原各部族把汉族地方称为“嘉纳”，把汉族称为“嘉日”。从青藏高原各部族对汉族、汉地的称呼上，可以说明青藏高原与中原地方经济、文化交往历史的久远。

二、秦汉时期在青藏高原东部设立郡县

汉文古籍对青藏高原各部族最早泛称为西羌。《后汉书·西羌传》是保留至今的关于青藏高原古代各部族最早的记载，书中所说的“越”“牦牛”等部，可能与藏文的“六牦牛部”有关。秦汉时期，秦汉王朝已在青藏高原的东部和北部的岷江上游、陇右地方和青海湖四周建立郡县治理。公元前316年，秦惠文王统一巴蜀后，在岷江上游一带设置了湔氐道。汉武帝元鼎六年（前111），汉朝以笮都设沈黎郡、冉駹设汶山郡、白马氐设武都郡等，对当地氐、羌族实行郡治。西汉昭帝始元六年（前81），在甘青地方设金城郡，所辖有临羌县、河关县等。当地的羌族首领已接受汉朝授予的“归义羌侯”的称号。汉平帝元始四年即公元4年，汉朝在今青海海晏县三角城设西海郡，置太守；郡下设修远、监羌、兴武、军虏、顺砾等五县，对当地羌人实行县治。[1]

---

[1] 参见吴健礼：《古代汉藏文化联系》，拉萨：西藏人民出版社，2009年，第41页。

三、青藏高原的畜产品、青稞和麝香等与中原的丝绸、布匹等开始交换

秦汉时期，河陇地方和巴蜀的市场上出现了青藏高原氐、羌族的畜产品，如犏牛、骏马、毛缨(牦牛尾)、毛布、麝香等。汉朝的丝绸、布匹、铁器和茶叶等商品开始销往青藏高原。

绵羊——史前时期，藏族的先民曾把盘羊驯化成绵羊，汉文甲骨文中的“羊”就是盘羊角的形状；有学者考证，古代中原地方所养的羊，有的就是藏族先民驯化的绵羊。

牦牛——据任乃强先生考证，藏族把驯化的牦牛称为“雅”，汉魏时期牦牛已大量输入中原；而古汉文里有个创造的“尾”字，读音就是“雅”。这说明当时汉地曾引进过青藏高原的牦牛。

青稞——据任乃强先生考证，藏族先民就已开始栽培青稞，藏语称青稞为“nas”，音“乃”“来”；而古代汉语将麦训为“来”，西周人称大麦为“来”。这说明古代汉地种的“来麦”，就是青藏高原的青稞。

麝香——一种非常名贵的香料和药材。早在两千多年前的《山海经·西山经》中，就有麝香主要产于青藏高原的记载。《神农本草经》中也有麝香具有药性和能治病的记载。我国是天然麝香最大的产地，也是世界上最早记载和利用麝香的国家。从汉代起，青藏高原的麝香就销往中原地方。随着丝绸之路的开拓，吐蕃麝香也销往中亚和南亚，乃至欧洲。[1]

---

[1] 参见尹伟先：《青藏高原的麝香与麝香贸易》，《西藏研究》1995 年第 1 期。

四、汉代时汉族的铠甲输入西藏

《藏汉大辞典》第 398 页“止贡赞普”条目中说:“汉族地区所制的铠甲,亦于此时期初,从马尔康输入西藏。”雅隆部王止贡赞普是公元 1 世纪前后的人,汉地铠甲输入西藏的时间也应该是公元 1 世纪。这表明当时的雅隆部已与汉朝建立了商业交换的渠道。而西汉初,四川的邛崃曾是汉朝实行冶铁专营的地方,朝廷派有铁官主持当地的冶铁和兵器生产。邛崃距离马尔康地方较近,因此条目中所说的汉地制造的铠甲有可能是邛崃制造的。此后,吐蕃也开始制造铠甲,昌都地区的芒康县就是吐蕃制造铠甲的地方之一。《新唐书·吐蕃传》中曾称赞当时的吐蕃军队铠甲精良。

五、汉代时茶叶传入西藏

据范文澜《中国通史》载,西汉时,武都地方(今甘肃省陇南市武都区)羌、氐杂居,当时巴蜀地方的茶叶就贩运到武都,卖给西部游牧民族。可见西汉时茶叶已输入到青藏高原东部的一些部族。杨嘉铭、琪梅旺姆研究认为,仅就西藏而言,上述记载不无道理,但如果就全国藏区而言,茶叶最早传入的地区当为今四川藏区,也不排除云南藏区的可能性,最早传入的时间则应为汉代。据贾大泉、陈一石先生考证:“我国最早饮茶种茶的地区是四川东部的巴国境内。巴族人民至迟在周代已把茶作为一种重要的珍贵作物,并且是向周王朝缴纳的贡物之一。”汉代,四川产茶地区逐渐增多,司马相如《凡将篇》中就曾记载西汉前期蜀郡有茶。邻近蜀郡的主要部落有徒、筰、冉、駹、斯揄等,今川西大部分产茶地区如雅安、名山、天全、荥经等地,在汉时均为徒、筰之地,再西还有白狼、盘木、唐取等百余部。而川西北产茶地及茶市彭山、什邡等,又与冉、駹相邻。汉武帝时开西南夷,在上述地方设置郡县。大量记载充分证明,今四川藏区的大部分地区在汉代就已形成了与中央王朝在政治上的隶属关系。这些地方的首领向汉朝“奉贡”,以及各郡县与汉王朝的频繁往来,都为茶叶向上述地区的输入提供了方便条件。[1]

第五节　古蜀文化在青藏高原的踪迹

古蜀国地处川西平原与青藏高原东部边缘的连接地带,这样的地理位置赋予其在文化上的包容性和交融性——既有高原畜牧文化和旱作农耕文化,又有稻作农耕文化与江河地带的渔猎文化。古蜀国历时两千年,它对邻近的古代青藏高原各部族的文化必然产生了一定影响。

一、拉萨曲贡文化遗址与四川三星堆、金沙文化遗址出土文物的联系

(一)玉器文化的联系

曲贡文化遗址中发现了少量磨制精美的石器和玉器,这是西藏已发掘的远古文化遗址中唯一有玉器的文化遗址。这些玉器与四川三星堆文化遗址中出土的许多磨制精美的玉器十分相似,同时,藏族从古至今一直把“玉石”的玉叫作“玉”,与汉语完全同音同义。我国古籍中有“以玉为兵”的记载,四川三星堆文化遗址中就有众多磨制的玉石刀,而青藏高原原始宗教的护法神也有手持玉石刀的神像。这不能不使人联想到,曲贡文化遗址的磨制玉石技术与三星堆文化之间或有某种联系。

---

[1] 参见杨嘉铭、琪梅旺姆:《藏族茶文化概论》,《中国藏学》1995年第4期。

（二）青铜器文化的联系

曲贡文化遗址中发现了一枚青铜箭镞，它与四川三星堆文化遗址中出土的一枚青铜箭镞十分相似。这同样说明两者有所联系。

（三）带柄铜饰的联系

1992年曲贡文化遗址的石椁中曾出土了一件带柄铜饰，一些专家认为这种铜饰是一种身份的象征，也有专家认为那是一件带柄铜镜。而属于古蜀国的雅安地区荥经县一处古墓中也曾出土了一件带柄铜饰。这也说明了两者文化上的某种牵联。

二、关于“龙族”与“鲁族”的文化联系

古蜀人蜀山氏的一支，奉蛇、蚕为图腾，史称“龙族”。青藏高原也有普遍崇奉的蛇、鱼、蟾、蟹类水神，称为“鲁”。成书于公元12世纪的藏文《苯教史》说，远古时期曾由“妖魔”“罗刹”“鲁”“玛桑”等九兄弟统治，后出现人主聂赤赞普。上述所谓“妖魔”，实际上是各氏族部落的酋长；所谓“罗刹”，原为南亚一带的土著居民，被雅利安人征服后就被贬称为“罗刹”；“鲁”即崇奉“水神”的鲁族。青藏高原的风马旗四角上印有龙、鹏、虎、狮的图案，藏族或称“龙”为“鲁”。著名藏学家格勒博士在《论藏族苯教之神》一文中说，藏语中的“鲁”有可能是汉语“龙”的译音。如此，“鲁族”可能就是“龙族”。成书于公元1362年的隆钦饶降巴所著宁玛派教史《宝库集》中说：“在苯教徒的信仰中，最早期的吐蕃人出身于‘鲁族’。”[1]藏文史籍《西藏王统记》中记

[1] 参见[法]石泰安：《西藏的文明》，耿昇译，北京：中国藏学出版社，1999年，第225页。

述了雅隆悉补野王系在二十三代前有好几位赞普都以“龙女”为妃,表明了“龙族”在雅隆部的地位。书中还记述了第二十九代赞普仲年德如的王妃“龙女”鲁杰恩措姆吃青蛙肉养颜的故事。古蜀人也有食青蛙的爱好。据藏文《德格土司传》的汉译文:“初,雪域洪荒既辟,光明天子降于东方夏若辣则山顶,民惊以为异,有崇奉之者。天子生而灵明,有道德,志淡泊,能抚众,号曰大龙。其子孙有德行……数传至大腋,大腋之子座爱,座爱之子持莲花手,即空王域也,为藏王弃宗弄赞臣……”[1]“夏若辣则”即古代松潘一带有名的神山,而松潘、茂汶一带正是古蜀国的地域。可能是蜀山氏族的一支,越过夏若辣则山顶进入甘孜草原,被尊为王,号曰“大龙”。以后,这支“龙族”又成为雅隆悉补野部落联盟的一员。因此,远古青藏高原的“鲁族”与古蜀国的“龙族”,有可能同属一支。[2]

---

[1] 杨嘉铭:《甘孜藏区封建农奴制度下的政教关系》,《西藏研究》1991 年第 3 期。
[2] 参见史鉴:《探索古蜀文化在青藏高原的足迹》,《西藏日报》2010 年 1 月 7 日。

第二章

唐代时期汉藏文化艺术的交流影响

公元7世纪初，吐蕃第三十二代赞普松赞干布率部南征北战，削平群雄，统一西藏高原，建立了吐蕃王朝。松赞干布执政期间，对内注重发展政治、经济和文化，对外与四邻和睦修好，特别是与东部的唐朝建立和发展了友好关系，大力吸收中原的先进文化和生产技术，吐蕃以日益强盛之势崛起于中亚地区。

恰白·次旦平措先生研究认为："西藏在历史上，从来就没有真正成为过一个独立的国家。"他在多年的历史研究中发现，即使在吐蕃王朝时期，西藏也不是一个独立的国家。据明确记载："唐太宗征高句丽回来后，藏王松赞干布派大臣禄东赞到唐朝，呈上书曰：'太宗伐辽，遣禄东赞来贺，奉表曰：圣天子平定四方，日月所照之国，并为臣妾，而高丽恃远，缺于臣礼。天子自领百万，度辽致讨，隳城陷阵，指日凯旋。夷狄才闻陛下发驾，少进之间，已闻归国。雁飞迅越，不及陛下速疾。奴忝预子婿，喜百常夷。夫鹅，犹雁也，故作金鹅奉献。'其鹅黄金铸成，其高七尺，中可实酒三斛。"[1]由此可见，既然藏王松赞干布都说日月照耀之地都由唐皇统治，那么当时的吐蕃归属于唐朝是毋庸置疑的。此外，这段记载出自松赞干布的亲笔信，从历史研究的角度看，也更加有可信度。松赞干布时期是历史上西藏在政治、经济、军事、文化各个方面最为强盛的时期，即便如此，当时的西藏也并非一个独立国家，藏王松赞干布也只是作为吐蕃地方的小王归顺于唐朝皇帝。而在此之后的历史上，西藏

[1] 恰白·次旦平措：《根敦群培著作集》（三），内部资料，第275—276页。

就更谈不上是独立国家了。

贞观时期,海内外各民族的大融合和团结达到历代王朝的巅峰,这和有着鲜卑血脉的唐太宗李世民的民族政策不无关系,他曾说:“自古皆贵中华,贱夷狄,朕独爱之如一。”唐太宗对少数民族持平等、信任、仁爱的态度,朝廷中五品以上官员有一半非汉族人;最关系皇室安全的皇宫禁军,先后都交予少数民族将领统帅;他御驾亲征朝鲜时,突厥将领阿史那思摩受箭伤,他甚至亲为吮血,军中将士皆感奋。这也大大促进了汉族与少数民族之间的文化交流。[1]

以汉族为主体的唐王朝和以藏族为主体的吐蕃王朝同处于各自民族历史上的强盛时期,双方时而争雄于战场,时而和亲、会盟、通使、互市,交往频繁。因此,汉藏两大民族文化艺术之间相互交流所产生的影响是十分巨大的。这一时期在汉藏文化艺术交流史上可视为“勃发期”。

第一节　促进汉藏民族经济文化交流的诸条通道

据《莲花生传》记载,吐蕃当时与川西北“嘉莫绒”(亦称“嘉绒”,意为“女王的谷地”)汉藏杂居区有贸易往来。众多吐蕃商人常结伴往来于吐蕃与嘉绒之前贩运货物,嘉绒商人也往来于此。松赞干布时期,吐蕃专门设有“汉地茶官”,负责去汉地采购茶叶,赤岭便是唐蕃商定的茶马贸易交接转运定点;吐蕃还设有“五商官”,其中一官负责从丹玛(即邓柯[2])购买经由康定转运的汉地丝绸;此外,又派使臣及商民去汉地购取旃檀木。据文献资料,吐蕃赞普经常遣使向唐皇进贡,金银器极多且甚精,这表明当时吐蕃的手工艺水平很高;其中不少器物有中亚风格,很有可能是从汉地转运贸易而来的。珍

[1] 参见杨玫:《苍茫天路唐蕃古道》,西藏自治区出版资助项目送审打印稿,第264页。

[2] 邓柯原属四川省甘孜藏族自治州,1978年撤销建置,原辖地划入今石渠、德格两县。

宝交易也很可观，由中原购者不少。除河西外，东境的达折多（即今康定）也是商业交往的重地，史料曾载，刺杀朗达玛的拉龙贝吉多杰就去过“达折多市场”。据《德乌佛教史》记载，在吐蕃起义前夕，王室混战，“诸王唯知掠夺土地”，而将“东方三十条黄金之路”抛弃不顾，“汉地的珍宝之门也被封闭了”。[1]当时，吐蕃与内地的交往主要是通过三条通道进行的。

一、西宁至拉萨、琼结的入吐蕃道

鄯城（今西宁）至逻些（今拉萨）、勃令驿（即琼结的青哇达孜宫）的入吐蕃道，唐朝奉命赴天竺取经的僧人和一些出使天竺的唐使，皆曾路径于此。文成公主入蕃之后，唐高僧义静曾记载道，唐高僧玄照路经吐蕃时，得到了文成公主的接见和大力资助，将其送往天竺；当他出使天竺结束之后，又得到了文成公主的资助和礼遇，返唐时也经此道。唐高宗显庆三年（658），有一些唐朝使节取此道前往天竺，现在西藏吉隆县城北阿瓦呷英地方有《大唐天竺使出铭》摩崖石刻记载此事。这就是中原—吐蕃—南亚的古代中印交通线，其中，吐蕃显然发挥着交通枢纽的重要作用。[2]

二、丝绸之路青海道

从甘肃兰州经临夏到青海的玉树入藏到拉萨，再越喜马拉雅山到印度的巴特那——这是自唐高宗龙朔二年（662）至唐懿宗咸通七年（866），吐蕃实际控制了一百七十多年的西域的丝绸之路，西自安西四镇，东至以敦煌为中

[1] 参见黄玉生等：《西藏地方与中央政府关系史》，拉萨：西藏人民出版社，1995 年，第 366 页。

[2] 参见同上书，第 419 页。

心的陇右河西走廊，其中有大量的吐蕃人和汉人混居，使中原文化、中亚文化及吐蕃文化交织在一起。尤其是在东西方贸易中起关键作用的粟特人，他们在经济上起转运作用的同时，在文化上也起着媒介作用。一份粟特文的文书中曾记载了粟特人在欧亚之间的经商路线，正是此条丝绸之路——西起欧洲东罗马（拜占庭），亦即古拂林，东至宁夏灵武（薄骨律），即唐朔方节度使府。粟特人就是沿着这条道路将中国的造纸术传到欧洲的，而佛教、祆教、摩尼教和景教在很大程度上也是通过粟特人东传西域、吐蕃乃至中原的。在青海省海西州都兰县热水乡和夏日哈乡发掘的一批唐代吐蕃墓葬中，出土了许多金银及其他金属制的杯、盘、瓶等器物，器物上的装饰花纹均是具有中原汉地风格的忍冬纹。这种中原地区的纹饰有的被完全吸收，有的则被借鉴创新，成为粟汉混合风格的佳作，同时又深刻影响了唐代中原金银器的风格。尤其需要指出的是，“这些具有粟汉风格的金、银、青铜等器物竟出自吐蕃墓中，表明吐蕃的金银等器物制造品也受到粟汉风格的深刻影响。特别有趣的是，吐蕃赞普竟将这类风格——粟汉吐蕃融合型的‘金胡瓶’、金盘、金碗等等器物奉送给唐朝皇帝，这些作为奉献品的‘皆形制奇异’，多达十几种，上百件”。

相传这条“唐蕃古道”是文成公主开辟的。《新唐书·吐谷浑传》中说：“（李）道宗行空荒二千里，盛夏降霜，乏水草，士糜冰，马秣雪，阅月星次宿川，达柏海，上望积石山，览观河源。”如此庞大的队伍带着如此庞大的嫁妆，能“行空荒二千里”？近年有人提出，从东道康区走，其路线为由长安经宝鸡、天水、文县、松潘、金川、丹巴，沿鱼通谷到康定、木雅，沿雅砻江北上，西行金沙江邓柯、玉树，经通天河，逾唐古拉山口，从黑河至拉萨。史载，唐贞观十二年（638），吐蕃遣使赴唐求婚，走的就是这条路；唐太宗不许，激怒吐蕃发兵松潘，走的也是这条路；噶尔·东赞往返于长安和逻些（今拉萨），走的还是这条路。

三、川藏线牂牁道、大秦道等

川藏一线的牂牁道，是西南最早通往天竺的路线，经四川邛地（今西昌）、盐源、昆明、铁桥（金沙江神川铁桥）、吐蕃南沿、印度阿萨姆，或走察隅至天竺。另一条是大秦道，以大理为起点，取腾冲、高黎贡山，渡恩梅开江迈立开江，翻野人山到天竺，亦沿吐蕃南界入印。

另有三条入吐蕃道，即雅州通吐蕃道、黎州通吐蕃道和维州通吐蕃道。前两线均须渡大渡河，第二线黎州道渡河后经安顺场，过雅砻江奔吐蕃；第三线维州道，起自理县薛城经鹧鸪山，南过金川、丹巴、乾宁、雅江至拉萨。[1]

上述诸路就是汉藏之间的交流通道，也是通往域外南亚的交通线。由此可见，吐蕃与中原的交往是通过多条路线开展的，不管是境内通道还是域外通道，都直接或间接地将汉藏两个民族联结在一起，也将中原各个民族与藏族联结在一起，从而使双方的文化得以充分交流。据不完全统计，自公元643年始，至842年吐蕃政权崩溃瓦解止，此两百年间，唐蕃之间的使臣往还就近两百次。其中，吐蕃使臣往唐朝一百二十五次，唐朝使节入蕃六十六次。来往使臣的人数多者五十余人至百余人，少者也有十余人。使臣多有长期居留驻地的情形，有的达十余年乃至数十年之久，有的则干脆安家立业、传宗接代，与当地人民融为一体。在唐蕃“甥舅关系”和“社稷如一”的政治友好关系下，这些汉藏交流通道相当活跃，确实成为友谊之路、丝绸之路、茶马之路、朝佛之路和文化交流之路。

[1] 参见冯汉镛：《川藏线是西南最早国际通道考》，《中国藏学》1989年第1期。

第二节　汉文化艺术在吐蕃的传播及其影响

这一时期唐蕃在政治和经济上的频繁交往，促使汉藏文化艺术广泛地相互交流，促进了汉文化艺术在吐蕃的传播及影响。

一、汉地的诗书典章文献对吐蕃的影响

（一）汉族诗文对吐蕃的影响

唐朝两公主入蕃和亲，首先带去了一些汉族诗文。文成公主在答赤尊公主的诗中写道："世间诸工巧，妆饰与烹饪。耕稼纺织等，技艺亦相敌。"她在另一首诗中又写道："弱女适异国，送来觉卧像。送来占星学，送来宝锦缎。乳使在变酪，酪使在变酥。酸酪在变膏，种桑在缫丝。植竹在索陶，殖土在陶器。水磨在设置，并带芜菁种。"[1]

金城公主生了赤松德赞王子，那囊氏王妃来抢夺时，王子认了"我乃汉家舅，何求那囊为舅氏"，于是金城公主欢喜作歌道："前世因缘所驱使，哀我自汉来弱女，既生无匹王子身，乃遭从无之奇事。已所生子横被夺，真实哀呼莫听者，示乳为证犹不与，汉女身心如火焚。心中忿极不可忍，观藏风水作毁坏，讵料今朝乃日霁，吾子汝能识舅氏，余母身心顿然安，所毁吐蕃之风水，速图除去灵山患。"[2]

金城公主和蕃，唐中宗率领百官送到马嵬，群臣纷纷为之赋诗，出现了许多反映汉藏民族"和同一家"的著名诗句。如"戎王子婿宠，汉国舅家慈"（张说），"广化三边静，通姻四海安"（武平一），"下嫁戎庭远，和亲汉礼优"（郑愔），"怀戎前策备，降女旧因修"（崔湜），"羌庭遥筑馆，庙策重和亲"（徐彦

［1］《西藏王统记》，王沂暖译，上海：商务印书馆，1949 年，第 42—43 页。

［2］索南坚赞：《西藏王统记：吐蕃王朝世系明鉴》，刘立千译注，拉萨：西藏人民出版社，1985 年，第 118—119 页。

伯),“天道宁殊俗,慈仁乃戢兵”(薛稷)等。特别是阎朝隐《奉和送金城公主适西蕃应制》:“甥舅重亲地,君臣厚义乡。还将贵公主,嫁与耨檀王。卤簿山河阔,琵琶道路长。回瞻父母国,日出在东方。”苏颋《奉和送金城公主适西蕃应制》:“帝女出天津,和戎转罽轮。川经断肠望,地与析支邻。奏曲风嘶马,衔悲月伴人。旋知偃兵革,长是汉家亲。”这两首诗都对金城公主修睦唐蕃关系寄予厚望,希望唐蕃之间世代友好、永远和睦。

唐德宗贞元二十年(804),吐蕃赞普去世,废朝三日,唐朝命工部侍郎兼御史大夫张荐为入吐蕃吊祭使,吕温随之前往。行至赤岭(即今日月山,在青海省湟源县西),张荐病卒,吕温等人至拉萨吊祭。后来由于唐德宗晏驾而“吐蕃以中国丧祸”,留吕温一年左右,吕温于唐宪宗元和一年(806)还。《吐蕃别馆和周十一郎中杨七录事望白水山作》一诗,便是他在出使吐蕃期间所作,诗曰:“纯精结奇状,皎皎天一涯。玉嶂拥清气,莲峰开白花。半岩晦云雪,高顶澄烟霞。朝昏对宾馆,隐映如仙家。夙闯蕴孤尚,终欲穷幽遐。暂因行役暇,偶得志所嘉。明时无外户,胜境即中华。况今舅甥国,谁道隔流沙。”这首诗是作者在观赏吐蕃奇异的雪山景色后写下的借景抒情之作。全诗十六句,分两个部分:上半首写景,冰柱形状奇特,雪峰美丽如花,为下半首抒情作了铺垫;下半首中,前四句抒发自己被美丽的雪景所吸引,在“行役暇”“志所嘉”之时生发“欲穷幽遐”的心情,后四句则是全诗主题所在,其中前两句从胜景相似的角度把唐蕃联系起来,末两句进一步从政治角度表明唐蕃间有着“甥舅”关系的传统情谊,彼此绝不会因地域上相隔遥远而殊途,从而通过传达了颂扬唐蕃传统友谊的主旨。

这些汉族诗歌对部分藏族大臣产生了一定影响,其中有人还善作汉诗。唐高宗咸亨三年(672),“吐蕃遣仲琮来朝。先是,仲琮年少时尝充质入朝,诣太学生例读书,颇晓文字”[1]。唐玄宗开元十八年(730)十月,“名悉猎等至京

[1] (北宋)王钦若等编:《册府元龟》卷九百六十二《外臣部·才智》,北京:中华书局,1960年。

师，上御宣政殿列林以见之。名悉猎颇晓书记，先曾迎金城公主至长安，当时朝廷皆称其才辩”[1]。名悉猎其人，在《全唐文全唐诗吐蕃史料》中可查得“明悉猎”，系同一人。唐中宗景龙四年（710），“正月朔，赐群臣柏树。五日，蓬莱宫宴吐蕃使，因为柏梁礼。吐蕃舍人亦赋”[2]。正月五日，唐中宗在大明殿会吐蕃骑马之戏时，与皇亲大臣们以“柏梁体”联句，由唐中宗领头出诗句，到皇后、长宁公主、安乐公主、太平公主、温王重茂、上官昭容，以及吏部侍郎崔湜、著作郎郑愔、考功员外郎武平一、著作郎阎朝隐、御史大夫窦从一等，相继逐一联上句，待将作大匠宗晋卿联句“铸鼎开岳造明堂”之后，“吐蕃舍人明悉猎请令授笔，与之”，联上一绝妙汉文诗句“玉礼由来献寿觞”。唐中宗十分高兴，特予行赏。《钦定全唐诗》第一本第 8 页上记为：“上大悦，赐与衣服。”作为吐蕃赞普赤德祖赞派遣赴唐聘娶金城公主的重臣，名悉猎曾“入国学以习诗书”，汉语文成就颇高，他一生为汉藏两族的团结亲好和文化交流做出巨大贡献。金城公主去世前，唐蕃一度严重失和，连年争战，唐玄宗遣使捎书看望公主之后，赤德祖赞遂派深谙汉语文的名悉猎赴长安：“请和好之约，且献书曰：‘外甥是先皇帝舅宿亲。又蒙降金城公主，遂和同为一家，天下百姓，普皆安乐……’”[3]

另有一位仕唐的藏族将领论惟明，系吐蕃大相禄东赞的后裔，不但有战功，而且有文才。尤其难得的是，他具有较高的汉语文水平，也作有汉文诗歌。正如吕元膺在《骠骑大将军论公神道碑铭并序》中所说：“惟明为时英髦，文武备用。”据唐赵元一《奉天录》卷四，他在平朱泚之乱后，曾用汉文作《朱泚乱定后上皇帝》诗：“豺狼暴宫阙，拔涂凌丹墀。花木久不芳，群凶亦自疑。既

[1]（后晋）刘昫等撰：《旧唐书》卷一九六《列传第一百四十六·吐蕃》，北京：中华书局，1975 年。

[2]（宋）计有功辑撰：《唐诗纪事》，上海：上海古籍出版社，2013 年。

[3]（后晋）刘昫等撰：《旧唐书》卷一九六《列传第一百四十六·吐蕃》，北京：中华书局，1975 年。

为皇帝枯，亦为皇帝滋。草木尚多感，报恩须及时。”[1]作者一方面直抒胸臆，表达对朱泚叛乱的愤恨和奉天赴难救驾的一片忠心；另一方面又以花木荣枯的自然景象为媒介，采用移情入景的表现手法，以情造景，以景寓情，进一步渲染和深化自己的感情，颇得诗家表情达意之妙[2]。

从以上情形可见，吐蕃使者多喜好唐诗，藏族诗歌善用双声叠韵及七字一句的格言诗，显然是受到唐代七言律诗的影响。

（二）藏人赴长安留学，唐儒入藏“典书疏”

从松赞干布开始，吐蕃就重视学习汉地典章之学，一方面派人赴长安入国学学习，另一方面请唐朝文人入蕃传授，如“徐舍人等即是”[3]，并典其书表。汉籍记载：“遣诸豪子弟入国学，习诗、书。又请儒者典书疏。”[4]据《通鉴吐蕃史料》介绍：“是时上大征天下名儒为学官，数幸国子监，使之讲论，学生能明一大经以上皆得补官，增筑学舍千二百间，增学生满二千二百六十员，自屯营飞骑，亦给博士，使授以经，有能通经者，听得贡举。于是四方学者云集京师，乃至高丽、百济、新罗、高昌、吐蕃诸酋长亦遣子弟请入国学，升讲筵者至八千余人。”《因话录》中记载，吐蕃每得汉人，“粗有文艺者则涅其臂，以候赞普之命，得华人补为吏者，则呼为舍人。”这些知汉书舍人“大为蕃帅所信”，有的舍人“代居职位，世掌兵要”。因此，吐蕃官府中常有精通藏汉两种文字执掌文书的人。敦煌文献中有一些反映吐蕃社会活动的表疏，如大蕃古敦煌郡布衣窦昊撰《大蕃敕尚书令赐大瑟瑟告身尚起律心儿圣光寺功德颂》，

---

[1] 陈尚君辑校：《全唐诗补编》（中），北京：中华书局，1992 年，第 916 页。

[2] 吴逢箴：《禄东赞后裔论惟明仕唐事迹考》，《西藏民族学院学报》（社会科学版）1998 年第 2、3 期。

[3] 黄玉生等：《西藏地方与中央政府关系史》，拉萨：西藏人民出版社，1995 年，第 412 页。

[4] （宋）欧阳修、宋祈撰：《新唐书》卷二一六《列传第一百四十一 · 吐蕃上》，北京：中华书局，1975 年。

以及《谢赞普支敦煌铁器启》《向吐蕃赞普进沙州莲花寺舍利骨陈情表》等，都是用汉文写成的，可能有精通汉文的吐蕃人参与撰写。[1]

按《册府元龟》卷五四四载："四夷多遣子入侍，其论钦陵、阿史德元珍、孙万轩等，皆因充侍子，遂得遍观宗主国兵威礼乐，其后竟为边害。"论钦陵即禄东赞的儿子，统军数十年，于公元685年出任吐蕃大相，与唐朝长期征战，曾经在大非川之战、素罗汗山之战、凉州之战中战胜薛仁贵、王孝杰等，对唐形成巨大威胁。于是唐臣薛谦光等进谏废置外族侍子。当然，当时在长安充当侍子或留学的人还有很多，不仅仅是仲琮、名悉猎、论钦陵等人。

（三）汉族文献传入吐蕃

另外，汉籍早就有译文传入吐蕃，如敦煌古藏文写卷中有《尚书·周书》中的几章，含纣王杀比干等内容，以及《春秋后语·魏语》中的六节小故事。藏译文残卷中还有《史记》卷七十六《平原君与虞卿列传》中关于"毛遂自荐"的故事。《赞普传记》第四节中就有"参哥米钦"毛遂自荐式的说词。另有《孔丘项囊相问书》和汉族变文，变文如"论无常""论酗酒""论恶行""论孝敬之经""善恶经论"等。[2]18世纪，未曾习过过汉语文的青海佑宁寺三世土观活佛土观·洛桑却吉尼玛，根据藏文典籍和从其他藏人的介绍中获得的知识，撰写了《土观宗派源流》，其中不无中肯地概述道："在汉土真正佛教未弘扬以前，则有少数相似佛教的学说。如墨子主张舍己一生不顾身命，专利他人。又说自心本来纯善，乃为客尘所染与习惯所变。列子说一切万有皆是因缘所生……故于其书中作是言：'……不治而不乱，不言而自信，不化而自行……'又传说庄子曾于梦中，梦自身化为蝴蝶，俄然而醒，心自思维，领悟到一切皆能显现，

[1] 参见黄玉生等：《西藏地方与中央政府关系史》，拉萨：西藏人民出版社，1995年，第412页。

[2] 见法国巴黎国家图书馆影印出版的《敦煌古藏文手卷选集》第一辑P.T.640号、P.T.126号两卷。

而又一切无实有之旨。”[1]可见，墨子、列子、庄子等人的学说和文献也被介绍进入吐蕃。据《贤者喜宴》载，入蕃汉使之子贾珠嘎堪就在吐蕃为年幼的赤松德赞讲过《列子》。

（四）孔子和儒家思想在吐蕃的影响

在吐蕃，孔子、文王、周公的大名亦为人所熟知，孔子更被尊为“南无圣孔子”[2]。孔子有关学说如《孔子项囊相问书》等汉文典籍也传入吐蕃，敦煌古藏文写卷中就有三个不同抄本的《孔子项囊相问书》。从唐朝开始，孔子之名就为吐蕃所知，此后历代藏族文人，每述及汉地文化，几乎必谈孔子。如《土观宗派源流》中记述了大量关于孔子和儒家思想的汉文化知识。在新疆若羌出土的文物中，《诗经》也与吐蕃文书一起被发现。据《旧唐书》记载，唐开元十八年（730），“时吐蕃使奏云：‘（金城）公主请《毛诗》《礼记》《左传》《文选》各一部。’制令秘书省写与之。”长安二年（702），赞普率众万余人寇悉州，都督陈大慈与其大战凡四次，皆破之，斩首级千余。于是吐蕃遣使论弥萨等人求和，武则天宴之麟德殿，奏百戏于殿庭。论弥萨曰：“臣生于边荒，由来不识中国音乐，乞放臣亲观。”武则天许之。于是论弥萨等相视忭跃拜谢曰：“臣自归投圣朝，前后礼数优渥，又得亲观奇乐，一生所未见。自顾微琐，何以仰答天恩，区区偏心，唯愿大家万岁。”论弥萨所说“礼数”，即儒家的礼仪程式和说教，说明儒家思想在吐蕃已经深入人心。

据《旧唐书·吐蕃传》和《唐会要》卷九十七《吐蕃》记载，从唐玄宗开元元年至唐文宗即位的一百一十多年中，唐入蕃使者计有：忠王友皇甫惟明，御史大夫崔琳，工部尚书李皓、崔光远，左散骑常侍兼御史大夫李之芳，左庶子

[1] 土观·罗桑却季尼玛：《土观宗派源流》，刘立千译注，拉萨：西藏人民出版社，1984年，第214页。

[2] （后晋）刘昫等撰：《旧唐书》卷一九六《列传第一百四十六·吐蕃》，北京：中华书局，1975年。

兼御史中丞崔伦，宰相元载、杜鸿渐，大理少卿兼御史中丞杨济，和蕃使、检校户部尚书兼御史大夫薛景仙，太常少卿韦伦，判官常鲁，鸿胪卿崔汉衡，前太子右谕德崔攡，等等。他们大多是进士出身，熟悉孔孟之道和儒家经典，促进儒家思想在吐蕃的传播是其出使的重要推动力之一。如开元十七年（729），玄宗遣忠王友皇甫惟明和内侍张元方充使往问吐蕃。皇甫惟明、张元方等至吐蕃，既见赞普和金城公主，具宣上意。赞普等欣然请和，尽出贞观以来前后敕书，以示惟明等，令重臣名悉猎随惟明等入朝，上表曰："……外甥以先代文成公主、今金城公主之故，深识尊卑，岂敢失礼。……伏望皇帝舅远察赤心，许依旧好，长令百姓快乐。如蒙圣恩，千年万岁，外甥终不敢先违盟誓。谨奉金胡瓶一、金盘一、金碗一、玛瑙杯一、羚羊衫缎一，谨充微国之礼。"从赞普上表的内容看：唐蕃国君以舅甥相称，这是儒家君臣父子等级观念在吐蕃政权中的反映；所谓"如蒙圣恩，千年万岁，外甥终不敢先违盟誓"等，表现了孔子和儒家以忠孝为本的思想；而"深识尊卑，岂敢失礼""谨充微国之礼"云云，表明吐蕃政权注重并利用儒家的道德伦理和礼仪进行教化，不仅培养掌握儒家治术的官吏，而且以儒家思想移风易俗，有利于当时社会的稳定。[1]

儒家礼仪中的"冠礼"和"笄礼"，即男女成年礼仪，在藏族中也有流传。如女子"上头成年礼"，姑娘梳辫子，儿时梳两条，十三至十四岁时梳三条，十五至十六岁时梳五条，十七岁时举行上头仪式，将发辫改梳成十多条，以示其已成年。

（五）唐朝典章职官制度对吐蕃王朝宫廷的影响

唐朝典章职官制度对吐蕃也产生了许多直接的影响。如《唐蕃会盟碑》右面蕃官的题名中，有"平章政事""天下兵马都元帅同平章事""天下兵马副元帅同平章事""宰相同平章事""刑部尚书"等职官名，完全借鉴自唐朝。

---

［1］　参见顾吉辰：《孔子思想在吐蕃》，《西藏研究》1993 年第 4 期。

吐蕃的告身制即仿效唐朝职官制的一种产物。唐制官分职官与勋官,勋官多为征战有功者。根据《旧唐书·职官志二》载:"凡勋,十有二转为上柱国,比正二品;十一转为柱国,比从二品;十转为上护军,比正三品;九转为护军,比从三品;八转为上轻车都尉,比正四品;七转为轻车都尉,比从四品;六转为上骑都尉,比正五品;五转为骑都尉,比从五品;四转为骁骑尉,比正六品;三转为飞骑尉,比从六品;二转为云骑尉,比正七品;一转为武骑尉,比从七品。"勋官共十二转,与吐蕃军队官职分六级,各级再分正副,亦有十二级相同。吐蕃不但参考了这种级差形式,同时对唐朝的官吏服饰也有借鉴。《唐会要》卷三十一《杂录》载:"亲王及三品已上,若二王后,服色用紫,饰以玉;五品已上,服色用朱,饰以金;七品已上,服色用绿,饰以银;九品已上,服色用青,饰以鍮石……流外官及庶人,服色用黄,饰以铜铁。"这与吐蕃的告身服饰和职官等级相配十分相似。陈庆英根据《贤者喜宴》记载整理和列出的告身种类与相应官职为:一是大玉石告身——大论(大相),二是小玉石告身——副大相、内大相,三是大金告身——悉编掣逋、副内相、整事大相,四是小金告身——小内相,五是颇罗弥告身——"噶洛琼"(似为小整事),六是大银告身——寺院住持、赞普咒师、上部与下部的法官,七是小银告身——赞普的苯教经师、寝宫官员、堪舆家、负责边防官员、首邑守备官,八是青铜告身——父王六臣之后裔,九是铜告身——战场立功者,十是铁告身——千户长、茹本,十一是木告身——一般平民。此外,松赞干布制定的根本大法"三十六制",其基本来源有三条:一是早就畅行于吐蕃的民间俗法;二是佛教思想特别是佛教戒律;三是参考了汉民族等的法律内容和形式,尤其是《唐律》或成为重要的借鉴对象。

二、文成公主入藏和亲的巨大文化影响

唐贞观八年(634),唐王朝与吐蕃王朝开始遣使往来。唐朝特使冯德遐

来到吐蕃,见到了十七岁的松赞干布。言谈中,松赞干布听说突厥和吐谷浑都“尚公主”,羡慕不已。遂于贞观十年(636)派使者带着大量金银珠宝随冯德遐入朝,向唐太宗请婚。然而唐太宗没有依允。松赞干布渴望公主能将先进的唐文化带进雪域,完成他武功之后“文治”之梦想,当得知唐太宗拒嫁公主后,非常不满,为此他采用了娶赤尊公主时用过的办法。当初尼泊尔国王不许嫁公主,松赞干布用五万兵马威胁踏平尼国,逼婚成功。于是,松赞干布出兵攻打吐谷浑,吐谷浑兵败,他进而亲率二十万大军攻打白兰羌、丽江等地,一直进入唐朝领地松州,驻扎之后再次派使者带着贡品去长安请婚。唐太宗不知道吐蕃的实力,不肯答应,并下令松州都督韩威就地攻击吐蕃军队,不料松州兵力太少,被吐蕃打败了。同时,唐朝的一些属藩如南诏等归附吐蕃,阎州和诺州刺史也投降吐蕃。喜欢以少胜多的唐太宗发觉自己确实低估了对手,遂正式下诏发兵,以侯君集为当弥道行军大总管,执失思力为白兰道行军总管,牛进达为阔水道行军总管,刘简为洮河道行军总管,领兵五万讨伐二十万吐蕃军。这一次兵力战法都很得当,吐蕃兵败而返。回到拉萨之后,松赞干布派使者向唐王朝上表谢罪,同时仍然不屈不挠地提出请婚。这一次,唐太宗终于点了头,赏识这位年轻赞普的性情,并承认吐蕃的实力堪配公主下嫁。于是,贞观十四年(640)的冬天,雪域使者、松赞干布的重臣大相禄东赞率领一百多位大臣骑士,带着“一等金绿绫缎衣服”和“镶嵌着红宝石的琉璃铠甲”等大量黄金宝物来到长安迎请公主。贞观十五年(641)的正月,唐太宗的宗室女文成公主随着吐蕃请婚使者踏上了西去的道路,遂成就了唐蕃和亲这一具有伟大历史意义的壮举。成公主入藏和亲这一伟大壮举,在吐蕃产生了巨大的文化影响。唐朝著名诗人杜甫赋诗曰:“近闻赞普更求亲,甥舅和好应难弃。”“赞普多教使入秦,数通和好止烟尘。朝廷忽用哥舒将,杀伐虚悲公主亲。”

有意思的是,今天西安广仁寺还供奉着一尊来自尼泊尔的绿度母铜像,据传说是当年禄东赞来长安迎娶文成公主时所带的聘礼之一。传说,待释迦牟尼十二岁等身像被携往吐蕃后，唐太宗见其底座空闲，暗想该在此处补放什么佛像。此时，绿度母佛像开口道："今后便由我来代替释迦牟尼佛教化、普度长安的众生吧。" 这尊像原先供奉于开元寺，后连底座一起被康熙赐给了广仁寺，世称"长安绿度母"。原像在20世纪遗失，如今这一尊是甘肃拉卜楞寺赠送的。[1]

（一）文成公主进藏途中的文化影响

当时文成公主进藏这一漫长路途，成为富于想象和传奇之路。文成公主所到之处，无不撒下汉文化的种子，也留下了数不尽的瑰丽传说。据《安多政教史》记载：文成公主入蕃时路经炳灵寺（唐时称为灵岩寺），并在炳灵寺进行过许多弘法活动，其中包括雕凿佛像，在附近一个山洞里静坐修法等。在炳灵寺的僧俗群众里还有文成公主向该寺僧侣赠绿玉石佛的传说。相传，文成公主进藏时，经过青海的西宁，经湟源再西行，要过一座大山时，她拿出随身带着的一面日月宝镜，照见了自己思念的家乡和亲人，她越照越伤心，越照心越乱，于是她意识到这样会动摇自己入藏的决心，一狠心将日月宝镜扔到地上，宝镜摔成了两半，瞬间化成了日月山，这就是至今还在流传的日月山的来历。相传，公主经玉树入藏，如今在玉树的结古镇南边有一座"文成公主庙"，庙内石壁上有高三丈余的文成公主雕像，庙的附近还有二尺见方公主的"上马石"，石崖上留有被朝拜者抚摩得又黑又亮的公主的"脚印"。特别值得指出的是，庙宇右边的崖壁上雕刻有藏文创始人吞米·桑布扎亲手书写的十八行藏文、十二行梵文，还有文成公主书写的十六行汉文楷书，它们都得到了妥善保护。玉树州勒巴沟有吐蕃早期线刻《文成公主礼佛图》。

贞观十一年（637），为了巩固西北边防和保障丝绸之路的畅通，唐太宗在小积石山中设置了凤林关。时隔四年，当文成公主一行抵达凤林关时，她首

[1] 参见杨玫：《苍茫天路唐蕃古道》，西藏自治区出版资助项目送审打印稿，第273页。

先去礼拜佛像，并请寺中僧众为自己诵经祈福。她甚至捐出银钱，命令随同进藏的工匠在岩壁上雕刻了一尊高达二十七米的佛像。这一尊佛像成为炳灵寺建寺一千五六百余年来石窟中最大的佛像。据传为松赞干布遗训的《柱间史》记载："一路山重水复，公主常常不得不弃驾徒步……文成公主途中在康区丹玛地方的一处青石岩壁上，勒石刻写了《广论首卷》和《普贤行愿》等经文，在夏德朗纳造立了一尊八十肘高的释迦牟尼佛像。她在途中驯鹿垦田，在朗珠迪滩营造水磨……"[1]文成公主从玉树过来，取道昌都的察雅赴拉萨时，在风景秀丽的仁达做了短暂停留，相传公主为了纪念这块使自己心旷神怡的地方，以极不平凡的造化和功德，在丹玛悬崖上显现出了大日如来等九尊佛像。还用法力从头上拔下几根头发，往山上一吹，那些悬崖岩石上就长出了大片森林。当地人采伐林木，帮助公主修建了一座仁达殿堂，让人们可以供奉佛像。"在这条路上，沿途都有公主的遗迹和传说：邓柯的岩上有公主的摩岩经文，白马有公主磨，康定的木雅有公主佛像，甘孜有公主寺，巴塘有公主庙，折多山有公主桥……据说这些都是公主过境时，随行的工匠们修的。""公主到了康地的白马乡，垦田种植，安设水磨……以丝绸工织，以草制绳索，以土作陶器。"[2]

文成公主经过比如县茶曲乡的达木地方，看见此处依水傍山，田野开阔，就修建了一座寺庙，这就是至今尚存的达蒙寺，最初的建筑为汉式风格。今天的达蒙寺还留有拴文成公主坐骑的石孔和石柱，有公主亲自刻写的嘛呢石刻，有公主掘藏出的一对海螺法号。寺前的河叫"嘉嫫俄曲"，意为"公主的泪水"，传说当年文成公主遇见这条无名大河，又无桥梁通行，许多无辜生命被河水吞没，公主又累又心疼，汗水与泪水长流，汇入河中，形成滚滚怒江水。"嘉嫫俄曲"实际上是怒江上游的一段。为保佑百姓平安过河，公主从身上取

[1] 参见杨玫：《苍茫天路唐蕃古道》，西藏自治区出版资助项目送审打印稿，第16页。

[2] 索南坚赞：《西藏王统记：吐蕃王朝世系明鉴》，刘立千译注，拉萨：西藏人民出版社，1985年。

下一条丝带抛向江岸,丝带立即化为一座桥,从此内地与西藏的交通更加通畅。[1]后来,文成公主一行在阔日神山的罗曲河与那曲河交汇处安营扎寨,马匹和骆驼放牧的草场今作“阿蒙尼库”,意为“放牧骆驼的草场”。这里很多地名都与文成公主有关,如“甲萨昌”,意为“公主峡谷”;“甲孤”,意为“公主喜欢的地方”;“甲垫”,意为“公主坐垫”;“公休”,意为“公主休息的地方”,而且完全是汉语译音;“那隆琼木”,意为“公主圣发长出的森林”,这里至今仍有茂密的森林。据说,公主来到仲俄寺地方,偶遇一孩童去世,见其父母悲伤之情,特为孩子选择风水之地安葬,至今这里有神山名为“奇若杰瓦图嘎”,意为“婴儿尸体”;公主还教给当地牧民风水地相之学,今天这里的牧民依然注重风水之俗。

当然,文成公主留下的不仅仅是虚构的传说,更多的是沿路礼乐衣冠的记忆。据记载,清雍正年间,果亲王允礼曾经入藏迎送七世达赖喇嘛,在惠远寺,这位见多识广的王爷欣赏到了一场令他瞠目结舌的古风乐舞,打听之后才知是唐代文成公主入藏时所留下的乐舞。经过漫长的旅途,浩浩荡荡的送亲队伍来到玛多扎陵湖,松赞干布从拉萨赶来迎接,为了表示诚意,他穿上唐朝的衣冠,以唐朝女婿见岳父的礼仪拜见了送婚使者李道宗,然后才领着新娘和队伍返回拉萨。传说,文成公主到达拉萨的这天,是藏历四月十五日,而这一天也是佛祖得道、圆寂和诞生的日子,从此也成为藏族的一个传统节日“萨嘎达瓦”。

民间有着大量关于文成公主的传说。如“五色羊”的故事:文成公主从长安出发时,带着白、黑、红、黄、蓝等五种颜色的羊。当队伍走到汉藏交界的甲曲河准备过河时,河水突然暴涨,把羊群冲走了。文成公主很着急,慌忙之间喊道:“我的黑、白绵羊回来!”于是,黑色、白色绵羊借助公主呼唤的力量游过河来,而其他三种颜色的羊却被冲走了,因此世上从此只有黑、白两种颜

[1] 赵书彬:《昔歌今传:沿着文成公主的足迹》,《西藏日报》2011年9月28日。

色的羊。再如日月山的另外一种传说：文成公主进藏途中，来到青海湟源县与共和县交界的地方，而被唐朝皇帝留下当大臣的禄东赞设计跑回来，赶上了文成公主一行。噶尔为了坚定公主舍弃中原前往吐蕃的决心，便找来两块像小磨盘一样大小的圆石，分别涂上金液和银汁，装在箱子里。见了文成公主后，假说是唐皇赐给她的金日银月宝镜，打开箱子却发现是两块涂抹了金粉、银粉的石头。禄东赞借机说唐皇不疼爱女儿，用假东西骗公主。但文成公主看出了禄东赞的用心，便也借机表示了前往吐蕃的决心，把两块石头丢在地上，顿时，平地里冒出两座大山来，这就是有名的日月山。“日月山”在藏语里叫“多尼达”，意为“石头的日月”，这个名字就源于禄东赞用石镜替换日月宝镜的传说。生活在青海一带的汉族，直到新中国成立前，新娘出嫁时还会在胸前背后各挂一面铜镜，象征日月宝镜。又如进入拉萨的传说：当文成公主快要抵达拉萨时，人们询问赞普松赞干布，文成公主从哪个方向进拉萨，以便准备盛大的欢迎仪式。松赞答道：公主是救度母化身，神通变化莫测，从哪个方向进拉萨都有可能，四方臣民都要做好准备。于是拉萨四面八方的人们都做了充分的准备。等到公主进入拉萨以后，东西南北四方的臣民都说是他们迎来了公主。因此，东方的渡口叫“汉女渡”，北方的村庄叫“迎主村”，西方的草滩叫“公主滩”，南方的山谷叫“公主谷”。这则传说，见于《贤者喜宴》等书，它还被人们编成了民歌在民间流传。

关于文成公主，还有许多其他传说。比如，公主经过阿坝地区吃梨时，丢下三颗梨种，长出了雪花梨。公主到吐蕃工布地区的路纳地方，遇到一条小河过不去，便找了一根树干横在河上，搭了一座独木桥过去了。过河后，一只小鸟飞来说：“公主，公主，这儿过不去！”公主拔一把羊毛撒在沼泽地上，就走过去了。从此，路纳地方的牛羊一直长得又肥又壮。还有，公主的随行人员中有医术高明的医生，为藏族百姓医疗疾病，等等。公主到拉萨后，应松赞干布的要求，建立大小昭寺，大昭寺举行奠基礼时，公主在寺前亲手栽下了唐皇和皇后在长安灞桥赐给她的柳枝，表示自己要像柳树一样扎根在西藏高原，这就是"公主柳"的来历。清代诗人杨揆有《唐柳》诗以咏事："一种灵和树，婆娑倍可怜。根株依佛土，栽植记唐年。照影曾临水，牵情乍禁烟。晓风江岸上，斜日寺门前。……昙华分妙相，贝叶订前缘。过客刚闻笛，逢君暂寄鞭。飘零真有憾，憔悴正无眠。草暗条思寄，鸦归薄暝天。攀条思寄远，垂手重流连。"[1]为了挡风固沙，帮助松赞干布在这片荒漠上创基立业，公主砍下这棵已经长大的柳树枝条，带头广植柳树，民众见了也学习她的精神，广植柳树。至今拉萨处处都有很多古柳树，特别是有不少左旋柳；龙王潭内有很多直径一二米的参天的柳树，有的是倾斜的大左旋柳。据说，当时因为拉萨多刮旋风，这些柳树宁转不折，便长成了令人叫绝的左旋柳，等等。

拉萨还有一个与文成公主相关的传说。拉萨河南岸宝瓶山上宗赞寺供奉的是护法神次宗赞，次宗赞当年是护送文成公主和释迦牟尼十二岁等身像的大将，也许他就是文献中记载的拉萨释迦牟尼十二岁等身像的大力士之一鲁嘎吧，因为护送有功被封为护法使者。他被封为护法使者后，与一位当地叫白拉姆的蔡公堂姑娘相恋，经常约会，相亲相爱。白拉姆与"班丹拉姆节"有关，在拉萨的传说中，"班丹拉姆"意为"吉祥天女"，她是藏传佛教最高护法神之一，同时也是拉萨的地方保护神。她有三个女儿，大女儿叫"白拉日珠"，蛙脸女神，双眼鼓起，嘴巴裂到耳际，像弯弯的月牙；二女儿叫"东苏拉姆"，因好吃懒做，被母亲赶出家门；白拉姆，是班丹拉姆的小女儿，美丽而仁慈（母女二位女神像在大昭寺二楼与三楼之间的小神殿）。白拉姆与次宗赞恋爱，遭到母亲班丹拉姆强烈反对，母亲对他们进行了残酷的惩罚：把次宗赞赶到拉萨河南岸的宝瓶山上，不准过河来到北岸与女儿见面，也不允许女儿过河到南岸与情人见面。规定每年藏历十月十五日，准许他们隔着宽阔的拉萨河互相见一次面，而且时间极短，不到普通人喝一碗酥油茶的时间。一天，八世达赖强白嘉措站在布达拉宫顶上，看见次宗赞大神正在风雨交加的宝瓶

[1] （清）松筠、黄沛翘撰：《西招图略·西藏图考》，拉萨：西藏人民出版社，1982年。

山上痛苦游荡，无处藏身，于是派人在拉萨河南岸修建了次角林寺，并封他为次角林村的保护神和次角林寺的护法神。拉萨妇女同情白拉姆，将每年藏历十月十五日，也就是白拉姆和次宗赞隔河相望的这一天，定为妇女最隆重的节日，这就是拉萨传统的“吉祥天女节”，即“白拉姆节”。这一天清晨，家家烟囱升起袅袅桑烟，同时还要插起祈祷经幡，请女神赐予吉祥和欢乐。门前撒上吉祥的白灰图案，丈夫要给妻子送礼物，父亲要给女儿发赏钱，还有人在这天给老少女人发放布施，以示对妇女的尊重。家境较好的妇女，头戴巴珠，身穿盛装，早早涌进大昭寺，在白拉姆神殿顶礼膜拜，祈求幸福和美丽。每当藏历十月十五日，大昭寺的僧人把白拉姆的神像从寺内抬出来，围绕八廓街绕行一圈，接受信徒们特别是妇女的礼拜；当行进到八廓南街夏扎大院时，将神像放下，使其正对着拉萨河南岸的次角林寺；而次角林寺的僧人们同时抬出次宗赞神像，使其正对着八廓南街，使得他们俩遥遥相对，真的是有点情人凝神相望的痴情。有人说，这时候的白拉姆神像，会在忧愁中略现惊喜的表情，甚至还会掉下眼泪。人们为了表现女神此刻的心情，就在她的脚下摆一个炒青稞的铁锅，象征她犹如赤着脚踩在烧红了的铁锅上一般焦急和难过。后来演变为藏历四月十五日，即文成公主到拉萨的日子，人们从公堂寺将次宗赞像迎回次角林宝瓶山坡的宗赞寺，次角林的村民们与次宗赞神像一起过林卡，称为“鲜花供佛节”。当代，人们便将这个犹如内地男女情人分隔在河两岸一年见一次面的“七夕节”，定为西藏的“情人节”。届时，拉萨各地人们尤其是青年男女都要纷纷前来参加过林卡节，并希望在这个情人节能邂逅自己的有情人，谱写一曲浪漫的爱情故事。至今在蔡公堂乡还有一座白拉姆神殿，每当藏历十月十五日，妇女们特别是年轻爱美的姑娘们都穿上节日盛装前去朝拜，希望女神赐予美丽和实现爱情的愿望。

（二）文成公主随带入藏的汉文化和入藏后的文化影响

据《西藏王统纪》记载，文成公主出嫁，“唐王以释迦佛像、珍宝、金玉书橱、三百六十卷经典、各种金玉饰物作为公主的嫁奁。又给与多种烹饪的食物，各种饮料，金鞍玉辔，狮子、凤凰、树木、宝器等花饰的锦缎垫帔，卜筮经典三百种，识别善恶的明鉴，营造与工技著作六十种，治四百零四种病的医方百种，诊断法五种，医疗器械六种，（医学）论著四种……又携带芜菁种子，以车载释迦佛像，以大队骡马载珍宝、绸帛、衣服及日常必需用具……”[1]当年文成公主携带入藏的“觉卧”佛像，即释迦牟尼十二岁等身像。见到这尊“觉卧”佛像与见到佛陀本人一样，因为佛祖在世时亲自为等身像开了光，散花加持，最后藏于印度金刚座寺。南北朝时期，印度君主将这无价之宝送给中国；又过了几百年，唐太宗将文成公主许配给吐蕃赞普松赞干布，此佛像作为国宝也被赐给文成公主携带进藏。在松赞干布的主持下，文成公主修建了小昭寺，供奉“觉卧”佛像。松赞干布去世后，其孙芒松芒赞继承了王位，当时盛传武则天将派大军攻打拉萨夺回佛像，吐蕃王臣匆忙把佛像转移到大昭寺南门内隐藏，同时把小昭寺内的释迦牟尼八岁等身像挪到大昭寺。公元 8 世纪初，金城公主来到西藏，先后前往大小昭寺寻找佛像，后来在大昭寺佛殿度墙内找到了这尊释迦牟尼十二岁等身像，并将它安置在大殿中央。从此这尊佛像成为大昭寺的主佛，也代表了藏传佛教的精髓，成为千百万佛教徒的信仰中心[2]。

唐代诗人王建在《凉州行》中曾这样描绘：“蕃人旧日不耕犁，相学如今种禾黍。驱羊亦著锦为衣，为惜毡裘防斗时。养蚕缫丝成匹帛，那堪绕帐作旌旗。”[3]

据《资治通鉴》卷一九六《唐纪十二》记载：“赞普大喜，见道宗，尽子婿礼，慕中国衣服、仪卫之美，为公主别筑城郭宫室而处之，自服纨绮以见公主。其国人皆以赭涂面，赞普下令禁之。”入唐的吐蕃人，更是“服改毡裘，语兼中

[1] 《西藏地方历史资料选辑》，北京：生活·读书·新知三联书店，1963 年，第 6 页。
[2] 索穷：《拉萨老城区八廓游》，北京：中国藏学出版社，2008 年。
[3] 见《全唐诗》卷二九八，北京：中华书局，1979 年。

夏，明习汉法”。张云先生在其《丝绸文化·吐蕃卷》中认为，在唐代留下的敦煌壁画里，吐蕃人的服饰既有自身特征，又多有唐人影响的痕迹，甚至有了唐服的式样。如第159窟赞普礼佛图中，赞普头戴朝霞冠，长袖、宽襟、披肩、左衽，即是其证。1956年，著名藏学家李有义先生发表论述《藏族人民和汉族人民的传统友谊》，文中说，直到现在，“在西藏地方则保持了许多唐代汉族的生活方式和习俗”。正因如此，唐朝诗人陈陶《陇西行四首》咏道：“自从贵主和亲后，一半胡风似汉家。”[1]

文成公主修建大昭寺后，经过观察认为：“天如八辐轮，吉祥无比；地比莲瓣，福运亨通；群山如吉祥徽，瑞相供照。”便以“妙莲”“宝伞”“右旋海螺”“金轮”“胜利幢”“宝瓶”“金鱼”等珍宝为四周群山命名。公主描绘道：东方山岭起伏，状如猛虎将跃；西方两山谷，恰似雄鹰展翅；南面流水迂回，形如青龙盘旋；北面岭叠坡缓，活像灵龟爬行。故山峰命名：东南为“敏珠杂日”，东北为“雀本益西”，西北为“根培乌则”，西南为“曲杰乌拉”。这些名称流传至今。[2]

加查县可以意译为“汉盐县”。该县城西面的山坡上，有一大片岩石和一个岩洞，岩洞里一年四季渗出涓涓的泉水，其味苦咸，含有盐分。关于泉中盐的来源，有这样一个故事：很久以前，加查地方不产盐，这里的人们吃盐不容易，百姓苦不堪言。后来，据说文成公主路过这里，她看见百姓的这种困苦，就把从内地带来的盐巴撒进了泉水中，由于文成公主是度母的化身，有无限神通，盐巴撒进泉水后，流出来的泉水就变成咸水，能够常年不断地流出盐水来。这种盐水不仅可以吃，而且还能治疗疾病。为了纪念文成公主的恩情，当地人就把这眼泉取名为“加查”——汉盐。山南琼结有个村庄擅长酿白酒，传说当地人从前只会以酒曲发酵低度数的青稞酒，文成公主来到西藏后

[1] 参见蒲文成、王心岳：《汉藏民族关系史》，兰州：甘肃人民出版社，2008年。
[2] 参见《中华通鉴·西藏卷》，北京：中国藏学出版社，2013年。

曾长时间居住在山南，遂将蒸馏白酒的技术传授给他们，代代相传，该村遂成为著名的酿酒村。

西藏民歌《邀来花朵的使者》唱道："绿色如茵的草原，被花朵点缀得分外娇艳；邀来花朵的使者，是风和日暖的春天。年轻俊俏的姑娘，被珠玉打扮得像一朵奇葩；带来珠玉的人啊，是阿姐迦萨（文成公主）。"另一首民歌《公主不辞辛劳》唱道："美丽的地方啊！名叫白归雄；那里种下公主带来的粮食种子，共有三千八百种。从遥远的内地，文成公主不辞辛劳，带来的工匠真多啊！共有五千五百名。对繁荣西藏工艺啊！打开了昌盛之门。从遥远的内地，文成公主不辞辛劳，带来的牲畜真多啊！共有五千五百匹。西藏的乳酪、酥油啊！从今起年年丰盛。"藏历十月十五日，相传是文成公主的生日，每年这天藏族人民穿着节日盛装，到大昭寺在寺前围绕公主柳转经，在寺内释迦牟尼佛像前点酥油灯祈祷；八大传统藏戏之一《文成公主》，演绎了松赞干布派大臣禄东赞去长安，经过唐皇出题在五国婚使七次比试中都胜出从而聘娶文成公主的故事；与此内容相同的还有一首古歌《文成公主》中说到第六次比试丝线穿碧玉珠时说："蚂蚁的腰为什么这样细？那是丝线系腰勒成的。"

还有一个文成公主居住在泽当昌珠寺时的故事。一年春天，她久居深宫感到寂寞了，就带着几名侍女悄悄溜出了王宫，来到雅隆河畔，被美丽的景色完全迷住了，一不小心滑入河中，但侍女们却不习水性，只能站在那里叫喊救人。这时前来背水的民女格桑卓嘎闻声赶到，奋不顾身地跳入河中将文成公主救起，并和侍女们一起把公主送回王宫。公主为感谢执意要把格桑卓嘎留在王宫，但格桑卓嘎婉言谢绝了，公主无奈，就要与格桑卓嘎结拜姐妹，格桑卓嘎欣然应允。就这样公主与格桑卓嘎时常往来，公主教格桑卓嘎纺纱织布，格桑卓嘎为公主酿酒打茶。

文成公主在西藏的有关故事、传说和民歌还有很多，确实是不胜枚举，这些都反映了文成公主在西藏所产生的巨大文化影响。

三、汉族史学对吐蕃的影响

在唐代,汉藏民族之间有过频繁而密切的文化交流,这表现在汉地知识分子开始对吐蕃历史进行记载和研究,形成唐朝国史编纂中的吐蕃部分。公元 781 年,吐蕃占领敦煌,开始了其长达近一个世纪的统治,敦煌的汉地文化及其学术传统对吐蕃产生了深刻的影响,吐蕃史学以及后来藏族史学的建立和发展,与这种文化交往有着直接联系。

当时唐蕃关系十分密切,仅自贞观八年(634)至会昌六年(846)这二百一十二年间,据谭立人等专家统计,唐蕃互使总数二百九十多次,其中吐蕃遣使一百八十多次,唐使入蕃一百多次[1]。公元 705—821 年间,唐蕃还有八次重大的会盟。在这样频繁的交往中,大量的吐蕃国书、表诏被唐朝史馆所收存,而吐蕃来使在与政事堂、礼宾院、鸿胪寺及职方司等等机构打交道时,也有公函文书上的来往传递,《全唐文》中就收录大量吐蕃送交的官方文书。吐蕃还学习内地史书及文化制度,为赞普设立史官,主持《起居注》的书写。比如《新唐书·吐蕃传》专门引用了长庆会盟时唐使刘元鼎访吐蕃时报告的部分内容。据王忠先生推断,《新唐书·艺文志》中所收录的《西蕃会盟记》三卷应该是刘元鼎这份报告的全文[2],其记载吐蕃历史社会情况颇为详细。另外,《册府元龟》记载刘元鼎在吐蕃议盟时的具体情形,也参考或引用了《西蕃会盟记》的文字段落。文中述及唐蕃双方设盟立誓时,有这样的记录:“使钵掣逋读誓文,则蕃中文字,使人译之。”据《册府元龟》所记的汉译文内容看,当时会盟的文本与现存拉萨的《唐蕃会盟碑》正面内容基本相同,由此可见,当时汉藏之间文书交换的正规严谨。由于唐朝国史对吐蕃史料保存甚多,因而又很快反过来引起吐蕃史学家的注意。据《白史》所说,吐蕃时代后期曾经有人阅读过唐朝的史籍,并有译师万芒穆将《唐书》首次译成藏文。

[1] 该数据由西藏民族学院顾祖成教授提供。

[2] 刘元鼎著《使吐蕃经见记略》是该报告的一部分。

13世纪又有汉地译师胡绛祖同蒙古国师仁钦扎巴将《唐书》译文于阳木牛年（1265）刊行于世。藏族著名史学家蔡巴·贡噶多吉的《红史》就专门把《唐书·吐蕃传》所记吐蕃内容予以摘抄。除《红史》外，藏族史学著作中明确表示曾经引用了《唐书》记载的还有《青史》《贤者喜宴》《西藏王统记》《新红史》等。关于《唐书》记载藏族史准确性的问题，《红史》作者蔡巴·贡噶多吉认为，“其中纪年中有几处错误，将吐谷浑误为突厥，将和田误为沃田等。此外与藏文史籍记载大致相符，故摘其大要抄录在此”。

敦煌的写史、学史、讲史传统直接影响了吐蕃人，加强了他们对历史的重视程度。比如，由吐蕃王室史官编写的如《大事记年》之类的史书之所以会在敦煌出现且有不同的写本，有学者认为，这是因为吐蕃受汉族史学的影响，形成了一种特殊的史学著作——史学指南，首要是为行政当局提供诏令颁布、士兵募集、政治决策、对外邦交等方面的情况，同时提供年代学的日期；也有学者认为，吐蕃政府的各地方机构抄录或摘录这类史书，是因为地方官员要依照各自的需要，以王朝中央的指令行事；同时，如《赞普传记》《赞普世系》一类著作，还可以成为远离家乡的吐蕃人讲史的参读本。[1]

在讲史方面，吐蕃人与敦煌汉人之间互相影响，也促进了敦煌本地史学和文学的发展。敦煌变文是市井流行的一类通俗文学，包含不少历史演绎故事。这类变文是当地政府所鼓励的一种文学形式，主要以历史教化大众，通过历史故事的通俗化宣讲，达到劝善行化、维护社会安定的目的。各类变文通常以说唱形式为主，即叙述性的散文配合有音乐伴奏的歌词。这种文学体裁的表达方式较为浅显，容易为民众所接受。据向达先生考证，敦煌变文说唱体的起源当在唐开元、天宝年间（甚或7世纪），主要受寺院俗讲文学的影响。而寺院俗讲文学，追溯其源头，则与南朝清商旧乐有关。值得注意的是，

---

［1］ 参见孙林：《汉藏史学的交流以及敦煌学术传统与吐蕃史学的关系》，《西藏民族学院学报》（哲学社会科学版）2004年第4期。

敦煌藏文历史著作中的《赞普传记》,也采用了类似的说唱体,即在散文叙述中插入歌辞。由于其记事自松赞干布时期直到赤松德赞时代,因而该传记的创作时间当在赤松德赞之后,即8世纪末或9世纪初以后,较敦煌变文为晚,且出现于敦煌。联系敦煌变文普遍流传的现象,吐蕃藏文《赞普传记》说唱文体的出现,当与敦煌变文有一定关系。就历史渊源而言,吐蕃人历来有着崇尚歌舞、喜唱祖先故事的传统,如文成公主入吐蕃诸事,很早就在民间以"朗达"("朗达"即"传记"之意,据考起源于7世纪左右)的形式传唱。因此,敦煌藏文本《赞普传记》的说唱文体,很可能是在吸收变文特点的基础上,融合了本民族传统的"朗达",又经过藏族史学家的加工而形成。从文化交流的角度来说,吐蕃的说唱文对敦煌变文也有影响。如《虞舜至孝变文》(《舜子变》)和《王昭君变文》《伍子胥变文》,都是类似的散文加歌韵的形式,与《王陵变文》《捉季变文》等纯粹的韵文形式不同,其句法与用韵也颇为特别,歌词中长偈短句的句式、重复对句和叠韵等,颇类《赞普传记》中的歌辞风格;尤其是《虞舜至孝变文》中的歌辞,通篇以六字句法叙述,与《赞普传记》中歌辞的六字句法有相近之处。关于汉藏民族在文学方面的交流,法国学者石泰安也有独到的发现。他在《西藏的文明》一书中认为,敦煌藏文古歌辞中衬字、叠句、重复对称原则的使用,应来自相当古老的传统,与汉地文学有一定关系。比如,其最常见的衬字"hi",就与《楚辞》中的"兮"音义一致。近年来,国内学者中也有观点认为,敦煌变文的源头是《楚辞》。由此可见,汉藏民族之间、藏文古歌与敦煌变文之间相互影响和相互作用的可能性确实存在。无疑,汉藏这两种"史传文学"之间的"血缘关系",在敦煌这一独特的地方性的多民族的长期交流与融合的背景之下,已呈现出浓郁的多元文化色彩。[1]

---

[1] 参见孙林:《汉藏史学的交流以及敦煌学术传统与吐蕃史学的关系》,《西藏民族学院学报》(哲学社会科学版)2004年第4期。

四、“唐蕃会盟碑”在汉藏文化交流史上的重要地位

“唐蕃会盟碑”，又称“甥舅和盟碑”“长庆和盟碑”，自公元9世纪保存至今，今天仍矗立在拉萨大昭寺门前。它不仅是铭刻了藏汉民族之间源远流长的友好关系的珍贵历史文物，而且是汉藏文化艺术交流的历史见证，在汉藏文化交流史上具有十分重要的地位。

唐穆宗长庆元年（821），吐蕃赞普墀热巴坚派遣使臣论纳罗赴长安（今陕西西安），向唐朝请盟。是年九月，唐穆宗命宰相及文武大臣等十七人与吐蕃使臣会盟于长安西郊，接着派遣大理寺卿刘元鼎为会盟专使，随吐蕃使臣赴藏。翌年四月，一行人到达逻些（今西藏拉萨），五月在逻些设立盟坛，吐蕃最高僧官钵阐布参加会盟并诵读誓约。唐长庆三年（823），吐蕃将盟文刻石立碑，有藏汉两种文字对照，树于大昭寺门前，并举办了隆重的落成典礼，唐朝使臣杜载等人参加。

“唐蕃会盟碑”高三百四十二厘米、宽八十二厘米、厚三十五厘米，西面（阳面）、两侧用藏汉两种文字刻录盟誓全文，以及唐蕃双方参加会盟人员的姓名和官职；东面（阴面）用藏文记录了藏汉民族的友好关系史实，以及在长安、逻些两地盟誓的重要意义。“正是这种民族友好关系的保持和发展，才为各民族共同缔造统一的、多民族的伟大国家奠定了坚实的基础。”[1]

“唐蕃会盟碑”碑文（录文及译文）如下：

（西面文字）

大唐文武孝德皇帝与大蕃圣神赞普，舅甥二主，商议社稷如一，结立大和盟约，永无沦替，神人俱以证知，世世代代，使其称赞。是以盟文节目，题之于碑也。

[1] 参见江维祝：《〈唐蕃会盟碑〉所提历史人物考》，《西藏研究》1997年第2期。

文武孝德皇帝与圣神赞普猎赞陛下二圣舅甥，睿哲鸿被，晓今永之屯亨，矜愍之情，恩覆其无内外。商议叶同，务令万姓安泰，所思如一，成久远大喜，再续慈亲之情，重申邻好之义，为此大好矣。今蕃汉二国所守见管本界，以东悉为大唐国境，已西尽是大蕃境土，彼此不为寇敌，不举兵革，不相侵谋。封境或有猜阻捉生，问事讫，给以衣粮放归。今社稷叶同如一，为此大和。然舅甥相好之义善谊，每须通传，彼此驿骑，一往一来，悉遵曩昔旧路。蕃汉并于将军谷交马，其绥戎栅已东大唐祗应，清水县已西大蕃供应，须合舅甥亲近之礼，使其两界烟尘不扬，罔闻寇盗之名，复无惊恐之患。封人撤备，乡土俱安，如斯乐业之恩，垂于万代，称美之声，遍于日月所照矣。蕃于蕃国受安，汉亦汉国受乐，兹乃合其大业耳。依此盟誓，永久不得移易，然三宝及诸贤圣，日月星辰，请为知证。如此盟约，各自契陈，刑牲为盟，设此大约。倘不依此誓，蕃汉君臣任何一方先为祸也，仍须仇报，及为阴谋者，不在破盟之限。蕃汉君臣并稽告立誓，周细为文，二君之验，证以官印，登坛之臣，亲署姓名，如斯誓文，藏于玉府焉。

（东面译文）

大蕃圣神赞普可黎可足与大唐文武孝德皇帝和叶社稷如一统，立大和盟约，兹述舅甥二主结约始末及此盟约节目，勒石以铭：

圣神赞普鹘提悉补野自天地浑成入主人间，为大蕃之首领。于雪山高耸之中央，大河奔流之源头，高国洁地，自天神而为人主，伟烈丰功，建万世不拔之基业焉。王曾立教法善律，恩泽广被，内政修明，熟娴谋略，外敌慑服，开疆拓土，权势增盛，永无衰颓。此威德无比雍仲之王威严煊赫，是故，南若门巴天竺，西若大食，北若突厥拔悉蜜等虽均可争胜于疆场，然对圣神赞普之强盛威势及公正法令，莫不畏服俯首，彼此欢忭而听命差遣也。东方之地曰唐，地极大海，日之所出，此王与蛮貊诸国迥异，教善德深，典笈丰闳，足以与大蕃相颉颃。初，唐以李氏得国，当其创立大之二十三年，王统方一传，圣神赞普弃宗弄赞与唐主太宗文武圣皇帝和叶社稷如一，于贞观之岁，迎娶文成公主至赞普牙帐，此后，圣神赞普弃隶缩赞与唐主三郎开元圣文神武皇帝重协社稷如一，更续姻好。景龙之岁，复迎娶金城公主降嫁赞普之衙，成此舅甥之喜庆矣。然，中间彼此边将开衅，弃却姻好，代以兵争，虽已如此，但值国内政情孔急之时仍发援军相助（讨贼），彼此虽有怨隙，问聘之礼，从未间断，且有延续也，如此近厚姻亲，甥舅意念如一，再结盟誓。父王圣神赞普弃猎松赞陛下，深沉谋广，教兴政举。受王之慈恩者，无分内外，遍及八方。四境各部，来盟来享。与唐之好夫复遑言，谊属重亲，地接比邻，乐于和叶社稷如一统，甥舅所思熙融如一。与唐王圣神文武皇帝结大和盟约，旧恨消泯，更续新好。此后，赞普甥一代，唐主舅又传三叶。嫌怨碍难未生，欢好诚忱不绝，亲爱使者，通传书翰，珍宝美货，馈遗频频，然，未遑缔结大和盟约也。甥舅所议之盟未立，怨隙萌生，盖因彼此旧日纷扰、疑虑，遂使结大和盟事，一再延迟，倏间，即届产生仇仇，行将兵戎相见，顿成敌国矣，于此危急时刻，圣神赞普可黎可足陛下所知者聪明睿哲，如天神化现；所为者，悉合诸天，恩施内外，威震四方，基业宏固，号令遍行，乃与唐主文武孝德皇帝舅甥和叶社稷如一统，情谊绵长，结此千秋万世福乐大和盟约于唐之京师西隅兴唐寺前。时大蕃彝泰七年，大唐长庆元年，即阴铁牛年（辛丑）冬十月十日，双方登坛，唐廷主盟；又盟于吐蕃逻些东哲堆园，时大蕃彝泰八年，大唐长庆二年，即阳水虎年（壬寅）夏五月六日也。双方登坛，吐蕃主盟；其立石镌碑于此，为大蕃彝泰九年，大唐长庆三年，即阴水兔年（癸卯）春二月十四日事也。树碑之日，观察使为唐之御史中丞杜载与赞善大夫高口口等参与告成之礼。同一盟文之碑亦树于唐之京师云。[1]

[1] 王尧：《唐蕃会盟碑疏释》，《历史研究》1980 年第 4 期。

从碑文可知，此时不仅汉藏文互译已经达到比较娴熟规范的程度，汉藏历算也相互吸收运用，石碑雕刻纹饰也都有明显的汉藏风格融合的印记。“唐蕃会盟碑”不仅是汉藏友谊万古长青的象征，其本身确实也是汉藏文化艺术交流融合的产物。

“唐蕃会盟碑”还引证了藏汉的亲缘关系，金城公主在世时开启的双方会盟协商机制，成为唐蕃友好的固定手段：756年光宅寺会盟，765年、767年兴唐寺会盟，783年清水会盟，以及822年前后长庆会盟。大昭寺前的“唐蕃会盟碑”，正是长庆会盟时树立，它正式确立了唐蕃之间的亲缘关系。关于这种亲缘关系，还有一个流传的民间故事：金城公主生下赤松德赞后，嫉妒心强烈的妃子那囊氏夺走了王子，以药物涂在乳房上流出乳汁，谎称是自己所生。大臣们为了辨认生母，将王子置于一个坑中，让那囊氏和金城公主去抱。金城公主首先把孩子抱到手里，那囊氏拼命来抢，金城公主怕孩子受伤，立刻放了手，那囊氏高兴地抱走了孩子。大臣们明白王子是金城公主所生，但是，由于顾忌那囊氏家族的权势，赞普和大臣们一时也无可奈何。王子周岁时，按当时习俗，要举行“能步庆典”。赞普特地请来大唐使节和那囊氏家族，用一只金杯装满青稞酒，让王子去敬自己的“亲舅舅”。这时，那囊氏家族的人拿着披风、首饰、玩具和花衣服等逗引王子，然而王子恍若不见，大声说：“我是汉家的亲外甥，那囊家族的人怎能当我的舅舅！”这个故事记载于五世达赖所著的《西藏王臣记》中，五世达赖的时代与金城公主的时代已相隔近千年，可以想见，这个故事是如何在民间一代代地口耳相传，直到被官方文献发掘。因此，藏汉亲缘关系不仅是史书的定义，更是民间的定义[1]。

[1] 参见杨玫：《苍茫天路唐蕃古道》，西藏自治区出版资助项目送审打印稿，第23页。

五、汉地天文历算对吐蕃的影响

第司·桑结嘉措所撰藏族天文历算著作《白琉璃》载:“松赞干布的父亲朗日伦赞时期,由汉地传入算学。”《汉藏史集》不仅具体记载了“朗日伦赞的时期,由汉地传入历算六十甲子”,而且明确地说“这是吐蕃最早的(医药和)历算”。

到了松赞干布时期,唐朝文成公主入蕃和亲,带了不少汉地书籍到吐蕃,其中相当部分是天文历法著作。《汉藏史集》说,文成公主带来了《占卜历算之书六十种》(也译作《五行图经六十部》)。《玛尼宝训》却记载“文成公主带到吐蕃的这种五行图经原为八十部”。《西藏王臣记》也说,文成公主所带之物中有“汉地五行图经三百部”。《贤者喜宴》又说,文成公主带去“《八十部占筮历算法》(一作《博唐八十数理》)、《五行珍金包罗》、《密意根本之精》、《珍宝之堆》、《五千综述》以及黄历等”。其中有五行(水、火、木、金、土)、阴阳、八卦、九宫、十二生肖、六十年干支周、八十博唐算图表、占卜和堪舆之术等的书籍。这些著作的传入,对于藏族天文历法的发展起了决定性的作用。

与此同时,松赞干布与文成公主也选派了聪明的藏人前往汉地学习天文历算知识。据《汉藏史集》载:“拉萨大昭寺建成三年后,因吐蕃臣民不会计算岁时四季,不会区分吉凶祸福……挑选了吐蕃人中聪明有识的察尼丹、朗措多勒、甲迦冬衮、达米达卡等四人……他们到汉地后,分别拜见了汉地的四名学者……学会测算生死、推算时节之后,结伴返回吐蕃……将他们学会的占卜历算之法全部译成藏文。”当时,“为了学习唐朝的历算,松赞干布挑选了四名睿智之士前往唐土,每人赐金盘一个、银币八枚、金币一枚、金沙半升,令其学习测算生死,推算四季时节之法,学成之后必有重赏。四人来到汉地后,先后拜四位汉地历算大师为师,其中向学问最为渊博的嘉赤摩诃衍那学习了一年零七个月的时节推算之法,同时还学习了《明灯书》《卦书》《天地寻迹》和《纸绳卦术》等测算之法。学成返回吐蕃后,松赞干布命令将所学占卜历算之法内容全部译成藏文,并令他们在驾前演习,互相讲授、提问、指正。

其中甲迦冬衮学问最为精到，深受松赞干布和朝中诸臣的喜爱。他的儿子甲迦嘉措对汉地历算也极为精通，父子二人相继担任国王宫廷的卦师。”[1]据敦煌 P.T.1286 号、P.T.1287 号和 P.T.1288 号藏文写卷，吐蕃早期的纪年采用十二生肖纪年法。唐朝的历算传入吐蕃后，在甲子纪年法的基础上逐渐演变成了一种新的纪年方法。十天干和十二地支相互搭配的甲子纪年法在此发展成为五行、十二生肖和阴阳结合的纪年方法，并且在 9 世纪以后的官方文书中得到了大规模的运用。伯字 127 号伯希和敦煌写卷比较完整地保存下了此纪年法的部分搭配体系。在此体系中，汉文化五行内容金木水火土中的金被铁替代。至今仍矗立在拉萨的《唐蕃会盟碑》即是吐蕃早期使用汉族纪年法的重要例证。

《白琉璃》中则记载，文成公主来藏后，兴建了大昭寺，把益西杰瓦、藏玉谢、卓聂丹巴和惹拉钦派往汉地求学，向老师巴瓦匆匆学译《九部续》《三部续》《密图十五卷》，此初译也。[2]在敦煌，对五行法、九宫法、干支法以及建除直日、七曜直日、二十四节候、太岁星位算法等历法的运用一应俱全。敦煌所发现的历书中，除官方向全国颁行的所谓“官历”外，还流行当地自制的私历，这个现象尤其以吐蕃占领敦煌以后及归义军时期最为突出。在敦煌当地流行的自制历法中，用藏文写的“推五姓法”和汉文“九宫配十二地支纪年月法”两种最为重要。

“推五姓法”在敦煌汉文历算中颇为普遍，当时的具注历，是一种既显示日月节气，同时又在每日的页面上提供日常生活各种规范和吉凶征兆解说文字的日历。所谓“五姓”，即指宫、商、角、徵、羽五音，配以金、木、水、火、土五行，用以建筑、占卜、命名及预测、解说征兆等。在敦煌发现的有关五姓的藏

[1] 达仓宗巴·班觉桑布：《汉藏史集》，陈庆英译，拉萨：西藏人民出版社，1986 年，第 163—166 页。

[2] 张天锁：《西藏古代科技简史》，郑州：大象出版社；拉萨：西藏人民出版社，1999 年，第 73 页。

文文书现藏于法国巴黎图书馆，编号 P.T.127，原无标题，但行文中有“人姓归属五音经”的说法，故而可以简称为“推五姓法”。这份写卷以五姓、五行推算百家姓所属范畴，其中也有较具研究价值的说法，如第 10—14 行，记录了五行合与克的关系：“行不合者，金与火不合，木与火不合，水与火不合；行合者，土与水配时合，土与火配时合，土与木配时合，土与金配时合，两水配时合，两火配时合，两木配时合，两金配时不合，火与金不合，木与金不合，水与金合，水与木合。”从其说法看，五行之间的合与克的关系与汉族五行生克之原理基本一致，但也有其特别之处，如两水、两火、两木相配的说法就为其所独有。另外，这份藏文写本中关于五行的名称与后世藏文略有不同，即以“色”（黄金）来对译汉字的“金”字，这与后世藏文以“夹”（铁）译汉字的“金”相比，更切合汉字原意。由于敦煌文献中存在许多汉文的涉及阴阳宅基的五姓卷子，其内容都是以阴阳配五行和天干，因此藏历中所具有的阳木、阴木对应甲、乙，以阳火、阴火对应丙、丁，以阳土、阴土对应戊、己，以阳铁、阴铁对应庚、辛，以阳水、阴水对应壬、癸，还有以十二生肖对应十二地支的观念，可能从敦煌又一次对吐蕃进行了传播。敦煌历书中九宫推算法的记时原理与后来藏历九宫算法原理完全一致，证明了二者之间是有所影响的。

藏传佛教大师布顿·仁钦珠（又作布敦·仁钦朱）所著《善逝教法史》（一译《佛教史大宝藏论》）中载：藏王赤松德赞时，曾派大臣桑希到唐朝聘请和尚，当时有位木雅和尚，长期定居于浪卡子一带，康巴噶逻就是这一家族的后裔。康巴噶逻不仅精通西藏的天文历算，还精通汉语文，他在藏地推广汉地的《皇历》《羊脂玉》《玉匣记》《九天历》等。此后，他还根据观察西藏地区的星象、四季变化的丰富经验，结合汉历知识写成了《老人窍门算》，在藏区推广。[1]他的后裔、诵持密咒的伦珠白，和许多精通天文星算的学者，一起创造了“山洞算法”。目前的藏历就是按照“山洞算法”为推算的理论根据。

[1] 参见吴健礼：《古代汉藏文化联系》，拉萨：西藏人民出版社，2009 年，第 195 页。

公元710年，唐朝金城公主下嫁吐蕃赞普赤德祖赞，又带来了许多历算著作，并把以《算学七续圣典》《八支》为重点，关于五曜、八卦、九宫、七曜和二十八恒星的算法解译成藏文；她还诚邀当时汉地著名的算学家桑孜到吐蕃，讲述了许多算学、地学（观察地形占卜）的学问。此后还有汉地历算学者土华那波先后两次入藏教授各种历算方法，第一次把共同性算学翻译成藏文；第二次赴藏后，著述了《珍宝明灯》《冬至至夏至周期图》《五行珍宝密精明灯》等典籍。这些典籍现在都还保存在西藏的祖国早期天文星算的重要典籍里。土华那波的弟子众多，其中康巴·查吴、穷布·唐波最为出类拔萃。赤松德赞以后，从汉地取得的许多算学译著，就是由这两位藏人和穷布多巴、禅卡白玛、强钦札巴、穷纳夏塔尔等人在吐蕃广为传播。同时，赤松德赞曾迎请了不少汉地学者（僧人），他们不仅翻译佛经，而且翻译天文历算著作，如"汉地学者毕洁赞巴就翻译了《五行图表》及《五行算》"[1]。赤德祖赞时有黄历历书《暮人金算》，还有或出自突厥或吐谷浑的《祝孤地方的冬夏至图表》，出自于新疆和阗的《李地方的属年》，穷氏之《穷算六十》，来自克什米尔的《央恰六十四个图表》，来自尼泊尔的《嘎尼羊孜》等，这些为西藏后期的天文历算的发展奠定了基础，提供了较为广泛的参照系统。此后汉地班智达土华那波、和尚马哈耶那、马哈惹乍帝瓦、毕其赞巴希拉和藏族康巴·查吴、穷布·唐波、朗措东亚、藏亚谢、麻雷侃、加玉桑等翻译了算学五行配法、三百六十分支等。

《敦煌本吐蕃历史文书·大事纪年》载："狗年（公元710年，庚戌年）赞蒙金城公主至逻些之鹿苑，别筑一城以居之。"[2]说明藏人使用十二属相纪年是比较早的。吐蕃王朝时期的"唐蕃会盟碑"有阴阳、五行、属相等纪年的记载："时大蕃彝泰七年，大唐长庆元年，即阴铁牛年（辛丑）冬十月十日，双方登

[1] 见《莲花生传》木刻版，第108页。

[2] 王尧、陈践译注：《敦煌本吐蕃历史文书》（增订本），北京：民族出版社，1992年。

坛,唐廷主盟;又盟于吐蕃逻些东哲堆园,时大蕃彝泰八年,大唐长庆二年,即阳水虎年(壬寅)夏五月六日也……其立石镌碑于此,为大蕃彝泰九年,大唐长庆三年,即阴水兔年(癸卯)春二月十四日事也。"

六、汉地医学对吐蕃的影响

吐蕃时期藏医学的迅速发展以至于初步形成体系,得益于比邻地区和民族的医药著作的翻译及医药知识、技术的传入,其中汉地的医药著作和知识、技术的传入是其最为重要的来源。据《西藏王统记》载:公元 641 年,唐文成公主入蕃,带有"治四百零四种病的医方百种,诊断法五种,医疗器械六种,(医学)论著四种"。据《雅隆觉卧佛教史》载:文成公主进藏时,携来汉地医学著作和器械,有"治疗四百零八种病的药方和药物一百种,诊断法五种,医疗器械六种,配药法四部和八观察法、六拔除法"等。医著中最著名的一部是《医疗大全》,又称《汉公主大医典》。这部医著经汉地和尚马哈德瓦和吐蕃译师达玛郭札译成藏文。这是西藏历史上最早的一部藏译医著。接着,吐蕃还请来唐朝的医生韩文海给赞普治病,韩文海还翻译了《大小中医方杂记》,传授脉诊学。这一时期,藏王松赞干布还邀请天竺医生巴热达札、大食医生卡利诺与汉地名医韩文海,共同编著了长达七卷的医著《无畏武器》。藏王命令,今后要以这三位医生的医术作为衡量其他医学的标准。松赞干布还派人到唐朝和天竺学医。藏医行业内涌现了以达玛郭札为首的一批藏族翻译家,他们翻译了一批汉地的医书,为藏汉医药文化的交流做出了贡献。

公元 710 年,金城公主入蕃时,再次带进大批工伎书籍。据《新唐书·吐蕃传》记载:"帝念公主年幼,赐锦缯别数万,杂伎诸工悉从。""杂伎诸工"中就有医师以及他们带来的医药著作。《贤者喜宴》则说,金城公主"又带来了许多……医学著作"。这些医学著作曾多次被翻译成藏文。第一次由汉族僧医马哈金达、汉族伎工贾珠嘎堪和许多藏族医生共计二十八人合作翻译。第二次相传医书由五台山僧人江伯阳编著,后传入印度,再其后又由堪布陆竹和藏族翻译家喷特却吉西绕从梵文译为藏文。第三次赤松德赞时期汉地某处藏有《月王药诊》,汉族僧医摩诃衍那借得此书,与藏族翻译家毗如遮那共同翻译成为藏文。而据藏文医著《医学总纲》载:金城公主带到吐蕃的医书《月王药诊》,是由汉地和尚玛哈蒂陀、汉族大臣贾珠嘎堪及藏人琼波译孜、琼波唐祖、久拉门巴等合作译为藏文的,又经汉族医僧悟慎和藏族著名译师毗卢遮那综合编述,吸收了西藏民间的医药学经验。藏文《月王药诊》以汉文医著为蓝本,有译有编,增加了许多藏地的医疗卫生经验,也吸收了印度的医学技术。《月王药诊》共一百零五章[1],载有植物、动物和矿物药物,以及许多治疗疾病的奇妙配方,还讲到穿刺放血和火灸,有木刻本流传至今。据考证,该书在诊脉、验尿、用药,尤其是医学理论等方面是完全近似中医内容的一部著作。它是藏医学史上现存的早期文献,也是中华医学的重要古典著作之一,为藏医学奠定了理论基础。该书不但有木刻版本,而且有铅印版本,1985年民族出版社出版了大乘和尚摩诃衍那和毗卢遮那译的藏文版《月王药诊》。第司·桑结嘉措在《四部医典蓝琉璃》中说:"老宇妥编写的《居悉》,参考了内地传来的《月王药诊》精华,加上西藏本地的具体情况。"《月王药诊》被认为是藏汉医学文化交流的结晶。

此外,还有汉地罗汉拟写的七十卷《诊宝》、七卷《阴宝》和二十五卷《火灸》。如英国学者李约瑟在其科技史著作中指出,西晋王叔和《脉经》就早已传入藏区,并被译成藏文。中国脉学就是通过西藏影响到印度和阿拉伯地区的。很多史实证明,汉医学对藏医学发展早期就有深刻影响,在藏医学中包含大量的汉医学理论和医疗实践知识,如阴阳五经、六淫病因学说、脏腑经络、脉诊和热症寒治、外病内治的辨证施治等。藏医学认为全身心脏为最重

[1] 有的藏文史料认为,此书是由后来的汉地和尚摩诃衍那和藏族著名大译师毗卢遮那所译,共有一百一十三章。

要，而不是古印度医学的肚脐，这恰是汉医学中的“心者，君主之官也，神明出焉”的反映。

赤松德赞十分重视发展医学，在他执政初期，从印度、汉地、哈密分别请来达玛拉扎、和尚马哈金达、赞巴希拉哈“三神医”，他们编译了《医学宝鉴》《甘露宝鉴》《晶鉴五十章》《尸体图鉴》《活体测量》《黄色书函》等医学著作，培养了东希尔麦保、昌迪·杰聂喀尔普、向拉毛丝斯等名医，对藏医学发展起了一定作用。后来又从汉地先后迎请了汉族医生东松康瓦、和尚巴拉、杭弟巴达和大食、印度、克什米尔、吐谷浑、和阗、尼泊尔等地共九位医生，是为“国王九太医”。他们翻译了一些医书，还合编了《紫色王室(朝)保健经函》。

“国王九太医”中，尤以汉族医生东松康瓦最受赤松德赞的器重。其名是赤松德赞赠送，为音译，意为“名贯四方之人”。他医术高超，应邀入蕃治愈了赤松德赞久治不愈的病。他将《杂病特诊》《验毒火焰轮》等十部汉地医书译介到吐蕃。他在吐蕃的封地上娶妻生子，终老吐蕃，声望极高，其后代为藏医北方学派传人。赤松德赞为使东松康瓦的医术广为传播，从全吐蕃选调了九位优秀青年，这就是上部(今日喀则和阿里地区)的乌巴·却桑、切杰·席波、比吉·列贡三人，中部(今拉萨和山南地区)的老宇妥·云丹贡波、米聂·荣杰、昌迪·杰桑三人，下部(今昌都地区)的聂巴·却桑、塔西·塔波、东巴·查杰三人。他们在东松康瓦等迎请来的名师精心培育下，都成为精通医术的著名医生，即藏医学史上所说的“吐蕃九名医”。其中，以老宇妥·云丹贡波最为出类拔萃，东松康瓦把自己所著《医治中风生轮》等三部著作赠送他，他学习吸收《医学大全》《无畏武器》《月王药诊》《紫色王室(朝)保健经函》等医书的精华，并在医疗实践中应用与检验，还多次去藏区各地、内地的五台山以及印度、尼泊尔等地游学考察，通过二十多年的实践和潜心总结研究，撰写出《四部医典》《实践明灯》《经验明了》等三十多部医学著作，这些医著奠定了藏医学完整的理论基础。特别是在四十五岁时，他编著成藏医学巨著《居悉》(即《四部医典》)，其内容中包含的脉诊，望闻问切方法，切脉的寸、关、尺之名称，还有火灸之术等，均取自汉地。据不完全统计，吐蕃时期有二十七部重要汉地医书传到藏区，有十一位汉族医生及和尚为译传这些医书而付出了辛勤劳动。如汉和尚摩诃衍那也是一位名医，兼通藏文，与藏族译师毗卢遮那合译医著《汉地后译》一书，共一百一十二品；他总结自己的行医经验，编出《配方十二品》，该著由吐蕃人注释，被称为《紫册》。

吐蕃时期的医学成就，还可以从敦煌文献如《医疗术》《火灸疗法》和《藏文针灸图》里看到。吐蕃时期已有了丰富的医疗术：穴位放血、火灸、灌肠、导尿、熏蒸、冷热敷、药水浴身、油脂疗法、穿刺术及针拨白内障等。望、闻、问、切是中医获取病人疾病信息的主要方法，切脉特别受重视。中医认为脉象的常变可以反映脏腑血气的变化，判断疾病的病位、性质、邪正、盛衰等。藏医认为，通过脉象可以看出脏腑器官的生理功能、病理部位、人体患病的类型。中医诊脉的部位在腕后桡动脉处。藏医取脉亦在桡动脉处，不仅其寸关尺部位相同，连名称也一样，其取法亦有浮中沉三候。显然，中藏医的诊断法具有比较的基础，在文化联系上是很密切的。[1]1983 年，民族出版社出版了《敦煌本吐蕃医学文献选编》（藏汉对照），这本选编集是原藏于敦煌石窟、20 世纪初被英人和法人盗走的四篇藏医学书的影印复制品。该书经中央民族大学罗秉芬和黄布凡编译，著名藏医学者强巴赤烈先生审定。这本选编的第一篇和第四篇是医疗术；第二、第三篇是火灸疗法。原书大约写于 8 世纪，被认为是迄今发现较早的藏医药学文献。强巴赤烈先生在序言中说："关于火灸疗法的文献中，在测定穴位时，有一寸、两分的说法，火灸有五壮、七壮、九壮等说法，很明显这是接受了祖国中医的影响，与此同时，还吸收了一部分印度和波斯医学成果，从而丰富本民族的医学。"

[1] 参见唐晋中：《中藏医脉诊比较研究》，《西藏研究》1992 年第 1 期。

七、汉地的五行、阴阳、八卦、占卜和堪舆术等对吐蕃的影响

据《西藏王臣记》载:"文成公主带来汉地五行图经三百部。"其中包括五行、阴阳、八卦、占卜、堪舆等方法的书籍。据《汉藏史集》载:"拉萨大昭寺建成三年后,松赞干布还派甲迦多衮等四人到长安学习。他们分别学习了'灯书''卦书''天地寻迹''纸绳卦术'等测卜法。四人学成回吐蕃后,松赞干布令他们将所学的占卦、测算等全部译成藏文。甲迦多衮因对汉地的测算法很精通,担任了宫廷的卦师,其子甲迦嘉措也继承父业担任了卦师。"《续藏史鉴》曰:"第司·桑结嘉措所著的《白琉璃》一书后附书的《黑算札记》,分为六章:1. 身命气运;2. 关煞;3. 疾病;4. 丧葬;5. 堪舆;6. 合婚。"其中除第三章"疾病"还讲点医学外,其余的部分与古代内地的巫术有关。

敦煌藏文文书所载的公元 8 世纪传到吐蕃的五行相生相克之说,藏语称为"康阿麻布札卓",其具体说法是五行有互相生、化、克、养的关系:"木生于水而生火;水生于金而生木,克火而养土;金生于土而生水,克木而养火;土生于火而生金,克火而养土;火生于木而生土,克金而养水。"《藏汉大辞典》中有"火命与金命不合,木水不合,以及水土相遇可合"[1]等说,用以测算男女合婚是否适宜,如"相克"则不能结合等。这反映了 7 世纪以来,汉地命相合婚的巫术一直在藏区传播。

"关煞"是指关住凶神恶煞一类的魔鬼的巫术。古时,巫师说人死后变成鬼,也需要镇压和驱散,在内地民间殡葬巫术中要按亡人"七七四十九天"的习俗超度死者。直至现在,藏区人死后都要举行"七七四十九天"的七期超荐习俗活动。

传说古代伏羲氏据河图洛书画八卦,为《周易》之始。《周易》又称《易经》,是儒家经典之一。道教创立后,太极八卦图又成了道教的标志。7 世纪,

---

[1] 张怡荪主编:《藏汉大辞典》,北京:民族出版社,1985 年,第 2046 页。

《五行图经》传入吐蕃，八卦诸说也传入吐蕃。《卫藏通志》曰："西藏占卦之术不一，有等喇嘛以纸画八卦，书番字而占者，有以青稞排挂抽五色毛线而占者，或数素珠而占者，或画地而占者，或烧羊骨或看水碗，种种不一。"八卦被译成藏文，其顺序为离、坤、兑、乾、坎、艮、震、巽，依次代表火、地、泽、天、水、山、雷、风等八种自然现象。除用于占卜外，还用于判明方位和季节。由此可见，不仅苯教徒用八卦占卜，藏传佛教的喇嘛也有画八卦占卜的。

八卦既作为道教的标志，也反映在服装上，一些道士的服装上就画有八卦图画。吴健礼先生于 1972 年在察雅县察兰多乡（澜沧江畔）见过群众保存有两件绣有八卦图画的藏袍：一件是在白色羊毛毡衣上用黑毛线绣的八卦符号；另一件是在白氆氇藏袍上绣上黑线的八卦符号，都绣在衣边上。群众说这是过去"苯教"的衣服，具体时间已不可考，这表明道教曾影响到这些藏族地方。[1]

堪舆之术是古代中原地方的术法之一，俗称看风水。7 世纪，文成公主到拉萨后建造大昭寺，便运用了堪舆之术。松赞干布统一青藏高原后，在四个"如"区建立四座神庙，目的是制伏藏地魔怪，镇伏四方，也属于堪舆之术。8 世纪，吐蕃修建桑耶寺时，就是请唐朝的堪舆师选择的地址。

八、苯教与道教的联系

历史上，到过内地的藏族人称内地的道士为"苯波"。这是因为西藏苯波教中"笃苯"的装束，同内地道士的装束颇为相似，即头上束发髻，身穿蓝色藏袍，裤脚束着，脚穿藏靴——乍一看，会以为是内地的道士。吴健礼先生在《漫话古代汉藏文化联系》一书中说："1952 年和 1953 年，我曾在工布地方两次见过这种装束像道士的'笃苯'。"而据一些史籍记载，西藏的苯教与内地

[1] 参见吴健礼：《漫话古代汉藏文化联系》，拉萨：西藏人民出版社，2009 年。

的道教确有一定的联系。

（一）道教教主“老君”与苯教教主敦巴辛饶·米沃

《土观宗派源流》中说：“道教的始祖为老君……先师汤吉勤巴说：‘老君与苯教的教主敦巴辛饶（1388）为一人’……”[1]正如前文所述，道教教主老子李耳是春秋时期楚国人，苯教教主敦巴辛饶·米沃是公元1世纪象雄人，为什么会说他们是一人呢？这与被神化了的老君和辛饶的传说有关。神化了的老君被说成是生于世界混沌初开的远古时期，从其母右肋下生出来的，生下时即有九龙吐水灌洗其身，生下来即能行走，一步生一朵莲花，共生了九朵莲花，具有八十一种神变的化身，法力无边。神化了的辛饶也被说成是用“雍仲”穿其母右肋后生出来的，“生下来就法力无边，一岁时就创立‘雍仲苯’”。传说中，辛饶出生于“俄莫隆仁”，据一些学者考证，“俄莫隆仁”是古象雄语，意思是“九朵莲花瓣”，一说是“八朵莲花瓣”。这和老君出生的神话传说很相似。还有学者指出：“敦巴辛饶·米沃”中，“敦巴”是导师的意思，“辛”是古代辛氏族名，“饶”是“至善”之意，“米沃”是“大人”“圣人”之意——这个名字的全意是“辛氏族的至善至圣的大人导师”。这不像一个人的姓名，倒像是苯教徒献给其祖师的一个尊号。就像道教徒尊其祖师老子为“太上老君”一样。这样一来，被神化后的“老君”和“辛饶”就像一个人一样。这种说法产生的背景可能是在7世纪后，因为佛教传入吐蕃后，苯教与佛教的矛盾十分激烈，唐朝开国之初，道教处于十分优越的地位，吐蕃的苯教徒为了抬高自己的地位，基于吐蕃的苯教与道教已有相当广泛的联系，就把老君的一些神话移植到被神化了的辛饶身上，所以才出现了辛饶和老君相似的一些说法。老君曾在山洞里得经书七十二部遂创道教，苯教在9世纪后也有在

[1] 土观·罗桑却季尼玛：《土观宗派源流》，刘立千译注，拉萨：西藏人民出版社，1984年，第210页。

山洞里挖掘出苯教“伏藏”的说法。这些相似的说法,反映了苯教文化确实与道教文化存在一定联系。

(二)道教文化进入青藏高原

据藏文史籍《奈巴班智达教法》中有关“尼天师”活动的记载,表明7世纪时,在于阗已有了道教的上层道士“天师”。因为道教又称“天师道”,道教的上层道士称为“天师”。于阗同象雄的关系密切,所以道教文化不会不影响到象雄部落。同时,8世纪后,吐蕃曾一度占据和阗地方,和阗的道教也会影响到吐蕃。据四川省社科院主编《中国文化与中国社会》载:“敦煌发现的《老子想尔注》残卷,就是东汉时期五斗米教奉行的主要经典。”8世纪下半叶至9世纪中叶,吐蕃曾占据敦煌一带,道教文化难免影响到吐蕃的苯教文化。

(三)阿坝州和甘孜州部分藏区的道教庙宇

在大渡河上游的丹巴县,有的地方群众就有信奉道教的。据《松潘县志》载:当地的黄龙寺,藏族称为“巴尔措拉康(黄龙神殿)”,是纪念古代一个名叫黄龙真人的人在该地修行而建造的。该地还有一民间传说:古代黄龙曾助大禹开凿岷江有功,因此,后人建黄龙庙纪念他。在汶川县还有一处水磨乡的黄龙寺,是因纪念黄龙真人灭蟒有功而建造的。历史上有成就的道士自称为“真人”,这些称“真人”的“神殿”或庙宇,在古代都属于道教的庙宇。现在阿坝州藏区的道教寺观还有四座,其中松潘一座,金川一座,汶川一座,茂县一座。此外,在青、甘、川地方的一些藏区或藏族与土族、纳西族等杂居地的群众,将当地的山神叫作“二郎神”;“二郎神”是属于道教的神祇,如青海的黄南地区、四川西部的二郎山就有“二郎神”庙。这些都反映了古代道教传入藏区的影响。

（四）初创道教与巴蜀氐羌族苯术的关系

四川省社科院主编《中国文化与中国社会》记载："道教创立时，吸收了川西地方氐羌族崇奉天、地、水三官的仪轨，最初道教的神祇就有天、地、水三官。"该书还指出："五斗米教重视符篆，上面多写有类似图形的'天书文字'，人多不识。据近代学者研究，这种符篆图文与巴蜀地区的古氐羌少数民族文字有关，极有可能前者是由后者转化而来。"据《阿坝州志》记载：古代金川地方的苯教曾创制一种叫作"达巴天字"的文字，也许就是古氐羌人所创造的一种文字符号。这反映了最初巴蜀道教也吸收了当时的氐羌族的苯术。

（五）汉族道士曾参与苯教经典的编纂和传播

汉族苯教译师李德医师是苯教祖师辛饶·米沃有名的六大嗣承人之一（详见本书第一章第三节"十、汉地僧人和道士到西藏并参与苯教经典的编纂和传播"）。

（六）苯教与儒家文化

一些苯教文献中还说，苯教教主辛饶·米沃死后，他的化身释迦牟尼和孔子分别在印度和汉地传播苯教。虽然这只是传说，但在某种程度上也反映了古代青藏高原的苯教徒对内地儒家文化的亲近与认同。[1]

九、汉地建筑艺术传入吐蕃

公元前1世纪时，藏人已经懂得修建宫殿，文成公主入藏前，拉萨的红山上已经开始兴建宫室。但由药王洞中的造像和松赞干布的本尊佛堂来看，最

[1] 吴健礼：《漫话古代汉藏文化联系》，拉萨：西藏人民出版社，2009年，第163—168页。

终的完成和扩建，应该在文成公主入藏之后，并且得到了唐朝工匠的大力支持，在民间留下松赞干布为文成公主建布达拉宫的传说。

据《教法史》记载，在赤尊公主建大昭寺失败后，大小昭寺都由文成公主主持修建，两寺同日开工、同日建成、同日开光。在早期吐蕃域外艺术风格中，内地造型艺术占有十分重要的地位，藏文文献对此留下了不少生动记载。据文献，小昭寺形状为狮子的上颚骨，即“U”字形布局，门东向，即整座建筑坐西向东。当时，文成公主从唐朝召来了许多汉族木工和塑匠前来参加小昭寺的修建，并从内地运来了四根柱子。外墙为砖石结构，内部为木结构。砌完外墙，立毕柱子之后，在其上搭架梁椽，在房顶铺盖石板，四周支撑丝绸帷幕。由于小昭寺建筑色彩斑斓，犹如内地的老虎一样，因此被称作汉虎小昭寺，又由于它为内地工匠所建，被称为汉族所建小昭寺。小昭寺建成以后，殿内供奉了由文成公主从唐朝迎请来的释迦牟尼佛像。汉地歇山式大屋顶建筑、斗拱、雀替等营造土木技术，大都从吐蕃时传入西藏地区。典型的当以大小昭寺为代表，屋顶及支撑屋顶的木结构（斗拱）和屋内木柱雀替等，均为汉地传统技术。但墙体除部分为砖外，其余均为厚重的石砌墙体，这又是典型的藏式风格。所以大小昭寺可以称作是汉藏合璧式建筑，是汉藏两种文化有机而完美的交融，既实用又别具一格。

这种基本程式在赤松德赞时又体现在桑耶寺建筑上。同时代的多吉英寺、温江多寺也是如此。“赞普赛纳列青云时建噶琼多吉英寺”，即“环立柱子，上建汉式大屋顶”，时人赞扬此举是为了“不失先祖遗风”，可见汉式大屋顶建筑在吐蕃大型建筑中已经普遍受到重视并运用。在赤·热巴巾时建的温江多寺，先由“汉人贤者勘察地舆”，此寺系三进式建筑，其间之“中三殿”是汉式砖瓦建成，“上三殿”顶上建了汉式大屋顶，又建四大塔，塔上又设立大小不同的汉式屋顶，加飞檐“查达”（意即“汉式飞檐”），藏语形象地译称为“鸟翼”。

还有吉隆县的强准祖拉康及帕巴两寺，这两寺是文成公主建议建立的镇压仰卧罗刹四肢的多边寺，其建筑按汉地阁楼式塔形营建，四层方形，重顶飞檐。据藏文史料记载："松赞干布为完成他对唐皇帝的诺言，从西藏琼结的察珠拉康到五台山修建了一百零八座佛殿。" 著名的桑耶寺，是 "汉、藏、印" 三种式样结合的所谓 "三样寺"。

从现有的文献和考古发现看，吐蕃时期实行土葬。有趣的是，唐蕃王室贵族陵墓建筑有许多相似或相同之处。以山南琼结县的吐蕃赞普陵墓群为例，从陵墓布局、坟丘封土形制、陵前立碑和石狮等仪制，以及墓碑雕刻纹饰、陵内设立镇石、陶罐（瓶）存储粮食等陵墓制度看，吐蕃王室陵墓明显受到中原唐文化的影响。依布局看，唐蕃王陵均有主陵与从陵之分，吐蕃的主陵是以松赞干布陵为代表的穆日山王陵，相对要高大一些；从陵以顿卡达陵为代表，相对略小。赤松德赞墓碑雕有龙（蛟龙）蛇（腾蛇）纹饰，这与唐朝皇陵石碑纹饰一致，反映两族对龙蛇的观念基本相同。赤松德赞、赤德松赞两赞普墓碑均有龟趺，这明显仿自中原陵墓立碑（唐朝规定五品以上官吏可使用螭首龟趺）的定制。陵墓前设立石狮等石刻像，中原自秦汉以来久已有之。吐蕃陵区亦有石狮，当亦是取效于唐制。陵内设置，昂仁县布马村有近似王陵的大型墓，一号墓中有五件黑色砾石，这与秦汉以来内地王陵均有五方镇墓石之制相似。该一号墓中还置有陶罐，内放粮食，这亦与自唐以来中原王陵中置有储粮陶罐之俗相同。由上可知，吐蕃陵墓建筑明显受到唐朝陵墓建筑文化的影响。

十、汉地佛教和汉人译经对吐蕃的影响

（一）汉地佛教传入吐蕃

佛教传入吐蕃，由汉地传入是一个重要的渠道，唐朝两位公主在其中起到了重要的作用。一开始，文成公主带入了佛祖释迦牟尼像。据任乃强所著

《喇嘛教传之圣城——拉萨》载,唐皇所赠释迦佛像的来历还有一段传说,是由“帝释天……造释迦十二岁时身量之相,是为化身……先经诸天迎请,住于天界一百年。复经诸智慧空行母迎请,至乌海国,住五百年。其后像自腾空,降于印度金刚台,住五百年。时值中国有支丁王者,遣使奉书,向天竺求迎三宝,天竺王……即以此像……运赠华王”。文成公主还带来了三百部佛经及种种礼佛仪式,大小昭寺就是由她提供设计思想和方案,由尼泊尔赤尊公主和她本人主持修建的。为了镇压仰卧女魔[1]的肢体及魔怪眷属,修建了昌珠寺等四座镇肢寺,工布布曲寺等四座再镇肢寺,以及垅塘珍玛寺等四座分镇肢寺。《嘛呢宝训》中说,这些小寺建成后,文成公主借鉴汉地寺庙的管理办法,确定了藏地“十四种寺院法规施行法”。“据载,文成公主学会了藏文后还参加了译经工作。松赞干布还请汉地大天寿和尚等入蕃协助译经。”这说的就是松赞干布派人迎请天竺、尼婆罗学者和唐朝的大天寿和尚与吞米等吐蕃人,共同翻译了《宝箧经》《宝云经》和《华严经》等二十一部佛经。8世纪,藏王赤德祖赞与金城公主联姻,迎请了自长安翻译的《金光明经》和《律差别经》。金城公主一次朝觐大昭寺时,觉察布局不对称,一处应该是佛殿的地方却是一堵墙,她敲击墙面,听到“空空”的声音,于是找到了失踪已久的释迦牟尼佛像。在佛像面前,她做了盛大的供奉仪式,从此以后,大小昭寺的等身佛像互换位置;将文成公主带来的释迦牟尼佛像和不动金刚像分别移供到大小昭寺,开始有了正式供奉制度,从此有了朝拜释迦牟尼佛像的习俗。而朝觐大昭寺并对觉悟佛做供奉仪式,更成为延续至今的藏族民俗和宗教盛事。她还将汉地的“七七荐亡”带到吐蕃,《贤者喜宴》称:“(金城)公主说,吾之汉地,佛法兴旺,实行七七追荐,吐蕃尚不兴佛,亡论实可怜。于是凡有人殁,即行千供,始有为死者发丧行善之制。”从此“七七荐亡”的习俗与“谒佛之供”一样,也在藏区绵延至今。霍夫曼著《西藏的宗教》提到:“(金城公主)对于佛教做

[1] 见书前彩插图3。

了大量事情。毫无疑问，由于她的影响，使得中国佛教的代表，即‘和尚’又开始在西藏的王室里扮演角色了。”金城公主和汉族和尚还做了西藏人和西域佛教之间的媒介。在《于阗授记》中说：“在那个令人不安的年代里，佛教在内陆亚洲遭到了巨大的打击，例如和田的僧人不得不从他们自己的国家里逃亡出来，他们首先逃到东部的蔡齐，新疆南面的一个边界地区。这个地区当时已经在吐蕃的管辖之下。吐蕃的地方官员们不敢擅自把如此众多的外国僧人收留下来，因此他们向中央政府寻求指示。金城公主代这些逃亡僧人向赞普求情，她成功地为他们求得食品和衣物，甚至邀请他们到西藏本部来。”[1]

据《青史》载，赤德祖赞时，“从汉地迎请很多和尚，虽是对佛法十分敬奉，但当时西藏人还没有出家的”[2]。据黄颢译的著名藏史《贤者喜宴》载，金城公主所生的赞普赤松德赞四岁时，“唐朝皇帝赠给(吐蕃)王大量礼物，并将使者巴德武之子贾珠格堪作为吐蕃王子的游伴一并献上。巴德武是留居吐蕃王庭的汉族使者，深得赞普信赖。贾珠格堪是他儿子的藏文名字，意为‘汉孩舞蹈者’，他从小就很能歌舞，终日陪伴王子赤松德赞嬉戏。一次，王子到查玛池上游玩，由贾珠格堪等五个孩子作陪。王子见不远处巴德武在箭射鸽子，池上出现了五个‘红妖小孩’，便问贾珠格堪：‘如像射鸽那样杀死全部妖孩，其罪大否？’贾珠格堪说，按汉地《乎经》说法有罪，并对《乎经》上载有的十善法做了讲介。王子十分高兴，禀告父王，要求得到汉地经典”。

藏文史籍记载，赤松德赞年轻时有天带着一个汉族使臣之子桑希出去狩猎，见飞禽坠地而感不忍，桑希吟诵了一段《十善经》中的教言，令他大为震动。当成年后，赤松德赞开始学习治国之道，他阅读了被译为藏文的《道德经》，深感“此典极善”。桑希说，如果与汉地佛典相比，“连正道之门还未进入”。他联想起少年时狩猎的那段经历，强烈要求阅读佛经。于是桑希将翻

[1] 东嘎·洛桑赤列：《论西藏政教合一制度》，陈庆英译，载中央民族学院藏族研究所编：《藏族研究论文集》，1982年，第29页。

[2] 黄玉生等：《西藏地方与中央政府关系史》，拉萨：西藏人民出版社，1995年，第413页。

译为藏文的佛经呈给他，这就是赤松德赞成为赞普以后特别信奉佛教的起因。[1]赤德祖赞派遣桑希等五人前往内地取经，“帝大悦，传诏赏以蓝笺之上黄金所书之佛经数卷等，作为赏赉”。桑希是赤松德赞推行佛法的重臣，其父巴都就是随金城公主进藏的歌舞伎人。[2]他取回了《金刚能断经》和《佛说稻秆经》等一千部金汁缮写的佛经，但由于当时反佛势力的强烈反对，佛经被藏匿起来，未敢公开传授。到赤松德赞成年亲政后，在探求“属民安乐之法”查问父王时所得汉地经典时，桑希才从秦浦岩中取回佛经，并给赞普“极精练地讲述了十善和五蕴，随后又传授了《佛说稻秆经》”，因此，赞普生起信仰之心，对桑希赐予“在颇罗弥雍仲告身之上又加赐小金告身”。并下令让汉族译师梅果和桑希、藏族译师喀且阿蓝达等三人，藏到海波山的鸟穴内，将这些佛典合作译成藏文。这事被当权的反佛大臣达扎路恭、舅臣玛祥等发现了，提出要追查罪责时，赞普与崇佛大臣商议，让桑希暂避风险，派去阿里“做上部使者塞囊的助手”。剪除反佛大臣后，赤松德赞任命昌藏协为正使、桑希为副使、巴塞囊为佛法检察使，率三十余人的队伍，前往唐朝迎请佛经和马果列、曼殊等佛学大师，进藏译经，翻译了全部四渎。文献中记载了这样一个传说：巴塞囊是贵族子弟，青年时依止一位汉僧学佛，因爱女夭折，他悲痛万分，求师傅超度女儿能继续生于自己的家中，于是汉僧在女童身上点上印记，一年后巴塞囊的妻子生下一名男孩，身上恰有一模一样的印记。从此以后，巴塞囊开始全心全意地研习佛法。[3]

赤松德赞为发展藏汉甥舅之谊，还在桑耶寺落成庆典上专门设置了一个特殊人物坐观盛况，这后来被藏传佛教各个教派寺院的跳神活动吸收，在所有的“羌姆”神舞仪式中都有同样造型，既不是神佛，又不是仙巫，既不念经，

---

［1］ 参见杨玫：《苍茫天路唐蕃古道》，西藏自治区出版资助项目送审打印稿，第 281 页。

［2］ 参见五世达赖喇嘛：《西藏王臣记》，刘立千译，拉萨：西藏人民出版社，1992 年，第 35 页。

［3］ 参见杨玫：《苍茫天路唐蕃古道》，西藏自治区出版资助项目送审打印稿，第 281 页。

又不跳舞，不僧不俗，称为大施主的“甲那哈香”，意为“汉族母舅”，坐在场地正面的汉式椅子上。

据《莲花生传》载，有德哇等七位汉僧应邀入藏译经。《五部遗教》对此时期在吐蕃传法、译经的唐朝僧人进行了较为详细的记载。在当时迎请的七十五位班智达中，有四位来自唐朝，他们分别是都哈热那波、摩诃苏扎、摩诃罗折和大寿天。同时还从唐朝迎请了三十位左右禅师，分别为：堪布摩诃衍（又称摩诃衍那）、堪布龚顺显、紫禅师、马禅师、德卓禅师、德乌禅师、向唐禅师、哈瑟禅师、圣寂禅师、吉罗衍禅师、布区禅师、卡禅师、咱禅师、哲禅师、阿禅师、廉禅师、哈禅师、甘禅师、节禅师、吴古禅师、季禅师、戚禅师、颇多禅师、杨禅师、韩禅师、辛禅师、年克才禅师、郎禅师、麻禅师等。[1]其中，摩诃衍在传播汉传佛教的禅宗文化中发挥了极其重要的作用。唐代，经吐蕃、尼泊尔到天竺取经的唐朝僧人就达五千多人。

9世纪中叶以后，河西地区处于吐蕃的控制下，吐蕃赞普采取有效措施，利用当地世家豪族统治沙州（敦煌），大兴佛事，广度僧尼，派吐蕃大德僧师管理敦煌佛教并参与政事，佛教在这里得到发展。从唐德宗建中二年（781）至唐宣宗大中元年（847）的六十六年中，在敦煌修建洞窟四十多个，内地的佛教文化在这里广泛传播，并通过译经、讲经活动，传播到吐蕃的腹心地区。当时的敦煌是东方的佛教中心，汉藏两族僧人共同从事各种佛事活动的特点更为明显。在这里，曾有大量的汉族僧尼与藏僧一起讲经、译经，使敦煌佛教极为兴盛；尤其汉地禅宗有很大影响，敦煌写本佛经中，属于禅宗经典和语录的多达二十部。其中，前河西观察判官朝散大夫殿中侍御史王锡所写《大乘顿悟正理诀》，详载吐蕃赞普赤松德赞请敦煌汉僧赴吐蕃传教辩经的事迹，是一部反映汉藏佛教文化交流的珍贵文献。汉地佛教传入吐蕃后，吐蕃不断向唐朝遣使

[1] 参见多吉杰博整理：《五部遗教》（藏文），北京：民族出版社，1986年，第402—406页。名字均为音译。

“求沙门之善讲者”。唐德宗建中二年，唐朝遣僧良秀、文素入蕃，自此“二岁一更之”，形成制度。至赤松德赞时，入藏的汉僧很多，大多精通汉藏双语。其中，大乘和尚摩诃衍是将汉地禅宗学说传入吐蕃的代表人物。他在吐蕃逻些、山南扎玛一带传播禅宗，影响很大，当时的信徒颇多，王室的一些成员和许多上层人物也都从其教；布顿大师在《善逝教法史》中也说“吐蕃大多数人均喜其（摩诃衍）所云，并学其道”。这些唐僧将唐朝的“俗讲”即说唱佛经故事的形式传进了吐蕃，对后来形成的藏族“喇嘛嘛呢说唱”有直接的影响。

吐蕃时代以敦煌为中心的河西地区成为藏汉佛典翻译的中心，大批汉文佛经被翻译成为藏文，输入吐蕃。同时，还有敦煌汉僧被请到吐蕃佛教寺院进行弘法，摩诃衍就是其中一个突出的例证。敦煌写本王锡著《大乘顿悟正理诀》中说：“赤松德赞时，于大唐国请汉僧大禅师摩诃衍等三人，同会净域，乐说真诚。”从敦煌发现的古藏文文献中，可以见到菩提达摩的《二人四行论》《七祖法宝记》《大乘顿悟正理诀》《楞伽师资记》《顿悟真宗金刚般若修行达彼岸法门要诀》等早期汉传佛教的经典从汉文译成藏文的译本。从吐蕃王朝初期至赤松德赞时期，汉地的佛教禅宗在吐蕃特别是其王庭有比较充分的传播，后由于寂护特别是莲花生的入藏大量引进印度佛教而引起了“顿渐之争”，结果禅宗失败，唐大乘和尚返回内地，但禅宗的理论仍然存在于藏文典籍中。这也说明了汉地佛教在一定程度上传入了藏地，自唐以后融入西藏佛教各派之中。

“顿渐之争”虽然标志着藏传佛教更多地吸收印度佛教的精神，但是它也反映了汉传佛教在一段时间内对西藏僧人产生的巨大影响，甚至由此形成在敦煌的汉藏僧人同学禅宗顿悟之学的活跃阵地，这在敦煌出土的文献中有所记载。藏文典籍中也有相关记载，据《巴协》（一作《拔协》）：“从内地来了一个和尚，名叫摩诃衍那。他宣传说：‘修行身语等善品，不能成佛。要想修佛，应无所思忆，心无所虑。如此修行，始能成佛。’因他教人如此修法，吐蕃的人们逐渐转而学习他的法。因此，桑耶寺断了香火供奉，求法与修身语善行也停止了。”[1]摩诃衍讲“信守弟子约有五千人”[2]。据《五部遗教》载：“和尚摩诃衍讲述了禅定和瑜伽中的深奥诸法，以及殊胜瑜伽界明四合、唯一深奥之六续、心二十、无心十八。”[3]从此可见，摩诃衍使禅宗与密宗相结合。他也说自己在吐蕃的弟子“复信胜义、精进坐禅，仍长习陀罗尼”[4]。《巴协》说摩诃衍还写作了许多佛经，如《禅眠论》《禅答》《观之面》《百十部经源》等。在《丹珠尔目录》中，译自汉地的佛经有三十一种。

（二）摩诃衍在吐蕃传播禅宗的事迹

在《五部遗教》的第十二章《渐门渐悟》中云：“世尊入涅槃时，为断除求问者的疑惑，讲《涅槃经》，是为末后所说法。将众多喻义授予迦叶，此后达摩多罗等汉地七化身相承，此后传至和尚摩诃衍。”[5]按照禅宗北派的说法，法国藏学家保罗·戴密微认为摩诃衍是汉地七位祖师之一神秀的弟子义福、惠福的再传弟子。以此看，摩诃衍是第八代禅宗的传人。《五部遗教·大臣遗教》记述了摩诃衍弘扬《二人四行论》并翻译为藏文，为吐蕃禅宗弟子所熟悉，而且流传后世，还讲述了他如何传授“坐禅法”。

20 世纪 50 年代，法国藏学家保罗·戴密微对 1900 年出土于敦煌藏经洞的汉文写卷 P.4646《大乘顿悟正理诀》开展研究，并写出著名的《拉萨僧诤记》（后改名《吐蕃僧诤记》）一书，对藏文史籍所记载的汉僧摩诃衍在桑耶寺僧诤失利后全面退出吐蕃提出了质疑。敦煌藏经洞内相当部分藏文禅宗世系不仅在藏族僧人中得以传承，其教义体系还有明显的发展趋势。特别是

---

[1] 拔塞囊：《〈拔协〉（增补本）译注》，佟锦华、黄布凡译注，成都：四川民族出版社，1990 年，第 48 页。

[2] ［法］戴密微：《吐蕃僧诤记》，耿昇译，兰州：甘肃人民出版社，1984 年，第 205—206 页。

[3] 多吉杰博整理：《五部遗教》（藏文），北京：民族出版社，1986 年，第 176 页。

[4] ［法］戴密微：《吐蕃僧诤记》，耿昇译，兰州：甘肃人民出版社，1984 年，第 206 页。

[5] 多吉杰博整理：《五部遗教》（藏文），北京：民族出版社，1986 年。

P.996 藏文写卷，作为目前仅存的阐述吐蕃禅宗世系的文献，其中还提到继汉僧摩诃衍之后吐蕃曾发展出一个藏族禅师传承的系统。禅宗的传播似乎一直持续到吐蕃王朝灭亡以后，其教义法理对后来西藏宁玛派的大圆满思想产生了相当明确的影响。[1]

《贤者喜宴》载，大乘和尚摩诃衍“走至汉藏交界处，据说该老僧道：‘我的一只鞋遗留于昨天的路上，（这意味）佛教之火星将重现于吐蕃’”。意思是说，他虽然人回去了，但他的一只鞋子丢在了藏地，他相信，他这个教派的宗旨、观点和修法是要在藏地流传的。当时大乘和尚在吐蕃王庭传播禅宗是取得了一定成功的。据保罗·戴密微考证，大乘和尚的弟子中有赞普妃子没庐氏，赞普姨母那囊氏等三十多位贵妇人，还有部落王子、宗教领袖和青年子弟等共计五千余人，在藏地的影响确实是不小的。敦煌石室中有一汉文写卷，题为《大乘顿悟正理诀》，就是一个流落在吐蕃的汉人官员奉大乘和尚之委托写的；此外，还有同一内容的藏文写卷。据《五部遗教》载，摩诃衍译自汉地的“纸卷佛经”多达十二个檀木箱。

值得注意的是，摩诃衍在僧诤失利后又三度应邀进藏为赞普解释禅宗，并最终获准继续在吐蕃边地传播禅宗。摩诃衍给赤松德赞赞普写的上奏文里，记述了他在吐蕃传播禅宗的历程及他作为禅师所遵循的北宗传承：“当沙州降下之日，奉赞普恩命，远追令开示禅门。及至逻娑（些），众人共问禅法。为未奉进止，罔敢即说。后追到（讼）割，屡蒙圣主诘（问）；讫却发遣赴逻娑（些），教令说禅。复于章蹉，及特便（使）逻娑（些），数月盘诘。又于勃营（营）漫，寻究其源。非是一度。方遣与达摩（麽）低同开禅教，然始敕令颁下诸处，令百姓官僚尽知。”应该说，摩诃衍的这段奏文已经比较明确地叙述了他在吐蕃传播禅宗的全部过程。摩诃衍到吐蕃本土传教，可能是在沙州陷入吐蕃

[1] 参见张亚莎：《吐蕃时期的禅宗传承》，《西藏民族学院学报》（哲学社会科学版）2004 年第 1 期。

那一年(具体年份说法不一,一说为 786 年),“奉赞普恩命”而去的,正如《大乘顿悟正理诀》王锡序文中所说,“于大唐国请汉僧大禅师摩诃衍等三人”赴吐蕃传教。摩诃衍在卫藏最初的传教似乎相当顺利,赞普妃没庐氏、苏毗王子等不少显贵即从摩诃衍出家。寂护死后,摩诃衍的影响更是迅速扩大,藏文史料说当时只有意西旺波、贝扬等少数僧人还遵循寂护教法,绝大部分藏僧信奉或附和摩诃衍。寂护的大弟子意西旺波等为了恢复印度佛教势力,建议赤松德赞迎请寂护高足莲花戒,莲花戒进藏后,由赞普主持,与摩河衍展开辩论。《大乘顿悟正理诀》中的“问答篇”便是摩诃衍为这场辩论所作的回答;莲花戒所著的《修习次第》的最后部分也是对摩诃衍的辩驳。摩诃衍在僧诤中失败了,于是他离开拉萨去了讼割这个地方,这是他第一次离开拉萨,时间在 792 年左右。摩诃衍离开拉萨后的这段时间里曾“屡蒙圣主诘问”,这似乎是说僧诤失利后,赞普并没有完全忘记他,于是就有了第二次受赞普之命返回拉萨的“教令说禅”,但这次“说禅”不是传教,而是向赞普本人讲解禅宗问题。这次拉萨之行似乎是无果而终,这才又有了第三次的拉萨之行,这也是为什么摩诃衍在其文结尾处感叹曰“非是一度”。第三次赴拉萨仍是向赞普解说禅宗,赞普经过“数月盘诘”“寻究其源”后,最终允许摩诃衍在吐蕃传教禅宗,这就是上奏文提到的结果“方遣与达摩(麽)低同开禅教”,并向吐蕃各处颁令。值得特别注意的是,此时他的传教活动中显然又有了一名重要伙伴达摩(麽)低。总之,法诤失败后,摩诃衍经过一段时间的休整,曾几度受命返回拉萨与赞普讨论禅宗,最终获得在吐蕃传教禅宗的许可应该是在 796 年前后。

敦煌汉文文献记载,796 年摩诃衍返回敦煌,受到敦煌吐蕃统治者的欢迎,是年还被授予“吐蕃大德”“国家大德”等尊号。据《娘氏宗教源流》记载:“之后赞普说:‘(双方)于义无不相合,而于道的修习上,和尚之法为顿悟,是根器极高的头陀行者之法。对(中等)根器以下,则有害于十法行,(使人)心昏沉,不集资粮,中断他人的修习,亦使佛法灭绝,因此应中止。从今以后,要依龙树正见。'"[1]从此可见,吐蕃选择印度佛教而非禅宗,一个重要的原因即吐蕃的赞普是从政治的角度考虑的,十善法、集资粮等佛教的基本学说相对于"见性成佛"的禅宗更有利于吐蕃社会的稳定,巩固王室的统治。

按《五部遗教》说法,禅宗文献在吐蕃得到了保存,《五部遗教·国王遗教》第十八章《为未来王嗣如何伏藏财缘》中讲述赤松德赞时期伏藏佛经文献时说:"另外,阿阇梨莲花生、毗玛拉弥扎、和尚摩诃衍等人的……《口传教授》《除疑问答》及众多细微教诀置于中间岩洞……汉纸卷上,由摩诃衍所译汉地的佛法,装入十二檀木箱中。"在敦煌藏文禅宗文书中有"融合印度中观系佛教理论和摩诃衍等人提倡的中国禅宗实践方法的文献",由此看来,不仅禅密融合,而且禅与中观也融合到了一起。因此,汉地禅宗并没有销声匿迹,而是继续在吐蕃的有些地方流行,禅宗的有些思想还被藏传佛教某些宗派所吸收。许多古代藏族学者认为宁玛派的见地受到了禅宗的影响,《五部遗教》为这种说法提供了依据。从《五部遗教》看,宁玛派对禅宗的态度完全是吸纳,鲜有批评和指责,可见在宁玛派早期教法体系形成时期禅宗对其产生过重大影响。[2]西藏密宗宣扬"即身成佛",和禅宗讲的"顿悟成佛",意思是一致的。至于他们都以般若和唯识为自己的理论基础,那就更加一致了。因此,直到藏传佛教后弘期"下路弘法"的点燃者喇钦·贡巴饶赛出家后来到安多丹斗地方时,那里仍然有"许多持和尚摩诃衍那顿入(悟)成佛之见的人"[3]。《青史》说:"喇钦·贡巴饶赛为了破除有许多所谓'顿悟瑜伽'不作任何善法的邪见,修建了很多寺庙和佛塔。"日本学者立华孝全在其《论〈普(菩)提道次第广论〉中记载的桑耶寺宗教会议》中,通过文献考证指出,"此文(指宗喀

[1] 娘·尼玛韦色:《娘氏宗教源流》(藏文),拉萨:西藏藏文古籍出版社,1988年,第406页。

[2] 参见才让:《从〈五部遗教〉看禅宗在吐蕃的传播和影响》,《西藏研究》2002年第1期。

[3] 松巴堪布·益西班觉:《如意宝树史》,蒲文成、才让译,兰州:甘肃民族出版社,1994年,第302页。

巴《菩提道次第广论》）和其他文献都证明了汉人中的‘顿门主义’在西藏的长期残存”，并认为“如果说汉族佛教制度在吐蕃失势，但其中的某些教理却一直延续下来了”，而且他和戴密微一样，也认为“汉族佛教制度在吐蕃失势的部分原因是政治方面的”[1]。可见，直到10世纪后半叶，吐蕃境内特别是安多地区仍然有许多禅宗修行者。[2]实际上汉地禅宗的“顿悟成佛”与西藏密教金刚乘的“即生成佛”，大体上是一个意思。桑耶寺译场设禅部和密宗部，也把二者列在一起。按藏学家王沂暖教授的说法，西藏的喇嘛教，实际上是综合了汉地的禅宗、印度的密宗和藏族本身的苯教相融汇而成的。

（三）摩诃衍及其藏族的禅宗传承人

敦煌一份名叫《大乘无分别修习义》（P.996）的藏文禅宗写卷中，记述了吐蕃时期出现于吐蕃的藏族禅宗传承谱系（“善知识”禅宗传承）。其中，一位名叫“曼和尚”的人正好位于禅宗北宗与藏地禅宗传承连接的中间位置，无论是从历史年代、族属、名称，还是从他在这条禅宗谱系中的转折地位来看，这位“曼和尚”都应该就是摩诃衍本人。P.996写卷中明确说到曼和尚是一位汉僧禅师（藏文写卷中在这里采取了“和尚”的音译），曼和尚姓氏中的“曼”与摩诃衍名字中的“摩”也比较接近；P.996写卷中曼和尚曾到“tsong-kha”地方传教，而《大乘顿悟正理诀》摩诃衍上奏文中也提到他离开拉萨赴“讼割”传教，“讼割”即为“宗哥”的不同译音，在藏文中一般写成“tsong-kha”；P.996写卷中提到其弟子虚空藏从曼和尚学到了大乘顿悟正理诀教义，并能够很好地实践之，而这一教义正是由摩诃衍本人在吐蕃所传授；种种迹象表明，虚空藏禅师就是摩诃衍上奏文提到的那位“达摩（麽）低”，他不仅是摩诃

---

[1] ［法］戴密微：《敦煌学近作》，载敦煌文物研究所编辑室编：《敦煌译丛》（第一辑），耿昇译，兰州：甘肃人民出版社，1985年。

[2] 参见先巴：《唐五代河西佛教与藏传佛教后弘期“下路弘法”》，《青海民族研究》（社会科学版）2000年第4期。

衍的弟子，还是摩诃衍共同传教的伙伴。据P.996号藏文写卷，汉僧禅师曼和尚在宗哥传教后，收授了不少弟子，其中最优秀的弟子是虚空藏禅师（藏语称南喀宁波），曼和尚在传教三十年之后将自己的衣钵传给虚空藏禅师，后返回内地。

敦煌藏经洞汉文文献反映摩诃衍的禅宗思想的仅有P.4646、S.2672等《大乘顿悟正理决》写卷，写卷以问答形式写成，主要针对当时印度僧人和赞普的提问阐述禅宗教理，针对性很强，却没有完整地反映摩诃衍的禅宗思想；摩诃衍的禅宗思想实际上在藏文禅宗文献里得到更全面和系统的保留。记述摩诃衍禅宗理论的除藏文写卷《大乘顿悟正理决》（P.21、P.823、P.827等）外，还有《禅定顿悟门》（S.468、S.709、P.117、P.827等）、《禅定不义观六与十波罗蜜多经说》（P.116、P.117等）、《摩诃衍之禅》（P.812、P.813等）等，这些写卷是对摩诃衍《大乘顿悟正理决》的重要补充。特别是P.116藏文写卷中将摩诃衍的禅宗思想以“语录”的形式写出，后来成书于西藏本土的《禅定灯明论》《大臣实录》等大成就派教义曾多次引用P. 116藏文写卷中的摩诃衍禅宗语录。摩诃衍前后培养了不少藏族弟子，虚空藏、布・益西央就是典型代表，并由此发展出一支藏族禅宗世系。

1. 虚空藏禅师的理论建树

记述吐蕃“善知识”禅宗谱系的敦煌藏文写卷即编号为P.996长卷的序文部分，记录了吐蕃时期的禅宗发展谱系，这条被称作“善知识”禅宗传承的谱系，又称“虚空藏禅师的传承谱系”，可见在这条传承中虚空藏禅师的重要地位。根据P.996敦煌藏文写卷记述，虚空藏禅师于赤松德赞时期出家，在寺院立誓习法，后跟随摩诃衍学习《大乘顿悟正理决》，在实修过程中理解法义并获得授记。摩诃衍有不少弟子，但对他最为赞赏，摩诃衍决定离开宗哥返回内地故乡时，当地吐蕃官员曾询问大师走后该向谁请教宗教法道问题，摩诃衍的回答是他的弟子“次泽南喀已悟得法义，能够说法讲经，修行者们可以向他请教”[1]。“次泽南喀”即虚空藏的藏语名称。虚空藏禅师后来被当地人奉为“赤伽森勇”的化身，受到很好的供养，围绕着他也出现不少吉兆，如周身发光，修行洞的天空出现五彩祥云，等等。从P.996藏文写卷所提供的虚空藏禅师的生平事迹看，虚空藏禅师出生于卫藏，在赤松德赞时期出家为僧；后跟随摩诃衍修习禅宗，成为杰出的禅师；在摩诃衍离开宗哥后他代替摩诃衍成为当地禅宗大师，授徒传教，并被当地人奉若神灵；七十一岁时坐化后出现祥瑞，代表着他灵魂的光芒仿佛又回到了西部（西部代表着他的故乡卫藏），及其弟子布·益西央对他的崇拜。这些都说明虚空藏禅师在当时就已是一位德高望重的藏族禅师。敦煌藏文禅宗文献研究表明，在摩诃衍之后，布·益西央之前应当有一个重要的藏族禅师曾在汉地禅宗吐蕃化过程中有鼎力之功，他就是“蕃地的虚空藏禅师”。虚空藏禅师是吐蕃时期最早用藏文著书立说的藏族学者，是协助摩诃衍开创吐蕃禅宗传教事业的重要人物，是将汉地禅宗吐蕃化，创建大瑜伽派的关键人物。

在敦煌藏文禅宗文献中，一份名曰《禅书》（S.709）的藏文写卷是应赤松德赞之请所著，写卷中介绍了禅宗教义及修行特点，它完成于赤松德赞执政时（796年以前）。该写卷最突出的特点是它不是由汉文经典译过去的藏文禅宗写卷，而是藏人用藏语直接写成的禅宗文献，它应该算是目前所见吐蕃时期最早的由藏人撰写的佛教写卷。在这部介绍禅宗的写卷里，作者以“大瑜伽修行者”自称，他从菏泽神会的《楞伽经》中分别抽出“如来禅”和“大瑜伽”，再将二者结合，强调大瑜伽者接受的如来禅教是最上智之教；强调如来禅亦为大乘法，相信一切法不在心外，任何人都可通过努力修习得到的。他的“作为无所得方法之如来禅”很接近神会的“以无所得，即如来禅”的核心思想。人们一直不知道这部最早的藏文《禅书》作者是谁，有研究者分析，既

---

［1］［日］冲木克己：《大乘无分别修习义·序文——关于Pelliot996的研究》，日本《花园大学研究纪要》1993年第25期。

然是应赞普之约，可见他当时也算是有些名气的僧人，敦煌的佛学大师昙曜就曾应赤松德赞之请写过著名的汉文经典《昙曜二十二问》。因此，这位藏族禅师很可能就是虚空藏禅师，当时也只有他能够胜任。

《禅书》作者自称“大瑜伽修行者”，而在敦煌9世纪前期的另一份藏文禅宗写卷《大瑜伽修习义》（P.818、S.705）里出现了这位大瑜伽修行师的简称“达”。这位“达”禅师很可能正是摩诃衍上奏文中提到的“达摩（麽）低”。也就是说，《禅书》作者大瑜伽修行者“达”，全名应为达摩（麽）低，他在吐蕃僧诤发生的前后曾应赞普之约，写过一本介绍禅宗的卷子，该写卷对于赤松德赞重新放开对禅宗的禁令应该起到过很重要的作用，赤松德赞最终同意摩诃衍在吐蕃传播禅宗，但条件却是“与达摩（麽）低同开禅教”，由此来看，这个大瑜伽师达摩（麽）低已深得赤松德赞的赏识和信任。在当时什么样的人能够得此殊荣，与摩诃衍一起“同开禅教”，当然只有这位撰写《禅书》的藏族僧人才有可能。从另一方面看，这个达摩（麽）低还必须与摩诃衍本人有很深的关系，才可能与之“同开禅教”，虚空藏是摩诃衍的高徒，他们之间的关系自然非同一般，更重要的是虚空藏还曾得到过其师摩诃衍对这位高徒“青出于蓝而胜于蓝”的盛赞。摩诃衍曾经这样形容过他的弟子：“如同父亲是狮子却生出狐狸一样的后代，悲心和尚（摩诃衍的老师）培养出了我这样的弟子；如同父亲是狐狸却生出狮子一样的后代，我这样的老师又带出了你这样的弟子来。”[1]显然，虚空藏虽然是摩诃衍的弟子，但正是由于他的出类拔萃，他才可能帮助其师争取到重新在吐蕃传播禅宗的权利，并且能在796年以前就因为那卷《禅书》的撰写而取得与其师“同开禅教”的特殊地位。虚空藏禅师的创造性才能在这部类似于禅宗入门的书里得到充分显示，将大瑜伽与如来禅相结合的折中倾向在他早期的《禅书》里已崭露头角，他后来创建的大瑜伽

[1]　[日]冲木克己：《大乘无分别修习义·序文——关于Pelliot996的研究》，日本《花园大学研究纪要》1993年第25期。

派也显示了这种综合性和创造性。作者的名字其实已经出现在写卷里,他就是我们前面提到的大瑜伽修行者“达”禅师,这部《大瑜伽修习义》的最终完成者可能是虚空藏禅师的高足布·益西央,但其核心部分则主要体现了虚空藏禅师在汉地禅宗吐蕃化的重要思想过程。该写卷成书于9世纪前期,写卷中引用了大量佛经,目的却不是要作成一部罗列诸家禅语录的综合性文献,作者显然是要通过综合汉地禅宗与印度教法,以形成自己的大瑜伽派,作者试图证明汉地禅宗与印度中观思想在本质上的一致性,渐悟最终也会发展到顿悟,这一思想对西藏本土出现的大成就派有直接的影响,“大瑜伽派”的出现应该是汉地禅宗吐蕃化的一个重要标志。正因为如此,P.996写卷中专门赋诗赞誉虚空藏禅师“固守无住平等的瑜伽之道”,“实践最高的平等之姿,成就圆满清净之法身,这是最高的成就”。

2. 布·益西央禅师

敦煌藏文禅宗文献里,布·益西央禅师只出现于P.996《大乘无分别修习义》写卷的序文部分,布·益西央是虚空藏禅师的弟子,也是“善知识”禅宗传承中的最后一位。近年来新发现的几处吐蕃时期摩崖石刻题记里,益西央的名字却频频出现,不仅如此,据青海省社会科学院副院长蒲文成研究员的研究,在宁玛派早期教史中益西央也是一位重要的人物。总之,有关他的资料实际上很可能比虚空藏禅师的还要丰富和生动一些。布·益西央,又称智音禅师,祖王(赤松德赞赞普)时出家,曾在寺院里学习佛法,后来接受了“善知识”(虚空藏禅师)的传承与教诲,潜心修炼五十年,专修“无住、无分别的法理”,精通“无住之法义”“大乘了义经”等。在其禅宗教法的学习修炼过程中,虚空藏禅师对他的影响很深,P.996写卷中专门提到,关于大乘义无想,大乘一理趣之义的法理,虚空藏禅师曾给他以极多的教诲,使他能够不出偏差地正确把握法义。也正是在此基础上,益西央深刻悟出了大乘一理趣的自性、大乘一理趣在实践上的方便,特别是通过实践修心而获得正悟。布·益西央禅师在他八十岁那年的秋天,坐化于赤伽蒙约的山谷里,这个隐蔽的禅修地也是当年虚空藏禅师坐化的地方。布·益西央圆寂后,他的弟子们将他的遗体运往安琼的隐蔽地,这时赤伽城的上空飘浮着五彩祥云,并一直飘到安琼的山顶上。

敦煌吐蕃禅宗文献中的相当一部分都可能与布·益西央有关。据P.996写卷的序文可知,《大乘无分别修习义》的作者就是布·益西央,但现存的P.996的藏文写卷只有序文部分,而正文部分的《大乘无分别修习义》,或者说以《大乘无分别修习义》为题的藏文经卷到目前为止尚未发现。有研究者认为,现敦煌藏文禅宗文献中一份名曰"惟一无想义"(或译"无所得一法经")的写卷,很可能就是益西央所著的《大乘无分别修习义》的别名。[1]P.996写卷中提到布·益西央在其生涯中全力正悟"大乘之义、无想、一理趣",而这三者合起来正是"大乘惟一无想义"的核心内容。研究者们还发现,名曰《惟一无想义》的写卷有P.21、P.116、P.118、P.823、P.827、S.703、S.707、SVOL.70、F.9等正本,以及P.817、P.821、S.706、S.709等别本,共有十几个本子,为敦煌藏文禅宗文献中发现数量最多的一部写卷。该写卷的一个突出特点是强调印度中观派、汉地禅宗以及吐蕃的禅宗(大瑜伽派),其义理在实质上与大乘了义经根本思想是一致的。在另外一些与之相关的写卷里,如《修习大乘中观义方便说》(S.709)、《大乘中观义》(P.121、P.817)、《中观义师答大乘法义因所写正依之教》(P.823、P.827)等写卷,不仅明确阐述了摩诃衍禅宗不思不观的修习方法,还显示出将印度中观思想融入禅宗的倾向,这种努力显示了藏族禅宗学者特有的一种思路,其最终目的在于说明汉地禅宗与印度佛教这顿悟、渐悟两派在本质上并不矛盾。这一思路始于虚空藏禅师,但在布·益西央的《惟一无想义》里被最终统一到大乘无分别修习义里,这应该是布·益西央禅师在教理修习与实践上穷毕生精力完成的一项事业。

布·益西央除了在教理上的建树,他当时更以大译师而闻名,青海玉树

[1] 参见[日]冲木克己:《大乘无分别修习义·序文——关于Pelliot996的研究》,日本《花园大学研究纪要》1993年第25期。

贝纳沟摩崖石刻题记中称他为“方丈大译师”。敦煌 P.116 藏文写卷是一长达七十余页的长卷，其中的《禅语录》收集了十六位印、汉、藏三地的禅师们关于禅宗的论述，为一卷完整的藏文禅语录。敦煌藏文禅宗文献中还包括不少将汉地禅宗著作译成藏文的内容，如《楞伽经》《历代法宝记》《降魔藏禅师安心法》《卧轮禅师安心法》《法王经》《金刚三昧经》《最妙胜定经》等，这些写卷的翻译整理大概都由布・益西央完成或组织完成的。布・益西央禅师早期可能更多以译经为主，并由此获得“大译师”的称号，贝纳沟石刻的年代在 9 世纪初（806），足见他在此时已是一位著名的译师了。在安多、康区等吐蕃边地发现的几处摩崖石刻造像和祈愿题记里，都出现了同样拼写法的益西央的名字，也都提到了他作为方丈的身份，这几处的藏文年代又很接近（804—816），应该说所指的是同一个人。布・益西央在丹玛岩凿刻佛像祈愿经文的目的是为唐蕃会盟和赞颂赤松德赞之功德及祈愿众生之福，据摩崖石刻的藏文题记可知，石刻刻于“猴年夏”，这个“猴年”可能是指 804 年或 816 年。丹玛岩碑文提供了较多的文化信息：一是此时赞普已封比丘为政教宰相，并赐金符之下官衔；二是此时唐蕃之间已初定会盟；三是益西央不仅在此地“刻佛像及祷文”，还在越、蚌、勒、颇乌等地广（刻）写经文和制作佛像，益西央特别强调，对这些“深具神力之佛像及经文”礼拜者方可转世于天堂，如果恶言戏谑则永世堕入恶趣。在康区丹玛札地方有大日如来佛教造像，造像基座的下面有铭文，明确纪年为“猴年夏，赞普赤德松赞之时……与汉人和盟之始……勒后造像积赞普善业及众生有情之功德……”[1]铭文中就有造像的主要施主的名字：藏人益西央和六个合作雕刻的汉藏工匠。仅从这处摩崖石刻的藏文题记看，益西央当时非常积极地在安多藏区甚至更远的昌都凿刻摩崖，用以宣传佛教教义与功德，并为卫藏的吐蕃赞普的兴佛祈祷祝福。当时由他组织制作的摩崖石刻也不仅这两处，而是在许多地方“广写”，显然，大量

---

［1］ 见［英］黎吉生《吐蕃碑铭录》。

制作摩崖石刻也是益西央的功德之一。有趣的是，在丹玛岩石刻碑文中，益西央还提到一位比丘达洛旦德凯朗（南）喀宁布，这位比丘姓氏的第一个字也确实是“达”字，显然这里提到的南喀宁布正是益西央的老师虚空藏禅师。

总之，布·益西央禅师是继虚空藏禅师之后又一位杰出的藏族禅僧，为这一谱系做出了重要贡献。他既是一位重要的禅宗翻译家和禅宗理论的整理者，又是一位社会活动家，在当时的吐蕃边地广泛凿建摩崖石刻造像，镌写祈愿文以宣传佛教，从祈愿文中也可看出，他在积极地致力于唐蕃和平会盟等事业。他在禅宗理论上同样卓有建树，在其师的基础上，他更注重对印度、汉地及藏地的禅宗思想进行总结，特别对其师的“大瑜伽派”禅宗理论进行了归纳整理，如《大瑜伽修习义》后来成为布顿大师唯一选入的禅宗理论经论，这与他的努力是分不开的。[1]

（四）藏族译师管·法成的译经

敦煌、张掖、凉州都是汉藏僧人的佛教交流重地，如开元寺、永唐寺、修多寺等既是讲经院，又是大译场。精通汉藏两文的著名大译师管·法成，就是吐蕃杰出的高僧。他于9世纪20年代左右到达敦煌地区后，相继在沙州和甘州一带传法译经，共四十余年。在沙州永康寺和甘州修多寺等地先后翻译了大量的经典，部分所译经典后来被收入藏文《大藏经》中，一直保存至今。

藏族译师管·法成将唐玄奘弟子圆测所著《解深密经疏》和汉文佛经《大宝积经披甲庄严会》《楞伽阿波多罗宝经》《贤愚经》等多部翻译成藏文。他还亲自到甘州、沙州等地讲经说法，并将多部藏文佛经翻译成汉文，如《大乘无量寿经》等。《敦煌吐蕃文书论文集》中P.T.999号藏文《大乘无量寿经》前言说：为了赞普赤祖德赞的功德，管·法成在沙州用汉、藏文写了《大

［1］参见张亚莎：《吐蕃时期的禅宗传承》，《西藏民族学院学报》（哲学社会科学版）2004年第1期。

乘无量寿经》六百一十五卷，这也说明当时吐蕃占据的沙州汉藏佛教文化交流密切。其中从汉文译入的经典有十五部，分别为《金光明最胜王经》、《解深密经疏》、《楞伽阿波多罗宝经》（一译《入楞伽经》）、《善恶因果经》、《贤愚经》（一译《贤愚因缘经》）、《佛说时非时经》、《锡杖经》、《千手千眼陀罗尼》、《观音陀罗尼经》、《十一面神咒心经》、《百字论颂》（一译《百字论释》）、《缘生三十颂》、《缘生三十颂释》和《八转声颂》等经典。与此同时，从藏文翻译的有五部汉文经典，分别为《般若波罗蜜多心经》《诸星母陀罗尼经》《萨婆多宗五事论》《菩萨律仪二十颂》和《释迦牟尼如来像法灭尽之记》。此外，还著有《大乘四法经论及广释开决记》《大乘稻竿经随听手镜记》《叹诸如来无染着德赞》和《瑜伽师地论》讲义录等著作。[1]他有汉族弟子协助他译经，他讲《大乘无量寿经》《阿弥陀经》《瑜伽师地论》等的笔记，至今犹存。在《丹噶目录》中，有三十四种经书是从汉文译成藏文的。

十一、汉地雕刻绘画艺术传入吐蕃

1981年，汤惠生在玉树地区普查文物时，发现在距青海省玉树县巴塘乡贝纳沟石刻不远的勒巴沟的两处线刻摩崖与贝纳沟石刻有着密切的关系，均与文成公主进藏和汉藏关系史有关。贝纳沟石刻，当地群众传说，其九尊佛像和藏文经刻《普贤行愿品》为文成公主进藏途经此地时命人雕刻。据说公主在贝纳沟内的悬崖峭壁上雕凿了各种佛像、大小佛塔和重要经文等数十处。当时文成公主还亲笔在佛像右侧的岩石壁上，用汉字写了十六行颂词。之后，吞弥·桑布扎又在佛像左侧写了十八行“尕恰”（说明）。但是，根据附近的石壁上石刻古藏文铭文“马年，赞普在位时，为供养众生之业，方丈大译

[1] 参见王尧：《吐蕃译师管·法成身世事迹考》，载《西藏文史考信集》，北京：中国藏学出版社，1994年，第17—33页。

师益西央制”,“文成公主庙”实际上是益西央庙。[1]此后,金城公主假道此地,命人为浮雕佛像修盖佛堂一座,以蔽风雨。此外,当地还流传着关于文成公主教民耕稼、安设水磨等诸多传说。与这种传说相应的历史记载,似乎也证明了它的真实性。藏文史料《西藏王统记》和松赞干布撰写的《嘛呢宝训》,以及后来的《安多政教史》都提到了这一点,如:“尔时,汉女公主同诸蕃使已行至邓马岩,曾于岩上刻弥勒菩萨像一尊,高约七肘,《普贤行愿品》两部。”[2]贝纳沟石刻九尊浮雕佛像为“大日如来佛”和八大随佛菩萨:弥勒、虚空藏、普贤、金刚手、地藏、观世音、文殊、除盖障。这九尊雕像经后世历代修复和重绘,其原貌几近丧失,但其基本造型仍带有唐代或吐蕃早期风格:佛身上的服饰为吐蕃早期和唐代中晚期的对襟小翻领胡服;贝纳沟石刻还有汉传佛教造像的传统“题记”;石刻中还有汉文经文。另外,在《大日如来简录》中还记载有这样四句诗:“卓玛崖在吉拉地方,卓玛显像松赞称扬。卓玛崖古见沟佛雕,卓玛化身公主首创。”这些记载说明文成公主当年途经贝纳沟凿刻佛像是历史事实。吉拉崖在贝纳沟南面,崖上有五尊度母像,至今仍保存完好。贝纳沟文成公主庙内主尊也是大日如来佛,佛座下还有藏式狮子造像。

在贝纳沟东北约八千米处又有勒巴沟石刻,因为当地群众传说是文成公主把犁传入藏区的,至今群众仍然把二牛抬杠式的犁叫作“文成公主犁”。雕刻在勒巴沟沟口的《文成公主礼佛图》和《三转法轮图》两幅吐蕃早期的线镌石刻似乎也证实了这个传说的真实性。《文成公主礼佛图》中释迦佛的右边刻着四个朝佛的形象,第二个形象头戴塔式缠头,身着对襟小翻领胡服,都是吐蕃早期的典型服饰,应当是松赞干布的形象;第三个形象头梳唐代汉女双鬟,顶髻前倾的双抱面髻,身披无领大氅,正双手持莲供佛,脸形完全是十分饱满的唐代女士特征,应当是文成公主的形象。因此,丹玛岩、贝纳沟、勒

[1] 参见杨玫:《苍茫天路唐蕃古道》,西藏自治区出版资助项目送审打印稿,第137页。
[2] 索南坚赞:《西藏王统记:吐蕃王朝世系明鉴》,刘立千译注,拉萨:西藏人民出版社,1985年,第73页。

巴沟石刻都是唐代汉藏关系史上弥足珍贵的资料。[1]而佛像风格也是典型的印度芨多(芨多王朝, Gupta Dynasty, 约 320—540 年)艺术风格,因此一些专家学者认为此处遗存也是吐蕃时期原物。

20 世纪 80 年代中期发现的西藏昌都地区察雅县曲麦河上游仁达乡的丹玛岩也有与贝纳沟石刻内容相同的佛教摩崖,这个佛教摩崖石刻中不仅有汉字经文,还有汉人勒工的名字。它是赤德松赞时期,即 804 年由藏汉族工匠依山雕凿的。矗立在依山就势镶嵌于丹玛山崖上的仁达殿堂,前面是日松贡布山,山上青松翠柏,郁郁葱葱,左边的德曲折颇章山上,奇峰突起,禅洞叠叠,俨然是个佛教圣地。殿堂前四棵参天古木,虽然老态龙钟却仍然顽强地挺立着,它那三人伸臂才能合拢的巨大身躯记载着它的历史,似乎在述说着当年文成公主与藏汉工匠共同雕凿仁达造像时的盛况。仁达寺殿堂的主体建筑是高约一米九的主供佛大日如来,八大随佛弟子整齐有序地雕刻在左右两侧,两位飞天女神身披彩带,腾云驾雾,手拿宝瓶和金钹分别飞舞于左右上方。整组造像布局合理,造型古朴,立体感强。造像下面的藏文铭刻里记载着藏族工匠的名字,以及两位汉族工匠的名字;在藏文铭刻的下面还有几十个汉字,因年代久远,已经模糊一片,其中能大体辨识出来的只有“匠浑天”“大蕃国”等几个字。由此不难看出,这组造像不仅是藏汉族工匠的合璧之作,而且是藏汉民族团结和文化交流的历史产物。据温玉成《唐密在吐蕃康巴地区的传布》一文说,丹玛岩仁达寺和贝纳沟“大日如来佛”和八大随佛菩萨,芒康县帮达乡“朗巴朗增”拉康主尊佛,都来源于敦煌榆林窟第 25 窟主室东壁的“清净法身卢舍那佛”及八大菩萨壁画,法身佛本来“无形无相”,但在中国早就有造像,特别是在唐代高宗皇帝和武则天皇后时在洛阳龙门石窟造出了高达十七点一四米的卢舍那大佛。[2]

---

[1] 参见汤惠生:《青海玉树地区唐代佛教摩崖考述》,《中国藏学》1998 年第 1 期。

[2] 参见温玉成:《唐密在吐蕃康巴地区的传布》,《中国西藏》2012 年第 2 期。

据《安多政教史》记载：文成公主入蕃时路经炳灵寺（唐时称灵岩寺）并在炳灵寺进行过许多弘法活动，其中包括雕凿佛像等。该书还称，文成公主居住在炳灵寺沟脑的一个山洞里，在此静坐修法。此外，在炳灵寺的僧俗群众中还有文成公主向该寺僧侣赠绿玉石佛的传说。金城公主入蕃的路线是先经陇关（陕西固关）、陇西、临洮、河州，再经炳灵寺"天下第一桥"横渡黄河，过鄯州（青海乐都）、西平，最后翻日月山进入吐蕃。唐中宗为了金城公主入蕃，特地在炳灵寺风林关的黄河上架设了"天下第一桥"（或称吐蕃桥），并亲笔题写"天下第一桥"五个大字，刻于桥旁石碑上。遗憾的是，"天下第一桥"毁于唃厮啰与西夏的战争中，石碑在修建刘家峡水库时没于黄河泥沙之中。在炳灵寺附近至今还依然存有专供金城公主用的汤沐邑、食宿邑等古遗址；在炳灵寺石窟第 148 窟旁边有一通碑文，叫《灵岩寺记》。这通碑文是金城公主入蕃十年后，唐玄宗皇帝为了"念其姻旧之戚，许以自新之惠"（碑文），遣御史大夫、上柱国魏县开国侯崔琳率朝廷各部、台、寺及内侍省七十一名官员组成的使团入蕃途中路经炳灵寺时所刻写的。这通碑文为研究唐蕃之间政治、经济、军事、文化等方面的交流提供了翔实的资料。[1]

传说金城公主因那囊氏夺子而十分烦恼，破坏了西藏的许多山脉，尤其是还斩断了拉萨的一条龙脉。那龙脉就是拉萨平原中心的三座小山。那时，药王山被看成是一头雄狮，而红山则被看成是一只猛虎，虎尾巴和狮尾巴连在一起。她派人切断两山之间的连接处。过了不久，王子"能步喜宴"时，王子认出生母金城公主，公主无比激动，于是派人在红山上修了一座塔，然后在药王山那座塔和红山上新修的塔之间拉上了一条铁索，意思是龙脉又接上了。后来，人们在被挖通的道口上又修起一座白塔。这样就形成了药王山与红山之间著名的三座白塔[2]，这也是进入拉萨城的标志。

---

[1]　参见曹学文：《藏传佛教在炳灵寺的传播、发展及衰落》，《西藏研究》2000 年第 1 期。

[2]　见书前彩插图 1。

金城公主入藏也带来一批雕刻工匠，唐朝的雕刻艺术随之传入吐蕃。琼结县藏王墓的赤松德赞墓碑，造型镌覆翘角盖顶，四周刻有流云图案，碑盖底部浮雕着上半身半裸、彩带飘扬、姿态优美的四尊飞天像，两侧刻有云龙图案……这龙也是汉地传说中行云布雨的龙，有别于藏地人首蛇身的“龙族”。雕刻刀法简练，线条流畅，形象生动。石碑被一只“赑屃”驮着，人们往往以为“赑屃”是龟，但它实际上是“龙生九子”之首，有驮三山五岳之力。“赑屃”是传统中原文化的产物，足以证明赤松德赞时期吐蕃和唐朝中原文化的联系。[1]还有大昭寺前的甥舅会盟碑和日喀则市的红庙碑的图案纹饰，都反映了这一时期唐蕃雕刻艺术有着频繁的交流。大量吐蕃时代的石碑基座和碑帽、碑额上留有浮雕图案，如墨竹工卡县吐蕃碑基座图案为“雍仲”字形纹饰，并装饰有汉式如意状云朵。

拉萨大昭寺前的唐蕃会盟碑和琼结县藏王墓的赤松德赞纪功碑，其形制都作内地的龟趺碑式，上部的宝珠顶则为藏式。唐蕃会盟碑的宝珠顶下刻仰覆莲托座，碑帽底面和四面浮雕二方连续升云图案，疏密有致。赤松德赞纪功碑，雕刻纹饰较前者繁密，碑帽四角各雕一尊飞天，间饰浮雕升云图案；东西两侧中央各饰以太阳、月亮。碑东西两侧浮雕升龙图，二龙上下追逐升腾；其下浮雕蟠蛟，承以仰覆莲座。这两座石碑浮雕主体图案与唐代装饰纹样相同，显然是内地的传统装饰艺术影响所致。藏王墓内以石狮镇守，也是仿唐帝王陵墓形制，现存的石狮造型也与唐李虎墓前的石狮相近。这些真实可感的艺术形象都展示了唐与吐蕃艺术的密切联系。大昭寺保存的吐蕃时代的木雕藻井，中心木雕彩绘莲花，其花形、配色与唐代敦煌石窟彩绘头光、莲花藻井和唐三彩宝相花纹盘的装饰有几分相像，藻井莲花花瓣用红、黄、蓝多层次色彩表现，与敦煌第 217 窟盛唐时期的宝相花形头光配色相似，其莲花外围的绛地黄色联珠圈，则与唐三彩盘的装饰一般无二；更令人触目的是，莲花

---

[1] 参见杨玫：《苍茫天路唐蕃古道》，西藏自治区出版资助项目送审打印稿，第 296 页。

的中心花蕊部位为太极图。[1]西藏山南桑日县吉如拉康是金城公主时代所建的小寺,在此寺供奉的释迦牟尼佛、八大菩萨、金城公主、金刚手泥塑像,其造型与唐代内地佛像造像一致,特别是诸位菩萨像都着唐式筒裙,腰系彩带,不同于印度式突出女性特征的造像,相传这些塑像是吐蕃王朝赤松德赞时中原工匠塑造的。西藏至今还保存有一批古代乐器,有的与唐代乐器形制相同,其装饰具有鲜明的内地风格,如六弦琴、三弦琴等的龙头雕刻装饰为典型的唐代艺术特征。

1986 年,在西藏昌都察雅境内的强顿城外几千米的地方,一个叫作"丹玛札"的岩石上发现了一组 9 世纪初的铭文和藏区有最早铭文纪年的大佛像。据铭文所记,雕塑这些佛像是为了纪念当时的汉藏和盟。铭文中有主要施主的名字为藏人"益西央",以及六名合作雕刻的汉藏工匠。[2]

小昭寺的壁画是唐朝的画师所绘,可惜后来因失火被毁。大昭寺吐蕃时期的壁画中一些人物形象有唐人的仪容。新疆出土有棺材板画《朱雀》,还有《吐蕃人生活图》。青海德令哈市郭里木乡出土的吐蕃墓葬棺材板画《朱雀》,是中原风格与青藏风格的融合。

在乃东县修建的昌珠寺是一座藏汉建筑结合的宫殿,宫殿内壁画是藏汉画师所绘。松赞干布逝世后,也仿效唐朝陵墓礼制,据藏文史籍记载,松赞干布的墓室里就绘有壁画。桑耶寺第二层是汉式风格的建筑,里面的壁画也是汉族画师所绘。其中二楼回廊的《如意宝树图》壁画,用水墨淡彩绘成,颇有内地国画的写意技法,洒脱自如,色彩淡雅。二楼的壁画中还有《唐长安都城示意图》和《五台山图》。[3]

---

[1] 参见甲央、王明星主编:《宝藏:中国西藏历史文物》(第一册),北京:朝华出版社,2000 年。

[2] 参见[法]阿梅·海勒:《九世纪汉藏和盟的丹玛札佛教造像》,张岩译,《西藏艺术研究》1996 年第 2 期。

[3] 参见吴健礼:《古代黄河长江流域与青藏高原绘画文化的联系》,《西藏日报》2010 年 5 月 20 日。

《文成公主进藏图》,见于布达拉宫白宫松格廓廊道壁画。该图由《东教场辨识公主》《公主抵拉萨》《填湖镇魔兴建大昭寺》和《松赞干布联姻》等画幅组成,情节具体生动。其中《公主抵拉萨》描绘了青山绿水中文成公主抵藏的场面:宝车上文成公主端坐,后有骑马数人奔驰相随,前有僧人一行双手合掌举幡相迎。人物刻画细腻有生气,山水树木有装饰风格,画面充满热烈欢快的气氛。而大昭寺壁画中的一幅《文成公主进藏图》,则以风俗画的手法,描绘了拉萨民众欢迎文成公主的场面。画中有角力、野牛舞、抱石头、鼓乐、歌舞和戴面具的野牛和人物像。色调对比强烈,以绿色为主,红色次之,间有黄、黑、白等色,富丽堂皇,充满生机。《文成公主堪舆图》,见于山南桑耶寺《修建大昭寺》壁画。文成公主束高髻,着长衫,单膝跪地,右手指着面前的堪舆图表,双目凝神注视。公主为西藏事业专心致志、忠贞尽瘁的美好形象显现眼前,然而画师还在她的上方再现远山浮云,前方又添两朵含苞待放的莲花,点染出高原景色,更渲染了文成公主是度母化身的内涵。这些壁画从侧面反映了汉藏绘画艺术上的交流。

吐蕃后期敦煌壁画中,有一著名的《思维菩萨》,特别是壁画右边的菩萨动态曲转优美,是初唐敦煌艺术的典型,可能与汉族的影响有关。

敦煌在经变画[1]大量增加的情况下,装饰图案均衡齐整、统一和谐,风格独特的装饰纹样与前期不同。主要有莲荷纹、团花、云头纹、雁含威仪纹、双凤衔花纹,以及孔雀、鹦鹉、蹲狮、共命鸟等,特别是衣饰上的各种纺织纹等丰富多彩,绘制精湛,给唐代后期的装饰图案增添了新的光彩。第14窟《金刚母变》局部《供养菩萨》的姿态和腿部纹饰就有汉地风格。

民国时期被斯坦因等国外"学者"盗走的敦煌藏经洞中的帛画《菩萨及供养人物》,正中菩萨更近于汉式造型,右边一位人物着装是典型的吐蕃样式,左边一位就完全是汉式人物。

---

[1] 见书前彩插图4。

大英博物馆藏的斯坦因第32号藏品帛画《千手千眼观音菩萨曼陀罗》[1]明显吸收了汉族艺术因素，同时题写有汉、藏双语的内容、时间和画家题记：由艺术家白央创作于丙辰年。其中，药师佛左右菩萨为藏式风格；普贤菩萨和文殊菩萨的布局和表现则为典型的汉族风格。

十二、汉地丝绸传入吐蕃及其影响

远在两千多年前，我国汉族绚丽多彩的丝织品、漆器和铸铁用具等，就通过丝绸之路，源源不断地送往中亚、西亚和阿拉伯世界，之后又远传欧洲了。丝绸之路自古就是中国内地通往西域进而连接世界各国贸易的主要陆路通道之一。唐代汉藏联姻亲好之时正是丝绸之路鼎盛时期，所以丝绸彩缎也就开始大量输入西藏。

唐时以绢缣一匹换良马一匹，故名"缣马交易"。唐代丝绸之路上的丝绸贸易十分兴旺，骆驼商队络绎不绝，唐代著名诗人张籍的《凉州词》对此进行了非常生动的描写："边城暮雨雁飞低，芦笋初生渐欲齐。无数铃声遥过碛，应驮白练到安西。"吐蕃人雅爱丝绸织品，以身着丝绸为荣，占领敦煌后，把当地的汉户集中起来，专门生产丝绵，形成了一个丝绵部落。吐蕃对丝绸之路的控制，使丝绸等内地物品通过丝绸古道源源不断地运入吐蕃腹地，大大丰富了吐蕃以皮裘和氆氇为主的服饰内容。《敦煌本吐蕃历史文书·大事纪年》在记述吐蕃攻陷瓜州，获得唐贮存在瓜州的大量财宝时说，"民庶黔首均能穿上唐人上好绢帛"[2]。

松赞干布自从娶文成公主之后，即改穿汉地丝绸衣裳。吐蕃经过贸易或战争等手段，先后从唐朝的都城长安、唐朝在南方的重要丝绸产地成都和中

---

[1] 见书前彩插图5。

[2] 张云：《丝路文化·吐蕃卷》，杭州：浙江人民出版社，1995年，第183页。

国与西方文明联系的重要通道丝绸之路等渠道，获得了大量的丝绸和丝织品。当然，其中还包括在丝绸之路上流通的波斯等中亚国家的丝绸。据《达扎路恭记功碑》记载，758 年吐蕃将领恩兰·达扎路恭攻破凉州后，唐蕃之间就达成协议，唐朝每年向吐蕃赠送五千匹丝绸。唐玄宗开元七年（719）“六月，吐蕃遣使请和……大享其使，因赐其束帛，用修前好，以杂彩二千段赐赞普，五百段赐赞普祖母，四百段赐赞普母，二百段赐可敦，一百五十段赐坌达延，一百三十段赐乞力徐，一百段赐尚赞咄及大将军首领各有差。皇后亦以杂彩一千段赐赞普，七百段赐赞普祖母，五百段赐赞普母，二百段赐可敦”[1]。开元二十五年（737），唐朝“命工部尚书李嵩持节使于吐蕃，以国信物一万匹，私觌物两千匹，皆杂以五彩遣之”[2]。蕃使至唐，唐廷也赐以丝绸，其数量还超过对朝廷亲贵的赏赐，如开元十九年（731）十一月，玄宗“幸东都，敕亲王赐物八十匹，嗣郡王六十匹……突厥、吐蕃使五百匹”[3]。由此可知，从松赞干布开始，丝绸已经从各种渠道大量涌入吐蕃，并开始成为赞普和王公大臣们的豪服，唐代著名画家阎立本笔下《步辇图》[4]中吐蕃请婚使者大伦禄东赞华丽的丝绸着装就是明证。西藏至今保存有传为吐蕃王朝时期的松赞干布身着唐代流行的团窠纹丝绸服装的塑像。

随着丝绸的大量进入，丝绸也开始用于佛像的袈裟和绘画材料。丝绸还用于宗教活动，那时的苯教祭祀仪式上已使用丝绸。在阿里的象泉河上游有一座苯教寺叫“古鲁甲寺”，2006 年发现这里有古墓葬，从墓中出土了一批古代织物和其他文物，其中有一丝织物，上面有虎、羊、鸟等对称的图案和“王”“侯”等小篆字，鸟的身上有“王”字。根据霍巍的考证，这种构图和纹

[1] （北宋）王钦若等编：《册府元龟》卷九百八十《外臣部·通好》，北京：中华书局，1960 年。
[2] （宋）王溥撰：《唐会要》卷六《和蕃公主·杂录》，上海：上海古籍出版社，1991 年。
[3] （北宋）王钦若等编：《册府元龟》卷八十《帝王部·庆赐第二》，北京：中华书局，1960 年。
[4] 见书前彩插图 2。

饰在新疆吐鲁番、青海都兰吐蕃墓中曾有发现。新疆吐鲁番阿斯塔那墓地曾出土了一方藏青地禽兽纹锦,与阿里出土的这方丝织物有相似之处。日本学者坂本和子认为,这种装饰图案汲取了汉锦的风格。青海都兰吐蕃墓中出土的鸟纹锦,专家们考定的年代为6世纪中叶至7世纪初期;阿里出土的这方带有“王侯羊王”汉字的织物,年代正值羊同为吐蕃吞灭之前的强盛时期,就有可能是一方来自汉地唐朝的赏赐物。织物上所称“羊王”又可能是指羊同的部落联盟首领,因为“羊同”是汉地对西藏西部“象雄”的称谓,自然“羊王”可理解为“羊同之王”。[1]这说明吐蕃时期唐朝就有丝织品赏赐给象雄部落。

相传文成公主曾亲手织造释迦牟尼佛像,后被装藏于五世达赖灵塔内[2]。据《巴协》记载,赞普赤德松赞为刚落成的桑耶寺的石雕菩萨像涂金,披上薄绫。丝绸在吐蕃已被赋予象征意义,据《莲花生大师本生传》第九十九章《空行母赞莲花生》:“戴有五色锦缎冠,意味着调伏众生以五明。”“身穿锦缎斗篷,意味着向世间发出彩虹与光芒。”[3]丝织品还被当作祭祀物品使用,在新疆出土的吐蕃简牍中就有将丝绸与珍珠、松耳石、珊瑚、金币等藏族珍贵物品一同献神的记载,祭神物品中还包括“带彩缯之箭一支”“一只系有彩绸之右羊腿”[4]。丝绸在吐蕃人心目中的地位还可以从敦煌吐蕃文书中的一段卜辞看出:“……秋季三个月里,低矮玉簪翠绿,牦牛坐骑遍地,翠绿碧玉线团,织成一匹帛绢,不用可要珍惜。”[5]

8世纪中叶,“安史之乱”爆发,唐朝由盛转衰,“内寇时起,不遑西顾”[6],

---

[1] 参见霍巍:《一方古织物和一座古城堡》,《中国西藏》2011年第1期。

[2] 参见嘉措顿珠:《布达拉宫志》,《西藏研究》1991年第3期。

[3] 洛珠嘉措:《莲花生大师传》,俄东瓦拉译,西宁:青海人民出版社,1990年。

[4] 王尧、陈践:《吐蕃简牍综录》,北京:文物出版社,1986年,第72、73页,432、425简。

[5] 王尧、陈践:《敦煌吐蕃文书论文集》,成都:四川民族出版社,1988年,第118页。

[6] (唐)陈黯:《代河湟父老奏》,载范学宗、王纯洁编:《全唐文全唐诗吐蕃史料》,拉萨:西藏人民出版社,1988年,第247页。

吐蕃趁唐朝内乱占据了西部大部分领土。为“安内”,唐廷与吐蕃订立了“输绢帛,割土地”的和约,大批丝织品输入吐蕃,原在唐西部生活的汉人成为吐蕃的臣民,吐蕃人与唐人在经济、文化等方面有了更为广泛的接触。唐、蕃如此杂居,直接促进了汉藏民族在生产、生活各个方面的交往,民间的汉藏文化艺术交流得到了前所未有的加强。[1]吐蕃占领唐朝的陇右、河西地区一百七十余年,并一度攻陷长安,将其势力扩展到中原腹地。与汉人长期共处的吐蕃人除了受汉人影响,穿用丝织品外,服装也仿效唐人衣冠,出现了一种“典型”的中原汉地样式:“两衣襟对称地在前胸交叉,形成一个V字形领,在略高于腰部的地方用带子系住,双袖宽大,几乎扫地。”[2]《册府元龟》中记载,唐朝皇帝以德示蕃,善待俘虏,将他们遣归故里,往往还赐以绢帛、服装。[3]《全唐文》中也有武则天时张鹭的“鸿胪寺中土蕃使人素知物情,慕此处绫锦及弓箭等物请市”的记载。[4]唐玄宗开元二十二年(734),唐朝与吐蕃于赤岭(今青海省日月山)划界互市,汉藏民族贸易得以更顺利地进行,更多的汉藏工艺美术品相互流通。赞普赤松德赞统治时期,在拉萨大昭寺、小昭寺之间有绸布市场[5],应当是内地丝绸大量输入吐蕃后出现的,这从一个侧面反映了当时汉藏贸易的情况。[6]

从20世纪初敦煌莫高窟发现的大量帛画的风格和题材来看,其中部分作品出自藏族艺术家之手,现在珍藏于英国大英博物馆的斯坦因藏品《千手

[1] 参见吴明娣:《汉藏工艺美术交流史》,北京:中国藏学出版社,2007年,第11页。

[2] [匈]西瑟尔·卡尔梅:《七世纪至十一世纪西藏服装》,胡文和译,《西藏研究》1985年第3期。

[3] 参见苏晋仁、萧鍊子校证:《〈册府元龟〉吐蕃史料校证》,成都:四川民族出版社,1981年,第210—211页。

[4] 参见范学宗、王纯洁编:《全唐文全唐诗吐蕃史料》,拉萨:西藏人民出版社,1988年,第164页。

[5] 参见《藏族简史》编写组:《藏族简史》,拉萨:西藏人民出版社,1985年。

[6] 参见吴明娣:《汉藏工艺美术交流史》,北京:中国藏学出版社,2007年,第11页。

千眼观音菩萨曼陀罗》,就是其中的代表。由此可见,吐蕃在占领敦煌期间,已经开始接触丝绸并在丝绸上进行帛画创作。

丝绸的输入对吐蕃工艺品有影响。1985年,在对青海省都兰县两座古墓的科学发掘中,发现大量随葬的丝织品、皮制品,还有铜镜、开元通宝铜钱,并出土了十一支吐蕃文木质简牍,木简对该墓主人的服饰等随葬品做了记载。简文所录的服饰多为丝绸质地,皮衣也多用锦缎镶边。其中一支木简记“黄河大帐产之普兴缎面、绿绸里,衣袖镶悉诺涅缎,价值一头母牦牛之缎夹衣一件”,另一木简也记“黄河大帐产之普兴缎面,绿绸里夹衣及……共三件”,还有一简记“绿绸……寿字缎,金线……(衣及)黑绸之……衣一套”[1]。寿字缎显然是内地的产品。在吐蕃时期,丝绸由制作服饰扩展到制作其他用品或装饰品。如1983年在青海省都兰县吐蕃墓葬群出土了大批随葬物品,包括皮靴、纺织构件、金饰品、陶罐、木碗、碟、木勺、木雕鸟兽、马鞍具、丝织品等,其中最令人注目的是装饰有唐代流行的团窠联珠对马纹、团窠联珠对羊纹、团窠联珠对鸟纹等织锦[2],同时出土的凤凰穿花纹金饰件更是典型的内地装饰品。[3]

十三、汉地瓷器和其他工艺品传入吐蕃及其影响

据汉藏史籍记载,唐贞观十五年(641),唐朝文成公主进藏与吐蕃赞普松赞干布联姻,唐朝皇帝赠送了许多宝器,其中就有瓷碗。一些民歌也唱道:“龙纹瓷碗是文成公主带来的。”

《汉藏史集》第二十一篇“鉴别碗的好坏的知识”:“以后烧制的两只瓷碗,

[1] 王尧、陈践:《青海吐蕃简牍考释》,《西藏研究》1991年第3期。

[2] 参见青海省文物处、青海省考古研究所:《青海文物》,北京:文物出版社,1994年。

[3] 参见吴明娣:《汉藏工艺美术交流史》,北京:中国藏学出版社,2007年,第12—16页。

在仲年德如王时,传入吐蕃。”仲年德如王是吐蕃第三十代赞普,是松赞干布的曾祖父,其在位时间约在5世纪与6世纪之交,烧制瓷碗的工艺技术无疑都是来自内地的。

据《娘氏宗教源流》载,松赞干布时已经见到瓷器,禄东赞去长安请婚,献吐蕃出产的砂金五千两为聘礼,皇帝则以“汉地碗具盛茶款待之”,后禄东赞“又用汉碗盛米酒饮之”。这里的“汉碗”当是瓷碗。当时对禄东赞而言,丝绸之路诸物已使他大开眼界,金、银、玉、木等碗他自能辨认,而作为新产品的瓷器他是第一次看见,故而只能以“汉碗”称之。

对于茶具,如茶碗的种类和来历,《汉藏史集》中说,茶碗的制作工匠和技术来自内地。书中记载:“藏王(都松芒布支)说:‘此种树叶乃上等饮料,饮用它的器具,不能用以前有的玛瑙杯、金银等珍宝制成的瓢勺,需要找一种以前没有的器具。听说汉地的皇帝有一种叫做碗的器具,可派人前去要来。’于是吐蕃派出使臣前往汉地。汉皇帝说:‘我们汉地与吐蕃双方多次交战和会盟,为利益吐蕃,我已送去医药历算,各种工匠,各种乐师……若吐蕃自己有制作的原料,我可派一名制造碗的工匠前去。’吐蕃使臣将汉地造碗的工匠请回,并向藏王奏闻出使经过。藏王说:‘如此我们还是自己制造,只是不知道需要些什么材料和工具?’工匠回答说:‘原料上等的用宝石,中等的用石疖,次等的用白石头也可以。’藏王说:‘如此,这三种原料都可供给。’工匠问:‘碗的种类很多,不知要造什么样的?’藏王说:‘我想要造的碗,应该是以前汉地没有兴盛过的。对形状的要求是,碗口宽敞,碗壁很薄,腿短,颜色洁白,具有光泽。这种碗的名字因为是以前吐蕃没时兴的东西,依靠它又可以长寿富足,所以就叫作“兴寿碗”。碗上的图案,第一应是鸟类,因为是鸟将茶树枝带来的。上等碗上应绘鸟类口衔树枝的图案,中等碗上应绘鱼在湖中游,下等碗上应绘鹿在草山上。比这三种再差一些的碗,由工匠自己随意决定。’于是工匠按原料的优劣清浊,制成兴寿等六种碗。按照藏王的吩咐制成的三种分别起名为夏布策、南策、襄策；普通的三种起名为特策、额策、朵策。”[1]

传说，自吐蕃赞普都松芒布支时代以来，在吐蕃王朝的发祥地山南乍朗和乍其两地建窑，由唐朝不断派瓷工援藏，向藏族青年传技制造瓷器，瓷器生产在西藏山南兴旺一时，泽当的塘波切等地曾一度是吐蕃王室内务府烧制瓷碗的小型瓷窑。山南扎囊县原普布庄园还曾保留下来一座烧制瓷器的作坊遗址。今日拉萨布达拉宫和罗布林卡收藏着一批唐代吐蕃时期乍朗和乍其制作的古瓷碗，这些古瓷碗名叫“乍噶”。原西藏地方政府将这些“乍噶”视为稀世之宝，每年藏历新年初一，开箱取出“乍噶”古瓷碗，短暂地盛一次人参果米饭，祝新的一年里“日夜吉祥”。

2010年出版的大型图书《西藏今昔》登出了文成公主当年曾带入吐蕃的一件刺绣唐卡，真是弥足珍贵。敦煌发现的藏文史料中有飞马使印章，为唐蕃之间的驿站使用，显然是唐蕃文化交流的产物。为合金“花利马”所铸，凹刻藏文阴文，图案为策马扬鞭并回头张望的使者，古藏文音为“芒斯克甲”，似指名为芒斯克驿站所使用的印章。

十四、汉地器物传入吐蕃

吐蕃与唐朝双方使者与商旅不绝于途，使汉族的器物文化大量流入吐蕃。松赞干布曾向唐朝“请蚕种及造酒、碾 、纸、墨之匠”[2]。而文成公主入藏途中，在藏区一些地方“垦地、种田、安置水磨”，给吐蕃带去了大批工匠。藏文史籍记载，芜菁及一些蔬菜等农作物种子也是由文成公主传入吐藩的。金城公主入藏时，“杂伎诸工悉从”。这有力地促进了吐蕃社会经济和器物文化

[1] 参见杨嘉铭、琪梅旺姆：《藏族茶文化概论》，《中国藏学》1995年第4期。

[2] （后晋）刘昫等撰：《旧唐书》卷一九六《列传第一百四十六·吐蕃》，北京：中华书局，1975年。

的发展。正如唐朝诗人王建在《凉州行》中写道:"蕃人旧日不耕犁,相学如今种禾粟。"吐蕃的许多手工业,如冶铸铜钟、造墨、制纸、缫丝、打制安装碾磨等,也是在汉族工匠的直接帮助下发展起来的。吐蕃不但熟悉中原的各式武器及镰、斧、锯、锤等生产工具,熟悉镫、锁、镜、纸、胶、酒等日用品,而且可以仿制其中的部分物品。文成公主和她的侍女曾帮助吐蕃妇女改进纺织和染色技术,从而生产出精美的氆氇。

世界上最早的纸是我国东汉时的蔡侯纸,蔡侯纸发明后四五十年,2 世纪中叶造纸术就已传到了西域一带,并逐渐传入吐蕃。文成公主入藏和亲,也从内地带来了造纸工匠,在吐蕃传播造纸技术。到 8 世纪,吐蕃已有不少地方开始造纸。据《桑耶寺志》记载:赤松德赞规定,"从属下征收的差税中,给教主堪布每年发给四刀纸、三块黑墨……"藏纸历史悠久,西方人斯坦因在和阗废墟里曾发现一些藏纸,纸呈黄色,质地粗糙,面上涂了一层没有提炼过的大米淀粉,写的是《佛说稻秆经》,写成的时代在 8 世纪中叶。经化验,纸是用瑞香科植物浸软了的生纤维造成,这是较早的藏纸。吐蕃治下的敦煌寺院附属有造纸部门,一些资料中有纸匠记载,汉藏造纸方法大同小异。有纸必有墨,汉地制墨技术也肯定对吐蕃有过重要影响。

据《汉藏史集》记载,7 世纪,唐朝文成公主进藏时,曾带去许多食品、饮料,以及酿制烧酒的工艺技术。松赞干布逝世后,文成公主曾一度住在乃东地方的昌珠寺(当时的吐蕃王室宫室)。传说文成公主曾在当时教群众酿酒,这种酒叫作"酚钦",意思是"大酚"酒,实际就是烧酒,以后当地群众为纪念文成公主在当地教群众酿酒,就叫这个地方"酚钦"。1958 年前,当地还有一个庄园叫"酚钦溪卡"(大酒庄园)。

据《松赞干布遗训》说:松赞干布亲自参加了昌珠寺的开光,文成公主也曾在此寺内饮食寝息,还有她留下来的炉灶等遗物。这个寺还有一口著名的古铜钟,很大,是赤松德赞时由汉人比丘仁钦铸造的。据可靠的文献记载,比丘仁钦当时铸造了三口同样大小的铜钟,一口在拉萨附近的耶尔巴寺,一口在乃东的昌珠寺；可惜这两口铜钟如今都已损毁，仅有桑耶寺的一口现在还可以看到（另有二口小铜钟）。《贤者喜宴》中说“赤松德赞第三妃名甲茂赞，自修宫殿，殿上又献铜钟一口”，指的就是这口钟。这口钟先是挂在桑耶寺北十余里的扎玛正桑附近的小庙里，后来庙被毁才移至桑耶寺大殿的。这个甲茂赞就是那个在汉地禅师摩诃衍等三人面前，“一自虔诚，划然开悟，剃出甘发，披挂缁衣”的王妃，她出家当了尼姑改名为菩提主，并请汉僧大宝（仁钦）监造了这口铜钟作为信物。桑耶寺这一口铜钟真可谓大、古、绝。它悬挂在大殿门廊的额方上。铜钟高一点二米，下口直径为七十厘米，有五道月牙形缺口，上部稍有收分，挂环铸在顶部的莲花瓣上，钟重约千斤，距今已有一千二百多年的历史。这口铜钟钟面铸古藏文，铭文中“钟”字系汉语音译。它是今天西藏绝无仅有的大铜钟。以上材料便可说明，吐蕃铸钟工艺源出汉地。

7世纪中原地方打造的刀剑曾传入吐蕃。藏文《汉藏史籍》中“刀剑在吐蕃传布的情况”一章说：“关于以前刀剑在吐蕃地方的使用和种类，未见有系统的文字记载，我根据学者们口头传说的故事，加以整理，写成了这篇关于刀剑传布的情况……尚玛是汉人的刀剑，是太宗皇帝[1]在位之时兴盛起来的。它是在皇帝舅家所在的地方，由一个叫尚萨措姆的人打造的。能砍断九层最坚硬的东西，因此产生了妇女最会打造兵器的说法。由于刀剑是在尚域地方打造的，铁匠们又是妇女，因此这类刀剑得名为‘尚玛’。尚玛有一主人，他也会打造刀剑。他和他的后裔们打造的刀剑称为‘尚杰’。……尚玛类刀剑刀背厚重，大多数柄粗尖窄。”[2]可见这类称为“尚玛”“尚杰”的刀剑在7世纪后曾传播到吐蕃地方。

1987年在西藏白朗县洛江乡重建长美坚寺时发现一件唐代瑞兽葡萄镜，

---

［1］指唐太宗。

［2］达苍宗巴·班觉桑布：《汉藏史集》，陈庆英译，拉萨：西藏人民出版社，1986年，第138—140页。

这件铜镜可能就是当年文成公主入蕃时带去的，将其赐给寺院的僧人。据意大利的一名学者研究说："佛教传入西藏之后，青铜镜仍然作为宗教仪式中的一种重要法器来使用。"有关史料记载说，在西藏寺院所举行的"多玛供仪轨中青铜镜"是仪轨和揭示未来的"修法上依"，人们可以通过青铜镜中出现的吉凶两种征兆来预言未来。因此，这件铜镜与西藏寺院出土的带柄铜镜一样，可能是被赋予了传统的宗教意义。[1]

十五、茶马文化的交流

隋唐时期，随着青藏高原的苏毗、附国、羊同、悉补野等各部族与中原地方政治、经济、文化联系的发展，茶叶逐渐输入到青藏高原的腹地。唐代吐蕃势强，随着藏族与内地各民族关系的不断发展，茶叶分别从西北唐蕃古道和西南茶马古道向西纵深辐射，直至覆盖全藏区。关于茶叶输入到吐蕃腹地的时间，藏文史籍中有三种记载。

其一说，7世纪初传入卫藏地区。据《汉藏史集》载，吐蕃大臣吞弥奉松赞干布之命创制藏文时，有一夜梦见同一老妇人对话。问及老妇人："到何处去？"老妇人曰："我从萨贺尔来，到吐谷浑去。"又问："路上带有什么口粮？"答曰："有茶叶。"吞弥醒来时，突然悟出与老妇人的梦中对话中有"夏、萨、啊、加、恰、槚"等六个音，是天竺字母里没有的，遂创制藏文三十个字母。这个故事说明在创制藏文以前，茶叶已输入到吐蕃腹地了。藏文称茶叶为槚，是受古汉语"槚"的音义创制的。

其二说，唐贞观十五年（641），文成公主入吐蕃，唐太宗赠送了许多礼物，

[1] 张秀荣：《从唐与吐蕃的联姻看汉藏经济文化的交流及影响》，《黑龙江民族丛刊》2007年第5期。

其中就有茶叶,《西藏政教史鉴》(附录)载:“茶亦自文成公主入藏土也。”[1]

其三说,都松芒布支时传入吐蕃,这在许多藏族史籍中都有涉及。据《红史》记载:“芒松芒赞的儿子都松芒布支……他在位期间,吐蕃有大量茶叶、器乐,并有七名武艺高强的人出世。”据《汉藏史集》记载:“某一个时候,国王都松芒布支得了一场重病,当时吐蕃没有精通医道的医生,国王只能注意饮食行动,加以调理。当国王安心静养时,王宫屋顶的栏杆角上,飞来一只以前没有见到过的美丽的小鸟,口中衔着一根树枝,枝上有几片叶子,在屋顶上婉转啼叫。国王看见了小鸟,开初并没有注意它。第二天太阳刚刚升起时,小鸟又飞来了,还和前一天一样啼叫。国王对此情景不禁犯疑,派人去查看,收小鸟衔来的树枝取来放到卧榻之上。国王发现这是以前没有见过的树,于是摘下树叶的尖梢放入口中品尝其味,觉得清香,加水煮沸,成为上好饮料。于是国王召集众大臣及百姓说:‘诸位大臣及平民请听,我在这次病中对其他饮食一概不思,唯独小鸟携来的树叶作为饮料十分奇妙,能养身体,是治病之良药。对我尽忠尽力的大臣们,请你们去寻找这样的树长在何地,对找到的人我一定加以重赏。’吐蕃的臣民们遵命在吐蕃的各个地方寻找,俱未找到。大臣中有一名最为忠心、一切只为国王着想之人,沿着吐蕃边境寻找,看见汉地一片密林笼罩紫烟,于是前往该处。他心想,那边密林之中,必定有这样的树木。密林的这一边,有一条大河,渡不过去,却隔着河望见那种树就长在对岸林中。大臣想起国王之病,决心冒险过河。此时忽然有一条大鱼在他面前出现,游过河去,使大臣看到河面虽然宽阔,但水深不足以淹没人,心中大喜,就沿着鱼游过的路线涉过大河。大臣到达密林之中,只见大多数都是小鸟带来树枝的那种树,心想,这必定是鱼王显现,为我引路。他欢喜不尽,采集此树树枝一捆。又思量道,此物对我王之病大有效用,中间道路如此遥远,若有

[1]《南路边茶史料》编辑组:《南路边茶史料》,成都:四川大学出版社,1991年,第4页。

人来帮助背负，或有一头驮畜岂不更好。想到此处时，忽然有一白色母鹿，不避生人，跪到身前，大臣想：此鹿或者可以驮载。乃试验之，果然如愿。于是收此树枝让母鹿驮上一捆，大臣自己背上一捆返回。路上跋涉，非止一日。一月之间，母鹿驮载，直送大臣到达能望见王宫之处。吐蕃大臣在此处召集民夫，收树枝送到国王驾前。国王十分欢喜，对此大臣重加赏赐。国王疗养病体，亦大获效益。”

这三种记载都表明，茶叶是 7 世纪传入吐蕃腹地的，而有关 8 世纪的吐蕃茶叶贸易的记载则比比皆是。唐蕃古道的开通，促进了汉藏通商贸易的拓展。唐开元十九年（731），吐蕃向唐朝提出：“请交马于赤岭（今青海日月山）。”开始了唐蕃历史上的“茶马互市”。当时吐蕃王朝已设有商官管理市场贸易，并专门派官员到长安经营茶叶贸易，称为“汉地五茶商”。据唐代李肇《国史补》卷下载：“常鲁公使西番，烹茶帐中，赞普问曰：‘此为何物？’鲁公曰：‘涤烦疗渴，所谓茶也。’赞普曰：‘我此亦有。’遂命出之，以指曰：‘此寿州者，此舒州者，此顾渚者，此蕲门者，此昌明者，此浥湖者。’”这些茶的产地分别为安徽、江苏、湖南、湖北、四川（待考）、江西等。可见当时吐蕃派往长安的“汉地五茶商”经营内地茶叶品种之多。据《汉藏史集》载，赤松德赞时，吐蕃“买茶叶的、卖茶叶的以及喝茶的人，数目很多”。说明 8 世纪吐蕃地方喝茶的人已经比较普遍，在吐蕃从事茶叶买卖的人也很多，拉萨等地已有了茶叶市场，经营茶叶的数量和品种不少。

唐朝中期，朝廷对茶叶实行“榷茶制”，输藏茶叶曾一度由官府专营。“茶马互市”是唐蕃经济和器物文化交流中最重要的内容和方式。为满足用马需要，唐玄宗派太仆卿毛仲杰主持马政，决定在赤岭与吐蕃互市换马，不久使用马由二十四万匹增至四十八万匹。685 年，吐蕃论钦陵即以益州（成都）及西域四镇通市为与唐和亲友好的先决条件，于是唐又在益州、陇州与吐蕃互市。除吐蕃王室所需丝织品外，唐还以吐蕃臣民急需的茶叶作为互市换马的重要商品。吐蕃赞普不但储藏内地名茶，还派专人负责经营茶叶贸易，故唐以茶易马,“茶马互市”满足了双方所需。

中原地区饮茶是在唐玄宗开元时才形成社会风气。当时佛教禅宗大盛,信徒极多。禅宗为调剂这种苦修生活,减少坐禅时的困倦,开元年间泰山灵岩寺的降魔禅师首先倡导坐禅时饮茶,他的弟子们各自“怀挟茶叶,到处煮饮”,天下禅僧“从此辗转相仿效,遂成风俗”。煮茗坐禅既解决困倦,又增添一种高洁、清雅的气氛,故文人、士大夫也纷纷仿效。这一风习又由僧人传染至俗人,由上层传播于下层群众,又由于大量禅僧入藏而被带入雪域高原。大批禅僧来藏以及禅宗对藏地佛教的深刻影响,将煮茗坐禅的风习传染给藏地佛教徒。到赞普热巴巾时,规定“七户养一僧”的制度,僧人以此脱离生产劳动,专事诵经修法。茶的“涤烦疗渴”“破睡消滞”作用,对于每日静坐的僧人来说更成为不可或缺的东西。僧徒饮茶之风此时已普遍形成。热巴巾死后,继任的朗达玛赞普兴起灭佛运动,寺庙被毁,僧人被迫还俗,大批僧人融入民间,也将他们饮茶、烹茶的习惯传播于人民大众之中,饮茶的习惯开始在藏族广大群众中流行开来。故《汉藏史集》中说,买、卖茶叶的人和喝茶的人都很多,但对饮茶最为精通的是汉地的和尚,精通烹茶之艺的米扎衮布高僧,其烹茶之法亦源自汉地和尚所传。[1]

十六、语言文字、风俗、服饰、装扮方面的交流

随着汉藏文化交流的扩大和深化,唐蕃之间在语言文字、风俗、服饰、装扮等方面几乎有了全方位的交融。

唐朝僧人宁温在《切韵》的基础上,在吐蕃语文和梵语文的影响下,运用梵语字母的拼音原理剖析汉语,制定了汉语三十声母,奠定了后来汉语三十六声母体系的基础。后经宋人增益,写成《广韵》,构成三十六声母的完

[1] 参见泽旺夺吉:《藏传佛教与茶》,《西藏民俗》1997年第3期。

整体系。[1]吐蕃时期,除了大批商人经常前往内地贸易,吐蕃王朝派往内地的使臣也往往负有替王室采办生活用品的任务,他们自己也兼作商业活动,各色绫罗、弓箭、名茶,都是他们购买的对象。这些使臣很注意调查内地的市场情况,“素知物情”。我国历史上的第一部藏汉字典《蕃汉字书》,是吐蕃士人为方便西藏人民学习汉语而编写的,里面出现的内地器物名称有几十种之多,如生活用品有银圈子、梳、镜、镫、锁、毛毡、麦酒、胶、纸、木甑、筷子、绸子等,生产用具有镰、手斧、锯、锤、喙环(耕牛用)等,此外还有各种武器和金属的名称。还如,吐蕃人只有贵族有姓氏而一般民众无姓,但在敦煌遗书中,我们可以见到不少冠以汉族姓氏的吐蕃人,如 P.T.997 号文书的王悉诺椤、郭悉诺山,又如王云悉顿(P.T.1297 号),张达杰、索累赞、李僧正贝登(P.T.1003 号),安赞西村(P.T.1096 号)等。这应该是受了汉族的影响所致。吐蕃人还积极学习汉语及汉文化,在敦煌发现了用藏文对一些汉文启蒙读物进行注音的文书,如《千字文》《百家姓》等;还编写汉藏日常用语对照词汇表,如敦煌文书 P.T.1263、P.T.1262 号;敦煌石窟发现汉藏对照《千字文》残页,这是其时汉藏之间互相学习语言文字的工具书。在敦煌文献中,有不少汉藏对音的文献、辞书典籍,这些都是汉藏两族文人在互相学习语言的基础上共同合作的产物。这表明吐蕃人此时对文化学习的要求和趣味已经大异此前了。此外,在敦煌的宗教生活中,汉藏语之间的共同使用也是十分紧要的事,为此当时的吐蕃统治者组织人力将汉文佛经用藏文进行注音或对勘,如《般若波罗蜜多心经》等的注音(见敦煌文献 P.T.488 号),对《瑜伽师地论·菩萨地》进行汉藏词汇的对照(P.3301 号)。吐蕃统治者还在寺院组织译经场(称坛坊),大量翻译汉文佛经,现存河西各地的所谓河西吐蕃文书(约九千九百四十六份写经夹页、三百一十七卷手写经卷)中一大半的佛经几乎都是译自汉文,据统计,全部经卷的抄写、校勘有四百多人参加,这些人中有吐蕃人,约一百名,

[1] 参见徐杰舜:《唐文化的民族学解读》,《西北民族研究》1998 年第 2 期。

其余皆非吐蕃人(他们中不少都起了吐蕃人的名字)。

藏汉两族间许多官员互讲双语,袍式衣服互相模仿,加上共同的佛教信仰,以及汉藏文译写的大量藏地梵荚式和汉地卷轴式经卷等,都是相互交融的写照。吐蕃人在沙州(今敦煌)还雇人用汉文写经,认为汉文和藏文经书有同样的功德,据说有些吐蕃人也念诵汉文佛经。

在唐朝官员中精通藏语文的也不乏其人,著名的唐朝会盟使兵部尚书崔汉衡多次往返唐蕃之间,他精通藏语,能直接与吐蕃官员交流,多次完成了通好使命。正是由于会藏语,他在平凉劫盟中幸免于难。生活在汉藏交界地带的广大人民在风俗、语言方面的交流程度更大,相互影响深刻,诗人陈陶的《陇西行》中形容这里的吐蕃人是“自从贵主和亲后,一半胡风似汉家”;而张司业在陇西见到的汉人则是“去年中国养子孙,今著毡裘学胡语”。语言文字的学习促进了唐蕃双方文献、表疏及典籍的翻译和交流,现存的《长庆唐蕃甥舅和盟碑》碑文,汉藏对译精确,反映出两族文人对汉藏两种语文的精通和密切合作。语言和文字的相互学习,促进了共同生活的联系,也成了汉藏两族人民在语言、生活习俗上的共同点。至今青海汉语方言的语序与藏语相同,在汉语方言中保留着大量藏语语词,青海东部农业区农民的饮食、生活习俗与藏族有许多相同的地方。[1]

敦煌藏文文书中有“丹贡”和“司贡”两个译音名词,吴健礼先生认为实际上就是内地的巫师“端公”和“师公”。古代蜀人称巫师为“端公”,他们为人超度亡灵,从事殡葬、画符驱鬼、降神问卜、选择墓地等工作。广西、贵州、四川、陕西等地称跳神巫师为“师公”,他们也为人占卜求神、超度亡灵等。8世纪下半叶至9世纪中叶,吐蕃曾一度占领唐朝的河西陇右地方,这些地方当时是汉、氐、羌杂居,因此有许多“端公”和“师公”继续在当地吐蕃占领区

[1] 参见蒲文成、王心岳:《汉藏民族关系史》,兰州:甘肃人民出版社,2008年,第52—53页。

传播巫术。[1]

以上情况,都反映了汉语言文字、风俗等在吐蕃的巨大影响。

十七、汉地音乐、歌舞传入吐蕃

唐朝两公主入藏,也带来了汉地的音乐歌舞。据《西藏王统记》载,文成公主一行来到拉萨的“绕木齐之平原,车轮陷入沙洲之中”,“暂置佛像,四方树立四柱,周围张悬绫幔,此间演奏伎乐,如乾达婆琵琶之音,以供养释迦佛”[2]。“次日,公主……率其侍婢二十五美女……携琵琶乐器,往扎拉乃乌塘游赏。”[3]由此可见,文成公主是带了一些伎乐和音乐歌舞入蕃的。据《拉达克王统记》载,藏王都松芒布支时,“自汉地获得多达曼、笛子、布桂、唢呐等”。金城公主入蕃时,又带入“杂伎诸工”和“龟兹乐”。唐长庆二年(822),刘元鼎入蕃会盟,赞普曾“于衙帐西南具馔,馔味酒器,略与汉同,乐工奏秦王破阵乐、凉州、绿腰、胡渭州、百戏等”[4]。据《新唐书・吐蕃下》记载唐蕃会盟时,在夏日行宫中所举行的盛大乐舞宴会,“(赞普夏牙)甲士持门,巫祝鸟冠虎带击鼓……唐使者始至,给事中论悉答热来议盟,大享于牙右,饭举酒行,与华制略等,乐奏《秦王破阵曲》,又奏《凉州》、《胡渭》、《录要》、杂曲、百伎皆中国人(即唐人)”。其中《秦王破阵曲》,于唐时已传进印度,《凉州》和《绿腰》(又称《录要》)均系唐代大曲。《隋书・音乐志》记载龟兹乐:歌曲有《善善

---

[1] 参见吴健礼:《古代汉藏文化联系》,拉萨:西藏人民出版社,2009年,第161页。

[2] 五世达赖喇嘛:《西藏王臣记》,刘立千译注,拉萨:西藏人民出版社,1992年,第25页。

[3] 索南坚赞:《西藏王统记:吐蕃王朝世系明鉴》,刘立千译注,拉萨:西藏人民出版社,1985年,第74页。

[4] (北宋)王钦若等编:《册府元龟》卷九百八十一《外臣部・盟誓》,北京:中华书局,1960年。

摩尼》,解曲有《婆伽儿》,舞曲有《小天》,又有《疏勒盐》。歌曲即声乐形式,解曲即器乐形式,舞曲即舞蹈器乐伴奏形式,这三者已在龟兹乐中联结成套。这种声乐、器乐、舞蹈三者联结成套的歌舞格式,与藏族古老的大型组合歌舞谐钦、杰谐、林芝的羌博等均相接近。中华书局出版的"中国历史小丛书"《文成公主》中说:"文成公主入藏时,还带去了一个小乐队,这也丰富了藏族的音乐。这个乐队的乐器现在还遗留下来五十多件(据说这只是其中一部分,里面杂有藏族乐器),一直被珍贵地保存在拉萨的大昭寺里,绝大多数都是弹拨乐器,色泽鲜艳,制作精美。这些乐器平时锁在保管严格的仓库里,只有每年藏历二月三十日的'亮宝会'上,才和寺内其他文物一齐搬出来,让人们观赏。这批保留了一千多年的乐器已经成为我国音乐史上一笔珍贵的财富。"音乐家毛继增说,这里的记载"其根据可能是我在1959年4月27日《人民日报》上发表的一篇短文《亮宝会上的乐器》。1957年,我在参观大昭寺珍藏的乐器时,陪同的旧西藏地方政府官员讲述了如上内容"[1]。

西藏至今还保存有一批古代乐器,有的与唐代乐器形制相同,其装饰具有鲜明的内地艺术特征。如六弦琴琴面绘乐伎、汉式楼阁、树木、祥云,有唐代画风;琵琶正面装饰内地织锦中常见的连钱纹;尤其是三弦琴、六弦琴、多弦琴的龙头雕刻为典型的唐代风格。据称这些乐器是文成公主带入吐蕃的,因无确凿的证据,受到有些学者的质疑,但从乐器的造型和装饰来看,这些乐器即便不是文成公主亲自带入的,也必然与唐代汉藏文化交流有直接的联系[2]。

[1] 见毛继增《藏汉音乐文化的交流和影响》一文(油印)。

[2] 参见吴明娣:《汉藏工艺美术交流史》,北京:中国藏学出版社,2007年,第22页。

第三节 藏文化艺术在内地的传播及其影响

一、吐蕃佛教在内地的传播

敦煌汉藏文译经规模很大,时间长,参与人员多,规格也高,上至赞普、大臣及驻河西首领,下至汉藏各族僧俗人等。仅《大乘无量寿宗要经》就有藏文写卷一千八百九十九卷,汉文写卷八百四十二卷。这种汉藏译本及写本并存,正是唐蕃佛教交融的反映。而译者是藏僧管·法成等,但抄写经文者多达数百人,汉、藏及西域其他族人皆有。如敦煌汉文写经S.3966号《大乘经算要义》,也有藏文译本,是汉藏两种写卷并存。据该汉文经题记,可知是奉吐蕃赞普赤祖德赞之命写成:"壬寅年(822)大蕃国有赞普印信并此十普经本传统诸册流行读诵,后八月十六日写毕记。"[1]藏族译师管·法成通晓藏、汉、梵三种文字,他将唐玄奘弟子圆测所著的《解深密经疏》和汉文佛经《大宝积经披甲庄严会》《楞伽阿波多罗宝经》《贤愚经》等多部佛经译成藏文。法成还亲自到当时甘州、沙州等地讲经说法,并将多部藏文佛经译成汉文,如《大乘无量寿经》等。这表明当时汉传佛教文化同藏传佛教文化的联系与交流仍在不断发展。[2]王尧、陈践《敦煌吐蕃文书论文集》中P.T.999号藏文《大乘无量寿经》前言说,为了赞普赤祖德赞的功德,在沙州用汉、藏文写了《无量寿经》六百一十五卷。这也表明当时吐蕃占据的沙州汉藏佛教文化的交流是密切的。中外学者至今还在争论那位被陈寅恪先生称为"吐蕃之奘公"的大译师管·法成到底应该是汉人吴和尚,还是藏人管·法成,他翻译的汉文和藏文佛经是那么完美无瑕,很难想象它们出自一位外族译师之手。应该说,管·法成就是吐蕃时代汉藏文化交融的产物和象征,对他来说,汉、藏

[1] 黄颢:《敦煌吐蕃佛教的特点》,载苏晋仁等:《藏族史论文集》,成都:四川民族出版社,1988年。

[2] 参见张怡荪主编:《藏汉大辞典》,北京:民族出版社,1985年。

一家。[1]

以上,印证了两个民族“共同的佛教信仰及汉藏合译、共组译场而译写成的梵荚式和汉地卷轴式、折叶式等的汉藏译经(包括汉藏合璧经和佛教对照本词汇等),共建敦煌石窟、同绘佛教壁画、共同联合举行法会,甚至达摩等应赞普请求在敦煌为他们举行大祈祷法会,由汉藏及其他西域信徒僧俗人等为之焚香、燃灯、颂经、礼佛、讲经说法;内地山西代州五台山汉寺寺院建筑画图迎至敦煌,绘成壁画,敬奉参拜”[2]的盛况。1959 年,《现代佛学》第 12 期发表了法国巴黎国家图书馆东方手稿部所藏伯希和劫走的藏文卷子 P.T.448 号,这个卷子是用汉字逐字音译的《般若波罗蜜多心经》的藏文卷子。说明吐蕃占据河西陇右后,当地汉族人民及宗教界要求学习藏文佛经的心愿,颇能反映河西一带汉藏文化交流的情景。[3]

在汉藏佛教文化交流中,许多吐蕃僧人也做出了贡献。他们学习汉语,将一些佛经汉藏互译,有的到汉地去讲经传法,促进了双方的文化交流。其中,吐蕃名僧管・法成的事迹非常突出。管・法成,藏语本名桂・却楚,9 世纪中叶人,精通梵、藏、汉三种文字,多年活动在河西地区,曾在沙州开元寺和永唐寺、甘州修多寺等寺院集录佛经和讲经。他讲经时,明照、法镜等许多汉僧耳聆笔录,他的讲经记录和集录多达二十三部。他还对吐蕃在河西地区汉译的藏经进行过大量的校勘工作。现存敦煌佛经中,汉译藏经有三百多卷,其中法成署名校勘的达二十多卷。

---

[1] 参见沈卫荣:《汉藏交融与民族认同》,《读书》2010 年第 1 期。

[2] 黄玉生等:《西藏地方与中央政府关系史》,拉萨:西藏人民出版社,1995 年,第 421 页。

[3] 参见王尧:《藏汉佛典对勘释读之一〈般若波罗密多心经〉》,《西藏研究》1989 年第 3 期。

二、藏族密宗艺术在内地的传播

赤松德赞时期，吐蕃占领敦煌（约 781—848 年间），在自己传统艺术基础上融合域外佛教艺术因素的早期藏传佛教艺术第一次向东传播，与汉传佛教艺术进行了大规模的接触和交流。吐蕃佛教在东传中首先传到了作为唐蕃门户的炳灵寺。据专家考证，炳灵寺石窟的第 9 号窟中和第 13 号窟龛的石雕佛像是属吐蕃时期的艺术风格，尤其是第 9 号窟中的菩萨画像：戴花冠，双肩披巾，着皮裙，穿筒马鞋，身体健壮活泼，这与其说是一位菩萨画像，不如说是一位活脱脱的吐蕃少女的形象。第 9 号窟龛中出现吐蕃时期的壁画和造像，与其历史发展是相吻合的。吐蕃在此盘踞了几十年，这期间炳灵寺出现了独具吐蕃艺术风格的壁画和造像。

同时期，在敦煌莫高窟亦出现了吐蕃佛教的洞窟和壁画。吐蕃占领敦煌后，敦煌成为吐蕃本部地区以外最大的佛教和佛教艺术中心。除在敦煌修建寺院、翻译佛经、举行宗教活动之外，还在敦煌地区留下了大量的艺术品。从敦煌莫高窟壁画现存吐蕃时期的密宗遗迹来看，与盛唐时期的佛教遗迹相比，尽管在总体风格上仍沿袭了盛唐风格，没有明显的吐蕃佛教艺术的影响，但在内容和布局上发生了一些新的变化。密宗形象的数量和所占壁画的位置都大大增多。

吐蕃时期现存两窟有明确的建窟纪年题记，一是第 365 窟，龛口坛沿藏文题记载明，赞普可黎可足在阳水鼠年（832）建此佛殿；另一是第 231 窟，据窟内《大蕃故敦煌郡莫高窟阴处士公修功德记》所载即唐文宗开成四年（839）阴嘉政所建。吐蕃时期洞窟形制有三种，一种为殿堂式，一种为涅槃窟，还有一种为隧道窟。这些吐蕃洞窟除承袭唐代前期内容外，密教、显宗神像大量增加，洞窟形式为前室南、西、北三壁画四大天王，甬道画千手千眼观音变相，主室覆斗形顶中央作华盖式藻井，周围飞天旋绕。四披皆居中画说法图，四周满布千佛。在佛龛壁画联屏内，各画菩萨饲虎、善事太子入海等本生因缘故事，另在四壁分别画有文殊变、普贤变、华严经变、东方药师变、报恩经变、维摩诘经变等。另外还有三世佛、四方佛，多为不空绢索观音、如意轮观音、无量寿经变、千手千钵文殊等密宗图像。这些造型完全按佛经的要求而画，例如，如意轮观音，戴大宝冠，六臂两足，持莲花等，与《大正藏》《摄无碍经》的描写完全一致。敦煌藏经洞还有藏传样式菩萨造像幡[1]。

金光明经变、华严经变等是吐蕃时期分别出现的新内容。常见佛教壁画题材维摩诘经变在吐蕃时期也有了发展，最明显的特点是维摩诘帐下的各国君王群像改画成了吐蕃赞普礼佛图，赞普戴红毡高冠，穿左衽白色长袍，鞘乌鞋靴，束腰带，佩长剑，侍者张曲柄伞盖，前有奴婢燃香，后有武士随从，赞普形象丰腴健美，鼻隆目长，俨然君主，各国君王则退居次要位置，成为赞普的陪衬。中唐时期第159窟东壁南侧维摩诘经变图，完整地表现了上述内容。赞普造型生动传神，显出老谋深算的君主之相；簇拥着的侍者，有的落落大方，有的小心翼翼；各族首领拱手而立，淳朴憨厚。赞普的形象在壁画中出现，应该说这是敦煌保存最早的藏画赞普形象。在第158窟门侧，有高达二米的僧侣像四身，第二身榜题“大蕃管内三学法师持钵僧宜”。僧侣画像的增大可能与吐蕃僧侣参政、地位提高有关，以显示窟主特殊身份。在第359窟即中唐晚期窟，供养人头戴红高冠，身穿左衽袍，脚蹬乌靴，全是吐蕃装。在第225窟也有吐蕃装供养人造像。壁画《吐蕃赞普及随从》《吐蕃人物及营帐》，出现了吐蕃人形象和生活场面，其服饰特征为缠头式高桶帽和有大翻领的长袍，这种装束盛行于吐蕃王室。

在此期间，众多的经变壁画中以《劳度叉斗圣变》最富有时代特色，其中第196窟和第9窟最为完整，故事发展是以宏大的长卷画展现舍利佛与劳度叉以种种神通变化而进行斗法。对阵的双方，舍利佛居左侧，劳度叉居右侧，劳度叉化作一树，枝叶繁茂；舍利佛作旋风，吹树拔根等，双方斗了六个回合以上，每个回合舍利佛都取得胜利。画面描绘出了劳度叉惊惶失措和焦急的

[1] 见书前彩插图6。

神情,从而衬托出舍利佛的泰然自若。全画没有罗列斗法的每一回合,而是抓住典型的艺术形象,表现宏大场面来刻画经变的主题。该画巧妙地利用风神解开风囊这一情节迅速展开,一阵旋风吹向劳度叉一边,使草木随风倾倒,烈火顺风延烧,大树被拔起,劳度叉的宝座摇摇欲坠,众徒打桩曳绳架梯,勉力撑持,外道们被风吹得愁眉苦脸,狼狈不堪,终于相继投降到舍利佛一边。一阵风将神力之争的过程和结局形象鲜明地显示出来。特别是劳度叉宝座下角的四个魔女,在大风中用手抱头迎风,体态或正,或侧,个性鲜明,富有整体感,生动地表现了艺术家在那个时代追求的审美意趣。

据马丽华《风化成典:西藏文史故事十五讲》,莫高窟第161窟是法成所建的功德窟,因此在第161窟绘满了密宗图像,所绘如意轮观音、金刚撅观音等,姿态妩媚,天衣飘扬,神情真切。著名画家尼玛泽仁在西藏大昭寺库房里见到过被揭下的珍贵的松赞干布时代的壁画,虽经烟熏火燎,色泽脱落,但度母的造型和敦煌此时期的壁画极为相似,显然是当时佛教盛行,相互影响的结果。

吐蕃时期的壁画反映下层人民生活的画面也极为传神,如《阿难乞乳图》,一名少女正在挤奶,驯良的乳牛伫立不动,翘着鼻子呼唤犊儿,急躁的犊儿挣扎着要去吃奶,墙根下一名少年用力制止小牛不让前去。这一情节,在矛盾冲突中生动揭示了乳牛和犊儿之间的亲子之情。吐蕃时期的壁画在艺术手法上表现出构图严密紧凑、性格刻画深刻细腻、色调明快高雅、线描笔力雄健、潇洒流畅等特点,显示了纯熟技艺,突破了前期的规范,取得了新成就。总之,敦煌壁画笔墨精湛,造型准确生动,线描精致细腻,在不少方面保持了盛唐艺术风格。同时,壁画也反映出鲜明的民族特色,如吐蕃人物形象出现在壁画之中,有的壁画还以吐蕃赞普为中心,或赞普率众闻经听法。因此,敦煌艺术,既有唐风,又有藏族特色,是汉藏文化艺术交流融合的结晶。[1]

---

[1] 参见尼玛泽仁:《敦煌艺术宝库中的藏族壁画》,《中国西藏》1991年夏季号。

显然,汉藏艺术在吐蕃时期在敦煌地区出现了相互接触、交流,甚至融合的现象。敦煌在吐蕃佛教及其艺术进入之前是内地佛教和佛教艺术著名的中心,有着深厚扎实的汉族艺术文化土壤。吐蕃佛教艺术在传入敦煌的同时,吐蕃的艺术家也开始在此吸收丰富的艺术营养。汉地最早的带有双身图像的作品,系绘于吐蕃时期,如现藏大英博物馆的斯坦因第32号藏品《千手千眼观音菩萨曼陀罗》作品就体现出这一新的艺术倾向。此幅帛画由药师佛、普贤菩萨、文殊菩萨、千手千眼观音菩萨、如意转轮王、回向转轮王、莲花手观音和一位未能辨认出的菩萨等八位主要人物画像组成。最引人注目的是,其中出现的摩醯首罗天身侧立有明妃,这可能是最早的双身像形式之一。这说明吐蕃统治敦煌时期无上瑜伽密有可能在当地开始流行。同时题写有汉、藏文双语的内容、时间和画家题记:由艺术家白央创作于丙辰年。据研究,白央为藏人,丙辰年为836年。此幅作品令人兴趣倍增的不完全在于它是一幅为数不多题写有完整题记的杰作,而在于作品体现出的混合风格。画幅顶部正中为药师佛,两侧对称地布局了一对菩萨,为莲花手观音和一位未辨认出的菩萨。其下正中为方形双语题记,左右分别为骑着大象的普贤菩萨和骑着狮子的文殊菩萨。画幅底部正中为千手千眼观音菩萨,左右分别为如意转轮王和回向转轮王。其中,药师佛左右菩萨为藏式风格:面形为方形,身后绘有圆形身光和舟形头光,造型丰胸细腰,上身着短衣,斜披天衣,趺坐于莲花座之上,莲花座造型简洁。而普贤菩萨和文殊菩萨的布局和表现则为典型的汉族风格:不仅文殊菩萨和乘骑狮子、普贤菩萨和乘骑大象的组合是传统汉传佛教的组合样,而且面形为圆形,穿着一件通体、宽大的长袍,莲花座的花瓣极其复杂,为汉传佛教莲花座造型。而千手千眼观音菩萨则为两种风格兼而有之,如头部周围条状四射的彩虹色头光造型显然为藏式风格。显而易见,吐蕃时期的藏族艺术家白央不仅精通吐蕃佛教艺术,还精通汉传佛教艺术,这两种风格在此有机地融合成一种全新的表现模式。正是这种交流和融合,对随后的藏传佛教艺术创作产生了深远的影响。与此呼应的是,吐蕃也将以观世音为代表的吐蕃密教传入南诏,南诏在大理国时期的密教艺术中就有吐蕃密教图像的影响。[1]

三、论氏家族在藏汉交往和文化交流方面的影响

噶尔家族从松赞干布时起辅政,历三代赞普,垂六十余年。后因钦陵兄弟专权,被赞普率军讨伐歼灭,赞婆率所部千余人降唐;唐诏赴长安,待以殊礼,派羽林军飞骑到郊外迎接。武则天亲自接见,赐铁券,封其为特进右卫大将军,归德郡王。接着,钦陵之子论弓仁(即莽布支)也率所属吐谷浑七千帐降唐,被封左玉钤卫将军,酒泉郡公。唐王朝命赞婆率领部众于洪源谷(凉州六谷之一,即古浪河)安置戍守。赞婆去世以后,追赠安西大都护。赞婆和论弓仁是藏族人士最早在中原王朝担任军事领导职务者,其子孙仕唐,封爵食邑,累世不绝。今天祝一带藏族民间传说,他们是禄东赞的后裔。从上述赞婆率众戍守洪源谷看,并非虚语。论弓仁降唐后,唐王朝命他率所部驻扎在晋东南洋潞地区。六年后景龙元年(707),被任为朔方军前锋游奕使,移驻今宁夏地区,防御突厥。开元初(713)"突厥九姓乱,弓仁引军渡漠","凡阅大小战数百,未尝负",立下赫赫战功,"累迁左骁卫大将军,朔方副大使";"卒,年六十六,赠拨川郡王,谥曰忠";墓前竖立"论公神道碑",碑文为擅长文辞的燕国公张说所撰。据《张燕公集》卷十七《拨川郡王碑》云:"拨川王论弓仁者,源出匹末城,吐蕃赞普之王族也……代相蕃国……戎言谓宰相曰'论',因而氏焉。……圣历二年以所统吐蕃七千帐归于我。是岁,吐蕃大下,公勒兵境上,纵谍招之。其吐谷浑以论家世恩,又曰:仁人东矣。从之者七千帐。朝加大勋……"论弓仁之子论诚节,继承父志,立功唐朝,安史之乱起,肃宗在灵武,论诚节以卫尉少卿扈从,募兵数万,后还风翔,随李光弼平史思明,以

[1] 参见熊文彬:《元代藏汉艺术交流》,石家庄:河北教育出版社,2003年,第15—16页。

功封武威郡王。[1]

论弓仁之孙论惟明，在安史之乱后藩镇叛乱事件中又为唐朝立了大功。唐德宗建中四年（783），卢龙节度使朱泚叛唐，十月攻入京城长安。唐德宗仓皇出走，逃往奉天。朱泚自称“大秦皇帝”，改元“应天”。尔后又亲自带兵进攻奉天。就在唐王朝处于危难之际，当时任庆州刺史的论惟明与邠宁节度使韩游瑰合兵赴奉天救驾，奋勇拒敌，立下战功。据《旧唐书·韩游瑰传》记载：“德宗出幸奉天，卫兵未集，游瑰与庆州刺史论惟明合兵三千人赴难，自乾陵北过赴醴泉以拒泚。会有人自京城来，言贼信宿当至，上遽令追游瑰等军伍。才入壁，泚党果至，乃出斗城下，小不利，乃退入城。贼急夺门，游瑰与贼隔门血战，会暝方解。自是贼日攻城，游瑰、惟明乘城拒守，躬当矢石，不暇寝息。”朱泚被迫返回长安，奉天之围得解。次年二月（德宗兴元元年），唐将李怀光在咸阳与朱泚通谋，公开叛唐，德宗又仓皇离开奉天，逃往汉中，论惟明也参与护驾，史书记载：“李怀光反，从驾山南，德宗以禁军无职局，六军特设统军一员，秩从二品，以游瑰、惟明、贾隐林等分典从驾禁兵。”[2]对于奉天救驾，陆贽在《唐朝臣振武节度论惟明溏坊观察使制》中，给予很高的评价，称论惟明为“奉天定难功臣”，并说：“论惟明释位勤王，有赴难之节；捍城御寇，有持危之功。奉主忘身，弃家从国，越自郊甸，再逾巴梁；险阻艰难，靡不陪扈，忠义所在，死生以之。久司禁戎，益茂勋绩；器质敦实，识度宽敏；通明吏职，练达武经。本之以纯良，辅之以才术。”[3]以后，论氏子孙，繁衍于关中、陇右等地。[4]

从赞婆降唐开始，到钦陵之子论弓仁降唐，再到论弓仁之子论诚节和之

[1] 参见吴丰培：《唐代吐蕃名相禄东赞后裔五世仕唐考》，《西藏研究》1983年第4期。

[2] （后晋）刘昫等撰：《旧唐书》卷一四四《列传第九十四·韩游瑰》，北京：中华书局，1975年。

[3] （唐）陆贽：《陆宣公集》，刘译民校点，杭州：浙江古籍出版社，1988年，第77页。

[4] 参见吴逢箴：《禄东赞后裔论惟明仕唐事迹考》，《西藏民族学院学报》（社会科学版）1998年第2、3期。

孙论惟明，都立功唐朝，真是“其子孙仕唐，封爵食邑，累世不绝”，这反映了论氏家族在某种历史背景下为汉藏交往和友谊建立了不朽的功勋，也间接地为汉藏文化交流做出了贡献。

四、吐蕃药品和医术输入汉地

汉藏医学交流过程中，吐蕃也为汉地输入药品和医术。唐文宗开成二年(837)，吐蕃论监通出使长安，所献方物中就有藏地的“新药”。藏族医圣宇妥・云丹贡布曾到康定和汉地行医，为汉人治疗疾病。尽管这方面的记载比较缺乏，但当时藏医在汉地有一定的影响。藏药中的鹿茸、麝香、大黄、熊胆等名贵药材，在汉族中医中广泛使用。汉藏医学中的不少理论、药理，甚至名称术语，有不少是相同的，足见交流的广泛和深入。

关于名贵藏药材麝香，据《新唐书・地理志》记载，在唐代至少有八个道向朝廷进贡麝香，但是，最集中普遍地向中央王朝朝贡麝香的则有陇右道、剑南道、山南道西部三地。如陇右的河、渭、兰、阶、洮、廓、叠、宕、甘州；剑南的嘉、崔、黎、茂、翼、维、姚、松、悉、静、柘、恭、保、真州；山南西道的利、风、成、文、扶、通州，等等。这些州的位置大都在环青藏高原周围地段，或者本身就处于高原区富产麝香地带上。正如《册府元龟》所记，早在隋唐时代，青藏高原西部(即拉达克一带)的女国就向汉地输出麝香了。往中原输入麝香的途径主要有：一是拉萨—兰州道，二是拉萨—成都道，三是拉萨—和田道。

五、吐蕃工艺美术在内地的流传及其影响

在唐蕃和亲过程中，吐蕃工艺美术品开始输入内地。唐贞观十二年(638)吐蕃遣使至长安，“多赍金宝，奉表求婚”。第一次求婚未得到唐皇的允许。

此后，吐蕃在对唐朝以武力相威胁的同时，“遣使贡金帛，云来迎公主”，这次唐太宗仍未应允，而是派兵击败吐蕃。松赞干布才“遣使谢罪，固复请婚”。唐太宗才许以文成公主。贞观十四年（640）松赞干布“遣其相禄东赞致礼，献金五千两，自余宝玩数百事”[1]。至此，吐蕃为请婚而遣使四次，其中三次明确记载奉献礼物中，金帛、金宝、宝玩当是吐蕃盛产的金银器之类工艺品。此后，唐太宗与松赞干布双方相互支持，松赞干布为庆贺唐太宗征高句丽凯旋，上表，以鹅比雁，称颂唐太宗用兵之神速，并献高七尺、腹内可盛酒三斛金鹅[2]。其中还有个微妙的双关：中国古婚六礼，第一礼“纳彩”便是男方抱雁去女方提亲，后因雁不易得，遂改为鹅。此刻送上黄金鹅，该是补上当初因不了解汉俗而遗漏的聘礼。唐贞观二十三年（649）唐太宗逝世，高宗即位，下诏册封松赞干布为驸马都尉、西海郡王。松赞干布致书唐朝宰相长孙无忌，并献金银珠宝十五种，请置太宗灵座之前。于是高宗下诏“进封为宾王，赐杂彩三千段……乃刊石像其形，列昭陵玄阙之下”[3]。

唐蕃第二次和亲，也是应吐蕃之请。武则天长安三年（703）吐蕃遣使入唐通好，“献马千匹、金二千两以求婚，则天许之”[4]。唐中宗神龙三年（707）许嫁金城公主。金城公主于景龙四年（710）入藏后，唐蕃之间往来不断，如金城公主给唐玄宗所献《谢恩赐锦帛器物表》文中有“伏蒙皇帝兄所赐信物，并依数奉领，谨献金盏、羚羊衫段、青长毛毯各一，奉表以闻”[5]。赞普弃隶缩

[1]（北宋）王钦若等编：《册府元龟》卷九百七十八《外臣部·和亲》，北京：中华书局，1960 年。

[2]《全唐文》第 10 部卷九百九十九《吐蕃赞普弃宗弄赞·贺平辽东表》，载范学宗、王纯洁编：《全唐文全唐诗吐蕃史料》，拉萨：西藏人民出版社，1988 年。

[3]（北宋）王钦若等编：《册府元龟》卷九百六十四《外臣部·封册第二》，北京：中华书局，1960 年。

[4] 同上书，卷九百七十九《外臣部·和亲》。

[5] 范学宗、王纯洁编：《全唐文全唐诗吐蕃史料》，拉萨：西藏人民出版社，1988 年，第 38 页。

赞(赤德祖赞)的《请修好表》中有“谨奉金胡瓶一,金盘一,金碗一,玛瑙杯一,羚羊衫段一,谨充微国之礼”[1]。唐永徽五年(654)“八月,吐蕃使人献野马百匹,及大佛庐高五尺、广袤各三十七步”。显庆二年(657)“十二月,吐蕃赞普遣使献金城,城上有狮子、象、驼、马、原羝等,并有人骑。并献金瓮、金颇罗等”[2]。开元二十四年(736)正月“吐蕃遣使贡献方物,金银器玩数百事,皆形制奇特。帝令列于提象门外,以示百僚”[3]。元和十二年(817),吐蕃遣使“献马十匹,玉腰带二条,金器十事,牦牛一”[4]。长庆四年(824)十月,“吐蕃贡牦牛等,又献铸成银犀牛、羊、鹿各一”[5]。

尚刚先生在《唐代工艺美术史》中指出:“内地熔铸金银以做器物的历史尽管可以早到秦,但唐代以前终归少见,而唐人的笔记小说却几次说起宫廷中的金银动物,如玄宗为杨妃造的蓝田玉磬其底座是两只各重二百余斤的金狮子,懿宗时的内库又有不少高数尺的金玉马、骆驼、金凤凰、金麒麟等,这很有可能与吐蕃赠的金鹅、金鸭、银犀牛、银羊、银鹿有关。”[6]元稹的诗歌《西凉伎》中回忆安史之乱前的繁盛情形时,有“哥舒开府设高宴,八珍九酝当前头……大宛来献赤汗马,赞普亦奉翠茸裘”[7]。诗中所说的哥舒,指盛唐时多次与吐蕃交战、唐西部名将哥舒翰,这表明吐蕃工艺在内地的流传并不限于宫廷,其影响范围比较广泛,甚至在唐人的文学作品中也得到反映。《汉藏史集》在叙述吐蕃赞普热巴巾为佛教所做善业时说:“对祖先所建的各个寺院,

---

[1] 范学宗、王纯洁编:《全唐文全唐诗吐蕃史料》,拉萨:西藏人民出版社,1988年,第260页。

[2] (北宋)王钦若等编:《册府元龟》卷九百七十《外臣部·朝贡第三》,北京:中华书局,1960年。

[3] 同上书,卷九百七十一《外臣部·朝贡第四》。

[4] 同上书,卷九百七十二《外臣部·朝贡第五》。

[5] 同上。

[6] 尚刚:《唐代工艺美术史》,杭州:浙江文艺出版社,1998年,第174页。

[7] 范学宗、王纯洁编:《全唐文全唐诗吐蕃史料》,拉萨:西藏人民出版社,1988年,第450页。

按照盟誓的规定对残损的进行了修理，又在汉地五台山修建了寺院，在沙州的东赞地方、大海之中、铁树之上修建了千佛寺。”[1]沙州即敦煌，莫高窟千佛洞有吐蕃王朝热巴巾时所开石窟，以及出资抄写的藏文佛经，这证明《汉藏史集》所记属实。这类寺院的建造必然也将吐蕃包括工艺美术在内的佛教艺术传入汉地。凡此种种，都为唐代汉藏文化艺术交流增添了亮丽的色彩，留下了不朽的印记。[2]

六、吐蕃的马球运动和马术传入长安

马球是吐蕃常见的一种运动游戏项目，马球藏语称为“颇罗”（波罗，polo），用皮革和木制成，上涂色纹，所谓“七宝球”，唐人称为“金颇罗”。马球比赛时，参赛双方骑手乘马，手持球杖，驰击马球，场景热烈壮观。汉籍《封氏闻见记》中，对汉藏球手在长安比赛马球的情形有详细记载。该书称吐蕃马球术早在唐太宗时传入长安，唐太宗曾令人学习，自己一度亲临观看比赛；也曾受吐蕃人邀请赛球，已有汉人组成的马球队，吐蕃尚赞咄等来长安迎娶金城公主，汉藏马球队曾在梨园公开比赛，当时玄宗为临淄王，奉命上场，“东西驱突，风回电激，所向无前”。唐诗记此事说：“侧身转臂看马腹，霹雳应手神珠驰。”又说：“击鞠（即球）由来岂作禧，不忘鞍马是神机。牵缰绝尾施新巧，背打星球一点飞。”在唐朝的正史中也有打马球的记录。《旧唐书·吐蕃传》中说，景龙三年（709）十一月，吐蕃大臣尚赞咄来长安迎娶金城公主，唐中宗“宴之于苑内球场，命驸马都尉杨慎交与吐蕃使打球，中宗率侍臣观之”。

[1] 达苍宗巴·班觉桑布：《汉藏史集》，陈庆英译，拉萨：西藏人民出版社，1986年，第107页。

[2] 参见吴明娣：《汉藏工艺美术交流史》，北京：中国藏学出版社，2007年，第23—25页。

马术,也称“骑马之戏”,是一种精彩的马上表演,骑手在马背上做各种动作,并以速度取胜,至今流行藏区。根据杨玫等人 2013 年考察,甘肃玛曲县至今还拥有七支马球队。阴法鲁先生曾指出:“波罗”一词是藏语的译音演变而来的。马球之戏由西藏传到中原,对促进汉族地区体育活动的发展起了一定的作用。马球、马术后来在唐军中成为“常戏”,用来训练骑兵,因而长期“不能废”。1972 年在乾陵发现的唐章怀太子李贤的墓葬,其墓道西壁上绘有彩色马球比赛图,可见吐蕃马球戏在汉地很有影响,流行于长安等地。[1]

据《封氏闻见记》载,开始吐蕃球队得胜,使得李隆基耐不住,亲自出马,仅带四人与吐蕃十八人马球队比赛,经过激烈的争夺,终于反败为胜,为唐廷挽回了面子。杨巨源在诗歌《观打球有作》中曾写道:“新扫球场如砥平,龙骧骤马晓光晴。入门百拜瞻雄势,动地三军唱好声。王勒回时沾赤汗,花鬃分处拂红缨。欲令四海氛烟静,杖底纤尘不敢生。”从太宗、中宗到章怀太子均好此技,中宗率群臣观与吐蕃马球队比赛,为一时之盛事。现巴基斯坦境内巴尔蒂斯坦地区的藏族仍有精于马球运动者。

这说明了当时唐蕃友好往来和文化交流已达到十分密切深入的程度。不仅汉族文化进入吐蕃,吐蕃文化也影响到内地,如唐宫廷喜好马球活动,宫廷妇女面部化妆有日月形象的“膏志”、戴耳坠,以及西北汉地居民开始学盖藏式的平顶房等。杜甫在唐蕃连年争战后,终于传来再崇旧好之音时,禁不住联翩的浮想遐思,写下了这样美好的诗句:“边酒排金盏,夷歌捧玉盘。草轻蕃马健,雪重佛庐干。”(《送杨六判官使西蕃》)

七、吐蕃服饰在内地的传播

松赞干布时文成公主初入蕃,看见妇女有面赭的习惯,不喜,松赞干布遂

[1] 参见蒲文成、王心岳:《汉藏民族关系史》,兰州:甘肃人民出版社,2008 年。

令吐蕃境内禁止面赭。然而至唐宪宗元和年时，唐蕃妇女又大兴面赭之风。吐蕃人向“以赭涂面为好”，这是一种高原环境形成的防寒护肤的方法。元和年时吐蕃高髻装，即椎髻，为吐蕃妇女所发明。面赭和高髻装这两种风俗在元和年间传至唐宫廷，争先仿效，谓之“元和妆”。因此，唐代大诗人白居易在《时世妆》诗中云：“元和妆梳君记取，髻椎面赭非华风。”从敦煌壁画《吐蕃赞普礼佛图》中可以看出，当时吐蕃人着长袖服装，与那时唐人服装颇多相似，这也可能是互相影响的结果。汉服后来变化很大，而长袖藏服仍然沿袭至今。今青海玉树巴塘的文成公主庙中，主供的大日如来佛及其八大弟子像，其装束颇似唐人，也有吐蕃人服装的特点，很可能是当时汉藏服饰互为影响的例证。

安史之乱后，河湟地区被吐蕃统治，吐蕃在河湟、河西地区一度采取军队驻屯和移民政策，并对河陇汉族采取融合、同化政策，根据其统治下的汉人具体情况，有些没为奴婢，有些委以“舍人”等职，为吐蕃所用。《因话录》中记载，吐蕃“每得华人，其无能者，便充所在役使，辄黥其面；粗有文艺者，则涅其臂，以候赞普之命；得华人补为吏者，则呼为舍人。可，则以晓文字，将以为知汉书舍人”。

在唐蕃战争中有不少汉族将士滞留蕃地，部分藏族将士落足唐土。这在客观上也促进了汉藏民族文化艺术的交流。据《新唐书》等，没入吐蕃的河湟人，按照吐蕃的规定，只有在每年初一正岁一天祭祖时，才穿戴唐朝的汉人衣冠，以“不忘汉仪”。祭祀完毕，则“号恸而藏之”。他们居河湟间，世相为训，心不离汉，说明河湟汉人对吐蕃的强制同化多有抵触情绪，但事实上已经被吐蕃化了。[1]白居易的长诗《缚戎人》也反映了这方面的情况。诗中叙述了落蕃士兵：“一落蕃中四十载，遣著皮裘系毛带；唯许正朝服汉仪，敛衣整巾潜泪垂。”并注：“蕃法，唯正岁一日许唐人之没蕃者服唐衣冠。”这反映了吐

[1] 参见蒲文成、王心岳：《汉藏民族关系史》，兰州：甘肃人民出版社，2008年。

蕃统治者令没蕃汉人着藏装的情形。而与此同时,汉地却自发产生了“出自城中传四方”的时世妆,女子妆梳“斜红不晕赭面状”[1],并非标新立异,而是仿吐蕃人赭面。这说明汉藏民族间接触多了对方文化习俗而产生相互影响,已涉及到日常生活的方方面面。[2]

[1] 范学宗、王纯洁编:《全唐文全唐诗吐蕃史料》,拉萨:西藏人民出版社,1988年,第453—455页。

[2] 参见吴明娣:《汉藏工艺美术交流史》,北京:中国藏学出版社,2007年,第25页。

第三章

宋、辽、西夏时期汉藏文化艺术的交流影响

吐蕃王朝崩溃后，西藏处于分裂割据时期。此时的唐朝也由于内乱而走向衰亡，10世纪上半叶处于五代十国时期。960年宋朝建立后，内地虽然结束了战乱并获得统一，但宋朝的统治远不及唐朝，先后有辽、金、西夏等少数民族政权与之并存，彼此时战时和。在这一特殊的历史阶段，宋、辽、西夏政权均与藏族地方部落首领和宗教势力有着直接的联系，这样使得内地和藏区的文化艺术的交流，不仅并未因战乱及政权更迭而停滞，而且还渐次成长繁衍起来，这在汉藏文化艺术交流史上可称为“繁衍期”。

第一节 汉文化艺术在藏地的传播及其影响

997年，一个吐蕃赞普的嫡系后代欺南凌温（997—1065）诞生于高昌古国，十二岁时被一个河州羌人接来河湟，当时党项人已擒杀了吐蕃西凉六谷部领袖潘罗支，于是年幼的赞普后裔被地方豪强挟持，成为借以威慑青海吐蕃部落的傀儡。成长后，欺南凌温显示出了高强的军事、政治才能，他不仅成功地将吐蕃政权牢牢掌握于手中，还将国都迁到鄯州，改名“青唐”。这个政权史称“唃厮啰”。此时宋朝初建，崛起的西夏人屡屡扰犯边境，成为大宋的心腹大患。此前河湟豪强投靠西夏，与宋为敌，而唃厮啰一亲政，便极力主张“联宋抗夏”。所向无敌的西夏被唃厮啰打得溃不成军。一时间唃厮啰威名大振，吸引了众多藏族部落前来归顺，西夏、回鹘、契丹也纷纷联姻示好，唃厮啰政权幅员迅速扩大,延绵三千余里。唃厮啰一方面将吐蕃良马源源不断地输送到中原,以补充宋王朝战马的不足,另一方面紧密配合宋王朝的各项军事行动,从侧面出击西夏,使得宋王朝获得了长久的稳定。唃厮啰王朝曾供奉了松赞干布和文成公主两尊玉佛像,说明唃厮啰心中仍记得唐蕃"甥舅之盟",记得文成公主和亲所带来的一切和睦美好。唃厮啰政权三十三年中,及其后辽、西夏时期与宋王朝的友好交往,大大促进了藏汉文化艺术的交流。

一、藏传佛教后弘期戒脉传承中的汉传佛教法脉因素

"达磨(又称达玛、朗达玛、朗达磨)灭法"的极端举措引起了佛教僧侣的反抗,最终,达磨被拉隆·贝吉多杰刺杀身亡。史载,拉隆·贝吉多杰刺杀达磨后,带着《大乘阿毗达磨集论》《根本说一切有部毗奈耶光明经》及《羯磨夏达经》(《百论》)等部佛经,化装逃往康区。另外,当时在曲卧日(山)静修的藏·饶赛、约·格迥、玛·释迦牟尼三人(史称"三贤哲"),亦迫于灭法的压力,将该处所藏的律部和论部经卷驮在骡子上,昼伏夜行,从阿里上部经达木雄(或曰经葛洛逯)逃到了霍尔地方,因当地语言不通,未能弘法。在当地躲避藏身之时,约·格迥听说达磨被弑,遂与霍尔地方一位名叫释迦喜饶的居士结伴东行,经多麦北部贝鲁咸湖来到了安多。先后在阿琼南宗、洛多杰扎、丹斗协吉央贡等处修行传法。从藏文史籍《安多政教史》《凉州佛寺志》等的记载看,"三贤哲"逃向安多地区并不是盲目的,因为河西地区当时是吐蕃东北部佛教流行很盛的地方,他们在安多的修行传法足迹遍及河西、河湟各地。据说炳灵寺约格浪谷可能是由约·格迥之名而来;凉州大佛寺亦有约·格迥修行洞。今青海省互助土族自治县佑宁寺所在地,藏语称"约格隆哇",据说是因为约·格迥修行于此而得名;今互助白马寺则是玛·释迦牟尼和藏·饶赛晚年的修行驻锡之地,因而得名"玛藏扎"(意为玛、藏二人居住的山崖)。后来"三贤哲"来到宗喀地方的西宁,最后圆寂于此,当地藏族信

众将他们的遗骨建为灵塔以示纪念，这就是后来西宁著名的大佛寺的前身。《奈巴教法史》还说，约·格迥与霍尔居士释迦喜饶结伴东行。“主仆二人到安穷南木宗岩洞修行，并主持藏吉康萨处雅日普寺。”[1]喇钦·贡巴饶赛出生在今天化隆、尖扎、循化一带的藏族部落中，是一位苯教徒的儿子。他在放牧时遇见了正在当地修行的“三贤哲”，受“三贤哲”的引导而皈依佛门。他出家后第二年，向“三贤哲”请求传授近圆戒，但因不足五比丘数而不能授予，便去隆塘请拉隆·贝吉多杰，拉隆称自己杀过赞普不可出任授戒仪式，但答应另找僧人凑足其数。于是找到汉人比丘果旺和济万二人凑足五比丘之数，仍由藏·饶赛任亲教师、约·格迥任阿阇梨为喇钦授近圆戒，并听授了毗奈耶经和阿毗达磨经的讲授。史称仲·益希坚赞和奴·绛曲坚赞亦与喇钦受了近圆戒。之后，喇钦曾前往北方木雅噶地方的江安泽城（或说甘州），向果绒僧格扎学习律藏，果绒僧格扎将四部律典传授给喇钦，并嘱咐他依照律典弘扬佛法。后来，他又想去卫藏学经，但途中听说那里发生了大饥荒而未能成行，便转而去了拉则布笛，在此驻足学习达十二年。当时，住牧于丹斗山一带的称作“独脚鬼”的九兄弟对喇钦产生敬仰，遂迎请他到丹斗山弘法传教。喇钦到丹斗地方时，当时有许多持摩诃衍和尚的顿悟成佛之见的佛教修行者。为了将这些人引向善道，喇钦修建了很多寺庙和佛塔，并以这些寺院为中心传法授徒，弘扬佛法。由于喇钦的精勤努力，其弘法事业取得了很大的进展，声誉远播，遂有很多人依从他出家为徒，佛教在河湟地区很快兴盛起来，影响不断扩大，使河湟地区成为闻名遐迩的佛教中心[2]。

喇钦·贡巴饶赛学成后在化隆丹斗地方建寺修塔，招徒弘法，声名大著。山南桑耶地区的领主希坚赞（吐蕃王子云丹后裔）选派卫藏弟子来安多向喇

[1]（唐）慧立、彦悰：《大慈恩寺三藏法师传》，孙毓棠、谢方点校，北京：中华书局，1983年，第11—12页。

[2] 先巴：《唐五代河西佛教与藏传佛教后弘期“下路弘法”》，《青海民族研究》2000年第4期，第54—60页。

钦·贡巴饶赛学习佛法，并接受律戒传承。这些弟子后来返回西藏，复燃佛教之火，佛教从而在藏区复兴，称为“后弘期”。因此，喇钦·贡巴饶赛被称为西藏佛教后弘鼻祖。由此可见，喇钦·贡巴饶赛受比丘大戒时，有两位汉人比丘做尊证师，同时他又得力于这个唐代时汉藏佛教就有所融合的河西地区环境的影响，这些都说明藏传佛教后弘期戒脉传承中就有比较多的汉传佛教法脉因素。同时也说明，始于唐代的汉藏文化交流从未中止。当地藏族僧装的边缘仍然镶嵌有蓝边，便是对那两位汉僧始祖的纪念—蓝色是汉族僧衣的颜色。

这个“下路弘法”也与炳灵寺有着密切的关系。朗达玛灭法时，炳灵寺已经发展成为一座规模很大、远近闻名的佛教石窟寺，成为河湟地区的佛教文化中心。“三贤哲”之一的约·格迥不仅到过炳灵寺，而且炳灵寺前的一条名叫约格浪的山谷是以他的名字命名的。“三贤哲”与喇钦在与炳灵寺不是很远的丹斗寺和扬斗寺等地进行了一系列的弘法活动。10世纪末至11世纪初，当“下路弘法”轰轰烈烈地向卫藏推进之时，灵岩寺的名称悄然地发生了变化。据成书于宋代的《青唐录》载：“河州渡黄河至炳灵寺，即唐灵岩寺也。”炳灵寺一词来源于藏语，即“仙巴本朗”，意为“十万弥勒洲”。朗达玛灭法后，朗达玛的第五世孙唃厮啰笃信佛教，于1032年以青唐为中心建立了唃厮啰政权，曾一度占有整个河州地区，炳灵寺也随之为其所有，原灵岩寺名字也因此改为炳灵寺。[1]

二、汉地天文历算传入西藏

宋朝时，萨迦派第三世祖扎巴坚赞曾学习汉族的历法知识。他著的《掌握时刻计算》中就提到藏汉历法相同之处。木雅·坚赞(参)白桑以木鼠年

---

[1] 参见曹学文：《藏传佛教在炳灵寺的传播、发展及衰落》，《西藏研究》2000年第1期。

为年首的推算，就是用内地的六十干支来推算。史籍虽然没有说明这个“木鼠年”的确切年份，但从吐蕃崩溃后的第三代推算，大约在公元905年，因为下一个“木鼠年”的周期是965年，又远远超过三代。吐蕃王室俄松后裔在阿里古格建立政权，领主喇嘛益西沃在10世纪曾教给他的臣民一个闰月的口诀：“逢马、鸡、鼠、兔之年，闰秋、冬、春、夏仲月。”这实际就是唐代历法中的“三年一闰”。从此，藏历中的闰月与汉历中的闰月相联系，因为在10世纪，印度的时轮历的闰月方法还没有传入西藏。从以上历史记载表明：吐蕃分裂时期，汉地天文历算在藏区的传播并未中断或消失。只不过这种家族传承的方式，其影响往往要小于当时各教派寺院势力传播的历算。

吐蕃王朝崩溃后，朗措顶亚之孙定居在康区，他的后代木雅·坚赞白桑从康区来到西藏，居住在玉波札朗的山洞(今西藏札囊县沃嘎山洞)。木雅·坚赞白桑精通原来译过来的汉地的五行推算、黄历等，到西藏后反复研究当地的天文历算和气象，结合汉地的黄历等历法来进行推算，以木鼠为年首，以二十八宿昴宿为首星。14世纪初，藏族著名天文历算学家康巴噶逻、藏传佛教著名学者布顿·仁钦珠也接受了他的实践，继承了他的事业。康巴噶逻还根据观察西藏地区的星象、四季变化的丰富经验，结合汉历知识，写成了《老人窍门算》，在藏区推广。布顿大师在《善逝教法史》中记载了康巴噶逻的事迹：“藏王赤松德赞曾派遣大臣桑希到汉地聘请和尚，同时也请了木雅和尚。后来，木雅和尚的后裔木雅·匈努宁波生活在羊卓冈(今浪卡孜一带)。他有两个儿子，其中的多杰桑格居住在绒卡普，多杰桑格有四个儿子，长子叫多杰，又称至尊噶逻，父亲又叫他康巴噶逻，不仅精通时轮、天文学，还精通汉语文。他在藏地推广汉族地区的《黄历》《羊脂玉》《九执历》等。”值得一提的是，目前仍可见到从汉文翻译成藏文的《羊脂玉目录备忘录》，共计一百六十六页，其目录就有十页。[1]

---

[1] 参见阿旺次仁：《简述藏族天文历算中的汉藏文化交流》，《西藏研究》1993年第2期。

三、琉璃瓦的烧制技术传入西藏

琉璃瓦藏语叫“扎央玉汁金”。内地烧制琉璃瓦的工艺技术是宋元时期传入西藏的。藏文史籍记载:日喀则的夏鲁寺始建于1000年,1333年进行扩建。该寺的建筑风格采用汉藏合璧的形式。夏鲁寺大殿绿色琉璃瓦的屋顶是聘请内地的汉族工匠来,同当地藏族制陶工匠共同烧制的。自此,西藏制陶工匠掌握了烧制琉璃瓦的工艺技术,这反映了古代汉藏釉陶文化的交流。1980年吴健礼先生参加《西藏自治区概况》编写组到夏鲁寺进行社会调查时,当地老人还能指出上辈老人讲述的烧制琉璃瓦的地点。此后,西藏一些著名的建筑也有采用琉璃瓦的,如18世纪修建的罗布林卡,19世纪修建的大昭寺西边的宇妥琉璃桥等。

四、汉地风俗对藏族的影响

宋代史料所载“六谷蕃部”中的邢家族、蓝家族、章家族、马家族、周家族、赵家族、王家族等,都是原为汉族于唐末五代演变为藏族的。天水西境的安家族也属于上述情况。据《宋史纪事本末》卷四十一载:青唐大族头目俞龙珂于宋神宗熙宁四年(1071)归附宋朝,自言“平生闻包中丞朝廷忠臣,乞赐姓包氏”,得到允准,姓包名顺。包中丞即以刚直和廉明闻名的包拯,合肥人,曾任开封府尹。藏族上层人士仰慕汉族反腐倡廉的模范官员而自愿改从其姓,并在以后岁月中逐步接受汉化,不失为汉藏关系史上一段历史佳话。至于藏族宗喀王唃厮啰子孙从北宋末年即以赵为姓,读史者皆知其事。他的居住在河州、临洮的长房后裔即木征的子孙,在宋、元、明、清各朝代,一直以累代仕宦和赵家土司的名门望族延续不绝,直至民国,方始停止承袭。这个家族在河洮地区历史舞台上活跃了大约九百年时间,可谓源远流长,史所罕见。[1]

[1] 参见芈一之:《从姓氏、“论”姓谈汉藏关系》,《青海民族研究》1999年第3期。

根据谢继胜《风马再考》,从风马与汉地纸马的渊源、风马语源、风马四兽寓意几个方面的研究分析认为,风马信仰是源自汉地、融入藏族民间信仰的一种古老观念,西藏风马图案的版式沿袭由唐时佛经印刷激起的汉地雕版方式,最初的西藏风马雕版的形式不会晚于北宋时期。

汉地纸马形成于宋代——中国印刷术的一个黄金时代。从藏汉交往的关系史来分析,宋代是藏汉以茶马贸易为特色的经济文化交往日趋密切的又一个高潮时期,作为茶马贸易集散地之一的蜀地,尤其是成都,是中国雕版印画最早的中心。纸马图案是当时由四川进入康区渗入卫藏全境的。西藏的“白算”传承完全来自于印度,1027 年藏地有了时轮密。西藏的“黑算”传承则完全来自于中原汉地。汉地历算学的某些类型早在吐蕃时期就已传入西藏,正是这种星相历算学传统发展出了风马的观念,因为西藏星相历算学中四种基本元素:一是生命,二是身体,三是力量,四是河马。“河马”一词是“龙马”观念的一种转义。汉地神话创造的“龙马”出现时就与“河”相关,马背上负有八卦图。正是在“龙马”的这种神话学意义上导源出藏语中“隆达”(运气之马)的拼法,然而,藏语却没有接受“龙马”的形式本身,将龙的形象成分丢掉了。从汉文古籍可以看出,汉语中的“龙马”一词系由“龙”(由马转变而来的一种),主要与“河图”相关。此外,既然风马最初是绘有马的送魂幡,作为西藏原始宗教仪式的组成部分,应该说是一种深层的信仰,在按五行布局的今日风马幡样式未形成之前就已经存在了。寓含龙马观念的纸马进入雪域时,以“运气之马”对译纸马上作为马的“龙”都是音义契合的。藏语“隆达”的音义及历史源流与汉族古老的“龙马”的发展演变息息相关,其间经历了一个漫长的过程。[1]这也反映了汉地风俗观念在西藏的影响。

[1] 参见谢继胜:《风马再考》,载王尧主编:《贤者新宴》(藏学研究丛刊),北京:北京出版社,1998 年。

五、汉族文献中的故事被译述入藏地

据冯蒸考证,敦煌发现的一批古藏文写卷,至晚在10世纪左右写成。这些古藏文写卷中,有一份《尚书·周书》中的几章藏译文。《尚书》相传曾经由孔子编选过,儒家列为经典之一,其中还保存了商朝和西周初期的一些重要史料。例如有一段纣王杀比干的故事,就很有意思。敦煌古藏文残卷中,有数节《春秋后语·魏语》中的小故事。《春秋后语》是东晋史家孔衍以《战国策》与《史记》为底本,"参其异同,删彼二家,聚为录",并兼及诸子书及其他史书而写成的。全书已亡佚,但尚有片断留存于世,其中《秦语》《赵语》《魏语》等,相对完整。藏译文残卷中计有六段:一是智者惠子劝诫田需要谦恭处众,恪守臣道,以免遭忌招祸的故事;二是魏王因被秦国打败,派人去向秦国割地求和的故事;三是魏王派唐雎使秦,使之发兵救魏的故事;四是秦国派王贲领兵攻魏,引水灌大梁灭魏的故事;五是信陵君拒秦的故事;六是缩高为国自杀的故事。在敦煌古藏文写卷中,还有一种《孔丘项囊相问书》的藏文译文,共三个不同抄本,在文字上互有异同,而其中两种比较接近。同时,敦煌还发现了《孔丘项囊相问书》的十五种不同的汉文抄件,与藏译文比较,也有差异,所以藏译文可能是根据这些不同文本而作的"译述"或者另有所本。《孔丘项囊相问书》故事说:孔丘以刁难的方式连续向小孩项囊发问,小孩项囊毫不畏惧,十分机智地一一做了回答。如孔丘诘问:"什么山没石头?什么水没鱼?什么火没烟?什么人没妻子?什么马没驹?什么树没枝?什么刀没鞘?什么车没轮子?"小孩项囊回答:"土山没石头,井水没鱼,萤火没烟,修道人没妻子,木马没驹,枯树没枝,剪刀没鞘,两人抬的车(轿子)没轮子。"结尾处说:"孔子听了,身上的汗像水一样流下来,因为被奚落得不轻,便把车子一转,回去了。"汉文本上却是这样说的:"夫子与项囊对答,一一不如项囊,乃为诗曰:……"后边有几十行七言诗,发了一通孔夫子的议论。汉藏两种文本,故事情节完全相同,结尾和个别词句有所改动,那是为了适应藏族语言的习惯。这从侧面反映了藏族人民很早就喜欢也善于吸收汉族文化的情况。

六、汉地绘画对西藏的影响

建立于宋代的扎塘寺,创始人扎巴·恩协巴是“鲁梅十人”之一的再传弟子。该寺壁画受到汉地风格重大影响,也反映出汉地敦煌和印度波罗艺术融合因素。现存早期壁画有大殿里间西北两壁。如《供塔菩萨》,神情静穆睿智,是内地画风和印度波罗艺术的结合。《说法图》,上方的罗汉让人眼熟,似汉地唐宋时代的人物,可联想到贯休的作品。《菩萨》,在波罗造型基础上,受汉地艺术影响的线描技法十分明显。更有甚者如《着唐装的仕女》,四个仕女的形象十分独特,是彻头彻尾的汉族样式,从画法到造型都是汉地雍容华贵之唐风的传统。

12 世纪晚期的唐卡《大日如来佛》,那种汉式的构图上的严谨、造型上的优美和制作上的精良,与扎塘寺、夏鲁寺的壁画也难分高下。

七、汉地工艺美术对藏地的输入及其影响

北宋对于控制凉州一带的吐蕃六谷部首领,一贯厚予封赐,所赐物品依然是吐蕃人喜欢的锦帛、服饰等工艺品。六谷部崇奉佛教,遇有该部修建佛寺时,宋朝还赐予金箔物彩。[1]宋朝赏赐唃厮啰的物品,以茶叶和丝绸为主,兼有服装、金带、金银器等。[2]宋朝对诸蕃部落朝贡的赏赐十分丰厚,如北宋大中祥符八年(1015),唃厮啰、李立遵、温逋奇、木丹一同遣使进贡名马,“估其值,约七百六十万”,而朝廷回赐物品的价值远远超过此数,赐物有“锦袍、金带、供帐什物、茶、药”等,另赐“金七千两”[3]。北宋仁宗宝元二年(1039)六月,朝廷为联蕃以制西夏,遣使唃厮啰,“使击元昊,以披其势,赐予帛二万

[1] 参见《藏族简史》编写组:《藏族简史》,拉萨:西藏人民出版社,1985 年,第 122 页。

[2] 参见陈光国:《青海藏族史》,西宁:青海民族出版社,1997 年,第 175 页。

[3] (宋)李焘撰:《续资治通鉴长编》卷八十四,北京:中华书局,1995 年。

匹”。次年二月，又诏唃厮啰出兵攻打元昊，“别赐紫衣、金带、绢二万匹”[1]。

此外，诸蕃商人还云集到汉藏边境各城镇进行贸易，吐蕃内部的蕃市，民族贸易也十分兴盛，来自汉地的茶叶、丝绸、瓷器等，正是通过上述多种形式的贸易渠道得以流传到吐蕃各地的。罗布林卡就收藏有宋代定窑白瓷盘等。在《米拉日巴尊者传》中有多处述及丝绸，还提到了米拉日巴的母亲使用瓷器招待客人的情况，其中还有“从多、贡、康三处来的供养顶好的茶和绸缎”的话语。拥有上等茶叶和丝绸的多、贡、康三处就是当时毗邻宋朝领地的青海、甘肃南部，四川藏区和西藏东部地区。这些地区利用其毗邻宋朝的地缘优势，直接或间接与宋朝进行茶马贸易，从宋朝统治的汉地获得的茶叶和丝绸，在品种和数量上肯定要多于其他藏区。由此可以推断，在藏传佛教后弘期，宋朝西部边地的茶马贸易和藏传佛教信仰者到卫藏地区朝圣与学法，是促成内地物品经青、甘、川、滇等地区向西藏输入的重要途径和动因，正是通过这一渠道，汉藏文化艺术交流持续未断。

西夏与辽统治的地区原本有着深厚的汉文化根基，臣属于这两个地方政权的百姓中，有很大一部分就是汉族人，西夏、辽政权与藏传佛教首领的往来，自然会促进汉藏文化艺术的交流。尽管西夏与辽统治地区的汉文化已经融入党项、契丹等游牧民族文化，相对于宋朝统治下的汉地文化来说不够纯粹，但当时作为先进文化的汉文化仍在西夏、辽居于主导地位，藏传佛教势力与西夏、辽政权的接触，也使汉文化艺术有机会深入到西藏腹地。如因萨迦寺座主扎巴坚赞的弟弟觉本在西夏任国师，西夏曾将许多银器珍宝和锦缎伞盖献给萨迦寺。当时经过汉地的西藏僧侣、使臣在各自完成其主要使命的同时，也为汉藏文化艺术交流做出了贡献。那些至今保存在西藏的宋代工艺品，很有可能就是由僧侣、使臣带去的，现在被归于宋代名下的西藏传世缂丝和瓷器，或许原本来自西夏或辽统治的地区。因为西夏用毛织品、青盐、宝石、

[1] 陈光国：《青海藏族史》，西宁：青海民族出版社，1997年，第140页。

蜜蜡、翎毛等与宋交换罗绮、缯布、瓷器、漆器等；同时西夏也有能力生产锦帛、绊丝，辽也能生产高质量的瓷器，他们的生产技术直接来自宋朝。因此，西夏、辽与藏传佛教势力的往来，使他们的工艺品传入西藏，也对汉藏文化艺术的交流起到一定的积极作用，或者说他们本身也是汉藏文化艺术交流的一个重要组成部分。

八、丝绸对藏地的输入及其影响

宋代丝织品主要通过赏赐甘、青吐蕃部落首领和茶马贸易等途径传入藏区，特别是对六谷部、唃厮啰等的赏赐数量十分可观。如北宋宝元元年（1038），加封唃厮啰为保顺节度使，赐绢、茶，还规定每年“支大彩一千匹，角茶一千斤，散茶一千五百斤”；次年给唃厮啰妻、子“各赐紫衣、金带、器币及茶，每月别给彩绢各十五匹”[1]。对唃厮啰动辄赏绢帛，如前述最多一次达二万匹。宋代经由这种赏赐而传入河湟地区的丝绸不可胜计。丝绸的输入对这一地区的生活习俗也产生了影响，如唃厮啰本人的服饰明显带有汉风，北宋仁宗宝元年间（1038—1040），宋使至青唐城（今西宁），见唃厮啰“冠紫罗毡冠，服金线花袍、黄金带、丝履”[2]。北宋在成都设立转运司锦院，南宋改为茶马司锦院，生产适应西北和西南少数民族需求的丝织品，以之在“市马场”换取马匹。成都锦院在转运司阶段，生产的织锦有二十多个品种，而到了南宋茶马司阶段，根据少数民族的爱好织出了更多不同的花样，品种已增加到三十多个。元代费著《蜀锦谱》对此做了较为翔实的记载，其中包括各色的被褥及不同花色的织锦，诸如瑞草云鹤、宜男百花、雪花球露、如意牡丹、百花孔雀、穿花凤、六金鱼、水林檎、聚八仙、飞鱼、天马等纹样，不一而足。如此

[1] （元）脱脱等撰：《宋史·列传第二百五十一·吐蕃传》，北京：中华书局，1977年。
[2] 陈光国：《青海藏族史》，西宁：青海民族出版社，1997年，第143页。

丰富多彩的织锦传入藏区,显然使内地装饰艺术也随之在藏区得以流传。

宋代丝绸输入甘、青、川藏区后,再由这些地区转而传入卫藏各地。在藏文文献中有关10—13世纪吐蕃人宗教、社会生活的记载中也多处提到丝绸。如藏传佛教后弘期,西藏人为迎请克什米尔大班智达释迦室利班扎来西藏弘传佛法,供上的礼物中就有:上缎衣服一套、上缎华盖一顶。[1]在目前保存于西藏的传世艺术品中,人们发现了宋代内地工艺品实物,如布达拉宫收藏的《不动明王像》《贡塘喇嘛像》缂丝唐卡,它们体现了内地缂丝工艺与藏传佛教绘画艺术的完美结合。缂丝唐卡《不动明王像》是内地官员送给萨迦三祖扎巴坚赞的,其主尊具有典型的藏传佛教风格,而主尊两侧的缠枝莲花纹,从形态到配色,则明显来源于宋代丝绸纹样。《贡塘喇嘛像》从人物面部可见坚毅沉静而又充满智慧,在头像的处理上有着肖像化的性格刻画和再现现实人物特征的追求,显然是受汉地艺术的影响。在黑水城出土的西夏缂丝唐卡《绿度母像》中,主尊莲座下方和画面上下包首的部位,也有与《不动明王像》中的缠枝莲花相近似的莲花纹。且不论这两幅缂丝唐卡的产地,但可以肯定的是,这两幅缂丝唐卡的缠枝莲花造型,体现的是宋代汉地审美风尚。再者,"从色调来看更像是一幅完全汉地风格的作品","绿度母的上身穿一件较短的完全汉地式样的镶边开襟坎肩"。在主尊背后出现山石树木,这种形态的山石树木不是受这时期西藏唐卡艺术的影响,而是来自汉地艺术的浸染;山石上还有孔洞,只能表示那是对太湖石的模仿。唐人对太湖石的爱好曾影响辽、金人的趣味,辽代的丝织品上已出现花鸟湖石的图案。[2]

当宋代丝绸大批量地输入西藏各地时,西夏也通过与萨迦派之间的宗教往来而将丝绸传入藏地,但其数量毕竟有限。因为西夏境内的丝绸生产尚不足以自给,还依赖贸易从宋朝获得。据《萨迦世系史》载,西夏国师觉本供奉

[1] 参见廓诺·迅鲁伯:《青史》,郭和卿译,拉萨:西藏人民出版社,1985年,第698页。

[2] 参见薛燕、吴微微编绘:《中国丝绸图案集》,上海:上海书店出版社,1999年,第134页。

萨迦寺的锦缎伞盖，或许就产自宋。在藏传佛教后弘期建造的扎塘寺，壁画中菩萨、供养人等多身着各种花卉纹样的服装，与宋代丝织品以花卉、植物纹样为主题的装饰风尚相吻合；纹样布局疏密有致，也与宋代图案组织严谨的作风相一致；壁画中佛、菩萨、供养人的衣缘多用花纹醒目的织物镶边，这也是宋代服装惯用的装饰手法；有的外衣绘出外绕圆晕的花朵，据宿白先生考证，这种服饰纹样来自中原，它曾出现在唐、五代绘画作品中，并出现在北宋崇宁二年（1103）镂版刊行的《营造法式》卷三十三《彩画作制度图样》中[1]。这些都说明扎塘寺壁画与内地丝绸艺术之间的渊源关系，为宋代内地文化艺术传入西藏提供了有力的证据。

西藏佛教造像，也与唐卡和寺院壁画一样，受到内地丝绸艺术的影响。很多造像所表现的是丝绸装束的佛、菩萨、高僧等，因而在佛教造像上，也出现了丝绸装饰的印迹。如存于西藏康马县艾旺寺制作于11世纪初的泥塑菩萨残像，服装上布满浮雕的丝织图案团窠纹。[2]

九、瓷器和其他工艺对藏地的输入及其影响

在藏传佛教后弘期，下路弘法即佛教由邻近内地的青海地区传入西藏，吐蕃僧侣返藏时，将适于饮茶的瓷器携往西藏不无可能；宋代汉藏两地进行茶马贸易，瓷器与茶叶同时输入西藏也在情理之中；西夏曾通过贸易获得宋朝瓷器，西夏宫廷与萨迦派僧人有直接的往来，也有可能将宋瓷传入藏地。据称萨迦寺收藏的瓷器二千二百余件，其中多为元、明瓷器，也有少量宋瓷。[3]拉萨罗布林卡藏有宋定窑白釉印花盘，盘底心印梅花，内壁为四季花、

[1] 参见宿白：《藏传佛教寺院考古》，北京：文物出版社，1996年，第70页、85页注40、41。

[2] 参见吴明娣：《汉藏工艺美术交流史》，北京：中国藏学出版社，2007年，第33—35页。

[3] 参见甲央、王明星主编：《宝藏：中国西藏历史文物》（第二册），北京：朝华出版社，2000年。

回纹，口沿镶铜。此盘造型、装饰与制作工艺，都体现出处于鼎盛阶段的北宋定窑瓷器风格。西藏博物馆陈列的青釉碗，时代也为北宋；西藏博物馆和布达拉宫均藏有青瓷开片碗，也被认定是宋代哥窑瓷器。[1]西藏还珍藏有高丽青瓷描金镶嵌菊花纹渣斗、高丽青瓷斗笠碗、高丽青釉白花高足碗，也应当是宋、元时期由内地传入的。因为，通过“朝贡”和贸易等方式，传入中国的高丽青瓷品种、数量较为可观，中国东北、华北、东南以至华南等地区都有传世或出土的高丽青瓷。[2]

为了联合抗御西夏，宋朝破例向吐蕃赠送弓箭、盔甲，也常以金箔、缯绢作为诏赐运给吐蕃。

十、茶马文化的交流

9 世纪中叶，吐蕃王朝崩溃，这期间汉藏茶马文化的交流不但没有中断，还在继续发展。宋代开辟了西南茶马驿道，青藏高原的各部族仍同内地保持着“茶马互市”的贸易关系。10 世纪中叶，即藏传佛教后弘期，一些康区、安多的僧人到卫藏学习佛法，他们将内地的茶叶贩运到卫藏地方。成书于 1488 年的《米拉日巴尊者传》，就反映了 11 世纪多康地方的僧人驮运茶叶到卫藏求学佛经的情况。

宋代是茶马贸易的兴盛时期，它形成的条件有三。其一，我国西部吐蕃等地少数民族客观上对茶叶的迫切需求。其二，以畜牧经济为主的少数民族，先后建立了辽、金、西夏政权，与宋长期对峙，而宋王朝为加紧战备，对战马的需求量增大，但其时“宋王朝的实力还未控制到产马地区，契丹、西夏政权又

[1] 参见西藏布达拉宫管理处编：《雪域圣殿——布达拉宫》（画册），北京：中国旅游出版社，1996 年，第 187 页。

[2] 参见任志录、刘婉香：《高丽镂孔镶嵌青瓷枕》，《中国文物报》2002 年 1 月 9 日。

与宋朝对峙,他们为了自身的利益绝不轻易地将战马输入宋朝……宋初虽在河东、陕西等地设置了不少买马场,市马招马,保证战马来源,但自西夏'赵德明据有河南,其收市唯麟、府、泾、原、仪、渭、秦、阶、环州、岢岚、火山、保安、保德军'",使宋朝的战马来源大为减少。元昊建国后,"西夏战马亦很少流入宋朝,战马来源主要靠今甘肃、青海境内的吐蕃部族"。其三,因宋王朝财政十分困难,经费拮据,而马价十分昂贵,其中由蕃部自费运至京师的券马,价格"自七十五千至二十七千,凡三等",有献上乘者,其价更高,"自百一十千至六十千,凡三等",沿边州郡买马场购买的省马,其价"以缗钱计之,为十等,自三千八百千至十八千"。在嘉祐之际,宋朝多以银、绢、茶等支付马价,虽以茶易马并不占主要,但绢价又贱,大约需三十匹绢才能换回一匹马,这就刺激以茶易马的兴盛。其四,当时东南地区和四川省盛产茶叶,年总计产茶在五千万斤左右,给茶叶的外销提供了良好条件。宋与青海河湟间的茶马互市,初设在熙河,还特设榷茶司和买马司掌管茶马交易,称之为"茶马司"。除了官办的茶马交易,民间贸易也比较盛行。北宋崇宁元年(1102),蔡京立茶引法,发给茶商茶叶运销证,严格规定了运销数量和销售地点。

到宋朝太平兴国二年(977),首先在今陕西等地开始建立与藏、羌等少数民族的官营榷茶易马制度。随后又在成都设立都大提举成都府路茶场,后改为茶马司。设在成都周围各州的买茶场及易马场均有七八处。到南宋时,还在靠近吐蕃的黎州、雅州等地不时设立马场,在川、陕设立买茶场,共计三百七十三处,以便于茶马交易的广泛开展。"绍兴二十四年(1154),复黎州及雅州、碉门、灵犀砦(今芦山西北)易马场。乾道初,川、秦八场马额九千余匹;淳熙以来为额万二千九百九十四匹。自后所市未尝及焉。"1181年,仅黎州一地即市马三千三百四十一匹。[1]与此同时,甘青地区的吐蕃部落及割据政权在五代、宋、金时期,也与中原王朝保持密切的经济文化往来。如凉州六

[1] 参见(元)脱脱等撰:《宋史·志第一百三十七·食货下》,北京:中华书局,1977年。

谷部政权在咸平五年（1002），一次就向宋朝进贡马匹五千，宋朝也回赠彩缯百余段、茶叶数百斤。

四川茶叶在当时的茶马贸易中为大宗。宋神宗采纳王韶建议，将川茶榷禁用于博马，实行官营，贱买贵卖，获利甚优。“名山茶一驮，榷买载脚至秦州不满十贯，卖出三十贯或四十贯。”四川茶叶特别是名山茶叶最受吐蕃等民族所喜爱，朝廷明令“雅州名山茶为羌人贵重，可令熙河、兰湟路博马，恪遵神考之训，不得他用”。“在陕西诸州岁市马二万匹，故于名山岁运茶二万驮。”四川的茶马贸易，其市主要有黎、雅、嘉、威、茂、文、益、泸、叙、夔和、南平、长宁、永康等地，中心为黎州和雅州。这些地区实行的羁縻买马制，有别于其他地区易马性质，这是出于对沿边少数民族实现以羁縻为政治目的的易马制度。据《宋会要・食货》统计，宋神宗熙宁、元丰时期，在秦州、泾州、熙州、原州、阶州、通远军等地共设置五十多个卖茶场，从四川地区与吐蕃等族开展茶马贸易后，每年从四川运到熙河地区的茶叶达四万余驮，即四百万斤以上，以保证易马需要。因青唐蕃马来源充足，是宋朝的主要进马区，仅在熙河地区每年购买吐蕃部族的战马多达一万五千匹以上。到宋哲宗绍圣年间，熙河路每年得马达两万匹，是北宋初年从全国范围市马总数的四倍，成为买马最多的路。元符二年（1099）宋军入河湟，次年把熙河路的存茶全部集中到湟州，专市青海马。

为确保茶马贸易的正常发展，宋廷制定了一系列具体办法和措施，例如在管理上设立专门机构买茶司、买马司、茶马司、盐茶司、都大茶马司等；采取招马、降低茶价和提高马价等优惠政策；在制度上实行官营茶叶专买专卖的榷茶制。南宋建炎二年（1128），成都府路转运判官赵开上书朝廷，奏陈榷制之害，提出大更茶马之法。大更茶马之法的主要内容有：一是废除官买官卖，革除官商弊病，实行商买商卖，建立茶引制度；二是精减茶马管理机构及冗员，提高经营管理效率；三是增设易马市场。其增设市场主要在四川。[1]以

［1］ 参见杨嘉铭、琪梅旺姆：《藏族茶文化概论》，《中国藏学》1995 年第 4 期。

茶马贸易为中心的经济交流，是维系和促进汉藏两族人民友好关系的重要物质基础。汉藏人民之间生产、生活上互相依赖、支援，成为汉藏等族人民长期经济交往、促进友好关系和民族团结的重要纽带。同时，茶马贸易促进了藏区与祖国内地交通的发展，贯通川、甘、青地区的茶马古道为后来的驿道、贡道奠定了基础，进一步促进了汉藏政治、经济、文化的联系，为元代整个藏族地区纳入中央政权管辖，使藏族成为我国多民族国家成员创造了政治、经济、文化的条件。[1]

第二节　藏文化艺术在内地的传播及其影响

一、藏传佛教在内地的传播

朗达玛赞普“灭法”后，10 世纪由汉地传到西藏的是显教，从印度传入西藏的主要是密教，显密教结合，又吸收了一部分西藏原有苯教的内容，就形成了藏传佛教。在这里，它吸收了印度密教的内容，但已不同于密教；它的显教内容，既是唐代已从内地传入西藏的早期佛教的恢复，又增加了唐以后内地佛教的新内容，加上西藏苯教的成分，具有相当的广泛性。因此，这种藏传佛教最容易被西北各民族所接受。

（一）藏传佛教在西北地区的传播

宋代西北的主要少数民族吐蕃、党项、回鹘等，普遍传播和信仰藏传佛

[1] 参见蒲文成、王心岳：《汉藏民族关系史》，兰州：甘肃人民出版社，2008 年，第 86 页。

教。当时的西北吐蕃大致分散在四个地区：一是鄜延、环庆、泾原、秦凤等陕西四路，包括鄜、延、环、庆、泾、原、仪、渭、秦、凤等州及镇戎郡；二是熙、河、洮、岷、叠、宕、兰、会等地区；三是湟、廓、青唐、积石州等地；四是河西凉州等地。宋初这里有吐蕃和汉人联合建立的政权。元昊攻取西凉府以后，凉州吐蕃十数万人投奔了青唐，但仍有一部分人留居当地。上述地区，北宋神宗熙宁时期前后约有百万吐蕃人上下。宋朝建国初，西藏地区在朗达玛禁佛后，佛教处于沉寂，藏传佛教的中心在青海。西藏一些僧人逃到青海境内的玛垅（今西宁一带），传教授徒，在那里培养了不少僧人，其中最著名的有出身于青海循化县的穆苏赛拔，他原信苯教，后改奉佛教，通晓佛理，被尊为喇钦·贡巴饶赛（通晓佛理的大师）。940年前后，穆苏赛拔来到循化县以北的丹底，在当地藏族上层的支持下，传教建寺，使这里成了复兴佛教的中心。西藏地方首领也派人跟他学习佛法。以鲁梅·楚臣喜饶为代表的一批僧人学成后回到西藏，在卫藏地区恢复和发展了佛教，这就是藏族历史上常说的“下路弘传”，其中所传即有唐代以来主要由汉地引入的显教。同时，阿里地区派往印度迦湿弥罗学习的僧人，也请来了出生于孟加拉国的高僧阿底峡，在阿里、卫藏地区弘法，藏族史称为“上路弘传”，所传主要是密教。西藏佛教经过两路弘传，迅速出现了繁荣兴盛的局面。11世纪中叶以后，随着佛教在甘、青、西藏地区的复兴和发展，藏传佛教逐渐形成了宁玛、萨迦、噶举、噶当等教派。宗教中心再次移到西藏，但从信教人数的众多和民族的广泛性来看，则甘、青等西北地区，仍远远地超过了西藏。

宋代党项族主要分布在夏、银、绥、宥、灵、静、府、麟、环、庆、镇戎等州郡，即今宁夏、陕北、甘肃东部一带，见于记载的人口约百万以上。早在西夏建朝前，党项主李德明就于宋真宗景德四年（1007）遣使到五台山敬佛供僧，宋仁宗天圣八年（1030）十二月，李德明向宋朝“献马七十匹，乞赐佛经一藏，从之”。

回鹘人自840年从漠北迁到河西、西域后，就逐渐改信佛教，并将大量汉、藏、梵和吐火罗语的佛经译为回鹘文,以供信徒传诵。寺院建筑也很多。宋太宗派往高昌回鹘的使臣王延德亲见高昌有佛寺五十余座。近代考古工作者在高昌故城、交河故城、木头城、七泉湖、苏巴什和济木萨尔的北庭故址等地,发掘出许多寺庙遗址。地上考古所见,则有哈密白杨沟大佛寺,北庭的应运太宁寺,吐鲁番的柏孜克里克石窟及吐峪沟、胜金口、伯希哈、雅尔湖,库车的库木吐拉、森木塞姆、克孜尔尕哈,拜城的克孜尔,焉耆的锡克沁等石窟寺。这些寺院或石窟虽历经千百年,但至今仍留有遗物、遗迹,可见当时的繁荣景象。回鹘佛教受藏传佛教影响很深,其流传的佛经中有《圣救度佛母二十一种礼赞经》《秘密集会怛特罗》《转轮王曼荼罗》等大量密教经典。[1]

（二）藏传佛教在西夏的传播

1. 藏传佛教在西夏的传播过程

西夏建朝后,曾向宋朝求购佛经六次。从元昊到乾顺五十余年间,还将汉、藏、梵文佛经八十二部,三千五百七十九卷译成西夏文,为佛教在西夏的传播提供了方便。西夏的刻经、印经事业也很兴盛,它所刻印的佛经有西夏、汉、藏等多种文本。1909 年,俄国探险家科兹洛夫在内蒙古额济纳旗黑水城发现的西夏文献有八千多个编号,其中佛经占百分之八十,可见其数量之大和流传之广。关于寺院建筑,据天祐民安五年(1094)西夏重修护国寺感应塔(今存武威市博物馆)的记载,西夏境内“近自畿甸,远及荒要,山林溪谷,村落坊聚,佛宇遗址,只椽片瓦,但仿佛有存者,无不必葺”。见于记载的兴庆府高台寺、承天寺、戒坛寺,凉州圣容寺、崇圣寺,甘州卧佛寺、崇庆寺及敦煌莫高窟、榆林窟的西夏雕塑、壁画等,其规模数量都不亚于周边的崇佛大国。西夏是一个多民族、多宗教的地区,汉传佛教和藏传佛教都在其境内流行,相

[1] 参观李清凌:《藏传佛教与宋夏金时期西北的民族关系》,《西北民族学院学报》(哲学社会科学版)2001 年第 2 期。

比之下，藏传佛教的影响更大一些。西藏萨迦派祖师扎巴坚赞也曾派弟子迥巴瓦国师觉本到西夏传法，觉本被西夏人奉为上师。藏传佛教在西夏地区的影响，还反映在藏文佛经的繁多和莫高窟、榆林窟及克孜尔等窟西夏宗教壁画的内容风格上。[1]

11 世纪西藏佛教后弘后，各教派相继形成，西夏王室与这些教派建立了密切联系，曾聘请不少西藏僧人去西夏传教。西夏王室仿照吐蕃管理佛教寺院的办法，并结合汉地的管理制度，形成自己的一套佛教管理制度，最早委任佛教高僧为“帝师”职务。西夏王朝曾派专使到西藏楚布寺，迎请藏传佛教噶举派的创始人都松钦巴去西夏，都松钦巴派其弟子格西藏波哇代他前往西夏，格西藏波哇被西夏王尊为上师。1189 年，都松钦巴在西藏堆龙地方兴建楚布寺，作为该派主寺。在修建该寺的吉祥米聚塔时，西夏国王派人送去黄金、铜等物，以示祝贺。西夏与青海藏区的宗教联系亦十分密切。据蒲文成《青海佛教史》记载，出生于青海玉树囊谦地区的直希热巴，是巴绒噶举派创始人达玛旺秋的著名弟子，是青海巴绒噶举派的主要传播者。约在南宋高宗绍兴三十一年（1161），直希热巴应西夏王之请去西夏传教。他在西夏长期传播佛教，主持修建了曲希藏洒寺，曾为西夏王灌顶上师，地位崇高。返回故乡时，带回西夏弟子勒巴尕布，常住囊谦王府，并在囊谦王的支持下，修建了著名的根蚌寺。上述史实说明，吐蕃王朝崩溃后，藏族地区一度处于分裂割据状态，但从西藏到青海，再到宁夏、陕北的西夏王朝，乃至中原王朝，宗教文化联系却一直不断。董毡继立青唐主后，宋王朝加封董毡为太保，“进太傅”。熙宁元年（1068）宋神宗即位后，为制服西夏，招抚河湟等地蕃部，用汉文化教化熏陶吐蕃人，派有文武才略的官员与吐蕃首领一起生活，“辅以汉法”，学习汉人管理国家的办法，治理蕃部，使之习用汉法，渐同汉俗，在制服西夏中

[1]　参见李清凌：《藏传佛教与宋夏金时期西北的民族关系》，《西北民族学院学报》（哲学社会科学版）2001 年第 2 期。

真正起到相当的作用。

另据《拔戎噶举教法散论集》,拔戎噶举僧人桑结热钦曾在西夏住了三十三年,并担任过西夏的国师。同时据《红史》,在蔡巴噶举创始人蔡巴的弟子中,热巴和多巴雍苏萨哇等人就是在西夏获得帝师和国师封号的。《萨迦世系史》中也说,在扎巴坚赞任萨迦派主持期间,他的弟子觉本后来被封为西夏的国师。此外,西夏与位于甘青地区的藏族唃厮啰政权也过往甚密。据五世达赖喇嘛的《西藏王臣记》记载,西夏与藏族还有十分紧密的血缘关系,西夏王族的一支曾迁徙到藏地,并形成了拉堆绛家族。该家族对萨迦派宗教和经济的发展起到了十分重要的作用,萨迦派的一僧人即是该家族的成员。

正是由于西夏和西藏之间紧密的宗教和文化关系,成吉思汗在进攻西夏时不仅见到了在此活动的部分藏传佛教僧人,而且还有一些藏传佛教僧人通过西夏到了蒙古,并同蒙古王室发生了直接的联系。据《贤者喜宴》记载,有七位蔡巴噶举派的僧人曾在西夏境内传法,其中一位化名叫藏巴东库哇。当时,他从西夏到了蒙古,并在山间修行,被蒙古军派来放羊。后来由于他所放养的羊群在冰雹中安然无恙,因此被蒙古人称为能管天的有福德的人。成吉思汗听说此事后,立即召见了他。由于他在西夏生活过,熟悉西夏,着装也与西夏人相同,因而受到了正在对西夏用兵的成吉思汗的重视。他于是向成吉思汗讲经说法,使成吉思汗对藏传佛教有了了解并对他心生敬仰之情,但由于遭到蒙古当时的道士和景教徒也里可温的嫉妒,他返回了西夏,并在西夏继续修行。当1226年成吉思汗灭西夏时,蒙古军队摧毁了许多西夏的佛教寺院并杀害了许多佛教僧人,藏巴东库哇于是前往成吉思汗身边求情,被成吉思汗称为向上天祷告的长老。与此同时,他还向成吉思汗讲说因果,以此来规劝成吉思汗信奉佛法。由于他的劝说,更可能是因为成吉思汗看到了藏传佛教在西夏社会中的地位,并且认识到要统治西夏就要争取和礼遇僧人,成吉思汗发布了免除僧人差税、兵役和不准在寺院内驻兵的诏书,还修复了在战争中被毁的部分西夏寺院。窝阔台即位不久，藏巴东库哇在蒙古地区去世，临终时他要求蒙古人将他的师兄弟贡塘巴迎请到此。

《安多政教史》也有与此大致相同的记载，说藏传佛教的僧人前往蒙古时，因道行卓异而被留在了成吉思汗的身边。据该著，青海地区有一位名叫西纳格西的僧人，到西藏的萨迦寺学法，以优异的成绩毕业以后，与觉木隆寺、拉萨和蔡公塘寺的三位格西一起前往北方的蒙古传播佛法。当见到成吉思汗时，成吉思汗问道："你们四人从何而来，系何民族？有何本领？"四人回答说："我们从萨迦而来，为藏人，通晓佛法。"成吉思汗接着问："我也通晓佛教，我乃大地之主，当今之世，无人能出吾右。你等说你们有本领，那就赶快让上天下雨吧！"四人立即让上天普降大雨，江河横流，同时又使倾盆大雨戛然而止。成吉思汗对此惊叹不已，不禁叹道："你们竟能支配上天！"而予以重奖，并将他们留在皇宫。

上述两则记载可以说明：成吉思汗在征灭西夏的过程中接触过藏传佛教僧人，这些藏传佛教的僧人通过西夏到蒙古，有的甚至还与蒙古王室有了直接的联系，成为蒙古王室接受藏传佛教的开端。

2. 西夏在藏传佛教东传中重要的桥梁作用

西夏在地理上位于西藏和内地之间，是吐蕃以来西藏从西北通向内地的必经之路。在西夏建国前，吐蕃与西夏就有密切的政治、经济和文化联系。大批党项人成为吐蕃统治下的庶民，吐蕃王朝灭亡后，东迁河陇一带的吐蕃人长期与内徙的党项部落杂居。西夏建国后，部分吐蕃人甚至成为西夏的编户齐民。西夏被元朝攻灭之后，有一批西夏人逃到西藏。正是由于密切的地域、政治、经济和文化联系，以至于宋人得出了"大约党项吐蕃，风俗相类"[1]的结论。

据《柱间史》和《贤者喜宴》等诸多藏文文献，吐蕃时期西夏人的早期先

[1]　（元）脱脱等撰：《宋史·列传第二十三·宋琪》，北京：中华书局，1977年。

民党项人就开始接触并信奉藏传佛教。松赞干布不仅命人在党项热甫刚地方修建佛寺，他的党项妻子茹雍东萨赤尊还在拉萨修建了查拉鲁布神殿。当时，在吐蕃有许多来自党项的僧人和学问僧。西夏立国后，大力吸收藏传佛教文化，藏传佛教文化于是在西夏得到了大规模的传播。一方面，西夏僧人继续前往西藏地区求法学经。据《木雅五贤者传》，热德玛桑格等五位党项佛学大师，早期都无一例外地到过吐蕃地区，在桑普寺求经学法，并游学夏鲁、萨迦、纳塘等著名佛教寺院。另一方面，西藏各个教派的僧人应西夏王室的邀请陆续前来传法。从西夏时期译为汉文并在宫廷流传至今的《大乘要道密集》来看，西夏时期所传藏传佛教不仅包括萨迦派的道果教法，同时还包括噶举派的大手印教法。与此同时，西夏还建立了一整套的僧官制度，如国师、帝师制度等。更为重要的是，西夏在吸收藏传佛教文化的同时大力吸收汉传佛教文化，派人到宋朝取经学法。藏传佛教文化和汉传佛教文化于是在西夏有机地融为一体，形成了独特的西夏佛教文化。于是继唐代的敦煌之后，汉藏佛教文化在西夏开始又一次大规模的交流。

随着近年来考古持续深入的展开和俄藏黑水城西夏文物的逐渐公布，对西夏文物及其与西藏和内地艺术文化之间关系的研究，逐渐成为国内外艺术史界的热点之一，涌现出了不少具有很高学术价值的科研成果。如中国社会科学院民族研究所谢继胜博士论文《西夏藏传绘画—黑水城出土西夏唐卡研究》，就是这一领域的突出代表。该著不仅是国内目前第一部以黑水城唐卡为主要对象来系统研究西夏艺术的专著；更为重要的是，该著利用大量文献和文物对西夏、藏传和汉传佛教艺术作品进行了深入细致的横向和纵向研究，第一次较为清晰地勾勒出了西夏佛教艺术的渊源、风格特点、发展、文化底蕴及其与藏传佛教艺术之间关系的脉络。正是这些研究的深入展开，为元代藏汉艺术交流的研究提供了重要的基础。这些研究，一方面表明西夏12世纪的藏传佛教艺术与西藏本土的艺术有着密切的承袭关系，另一方面表明这一风格同汉式风格在西夏融为一体。从历史文献和现存艺术作品来看，西夏对藏传佛教及其艺术在元代内地的传播起到了极其重要的作用。[1]

1908年一个俄国探险队发现的内蒙古黑水城遗址中有高达十米的覆钵式喇嘛塔，塔内底部约有十二平方米，四周平台上摆放着泥、木彩塑佛像，平台中间立柱，周围是喇嘛塑像，面前摆放着大型的梵夹装经卷，塔的北墙有一具坐姿骨架，四面墙上挂满了佛画。塑像与墙壁之间紧密地叠放着成百上千册的经卷和轴画等。佛塔中仅佛画就有五百三十七幅。

（三）藏传佛教在蒙古的传播

蒙古人接触藏传佛教是通过西夏人进行的。成吉思汗在进军西夏的过程中不仅接触了西夏的藏传佛教和西藏僧人，同时还熟悉了西夏制定的一整套宗教制度。其中部分相关的制度被元代沿用，如封授八思巴等藏传佛教僧人为元朝帝师和国师的做法即是代表。

南宋宝祐四年（1256），噶玛拔希应蒙古大汗蒙哥所派金字使者召请，去库尔图城（今内蒙古多伦）谒见蒙哥。蒙哥封他为国师，赐给金印和大量的白银财宝，并特赠一顶金边黑色僧帽，此即噶玛噶举派黑帽系名称的来历。噶玛拔希在蒙古传教建寺，一直信仰景教的蒙哥、阿里不哥等对他十分崇信，改信了藏传佛教。蒙哥还听信他的建议，废止了将战俘抛入河中淹死的酷刑。

二、藏传佛教在西北各族交往中的促进作用

在宋夏金时期西北各民族关系中，要找出一种为各族普遍接受的文化，儒家不行，道家不行，其他文化也不行，只有藏传佛教才能满足这一客观社会历史的需要，因为藏传佛教已不是哪一民族的特殊文化，而是吸收了汉藏等

[1] 参见熊文彬：《元代藏汉艺术交流》，石家庄：河北教育出版社，2003年，第18—24页。

多民族文化后带有普遍性的文化形态。藏传佛教通过僧侣的充使、礼佛、取经、经商等活动,起到了将宋夏金时期西北各民族联系到一起的纽带作用。

（一）充使

宋代宗教界人士,尤其是西北少数民族僧人充任使臣者很多。宋太祖乾德三年(965)十一月,高昌回鹘可汗"遣僧法渊献佛牙、琉璃器、琥珀盏"。同月,"甘州回鹘可汗遣僧献佛牙、宝器"[1]。开宝四年(971),于阗僧吉祥"以其国王书来上,自言破疏勒国得舞象一,欲以为贡,诏许之"。太平兴国五年(980)二月,于阗使及僧到归义军政权所在地敦煌出使。咸平元年(998)四月,甘州回鹘可汗遣僧法胜来贡。景德元年(1004)九月,甘州回鹘夜落纥遣进奉大使、宣教大师宝藏等一百二十九人来贡。景德四年(1007),沙州僧正会入宋,以节度使延禄表,乞赐金字经一藏,真宗诏益州写金、银字经一藏赐之。同年,甘州回鹘可汗夜落纥"遣尼法仙等来朝,献马。仍许法仙游五台山。又遣僧翟入奏,来献马,欲于京城建佛寺祝圣寿,求赐名额。不许"。天禧三年(1019)二月,吐蕃宗哥城首领李遵遣蕃僧景遵等十人来贡。天圣九年(1031)正月,沙州回鹘遣使米兴、僧法轮等入宋,贡珠玉名马。[2]

（二）礼佛传法

各族僧人到不同政权统治区去礼佛传法,既是宗教活动,又是联络民族感情的形式和机会。宋代不论内地还是西北少数民族的僧人,远出礼佛的都很多。乾德二年(964)八月,于阗太子等三人来沙州(今甘肃敦煌市)归义军供养诸佛。开宝七年(974)天竺僧法天译上《圣无量寿经》等佛经,得到宋太祖的召见、慰劳和赏赐,并请准到五台山礼拜文殊菩萨,然后遍游江浙、岭

[1]（元）脱脱等撰:《宋史·本纪第二·太祖二》,北京:中华书局,1977年。
[2] 参见刘琳等校点:《宋会要辑稿·蕃夷》,上海:上海古籍出版社,2014年。

表、巴蜀等地。乾兴元年(1022)五月,"龟兹国僧华严自西天至,以佛骨、舍利、梵荚(又梵夹)为献"[1]。以上都是通过宗教以加强民族联系的事例。

(三)取经

据载北宋内廷存有新旧梵本千数百夹,其中有些是天竺僧人献来的,也有很多是内地僧人千里迢迢地从西域、天竺取来的。建隆二年(961)二月,沧州僧道圆自天竺学法回到于阗,为当地沙弥传戒。后与于阗使臣一起回到敦煌。乾德四年(966)三月,僧行弘等一百五十七人请到西域取经,宋太祖向每人赐钱三万贯,送他们成行。咸平六年(1003),知开封府陈恕上书,建议对要求取经的人,令僧录司考核,开封府复试合格后方能派出,此建议得到宋真宗的采纳。当时要求取经的人很多,他们穿梭于多国之间,互致安泰,加深了民族之间的了解和亲善。

(四)经商

各族僧人直接组团,与宋朝进行贡赐贸易,这是宋夏金时期各民族相互联系、互通有无、增进友谊的又一种渠道。淳化二年(991)沙州僧惠崇等四人以良玉、舍利献宋廷,得赐紫方袍,住在太平兴国寺。咸平六年(1003)六月,"龟兹国僧义修来献梵荚、菩提印叶、念珠、舍利。赐紫方袍、束带"。大中祥符三年(1010)闰二月,"龟兹僧智圆贡琥珀四十五斤,瑜石四十六斤"。天圣三年(1025)三月,甘州回鹘僧向宋朝献马。同月,"秦州回鹘紫衣僧法会以乾元节贡马十匹"。同年十月,陕西转运司奏言:"秦州蕃官军主策拉等请于来远寨置佛寺,以馆往来市马人。从之。"[2]这些史料证明,为了物质利益,僧侣不仅经商,他们甚至以寺院为旅馆,借以营利。宗教界人士的经商活动,

---

[1] 参见刘琳等校点:《宋会要辑稿·蕃夷》,上海:上海古籍出版社,2014年。

[2] (宋)李焘撰:《续资治通鉴长编》卷一〇三,北京:中华书局,1995年。

客观上也有利于民族之间的交往和联系[1]。

三、藏传佛教工艺美术传入内地

北宋时期藏传佛教工艺美术传入内地，一部分是通过宋朝与唃厮啰政权之间的往来实现的，如据《宋史·吐蕃传》记载，唃厮啰所贡的方物，除了必不可少的马，还有乳香、毛织品、金银铜铁器、珍珠、象牙、玉石等；宋朝与唃厮啰政权进行茶马贸易，在以名茶交换良马的同时，唃厮啰地区生产的毛织品、麝香等也进入市场，换回内地的绢帛、绫锦、棉布等商品。北宋与唃厮啰通过"贡""赐"和茶马互市交换的物品中离不开与日常生活密切相关的工艺美术品，其交换的品种，大部分是在唐、蕃之间就已相互流传的品种。同时，藏地艺术对内地的输入还通过藏传佛教僧侣往来于辽与西夏这一渠道进行。

具有藏族装饰艺术特点的内地丝绸最早出现于宋代。宋代的丝绸图案中出现了在以往传统装饰中尚未发现的含七珍（也称七宝、七宝饰品）中部分宝物的杂宝纹。"出现在宋元装饰纹样中的七珍往往缀饰珍珠，这在藏族装饰中表现得十分明确。"[2]宋代丝绸中的杂宝纹，是藏族七珍中的部分宝物；在一件宋代丝织品上装饰有折枝花纹、珊瑚、银锭形耳饰、环形耳饰、犀角等构成的散点图案。南宋福州黄升墓出土的杂宝纹罗，饰有万字符、环形耳饰、珊瑚等图案。另一宋代折枝花丝绸上的杂宝也含环形耳饰。据《蜀锦谱》记载，南宋成都茶马司锦院就承担织造这类丝织品的任务，民间贸易也以丝绸易马。内地丝织工匠有机会接触藏族装饰艺术并受其影响，在内地的丝绸装饰中也吸收了藏族纹样，因而促成七珍纹在内地得以流传，并在流传过程中

[1] 参见李清凌：《藏传佛教与宋夏金时期西北的民族关系》，《西北民族学院学报》（哲学社会科学版·汉文）2001年第2期。

[2] 吴明娣：《汉藏工艺美术交流史》，北京：中国藏学出版社，2007年，第39页。

不断演变，致使出现在内地官宦人家黄升服饰上的七珍已与其原型大异其趣。据明代张应文《清秘藏》记载，宋代织锦花纹纷繁多样，其中有“红七宝金龙”，这很可能就是藏族人喜爱的由七珍和龙纹构成的图案，其常见于元、明丝绸及瓷器装饰上。万字符是宋代丝绸装饰中出现频率很高的纹样，如在江苏金坛周瑀墓和福州黄升墓中都出土了带万字符的丝绸[1]。这也与藏族装饰艺术的影响不无关系。宋代丝绸装饰的一个显著特点是，常常与七珍形象结合在一起，构成杂宝图案，两者之间的联系十分密切。元、明供应藏族的丝绸、瓷器装饰亦多采用这种装饰组合，这也可以作为宋代丝绸装饰的流行与藏传佛教装饰影响相关的旁证。事实说明宋代内地丝绸在汉藏文化艺术交流中发挥了至关重要的作用，其作为汉藏交流的媒介，为汉藏两地文化艺术的交流与传承做出了重要贡献。

宁夏境内发现的主要有砖雕、木雕佛像和绢质佛画，如1986年宁夏贺兰山拜寺口西塔天宫发现的彩绘绢质上乐金刚唐卡、上师唐卡，以及彩绘木雕上乐金刚像。又如1987年宁夏青铜峡市一百零八塔中的001号、017号、085号等塔中发现的八件砖雕佛像。这些造像和画像都是典型的藏传佛教题材和风格的作品。

吴明娣博士指出：“特别值得重视的是，在宋代丝绸上出现了具有藏族艺术特点的珊瑚、国王耳饰、王后耳饰等装饰纹样。因饰有这些纹样的丝绸幸存于世的较少，以往从未有人对其加以细究，揭示它们与西藏艺术的联系。实际上它们是宋代内地与西藏文化艺术交流的生动体现，表明内地工艺美术装饰受藏族艺术的影响不是始自元代，而早在宋代就已经出现了。这更进一步说明10至13世纪汉藏文化艺术上的密切联系。”[2]藏传佛教曾在辽统治地区流传，在北京地区就留下了带有藏传佛教覆钵式塔造型特点的辽代佛

[1] 参见吴淑生、田自秉：《中国染织史》，上海：上海人民出版社，1986年，第182页。

[2] 吴明娣：《汉藏工艺美术交流史》，北京：中国藏学出版社，2007年，第44页。

塔，如建于辽天庆年间（1111—1120）的北京房山区云居寺北塔[1]，为砖石砌成，塔底为八角形须弥座；塔身由两层楼阁构成，塔身上部为八角形须弥座承托圆形覆钵塔；而在其顶部再叠加以八角形须弥座承托的锥形九重相轮，其上为宝珠形塔刹。这座佛塔造型融合了汉藏两种佛塔形式元素，表明北京地区早在辽代天庆年间可能有藏传佛教流传。这类古塔在北京的出现并非孤例，另一座位于房山区云居寺南的辽代万人和尚骨灰塔，其结构与云居寺北塔顶部形态十分相近，为莲托十三重相轮和钟形塔刹。此外，位于北京房山区的辽代琬公塔的上部结构也出现了莲托七重相轮和葫芦形塔刹，与上述二塔均体现了藏传佛教覆钵塔印记。位于北京门头沟建造于金天眷年间（1138年左右）的佛日圆明海云禅师塔，塔刹为小型覆钵式塔。这座金代佛塔出现的藏传佛教印迹或许是辽代藏传佛教艺术样式的延续。在北京房山区金代皇陵遗址发掘的建筑构件上，也装饰有佛教“迦棱频伽”（妙音鸟）形象。[2]此外，赵城金藏插图中也出现藏族七珍形象。这不应看作巧合，它一方面源自金代对辽代藏传佛教艺术的承传，另一方面也不应排除来自南宋、西夏的影响。

西夏受到藏传佛教艺术的影响已是有目共睹的，西夏陵建筑，黑水城唐卡，西夏故地佛塔、造像等均反映了藏传佛教在西夏的流行及其广泛的影响。黑水城唐卡《绿度母》[3]，以藏地艺术风格为主，但让度母穿上了衣服，这一变化也可能是汉地文化对西夏民俗的渗透。黑水城唐卡《药师佛》[4]，藏传佛教绘画风格最为显著，所有细节都是遵循造像量度标准来绘制的，但在左右下角的供养人，极具汉式的鲜活个性的肖像，与扎塘寺壁画的肖像水准相似。

[1] 见书前彩插图8。
[2] 参见国家文物局主编：《2002中国重要考古发现》，北京：文物出版社，2003年，第137页。
[3] 见书前彩插图9。
[4] 见书前彩插图10。

此外,藏传佛教艺术也在西夏工艺美术品上留下了清晰的印迹,如在宁夏出土了饰梵文密宗种子字的铜镜、银盒、瓷盘及瓷杵、"擦擦"(小型陶佛像、陶塔)。在西夏陵博物馆收藏的铜僧帽壶,是目前所见时代最早的藏式金属器皿,因无法准确判断其年代,该博物馆将其年代定为西夏至元,但它的时代无论是西夏还是元,出自西夏故地是可以肯定的。其来源有两种可能:一是传入西夏的藏地制品,一是西夏本地制作的仿品。这类藏式器皿的流传,反映了藏族的实用生活器皿曾通过藏传佛教的传播而流传到辽夏地区,进而传入中原。

此外,宁夏灵武磁窑堡窑址曾出土西夏时期的瓷质素烧如意轮、降魔杵,这也是已知将藏传佛教法器与制瓷工艺相结合的最早产物。黑水城还出土了西夏时期的藏传佛教法器金刚铃杵的实物。还应当指出的是,在云南大理国艺术中也留下了藏传佛教艺术遗痕,如现藏于台北故宫博物院的《张胜温绘大理国梵像卷》[1],卷中的释迦牟尼、大胁侍(观世音菩萨)两图主尊前均绘有藏族七珍宝(轮宝、象宝、马宝、珠宝、玉女宝、财臣宝、将军宝)形象。[2]

唃厮啰政权时期,当时的河湟地区酿酒、银器、铁器、甲胄等制造达到相当高的工艺水平。唃厮啰政权向宋朝进贡的方物中,除马匹外,有不少自己制作的工艺品。武器制作除打制弓箭、枪、矛、刀剑等外,最善于制造甲胄,沈括在其名著《梦溪笔谈》中称赞青唐人所锻甲胄"铁色青黑,莹彻可鉴毛发,以麝皮为綇旅之,柔薄而韧",五十步外,"强弩射之不能入",说"锻甲之法,其始甚厚,不用火,冷锻之",详细描述了工艺过程和利用冷锻提高金属硬度和韧性的技术。宋人田况在《上仁宗兵策十四事》中也称西夏、吐蕃人之甲"皆冷锻而成,坚滑光莹,非劲弩不可入",建议学习对方的制作技术,"悉令工匠冷砧打造纯钢甲鏃,发赴缘边先用"。青唐人善于造甲,可能继承了唐代吐蕃制作精良铠胄的传统,但也不排除对中原工艺的吸收和当地其他民族工匠的参与。

---

[1] 见书前彩插图 11-1、图 11-2。

[2] 参见吴明娣:《汉藏工艺美术交流史》,北京:中国藏学出版社,2007 年,第 38—44 页。

四、藏传佛教造像艺术在内地的影响

（一）藏传佛教造像艺术在青海的影响

唃厮啰定都青唐后，才开始大规模建设寺庙，一时青唐城中"佛舍居半"，寺庙僧侣之多，可以想见。据记载，唃厮啰本人十分好佛，由他倡议主持兴建的寺庙就很多，当时佛教的地位也很高，"有大事必集僧决之"，佛教与政治的关系十分紧密。唃厮啰之后，继位的几个国王也很热心佛教，继续建寺造像，为佛教做功德，但因战争和内部不和，经济力量明显不足，佛教发展也日渐式微。有佛教就有佛教造像的供奉和塑造。据李远《青唐录》记载，唃厮啰处理军国大事的殿堂旁供有"金冶佛像，高数十尺。饰以真珠，覆以羽盖"。该书又记载："……为大像，以黄金涂其身……阿里骨敛民作是像。民始离贰。"[1]从这些零星记载可以看出，青唐地区的佛像艺术活动主要集中在唃厮啰定都青唐时期。然而，到目前为止，国内外尚没有发现一件可以确定为唃厮啰时期青唐地区的佛教造像实物，自然当地的佛像艺术为何种类型和样式也全然不可知。不过，从青唐所处地理位置，大致可以推测它的艺术风貌和艺术渊源。首先，它地处西藏以东地区，与中原内地接壤，尤其是在政治、经济、文化上与中原交往十分密切，由此看来，其佛像艺术理应受到中原内地的影响，而具有当时汉地佛像艺术的特征。同时，青唐地区是唐蕃古道经过的主要地区，印度、尼泊尔和西藏同中原内地的交往多经过这里，它在中尼、中印和汉藏交往中发挥着重要的枢纽作用，当时藏传佛教和尼泊尔—帕拉佛教艺术传入和影响西夏王朝，中原内地文化艺术传入和影响藏地（如扎唐寺壁画等），就是经过青唐的唐蕃古道。由此可知，青唐地区受到尼泊尔—帕拉佛教艺术的影响也应是情理之中的事。因此，从总体来看，这一时期青唐地区的佛像艺术与西夏王朝大体一致：一方面受到中原内地佛像艺术的影响，另

[1] 参见祝启源：《唃厮啰——宋代藏族政权》，西宁：青海人民出版社，1988年。

一方面受到了尼泊尔—帕拉佛教艺术的影响。

（二）藏传佛教造像艺术在西夏的影响

历史上，西夏统治的地域与吐蕃毗邻，而其河西陇右许多部落就曾为藏族人占据，盛行藏传佛教并使用藏文。由于这一地缘和传统往来的关系，西夏在仁宗时期（约1140—1170）便正式传入和接受了藏传佛教。据藏文文献《贤者喜宴》记载，西夏仁孝曾遣使延请一世噶玛巴都松钦巴到西夏传法，都松钦巴派其弟子藏索畦前来西夏，被尊为上师。其后双方往来十分频繁，如噶玛噶举祖寺楚布寺建白登哲蚌塔，仁宗又供奉赤金瓔珞与幢盖；西夏人多甸木雅恭仁曾去拉萨东北墨竹工卡建止贡寺（直贡梯寺）；蔡巴噶举祥“仁颇切”（活佛）弟子藏巴多沽浍等师徒七人经蒙古转道西夏译经并讲授三宝密咒，祥“仁颇切”还命查巴僧话到西夏弘法，亦被尊为上师；西夏王曾去萨迦派第三代祖师扎巴坚赞座前亲近承事，扎巴坚赞的弟子迥巴瓦觉本还被西夏王奉为国师，其后西夏王孙又对萨迦第四代祖师萨班·贡噶坚赞十分敬信。通过这些往来，到仁孝后期，藏传佛教在西夏明显取得了重要的甚至主导的地位。到西夏后期，由于西夏与吐蕃关系趋于缓和，两地的交往更加频繁，藏传佛教对西夏的影响更为突出，如今国内外现存和发现的西夏藏传佛教艺术遗品大多就是西夏后期的。

从西夏王室与藏传佛教高僧的往来可以推测，藏族人到西夏不仅带去了三宝经咒，也带去了藏传佛教在建筑、雕塑、绘画等方面的仪轨和范本。目前在今甘肃、宁夏和内蒙古等过去西夏王朝统治的地区遗存的藏传佛教造像和佛画，是西夏王朝境内藏传佛教传播的重要实物见证。从这些遗存和发现，可以清楚地看到西夏王朝境内流行的藏传佛教造像艺术风貌。

宁夏境内发现的主要有砖雕佛像和绢质佛画，都是从佛塔中发现的，如1986年宁夏贺兰山拜寺口西塔天宫发现的彩绘绢质上乐金刚唐卡、上师唐卡，以及彩绘木雕上乐金刚像；1987年宁夏青铜峡市一百零八塔中的001号塔、017号塔、085号塔发现的八件砖雕佛像以及一百零八塔塔区河滩2号塔出土的两幅彩绘绢质千佛图唐卡。这些造像和画像都是十分典型的藏传佛教题材和风格的作品,其中几件砖雕佛像最具代表性,它们皆为高浮雕形式,造像的轮廓都非常清晰,虽然都程度不同的有残损,但并不影响其艺术效果。

甘肃境内的藏传佛像艺术遗存,主要在榆林石窟和东千佛洞。这两处石窟都在甘肃安西县境内,位于莫高窟东数十千米处。据考,这两处石窟在当时之所以出现藏传佛像,是与当时西夏王朝在其西境设立的监军司"平西军司"置于瓜州有密切关系。在榆林窟第29窟窟口南侧所绘西夏供养人像题名中署有"大瓜州监军司",就是有力的证据。1999年岁末,黄春和先生考察了这两处石窟,发现这两处石窟各保存有两个西夏开凿的带有藏密色彩的洞窟:榆林窟为第3和第29窟,东千佛洞为第2和第5窟。洞窟的形制两处略有不同,但同一处的两个洞窟形制则完全一致。榆林窟两窟为中心设坛的单室形式;东千佛洞两窟分前后两部分,后部为礼拜道。两处四个洞窟目前塑像全无,所存主要是绘于四壁和窟顶的彩绘佛像。从绘画内容和风格上看,不仅有西藏的,同时还有汉地的,但两种内容和风格的绘画并不相融或相混,而是各自形成独立的画面,表现独立的主题和思想,它们与在莫高窟出现的后来元朝的纯粹的藏传佛教洞窟(如莫高窟第465窟)有明显的不同,这可能与当时西夏境内流行的显密并重的佛学风气有关。东千佛洞第2窟壁画《菩萨》,动态造型为波罗式藏族风格,人体特征有汉族艺术传统的神韵,特别是面部调和了汉、藏两方面的因素。第4窟《供塔菩萨》,彩条状的山石,藏式绘画的构图,人物动态等,都是藏地传统。这四个洞窟中的藏传佛像艺术风格,同黑水城出土的绘画基本一致,都属于西藏早期佛像艺术模式,带有明显的印度帕拉和尼泊尔佛像特点。如佛像面部上宽下窄,头部肉髻高隆,躯体挺拔,全身比例匀称,与元朝大头方面、躯体短粗的形式有明显的差别。其他如本尊、女性尊者、护法神等也体现出同一时期西藏中部地区的艺术风貌。[1]莫高窟第465窟壁画《供养菩萨》,造型是明确的藏式波罗样式,但手的造型完全是汉族化的敦煌样式。

内蒙古境内的藏传佛像艺术遗存,主要以黑水城出土的绘画作品为代表。20世纪初俄国人科兹洛夫曾两次赴黑水城,掘走三千五百余件西夏和元朝文物。其中,大约有三百件绘画,现藏俄罗斯圣彼得堡艾尔米塔什国家博物馆。这些绘画在形式上有木刻版画、麻质画和织锦画等。在《西夏文物》图录中,就收录了六件藏传佛教绘画;《俄藏黑水城文献》(全七册)中也收录刊出了一些绘画图片。从总体上看,这些绘画作品的艺术风格基本一致。关于其风格来源,国外学者大多倾向于帕拉—尼泊尔风格,即东印度帕拉、尼泊尔风格的混合形式。黑水城金刚座触地印释迦牟尼佛像唐卡共有十一幅,每一幅在构图和造型上略有微细差异。绘画中的帕拉艺术因素在一些胁侍菩萨像身上体现得较为明显,如在黑水城出土的十一幅以释迦牟尼佛为主题的唐卡中,每幅的主尊身旁都有两位胁侍菩萨,该菩萨具有印度妇女特有的面形特征和气质。尤其值得注意的是,有一幅唐卡菩萨头后的头光边缘出现了锯齿状火焰纹,这与帕拉造像背光上的锯齿纹如出一辙。从上述特征看,黑水城的胁侍菩萨像在很大程度上照搬了帕拉造像中菩萨的样式。另外,黑水城的绘画从构图上也体现了西藏绘画艺术的早期风貌:画面主尊较大,约占画面的三分之一,主尊四周以方格形式布置其他内容。这种风格也足以说明黑水城的藏式佛像艺术与西藏佛像艺术之间的紧密关系。

(三)在云南的造像

据说建立于宋代的云南大理白族自治州的剑川石窟,包括石钟寺、狮子关、沙登村三处十六个石窟和山崖上的一些造像,主要源于白族原始崇拜,

[1] 参见黄春和:《藏传佛像艺术鉴赏》,北京:华文出版社,2004年,第46—49页。

也受到南亚小乘佛教的影响,但还有不少藏传佛教的鲜明色彩。如第1窟中的破腹菩萨,夹子寺中的西天王像,以及第3窟佛像下的那些动物雕刻,无疑都是其中最典型的代表。特别有意思的是,在那尊破腹菩萨像的上边,还有六行专门用藏文书写的题词,依然清晰可辨。它的大意是:悲痛疲惫不堪的众生啊,永远……(将)您的尊言……铭记在心……请您务必拯救我们!吉祥!……

五、藏传佛教对岷州杂居的汉族群众之深远文化影响

藏传佛教大致于11世纪中后期,就在岷州(现甘肃省岷县一带)群众中广为传播与发展。同时,也引起了当时统治者的重视和支持。这突出表现在寺院的修建和对僧人的重用上。广仁禅院是奉敕所建。据《岷州志校注》等书的记载:"乃敕数州皆建佛寺。"《续资治通鉴长编》卷二五三也云:"赐岷州新置寺名曰'广仁禅院',仍给官田五顷,岁度僧一人。"广仁禅院,是在岷州"守臣为之力,哲僧为之干,酋豪为之助"的情况下,由长道(今礼县)名僧海渊主持修建的。始建于北宋神宗元丰元年(1078)四月,毕功于元丰七年(1084),并立有石碑。历时七年,其规模之宏大,令人赞叹。正如碑文所说:"荆榛剃而宫殿巍然,门扉辟而金人焕然;次则范钟以鼓其时,藏经以尊其道。徒有常居,客有攸舍,储峙有廪,涓洁有庖;最其凡四百六十区。……咸曰:'壮哉!'吾岷所未尝有也。"[1]因而,该寺成为岷州八景之一和诗人墨客争讽诗篇的题材。这座寺院的创建,说明藏传佛教于宋代在岷州地区的传播与发展已具有相当大的声势。

据《岷州志校注》一书的不完全统计,岷州有佛寺三十七座,即:广福寺

[1] 参见甘肃省岷县志编纂委员会办公室编:《岷州志校注》,1988年,第45页、286—287页。

(即广仁禅院)、普救寺(又名兹云寺)、大崇教寺(俗称杀寺)、园觉寺、宏教寺(又名建占寺)、宏福寺(又名哇布寺)、法藏寺(俗称花当寺)、裕隆寺、朝定寺(又名朝天寺)、藏经寺(又名常家寺)、石崖寺(即崖寺,原名金家寺)、鲁班寺(又名白塔寺)、广德寺(又名祁家寺)、广善寺(又名广善莲花寺)、关圈寺(又名畅家寺)、昭慈寺、宝定寺(又名葆真寺)、永宁寺(又名新寺)、些尔多寺(又名前川寺)、赞林寺(又名搭林寺)、年家寺、张家寺、喇嘛寺(又名吉祥寺)、新寺、荔川寺、土司门寺、吉祥寺(又名庞家寺)、哈撒寺、格隆寺(以上均有可考地址)以及讲经寺、撒藏寺、三祝寺、永安寺、毛家寺、宏济寺、崇隆寺、石门寺(以上地址待考)。这些寺院,遍布于岷州地区的东西南北中,实际数字,远远不止于三十七座,据《安多政教史》云:岷州城附近有释迦佛像所在的圣地隆主德庆寺、曲京贝乔寺(即班藏寺)两座及其支寺近六十座,有自然形成的度母像殿、冬那宫钦寺。其中,有地址可考者,有二十九座;有年代可考者,仅有六座。

藏传佛教对岷州杂居的汉族群众的深远影响,可从如今岷县汉族群众的信仰及其活动看得出来,其中,最为明显的有以下三个主要方面:

(一)供奉家神

藏族的家家户户都有家神,供于神龛内,经常点酥油灯、献净水、系哈达、烧香、煨桑、磕头。而岷县的乡村,也是家家有家神,同样点灯、烧香、煨桑、烧黄表(名曰“化马”)、挂喜红(红布或红绸,一般为尺二)和磕头。但是,所供家神画像,不一定家家都有,往往是同一姓氏的好多家,只有一家供着家神。这种家神种类繁多,名称各异,即使是同一姓氏,也不尽相同。纵观其众家神,大致可概括为两大类:一是藏化了的护法神(原系佛教,来自印度),俗称“番神”,其性格强暴,形态可怖,更能增加信徒的敬畏之心,从而听命于说教;二是某某龙王、老爷和某某娘娘、菩萨神之类,大都来自《封神演义》和历代忠臣名将以及传说中的天神之类,诸如姜维、庞统、关公、菩萨、九天仙女,等等。

家神虽然家家都有,可平时一般收藏起来,难以看到。除了特殊情况,即所谓"念佛爷",一般每年只挂出来两次:一次是在农历腊月三十日晚饭前挂出,正月初三日早上卷收;一次是在正月十四日或十五日挂出,十六日或十七日收起。不论何日挂出,每次都是三天时间。

由于家神的性格爱好不同,生活条件有异,所以人们在烧香点灯敬神时,也有所不同。凡具备条件者,总是喜爱分别对待。例如敬护法神时,就爱点酥油灯,说"护神是番神",爱吃酥油,点上酥油灯,护神最喜悦。实际上,点酥油灯,正是藏族人敬神的习惯。敬另一种神时,就点清油灯,这种情况,在乡村是相当普遍的,早就约定俗成了。此外,还有一种与众不同的特殊家神。据说,洮州(今临潭县)梅村一带有一"侯姓"的藏族家族,他们认为与侯显有渊源。他们具有与其他藏族的不同之处,一般藏族人家中供奉的家神及护法神等,也有其他名称的神道;而这个侯氏家族则独供宗喀巴大师为家神,这和一般藏族习俗完全不同。而杂居区的汉族群众家,也有此类情况,比如岷县西江镇的袁氏家神就是宗喀巴大师。这一事例本身最能说明藏传佛教对岷县汉族群众的深远影响。

(二)活佛摩顶

藏族群众对僧侣是非常崇敬的,对活佛则最为尊崇,平时一见活佛就脱帽,争相顶礼膜拜,只要活佛在自己的头顶上摩一下,并在脖子上系上一条红带子,就心满意足,认为福运就来到自己身上了。因此,人们不辞艰辛,徒步跋涉,甚至不远千里地去朝拜活佛,让其摩顶。而杂居区的汉族群众也不例外。汉族虽无活佛转世制度,但零星出世的活佛还是有的。如1949年前,岷县的锁子山地方,就有过一位。传说这位活佛一生下来是个哑巴,到了十二岁时才启齿说话,可什么都知道,逐步传说起来,越传越神,群众称"他是活佛"。因此,周围群众,凡遇到天灾人祸,或家庭不幸、不生育、患病生疾,往往带上财物去朝拜问讯,特别是喜爱让活佛给小孩摩顶。人们一旦听到活佛来村庄,或看到活佛路过时,不管小孩有无疾病,都要带孩子跑去让活佛摩顶,认为活佛一摩顶,孩子就吉祥如意了。显而易见,这是受藏族活佛摩顶的影响。

(三)请喇嘛念经

藏族人家,请阿卡(喇嘛)念经,则是群众生活中必不可少的一项活动。诸如春播开种,请阿卡念经祈祷,祝福吉祥;孩子出生,请阿卡起名并诵经祝福;患有疾病,请阿卡诵经消灾;人死了,更要请阿卡念经超度亡灵,等等。杂居于岷县的汉族群众也完全一样。诸如:"念家神",请和尚来诵经;酬谢"土地神",请和尚来念经;患有疾病,请和尚来念经消灾;老人死了,更要请和尚来立坛超度,并认为和尚越多越好,多者一经堂(十二人),少者一人,如此等等。这早就形成了藏汉两族的共同习俗,至今如故。特别有意思的是,岷县汉族和尚念的经都是藏文经,使用的文字也是藏文。如汉族和尚书写的祭文、给群众书写的祛邪护身符条,从古至今,一直运用的都是藏文。这是藏传佛教对汉族群众深远影响的最好不过的例证之一。[1]

---

[1] 参见谈士杰:《藏传佛教在岷州》,《西北民族研究》1995年第2期。

第四章

元代时期汉藏文化艺术的交流影响

元代时期，西藏已经归于中央政权管辖，元朝中央对西藏地方的施政，成功地促进了西藏封建领主经济的迅速发展，进一步推动了西藏地方与祖国内地经济文化交流的广泛深入展开。13 世纪至 17 世纪，伴随藏传佛教的内传，藏族文化也与内地文化广泛交流，藏族特有的建筑、雕塑、绘画、宗教、舞蹈、民间音乐、藏医药、天文历算、藏文及藏族史诗、文学和生活习俗，也传入内地，与其他民族文化相融合，大大丰富了中华文明的宝库。这个时期为汉藏文化艺术交流史上“繁荣期”。

第一节　内地与西藏的经济交往和元中央对藏传佛教的尊崇

一、元代内地与西藏的经济交往

原先的唐蕃古道，因吐蕃的分裂割据而断绝。元初即在西藏设置驿道及驿站，划定站户，并由中央专派官员管理。从青海汉藏交界处开始，穿行吐蕃等处宣慰使司都元帅府、吐蕃等路宣慰司都元帅府、乌思藏纳里速古鲁孙等元朝在藏区所设三大辖区，而止于萨迦，把朵甘思、藏北、前藏与后藏连为一体。后又多次以赈济方式直接资助站户，仅 1288 年至 1314 年间六次对站户的赈济，共计白银十一万三千两，大元宝钞十五万三千余锭，牛羊马一千数百头匹。从而使通往前后藏直至高原最西端阿里的驿道畅通无阻，为西藏与内地的经济、文化交流提供了空前有利的条件。

传统的茶马互市，元朝仍承宋制，在大都、陇西、碉门、黎州等地设立茶叶“专卖局”和“监榷茶场”，将内地所产的茶、绢、帛等物品，换取藏区的马匹、氆氇等土特产。因茶马互市得到发展，西藏通往内地的驿道也成为商道、茶道。在一些重要站口，特别是川藏道上，经营茶叶及其他物资贸易的行栈“锅庄”，就是在元代创始的，仅在甘孜从事茶叶等贸易的陕西商人就多达三百余人。元代时，还以厚赏朝贡的补偿贸易方式，使西藏地方与内地的经济文化往来长足发展。仅皇庆元年（1312），元中央派专使一次赏赐西藏僧界黄金五百两，白银二万五千两，币帛近四万匹。至治元年（1321），仅为帝师西藏受戒一事赐黄金一千三百五十两，白银四千五百两，币帛万匹，纸钞五十万贯。

二、元代中央对藏传佛教的尊崇

远在元王朝尚未统一中国之前，成吉思汗及其子孙的蒙古汗政权在攻灭西夏之后，即决定以尊崇藏传佛教来降服和统一西藏地方各派势力。但在当时，蒙古族的传统信仰为原始巫教萨满，而且为了征服南宋，不得不笼络在汉族中根深蒂固的儒学与道教。即使对藏汉佛教也是各派兼容，并无特别看重哪一方。到了 13 世纪中叶，随着领土的不断扩大，纳入了许多发展不平衡的兄弟民族。要有效地统治这些地区并使全国社会稳定，实现各民族多元一体的统一局面，在接纳多种宗教的前提下，需要一种最能代表蒙古统治者利益并有利于西藏及全国统一的宗教。经过一段时间的实践及选择，藏传佛教被元王室看中，很快取代所有教派而被尊奉为“国教”。藏传佛教本身具有令人畏服的神秘色彩，其修设仪式、讲究修法、演习咒术等，又与蒙古游牧民族固有的萨满教俗非常接近，容易融合，适应了蒙古统治者既要君临天下又缺少精神依托、既要纵欲又想长生的矛盾心理。而中原道教专注清心寡欲，汉地佛教禅宗讲究顿悟行善，以及儒家的仁义道德或是基督教的平等博爱，都不及藏传佛教适合维系中国多民族多宗教的多元一体格局因而被蒙古统治者所接受。加上藏族被列为色目人，与蒙古族同属上等人。戎马倥偬生涯使蒙古人来不及创立一个比藏传佛教更有体系、更有组织、更有影响并有利于蒙古人的新教，借用藏传佛教作为精神支柱和神灵崇拜是一条最好的捷径。

元代为尊崇藏传佛教，由皇室成员带头皈依。比如成吉思汗和窝阔台作为大汗原本信仰萨满教，而窝阔台之妻及阔端和贵由之母乃马真皇后原本信仰景教。元世祖忽必烈即位后，立即同皇后及子女们一齐皈依了藏传佛教，拜八思巴为师，并先后三次由八思巴为其灌顶。《萨迦世系史》对此做了详细记载："（察必）皇后向皇帝（忽必烈）说：'未让八思巴返回西藏甚佳，萨迦有一别派所无之甚深密法灌顶，可请其授之。'帝曰：'你可先请之，果有效益，我再受之。'皇后受喜金刚灌顶后十分信仰……将耳环上一粒大珍珠取下奉献。……皇帝向上师请求灌顶时，上师道：'恐你不能遵守法誓，且此次又无精通翻译者，且待将来。'帝曰：'须守何种法誓？'答曰：'灌顶之后，上师坐上首，以身体礼拜，悉听上师言语，不违上师意愿。'帝曰：'此不可为。'皇后在其中劝说道：'听法及人少时，上师坐上首，皇子、驸马、官员、百姓聚会时，恐不能镇慑，由皇帝坐上首。吐蕃这事悉听上师之教，不与上师商量不下诏书……'……皇帝在二十五名翁则陪同下，受萨迦派特有之吉祥喜金刚灌顶三次。此系金刚乘教法在蒙古传播之始。"[1]忽必烈当年即封八思巴为国师[2]，1270年又升为帝师。从忽必烈到元亡，历代皇帝均封有帝师，有史可查的帝师共十五位。作为皇帝的宗教老师和领有全西藏十三万户供养的帝师，地位十分崇高。元廷对于帝师的敬礼与尊信，"无所不用其至，虽帝、后、妃、主皆因（其）受戒而为之膜拜"[3]。帝师出行要派大臣迎送并借用皇帝半副銮驾仪仗。至于皇帝的巨额赏赐，史不绝书，达到惊人的地步。

---

[1] 阿旺贡噶索南：《萨迦世系史》，陈庆英等译注，拉萨：西藏人民出版社，1989年。

[2] 见书前彩插图12。

[3] （明）宋濂等撰：《元史》卷二〇二《列传第八十九·释老》，北京：中华书局，1976年。

元代并不以行政强制手段来排他崇佛，是其高明之处。如 1258 年组织的大规模“佛道之争”，是借大辩论的方式进行的。当时，佛道二家原同为国师，双方各派出代表人物数百人，当着忽必烈的面进行教义论辩。一直奉旨追随忽必烈左右的藏传佛教首领八思巴折服了道教首领十七人。忽必烈利用辩论结果，将辩败的七位道教首领罚入龙光寺削发为僧，被道教占据的三十七处寺院全部复归佛教。1260 年封八思巴为国师时，为与同为成吉思汗所封道教国师长春真人及蒙哥汗所封国师克什米尔僧侣那摩相区别，特意加封其“任中原法主，统天下教门”。1280 年又在帝师名号上追授“皇天之下，一人之上”“西天佛子”“大宝法王”等称号，确立了藏传佛教在全国各教派中至高无上的统治地位。《元史・释老传》还记载，除帝师外，西藏佛教各派及一切名僧均受到元王朝的尊奉与封赐。佛教寺、僧不仅被免除一切赋税、兵役及差役，到元成宗时，还由宣政院草拟了一道圣旨，规定“凡民殴西（番）僧者，截其手；詈（骂）之者，断其舌”的法令，只因太子极力反对，才未发出。八思巴仿效有头的藏文创制了蒙古新字，忽必烈很高兴，在封其为“帝师”的同时，准备下令在西藏独尊萨迦派，不许其他教派存在。而八思巴闻之觉得不妥，当即面奏表示，西藏地方的各种教派只是信仰不同，除苯教外都属于佛教，倘若强行干预他们各自信仰的自由，这不但有损于皇上的社稷和声誉，而且对萨迦派也是不利的。忽必烈听了十分赞赏，遂下令西藏地方的各种教派自行发展。

从元初开始，中央政府常以巨额布施支持西藏佛事活动。1277 年，八思巴在曲弥（今日喀则县曲美乡）举行西藏首次大规模法会时，皇太子真金代表忽必烈一次布施黄金七千两。法会的开支又是靠皇后察必奉献的珍珠所换的一千大锭白银做基金的。1321 年，元皇室一次直接赐予萨迦僧众袈裟两万件、黄金二百五十两、白银二千二百两。当时，全国岁入黄金共一万九千两，可帝师涅槃时，给以丧葬的祭钱赙金中，光黄金即达五千两，白银一万五千两，锦绮一万七千匹，修灵塔建寺院的费用尚不包括在内。当时有人指出：“今国家财赋,半入西番”,“国家经费,三分为率,僧居二焉”[1]。

第二节　汉文化艺术在藏地的传播及其影响

西藏归属元朝后,与内地经济关系的发展远远超过了以前各朝代,同时元王朝对藏传佛教的尊崇,也促使元朝时期西藏与内地的文化艺术交流进入了空前发展、繁荣兴旺的历史阶段。

一、汉地译师翻译汉史资料对藏地僧人的影响

藏地僧人对唐至元代汉地王统的历史也是到元代才有了全面、准确、深刻的认识。虽然文成公主、金城公主入藏,加强了汉藏之间的联系,促进了汉藏宗教文化的交流,但由于朗达玛灭佛,大量的佛教文献资料亡佚,唐蕃关系也变得鲜为藏地僧人所知。直到元代,藉一统之势,凭帝师之优,汉藏佛教才得以深入沟通,藏地僧人才重新认识了唐朝以后的汉地发展史和唐蕃关系史。如成书于1363年的《红史》中说:“汉文史籍《唐书·吐蕃传》中说:唐高祖于阳土虎年即位,在位九年,于七十岁去世,其子唐太宗在其父在位时,被封为秦王,击破突厥。于阳木虎年与吐蕃国王互赠礼品,结为朋友。突厥、吐谷浑派人到唐朝,请求娶唐朝公主,唐朝不允。吐蕃国王怒,领兵二十万击破吐谷浑,兵至松州。献金甲一副,并说:‘若不允,即进兵。’汉人不允,并发兵掩袭,杀吐蕃军一千人。吐蕃因迁延时久,将兵撤回。又派大臣东赞献黄金五千两及多种宝物,唐太宗于阴铁牛年允嫁其女文成公主,并派皇亲江

[1] 邓锐龄:《元明两代中央与西藏地方的关系》,北京:中国藏学出版社,1989年,第31—32页。

夏王率兵护送，吐蕃国王领兵至柏海迎接……唐太宗自阳火狗年即位，在位二十三年，五十二岁时的阴土鸡年四月去世……阴木猴年女皇的儿子唐中宗即位，吐蕃向唐朝皇帝求娶公主，皇帝将自己的弟弟雍王的女儿金城公主嫁给吐蕃赞普，陪送绸缎许多万匹，各种工匠及许多杂伎乐人，并派左卫大将军领兵护送……金城公主在吐蕃住了三十一年，于阴铁猴年去世。这以前唐朝国土平安达一百一十六年。阴木羊年吐蕃国王去世，王子赤松德赞继位……"[1]

这段史料是作者引用汉人译师胡将祖于元世祖至元二十二年（1285）在临洮译成的藏文史料而编纂的。可见，后世藏地僧人关于汉藏关系史的论述也是得益于元代汉藏宗教文化的交流。藏地僧人将汉地传统文化分为三大主要体系，即儒、释、道三教。并赞颂道："佛教如日，道教如月，儒教如星。"对汉地文化的这种了解主要在元代。这不仅因为元代是藏地高僧来内地最频繁的一个朝代，还因为元王室崇佛使得藏地僧人有条件与汉地佛教接触和交流。元朝时，萨迦班智达·贡噶坚赞、八思巴及其弟子，还有噶玛噶举派的噶玛拔希、让炯多吉、若比多吉，宁玛派的雍敦、多吉白等到汉地，与汉地佛教僧人联合起来在佛道辩论中击败道教，尤其是藏传佛教高僧——帝师八思巴更是以其渊博的知识，高超的辩才，舌战群道，力挫道士，赢得了辩论胜利。藏地高僧与汉地高僧曾合作完成了元代佛经的对勘。萨迦北寺乌孜大殿就出土了写有汉藏文字的佛经。2006年西藏对萨迦北寺进行了考古发掘，出土了数量巨大的经书残页，共有各类经书九十二种，现存放在南寺的普巴拉康内。这些经书多数为写有汉藏文字的佛经。这也反映了当时汉藏佛经相互翻译的情况。在此基础上，一些精通汉藏文的高僧遂将汉地佛教史以及王统史译成藏文，传入雪域藏地。

[1] 蔡巴·贡噶多吉：《红史》，东嘎·洛桑赤列校注，陈庆英、周润年译，拉萨：西藏人民出版社，1988年，第11—15页。

二、以汉僧为主汉藏僧人共同编纂对勘《大藏经》目录

至元二十二年(1285)春天开始,在元王朝的主持下,政府官员会同各族名僧大德及印度名僧经过两年多辛勤努力,到至元二十四年(1287)夏天,编写出第一部藏汉对勘、卷帙浩繁的佛教大藏经目录《至元法宝勘同总录》(简称《至元录》),完成了中国宗教史和思想文化史上一项划时代的浩大工程。

若干世纪以来,当初几乎同出一源或互为渊源的藏汉文译经,自晚唐以后,由于处在民族分裂、相斥而暂时失去交流的情况下,藏汉各自的目录只是记载本民族文字的译经,而对他族文字的译经,无从仔细了解,更谈不到对勘汇校。西藏归属元朝,全国大一统后,元世祖崇奉佛教为藏汉的宗教文化交流、合作统一勘经铺平了道路。忽必烈皈依佛教、拜八思巴为国师,在宫廷中常常召见藏僧、汉僧了解佛学。他发现两族僧侣对于佛教教理及仪式屡屡产生歧义,因而他提出由藏、汉、维吾尔(时称为北庭)族高僧在印度僧人参与下对汉、藏两种文字的《大藏经》共同进行校勘。参与校勘的汉僧占多数(十五人,皆为大都等地佛教名刹高僧,其中庆吉祥等七人是有封号的大师),藏族大德也有七名之多(多为八思巴弟子,有的是亲属,如侄子白兰王恰那多吉之子,任帝师)。其中藏族大德中五名是:释速端饶,因通晓“三藏”(经、律、论),精于显密,赐衣沙门,任校勘证义;湛阳宜思,因善传显密讲经、律、论,赐衣沙门,任校勘证义;纥罗思巴藏布,能讲“三藏”,赐衣沙门,任证义;叶辇国师,系八思巴的上足弟子,任证明;达理麻八罗阿罗吃答帝师,系八思巴的弟子,任证明。还有汉族佛日光教大师庆吉祥等二人任校证;扶宗弘教大师行吉祥等四人任证义,共计十五人。

至元二十二年(1285)春天开始,在元王朝的主持下,这次全面校勘在大都(今北京)大兴教寺进行。汉文本以宋代国家刊刻的《大藏经》即《开宝藏》为主,参考唐释智升编的《开元释教录》、唐释圆照编的《大唐贞元续开元释教录》、宋赵安仁等编的《大中祥符法宝录》、宋李夷简等编的《景祐新修法宝录》、元代的《弘法入藏录》(即《弘法藏》中已流入藏地的经书目录)等。藏

文经书则以萨迦寺所收藏的经典为主，如《丹迦目录》《钦朴目录》《庞塘目录》等。到至元二十四年（1287）夏天，将藏汉两种文本的《大藏经》，加以核对，勘察异同，寻找二者相对应的典籍，查清了它们之间的同异有无，编写出了第一部藏汉对勘、卷帙浩繁的佛教大藏经目录——《至元法宝勘同总录》，此乃一项划时代的浩大工程。

苏晋仁先生认为："这部目录上继《开元释教录》及宋、辽、金刊刻的《大藏经》目录，下开明代《南藏》《北藏》及清代《龙藏》，是有元一代一部有代表性的目录。"[1]这部十卷本的《至元录》，不仅成为一部中外前所未有的佛典目录，也是一部对后人具有启发性的目录；不仅是藏汉佛学专家学术交流的成果与团结合作的智慧结晶，也保存了连印度也多已失传的梵经目录。这次合作，在沟通双方思想、发展汉藏文化、丰富西藏文化乃至丰富中华文化等方面，均具有重要而深远的意义：一是开启了汉藏佛经对勘之先河；二是藏汉文化交流的历史丰碑；三是中国佛学界为世界文化的发展和弘扬做出的一大壮举。

至元二十六年（1289），该目录即由江淮释教都总统永福大师入梓刊行，后收入《大藏经》名本《碛砂藏》中；清代时则被蒙古学者译为藏文，刊行于藏地。西藏有八思巴高足在内的多位大师参加了勘经，当时虽然未能刊印藏文《至元录》，但汉文本及藏文抄本自然要被几位大师带回传入藏地。首先是世尊剑弟子软语隐福在元王朝的支持下，从内地搜集各种藏本经籍，运置于后藏的那塘寺，随后汇编整理成为《纳塘目录》。其后，蔡巴地方的贡塘寺亦在藏汉各地搜集藏经，将其收录为比较完备的《蔡巴目录》。布顿大师正是在此基础上仔细校订，详细解释，编定《布顿目录》。故而不能不说他们都得益于《至元录》。《布顿目录》以及后来由此编定的比汉文《大藏经》还要丰富和完备的藏文大藏经《甘珠尔》[2]《丹珠尔》，集西藏宗教及文化、工艺大全，对西藏宗教、哲学、文学、医学、卫生、工艺的繁荣发展起到了重大推进作用。

---

［1］ 蒲文成、王心岳：《汉藏民族关系史》，兰州：甘肃人民出版社，2008 年，第 122 页。

［2］ 见书前彩插图 13。

三、汉地佛教与藏传佛教的互相影响

（一）汉地佛教在“见地”方面对藏传佛教的影响

汉地佛教在“见地”方面对藏传佛教的影响由来已久。唐朝时入藏传法的摩诃衍就是一个例证。汉地佛教与藏传佛教在元代广泛接触以后，汉地佛教在“见地”方面依然对藏传佛教产生着影响，如萨迦班智达·贡噶坚赞在其《三律仪论说自注》中说：“后期灭佛法，汉地和尚（摩诃衍）之教理，虽仅依字义，然彼之本名隐去，立名大手印，现时之大手印，基本是汉地之禅法。”元末明初，藏传佛教格鲁派的宗师宗喀巴也曾执着于摩诃衍的“见地”，如《土观宗派源流》中指出：“（年轻时的宗喀巴大师）心中颇满足于全无所许和不取任何境界之见”[1]。由此可见，汉地佛教在“见地”方面对藏传佛教所产生的影响，到了元代依然绵延不断。

（二）汉地佛教在“判教”方面对藏传佛教也似有影响

“判教”是汉地佛教的一大特点，例如天台宗有所谓的“五时”“八教”之说。五时即指释迦牟尼在不同时间、不同地点为不同根器的众生讲经说法，即《华严》时、《阿含》时、《方等》时、《般若》时、《法华》和《涅槃》时。八教有化仪四教和化法四教，化仪四教即顿、渐、秘密、不定；化法四教即藏、通、别、圆。如天台宗的灌顶说：“前佛后佛，自行化地，究其旨归，咸宗一妙。佛之知见，但机缘差品，应物现行，为‘实’施‘权’故分乎八：顿、渐、秘密、不定，化之四仪，譬如药方。藏、通、别、圆，所化之法，譬如药味。”

藏传佛教也有自己的“判教法”，例如宁玛派根据全部显密佛法在印度产生、发展、演变的时间顺序将其判为九乘：声闻部、独觉部、菩萨乘、事部、行

---

［1］ 土观·罗桑却季尼玛：《土观宗派源流》，刘立千译注，拉萨：西藏人民出版社，1984年，第140页。

部、瑜伽部、摩诃瑜伽部、阿努瑜伽部、阿底瑜伽部(大圆满)。藏传佛教的这种“判教法”是否受到了汉地佛教的影响,这是一个重大的学术问题。李冀诚先生认为,“藏传佛教的这种独特的判教方法,是受了汉地佛教判教方法的影响。”但没有拿出资料根据。我们现在至少可以说,汉地佛教与藏传佛教有着极为相似的“判教法”,这说明汉藏两族具有共同的思维取向,都努力实现着佛教的中国化。

(三)藏传佛教在“修持”方面对汉地佛教的影响

藏传佛教在元代传入内地,其密教的“修持”实践对汉地佛教产生了很大影响,一些密宗“修持”实践的藏文术语已译为汉语。如:“镇雷阿蓝纳四,华言庆赞也。亦思满蓝,华言药师坛也。朵儿禅,华言大施食也。搠思串卜,华言护城也。笼哥儿,华言风轮也。演揲儿,华言大喜乐也。皆即兀该,华言事事无碍也。”足见其影响之深。此外,八思巴曾为僧众说“根本有部出家授近圆羯磨仪轨”,并就此亲自写了一万字序文,由哈达萨哩都通译为汉文,安藏奉诏译成仪式序。

汉地佛教由原来的重显轻密到显密圆融、性相融会。元代以前,汉地佛教虽也有密宗流传,但有如昙花一现,至唐末即湮灭无闻了。元代以后,密宗虽未东山再起,但汉地佛教其他诸派却从原来的重显轻密到显密圆融、性相融会了。正如圣严法师所说:“到了元朝以下,显密圆融、儒释道三教同源、性相融会等思想都出现了。”此外,藏传佛教的“方便智慧”双修在汉地佛教中也引起了反响。藏传佛教各宗派大多讲双修,即在显乘方面达到一定的境界,为解脱成佛,故要修持密教。密教的“双修法”虽各派稍有差异,但其主旨却殊途同归。即通过观想佛父佛母本尊而生起大乐并试图恒久住于此乐的一种修持法,意在达到“方便智慧”双运。如吸收了前述摩诃衍教理的噶举派密教大手印圆满次第修法,就是“从明点修‘哞’,从‘哞’缘待主尊佛父母修,从生殖轮明点出现大乐轮空行母等,逐渐发向意轮、语轮、身轮和三昧耶轮,开发智慧。依止智慧手印反复修炼,能证悟大手印”。

四、汉地雕版印刷佛经的技术传入西藏

13世纪中后期,国师八思巴奉忽必烈之命在西藏建造黄金佛塔时,也把内地雕版印刷的佛经带入西藏。其后,他第二次返萨迦寺时,引入了内地的雕版印刷术。同时期,蔡巴噶举僧人蔡巴·噶德贡布曾经先后七次到内地学习,把汉族的雕版印刷技术学会并带入藏区。元帝仁宗邀请那塘寺的格西恰格什到蒙古地方传教,格西恰格什到达内地后,曾为其上师迥丹日比热赤提供了一箱汉地的墨和一大批纸张等用具。迥丹日比热赤和前藏人洛赛绛秋益西、译师索朗沃赛、若南秋朋等人,把前后藏、阿里等地所有《甘珠尔》和《丹珠尔》的抄本搜集齐全,他们集思广益,完成了整个《大藏经》的汇编工作。随之,汉地纸张随互市贸易大量输藏,为写经印经创造了条件,此后西藏的雕版印刷事业遂逐渐发展起来。据国外学者所考,汉地雕版印刷术最迟是13世纪末,系由蔡巴万户长仁钦坚赞次子、继任万户长迦德衮布从内地引入西藏的。此后,内地印刷的佛经由贡使多次带入藏地,至今西藏萨迦南寺仍存有明永乐八年(1410)内地印刷的《华严经》。不久,帕竹政权第五代摄政札巴坚赞将萨迦五祖萨班的论著刻印成书。

五、汉地天文历算和医学对西藏的影响

到元代时,随着全国统一,蒙藏两族的交往将汉历一些新内容传入藏地。藏历原来是以“望宿”纪月,至此则兼用汉历的正、二、三等序数纪月,并把汉历以冬至后第二月为正月,即以寅月为正的纪月法融入藏历,改称为“霍尔月”,即“蒙古月”。这是因为蒙古历吸取了汉历的“夏正”,而藏地又从蒙古

历中辗转传入,故称“霍尔月”,确定正月为岁首,以数字纪月,并用皇帝年号纪年。藏历还吸收了汉历的二十四节气等,使藏历更加丰富充实并实用。藏族天文历算著作《白琉璃论除疑》中说:“为了准确地符合东方摩诃支那(指汉地)学者的教诫,贡噶白瓦讲:地时日时不相合,所谓闰月月日重。准确阐述减月和时轮星相者,只是汉地实践也。”[1]布顿大师在《善逝教法史》中也提到,元代时西藏另一著名天文历算学家康巴噶逻为在西藏传播汉历做出了重大贡献。

为了执行元朝的统一纪年,八思巴主持编制了《萨迦历书》,在乌斯藏[2]地方通行。这是萨迦地方政权制定的地方性历书。据藏文史料载,《萨迦历书》是按元朝《皇历》的体例编制的。但当时元朝的“授时历”还未颁行,可能是一部蒙汉历结合的历书。《萨迦历书》当时只有手写本,它有以下几个特点:一是《萨迦历书》按《皇历》体例编制的,其项目设置也与《皇历》相同,方法上兼有古代吐蕃传统历法、汉历、蒙古历和印度时轮历的成分,采取了蒙古纪元和十二生肖与阴阳五行相结合的六十干支周纪年。二是《萨迦历书》引进了“霍达”(蒙古历),接受了汉历寅月(冬至后第二月)为正月,称为霍达月,以区别于此前的以鼠月为岁首。以寅月的朔日(正月初一)为新年,称为“杰波洛萨”(国王年)。此俗至今通用于卫藏大部分地区。三是《萨迦历书》的闰月设置是按时轮历的闰月周期——“六十五年二十四闰”的方法,同时,有了时轮历关于“闰日”和差日的设置。这是因为按回归历二十四个节气中节与节、气与气之间平均天数为三十点四四天;而按阴历一个朔望月平均是二十九天半,相差近一天,所以要通过闰日或差日的设置来调节,日食、月食则是按时轮历测算。四是《萨迦历书》还从汉历的二十四个节气中,引进了对藏区生产至关重要的如立秋、白露、寒露、霜降等节气。

[1] 转引自顾祖成、陈崇凯:《西藏地方与中央政府关系简明教程》,拉萨:西藏人民出版社,2001年,第119页。

[2] 乌斯藏,元明时期西藏的称呼。

塔波噶举派医师“拉杰”（神医），以医德医术名震一世。“拉杰”曾从汉地医师“苏波吉”处学到白芨配方多种和用黄连、莨菪泽（天仙子）、牛黄配制的有名药方。其中，有一个配方至今仍被西藏自治区藏医院使用，此方名“觉昂札角”，药物易采集且疗效高。[1]著名医师邬坚巴仁钦贝，把汉族的《制水银论》译成了藏文，并以该书为依据写成了《水银提炼诀窍银塔》《水银三论》等医书。邬坚巴仁钦贝弟子众多，其中噶玛·让琼多吉编纂了《药名海洋》一书，收集了八百三十多种药物；该书是一部藏药学的经典著作。

六、内地工艺美术对西藏的输入及其影响

元朝统治者格外优崇藏僧，主要以供养、布施为名将内地财物输入西藏，除大批金银外，还包括各种珍贵的工艺品，几乎所有内地珍玩宝器均曾通过朝廷赏赐渠道被输送到了西藏地区。

元朝统治者对西藏萨迦派首领的赏赐甚为丰厚，最初窝阔台次子阔端派使臣召请萨迦班智达·贡噶坚赞时，就赏赐白银五大升，镶缀有六千二百粒珍珠之珍珠袈裟、硫磺色锦缎长坎肩、靴子、整幅花绸两匹、整幅彩缎两匹、五彩锦缎二十匹等。[2]忽必烈以乌斯藏十三万户作为八思巴为其第一次灌顶的供养；第二次灌顶，将相传原为印度国王送给汉地国王的大白海螺赠给八思巴；皇后察必在接受萨迦派特有的喜金刚灌顶之后，将耳环上的一大粒珍珠作为供奉的礼物。[3]据《萨迦世系史》记载：“当法王八思巴十九岁的阴水牛年的新年时，薛禅汗（即忽必烈）请求传授灌顶，封其为帝师，并赐给刻有

[1] 参见宗者拉杰主编：《中国藏族文化艺术彩绘大观图说明镜》，北京：民族出版社，2002年。

[2] 参见阿旺贡噶索南：《萨迦世系史》，陈庆英等译注，拉萨：西藏人民出版社，1989年，第81页。

[3] 参见王启龙：《藏传佛教对元代经济的影响》，《中国藏学》2002年第1期。

'萨'字羊脂玉印章。此外,还赐给黄金、珍珠镶嵌的袈裟、法衣、大氅、僧帽、靴子、坐垫、金座、伞盖、全套碗盏杯盘、骆驼及乘骡、全套金鞍具……次年之虎年(1254),又写了优礼僧人诏书颁赐,并奉承献白银五十六大锭、茶叶二百包、锦缎八十匹、绸子一千一百匹。"[1]

八思巴第二次为忽必烈传法灌顶,皇帝赐玉印、诏书,"所奉献大供养为白银一千大锭、绸缎五万九千匹。还有每次见面时所送的礼品及哈达、银币等。仅皇帝临时所献的礼品据说总计有黄金一百多锭、白银一千锭、绸缎四万多匹"[2]。据《西藏王臣记》记载,忽必烈给八思巴"授以帝师玉印,供金缕珍珠袈裟、珍宝所缀氅衣、宝冠、宝伞、金椅等多种精工巧制物品。此外赏赐升金、升银、马匹、骆驼、茶叶、彩缯等,一切珍玩,莫不优赐有加"[3]。八思巴从汉地返回萨迦,当行至黄河河曲地方,诸王等为之送行,"无数的资财像夏天之祥云装饰天空一般布满施主和上师之脚下,供养十分丰厚"。他返回萨迦后,"由汗王真金(应为太子真金)担任施主,在后藏曲弥仁莫举行大法会,法王八思巴向七万多僧人供给丰盛的饭食,为每名僧人发放黄金一钱,每三名僧人发一套袈裟"。八思巴两次往返于萨迦和内地,不仅使西藏地方与朝廷之间在宗教、政治上保持着紧密的联系,而且直接导致内地工艺美术品向西藏大规模输入,间接地为汉藏文化艺术交流做出了贡献。

元代统治者不仅对首领八思巴优礼有加,还对八思巴之弟恰那多吉及其他萨迦款氏家族的成员也频加赐赠。《元史·释老传》记载,泰定年间,琐南藏卜"尚公主,封白兰王,赐金印,给圆符"[4]。忽必烈之后的元代各位皇帝均步忽必烈之后尘,尊藏传佛教萨迦派首领为帝师,其中大部分是来自萨迦款

[1] 阿旺贡噶索南:《萨迦世系史》,陈庆英等译注,拉萨:西藏人民出版社,1989年,第107—111页。

[2] 同上书,第147页。

[3] 五世达赖喇嘛:《西藏王臣记》,刘立千译注,北京:民族出版社,2000年,第66页。

[4] (明)宋濂等撰:《元史》卷二百〇二《列传第八十九·释老》,北京:中华书局,1976年,第4521页。

氏家族的僧人，皇帝颁“珠子诏”于帝师和萨迦本钦，频繁赏赐帝师和萨迦本钦等萨迦派势力代表。如大德九年（1305）正月，帝师辇真监藏卒，元廷“赙金五百两、银千两、币帛万匹，钞三千锭”[1]。至治元年（1321）三月，元廷遣使萨迦寺赐以“金二百五十两、银二千二百两、袈裟二万，币、帛、幡、茶各有差”[2]。至顺三年（1332）五月，遣使于萨迦寺“以珠织制书宣谕其属，仍给钞四千锭、币帛各五千匹，分赐之”[3]。帝师自萨迦来京，皇帝要派大臣领百骑驰驿往迎，帝师行近京城，还将皇帝的仪仗之半数奉上，迎其入城。帝师在京圆寂，归葬舍利，皇帝“又命百官出郭祭饯。大德九年（1305），专遣平章政事铁木儿乘传护送，赙金五百两、银千两、币帛万匹、钞三千锭。皇庆二年（1313），加至赙金五千两、银一万五千两、锦绮杂彩共一万七千匹”[4]。

蒙古统治者除对萨迦派僧人倍加优崇之外，也对噶玛噶举派的历代高僧青眼相加。元代早期，噶玛拔希（巴西）即应召前往汉地、西夏、蒙古地方传教，使蒙哥及王后、王子等皆皈依佛教，汗王“赐给噶玛拔希金印和一千锭银子等无数财宝”，他在哈拉和林地方建的大寺庙，在南赡部洲独一无二，在西夏及全国境内修复三千个庙和被毁佛塔，并建了很多寺庙和修行地[5]。噶玛巴进京朝觐，得到皇帝、王子等大量赏赐。如《红史》记载，噶玛巴三世活佛让迥多吉（杰）应元文宗之邀前往京城，途中元文宗已故，到达后见到的是元宁宗，依然受到皇帝和大臣们的欢迎和敬奉。元宁宗即位一月后亦逝，元廷

[1]（明）宋濂等撰：《元史》卷二十一《本纪第二十一·成宗四》，北京：中华书局，1976年，第462页。

[2]（明）宋濂等撰：《元史》卷三十七《本纪第三十七·宁宗》，北京：中华书局，1976年，第611页。

[3]（明）宋濂等撰：《元史》卷三十六《本纪第三十六·文宗五》，北京：中华书局，1976年，第804页。

[4]（明）宋濂等撰：《元史》卷二百〇二《列传第八十九·释老》，北京：中华书局，1976年，第4521页。

[5] 蔡巴·贡噶多吉：《红史》，东嘎·洛桑赤列校注，陈庆英、周润年译，拉萨：西藏人民出版社，1988年，第81页。

迎元惠宗(顺帝)至大都,让迥多吉在欢迎队伍中,人群都为他让出路来,“元惠宗手拿大哈达前来顶礼膜拜,无限敬信,奉献无数财宝”[1]。元惠宗在上都即位后,封他为“晓悟一切空性噶玛巴”[2],赐敕书、国师印、水晶印、金字符牌及金锭。元顺帝后来又邀请噶玛巴四世活佛乳必多吉(又作柔培多杰)入朝,遣宣政院和帝师的下属送去“诏书、一锭金子、三锭银子和各色绸缎各三匹”[3]。当噶玛巴四世到达河州(甘肃临夏)时,“皇帝派一使臣送皇帝的一锭金子、三锭白银、九种绸缎,太子的三锭白银、七种绸缎和御酒”[4]。此后又分别遣使奉金、银、衣服、袈裟等迎接。入宫殿后,又获赐金、银、绸缎、衣服、水晶印,以及“皇太子的印盒和大红毛毯”等。

西藏其他地方的僧人也得到朝廷以供养、布施为名的各种赏赐,赏赐物品名目繁多,这从一个侧面体现了当时汉地工艺美术品输入西藏的盛况。如《后藏志》中记载,元顺帝妥懽帖睦尔尊奉后藏热隆寺的座主为福田,“颁发封诰,供养一千九百霍尔民户为上下经堂的基金,丁潘敬献有十万朵莲花和一千朵莲花图案的华盖和花缎、黑沉香、镶嵌蚌壳的桌子等无量供物”[5]。吴明娣博士指出:“这里说到的镶嵌蚌壳的桌子很可能指的是元代工艺美术的重要品种螺钿漆器,这是目前所知最早传入西藏的漆木家具。内地输入西藏的家具甚少,传世品中只有清代制品,这条史料可以弥补此前我们对这一方面认识的不足。”[6]

元代内地工艺品也通过商品贸易的形式传入西藏及其他藏区。《元史·释

[1] 蔡巴·贡噶多吉:《红史》,东嘎·洛桑赤列校注,陈庆英、周润年译,拉萨:西藏人民出版社,1988年,第97页。

[2] 同上书,第90页。

[3] 同上书,第97页。

[4] 同上书,第101页。

[5] 觉囊达热那特:《后藏志》,佘万治译,阿旺校订,拉萨:西藏人民出版社,1994年,第15页。

[6] 吴明娣:《汉藏工艺美术交流史》,北京:中国藏学出版社,2007年,第51页。

老传》记载:“泰定二年西台御史李昌言:‘尝经平凉府、静、会、定西等州,见西番僧佩金字圆符,络绎道途,驰骑累百,传舍至不能容。’”[1]元朝政府规定僧人经商可以免税,这也助长了僧人从事贸易活动的行为,而其中藏僧地位至尊,其享有的特权能使其在经商活动中谋取更大的利益,因而直接促进了汉藏之间的贸易往来。

七、丝绸对西藏的输入及其影响

前述有忽必烈对八思巴的一次赏赐五万九千匹丝绸的记录。此外,元廷对其他帝师赏赐的丝绸数目,也相当可观,动辄万匹,如大德九年(1305)正月,帝师辇真监藏卒,赐“币帛万匹”。皇庆二年(1313),帝师圆寂,皇帝将所赐丝绸由原来的一万匹增至一万七千匹。由此不难想见,帝师生前获赐的丝绸数量。据《元史・释老传》记载,在八思巴之后的元朝帝师就有十位,一位帝师圆寂赏赐丝绸多至一万七千匹,终元之世,仅帝师圆寂一项,元廷赏赐萨迦寺的丝绸数额当不下十几万匹。

元代朝廷既直接赏赐帝师丝绸,又大量赏赐帝师、国师等萨迦派高僧各种袈裟、大氅一类僧服。织金、缀珍珠宝石的僧服和“珠子诏”、伞盖、坐垫、哈达等物品,都是以丝绸为主要材料。元代朝廷还不时遣使赴藏,以布施为名,向藏传佛教僧俗赏赐丝绸及丝绸制品。如皇庆元年(1312),元仁宗遣使赴藏,赏赐品中除金五千两、银二万五千两外,币帛多达三万九千九百匹。[2]至

[1] (明)宋濂等撰:《元史》卷二百〇二《列传第八十九・释老》,北京:中华书局,1976年,第4522页。

[2] 参见(明)宋濂等撰:《元史》卷二十一《本纪第二十一・成宗四》,北京:中华书局,1976年,第550页。

治元年(1321)三月,元廷赏萨迦僧众大量金银,并赐袈裟二万件。[1]元代输入西藏的丝织品,至今仍有存世,如布达拉宫收藏的织锦唐卡《密集金刚像》。杜齐《西藏考古》一书,收录了一幅据称是元代的丝织品,上有一排服色不一的汉装仕女,其周围的花卉、云彩、山石等,依稀可辨。此外,布达拉宫还藏有锦地刺绣唐卡《静息观音像坛城》,颇为珍贵,观音像及坛城当为藏族人所绣,较为粗放。绣地及上下包首、镶边均为元代内地所产的黄色织锦,装饰有如意云、珊瑚、三宝珠、火珠、犀角、银锭、钱币等构成的杂宝纹,纹样组织严谨,织造精良。

元代也织造缂丝唐卡,其对明清缂丝唐卡的制作产生直接的影响。至今台北故宫博物院还藏有元代《吉祥喜金刚像》缂丝唐卡[2],这表明元代宫廷曾专门织造藏传佛教缂丝作品,其中一部分被赏赐给西藏寺院及上层人物,另一部分用于宫廷佛事活动。在布达拉宫还藏有大幅面彩云腾龙四相缎幔和婴戏纹缂丝,这两件供陈设的丝织品所装饰的云龙四季花卉、婴戏纹等,具有鲜明的内地艺术色彩。

西藏采用形制相对完备的丝绸装裱的唐卡可能始于宋元之际,当时内地绘画对其有直接影响。目前已知最早的装潢形制相对完备的唐卡即前述宋代缂丝《不动明王像》及元代刺绣唐卡《静息观音像坛城》,这表明西藏唐卡采用宋代卷轴画的装裱形式当流行于元代。

西藏传世的玉雕八思巴座,其宝座下部的玉嵌饰上,也装饰着婴戏图,这进一步说明表现世俗题材的工艺品流传于西藏并非偶然。这也反映了藏族人民在内地艺术的熏陶下审美观念的变化。元代织锦中即有钱纹与藏族七珍等组合而成的装饰,丝绸纹样中也有二方连续和四方连续的连钱纹。据《萨迦世系史》记载,当萨迦班智达·贡噶坚赞应阔端之邀前往凉州,途经多

[1] 参见邓锐龄:《元明两代中央与西藏地方的关系》,北京:中国藏学出版社,1989年,第34页。

[2] 格桑本、刘励中编:《唐卡艺术》,成都:四川美术出版社,1992年。

桑地方时，有人向他献上一块镶缀着许多金点子的锦缎，即被他认为是吉祥的征兆。[1]丝织服饰及丝绸纹样在元代雕刻中也得到体现，如铜铸《空行观世音像》，下身所塑衣纹密集贴体，腿部装饰连钱纹、网纹等二方连续几何纹。

有学者认为，藏族"作为哈达的纱巾和绸巾都来自于汉族地区"，"献哈达的形式仍渊源于古代汉族的献帛之礼，只是汉族改变了古礼，藏族却保存下来了"[2]。据史料记载，哈达作为礼品流传于西藏，始于元代。八思巴1264年自内地返回西藏时带回一条有长城图案和"吉祥如意"字样的丝织哈达。从此，哈达在藏地开始流传。[3]杜齐在其著作《西藏考古》中说道："一件是中国丝织品的残片，可能是元朝的，上面绘有一群仕女。还有一件是尼泊尔丝绸的残片，是悬挂在那塘寺的。画上有一座佛塔，可能是斯瓦扬普那他塔。"[4]尼泊尔的丝绸是从中国传入的。

八、瓷器对西藏的输入及其影响

据《汉藏史集》中"鉴别碗好坏的知识"一章所述，可知当时在西藏流传的碗的种类相当可观。从所描述的碗的质地、造型和装饰纹样上来判断，其中的大部分是产自内地的元代和明初的瓷碗，如："以水晶为胎的碗有两种，被称为札沃且和冬则，其好坏以图案来区分，非常清亮而且有两个一组的图案，如莲花之中有吉祥八宝，汉地的斜棂花格配上法轮，或者是两条小龙龙口相对，或者是绘一条大龙占满整个碗面，这些碗洁白、清亮，而且图案富贵，这

[1] 参见阿旺贡噶索南：《萨迦世系史》，陈庆英等译注，拉萨：西藏人民出版社，1989年，第83页。

[2] 宋兆麟：《清代拉萨古城的复兴》，载《藏族学术讨论会论文集》，拉萨：西藏人民出版社，1984年，第283页。

[3] 参见吴明娣：《汉藏工艺美术交流史》，北京：中国藏学出版社，2007年，第51—56页。

[4] [意]杜齐：《西藏考古》，向红笳译，拉萨：西藏人民出版社，1987年，第59页。

些都是碗中佳品的特征。”“被称为当琼玛的碗有两种，所上瓷釉为青色，大多有空心图案……被称作札俄玛的碗，里面绘层叠的莲花，碗口绘彩纹围绕，是在帝师札巴俄色的时期出现的。被称作甲桑玛的碗，有与碗等长的把柄，碗壁薄，碗口宽，显得清亮，所以为其他人所仿效。这种碗有青龙、花龙图案作为装饰，这是本钦甲哇桑布以院使身份主持宣政院衙署时制造的。”[1]

这里提到的瓷碗纹饰在元瓷中均较常见，在传世和出土器物中就有可与之相印证的作品。如上海博物馆收藏的青花莲花形八吉祥纹盘、首都博物馆收藏的青花龙纹碗与上述“札沃且和冬则”碗相仿。上文提到的札巴俄色在1291—1303年曾任元世祖忽必烈和元成宗铁穆耳的帝师，甲哇桑布曾入朝任宣政院使，二人均为萨迦寺高僧，并都曾在元廷身居高位。在西藏博物馆收藏的原珍藏于西藏各地寺院及贵族府邸的元代瓷器中，即有景德镇窑和龙泉窑制品，均为工艺精良的高档瓷器。吴明娣博士2000年9月在西藏博物馆陈列品中见到元龙泉窑青釉划花大碗和中碗，大碗口径约尺许，口沿外刻画一周几何纹，腹部装饰缠枝花纹，花纹清晰，有浮雕艺术效果。器型这般硕大且制作精良的元代龙泉窑瓷碗在内地也不多见，能在古代的运输条件下运往西藏并完好保存至今，极为珍贵。此外，元龙泉窑青釉高足碗在布达拉宫也有收藏。[2]

据藏文史籍记载，13世纪五六十年代，萨迦派兴建了规模宏大的萨迦南寺，内地也派去了工匠参加修建工程。八思巴帝师在返回萨迦主持萨迦派座主期间，建立了“拉让”侍从机构，从大都请来了汉族制瓷工匠，在萨迦地方成功烧制了瓷碗。元朝时曾经由宣政院使甲哇桑布督造的汉地名碗“甲桑玛”，有青龙、花龙图案装饰，特点是壁薄、口宽、瓷色清亮、有柄。除宫廷赏赐

[1] 达苍宗巴·班觉桑布：《汉藏史集》，陈庆英译，拉萨：西藏人民出版社，1986年，第135页。

[2] 参见甲央、王明星主编：《宝藏：中国西藏历史文物》（第三册），北京：朝华出版社，2000年。

外，帝师和萨迦寺本钦也主持烧制。

在萨迦寺的释伽牟尼佛像前供案上，供着大量瓷碗。据统计，萨迦寺有各种瓷供碗二千七百多个，均是宋、元、明、清历代历朝皇帝赏赐给萨迦班智达、八思巴、恰那多吉等及其弟子和历任本钦的。参观过日喀则东陵扎什南捷大殿的人都会注意到，在五世至九世班禅祭祀灵塔的最上方，九世班禅却吉尼玛铜像前，有一个青花高脚碗，里面盛装着印度洋的水，那是供奉五世至九世班禅的，这是最崇高、最圣洁、最能代表十世班禅大师心愿的一只供碗。在写于明宣德九年（1434）的《汉藏史集》中，作者达仓宗巴·班觉桑布做了如下礼赞："吉祥！洁白晶莹毫无尘垢的吉祥之物。形状可爱内盛各种营养食品，人人喜悦成为大众必备用品。"

在中国陶瓷史上，特别是在专为皇帝烧制瓷器的御窑场内，以瓷器仿制这种金属僧帽壶，最早出现在元代。元朝的官窑还烧制过一种形似僧官五佛宝冠的僧帽瓷壶，壶口和壶底有藏文的吉祥颂词。北京元大都遗址曾出土一件景德镇青白瓷僧帽壶。

元代瓷器流传于西藏，除作为茶具使用外，也被作为寺院供器。在元代寺院壁画中即有表现瓷供器的画面，如宿白先生《藏传佛教寺院考古》一书述及，萨迦北寺宣旺确康后室壁画白色供器物造型就与元代内地器型相似，再联系《汉藏史集》所记藏族人民对白碗的珍爱，所描绘的白色供器物当是瓷器。在元代西藏夏鲁寺佛殿第一层经堂壁画中有着蒙古装者，一手执玉壶春瓶，一手举高足杯[1]，瓶、杯造型均为元代瓷器习见样式。这些都从侧面反映了元代内地器物在西藏的流传及其影响。[2]

[1] 宿白：《藏传佛教寺院考古》，北京：文物出版社，1996年，第93页。
[2] 参见吴明娣：《汉藏工艺美术交流史》，北京：中国藏学出版社，2007年，第57—59页。

九、金属和其他工艺对西藏的输入及其影响

元代输入西藏及其他藏区的工艺品除丝绸之外，金、银、铜器也是输入量可观的大宗物品，仅从前述忽必烈给八思巴的赏赐中即可看到各种金银器皿及金座、金椅、金鞍具一类大件物品。如现藏萨迦寺的驼纽铜鎏金白兰王印，是泰定帝封琐南藏卜为白兰王所颁之金属印章。据《元史》及其他相关文献记载，元朝曾多次将金印颁赐给萨迦派高僧及其他藏传佛教上层人物，如至顺二年（1331）三月，元廷“以西僧旭你迭八答剌班的为三藏国师，赐金印”[1]。

在扎什伦布寺还收藏有颇为珍贵的八思巴文蒙古语铁质金字圣牌[2]，此牌上部雕饰兽面，下部为圆形，呈兽面衔环状，与商周以来的青铜铺首形式相近，字体鎏金，制作考究。这应当是文献中所记载的元廷赏赐给藏族高僧的“圆符”或“金字符牌”的一种。据《红史》记载，噶玛巴三世活佛曾进京得到元惠宗（即顺帝）赏赐的金字符牌[3]。这件传世的金字符牌是元代藏僧经由驿站往来于汉藏两地的重要凭证，为今人了解当时的历史细节提供了重要的形象资料。

在布达拉宫还藏有13世纪制作的青铜香炉，器型为仿商周青铜簋式样，双兽面衔环耳，镂空云龙纹盖，造型、装饰均为典型的内地样式。它如若不是自内地传入的，也当是西藏工匠仿照内地香炉式样制作的。在元代内地，供奉在佛像前用于祭祀的香炉，无论是金属制品，还是陶瓷制品，均流行复古式样，体现了对宋代以来复古风尚的继承。这类器物在元代也被传入西藏作为佛前供器，并影响到了藏族金属香炉的造型与装饰，使之与内地古老的商周青铜工艺产生了内在联系。意大利考古学家杜齐于20世纪40年代在西藏

---

[1]（明）宋濂等撰：《元史》卷三十五《本纪第三十五·文宗四》，北京：中华书局，1976年，第779页。

[2] 见书前彩插图14。

[3] 蔡巴·贡嘎多吉：《红史》，东嘎·洛桑赤列校注，陈庆英、周润年译，拉萨：西藏人民出版社，1988年，第90页。

考察时,在夏鲁寺发现了一件元代的铁质错金香炉[1]。这件双兽耳三足狮纽带盖香炉,造型、装饰均具有鲜明的内地器物特征,但是从其材料和装饰加工方法上看,当属西藏制品。因为西藏的铁错金工艺素负盛名,而在元代内地罕见这类金属工艺品。内地与之器型相近的香炉,多为铜质或铜鎏金,因此,这件香炉很可能是受内地金属香炉造型、装饰的影响而仿制的。藏传佛教以香炉作为供器在元代已流行,台北故宫博物院收藏的元刊普宁藏经本所绘《释迦牟尼说法图》,主尊座前供物中就有鬲式香炉,与莲花、海螺等五种供物并列[2]。

元代输入西藏和其他藏区的工艺品中,玉石制品也占有一定的比重,其中频频见于文献记载的玉印是输入藏区玉制品中最受瞩目的。如传为八思巴的龙纽"萨"字玉印,印文为藏文"萨"字,其上方刻三宝珠;印文一侧刻蒙古新字,意为"慧幢",为八思巴出家时的法名;玉印上部镂雕龙形纽,表明了持印者的尊贵地位。西藏还藏有元成宗赐给萨迦帝师札巴俄色的双盘龙纽白玉印,印文为八思巴文"大元帝师统领诸国僧尼中兴释教之印",虽非汉字,然而其笔画的排列组合却具有宋代即开始流行的官印九叠篆文的韵味。据文献记载,元成宗在赐给札巴俄色这方玉印的同时,还赐给特造宝玉五方佛冠。[3]此外,元代朝廷颁给八思巴和其他国师、帝师的玉印传世的还有:八思巴文桑杰贝帝师龙纽青玉印、八思巴文螭纽白玉国师之印、八思巴文统领释教大元国师异兽纽青玉印、八思巴文灌顶国师螭纽青玉印、八思巴龙纽"萨"字玉印等。[4]这些玉印本身不仅是元代中央政府与西藏地方关系的重要的历史见证,也体现了元代宫廷玉雕工艺的最高水平。

---

[1] [意]杜齐:《西藏考古》,向红笳译,拉萨:西藏人民出版社,1987年,第60页。

[2] 石守谦、葛婉章主编:《大汗的世纪:蒙元时代的多元文化与艺术》,台北故宫博物院,2001年,第110页。

[3] 参见甲央、王明星主编:《宝藏:中国西藏历史文物》(第三册),北京:朝华出版社,2000年。

[4] 同上。

更多的元代内地玉器工艺品虽未见诸文献记载，如今也珍藏于西藏，其中不乏用料珍贵、制作精良的高档玉制品，应当属于来自官方的赏赐品或是西藏寺院在内地定制的。如萨迦寺所藏八思巴玉雕坐像，人物形象不同于常见的藏式造像，即主尊置于莲座或须弥座上，后面用背光相衬托，具有鲜明的内地风格；在宝座下部的委角长方形高浮雕玉嵌饰上，镂刻四个童子在太湖石与芭蕉丛中戏耍，直接取材于宋以来内地流行的婴戏图，使这尊玉像的内地艺术印迹体现得更加明显；该嵌饰在工艺上，精雕细琢，同样具有汉地玉雕的特点，与台北故宫博物院收藏的元玉龙带版的镂雕形式相近[1]；从宝座的形制上看，它与内地椅子的造型也有相似之处。从上述特征判断，这件作品应为内地制品。

自元代起海螺成为朝廷与西藏上层之间往来的重要物品，频频见于文献记载，也有传世品为证，忽必烈赐给八思巴的大白海螺，至今仍供奉于萨迦南寺。[2]

元代朝廷也大量刻印、抄写藏传佛教经典，既有梵文、藏文、汉文，也有维吾尔文，这类佛经有很大一部分被赏赐给各地藏传佛教寺院及藏传佛教领袖人物，其中以赐给萨迦寺及萨迦派领袖人物的佛经数量最为可观。元代传世至今的内地汉文佛经存于萨迦寺的就有三十余种，均为内地传统样式的卷子装佛经，其装帧形式虽为汉式，而插图具有汉藏艺术融合的特点，如其中一卷卷首插图中的护法神王，人物造型及服饰装扮具有内地佛教艺术特点，而画面中局部所绘的七珍则为藏族装饰，画面四周以卷草纹相环绕，具有内地书画装裱镶边的意味。

汉地的刀剑、瓷器、茶具等，自传入西藏后，元明时已成为藏族的常用物

[1] 参见石守谦、葛婉章主编：《大汗的世纪：蒙元时代的多元文化与艺术》，台北故宫博物院，2001 年，第 123 页。

[2] 参见甲央、王明星主编：《宝藏：中国西藏历史文物》（第三册），北京：朝华出版社，2000 年。

或珍藏品。以刀剑而论,元明时西藏刀剑分为五大类十小类,其中第一大类藏语称“尚玛”,意即汉地刀剑。据藏史记载,此类刀剑最早是从唐时传入西藏,宋元明继续输入并更为驰名。

吴明娣博士评论说:“上述在西藏传世的艺术品,与史料记载中所反映的汉藏艺术交流的盛况相比,虽然显得微不足道,但已有力地说明元代内地工艺美术在西藏流传广泛,并对西藏艺术产生了多方面的影响。”[1]

十、汉地语言文字、音乐歌舞对西藏的影响

(一)语言文字的影响

西藏与元朝中央互派的贡使和商旅往来频繁,这些贡使、藏商和僧俗官员积极学习汉语汉文,从而加速了汉文化对藏地的传播,促进了藏族文化的新繁荣。到了 14 世纪和 15 世纪,藏族聚居的河州、洮州、西宁、岷州、松州还开设了儒学教育。明永乐年间,天全六番招讨使明令要求藏族派遣子弟入京师国子监学习汉学,此举得到朝廷的恩准支持。景泰年间,明廷又满足一些藏区索要汉书的要求。为了懂汉语,学习汉文典籍,与汉民交易往来,许多贡使及藏商和僧俗官员也积极自学汉语汉文,这也加速了汉文化对藏地的传播,促使了藏族文化在 15 世纪至 17 世纪的新繁荣。正是藏、汉、蒙古各民族之间的频繁交往,促使各族语言的交流和互相学习,藏语中大量的蒙古语、汉语借词或音译,就是明显的例证。

促进内地与西藏的文化交流最重要的是被俗称为“西番馆”的对来往公文中藏文的翻译与保存;而大批藏地贡使被破例安置于京都,使内地文化通过贡使及驻京藏僧等带入西藏并融入藏族文化内。据《西藏王统记》载,《旧唐书》

[1] 参见吴明娣:《汉藏工艺美术交流史》,北京:中国藏学出版社,2007 年,第 59—64 页。

和《新唐书》中的《吐蕃传》，就是1285年由汉族译师胡将祖在临洮译成藏文，再由上师仁钦扎于1325年用藏文正式刊刻印刷的。这些汉地文史书籍的传入，促进了藏族史学的发展繁荣，从这个时期开始产生出一系列藏史名著。

（二）音乐歌舞的影响

藏族也受到了汉族音乐歌舞的影响。一些贡使从内地带入一些汉地宫廷乐舞。特别是被遣送西藏的南宋少帝赵显在藏期间，据说还将宋时内地兄弟少数民族及汉族宫廷歌舞与民间艺术带入雪域高原，并被萨迦及后藏歌舞所吸收，丰富了后藏歌舞的形式。早在八思巴时，“有文献记载他从大都两次返藏之时曾将内地的戏剧艺术带入西藏”[1]。

楚布寺的“甲瑞”乐器，是噶玛噶举派黑帽系活佛二世噶玛拔希[2]、四世乳必多吉，尤其是五世得银协巴时期从内地带进来的，并逐渐形成了“甲瑞”乐。“甲瑞居楚”意为汉乐十六。其音乐风格也与西藏佛教音乐有很大的不同，比较接近内地的汉传佛教音乐风格。它是仅流行于噶玛噶举教派主寺拉萨堆龙德庆县（区）楚布寺的一种独特的器乐形式，其乐器、曲调风格、演奏形式等与西藏佛教铜号鼓钹乐迥然不同。楚布寺的“甲瑞居楚”乐现有乐器锣（仓决喀阿）一面、长尖（嘎利）两支、铜号（布哈）两支、四音云锣（丁丁查瓦玛）一面、“苏尔纳”两支、“达玛”鼓（朵塔尔）两支、单面小圆鼓（杂阿）一面、横笛（赤林）两支、小平锣（艾欧母）一面、芒锣（替布玛）一面、小钹（佩多）一副组成。从乐器数量来看正好是十六件，但乐器种类只有十一个。据乐僧讲，过去还有竖箜篌一类的弦乐器在“甲瑞居楚”乐中使用，还有五音云锣、十三音云锣的演奏。这样看来，无论乐器的数量还是乐器的种类都与十六的数字

[1] 顾祖成、陈崇凯主编：《西藏地方与中央政府关系简明教程》，拉萨：西藏人民出版社，2001年，第85页。

[2] 拔希为汉语法师的音译。

基本吻合，而且，这些乐器中除了“苏尔纳”和“达玛”鼓，其他都是内地流传的乐器。“甲瑞居楚”乐主要用于高僧活佛的迎请、仪仗和羌姆神舞、“念申”等仪式活动中，仪仗音乐中使用“甲瑞居楚”乐时，不使用横笛演奏，而演奏“苏尔纳”（横笛和“苏尔纳”由两名乐僧兼任）；“念申”仪式中演奏横笛而不演奏“苏尔纳”。在楚布寺，一般举行表演羌姆神舞和隆重盛大的庆典活动时的“念申”仪式中奏“甲瑞”乐，平时一般性的“念申”仪式中使用铜号鼓钹乐。“甲瑞”乐在“念申”仪式和迎请仪式中演奏的时候必须采用坐姿，除此之外的演奏时要站立。[1]

十一、汉地建筑艺术在西藏的传播及其影响

元明时的寺院建筑更成为吸收融汇汉、蒙技艺的典范。藏传佛教以元代中央王朝财政资助和所赐财物为后盾，在西藏广修佛寺，一些汉地工匠也曾进入西藏，使汉、蒙的建筑技艺与藏、印的建筑技艺融合一体，涌现出一大批新式风格的佛教建筑。作为萨迦派主寺的萨迦北寺的扩建与南寺的兴修[2]，即得力于元朝中央的支持。

（一）萨迦寺的汉地风格

1265 年，八思巴返回北寺后，即以所带的赐金扩修北寺，其整体布局设计模仿了内地古建筑，房屋外貌及墙壁带有汉式宫殿的特征。他还在 1262 年用元朝赐物修成汉藏结合的大金顶殿上，加修了几座金刚界诸天神的吉祥过门塔，并为七座先辈灵塔加修了宝盖、金铜合金法轮及金顶。据考古材料，北寺有四座建筑采用了歇山式金顶的建筑样式，它们分别是扎巴坚赞时期始

[1] 参见《西藏自治区志·文艺志》音乐部分中“器乐”相关内容，由格桑曲杰编撰。

[2] 见书前彩插图 15-1、图 15-2。

建的乌策大殿，萨迦班智达时期由邬由巴等人主持修建的乌孜萨玛朗达古松殿，贡噶洛追修建的夏珠拉康和萨班贡噶坚赞修建的曲赤钦姆殿。其中，曲赤钦姆采用的是重檐歇山式金顶。从1959年对乌策大殿建筑群的原物考古可知，大殿和二楼的列朗拉康（坛城殿）同时还采用了斗拱。“此宫殿（列朗拉康）托木亦有两种，形制、年代略与乌策下层同。又坛城殿内梁枋施简单彩画，梁枋之上架金顶。前檐所用斗拱为双抄重拱五铺作。斗拱形制与梁枋彩画皆具元代内地风格，当是萨迦与内地关系密切后请内地工匠参加兴建之物证。”[1]

实际上，内地建筑艺术对萨迦寺的影响并不只局限于北寺，南寺建筑也受到了同样的影响。1268年八思巴离藏返京后，令曾随侍送行的萨迦本钦征集十三万户人力，在元王朝资助下，把当时内地建筑技艺再次应用于兴建的南寺上，其主体建筑为内地城堡式三层大经堂，四壁为内地板筑式土墙，中央留出天井，变成一座巨大的四合院。大经堂一层七米高的巨柱一百零八根，正合汉文化中三十六天罡加七十二地煞之数。其中最大的四根巨柱中，第一根藏名为“甲那思钦噶瓦”，意为内地元朝皇帝送的柱子，俗称“忽必烈皇帝柱”。楼房四周建有环寺的红色高大城墙，墙上建有城堡，墙外还有石砌的护城河，与内地古城池类似。后经过历任本钦改扩建，该建筑成为汉藏建筑艺术融汇的代表。

从现存南寺建筑可知，南寺利用坛城布局将寺院、宫廷和城堡建筑三者有机地融为一体，构思极为独特精妙。坛城是藏传佛教寺院布局采用较多的建筑布局之一，其常见形式：最外为圆形，其内为方形城墙，通常在四周正中辟门，各建有一座门楼，实为繁体“亞”字形；再内为圆形或方形等造型，正中供奉主尊及其胁侍。南寺布局尽管与此基本吻合，但并非与此完全相同。因为南寺建筑四门所辟门楼与坛城门楼的性质和造型不仅不同，而且更为重要

[1] 宿白：《西藏日喀则地区寺庙调查记》，载《藏传佛教寺院考古》，北京：文物出版社，1996年，第101—102页。

的是内外城墙及其附属建筑的形制也与坛城明显有别。实际上,外面的城壕,内外坚实而高大的双重城墙及其城墙上修建的羊马城、敌楼和垛口等建筑单元不仅正如宿白先生所言,都具有元代内地宫廷建筑瓮城的性质,而且其建筑形式也与此密切相关。所谓瓮城,为大城门的月城,用以增强城池的防御力量。《武经总要前集·守城》对此解释道:“其城外瓮城,或圆或方,视地形为之。高厚与城等,惟偏开一门,左右各随其便。”[1]元代大都都城的修建即修建了具有强大防御功能的护城河、城墙、敌楼和城垛等建筑单元组成的瓮城,其中部分遗迹尚保留至今。文献中对此也不乏记载,如《元史》:“诏京师十一门,皆筑瓮城,造吊桥。”由此可知,萨迦南寺建筑小城堡式防御建筑的修建在很大程度上受到了元代宫廷建筑的启迪和影响。与此同时,在文献中还可以看到,1280年桑哥领兵到萨迦弹压本钦贡噶桑布后,在南寺所建的东甲穷章康殿就采用了汉式门楼的记载。[2]

因此,北寺对内地歇山式金顶建筑、斗拱和梁枋等建筑样式的吸收,汉式门楼在南寺建筑中的出现,以及萨迦本钦在西藏修建的仿大都宫廷建筑的产生,都充分表明了萨迦寺的汉地建筑风格。

(二)夏鲁寺[3]的汉地风格

元延祐七年(1320),扎巴坚赞主持夏鲁寺,用去内地朝觐元帝所获布施财物请派工匠扩建该寺大殿等建筑,之后又迎请布顿·仁钦珠担任寺院住持,盛时僧人达三千八百人,遂创夏鲁派。后遭山洪破坏。元顺帝对布顿大师亦非常赏识,因此,极力支持他重建夏鲁寺,不但送来了大批专用于宫室建筑的大块黄砖和绿色琉璃瓦,还派来许多工匠、画师进藏帮助设计施工。于是在

---

[1] 《辞海》(上),上海:上海辞书出版社,1979年,第668页。

[2] 参见达苍宗巴·班觉桑布:《汉藏史集》,陈庆英译,拉萨:西藏人民出版社,1986年,第180页。

[3] 见书前彩插图16-1。

西藏高原上就耸立起了一座在色彩和形制上都与西藏其他寺庙迥然不同的寺庙建筑。收放式的高大红墙、众多立柱支撑起来的殿堂和神殿布局是地道的藏式韵味，而斗拱式房梁[1]、琉璃筒瓦覆盖的歇山式大屋顶、房顶双泄水以及飞檐翘角，又表现出浓厚的中原建筑风格。特别是闪闪发光的翠绿色屋顶，屋顶上的瓦饰、鸟兽，殿内顶棚彩色缤纷的藻井图案，则完全是内地皇家建筑才有的做派，给人以高贵华丽的艺术美感。据说内地送来的大块方砖和琉璃瓦在长途运输中损耗很大，已经不敷应用，大部分材料是进藏的汉族工匠利用本地黏土压模、上釉后烧制而成的。夏鲁寺独一无二的建筑风格是汉族和藏族工匠相互切磋、通力合作的智慧结晶。

元统元年（1333），夏鲁寺受元帝之命重建，始成现在之规模。主要建筑有大殿（夏鲁拉康）、四个扎仓（卡瓦、康钦、热巴结、安宁）和僧舍等。大殿为汉藏合璧式建筑，坐西朝东，高三层。从建筑风格上看，夏鲁寺底层建筑以集会大殿为中心，前有门道殿，后有佛殿，左右有配殿，封闭性回廊环绕各殿。墙体和布局系藏式建筑，屋顶为汉式琉璃歇山顶，由金殿、回廊、护法神殿、般若母殿和东西南北无量宫殿等建筑单元组成，木架结构和斗拱具有元代风格。集会大殿是通往各个殿堂的必经之路。以集会大殿为中心，各个殿堂连成了一个密不可分的整体。上层建筑布局呈四合院式，各个殿堂都是重檐歇山式琉璃瓦顶，飞檐翘角，一斗三升等呈古代汉民族的建筑营造方式，各殿堂之间既整体又独立。经实测，这四座佛殿的进深、结构和斗拱为宋、元时期典型的汉式殿堂结构。夏鲁寺上层建筑的屋顶为汉族风格的建筑，而底层或者各个殿内则是封闭性小神殿环绕回廊，完全是藏族建筑风格。可见夏鲁寺大殿的建造充分融合了藏汉两个民族的建筑风格。夏鲁寺现存建筑由墙体和重檐琉璃歇山顶建筑两部分组成，堪称藏汉建筑合璧的典型范例。[2]

---

［1］ 见书前彩插图 16-2。

［2］ 宫蒲光、洛松次仁主编：《建筑与工艺美术》，北京：中国藏学出版社，2006 年，第 22—23 页。

陈耀东先生对夏鲁寺的斗拱做了进一步的横向和纵向比较，在与永乐宫三清殿、纯阳殿、重阳殿和宋《营造法式》斗拱形式做比较后认为："夏鲁寺除斗拱比永乐宫三清殿稍长外，其他都大致相近。而且和宋制也极相近。在我国北方建筑中，宋元的建筑是一脉相承的，而夏鲁寺的细部做法，也和内地一样。夏鲁寺的这组很成熟的榫卯结合的坡顶木构架建筑，极有可能是从内地请来的工匠所为。"[1]与此同时，他将夏鲁寺斗拱与西藏现存建筑中的斗拱也进行了纵向的研究，指出："西藏在建筑上使用斗拱最早似为元代萨迦北寺的列昂殿。而形制最为成熟的是元代夏鲁寺按宋制制作的斗拱"，并且从斗拱的形制、制作精致的程度等多方面因素分析，"夏鲁寺、白居寺的斗拱似系内地汉族工匠制作"。

十二、汉地绘画雕塑对西藏的影响

（一）西藏绘画雕塑艺术中的汉地元素

1. 那塘寺壁画的汉地风格

杜齐在其著作《西藏考古》中说道："按汉地传统进行培养的工匠们也为那塘寺的灵塔进行过修饰。寺庙内部的绘画在结构上及画上列队行进的队伍都是汉式的。一些场面也是按典型的汉式风格来安排的。"[2]

2. 元代宫廷的藏传佛教作品对勉塘画派的影响

据藏文文献，自元代以来，西藏的画派和雕塑流派即开始大量地从宫廷藏传佛教和汉族艺术中吸取丰富的养料来充实和发展自己。如据《吉祥誓愿喇嘛遍知胜十方传记 · 神奇喜宴》载，14 世纪末至 15 世纪初著名的学者和

[1] 陈耀东：《夏鲁寺——元官式建筑在西藏地区的珍遗》，《文物》1994 年第 5 期。

[2] ［意］杜齐：《西藏考古》，向红笳译，拉萨：西藏人民出版社，1987 年，第 61 页。

画家珀东·乔列南杰在萨迦寺所画大成就者萨拉哈像,尽管主要人物是按照印度风格描绘的,但很多次要的细节或题材是以汉地风格来描绘的,如罗刹、捉弄静坐贤哲的猴子、树上鸣唱的孔雀和被邪风吹袭的飞翔的鸽子。15世纪由著名画家勉拉顿珠嘉措创建的勉塘(又作勉唐)画派,其最大特点之一就是,勉拉顿珠在很大程度上将汉地风格的山水画和其他汉地风格特征融合到他的绘画背景之中。这种变化的关键似乎是在他的作品背景中更加水乳交融地使用简化的汉地青绿山水。与此相伴而来的是占主导地位的红色(或橙红色)消失,青绿背景上大量填充具有元代宫廷风格的尼泊尔装饰图案。传说,当勉拉顿珠看到一幅汉地被称作"甲佐钦姆"(藏语意为"大汉风格的佛像唐卡")的汉地(织丝)唐卡即"丝唐"时,他忽然回忆起他的前世在汉地做绘画家时绘制的这幅作品。从那以后,勉拉顿珠对绘画风格的美学观更加靠近汉地绘画。实际上,勉拉顿珠及其画派风格这一特点的形成得益于他对源于内地宫廷艺术的研习和临摹。显而易见,元明宫廷创作的藏传佛教作品对勉塘画派的形成产生了十分重要的影响。从18世纪藏族著名学者、艺术理论家杜玛格西·丹增彭措对该派风格的评价中也不难看到这一点:"颜色和晕染皆厚重。除了略有些松散外,在很多方面他的布局很像汉地卷轴画。此外,人物的安排并不紧凑而略有些凌乱。人物的姿势、骨相和肌肤都异常完美,脖颈较长,双肩下垂,(五官)轮廓鲜明突出。画面晕染充分,用色细腻、柔和、富丽堂皇。石青和石绿很突出。因为在一定距离看,这两种颜色非常优美;如果趋近一些,两种颜色更为细腻。衣袍和饰带的形状不对称。虽然基本色非常多,但比汉地基本色要少,比一百多种(其他的绘画)在佛像色调上更为丰富。通过有一些力度的晕染笔触进行晕染的痕迹很清楚。这就是朱古勉唐巴画派。"[1]

---

[1] 门拉顿珠、杜玛格西·丹增彭措:《西藏佛教彩绘彩塑艺术:〈如来佛身量明析宝论〉〈彩绘工序明鉴〉》,罗秉芬译注,北京:中国藏学出版社,1997年,第60页。

3. 扎什伦布寺壁画的汉地风格

意大利著名藏学家杜齐在其所著《西藏画卷》第一卷中指出，以元明时西藏绘画而论，风格虽有不同，但以15世纪的江孜绘画雕塑为代表，既吸收了汉族艺术的特点，在融汇了尼泊尔、印度、克什米尔等外来因素后，使藏族传统绘画雕塑达到高度圆熟的艺术创作的境界。这些壁画兼融藏、汉族绘画技法于一体，其中一些壁画纯系汉式绘画或为汉族工匠绘制。另外，汉族传统文化艺术中的题碑、匾额、刻印等也通过封爵赐号进入西藏，为西藏文化艺术输入新的元素。如日喀则扎什伦布寺德钦颇章的壁画《八思巴觐见忽必烈图》，就反映了西藏历史上一个重大事件。这幅壁画描绘了八思巴前往京城觐见忽必烈的情景：画面中八思巴乘皇轿，其僚属和护兵前呼后拥，临近大都时有元朝派来的官吏手捧哈达迎接；会见时，八思巴与忽必烈盘腿并坐于帐幕之前，侍者正奉食献茶，四周有骏马和骆驼，远处可见牧民放牧归来，点缀以山石、树木、牛羊。主题鲜明，色调大青大绿，淡雅而又开阔，是反映我国民族关系史的艺术珍品。

4. 夏鲁寺壁画的汉地风格

关于汉地艺术对西藏的影响，还有一个十分有趣的传说。据《布顿活佛传》和《后藏志》等著作，布顿大师在三十一岁时即1320年开始出任夏鲁寺堪布。据传，扎巴坚赞迎请布顿大师时做了一个梦，梦见布顿大师是夏鲁寺堪布的最佳人选。于是，扎巴坚赞派了一位使者携带金汁书信前往内地，向汉族星相家金和尚请教是否邀请布顿大师出任夏鲁寺堪布一职。金和尚向使者赠送了一个布顿大师的面具，尽管他从来没有同布顿大师本人见过面，但是这个面具与布顿大师的相貌极为吻合。扎巴坚赞于是决定邀请布顿大师出任夏鲁寺堪布。[1]

---

[1] 参见熊文彬：《元代汉藏艺术交流》，石家庄：河北教育出版社，2003年，第222页。

夏鲁寺现存14世纪的壁画总体上按风格大致可以划分为三种类型：第一种为典型的内地汉族艺术风格作品；第二种为受尼泊尔和印度波罗艺术影响较深的作品；第三种为混合风格因素的作品。护法神殿北壁、东壁和三层顶层的丹珠尔佛殿北壁中的部分壁画，就明显属于第一种类型壁画。护法神殿北壁整壁表现的是一铺双龙和双凤或朱雀戏珠的场面。上壁为一对青龙，下壁为一对朱雀或凤，二者均分别相向而腾飞于空中，中间分别为带有火焰纹的“摩尼”宝珠。青龙圆瞪双目，红唇大开，龇牙咧嘴，龙爪飞舞，造型十分夸张；朱雀或凤则双脚后收，展开双翅，同时驰向中心的火焰纹的“摩尼”宝珠，动作十分轻盈。显而易见，无论是青龙、朱雀或凤造型的本身，还是二龙戏珠都是典型的汉族艺术母题和风格。东壁为护法神多闻天及其胁侍以及供养人像，背景为一片浩瀚的云海，连续不断地布满了整个背景的所有空间，其造型为内地典型的祥云纹样。不仅多闻天及其胁侍的服饰和面部造型为典型的汉族母题和风格，甚至连供养人的服饰也具有浓郁的汉族服饰韵味。整铺壁画从装饰纹样到人物的描写都呈现出一派汉族风格。丹珠尔佛殿汉式风格的壁画为北壁萨迦派鼻祖肖像之间的树木纹样，树木造型不仅写实，而且与内地国画中的树木、花草极其相似，显然受到了内地青绿山水画法的强烈影响。壁画《文殊菩萨与两位侍立菩萨》[1]中，菩萨的飘带呈现出汉地化“吴带当风”般的动感。与此同时，树木、花草在此不仅具有装饰作用，而且与国画中树木、花草所具有的构图功能相同。还有如创作于1306—1333年的一层集会大殿回廊壁画《汉装礼佛行列图》[2]、一层护法神殿壁画《供养人》和一层犀牛门殿壁画《大日如来佛》[3]。

夏鲁寺北配殿北侧壁画《杰·喜饶炯乃像》[4]，为汉藏绘画风格融合的杰

[1] 见书前彩插图17。

[2] 见书前彩插图18。

[3] 见书前彩插图19。

[4] 见书前彩插图20。

出作品，从构图设色的画面模式，到每个细小的造型单元，都词典般地呈现夏鲁风格；特别是高僧坚定而高贵的个性，明显具有肖像意味。

实际上，内地母题和风格对夏鲁寺壁画的影响主要体现在混合风格因素中。在这种混合风格因素中，不仅有藏式母题和风格，也有尼泊尔和印度佛教的母题和风格，同时也有大量的汉式母题和风格。这种风格的壁画在夏鲁寺壁画中占据了主要的位置，也是其主要特点。这些不同的风格因素已经有机地融为一体，很难孤立地划分。尽管如此，从中仍然能看到内地艺术因素的明显痕迹。从表现题材来看，内地艺术的影响可以划分为装饰纹样和人物两类。夏鲁寺壁画中的汉式装饰纹样主要由建筑、风景、云纹、龙纹、动物、器物等组成。这种纹样在集会大殿回廊本生故事和佛传故事的叙事性画面中极为流行。风景纹样的表现也十分突出，从这些纹样在壁画中所占的巨大比例来看，显然受到了内地艺术的强烈影响。内地艺术中利用风景纹来丰富和组织画面，营造空间，使画面从而具有三维空间感的这种做法，在回廊壁画中得到了普遍运用。在后来明清时期，吸收内地艺术这一因素对西藏绘画产生了十分重要的影响，从而使西藏绘画中发展出了一个新的艺术流派，如噶玛嘎孜画派就是其中比较典型的例证。云纹是夏鲁寺壁画中最具有普遍意义的内地艺术因素，几乎出现在夏鲁寺每一铺壁画的装饰纹样中。此外，在一层集会大殿回廊壁画中还可以看到骆驼、团扇等动物和器物纹样，显而易见，这些母题也源于元代内地艺术的影响。在夏鲁寺壁画中具有内地人物风格的壁画，主要包括汉装、蒙古装的世俗人物和胁侍菩萨、四大天王等部分佛像。汉装和蒙古装人物主要出现在集会大殿回廊和《须摩提女请佛故事》[1]等叙事性画面中，他们包括王公大臣、豪门望族、武士和普通百姓，大多以世俗人物的身份出现，着装是其中最典型的特征。对夏鲁寺佛像的影响主要集中在四大天王的造型上，其中前述护法神殿多闻天王及其胁侍的造型最为典

[1] 见书前彩插图 21。

型。如护法神殿中的胁侍菩萨、四臂观音[1]的造型，极具唐宋仕女特点，菩萨双颐十分丰满，双目微启，樱桃朱唇，袈裟褒衣薄体，裸露前胸，与唐宋国画中的仕女造型如出一辙。显而易见，这是扎巴坚赞时期受内地艺术风格影响的典型作品。

当时夏鲁寺壁画绘制汇集了一大批像钦巴·索南邦和仁钦释迦这样具有多种艺术和生活背景的艺术大师。他们笔下的作品，尽管吸收了一些尼泊尔佛教艺术的内容和形式，但从作品本身来看，内地艺术因素明显地在其中起了潜移默化的主导作用，从而使夏鲁寺壁画形成了一种独特、崭新的风格和样式，如《绿度母》。正是夏鲁寺壁画吸收了大量的内地艺术风格因素，才独辟蹊径，焕发出更加迷人的艺术魅力。[2]

5. 萨迦寺壁画雕塑的汉地风格

萨迦寺现存元代雕塑和绘画作品主要保存在南寺各个佛殿中，而北寺中的相关作品只见载于藏文文献和20世纪50年代的调查报告之中。据宿白先生著作《西藏日喀则地区寺庙调查记》，北寺除前述乌策大殿及其二楼佛殿有部分元代或更早一些时期的雕塑和壁画外，岗噶确康和宣旺确康两座塔殿中的壁画和雕塑也是元代时期的作品。由于此段记载甚详，同时也是了解当时北寺雕塑和壁画唯一重要的参考资料，故引述如下："岗噶确康东向，前室左半部为上层的基台，右半部除右前隅设梯外，空敞无物。后室平面方形，正中偏后立岗噶灵塔，其前左右各一小塔系后建，三塔形制略同。塔身土色，有雨淋痕迹，室顶、东西壁和两壁前树立之三柱皆系新建，南、北壁为后砌。南壁左侧正中绘本尊南巴南结，其下有五小幅本生故事，自左第一幅为舍身，第二幅为舍眼，第四幅为舍子，第三、五两幅漫漶不可辨。北壁右侧绘两幅释迦，

[1] 见书前彩插图22。

[2] 参见熊文彬：《元代藏汉艺术交流》，石家庄：河北教育出版社，2003年，第225—256页。

岗噶确康上层为新建分间住室……”

据藏文史书记载，杰出的大师萨迦班智达·贡噶坚赞不仅在佛学和文学上造诣精深，而且也十分擅长绘画，乌策大殿中就有他创作的文殊菩萨壁画，名叫“绛央噶色玛”。萨迦五祖都擅长绘画，除萨迦班智达外，在萨迦寺可能也有其他几位人物创作的作品，也许只是不见载于文献而已。大经堂中的八思巴会见忽必烈的大型历史壁画即是其中具有代表性的一例。在20世纪三四十年代，这铺壁画仍保存在大经堂中，构图十分巨大，堪称宏幅巨制。画面尽管已经残损，但仍无碍于对作品内容和风格的辨识。意大利藏学家杜齐在20世纪40年代对罗朗拉康的壁画描述为：“此铺壁画为贡噶仁钦时代的作品，汉族风格的影响极为明显。由于画面描绘的是八思巴的生平和他前往宫廷拜见忽必烈的场景，因此壁画的背景不仅是汉式的，而且精细的细节表现和不同寻常宏大的构图都展示出这位鲜为人知的画家十分熟悉汉族艺术风格。”从杜齐这段对萨迦寺调查所做的评论可知，尽管在现存壁画中已经难以见到元代壁画真迹，但可以看出其中有不少壁画的风格深受中原内地艺术风格的影响。

十三、南宋末代皇帝赵显对藏传佛教文化的贡献

汉族对藏传佛教文化做过重大贡献的人物南宋末代皇帝赵显，曾被列入《佛祖历代通载》称为“大元瀛国公”，法号“合尊”。合尊是藏文音译，意为天神家族的出家人，是对自命为天子的皇帝及皇室成员舍位出家者的尊称。至元十三年（1276）正月，元伯颜丞相率领大军云集临安，南宋皇室无力抵抗赍表请降，顺帝赵显（又称少帝、恭帝、幼帝等）被送往元上都，被封授为开府仪同三司检校大司徒瀛国公。但江南一带南宋遗老遗少等抵抗力量一直未停止活动，元蒙统治者对仍有潜在号召作用的赵显很不放心，于是在“至元二十五年（1288）冬十月丙寅，赐瀛国公赵显钞百锭”，十天后，又令其“学佛

法于土蕃”，时年仅十九岁。且在未入藏之前，“宋主以王位来归学佛修行，帝（忽必烈）大悦，命（宋主）削发为僧室焉”。在蒙古旧都十余年学习汉文佛经及典籍后，赵显于 1288 年“毳（粗）衣圆领，帝（忽必烈）命往西天，讨究大乘明，即佛理”。[1]赵显虽未能做成皇帝，却因自幼潜心学习汉、梵、藏文佛理，在西藏奉佛至死，成为融合汉藏佛学并对藏传佛教文化做出重大贡献的名僧，受到僧俗的尊崇，敬称为“本波（意为官家）讲师”，故被尊列为“佛祖”。

明初有僧人记载，瀛国公为僧后，至英宗朝，适兴吟诗，云：“寄语林和靖，梅开几度花。黄金台上客，无复得还家。”谍者（监视人）以其意在讽动江南人心，闻之于上（元英宗），收（监）斩之。既而（不久）上悔，出内帑黄金，诏江南善书僧儒，集燕京（北京），书大藏经。[2]那塘版藏文《因明入正理论》尾页的跋语中说：“大汉王者出家僧人合尊法宝，在具吉祥萨斯迦大寺，取汉文本与蕃字本二者善为对勘、修订并正确翻译之。汉文本名为‘入正理（论）’而晚近蕃地诸人名之为‘正理门论’云。”[3]据此可知，赵显在萨迦期间，学会了藏语藏文。因他学贯儒、佛，文通汉、藏，遂在萨迦寺译出比较深奥的佛学逻辑专著《因明入正理论》，还有《百法明门论》和其他译著。据王尧先生考订，那塘版《因明入正理论》扉页上以藏文拼记的汉字音译题名，及上述跋语均为赵显亲笔所记。因此，藏族史学家都把他列入西藏翻译大师队伍之中，甚至当作藏族的骄傲。《贤者喜宴》就把他名列西藏“译师、智者、哲人之品”。《如意宝树史》在西藏佛教“后弘（宏）期大译师名次录”中，把他名列《青史》作者薰努贝与《印度佛教史》多罗那他之前，计为第六十位。他不仅被藏族史学家列为后弘期著名的翻译家，而且还赢得了萨迦寺的赞赏和重用，曾一度位及萨迦大寺总持。

此外，据《元史》记载，河南平章政事月珞普华也曾于 1336 年前往吐蕃，

[1] 参见（元）念常撰：《佛祖历代通载》卷三十二。

[2] 参见（明）无愠：《山庵杂录》，载《续藏经》。

[3] 王尧：《南宋少帝赵显遗事考辨》，《西藏研究》1981 年第 3 期。

出家为僧,学习佛法。至元二年(1336)十一月“丁巳,遣河南行省平章政事月珞普华于西番为僧”[1]。

十四、汉地茶叶传入西藏

13世纪元朝统一了青藏高原,在藏区设立了三个宣慰使司都元帅府,建立了二十九个大驿站,促进了茶文化在藏区的进一步交流与发展。

元朝统一中国后,蒙古统治者的根据地大草原骐骥成群,战马云集,已不必依赖藏区输入战马,故对汉藏茶马贸易管理松弛。“元初由政府统购茶叶,销于藏羌地区。由于加价过多,引起当地少数民族不满,几乎酿成骚乱,成都路总管张廷瑞乃变更茶法,政府停止经营,由商人按引纳二缗,自行购运,汉藏之间,听其民间自由互市。”后来,元代国家划定专门为藏区生产茶叶的地区,制定了一整套严格的数量、质量、价格、贸易的法规,从而保障了藏区用茶,使输入藏区的茶叶在数量增加的同时也保持在平民所能接受的消费水平内。这样就进一步促成了藏区饮茶习俗的发展,终于形成了不分男女老幼、贵贱僧俗,三餐必备,四时不离,“宁可一日不食,不可一日无茶”的饮茶之风。成书于1488年的《米拉日巴传》,就反映了11世纪多康地方的僧人驮运茶叶到卫藏求学佛经的情况。1275年,八思巴和元太子真金在后藏曲弥地方举行了有十万僧俗群众参加的大法会,法会上给僧人布施熬茶,八思巴本人捐献的茶叶就有一百二十大包。当时,藏区的封建农奴制社会处于发展阶段,各地遍修寺院,僧人遍及农牧区,僧人们饮茶之习也就随之普及到广大农牧区了。饮茶的普及更主要的是,藏区群众在日常生活中,实际体验到喝茶可以帮助解油腻、助消化、提精神、除疲劳、消烦躁、抗缺氧的保健功效。这是茶

[1]（明）宋濂等撰:《元史》卷三十九《本纪第三十九·顺帝二》,北京:中华书局,1976年。

受到藏族群众特别喜爱的原因。

十五、元代货币文化在西藏的传播

元代西藏与内地经济文化交流加强，还表现在中央货币在西藏的流通。1959年在当年萨迦政权中心地萨迦寺发现的元代纸币就是珍贵的历史证据。在茶马互市的交易中，一般内地以纸币或白银与藏商交换。朝廷赏赐乌斯藏物品时，也均是折价为白银供给的。白银大量流入西藏，促进了中央货币在西藏流通及银本位制的初步形成。元朝的金锭、银锭、帛币和钞币普遍在西藏流通。银锭一锭为五十两，称为一"秤"银子，"秤"当读为"平"，当时藏文的借音也读作"平"，以后一直为西藏银本位的计算单位之一。帛币有绢绫钞在市场上，既是一种商品或礼品，又是一种交换的等价物。钞币，1959年在萨迦寺发现两张元朝的钞币，一张是至元通行宝钞，上方印钞名"至元通行宝钞"，面额为"贰贯"，可当白银一两；下方花栏内印有"中书省奏准印造"。另一张是中统元宝交钞，上方印钞名"中统元宝交钞"，面额为"壹贯文省"四字，当时可当白银五钱，下方印有"中书省奏准印造……"，背面加盖两方面官印。[1]

需要指出的是，元代对西藏地区直接行使主权，除设置宣慰使司都元帅府这样的政府管理机构，驻屯军队，建立驿站等，也使内地的货币流通于西藏。在萨迦寺收藏的中统元宝交钞纸币[2]，是元代中央政府在西藏推行货币的重要物证，这类货币在西藏的流通不仅仅作用于藏族人民的经济生活，而且使纸币所承载的文化艺术传布于藏地。这张纸币的正面和背面不仅有不

---

［1］参见肖怀远：《西藏地方货币史》，北京：民族出版社，1987年。

［2］参见甲央、王明星主编：《宝藏：中国西藏历史文物》（第二册），北京：中国藏学出版社，2000年。

同字体的汉字，而且装饰了缠枝花纹、卷草纹和圆形方孔钱币形象，这对于内地文字、图案等在西藏的流传起到一定的作用。

第三节　藏文化艺术在内地的传播及其影响

元时西藏地方与内地以汉为主的各个民族空前频繁的交往，不仅促使内地文化在西藏传播，而且也促使西藏文化在内地传播和流行。

一、帝师制度在内地的文化影响

1260 年，元世祖忽必烈即位，八思巴时年二十二岁，被“尊为国师，授以玉印，任中原法主，统天下教门”[1]。1270 年，忽必烈因八思巴创制新字之功，晋封其为帝师，“升号帝师、大宝法王，更赐玉印，统领诸国释教”，封号“皇天之下一人之上开教宣文辅治大圣至德普觉真智佑国如意大宝法王、西天佛子、大元帝师”。[2]自八思巴被封为国师、帝师后，帝师成为有明确职权、管辖机构和固定继任办法的重要职位，从而形成了帝师制度。帝师制度的建立和推行，使藏传佛教文化在祖国内地广泛传播，对建筑、美术、工艺、文学、地理学、历法、佛经翻译等都有过重要影响。在帝师的主持下，藏式佛塔、佛像、壁画等不断传入大都(今北京)、五台山、上都等地。据《元史》卷三十《本纪第三十·泰定帝二》记载，仅致和元年(1328)三月，元泰定帝也孙铁木儿“诏

[1]（元）王磐：《八思巴行状》，参见萧蒂岩节录注释：《元明汉族史家笔下的八思巴》，《西藏研究》1983 年第 1 期。

[2] 参见熊文彬：《从文献看元大都的皇家藏传佛教寺院及其艺术活动》，《中国藏学》2008 年第 3 期。

帝师命僧修佛事于盐官州,仍造浮屠二百一十六,以魇海溢”。始于八思巴每年二月十五日的所谓“镇伏邪魔护安国刹”的佛事活动规模空前,逐步演变成全民性的宗教节日。在元代,内地修摩诃葛剌像,修摩诃葛剌法等极为常见。皇帝出行、生老病死,凡遇军国大事,出现雷击、天旱、海啸等自然现象,都要祈求帝师护佑,做藏传佛教法事活动。

忽必烈接受了藏传佛教仪轨、思想和文化,在全国推行贬道崇佛、重教(藏传佛教)轻禅(汉地佛教)的政策,并且实行帝师制度。由于帝师八思巴以佛教教义劝告忽必烈勿滥杀无辜,因而废除了在汉地“以人填河渠的做法”,拯救了汉地数万人的生命。忽必烈还把藏传佛教的“摩诃葛剌神”奉为保佑蒙古军作战的胜利之神和精神武器,在统一中国的战斗中,让帝师八思巴令胆巴国师在巨州修筑神殿,由八思巴亲手开光,由胆巴在神殿祭祀修习喇嘛教法,从而把不战而胜南宋临安小朝廷,后兵不血刃地统一了中国南方的功绩归之于藏传佛教神灵的庇佑。

元代实行帝师制后,忽必烈曾令汉、畏兀儿等僧人向藏族帝师学习藏语文,并将许多藏经译成汉文或畏兀儿文。至今,中国台湾仍存有元代编印的《大乘要道密集》,其中就收有萨迦班智达八思巴、贡噶坚赞及布顿大师等人著作的汉译文。1320 年 2 月,元仁宗出巡至柳林忽然染病,不是请蒙汉医生医治,而是特派专人召请胆巴国师赶至,为其做法事七昼夜。元仁宗病愈后,更加虔信喇嘛教,令天下僧众普阅藏经。皇后还将随身佩戴的七宝牌和宝珠璎珞敬献国师。元顺帝则于 1360 年将黑帽系四世活佛乳必多吉迎入大都,为其父子同授“金刚亥母灌顶”,传方便道,讲《那若六法》及《演揲儿法》等。所谓《演揲儿法》,即“大喜乐”,并非汉儒及俗传的“淫乐”,这实际是一种由宗教舞蹈和戏剧构成的正规的密宗宗教仪轨“羌姆”。此外还有萨迦派的“道果法”,其依据的佛学秘籍是元大德至正时译出的《大乘要道密集》。

二、藏传佛教在内地的传播

12世纪末，藏传佛教的噶玛噶举派和蔡巴噶举派僧人就先后到西夏和蒙古地方传教。萨迦班智达·贡噶坚赞于1246年后，在凉州（武威）建寺传教。1253年噶玛拔希也先后到蒙古和林及西夏故地一带传教，帝师八思巴曾给蒙古王室许多人举行佛教灌顶仪轨。萨迦派不少僧人在元朝朝廷任职并传教。在元大都建造了由尼泊尔工匠主造的藏式佛塔——妙应寺佛塔（俗称喇嘛塔）。元代在北京（元大都）修建的藏传佛教寺院有五塔寺、护国寺、妙应寺（白塔寺）、高视寺、兴教寺等；在五台山有罗目侯寺、广仁寺等。这些寺院的佛殿建筑，寺内的壁画、塑像、佛经、佛塔和其他法物供品，都基本上按藏式绘制建造。这时期修建的喇嘛塔，北京（元大都）有北海白塔、妙应寺白塔等。元朝派往江南的藏族僧官，就在今杭州一带修凿了一些藏传佛教的石窟造像。

元代藏传佛教传入内地，与汉地宗教相互交流，进而出现了很多介绍双方宗教历史的书籍。例如，汉文介绍藏传佛教的有宋濂等编的《元史·释老传》《元史·奸臣传》，释念常撰写的《佛祖历代通载》。另外，陶宗仪的《南村辍耕录》中也有零散的记载。藏文介绍汉地王统、教派传承的著作有蔡巴·贡噶多吉的《红史》、释迦·仁钦德的《雅隆尊者教法史》、索南坚赞的《西藏王统记》等。与此同时，还翻译了一批佛教典籍。如由藏文译为汉文的主要有：《根本说一切有部出家授近圆羯磨仪范》一卷，八思巴译；《根本说一切有部宓刍戒本》一卷，八思巴译；《新译戒本五百部》，八思巴译；《彰所知论》，八思巴著，沙罗巴译。另沙罗巴所译的其他佛典有：《药师琉璃光王七佛本愿功德经念诵仪轨》二卷，《药师琉璃光王七佛本愿功德念诵仪轨供养法》《坏相金刚陀罗尼经》《佛顶大白伞陀罗尼经》《文殊菩萨最胜真实名义经》各一卷。由汉文译为藏文的有：《大般若涅磐（槃）经》《不思议禅观经》等，必兰纳识里译；《唐蕃关系史》，胡将祖译；《乾陀般若经咒》千余部，管主巴译；《因明入正理论》《百法明门论》，南宋少帝赵显，即瀛国公合尊大师译。

（一）八思巴在内地的传教

八思巴在主持皇室宗教活动的同时，还参与了元朝宗教事务的管理。如："至元七年（1270）正月，尚书省奏准圣旨条画内一款：汉儿和尚每穿着土钵（吐蕃）和尚红衣服一迷地行有。钦奉圣旨：那般着的拿者。"[1]为此，八思巴授命"更定僧服色"，规定吐蕃、汉地、河西（西夏）、大理和畏兀儿等不同民族僧人所穿衣服的服色，以便管理。与此同时，由于元朝规定僧人不缴纳赋税，一些僧人为逃避赋税而自行剃度出家，致使国家赋税流失，僧人管理失控。为加强对僧人出家的管理，八思巴受命撰写《说根本有部出家授近圆羯磨仪轨》（又作《根本说一切有部出家授近圆羯磨仪范》），为从善行人一一恒持正戒仪轨。此书一出，即命译成汉文，并于 1280 年下令"镂版印造帝师八合思八新译戒本五百部，颁降诸路僧人"。[2]此外，据《释氏稽古略续集》载，八思巴从 1264 年开始就在大都设会度僧，登座授秘密戒。据藏文文献统计，八思巴总计授戒剃度了四千多名来自尼泊尔、印度、汉地、西夏、蒙古、高句丽、大理、畏兀儿等地的比丘、比丘尼、沙弥和沙弥尼，同时为四百二十五名僧尼担任过授戒堪布，为藏传佛教在中原各地的传播做出了重要的贡献。

元代，藏传佛教首先从帝王宫廷进而传播到祖国内地大江南北。元代历朝皇帝不但皈依佛教，接受灌顶，封授藏传佛教大师为国师、帝师，而且大办佛事法会，最多时一年二百余次，从而使藏传佛教文化成为元代社会文化中一个重要的组成部分。如元仁宗时，内廷佛事仅用面就达四十四万斤，用酥油十余万斤，用蜂蜜二万七千斤。

---

［1］ 黄时鉴点校：《通制条格》，杭州：浙江古籍出版社，1986 年，第 333 页。

［2］ 参见熊文彬：《从文献看元大都的皇家藏传佛教寺院及其艺术活动》，《中国藏学》2008 年第 3 期。

（二）藏传佛教在大都的传播

元代朝廷为尊崇藏传佛教，支持帝师及藏僧在宫廷、都城及各地广做佛事，广泛传播了藏传佛教文化，使它成为元代社会文化生活的重要组成部分。据元代编写的《敕修百丈清规》中列举的重要佛事有：圣节、千秋节、国忌、佛诞、佛成道、涅槃等。据统计“至元中，内廷佛事之目仅有二百。至大德七年（1303），再立功德使司，其目增至五百有余”。其中如1286年，集诸路僧四万于西京普恩寺，做资戒会七昼夜。英宗即位，大兴佛事于文德殿四十日，修秘密法会于延春阁等。泰定元年（1324），令藏僧做佛事念藏经三年乃罢。顺帝至正十四年（1354），命加喇嘛选一百零八僧，修朵思哥儿好事，以泥作浮屠二三十万……其大者实以七宝珠玉，名曰“答儿刚”。然而，对朝野社会生活影响最大的，还是元代由藏僧参与的每年二月举行的白伞盖佛事，史称“睹思哥儿”。由于累朝历年相沿，此佛事已经成为一种由帝师带领，众僧诵经与世俗百戏娱乐融会一体的混合游行，除宗教因素外，更多的是演变成一种官民朝野及藏族、蒙古族、汉族僧人参加的社会娱乐活动。此举导源于八思巴，1267年，元世祖采纳了帝师八思巴的建议，在临朝的大明殿御座上安设了一架白伞盖，盖顶上有泥金写的梵文咒语，用以“护国降魔”。此后每年二月十五日，由户、礼等部组织人众在帝师主持下迎举伞盖，周游皇城内外，此举成为一项佛事春游活动。每年此时，京城满城仕女一早便出来聚观这场声势浩大的展示汉蒙藏各族融合一体的佛事庆典。由一万五千人组成的仪仗队伍，恭迎藏族帝师从宫中请出的白伞盖，先在庆奉寺（今北京西长安街）聚齐，然后上街游行。队伍长三十多里，其中有一百二十队杂耍社戏，四百人组成的管弦乐队，有由汉、藏等几部分共三百二十四人组成的三色细乐队，有装束艳丽轻歌曼舞的各族女优，有披甲执仗的蒙古侍卫队，乃至抬着关羽神轿的汉、蒙等士兵组成的军阵。随后才是队伍的主体：由藏、蒙、汉无数僧伽高举密密如林的幢幡，导引着被安置在一座座轿内的各式佛像，簇拥着帝师的大轿和巨大的白伞盖及皇帝御座，在惊天动地的鼓乐歌吹声中，在弥漫缭绕的香雾中缓慢行进，演出一场中华一统文化生活的大观图。参加庆典佛事的人们穿着政府下发的各色服装，佩戴金玉珍宝，进入西部皇城，循既定路线再向东来到京城中心——宫廷大内。每到一座宫殿，乐工杂要剧团都要表演，各式艺术杂技争奇斗胜，百艺毕呈。后妃公主们坐在珠帘后面观看，皇帝在临时特设的帐房或楼台上设榻观看，诸王大臣驸马则列坐皇帝之下，连长年过着禁锢生活的嫔妃也可在宫墙内一睹这一年难得的盛况乐事。庆典队伍从大内再走皇城东部绕半圈后，把白伞盖送回原处，或在东华门或在厚载门（今地安门）解散。每举行一场这样的佛事，元廷要拨款二三万两黄金。[1]

（三）噶玛噶举派在内地的传播

1. 噶玛拔希在内地的传播

火狗年（1226），噶玛拔希于康区的东崩日地方创建一座寺院。后于此寺修习大手印法，通过这种途径，他在密宗修行的有形和无形两个方面都获得了成就。他博学多才，对诗歌写作亦十分爱好，一天情感激荡，诗兴大发，提笔作了十七首妙音天女颂。水鼠年（1252），忽必烈在南征云南大理经过康区时，亲眼看到噶玛噶举派在康区有较大的势力和影响，而噶玛拔希在当时又是藏传佛教界一个有重大影响的人物，故而忽必烈即遣使持诏至楚布寺（亦称楚普寺）召请噶玛拔希。

水牛年（1253），噶玛拔希接受了忽必烈的邀请，自楚布寺动身前往川西北，沿途他对僧侣百姓传法讲经、布施，并修复了许多残破的寺院。是年，噶玛拔希抵达四川的绒域色堆地方与忽必烈相会。噶玛拔希到达忽必烈的营帐后，对忽必烈及侍眷传授了“发心仪轨”，并以神变之力调伏了外道教徒。据《萨迦世系史》记载，由于噶玛拔希显示了无数神通，故忽必烈的王妃和大臣们皆前往观看，并议论说从眼前的神通法力来看，似乎噶玛拔希要超出八

［1］ 参见王树村：《北京藏传佛教艺术点滴》，《雪域文化》1993 年春季号。

思巴。虔信萨迦派的王妃察必见到这一情形，对八思巴讲了大臣们的议论，请求八思巴显示神通，并说如果八思巴不显示神通，恐怕忽必烈不仅不满意，还有转变心意的可能，也就是忽必烈有转而尊奉噶玛拔希为上师的可能。在这种情况下，八思巴只得向忽必烈及其王妃、大臣显示刀截自己身体四肢而无恙，以证明受五部佛护佑之神通，使忽必烈等人都坚信没有任何人的断证功德能够超过八思巴。尽管如此，忽必烈还是对噶玛拔希十分敬信。忽必烈曾让其留在宫廷里随侍自己的左右，当时噶玛拔希不愿意陷入宫廷里的派系冲突，遂拒绝了忽必烈的请求，不久便离开宫廷，前往现今的甘肃、宁夏、内蒙古一带传教。他在西夏嘎地用一百零一天的时间建造了幻化寺。此后，在蒙古与西夏交界处，发生了遮天蔽日的毒蜂之灾，用什么办法都无法制伏。众人请噶玛拔希出主意想办法，其用抛掷砂土的办法予以降伏。据传至今当地出现毒蜂时仍以噶玛拔希抛掷砂土的办法予以防御。继后，噶玛拔希又到灵州（今宁夏灵武）、甘州（今甘肃张掖）和凉州（今甘肃武威）一带活动。在此期间，他修缮了许多残破之寺院，弘扬佛教，广利众生，得到了众人的尊敬，大家自愿为噶玛拔希献上大量礼物。

火龙年（1256），噶玛拔希准备由内地返回西藏时，蒙哥汗听到他在内蒙古一带传教的消息后，即派人前去迎请到蒙古的乌尔多宫与他见面。传说，此时噶玛拔希想起许多过去与现在的因果关系，其先世曾神变为一头大象，将一位外道大王及臣工等人加以调伏。这些被调伏者即是蒙哥汗以及王妃俄琪玛、王子阿里不哥及诸臣工。如果现在不加以护持，则将进入也里可温教派（景教或称基督教），并担心全国会沦入外道。况且，目前已到调伏之时，如果调伏了此具有世界威力之人，那么也就可使无数众生驯服。为了这种调伏之事业，噶玛拔希经过思考之后，决定前往蒙古的乌尔多宫。他沿途通过自己的传教活动，消除了许多部落纠纷和社会不平衡的现象。

此年冬初，噶玛拔希抵达乌尔多宫。蒙古大汗蒙哥举行隆重的欢迎仪式。蒙哥为向他表示敬意，释放了所有囚犯。噶玛拔希在宫廷为了证明自己佛法的无比威力，曾邀请许多心怀嫉妒的道士来同他辩论，但是没有一个道士能够辩得过他，相反那些道士皆接受了他的教诲，纷纷拜他为师。此外，噶玛拔希在宫廷期间还为蒙哥汗及其一些弟子举行了修习《如意轮总持经》的灌顶仪式，蒙哥汗均认真地按照他的教诲进行修习。噶玛拔希的说教力量，使得蒙哥汗摆脱了政治事务纠缠的烦恼，并使之培养起大印法的直观领悟来。噶玛拔希在宫廷显示出各种神变，遂使蒙哥汗及诸王臣对他十分信任和尊敬，他们便从外道观点转回到信仰佛教上来。所有王臣属民每月都守护分别解脱三时戒，发菩提心。噶玛拔希为众人讲解四身灌顶，从而使蒙古王臣们亲自产生慈善体验。蒙哥汗下令，凡逢每月四吉辰，任何人不准欺凌别人，不准杀生吃肉，护持各自的教法。自此噶玛拔希的名声犹如遍布天空的星星，被蒙哥汗奉为顶饰。随后，蒙哥汗封给噶玛拔希"国师"的称号，还赏赐给他一顶金边黑色僧帽。从此噶玛拔希传下来的活佛转世系统被称为噶玛噶举黑帽系。噶玛噶举派的创始人都松钦巴被追认为黑帽系第一世活佛，噶玛拔希是为第二世。此外，蒙哥汗还赐给噶玛拔希许多财宝以及一颗象征权力的金印。据《贤者喜宴》记载："此印上仅有'大持金刚之令'印文，并未造有汉蒙文字的印章。"关于此时所赐之印文无汉蒙文字，系指无汉文及八思巴蒙古新字。因蒙哥汗于1259年死时八思巴尚未创八思巴字，此时蒙哥汗使用的是畏兀儿体蒙古文。

在蒙古期间，噶玛拔希曾劝说蒙哥汗修缮西夏等地被毁的寺院。原西夏地区崇尚佛教，建有许多佛寺和佛塔。因西夏顽强抵抗蒙古成吉思汗军队的攻击，蒙古军屡攻不克。待蒙古军队攻克兴庆府（银川）后，便对包括西夏王陵在内的寺院等大加摧毁，以泄其愤。蒙哥汗在噶玛拔希的劝说下，对西夏等地被毁的三千余座寺庙和佛塔进行了修缮，并在和林修建一座世间无比之大寺。继后，蒙哥汗在噶玛拔希的影响下，遣散了所有的祭天师长，还将所有的地窖式监狱挖掘三次予以铲除。

因噶玛拔希以前不肯追随忽必烈，在争夺汗位的斗争中又有帮助阿里不哥的嫌疑，再加上别人从中挑拨，忽必烈遂下令将噶玛拔希逮捕，并对噶玛拔希施行火烧、抛入水中、用兵器砍、喂毒、头上钉铁钉等刑罚，曾派人分三班轮流看守，七天不准进食，但这些刑罚皆未对他造成伤害。[1]后来因为蒙古地区灾异、战争不断发生，再加上忽必烈考虑到噶玛噶举派的影响，才没有杀掉他。此后，忽必烈将噶玛拔希流放到盖乌曲地方。在流放的三年期间，他除做了无数有益于边民之业绩，还撰写了传记。木鼠年（1264），忽必烈经过再三调查了解，噶玛拔希是一位虔诚正直的佛教大德，未参与蒙古王族内部的权力之争；其次，忽必烈还考虑到噶玛噶举派在藏族地区以及宁夏、蒙古等地区有着较大的影响，单一地依靠萨迦派也有许多不利之处，遂立即由反对改为全力支持噶玛拔希。忽必烈首先向噶玛拔希赔礼道歉，并请求他留在自己的身边。当噶玛拔希答复他必须返回西藏时，忽必烈欣然同意，准其返藏，并说："请记住我，为我祷告，为我祝福，你可以去任何想去的地方传授佛法。"当噶玛拔希启程返藏时，忽必烈亲自为其送行，并赐予许多礼物。

木牛年（1265），噶玛拔希一行抵达红子城。是时，此地各种瘟疫流行，困扰着民众。噶玛拔希用泉水及草药制成药水，赐给众人，凡饮药水者疫病即除，遂使众人大加敬服。继后，他前往临洮，将内地、西夏、蒙古、畏兀儿各族信仰佛教之僧侣、百姓召集起来，为他们讲经说法，灌顶授戒，并以严格的佛教戒律及修行次第整顿旧有的僧团。总之，噶玛拔希在返藏途中，屡次平息战乱，消除各种流行的瘟疫，并修复诸多旧寺破殿，使佛法得以弘扬。[2]

2. 噶玛噶举派其他活佛在内地的传播

噶玛拔希去世后，让迥多吉成为第三世黑帽系活佛，他在西藏佛学界的声望引起了元王朝的重视。至顺二年（1331），元明宗派丞相携诏书、金印

[1] 蔡巴·贡噶多吉：《红史》，东嘎·洛桑赤列校注，陈庆英、周润年译，拉萨：西藏人民出版社，1988年，第92页。

[2] 参见周润年：《十三世纪藏传佛教噶玛噶举派的高僧——噶玛拔希》，《西藏研究》1997年第2期。

和礼品入藏迎请让迥多吉和萨迦·贡噶坚赞进京，并命宣政院下令乌斯藏各地高僧和首领协助金字使者完成迎请噶玛上师的使命。让迥多吉欣然从命，于翌年八月赶到京兆府（西安）。皇太子阿剌忒纳奉他为上师，并为之建寺。九月，抵大都，受到新即位的元宁宗和大臣们的供养。他曾给元宁宗和其皇后进行密宗灌顶。年底，宁宗去世，让迥多吉出面调停皇室中的权力之争。元统元年（1333）元顺宗即位后，授给他"圆通诸法性空噶玛巴"的封号，赐国师玉印和金字圆符，并给他亲传弟子丁增桑布和格迥钦波授"司徒"名号。同时重赏楚布寺和工布等地其他寺院，资助重印《大藏经》，并命在楚布寺修建元文宗的影堂。翌年，让迥多吉一行经五台山、宁夏等地返藏。至元二年（1336）八月，让迥多吉再次奉召进京，于第二年四月抵大都直到至元五年（1339）六月病死，在京活动两年多。期间，他与元顺帝关系友好，为之灌顶传法；曾阻止了禁佛的议论，争取到资金修缮了原有佛殿；在大都、临洮等地修建了一些噶举派寺院，进一步扩大了该派影响。经过他的努力，元朝向止贡、帕竹噶举派的法位继承人赐予玉印，充分表现了他和噶举派对元朝王室的影响力。让迥多吉的弟子扎巴僧格曾得到元朝帝室成员赐给的一顶红色僧帽，从而形成噶玛噶举派的红帽系。让迥多吉圆寂后，遗体在大都火化，元顺宗亲自供养其舍利，后被运回楚布寺建塔保存，并塑造等身金像来纪念。应该说，他是噶玛噶举派中在内地活动时间最长、最有影响的高僧，对于加强藏区与祖国内地的关系起过重要作用。

让迥多吉圆寂后，黑帽系第四世活佛乳必多吉也与元朝有过密切联系。1357年，元顺帝派专使入藏，请他去大都。第二年，他同元朝使臣一起取道青海去大都。在青海，他曾传教于西纳寺、夏宗寺等，向时年三岁的宗喀巴授戒赐名。后从青海转往甘肃临洮，在那里滞留半月，再从临洮由元廷派来的骑士、车辆迎接，经宁夏等地至大都王宫。据《红史》记载："他在两年里，曾写了一百二十七封调解信，平息了所有大小纠纷。"乳必多吉于1360年到大都后，曾向元顺帝父子传授金刚瑜伽母加持引导法、那若六法、大手印法、三身解脱法等，也为其他大臣、僧俗民众随愿讲授显密佛法。乳必多吉在元廷受到很高礼遇，获得大批赐物。他先后在内地活动三年多，然后于1362年返藏，途经甘肃、青海，再经朵康南部的巴塘、工布、杂日等地，共历十年，最后于1383年圆寂于工布，遗体火化后舍利被请回楚布寺供奉。

（四）其他教派在内地的传播

蔡巴是元朝在卫藏划分十三万户之一。至元五年（1268），蔡巴家族的桑结额朱被元朝封为万户长，他的儿子仁钦坚赞继位后，曾亲自前往大都向忽必烈朝贡，并赴朝廷供职，曾被忽必烈派遣修缮上下吉雪、堆龙、扎多、穹波、嘉曼、艾达年松等处佛殿，忽必烈为之颁发过金印、诰命和敕书。仁钦坚赞长子尼玛喜饶作为八思巴的侍从到过大都，得到忽必烈的封赐。次子迦德贝继位后，曾为万户事务七次到祖国内地，受到元朝皇帝的器重，他从内地请了许多汉族工匠到西藏完成蔡巴寺大殿和顶部金瓶等的建造工程，还把内地的刻版印刷技术带回西藏。迦德贝之孙蔡巴·贡噶多吉是著名的《红史》作者，泰定二年（1325），他十七岁前往大都，朝贡元泰定帝，得银一大升、黄金装饰品、绸缎和银印一颗，并受赐告知蔡巴僧俗官民的诰文。他曾校勘大藏经《甘珠尔》，用金银书写二百六十部经典，史称“蔡巴《甘珠尔》”。贡噶多吉之子格雷桑布曾受元朝“司徒”的封号。

至正十三年（1353），帕竹万户长降曲坚赞派扎洛瓦·喜饶扎西携带四爪齐全的狮子皮等贡品入朝，元帝封他为“大司徒”，赐给他世代执掌西藏地方政权的诏册和印信。至正二十一年（1361），他还带病陪同元朝来藏的宣旨钦差，前往后藏地区敦请帝师孛南洛追赴京，表示对元中央政府的衷心拥护。达垅寺第三任堪布桑结雅均喜饶喇嘛曾与八思巴关系亲密，其侄芒噶拉古如在八思巴支持下继任堪布，曾接受过忽必烈赏赐的黄金。主巴噶举派的坞坚巴·仁钦贝曾于至元二十九年（1292）受忽必烈召请，以六十三岁高龄到大都，为忽必烈做时轮金刚曼陀罗灌顶。宁玛派续部修法的传人释迦沃，曾派弟子梅梨往见忽必烈，应请向忽必烈传授杀戮、驱逐、勾召之法。为此，忽必烈向释迦沃和其兄释迦军颁发金字诏书，赐白银一升，供他们生活、念经。释迦沃兄弟应忽必烈要求，祈祷幻化网本尊，获得找到库藏门的授记，经过千辛万苦，开门拿到一个红铜盒，盒内藏有有关金刚萨捶法轨的经文十三卷和贮有长寿水的青玉瓶。释迦沃用红绸包裹长寿瓶，送到内地，转呈忽必烈。忽必烈赐释迦沃“拔希”（法师）名号，其地位与国师相等，并赏赐班苛地方四十五户人家的土地给他，允许前藏一切修密法者免充军役。另有两位宁玛派僧人也到过大都，受到元朝皇帝的优待，得到了大量土地的赏赐。觉囊派僧人笃布巴・喜饶坚赞大师有著名弟子十三人，其中衮蚌・曲扎贝于至正年间，曾代表笃布巴到祖国内地，与元王室取得联系；弟子曲结仁钦楚臣曾应邀去祖国内地传教；弟子聂琬巴・衮噶巴被忽必烈封为“司徒”，赐有印信，曾任萨迦本钦。其子多吉衮巴亦任过萨迦本钦。多吉衮巴之子南喀旦巴到过大都，受封“国公”“大元国师”，赐有玉印。八思巴之弟恰那多吉娶夏鲁万户家的女儿，生达玛巴拉。至元十九年（1282），达玛巴拉成为元朝第三任帝师，曾在朝廷讲述夏鲁万户的情况，皇帝赐给夏鲁大量财物和世袭万户的权力，又封夏鲁万户长为“古尚”，即萨迦首领的舅家。[1]

三、藏传佛教在内地的传播方式

元代藏传佛教在内地的传播方式很多，归纳起来主要有以下几个方面。

（一）通过帝师传播

元代正式设立的帝师共十四位，元朝政府给予他们很高的社会地位。历任帝师的印为玉印或金印，高于诸王所用之印。“于是帝师之命，与诏敕并行

[1] 参见蒲文成、王心岳：《汉藏民族关系史》，兰州：甘肃人民出版社，2008年，第116页。

于西土。百年之间,朝廷所以敬礼而尊信之者,无所不用其至。虽帝后妃主,皆因受戒而为之膜拜。正衙朝会,百官班列,而帝师亦(抑)或专席于坐隅。且每帝继位之始,降诏褒护,必敕章佩监络珠为字以赐,盖其重之如此。其未至而迎之,则中书大臣驰驿累百骑以往,所过供亿送迎。比至京师,则敕大府假法驾半仗,以为前导,诏省、台、院官以及百司庶府,并服银鼠质孙。"[1]元政府每项尊崇帝师的行为,就是对藏传佛教的一次宣传,它的直接结果是百官、宫妃、内侍等出于不同的目的(有的出于真的信仰,有的为了讨好皇帝)而纷纷拜在帝师门下,学受戒,其中著名的例子如南宋的最后一个皇帝赵显在被俘后修习藏传佛教等。这种因尊崇帝师而使藏传佛教得到传播的活动,不仅出现在内宫,同时也波及全国。如八思巴去世后,元政府在延祐七年(1320)七月"丁酉,诏各郡建帝师八思巴殿,其制视孔子庙有加";到泰定帝时,又"绘帝师八思巴像十一颁各行省,俾塑祀之"[2]。这种大型的纪念活动,其最直接的效果就是在全国范围内传播了藏传佛教。而帝师本人,除了处理行政事务外,其重要的职责就是传播佛教,并通过各种佛事活动,为统治者服务。他们的宗教传播活动,无论在藏族史籍还是在汉族史籍中,屡有记载。贡噶洛追坚赞则对"未经法王伯侄教化的不同语言之诸众生讲授大乘教法,使大乘教法遍传东方各地",贡噶坚赞贝桑布"在广大国土中大兴讲、辩、著述释迦教法之风,使其合同白昼之太阳,光明普照"[3]。至元二十二年(1285),"命帝师也怜八合失甲自罗二思八等递藏佛事于万安、兴教、庆寿等寺,凡一十九会"。至元二十六年(1289),"命帝师及西僧作佛事坐静二十会"。至元二十七年(1290),"命帝师西僧递作佛事坐静于万寿山厚载门、茶罕脑儿、圣寿万安寺、

[1] (明)宋濂等撰:《元史》卷二百〇二《列传第八十九·释老》,北京:中华书局,1976年。

[2] (明)宋濂等撰:《元史》卷二十九《本纪第二十九·泰定帝一》,北京:中华书局,1976年。

[3] 阿旺贡噶索南:《萨迦世系史》,陈庆英等译注,西藏人民出版社,1989年,第182—229页。

桓州南屏庵、双泉等所，凡七十二会”。泰定元年（1324）十月，“丙子，命帝师作佛事于延春阁”。[1]可见，在元代，帝师是举行佛事活动的核心人物，他们身体力行使藏传佛教得到传播。

（二）通过一些大型的佛事活动向外传播

在元代，每逢祭祀祖先、皇室成员生病、遇到重大军事行动、遇到天灾等等，都要做藏传佛教的佛事活动。这些佛事规模巨大，影响也很大，成为传播藏传佛教的主要形式，其中最著名的就是“白伞盖佛事”。《元史・祭祀志》中对这一大型佛事活动有详细记载：“世祖至元七年，以帝师八思巴之言，于大明殿御座上置白伞盖一，顶用素段（缎），泥金书梵字于其上，谓镇伏邪魔获（护）安国刹。自后每岁二月十五日，于大明殿启建白伞盖佛事，用诸色仪仗社直，迎引伞盖，周游皇城内外，云与众生祓除不祥，导引福祉。岁正月十五日，宣政院同中书省奏，请先期中书奉旨移文枢密院，八卫拨伞鼓手一百二十人，殿后军甲马五百人，抬舁监坛汉关羽神轿军及杂用五百人。宣政院所辖官寺三百六十所，掌供应佛像、坛面、幢幡、宝盖、车鼓、头旗三百六十坛，每坛擎执抬舁二十六人、钹鼓僧一十二人。大都路掌供各色金门大社一百二十队，教坊司云和署掌大乐鼓、板杖鼓、荜篥、龙笛、琵琶、筝、绫七色，凡四百人。兴和署掌妓女杂扮队戏一百五十人，祥和署掌杂把戏男女一百五十人，仪凤司掌汉人、回回、河西三色细乐，每色各三队，凡三百二十四人。凡执役者，皆官给铠甲袍服器仗，俱以鲜丽整齐为尚，珠玉金绣，装束奇巧，首尾排列三十余里。都城士女，闾阎聚观。礼部官点视诸色队仗，刑部官巡绰喧闹，枢密院官分守城门，而中书省官一员总督视之。先二日，于西镇国寺迎太子游四门，舁高塑像，具仪仗入城。十四日，帝师率梵僧五百人，于大明殿内建佛事。至

[1]　（明）宋濂等撰：《元史》卷十三《本纪第十三・世祖十》、卷十五《本纪第十五・世祖十二》、卷十六《本纪第十六・世祖十三》、卷二十九《本纪第二十九・泰定帝一》，北京：中华书局，1976年。

十五日，恭请伞盖于御座，奉置宝舆，诸仪卫队仗列于殿前，诸色社直暨诸坛面列于崇天门外，迎引出宫。至庆寿寺，具素食，食罢起行，从西宫门外垣海子南岸，入厚载红门，由东华门过延春门而西。帝及后妃公主，于玉德殿门外，搭金脊吾殿彩楼而观览焉。及诸队仗社直送金伞还宫，复恭置御榻上。帝师僧众作佛事，至十六日罢散。岁以为常，谓之游皇城。或有因事而辍，寻复举行。夏六月中，上京亦如之。”[1]这次佛事从准备到结束历经一个月，涉及宣政院、枢密院、中书省、礼部、刑部等部门，直接参与的人达五千多人，社会阶层上至百官，下至妓女杂要，其影响是可想而知的。“游皇城”每年都要举行一次，且仕女百姓倾城出动观看，它事实上已演变为京城的一个节日。这样规模巨大的佛事活动，给尽可能多的人提供了了解接近和信仰藏传佛教的机会。

（三）在中央政府的推动下传播

元朝统治者信仰藏传佛教后，也采取了一些措施促使其传播。至元十七年（1280）十二月，“敕镂板（版）印造帝师八合思八新译《戒本》五百部，颁降诸路僧人”。至元二十六年（1289）十二月，“诏天下梵寺所贮《藏经》，集僧看诵，仍给所费，俾为岁例”。至治元年（1321）三月，“乙酉，宝集寺金书西番《波若经》成，置大内香殿”。泰定元年（1324）七月，“丙午，以畏兀字译西番经”。迦鲁纳答思“以畏吾字译西天、西番经论，既成，进其书，帝命锓版，赐诸王大臣”。[2]元政府在组织人翻译藏传佛教经书，命寺院僧人诵读的同时，还广建寺庙，封赏僧人，给僧人、寺庙的土地以特权。

---

[1] （明）宋濂等撰：《元史》卷七十七《志第四十七下·祭祀六》，北京：中华书局，1976年。

[2] （明）宋濂等撰：《元史》卷十一《本纪第十一·世祖八》、卷十五《本纪第十五·世祖十二》、卷二十七《本纪第二十七·英宗一》、卷二十九《本纪第二十九·泰定帝一》、卷一百三十四《列传第二十一·迦鲁纳答思》，北京：中华书局，1976年。

（四）通过其他藏传佛教大师和僧人传播

仅元成宗大德九年（1305）至十一年（1307）三年间统计，赴京的西番僧人即八百五十余人，计乘马一千五百四十匹。[1]“尝经平凉府、静、会、定西等州，见西番僧佩金字圆符，络绎道途，驰骑累百，传舍至不能容，则假馆民舍，……奉元一路，自正月至七月，往返者百八十五次，用马至八百四十余匹，较之诸王、行省之使，十多六七。”[2]八思巴曾经“派他的亲传弟子持律论师却吉衮布到该地方，一年之中为九百四十七人授戒剃度，由这些弟子又传出无数比丘、僧伽，使得佛教在江南大为兴盛”[3]。由于元朝统治者崇信藏传佛教，并给予藏僧很多特权，所以对西藏的僧人来说，接近元政府就可能意味着地位、权势、财富。在这一动机的驱使下，大量的藏僧源源不断地涌向内地，他们“佩金字圆符，络绎道途”。这些涌入中原的藏僧除了一小部分封官晋爵外，还有一部分散落在各处民间。他们贩盐、开矿、经营店铺，甚至参服劳役，成为社会上非常活跃的一部分，藏传佛教随着他们的活动也得到了传播。另外，元代还把一些在政治斗争中失败的著名的藏族高僧贬到江南去，如达尼钦波桑波贝曾被流放到现苏州、杭州，并在普陀山修行；胆巴也被流放到潮州。还有和萨迦本钦贡噶桑布一起反对八思巴的著名喇嘛贡曼及其弟贡噶，也被忽必烈流放到了江南。这些佛学知识深厚的高僧，就像火种一样，他们的流放，在客观上促进了藏传佛教在江南的传播。除此之外，应该特别提出的是杨琏真伽（又作加、迦、珈）和胆巴对藏传佛教在汉地的传播起了很大的作用。杨琏真伽的弘教活动见于史书记载的主要在他任江南佛教总摄之后。

[1] 参见石硕：《历史上藏人向中原地区的流动及与西藏社会发展的关联》，《光明日报》2012年3月26日。

[2] （明）宋濂等撰：《元史》卷二百〇二《列传第八十九·释老》，北京：中华书局，1976年。

[3] 达苍宗巴·班觉桑布：《汉藏史集》，陈庆英译，拉萨：西藏人民出版社，1986年，第205页。

他“发宋陵冢所收金银宝器修天衣寺”，而且毁了宁宗的攒宫、宋郊天台建寺。到后来，元朝索性“以江南废寺土地为人占据者，悉付杨琏真伽修寺”。到至元二十五年（1288），“杨琏真伽言以宋宫室为塔一，为寺五，已成，诏以水陆地百五十顷养之”。杨琏真伽在江南的弘教活动，推动了藏传佛教在江南的传播，至今在杭州还保留着许多藏密的遗迹。如杭州飞来峰的元代藏式造像，以及城隍山宝成寺的一堂“麻曷（又作摩诃）葛剌”圣像。胆巴对藏传佛教的传播所做的贡献就更大了。元赵孟頫书《胆巴碑》中记：“始于五台山建立道场，行秘密咒法，作诸佛事，祠祭摩诃伽剌。持戒甚严，昼夜不懈，屡彰神异，赫然流闻。自是德业隆盛，人天归敬。武宗皇帝、皇伯晋王及今皇帝、皇太后皆从受戒法。下至诸王将相贵人，委重宝为施身，执弟子礼，不可胜纪。”《佛祖历代通载》记述了胆巴在流放期间“由汴涉江，洎于闽广，所至州城，俱沾戒法”。他在潮州城南建立了宝积寺，弘传萨迦教法，并给人医病，威望较高。

在各方人士的大力弘扬下，元代非藏区的藏传佛教以大都为中心，在上都、江南、敦煌都有所传播。大都作为元朝的统治中心，藏传佛教的主要佛事活动场所包括相关寺庙都建于此，在这里，藏传佛教广受传播是不言而喻的。上都也是当时藏传佛教的传播地，“游皇城”的佛事活动“夏六月中，上京亦如之”。而且，元朝统治者频繁地北巡上都，每次都带有大量的藏僧。至大元年（1308），就因为“诸王及西番僧从驾上都，途中扰民”所以“禁之”。至治元年（1321），“毁上都回回寺，以其地营帝师殿”。至治三年（1323），“作上都华严寺、八思巴帝师寺及拜住第，役军六千二百”。至顺二年（1331）三月，“以将幸上都，命西僧作佛事于乘舆次舍之所”。胆巴后来在上都去世。这些史料说明当时上都的藏传佛教还是相当繁盛的。河西因处在佛教东传的孔道上，故藏传佛教的发展更为繁盛，除凉州的白塔寺，敦煌第462、463、465窟都属元代的喇嘛教石窟。

（五）元代藏传佛教传入内地后产生的影响

从中国历史整体发展来说，藏传佛教在元代的传播，增强了西藏的内向力。从元代开始，西藏的僧俗力量看到了依附中央政权的实际好处，他们从此以得到中央政府的恩宠为荣，这为明朝政府顺利地在西藏实施统治打下了基础。

藏传佛教的传入，对元政府来说，一是为其统治的合理性提供了理论依据。八思巴曾写过这样的颂词，意为："由于先世所积和无数福德，家族及本身都宝贵而完满，由天神之主来做人间之王。成吉思汗皇帝于众犹如太阳，此人主的具足所有福业之子，被贵人们当做顶宝一样尊崇，善待众生使其能成胜各方。"[1]在这里，八思巴把成吉思汗说成天神之主，把他的家族说成神佑的家族，使其统治众生成为理所当然。藏传佛教的高僧还在元朝政府遇到重大事件时举行大型的佛事活动。如元灭宋前，倡建白伞盖佛事，修摩诃葛剌法，加深其受佛法护佑的印象，客观上加强了元政府的统治。二是藏传佛教僧人的活动，对元代建筑、工艺、美术、地理学、历法、佛经翻译产生了重大影响。八思巴把尼泊尔的画塑家阿尼哥带入中国。阿尼哥技艺超群，"凡两京寺观之像，多出其手。为七宝镔铁法轮，车驾行幸，用以前导。原庙列圣御容，织锦为之，图画弗及也"，这就为元代的画塑艺术增添了新的风格。后来，他的技艺还传给了刘元，刘元也深得其精髓，"凡两都名刹，塑土、范金、抟换为佛像，出元手者，神思妙合，天下称之"。[2]八思巴受命统领天下僧众十一年后离开了大都，他曾在临洮旅居三年，修建了临洮大寺，使得临洮在元代成为甘肃、青海乃至西北地区的宗教文化传播中心，人称"小西天"。有意思的是，不少临洮的藏传佛教僧人进京朝觐，受取官职，他们中不少人本是汉人，

[1] 参见阿旺贡噶索南：《萨迦世系史》，陈庆英等译注，西藏人民出版社，1989年，第115页。

[2] （明）宋濂等撰：《元史》卷二〇三《列传第九十·方技等》，北京：中华书局，1976年。

或是在长年的民族混居中姓了汉姓也会说汉语的藏人。

藏传佛教的传入，对西藏本身也产生了巨大影响。一是促进了西藏本土佛教以及寺院经济的繁荣。西藏以帝师为代表的高僧常常得到政府的巨额赏赐，他们把这些钱用来建佛寺、译经、饭僧，使西藏寺院经济空前发达。同时，由于帝师及萨迦派其他高僧频繁地由后藏经前藏入元，沿途不断地弘法，促进了西藏本土各佛教派别之间的宗教交流，从而促进了佛教的发展。二是使得西藏很多人才有了用武之地。在元代，帝师常常把一些优秀的藏人推荐到政府中做官，其中最著名的如八思巴带入元朝的桑哥，最后当到官居一品的“尚书省右丞相、兼总制院使、领功德使司事、进阶金紫光禄大夫”。这些人进入中央政府做官，一方面增加了中央政府的凝聚力，另一方面也使藏族人民的聪明才智得到发挥。[1]

四、阿尼哥及其弟子在内地对传播藏传佛教艺术的贡献

（一）阿尼哥及其弟子在内地传播藏传佛教艺术

1. 阿尼哥的贡献

1260年，八思巴受命在萨迦寺建造金塔时，元世祖命令从印度和尼泊尔选调百名能工巧匠参与修建，尼泊尔选出了八十名工匠，但无人敢领队前往。当时阿尼哥尽管只有十七岁，但当即表示愿率队前去，于是八思巴令他监督金塔工程的修建，结果只用了一年时间，金塔便顺利完工。

阿尼哥出神入化的造诣博得了八思巴的赏识。金塔完工后，八思巴不仅将阿尼哥留在身边，为他剃度授戒，收为弟子，而且将他举荐到宫廷。阿尼哥到宫廷后，忽必烈命他修补宋朝时期的铜人，以试其才能，阿尼哥的艺术天赋

[1] 参见朱丽霞：《论元代藏传佛教在内地的传播》，《西北民族研究》1998年第2期。

再次得到了充分发挥。他聪明伶俐、才思敏捷,因而深得忽必烈的喜爱。之后,忽必烈命阿尼哥留在身边从事艺术创作活动,并“诏给卫士二十人,尚方日供珍馔,赐以饰金腰舆”,同时于 1276 年“特出中使赉黄金五百两乘传往召”其身居尼泊尔的妻子前往元朝。“(至元)十年(1273),立诸色人匠总管,银章虎符,命公长之,统四品以下司局十有八。铸黄金为太子宝、安西北安王印、金银字海青圆牌、内廷大鹏、金翅雕、尚醞巨瓮。又创为镔铁自运法轮,行幸揭以前导。”此后,阿尼哥便开始了大规模的艺术创作活动。据《凉国敏慧公神道碑》统计,至 1306 年阿尼哥去世为止,除“内外朝之文物礼殿之神位、官宇之仪器组织、熔范、抟埴、丹粉”,亦即绘画雕塑作品外,他一共主持并亲自参与了十五项大型建筑的修建,“最其平生所成,凡塔三、大寺九、祠祀二、道宫一”。《凉国敏慧公神道碑》对这些大型艺术工程做了详细记载:“十一年(1274),建乾元寺于上都,制舆仁王寺等。上都国学始成,肖祀夫子十哲,诏公为之。赐宅京师咸宜里,金币皆有差。十三年(1276)建寺于涿州,如乾元制……十五年(1278),诏公返初服,授光禄大夫、大司徒,兼领将作院印,秩皆视丞相,赐冕服、玉带、锦衣、金带、燕衣二十四袭、貂裘帽、鞍辔、车马,妻以宋景献太子孙女郡主赵氏。凡景献府库、田宅,悉赐之。十六年(1279),建圣寿万安寺,浮屠初成,有奇光烛天。上临观,大喜,赐京畿良田亩万五千,耕夫指千,牛百,什器备。十七年(1280),建域南寺。二十年(1283),建兴教寺。二十八年(1291),创浑天仪及司天器物。世祖上宾,公于私第为水陆大会四十九日以报。又追写世祖、顺圣二御容,织帧奉安于仁王、万安之别殿。元贞元年(1295),建三皇庙于京师,又建万圣祐国寺于五台。裕圣临幸,赏白金万两,妻以戚里女囊和尔沁,资送中给。崇真万寿宫成,诏公位置像设。大德五年(1301),建浮屠于五台。始构,有祥云瑞光之异。又命织成裕宗、裕圣二御容,奉安于万安寺之左殿。六年(1302),国学文庙成。复命为主肖,位遵先酉也。公奉诏感激,益尽心思焉。八年(1304),建东花园寺,铸丈六金身。九年(1305),建圣寿万宁寺,造千手眼菩萨,铸五方如来。"[1]阿尼哥的多才多艺博得了元帝王的极大赏识和重用,先后担任"诸色人匠总管""领将作院事",地位十分显赫。在塑像方面,他以擅长"西天梵相"而名满天下,"凡两京(大都和上都)寺观之像,多出其手",成为当时藏传佛像艺术发展的先锋和典范。

实际上,阿尼哥的才能主要体现在绘画和雕塑上,尤以对金铜佛像的浇铸见长。除《凉国敏慧公神道碑》在记述1305年建圣万寿宁寺时提到他铸造千手千眼观世音菩萨和五方如来佛像外,还有《元代画塑记》记录了他创作或主持的一些雕塑作品。大德三年(1299),北斗殿前三清殿左右廊完工之后,阿尼哥奉旨主持立塑了其中的房真像一百九十一尊,同时创作了六十四扇壁饰。大德八年(1304),城隍庙东面新建的三清殿完工后,阿尼哥再次奉旨立塑其中的塑像并修补其他殿堂受损的塑像。阿尼哥"补塑修装一百八十一尊,(其中)内正殿一十三尊。侧殿西廊九十三尊,侧殿东廊七十三尊、山门神二尊。并造三清殿圣像及侍神九尊"[2]。大德九年(1305),阿尼哥等奉皇后懿旨用铜铸造中心阁佛像,共"铸造阿弥陀佛等五佛,各带光焰莲花座;塑造千手千眼大慈悲菩萨及左右菩萨"。正因为如此,《元史·方技传》才留下了"凡两京寺观之像,多出其手"的记载。

2. 阿尼哥弟子和其他创作"西天梵相"的僧人之贡献

阿尼哥在进行艺术创作的同时,还坚持教徒授业,培养了一大批才华横溢的弟子,他们为阿尼哥开创的"西天梵相"艺术风格的持续传播和发展做出了重大贡献。其中,阿尼哥的儿子阿僧哥和弟子刘元发挥了极其重要的作用。阿僧哥的艺术活动主要集中在大都,据《元代画塑记》,其艺术活动主要如下:至大三年(1310)一月二十一日,奉武宗皇帝之命,与虎坚帖木儿丞相、搠思吉、月节儿与帝师商议,"依佛经之法,拟高良河寺并五台佛像从其佳者

[1] (元)程钜夫撰:《凉国公敏慧公神道碑》,载《雪楼集》。
[2] (元)佚名:《元代画塑记》,北京:人民美术出版社,1964年,第11—12页。

为之”，创作新建寺后殿铜像，共浇铸“正殿三世佛三尊；东西垛殿内山子二座，大小龛六十二，菩萨六十四尊；西洞房内螺髻佛并菩萨一百四十六尊；东西垛殿九圣菩萨九尊，罗汉一十六尊；十一口殿菩萨一十一尊，药师佛殿一尊；东西角楼魔梨支王四尊，东北角楼尊胜佛七尊，西北角楼无量寿佛九尊，内山门天王一十二尊”[1]。“仁宗皇帝皇庆二年（1313）八月十六日，敕院使也讷：大圣寿万安寺内，五间殿八角楼四座，令阿僧哥提调，其佛像计并禀搠思哥、斡节儿、八哈失塑之”，总共“塑造大小佛像一百四十尊”，其中，“东北角楼尊胜佛七尊；西北垛楼内山子二座，大小龛子六十二，内菩萨六十四尊；西北角楼朵儿只南砖一十一尊，各带莲花座光焰等；西北角楼马哈哥剌等一十五尊，九曜殿星官九尊，五方佛殿五方佛五尊，五部陀罗尼殿佛五尊，天王殿九尊；东西角楼四背（臂）马哈哥剌等一十五尊”[2]。

阿尼哥的弟子刘元和阿僧哥等也在梵相提举司工作，也都受到了重用，享受到较高的荣誉和地位。刘元，是元朝宫廷继阿尼哥之后兴起的一颗璀璨的艺术明星，其艺术活动主要集中在至元年间，一度曾非皇帝之旨而不许为人造像，并两度受赐宫女，行幸必从，其技艺之精、地位之高于此也可见一斑。其中，以其所造仁圣帝像为其代表之作，有口皆碑，观者莫不深为折服，并传为佳话。元人虞集在其著作《道园学古录》中对刘元的作品进行了高度评价：“计其运神之妙，致思之精，心手相应，二者略无彼此，而传世者多少悬绝如此，良由画可传玩摸拓久远，塑者滞一处，好事识者或不得而览观，使精艺不表白于后世，诚可慨也。”[3]

《元代画塑记》除记载了阿尼哥及其子阿僧哥、弟子刘元以及刘元的弟子在大都进行的上述艺术活动外，还提到了另外一些艺术创作。尽管书中没有明确表示这些艺术作品系出自阿尼哥弟子或再传弟子之手，但这些作品应与

[1]（元）佚名：《元代画塑记》，北京：人民美术出版社，1964年，第13—14页。

[2] 同上书，第14—15页。

[3]（元）虞集撰：《刘正奉塑记》，载《道园学古录》卷七。

当时流行的“西天梵相”有关。“西天梵相”艺术作品有如下一些特点：从题材上看，多为藏传佛教密宗造像，其中尤以三世佛、五方佛、马哈哥剌及其胁侍、五护陀罗尼佛母、救度佛母、文殊菩萨、观世音菩萨、佛祖释迦牟尼、尊胜佛母、无量寿佛、摩利支天和普贤菩萨以及四大天王的造像最多，并且出现了多臂密宗造像。从规模和形制来看，一次造像的规模十分巨大，通常一次浇铸佛像数最少均在十尊左右，大多为数十尊，有的甚至达百余尊。如皇庆二年（1313）八月十六日按仁宗皇帝之旨就铸造一百四十尊大小佛像。而最多一次为1310年，阿僧哥按照武宗和帝师的旨意铸造了二百七十八尊佛像。

随着江南的统一、各路总统所和行宣政院的设立，藏传佛教也随之传到了以今杭州为中心的江南各地。《汉藏史集》在记述帝师八思巴的弟子时说，八思巴共为四千多位尼泊尔、印度、汉地、西夏、蒙古、高句丽、大理、畏兀儿等地的比丘、比丘尼、沙弥和沙弥尼授戒剃度，并为其中的四百二十五人担任过授戒的堪布。与此同时，八思巴还派他的亲传弟子到江南传法，一年之中就授戒剃度了九百四十七名弟子。这些弟子又传出无数比丘、僧伽，从而使藏传佛教在江南极为兴盛。毋庸讳言，这些弟子为藏传佛教在内地，尤其是在江南的传播，以及创作“西天梵相”起到了积极的作用。其中，八思巴弟子沙罗巴和另一名弟子胆巴国师以及萨迦派座主达尼钦波桑波贝和松江府僧录管主巴等著名高僧，都与藏传佛教在江南的传播密切相关。

除杨琏真伽外，在元初的江南还活跃着另外一位释教总统，此人就是元代著名翻译家、江南著名的藏传佛教高僧沙罗巴。沙罗巴为秦州（今天水）积宁人，元贞元年（1295）出任江浙释教总统，1297年改任福建等处释教总统。据《中庵集》和《秋涧集》，沙罗巴在旅居大都和南方出任总统期间，不仅精通佛学，而且还好读儒家书籍，喜欢与当时著名的儒学名流交往，关系甚密，彼此之间常赋诗相赠。当沙罗巴1296年从江南返回京师，再准备南返时，元代著名文学家元好问高徒王恽即挥笔吟写一首诗《送总统佛智师南还》相送：“白足毗耶不易逢，鬓丝禅榻偶相同。经来震旦三千界，人在天龙八部中。满送酒船浮北海，细熏香雾供南丰。江东父老催飞锡，要沸潮音与海通。”

由于经常与儒学名流交往，参加诗会，沙罗巴也写得一手好诗。《中庵集》中留存了沙罗巴的两首绝句，为大德辛丑（1301）沙罗巴辞去总统一职后，从杭州回到大都，并准备从大都返回故里，修葺秦凉二州为其师八思巴所建之塔时所写。诗中表达了沙罗巴本人对汉族文化的强烈兴趣和真挚的友情，颇为感人。此二绝句分别为："吴越名山已遍寻，秦凉孤塔动归心。乾坤万里如来海，却向诗人觅赏音。飞锡临将远入秦，回头一笑更情亲。定知许我归来日，也作清香会里人。"据《元史》大德三年（1299）五月"壬午，（成宗）罢江南诸路释教总统所"的记载来看，沙罗巴从1295年至1299年间出任了江浙和福建释教总统。在此期间，他不仅以自己的正气改变了当时的僧风，而且以博学的才识受到了当时儒学名流的敬重，为汉藏民族和文化的交流做出了积极的贡献。翰林学士承旨程钜夫在《雪楼集》中为沙罗巴遁迹故里时所作《送司徒沙罗巴法师归秦州》一诗就是对他一生人品和才学的最好评价："秦州译师沙罗巴，前身恐是鸠摩罗；读书诵经逾五车，洞视孔释为一家。帝闻其人征自遐，辩勇精进世莫加；视人言言若空花，我自翼善刊淫侉。雄文大章灿如霞，又如黄河发昆阿；世方浩浩观流波，五护尊经郁嘉㪷。受诏翻译无留瑕，辞深义奥极研摩；功力已被恒河沙，经成翩然妙莲花。大官宠锡真浮苴，舍我竟去不可遮；青天荡荡日月赊，何时能来煮春茶？"

胆巴国师以学识渊博、才思敏捷、善于言辞、道行卓异而著称于世。1269年，他在五台山寿宁寺居住期间，元世祖即令其"建立道场，行秘密咒法，作诸佛事，祠祭摩诃伽（葛）剌，持戒甚严，昼夜不懈，屡彰神异，赫然流闻，自是德业兴隆，人天归敬"[1]。成宗时期，于大都（北京）颐和园万寿山等地设立道场祠祭摩诃葛剌神，摩诃葛剌神随祷而至，帮助元军统一江南和击退海都犯西番界；并为世祖、成宗治病，因而备受尊重。成宗时奉诏住持大都大护国仁王寺期间，成宗特"诏分御前校尉十人为之导从"。出行时，令胆巴国师护随左

[1]（元）赵孟頫：《大元敕赐龙兴寺大觉普慈广照无上帝师之碑》（《胆巴碑》），参见陈庆英：《元朝帝师八思巴》，北京：中国藏学出版社，1992年，第165页。

右。胆巴国师也曾受到其同胞藏族宰相桑哥的诬陷而遭遇流放，但他不但没有气馁，而且在福建和广东一带弘传藏传佛教，亲手在潮州建立了“净乐寺”。后来桑哥事发，他的冤案真相大白，他重新被朝廷请回京都，恩准驻锡皇家寺院大护国仁王寺。正是由于胆巴国师广博的才识、卓异的道行，因此在大德七年（1303）圆寂后，成宗诏令将其舍利迎入大护国仁王寺，安葬于庆安塔中。后来又在此立了一通《胆巴碑》，那碑文可是非同一般，是我国历史上大名鼎鼎的大书法家赵孟頫专门为他书写的。仁宗即位后，他被追封为“大觉普惠广照无上胆巴帝师”。

除胆巴国师外，元时江南还有一位特殊人物，此人即萨迦派座主、款氏家族传人、元封国师达尼钦波桑波贝。达尼钦波桑波贝生于1262年，从1304年至1322年担任萨迦寺座主十九年。据《萨迦世系史》和《汉藏史集》记载，1280年八思巴圆寂后，由于在继承人的问题上与元世祖产生了严重分歧，达尼钦波桑波贝被流放至江南，先是到了离京城海路二十多程站的苏州，后来到了再离七程站的杭州，此后又到离杭州十程站的普陀山修习瑜伽。1297年，因萨迦断嗣，并经帝师扎巴沃色从中斡旋，成宗将其从江南召回，并令其返回萨迦出任萨迦寺座主。在流放江南的十几年中，达尼钦波桑波贝还娶过一位汉族妻子，并生有一子，但很早就夭折了。藏文文献尽管没有详细记载他在这十几年间的活动，但可以推断出他与江南的佛教界应有所接触，也为藏传佛教与汉传佛教的交流做过一些事情。

此外，据元代的汉文文献，当时江南还驻有另外一些藏族僧人。他们有的在总统属下任职，有的则在一些寺院中出任住持。如贡师泰的《玩斋集》中说，当时杭州的圣安寺就有一位藏族僧人，名叫公歌藏卜，“西番人也。心空而行超善，以其学教诸子弟”，并说“公歌藏卜，华言普喜”[1]。

[1] 熊文彬：《元代藏汉艺术交流》，石家庄：河北教育出版社，2003年，第132—136页。

（二）阿尼哥及其弟子与“西天梵相”

与阿尼哥及其弟子直接相关的“西天梵相”，其文化和艺术背景十分复杂，至少包括藏传佛教文化、汉族传统文化和尼泊尔佛教文化等三方面的内容。如大都（北京）妙应寺白塔的样式是阿尼哥设计的，其中的佛像和塔藏等身、语、意三身是帝师构图的，与此同时在塔身建筑上融合了部分汉族艺术的母题。从题材到风格已经呈现出比较明显的藏汉艺术互相融合的趋势。实际上阿尼哥的弟子刘元和阿僧哥等也继承了这一传统。如刘元，据《元史》《刘正奉塑记》《佛像精塑》和《元代画塑记》，他不仅进行藏传佛教佛像的创作，同时也进行儒、道题材的创作。显而易见，正是藏、汉、尼泊尔文化与艺术风格之间的这种相互吸收和有机融合，才形成了“西天梵相”的真正内容，从而也使这一艺术在元代上层社会获得了广泛的接受和传播。

于1282—1292年间创作的临安（杭州）飞来峰石刻是这种风格的成功范例。元世祖率元军攻陷临安的次年即至元十四年（1277）二月随即“诏以僧亢吉祥、亦怜真加、加瓦并为江南总摄，掌释教”[1]。元世祖所任命的“江南总摄”一职，文献多作“总统”，如“江淮诸路释教都总统”，如飞来峰有至元二十九年（1292）杨琏真伽出资镌造的“西方二圣”，其铭文署衔为“大元国功德主宣授江淮诸路释教都总统永福杨大师”[2]。杨琏真伽，为唐兀即西夏人，杨为其姓，琏真伽为其名，在唐兀语中，“琏真”为“宝”之意，“伽”为“大”之意。此外，元代文献还经常称他为“永福大师”“永福杨总统”等。据《元史・释老传》，此人为帝师八思巴的弟子辈属，与当时的总制院使、胆巴国师的弟子桑哥关系极为密切。据文献，杨琏真伽在江南兴建的藏传佛教寺院分为三类：一类是在毁坏宋宫殿和陵墓的基础上兴建的塔寺，一类为在宋故宫所建塔寺，一类为道观所改建。元代沿用了当地开山造像的石刻文化传

[1]（明）宋濂等撰：《元史》卷十《本纪第十・世祖六》，北京：中华书局，1976年。

[2]浙江省文物考古研究所编：《西湖石窟》，杭州：浙江人民出版社，1986年，第108页。

统，在五代、宋摩崖、石窟麇集的灵隐飞来峰经营石刻，推出新式的藏传佛教造像。飞来峰现存元代造像六十八龛、一百一十七尊，其中藏传佛教造像有三十三龛、四十七尊。施造这些佛像的功德主有杨琏真伽等一批元初僧俗。刊造时间从现存题记来看，最早的为至元十九年（1282），最晚的为至元二十九年（1292）。

十分遗憾的是，由于年代的推移和其他诸多因素，迄今为止，离开《元代画塑记》等重要文献，人们已经很难领略到“西天梵相”艺术作品风格的真实风韵。当时的作品大多已经散落，难以缘见，有的甚至早已灰飞烟灭，不复存在了。正因为如此，北京故宫博物院珍藏的两尊镌有确切纪年、与“西天梵相”关系极其紧密的元代藏传佛教雕塑作品更加显得弥足珍贵。故宫博物院珍藏的这两件元代藏传佛教雕塑作品，均为金属造像。一尊为大德九年（1305）的文殊菩萨像，另外一尊为至元二年（1336）的释迦牟尼佛像。据《藏传佛教金铜佛像图典》，文殊菩萨像为铜镀金，高十八厘米，座底部镌文为：“奉佛高全信一家，舍财造文殊师利一尊，报答父母养育之恩，一切众生共成佛道。大德九年五月十五日记耳。”释迦牟尼佛像质地为青铜，高二十一点五厘米，背部镌有铭文：“出家释子智威睐，丁男仲仁贵、仲仁智、仲仁寿，信眷杨氏单奇一家善眷等，发心铸释迦佛。一家南无诸佛加被，星天护持，此世来生，福报无尽。岁次丙子至元二年八月望日谨题。”[1]此外，在西方藏品中还有一尊1292年创作的石雕造像，高四十八厘米，座宽二十九厘米，主尊为大黑天宝帐怙主，左右上下有四身胁侍环围。值得一提的是，这尊像龛的上下左右四方都镌有藏文铭文，底部有供养人题记，大意为：“愿得吉祥！精通工巧明、举世无双的神变艺术家贡却查布在施主a-tsar-bag-shi资助下，于阳水龙年（1292）雕毕此像，以祝佛法昌隆，永远住世；大法主和施主寿比南山，永绝一切违缘；以谢一统天下、誉满环宇的伟大国王忽必烈和圣贤喇嘛、法王、

[1] 王家鹏编：《藏传佛教金铜佛像图典》，北京：文物出版社，1996年，第502—503页。

此浊世之第二佛陀八思巴之恩德。”[1]其中提及的雕塑者“贡却查布”，显然是位藏族艺术家。从题记对他的称誉来看，他在当时或是一位堪与阿尼哥相提并论的艺术大师。

（三）“西天梵相”在内地的传播

13 世纪后期杭州飞来峰的元代藏传佛教石刻，体现出较为浓重的东印度波罗王朝佛像艺术风格。13 世纪初，入侵印度的伊斯兰军队扫平了印度佛教及其密宗的最后一个堡垒，即东印度的超岩寺，寺内僧侣多携带经像避入西藏，其余部分则逃入邻国尼泊尔一带。印度密宗及其造像艺术在本土遭受了灭顶之灾，但波罗艺术的传统及其风格却在西藏、尼泊尔等地被继承下来。13 世纪下半叶，具有东印度波罗风格的雕塑艺术经尼泊尔艺术家阿尼哥之手，传到元王朝统治下的中国内地，这种造像风格史称“西天梵相”。

1. 杭州飞来峰藏式造像[2]

杭州飞来峰藏式造像是“西天梵相”在内地传播的典型。据当地一通古碑《大元国杭州佛国山石像赞》记载，它大部分完成于 1289 年。后来造像活动延续了半个世纪。关于飞来峰的名字，有人说是从尼泊尔的藏传佛教圣山“斯瓦扬布”飞去的，这与阿尼哥等尼泊尔工匠建造许多藏传佛教造像有关。藏传佛教造像与汉传佛教造像荟萃于元初的灵隐飞来峰表明，外来文化艺术因素对本地雕刻的影响和本土传统对外来形式的渗透、熏陶，形成了不同文化背景和艺术风尚相互碰撞、相互吸收的趋向，杭州飞来峰元代造像由此在雕塑艺术领域内成为整个元代中国文化多元性的一个缩影。藏密被认为是藏传佛教的“精髓”所在。藏地佛像与汉地佛像的重要区别之一便是藏密含有许多种神秘寓意、怪诞、恐怖的“忿怒相”。这类佛像体现了藏密实践中采

[1] 熊文彬：《元朝宫廷的“西天梵相”及其艺术作品》（上），《中国藏学》2000 年第 2 期。
[2] 见书前彩插图 23。

取以神佛的“威猛力”来“摧破、降伏”魔障的修行思想。由于藏传佛教的传入,元初飞来峰确有若干双目圆瞪、姿态威猛,近乎大“忿怒相”的藏密像,然而这些雕作毕竟缺乏藏密“忿怒相”所特有的目光严厉、锋利如剑、凶狠暴怒等使观瞻者不寒而栗的形神特点。如第 32 龛金刚手菩萨,无论是冲冠的火焰形竖发、圆鼓的双眼,还是粗短的身材都是密宗大“忿怒相”的规范。但石雕的脸孔却未作满面虬髯的刻画,这一微妙的变动,恰好与雕像腿短腹大的身段比例、肥胖圆滚的姿态及身围飞舞的帛带相匹配,使金刚手在瞪目威严的容相中透露出孩童般的稚气,冲淡了藏密像的“凶恶”成分。而那些面目狰狞可畏、全身裸露、手持颅钵、身披骷髅璎珞的藏密明王本尊(包括双尊)像,则在飞来峰不见踪迹。

一线天洞外高崖上的第 58 龛汉式无量寿佛,采用了梵相的佛髻,上有宝珠顶严,形状高尖;反之,第 77 龛梵式无量寿佛肉髻上未置宝珠顶严,佛髻只有两层,形状与同期汉式造像无异。再如,像优钵罗花这样一种外来装饰品,挂在了第 59 龛杨思谅施造的“西方三圣”中的两胁侍和其他五十六尊汉式菩萨的耳端。飞来峰有元代四臂观音像三尊,其中体量最大的第 93 龛观音的发髻已非梵式风格,宝冠也模糊了五叶,而与飞来峰由两宋发展而来、上部略往外撇的精细高宝冠相近。第 92 龛四臂观音所披帔帛宽博,更符合汉民族不尚裸体的审美要求。帛带呈自然下垂,不作上扬飘飞,也不同于一般的梵式造像。第 91 龛密理瓦巴和侍女三尊是飞来峰规模较大的一龛造像,主尊高近两米。此龛雕像人物的特征和具体身份,此前有关论著似未有确切考证。主尊密理瓦巴多处损坏,头面部被毁,面容不辨;而侍女亦缺臂损头。但根据造像的装束、姿态及人物间的关联仍可确认,主尊系印度密宗八十四位大成就者之一。他头微上抬,右手上举指向日轮,右腿单盘,左腿支起,手镯、臂钏、脚环等装饰繁多。第 91 龛大成就者密理瓦巴梵名为费卢波,相传他法力无边,曾在一酒馆与人打赌,用一手指将太阳定住。飞来峰第 97 龛主尊与侍从间的圆形大酒缸是大成就者施法时所处环境的象征,而两侍女则兼有酒店侍女和无上瑜伽修习中的女性伴偶——瑜伽女这双重身份。第 91 龛是飞来峰,也是我国东南地区唯一的藏传佛教上师造像。

值得重视的是,同类题材的作品,在大师的侍女(瑜伽女)的表现形式上西藏壁画与飞来峰第 91 龛像间存在明显的反差。前者中侍女只有一位,她单手持酒壶,姿态动感强,与主尊间的关系似较随和;后者中则为前后相随的两位侍女,她们分别用双手捧食钵、酒壶,弯腰侍立,毕恭毕敬。西藏绘画中的上师侍女头戴五叶冠,发髻高尖,上穿紧身露腹短袖衫,胸部丰满;下着贴体短裤、跣足,体形健美。飞来峰密理瓦巴龛中的两侍女则梳髻戴花冠(头部有损),穿窄袖背子和百褶裙,披云肩;小足着履,衣着紧贴身体,线条宛转流畅,显示了侍女苗条的身材。两种侍女间的区别,主要不是因绘画与雕刻这两类艺术形式的差异所致,而是由藏、汉间文化形态的不同所造成的。藏画中的侍女,无论形象、体型、姿态、装束类似印度式的天女;而"一主二仆"式的密理瓦巴侍女更多地融入了汉地的传统,可视之为等级森严的封建社会中汉地婢女的形象写照。同时,两侍女如薄纱微蒙的衣着仍是印度风俗的体现。密理瓦巴主尊裸体踞坐,全然为梵式风格。通观密理瓦巴整龛造像,有借用汉地人物习俗移入藏传佛教密宗主题手法的运用,这是将不同文化因素异质同构的典范。

藏、汉两大雕塑体系相互影响、相互吸收,促进了我国元代雕塑艺术的变革、发展与繁荣。飞来峰元代文殊造像共有四尊,尽管题材相同,但作风别具一格。青林洞洞口上方建于至元十九年(1282)的"华严三圣"大龛中的胁侍文殊为汉传佛教造像,面相、身段、服饰、背光等均属汉地风格,而菩萨肩侧飞舞的帛带却近于藏式。文殊右手作施无畏印,为汉地文殊之常见造型;左手捧梵箧。龙泓洞第 56 龛和呼猿洞附近属第 99 龛的两尊文殊,均左手于胸前持承托经箧的莲花,右手高举长剑,上身赤裸。其中龙泓洞外的文殊身姿呈扭动之态,而呼猿洞附近的文殊胸乳隆起。临溪石栈道旁山崖上的第 67 龛文殊,左手也持莲花托经箧,但右手作与愿印,右肩上方刻莲花和宝剑,此系藏传佛教图像中的白文殊形象。第 67 龛文殊坐姿端正，腰部挺直，不像西藏艺术中的白文殊那样腰肢呈 S 形扭动。这尊文殊像头戴五叶宝冠，发髻高耸呈圆锥形，冠侧宝腰飞扬，耳饰优钵罗花，帔帛宽博，帛巾斜绕身躯，长裙垂覆于莲瓣瘦长的高莲座前，褶襞流畅。文殊的身段、面相、神采、帔帛均属汉风，而标识、印相、背光、冠式和耳珰又为藏式，藏、汉两种造像风格和谐地结合在同一件雕刻作品中，堪称藏、汉合璧的佳作。[1]

位于杭州吴山宝成寺的大黑天像是保存至今的另外一处重要的元代藏传佛教艺术遗迹。石壁上凿有三个佛龛，中龛为三世佛，西龛为莲花生大师，东龛为大黑天及其胁侍组像。大黑天是藏传佛教中的一位重要的护法神，元人据梵文音译作“麻曷葛剌”，或“玛哈噶拉”。据麻曷葛剌龛左题记，像为元代骠骑卫上将军左卫亲军都指挥使伯家奴出资于至治二年即 1322 年雕造而成。朝廷派遣伯家奴到杭州雕造麻曷葛剌的目的是对其进行专门的礼拜，原因是麻曷葛剌灵异卓著，在元代灭宋和抵御其他自然灾害的过程中发挥了重要的作用。因此，元朝不仅在大都大规模地绘塑他的画像，而且还在其他地方建专祠对其进行专门的供奉。

其中西面洞顶悬崖上的“西方三圣”阿弥陀佛、观音和大势至菩萨组像雕刻于后周广顺元年（951），为飞来峰现存纪年最早的石刻造像。元代造像是飞来峰佛教造像中的主体和精髓部分，不仅数量最多，形制也十分巨大，其中部分造像题写有汉文、梵文经咒和赞语。现存造像六十七龛，大小造像一百一十六尊。其中有四十六尊为藏传佛教风格造像，六十二尊为汉式风格造像，八尊为受藏传佛教风格影响的汉式造像。据造像铭文，这批造像创作于至元九年（1282）至至元二十九年（1292）年间，比现存北京居庸关过街塔浮雕和宝成寺大黑天造像的年代都早，为内地现存元代的年代最早的藏传佛教造像。造像多为江南释教总统杨琏真伽、杭州行宣政院院使及其下属官员

［1］ 参见赖天兵：《杭州飞来峰元代石刻造像艺术》，《中国藏学》1998 年第 4 期。

等施造。

值得注意的是，与同一时期萨迦寺和夏鲁寺以及随后时期西藏地区的藏传佛教艺术作品相比，飞来峰的典型藏式风格已经出现了较为明显的汉化倾向。大多数同类风格造像除在画像上与西藏地区的同类造像保持一致外，造型已经出现了与之相异的变化。菩萨和佛母的腰身开始趋于粗壮，柔软的S形轮廓逐渐消失。如从第47龛绿度母与呼猿洞无量寿佛胁侍救度母造像以及第26龛文殊菩萨与呼猿洞无量寿佛胁侍文殊菩萨同一造像之间的比较就可以明显看到这种造型上的变化。明王、护法神的刻画与西藏地区的同类题材相比，四肢和面部最有典型特征意义局部的刻画明显发生了变化，已经难以见到西藏地区明王、护法神怒发直立、双目圆凸、鼻孔开豁、龇牙咧嘴、四肢筋骨毕现而给人以极端威慑感和恐怖感细节的刻画，整个形体，尤其是面部特征的处理趋于平和，给人一种恐而不怖的感受。其原因是杭州是古都，不仅是南方汉族文化的中心，而且也是汉传佛教净土宗的中心之一，具有深厚的儒家、佛教文化的土壤和悠久的佛教艺术传统。这种变化正是适应了这一土壤和传统的需要，从而使藏传佛教这一陌生的文化更易于被当地接受。正是这种适应和变化，藏传佛教艺术开始逐步与汉地佛教艺术融合，冷泉溪南岸的文殊菩萨即是其中成功的范例。此尊文殊菩萨的五佛冠、圆形大耳环、佛冠后飘举的宝缯、手印、法器（莲花、剑与梵箧装经书）和胸部项链、双臂的臂钏的处理等都是一片藏风，而丰颐的面部造型、身上的袈裟及其衣褶和莲座上悬瀑的袈裟造型及其褶纹的处理则体现出强烈的汉式风格特征。正是这种融合，使藏传佛教艺术的形式和内容进一步适应了内地文化及其审美倾向，从而对后来内地（特别是明清宫廷）以及西藏地区的藏传佛教艺术的创作都产生了深远的影响。

2.《碛砂藏》大藏经木刻

管主巴（又作管主八），元人尊称其为广福大师。他在江南主要活动于大德六年（1302）至大德十年（1306）间，先后在平江府（今江苏吴县）碛砂延圣寺和杭州路大万寿寺雕印和流通了大量的汉文、西夏文和藏文佛经。为此，宿白先生认为,“他即使不是当时帝师直系的萨迦喇嘛,也是萨迦一派重要高僧”。关于他所雕印和流通的各种文字的佛经,在上海影印宋版藏经会影印的《碛砂藏》大藏经中收录的两篇愿文有明确记载。其一见第586册遵字九《大藏圣教法宝标目》卷九末《管主八愿文》。其二见日本善福寺藏《碛砂藏》本《大宗地玄文本论》卷三末。

与此同时,管主巴还刊印了一些佛图和佛像图本。此即影印宋版《碛砂藏》大藏经中保留至今的八种木刻插图版画。此外,管主巴死后,其儿子永兴大师管辇真吃剌也一直寓居杭州路,子承父业。对此,《碛砂藏》第565册多字七《大乘理趣六波罗蜜经》卷七载道:“杭州路东北录事司安国坊太平巷居住,奉佛管永兴大师辇真吃剌,发心将故父管僧录遗下秘密经板(版)一部,舍入平江路碛砂寺大藏经坊一处安顿,永远印造流通,祝延圣寿,愿大吉祥如意者。至正二十三年(1363)二月十六日奉佛管辇真吃剌谨施。”

除石刻和石雕外,当时江南还有部分木刻作品一直保存到了今天,此即松江府僧录管主巴主持雕刻的《碛砂藏》大藏经木刻。据《佛祖历代通载》,木刻的出现与金汁大藏经的缮写密切相关,如:“帝命写金字藏经,卷轴前图像未定。帝云,此经呈释迦佛说,止画况主,庶看读者知有所自。帝诏遍天下,每一岁中行布施度僧读大藏经,随处放光现瑞。”由此可知,在书写大藏经的同时,通常都要在其前面绘制相应的画像,随后便出现了木刻。《碛砂藏》大藏经自1931年在西安被发现后,其中的木刻插图引起了艺术史界的关注。《元代(1279—1368年):蒙古统治下的中国艺术》《早期汉藏艺术》和《元代杭州的藏传密教及其有关遗迹》都对此倾注了大量的笔墨,对它的年代、风格和相关问题进行了研究,堪称这一领域研究的力作。汉文大藏经《碛砂藏》的雕刻始于南宋绍定四年(1231),成于元至治二年(1322),前后历经近一个世纪的时间。据《管主八愿文》,元代松江府僧录管主巴在其间发挥了重要的作用,他不仅在大德六年(1302)完成了为数众多的汉文、西夏文、藏文佛经和佛经插图的刊印,而且还在大德十年(1306)开始补足了《碛砂藏》密教部分经典和插图,这些是后人了解元代藏传佛教艺术的重要图像资料。

据1936年上海影印宋版藏经会影印的《碛砂藏》汉文大藏经,《碛砂藏》木刻版画共有八种样式。由于其中的每帙经典是按《千字文》字序顺序排列的,因此这八种样式的木刻版画以《千字文》中的每八个字为一单元循环排列,每幅插图均装帧成四折。从作品来看,作画者对藏传佛教艺术十分熟悉,具有相同的艺术背景。作品中佛的造型多为高髻,广额方面,耳垂扁长,宽肩细腰,双手当胸作转法轮印,身着百衲袈裟,多袒右肩;高僧内着覆肩背心,或戴左右各垂长耳的桃形尖帽。身后绘舟形头光、马蹄形身光和背光。宝座纹纹样丰富,造型精美,由方形座基和双重仰覆莲花座组成,莲瓣宽大,与居庸关和飞来峰莲瓣造型相同。背光只有四种纹样,其中之一为大鹏、摩竭、兽王和象王,与居庸关同类题材相比,无童子和龙子造型,疑为六拏具的早期形制;另外一种为摩尼宝珠、妙音鸟、兽王和象王。这种组合十分独特,仅见于宙一插图右侧四臂文殊菩萨背光中。菩萨高髻,多着五叶冠,佩饰圆形大耳环,腰身纤细,体态窈窕,均带舟形头光。其中人物面相宽扁,表情较为呆板,造型雷同,具有明显程式化特征。

管主巴除主持雕印上述《碛砂藏》密教经典及其插图外,还于大德六年(1302)主持雕印了西夏文《大藏经》中部分经典和插图。据海瑟·噶尔美的《早期汉藏艺术》一书,其中有两幅插图与同一时期《碛砂藏》藏族风格的版画密切相关。第一幅为《大般若波罗蜜多经》插图,内容为说法。作品由汉藏两种风格组成,佛陀及其背光和宝座为藏式风格,而其余为汉式风格,并且与元代永乐宫著名的三清殿壁画的风格相同。另外一幅为《华严经》插图,题材与前者相同。释迦牟尼佛端坐于由方形座基和莲花座组成的宝座上,双手作转法轮印。除供养人具有明显的汉族特征外,佛、弟子和菩萨都带有一些藏人特征。其中的背光造型与前述《碛砂藏》宙一插图右侧四臂文殊菩萨的背光完全相同。元刊西夏文《大藏经》和汉文《碛砂藏》大藏经插图中如此相近的藏式风格似乎表明,二者出自同一批艺术家之手。

五、藏传佛教建筑雕塑艺术在内地的传播

随着藏传佛教在元朝的传播，藏族的寺庙建筑技巧、佛像雕塑艺术等也随之传入内地。13世纪中叶，先是由噶玛拔希在哈拉和林修建了第一所藏传佛教建筑大寺院，把藏地建筑技术传入祖国北方大漠边地。接着，八思巴又奉忽必烈之命在巨州修建佛教护法摩诃葛剌神庙，又把藏传佛教及其雕塑、建筑技术传入黄河流域。八思巴去世以后，元朝为了纪念他，特召请藏族工匠，在大都（今北京）建筑藏式真身舍利大"灵身塔"，其后又为之塑像、绘像，诏全国各郡县建庙通祀，使藏族建筑及雕塑、绘画艺术进而传遍祖国南北。八思巴的堂弟达尼钦波桑布贝因入京后获罪而流放南方，先至苏州，后居杭州，最终娶汉女为妻，并入舟山群岛上的普陀山修习传播印藏瑜伽行，把藏传佛教带入江南内地佛教的圣地，促使其互相融合吸纳。除大都（北京）与应天府（南京）外，从元至明，有西藏高僧夏巴钦波的后裔益西仁钦（《元史》称摄思连真）到山西五台山讲经并圆寂于该地。

（一）大都的藏传佛教艺术

关于元代在大都所建藏传佛教寺院的数量尚无准确统计，从元明宗至顺元年（1330）中书省臣所奏数字来看，为皇室作佛内外寺院已经多达三百六十七所。由于当时元朝国库已近空虚，因此中书省奏请汰减，以减少国库开支。[1]据《元史》等文献记载，在大都修建的藏传佛教寺院还有大崇恩福元寺、圣安寺、庆寿寺、兴教寺、西僧灌顶寺、城南寺、东花园寺和圣万寿宁寺等。从这些寺院尤其是大承天护圣寺的建筑布局来看，由皇室兴建的皇家寺院的布局与西藏流行的藏传佛教寺院的布局迥然不同。其区别不仅在于

[1]（明）宋濂等撰：《元史》卷三十四《本纪第三十四·文宗三》，北京：中华书局，1976年。原文为：闰七月"中书省臣言：'内外佛寺三百六十七所，用金、银、钞、币不赀，今国用不充，宜从裁省。'命省人及宣政院臣裁减"。

上述寺院都没有神御殿，而且在于整体系传统的汉传佛教寺院布局，与西藏依山而建或按坛城模式布局的样式截然不同。不仅如此，其中还出现了宫廷建筑的元素，如楼阁和水池，整体布局俨然是传统汉传佛教寺院建筑和宫廷建筑的有机结合。由兴圣皇太后弘吉剌氏于皇庆元年（1312）三月一日修建的大智全寺的建筑布局，也可以进一步证实这一特点。如大智全寺，“寺之制，正殿为三世佛。前殿为观世音菩萨，右为九子母之殿，左为大藏经之殿，北有别殿以备临幸。前为三门，设四天像，而僧房、斋堂、库禀、庖厨，甍连栋结，络绎周匝。三门之外二亭，西曰宝华，东曰瑞庆，中为池”。只是在如大承华普庆寺、大天源延圣寺和大崇恩福元寺等部分寺院，加立了高百尺、象征藏传佛教寺院的幡竿即宝幢而已。藏传佛教寺院的特点只是在宝幢和寺中安请的诸佛菩萨和供奉的藏文佛经中得以体现，这表明藏传佛教艺术在元代宫廷已经入乡随俗，逐步走向汉化，开始形成了一种更易被宫廷接受，融内地和西藏佛教艺术特点为一体的佛教艺术流派。这一点在随后的宫廷和居庸关云台以及杭州的藏传佛教雕塑和绘画艺术中将得到进一步的体现。

遗憾的是，除妙应寺白塔（即圣寿万安寺浮屠）外，原来在北京修建的建筑大多未能有幸保存下来。炳灵寺也兴起了萨迦潮，在许多洞窟中就有元代时期重绘的萨迦派壁画，如第 3 号窟的壁画虽然被格鲁派重绘，但其风格仍然保留了部分萨迦的风格。第 3 号窟是唐代时期开凿的方形平顶窟，其石雕造像及佛塔是唐代作品，但壁画是元代萨迦派入主后重绘的。右壁绘有千手千眼观世音等壁画；左壁绘有文殊菩萨和善财童子五十三参的佛教故事画；正壁绘有多幅佛因缘故事，最上层绘有元代各个教派领袖及佛祖的画像，其中有萨迦派创始人贡却杰布的画像，左上角绘有两幅双身修行像，即时轮金刚和胜乐金刚，这是炳灵寺为数不多的元代壁画珍品。除第 3 号窟外，其他洞窟中还有一些元代萨迦派壁画。随着元朝的衰落，萨迦派在西藏的地位由噶举派取而代之。噶举派在炳灵寺也有一定的传播，以偏僻深幽的洞窟为其发展的基地，显得神秘莫测，如在洞沟第 7 号窟中就有噶举派创始人之一米拉日巴的石头雕像。[1]元代藏式佛教建筑及壁画艺术的内传成果，有些至今仍保留在祖国各地。如著名的居庸关云台[2]，是元代以藏族工匠为主，藏汉工匠通力合作设计建造的。据至正六年(1346)欧阳玄撰《过街塔铭》载："……乃至正二年(1342)二月二十日以(皇帝)宿昔之愿，面谕近臣……于是申命中书右丞相阿鲁图、左丞相别怯不花、平章政事帖木儿达识、御史大夫总提其纲，大都留守赛罕、资政院使金刚吉、太府监卿普贤吉、太府临提点八剌室利等授匠指画，督促其工。""上述塔铭极为重要，它指出其中四人应是藏族……是云台工程的直接设计者和现场指挥。"[3]云台券门内外的浮雕、佛像及装饰等均模仿自西藏桑耶寺与萨迦寺，券门内壁的十方佛、千佛及券顶五千曼陀罗属于萨迦寺的风格，如创作于1342—1345年的过街塔浮雕[4]《西方广目天王》《北方多闻天王》，以及券门局部大鹏、摩竭鱼。

再如北京的妙应寺白塔，是一座典型的藏式塔，也是元代前后藏汉工匠携手共建。该寺创自辽寿昌二年(1096)。元至元八年(1271)重修，十六年(1279)赐名大圣寿万安寺。明天顺元年(1457)改名为妙应寺，因寺内有白塔一座，俗称白塔寺。

(二)藏式佛塔在内地的传播

1. 北京的藏式佛塔

妙应寺白塔[5]是北京最早建成的藏式佛塔。当时该佛塔周围上下有金银珍珠珊瑚等珠宝制成的小塔一千零八座。阿尼哥的聪明才智和超群过人的技艺深受忽必烈的青睐，当八思巴向忽必烈举荐这位赫赫有名的尼泊尔工匠

[1] 参见曹学文：《藏传佛教在炳灵寺的传播、发展及衰落》，《西藏研究》2000年第1期。

[2] 见书前彩插图24。

[3] 黄颢：《略述北京地区的西藏文物》，《西藏研究》1982年第1期。

[4] 见书前彩插图25。

[5] 见书前彩插图26。

时，忽必烈帝令他修复一尊皇帝十分珍爱的人体穴位塑像，阿尼哥竟然把它修复得完好如初。皇帝欢喜，便对他予以嘉奖，并封官挽留，后来他娶妻生子，留在汉地。北京妙应寺白塔，是元代大都保存至今的唯一一座藏传佛教寺院建筑遗迹。因其独特的建筑形式和精美的建筑风格而受到历代文人和达官显贵的赞誉，还留下了不少佳句。如元代《圣旨特建释迦舍利灵通之塔碑文》写道："（白塔）取军持之像，标驮都之仪，妙罄奇功深穷剞劂，琼瑶上扣碱砆下成，表法设模，座镂禽兽，角垂玉杵，阶布石栏，檐挂华鬘，身络珠网，珍铎迎风而韵响，金盘向日而光辉，亭亭高耸，遥映于紫宫，岌岌孤危，上陵于碧落，制度之巧，古今罕有。"[1]明人谢杰也有诗咏道："谁建浮图礼大千，灵光遥与白云连。孤峰淡扫峨嵋雪，十丈高标太乙蓬。飞锡僧归银汉表，梦琼人堕玉山前。化城知近华清路，一柱长擎兜率天。"[2]白塔并非《凉国公敏慧公神道碑》所言，系阿尼哥一人之功，帝师亦怜真伽还参与了其中的设计，白塔塔身所安请佛像和其中的塔藏至少是按照帝师亦怜真伽根据密宗典籍设计修造而成的。据研究，尽管整个白塔的造型具有印度波罗风格的明显特征，其中塔瓶等建筑单元具有浓郁的尼泊尔风格，而塔基四方所开四个塔龛则为典型的汉族建筑，为印度、尼泊尔和汉族艺术融合的代表作，但也并非意味此塔完全出自阿尼哥一人的构思，原因是波罗和尼泊尔风格早在阿尼哥到中国之前就已经为西藏的艺术家们和僧人们所熟知。[3]

元朝北京兴建众多的藏式佛塔，与八思巴有着密切的联系。元至元十七年（1280），八思巴在京圆寂。为纪念他的丰功伟绩，人们在北京护国寺内建造了一座灵塔，称"帕布喇嘛之塔"，帕布喇嘛即八思巴；这是一座典型的藏式佛塔。北京城北边昌平县境内居庸关云台喇嘛塔，建于元至正五年（1345），云台上有三座形制与妙应寺白塔相仿的覆钵式喇嘛塔，石结构，体积较小，台

[1] 宿白：《元大都〈圣旨特建释迦舍利灵通之塔碑文〉校注》，《考古》1963年第1期。
[2] 杨毅、陈晓苏编：《妙应寺白塔史料》，北京：北京燕山出版社，1996年，第52页。
[3] 参见熊文彬：《元代藏汉艺术交流》，石家庄：河北教育出版社，2003年，第85—90页。

座中间,南北向开五边折角式拱券门,门洞宽六点三二米,高七点二七米,可通车马,券面及券洞内雕迦楼罗(金翅鸟)、大龙神、卷叶花等,洞内西壁用梵、藏、八思巴、维吾尔、汉、西夏六种文字题刻的《陀罗尼经咒》和《造塔功德记》等,券顶正面雕有曼陀罗纹饰五攒,两侧斜面雕坐佛十尊,十佛之间,遍雕小佛(千佛)。这座佛塔也是北京最古老的喇嘛塔之一,明显带有西藏桑耶寺和萨迦寺的建筑韵味,至元末明初,塔被毁坏。

2. 各地的藏式佛塔

宁夏南部有一座历史悠久,内涵丰富,闻名遐迩的佛教石窟,叫须弥山石窟,窟内壁画和雕刻生动地反映了吐蕃、西夏时期吐蕃、党项、蒙古、裕固等民族在这一带的活动情况,尤其是第112窟和第114窟内元代雕刻的藏式佛塔给人以深刻难忘的印象。宁夏贺兰山岩画展示了丰富多彩的藏传佛教内容,如大枣沟七座著名的藏式佛塔岩画,是藏传佛教塔画艺术之精品。宁夏贺兰山涝坝沟北侧砂砾岩崖壁上,也有两座刻凿深度达零点零五至零点三八米不等的藏式浮雕塔。宁夏地区的藏式佛塔中,还有大量非常珍贵的藏传佛教文物。如1962年,在宁夏灵武县镇河塔中发现元代封存的三十多卷藏文经典。1986年,在宁夏西夏古迹拜寺口双塔中发现头戴桃形帽的藏传佛教格鲁派创始人宗喀巴大师铜像和藏密欢喜佛双身像及一些藏式唐卡画。塔内珍藏藏传佛教文物,说明藏式佛塔在这里得到了较为完整的继承和发展。

河西走廊的白塔寺、海藏寺、金塔寺、善应寺是甘肃凉州著名的四座藏传佛教寺院,相传皆为萨班所建。其中白塔寺最为著名,相传白塔寺内有大塔一座,四周环绕着九十九座小塔,此大塔即萨班塔,方形塔座,宽约八米。明宣德五年(1430)《重修凉州白塔志》中对此有详细的记述。人们为缅怀萨班的丰功伟绩,在河西走廊的武威建造了藏式萨班灵骨塔,以示永远的纪念。除萨班灵骨塔外,分布在河西走廊的藏式佛塔还有藏传佛教噶玛噶举派黑帽系第二世活佛噶玛拔希的灵骨塔。

坐落在甘肃省民勤县的镇国塔,高十二米,平面呈八角形,伞盖每角系风铃。全塔造型线条明快，通体和谐，是腾格里大沙漠边缘上唯一保存下来的藏式佛塔。张掖土塔位于张掖大佛寺正殿最后面，塔通体高三十三点三七米，塔基呈正方形，边宽二十三米。塔身是圆形覆钵体，白色，塔刹为十三层白色相轮，顶端华盖约四米，周围装饰有三十六块放射状铜质板瓦，下悬三十六只风铃，随风而鸣，华盖顶上是重达八百公斤、高约三米的葫芦形铜质宝顶。塔第一、二层须弥座，四隅各建有一座小喇嘛塔，具有浓郁的藏式佛塔建筑风格。河西走廊张掖县博物馆内的张掖铜塔，铸制于元代，塔高零点四米，塔身下部为一个相对高大的台座，上置覆钵形塔身，塔刹以相对巨大的相轮、宝盖、宝珠等组成，是铜铸的小型喇嘛塔。萨班灵骨塔和噶玛拔希灵骨塔，以及张掖铜塔、土塔的建造，证明了藏传佛教在河西走廊的传播与发展。

从宁夏著名的青铜峡水电站隔黄河而望，只见在黄河对岸的山坡上，一百零八座洁白的宝瓶式藏传佛塔，整齐地排列在那里，它们自上而下，以一座较大的白塔为尖，然后，以奇数分十二行，组成一个三角形的"金字"塔阵。面对着滔滔奔腾的黄河，这一百零八座圣洁的白塔，就像列队等待出征的将士，十分威武壮观。从塔的形制来看，与北京元代修建的妙应寺白塔极为相似；再说元代藏传佛教噶玛噶举一派有多位名僧活动在这一带，如噶玛拔希、让琼多吉、若必多杰等。因此这个特殊的白塔群应该建立在元代。宁夏南部固原地区须弥山石窟中，有元代雕刻的第112、114窟都是藏传佛塔。

江苏镇江云台山北麓的五十三坡上的昭关石塔，北临长江，建于元至正二十八年（1368），是我国江南地区唯一的一座藏式过街塔。江苏南京牛首山宏觉寺塔底层中央圆洞内有一座鎏金制作的藏式佛塔，高零点三五米，佛龛四个，内供释迦牟尼佛像，塔刹为十三重相轮、宝盖、葫芦刹顶等，制作精致，玲珑秀丽。这说明藏传佛教在我国江南一带的传播和藏式佛塔在江南一带的建造已达到一定的规模。

河南登封闻名遐迩的嵩山少林寺，是一座典型的汉传佛教寺院，但这里也有好几座藏式佛塔，如月岩长老寿塔、还元长老寿塔、古岩禅师寿塔、佛性大师寿塔、弘法大师庆公塔等，都是元代为少林寺名僧建造的藏式佛塔。河南新乡白云寺也有两座藏式佛塔，它们分别为佛光普照大禅寺塔和佛心妙觉大禅师塔。据考证，这两座藏式佛塔均建于元代。白云寺塔铭立塔名录中有一叫“三加班丹”的藏族僧名，可见当时西藏僧侣在中原地区的活动十分频繁。[1]

山西五台山台怀镇塔院寺内著名的大白塔，是八思巴著名弟子阿尼哥1302年建立的。五台山大万圣佑国寺落成后的一切重大事务也由八思巴亲自过问。由于八思巴与五台山有着千丝万缕的联系，并对这座佛教圣山特别钟爱，因此他圆寂以后，人们在五台山建起他的衣冠塔，以示永久的纪念。

（三）其他建筑中的汉地风格

元代蔡巴噶举派的迦德衮布也曾从内地请了许多工匠，到西藏整修各个寺院，促进了藏汉建筑艺术的交流。以大昭寺维修为例，历任蔡巴万户长为保护大昭寺而加固了拉萨河堤，修建了主殿西面至中门的房檐及外门。1310年维修了主殿顶楼的汉式金顶，新建了观世音顶楼的汉式金顶。而哲蚌寺内五世达赖灵塔中的释迦牟尼佛舍利，是元世祖忽必烈赠给八思巴讲经时的礼品。在统一了朵甘思、朵思麻南部后，元世祖派藏僧胆巴国师在皇子率军护送下进了朵甘思，“在噶、丹玛、哉务地方修建了一百零八座饰有大鹏鸟头飞檐屋顶的佛殿，每座佛殿中供有珍奇佛像及全套的大藏经”[2]。曾任帝师侍从的甲哇桑布在三任宣政院使后返回萨迦途中，曾经向皇帝请求在襄同曼（今日喀则的谢通门县一带）修建城堡及神殿。经允许，他令随带的内地汉藏工匠及藏地差夫，仿照内地皇宫式样修建了一座行宫，称为“杰康”；还兴建了汉藏结合的围墙、城堡、角楼和房舍。

---

[1] 参见索南才让：《走出雪域的藏式佛塔》，《西藏艺术研究》2006年第1期。

[2] 达苍宗巴·班觉桑布：《汉藏史集》，陈庆英译，拉萨：西藏人民出版社，1986年，第249页。

六、藏传佛教造像艺术在内地的传播及其影响

西藏周边地区，包括今天的甘肃、青海、宁夏、内蒙古、四川、云南等省（自治）区的部分地区。元朝时，由于西藏归入内地中央政府，汉藏各种往来十分频繁，藏传佛教及其造像艺术随之向西藏周边的这些地区传播，形成了一定的影响，今天还留下了一些珍贵的佛像艺术遗存。

（一）中原地区藏传佛像艺术

元朝时，随着西藏正式归附于内地中央政府，藏传佛像艺术伴随着藏传佛教开始传入内地。在元王朝对藏传佛教的尊崇和大力扶持下，藏传佛像艺术得到了广泛的传播，产生了极大的影响，成为当时内地艺术舞台上最为光彩夺目的艺术形式。同时，在内地传统审美观念和雕刻技法的影响下，这种艺术形式又悄然地改变着原有的风貌，呈现出新的艺术特色。

1. 藏传佛像艺术在大都的传播与影响

元中统元年（1260），忽必烈邀请西藏萨迦派第五代师祖八思巴到大都，封他为国师，授以玉印，标志着藏传佛教正式传入大都。从此直到元朝灭亡（1368），藏传佛教在大都的传播从未间断，影响始终很盛。随着藏传佛教传入并兴盛于大都，藏传佛教崇奉的各种神祇及其独特艺术形式也相伴传入和兴盛于大都。从史料记载看，藏传佛像艺术受到元廷的高度重视，为了给新传入内地的藏传佛教及其寺庙塑像，朝廷特别在“诸色人匠总管府”下设立了“梵相提举司”，专门负责塑造藏传佛教寺庙所需的各种神像。在这个机构里，集中了当时汉藏塑造佛像的名家高手，著名的尼泊尔艺术大师阿尼哥开始就是供职于这个机构中。阿尼哥在大都从艺四十多个春秋，他的这一生活经历势必要促使他主动改变原有的艺术风格，而吸收进一些中原汉地的传统艺术因素。加之，阿尼哥的门徒大多是在内地成长起来的，汲取汉地艺术因素则更是情理中的事。其中，特别值得一提的是大都宝坻人刘元，他原来从

内地工匠学习雕塑,后来才拜在阿尼哥门下,他熔中土和尼泊尔技艺(包括藏化技艺)于一炉,多所创新,所造之像,“神思妙合”,已为史料所证明。当然事实是最雄辩的证据,元大都遗留下来的造像实物为当时汉藏佛像艺术的交流和尼泊尔佛像风格在大都的变化提供了重要见证。

(1)故宫博物院元朝铜镀金造像

北京故宫博物院收藏有两尊元朝铜镀金造像,是元大都佛像艺术的重要实物代表。这两尊造像的莲座部位都刻有铭文,是目前内地和西藏所见甚少的有明确纪年的元朝藏传佛教金铜造像。其中一尊为文殊菩萨像,通高十八厘米。其莲花座封底上刻有铭文:“奉佛高全信一家,舍财造文殊师利一尊,报答父母养育之恩,一切众生共成佛道。大德九年五月十五日记耳。”一尊是释迦牟尼佛成道像,通高二十一点五厘米。其像背刻有铭文:“出家释子智威睐,丁男仲仁贵、仲仁智、仲仁寿,信眷杨氏单奇一家善眷等,发心铸释迦佛。一家南无诸佛加被,星天护持,此世来生,福报无尽。岁次丙子至元二年八月望日谨题。”从整体造型上看,这两尊造像为典型的藏传佛教造像,其束腰的躯体造型、简洁的衣纹表现手法、高隆的塔状螺髻、全身各处装饰,还有莲座形式等特征都是藏传佛教造像的明显体现。但是,如果细心观察比较,会惊奇地发现内地的传统艺术因素已经悄然融入造像之中。其中汉化尤为明显的地方是造像的面部特征和衣纹表现手法。两尊造像面相宽平,不像尼泊尔造像两颊尖削;双目平直,双眉呈弯月状,也不像尼泊尔造像向两侧上翘;另外眼窝也不深陷,鼻子也不是尼泊尔式的钩状。这些特征都体现出明显的汉地的审美习惯。衣纹的汉化主要体现在释迦牟尼佛像上。在释迦佛胸前和两腿处出现了一些写实性衣褶,腿部衣褶尤多。写实衣纹是汉地传统的表现手法,而在尼泊尔造像上是几乎见不到的,因为尼泊尔造像表现衣纹基本上都是承袭印度萨尔纳特式(佛像身上几乎不施衣纹,仅在领口、袖口和大衣下摆处翻起一道边以表示穿有衣服)手法,衣纹十分简洁。黄春和先生评述道:“但是对比中原内地佛像衣纹的表现,这尊释迦牟尼佛身上的衣纹表现得还不够成熟,显得呆滞死板,没有充分准确地表现出衣褶应有的变化。这种不成熟之处似乎给我们一个非常重要的启示,那就是当时的藏传佛像艺术对汉地艺术的吸收,或者说汉藏艺术的交融还没有达到成熟的地步,这一点也正反映了元朝藏传佛像艺术过渡期汉藏或称汉尼艺术交融的时代特点。"[1]

（2）居庸关云台浮雕佛像

大都藏传佛像艺术另一处重要遗存是居庸关云台。居庸关云台位于北京昌平区的居庸关城关,距北京市区四十五千米。据元熊梦祥的《析津志辑佚》和云台上六种文字书写的《过街塔功德记》记载,云台始建于元至正二年（1342）到至正五年（1345）,是由当时任职于朝廷的藏族人阿鲁图（署衔"中书右丞相"）、别儿怯不花（署衔"左丞相"）、帖木儿达识（署衔"平章政事"）等人"授匠指画,督促其工"而完成的[2]。建成后,帝师滚嘎坚赞贝（曾任元英宗硕德八剌和元顺帝妥懽帖睦尔的上师）亲自为它开光。台座下部是南北贯通的券洞,藏传佛教造像就在券洞的内壁和券门上,都是浮雕形式。其具体分布为:券洞顶部是以五位本尊为中心的五个圆形"曼陀罗",呈南北一字排开。五位本尊分别为:东方阿众佛（不动佛）、南方宝生佛、西方阿弥陀佛、北方不空成就佛和中央大日如来。在券顶两侧坡面,也分别并排浮雕五尊佛像,其周围又环布小佛像无数。在券洞两壁面正中刻写《佛顶尊胜陀罗尼咒》《无垢净光陀罗尼咒》（即《陀罗尼经咒》）（两咒皆为简略形式）和《造塔功德记》,它们分别用梵（兰查体）、藏、汉、西夏、回鹘（维吾尔）、八思巴六种文字书写。在券门内壁四隅,分别浮雕四大天王像。在南北两券门的门楣上,雕刻的是同样题材的藏传佛教装饰题材六拏具,从上至下依次为大鹏金翅鸟、摩竭鱼、龙女、童男骑怪兽、狮、大象。券面的底部雕刻十字金刚杵（又称羯磨杵）。这些浮雕内容都具有十分深刻的宗教寓意和哲理。宿白先生认为它

[1] 黄春和:《藏传佛像艺术鉴赏》,北京:华文出版社,2004 年,第 83 页。

[2] （元）欧阳玄:《过街塔铭》,载（元）熊梦祥:《析津志辑佚》,北京:北京古籍出版社,1983 年,第 250 页。

与元代大圣寿万安寺（即今妙应寺）白塔的塔藏“颇为近似”[1]。经比较，两处内容基本一致，特别是主要的生身舍利（诸佛菩萨像）、法身舍利（各种陀罗尼咒）的内容几乎完全一样，只不过如意祥迈长老的碑记详细一些。万安寺白塔的元朝塔藏至今没有开启过，应该是一处元朝藏传佛教文化艺术的巨大秘藏。基于云台上的浮雕与万安寺白塔塔藏内容的一致性，那么云台上的浮雕内容也应该是由当时藏传佛教萨迦派僧人布置和完成的。

从艺术风格上看，云台上的浮雕也体现出十分鲜明的藏传佛教雕刻艺术风貌，无论是题材的组合，还是各种尊像的艺术造型都与同一时期藏传佛像艺术风格一致。尤其是浮雕中的佛的形象，大头高髻，肩宽腰圆，气势雄浑，地域和时代风格十分明显。整体看起来，藏式风格是这些浮雕作品体现的主体风格。但是，同故宫所藏两尊金铜佛像一样，云台浮雕佛像也融进了一些汉地雕刻手法和传统审美情趣。其中受内地影响较大的是四大天王像。四大天王头戴的花冠，中间高、两边低，花冠正中还有化佛，像是内地流行的毗卢冠，明显不是藏地本有的。天王面部鼓胀的肌肉以及天王身旁的鬼卒那生动写实的形象，也不是西藏和尼泊尔工匠擅长的表现手法，而是与内地传统的雕刻手法相符。特别是那些鬼卒的造型又完全是按中国人的传统观念塑造的，形貌丑陋，骨瘦如柴，与藏传佛教一些尊像踩在脚下的外道鬼卒的形象大相径庭。还有天王两肩披搭的帔帛、鬼卒身上的衣饰，以及天王周边的云纹图案等，其样式和手法皆为典型的汉地风范。另外天王的面相除了表现出威猛孔武的气势外，并没有显露出龇牙咧嘴和狰狞恐怖之感，这应是汉地文化制约的结果。特别值得注意的是，在广目天王浮雕像的右侧有一个老者，他手持笏板，身着汉式儒服，肃然而立，从面相到服饰全都是汉式的，他应该是汉地流行的十殿阎罗之一。其次是浮雕中佛的造像，也受到了汉地艺术因

[1] 宿白：《居庸关过街塔考稿》，载《藏传佛教寺院考古》，北京：文物出版社，1996年，第338页。

素的影响。佛像皆面相宽平，国字脸，眉眼平直，基本没有了尼泊尔那种脸颊尖削，眉眼上挑的特点。佛像两腿处和胸腰间也出现了一些写实的立体式衣褶，与尼泊尔造像惯用的萨尔纳特式手法也形成了鲜明的差异。

（3）上海松江区西林塔出土青田石释迦牟尼佛像

青田石释迦牟尼佛像，1992 年上海松江区西林塔塔基出土。也是一尊出自元大都工匠之手的藏式造像。佛像结跏趺端坐，螺发高髻，宽额丰颐，神态安详，大耳垂肩。身着袒右肩袈裟，下身着裙，胸前衣边上饰有一排粗硕的连珠纹，腿部也出现了几道写实的衣纹。躯体健壮，气势雄浑。其整体风格同故宫和居庸关云台上元朝佛像完全相同，都是在尼泊尔艺术的基础上吸收了汉、藏新的审美情趣和表现手法而形成的。其刻款在佛像莲花座底部，内容有“大都佛儿张造”字样。从刻款可见，这尊造像是由元朝首都大都的一位姓张的工匠雕造的，他应当是一位佛教信徒，他自称“佛儿张”。根据《元代画塑记》记载，刘元有个徒弟姓张，其名不详。延祐七年（1320）四月十六日，他曾受命与画工尚提举二人“于兴和路寺西南角楼内”，“塑马哈哥剌一、左右佛母二、伴绕神一十二圣，画三扇，高一丈五尺，阔一丈六尺”[1]。这位张姓工匠当时的身份是一位提举。黄春和先生推测，这位刘元的弟子“张提举”很有可能就是雕塑这尊佛像的“佛儿张”。特别是张提举活动的年代与当时的松江府任释教总统的管主巴基本是同时期人，可见张提举雕塑的佛像传入松江也是符合当时的时代背景的。[2]

2. 江南藏传佛像艺术

元时的江南主要指今浙江、上海、江苏和福建等我国东南沿海地区，由于当时在这一地区设立的佛教管理机构专门选派藏传佛教僧人掌管佛教事务，因此藏传佛教及其文化艺术随之传入。据《元史》载：“诏以僧亢吉祥、怜真

---

［1］（元）佚名：《元代画塑记》，北京：人民美术出版社，1964 年。

［2］参见黄春和：《藏传佛像艺术鉴赏》，北京：华文出版社，2004 年，第 87 页。

加、加瓦并为江南总摄，掌释教。除僧租税。禁扰寺宇者。”当时称“江南释教总统所”，所址就设在杭州。元至元二十八年（1291）又改名“江南行宣政院”。其后又数次撤销和恢复，迄于元末，前后存在约有六十三年。同时，在总部之下还设有府级机构，也是以藏传佛教僧人主其事。如松江府的佛教僧官为藏传佛教僧人管主巴，就是一个明显的例子。据史料记载，元朝时在江南各级佛教机构任职的藏传佛教僧人大多注重维护和发展佛教，其中以江南释教总统杨琏真伽和松江府僧录管主巴两人尤为突出，他们为藏传佛教文化艺术的传入和传播起到了重要的推动作用。杨琏真伽在至元十四年（1277）上任为江南释教总统，直到至元二十九年（1292）被革职查办，任职达十五年之久，是江南释教总统中任职时间最长的一位。据《大元至元辨伪录》记载，他在至元二十二年（1285）到至元二十四年（1287）的三年期间，“大弘圣化”，恢复佛寺三十余座。又据田汝成《西湖游览志》记载，他还在宋故城中改建了西天元兴寺等五座佛寺。特别值得一提的是，在至元十九年（1282）到至元二十九年期间，他亲自主持，在杭州飞来峰开凿了六十余龛石窟，成为今天江南地区保存最为集中的一处元朝藏传佛教艺术遗存。管主巴是松江府的佛教领袖，他刻印的佛经种类不少，如重刊《西夏藏》，补刻宋《碛砂藏》等。他因为刻经功德，还得到皇帝恩赐“广福大师”之号。管主巴，有的说他是西藏人，姓管名主八（巴），是西藏十分显赫的管氏家族的后代；有的说他是西夏人，管主八是其真实姓名，是“通经大师”的意思。值得欣慰的是，管主巴刻印的佛经有不少保存了下来，在国内外都有发现。

（1）杨琏真伽主持凿刻的飞来峰石窟造像

飞来峰石窟造像刻于杭州灵隐寺前的飞来峰岩壁，始刻于五代吴越王时，后经唐、宋、元、明各代不断续刻，现有摩崖造像三百余尊，是江南地区最大的一处石窟群。飞来峰石窟开凿的鼎盛时期在元代。现存窟龛六十七个，造像一百一十六尊，主要分布在冷泉溪南岸和青林、玉孔、龙泓、呼猿洞周围的崖壁上。藏式造像有四十六尊，其中有十九尊造像带有题记。从造像题记看,这些元朝造像主要刻于元至元十九年(1282)到至元二十九年(1292)的十年间。这段时间正是当时江南释教总统杨琏真伽在位之时,题记中有不少是为皇帝祈福祝寿的内容,反映了这位得宠于世祖忽必烈的江南释教总统对朝廷的忠心。这些藏式造像种类繁多,题材丰富,包括佛、菩萨、佛母、护法、祖师等五个种类。每一类都有不少代表性题材。特别值得一提的是,杨琏真伽还将自己的形象也刻进了石窟中,在第44龛。该龛仿照一佛二胁侍的形式,中坐者为杨琏真伽,左右立像是他的助手闽僧闻和剡僧泽。从这些造像题材我们不难看出,大多数题材是藏传佛教特有的,具有十分鲜明的藏传佛教信仰特色。这些藏式造像不仅在题材上有明显的体现,而且在艺术风格上也有区别于中原地区造像的独特之处。

从总体上看,这些造像都比较规范化,同一类别的造像从造型到装饰风格基本一致,不像中原造像带有很大的随意性。飞来峰这些元朝藏式造像在内容和形式上固然藏式特点十分突出,但是由于它们是在远离西藏数千里之遥,而有着悠久深厚汉文化基础的江南地区刻造而成,所以也明显地受到了中原汉地传统艺术的熏陶,而且相较于同一时期大都地区的藏式造像,其汉化的程度要大得多,并表现在造像全身的多个部位。先看造像的面部,这是受汉地影响最明显的地方。造像普遍面部宽平,两颊丰满,杏眼平直,眼泡较大,眉弯如弓,阔鼻小嘴,基本接近汉人的面相特征。比较明显的例子如第64龛的四臂观音像、第47龛的多罗菩萨像等。再看造像的头饰,最有代表性的是菩萨、佛母的头饰,虽然大多戴的是五花冠,但花冠和花瓣的形式都比较特别,花瓣较大,花冠上侈下敛,富于装饰性,与当时藏地流行的低矮的五花冠形式显然有别,这应当与当时汉地的崇尚有关。再来看造像的衣纹,它也是飞来峰藏式造像汉化较明显之处。大多数造像身上出现了汉地流行的立体式衣纹,或出现在胸前,或出现在两腿处,衣纹较多,质感很强。特别是,佛像袈裟的样式受到汉地影响尤为明显,出现了右肩反搭袈裟边角和双领下垂两种形式,与西藏、印度、尼泊尔佛像偏袒右肩的固定模式形成鲜明差异。

最后，还必须注意的是，造像的题材大多是慈眉善目的形象，即所谓的“寂静相”，而体现藏传佛教密宗特色的“忿怒相”造像却不多见，仅有少数几例而已，如金刚手、财神、天王等。但这几尊“忿怒相”造像也不像藏地所见的，明显减少了一些恐怖的特征，虽然仍显怪异，却并不十分吓人，这无疑与汉地传统审美和伦理道德的约束有直接的关系。另外，有些造像显得肥胖的躯体和采用的仰莲台座等特征，也应与汉地的影响相关。这些汉化特征是元朝汉藏文化艺术相互交流和影响的重要实物见证，对于我们研究当时汉藏文化交流，特别是藏传佛像艺术风格的演变具有重要的参考价值。[1]

（2）《碛砂藏》扉画佛像

《碛砂藏》始刻于南宋绍定四年（1231），完成于元至治二年（1322），因始刻地点选择在苏州与杭州交界的碛砂洲延圣院，所以得名《碛砂藏》。这种大藏经至今在国内外都有一些发现和收藏，其中以1931年在陕西西安开元、卧龙两寺发现的一部最为完整。经整理，这种大藏经于1936年在上海影印了五百四十部，即现在流行国内外的《影印宋碛砂藏经》。原藏现存陕西省图书馆。从题材和艺术风格看，其八幅扉画表现的藏地风格也有明显体现。在题材上，扉画的主尊除释迦牟尼佛外，还有藏传佛教特有的四臂文殊菩萨像、大白伞盖佛母像，以及藏传佛教上师像。这些题材都占据画面的中心和重要位置。在构图形式上，这些扉画皆采取既突出主尊，又讲究对称的形式，它与汉地大藏经上所见释迦牟尼佛灵山说法图的形式明显有异，而与宋元时期西藏本土的绘画风格完全一致。当然表现最为明显的是这些扉画上主尊的特征，八幅扉画上的主尊皆宽肩细腰、造型规范、姿势大方、结构匀称，既与藏地造像的整体风格和要求相吻合，又具有鲜明的时代特色。其中扉画上的上师像，其内着交叉式无袖孔背心，外披袒右肩袈裟的衣着形式，时代和藏地特色尤为明显。另外，主尊的台座和马蹄形背光形式、背光上装饰的四挐具（大鹏金

[1] 参见黄春和：《藏传佛像艺术鉴赏》，北京：华文出版社，2004年，第92页。

翅鸟、摩竭鱼、兽王飞马、象王），以及主尊额部的长方形白毫相等特征，也都是公元13—14世纪西藏寺庙佛像上常见的艺术特征。

基于《碛砂藏》最终完成于汉文化繁盛的江南杭州这一文化背景，其中的这些藏式风格扉画也同样受到了汉地佛教和文化艺术的影响。这一影响体现在多个方面，而通过绘画的形式表现得更加明显。如画面构图繁复细密，内容丰富，不像西藏早期绘画布局疏朗规范；主尊两边的听法菩萨和护法天王面颊丰满，体态肥硕，头戴花冠，肩搭帔帛，颇有唐朝造像丰满端庄的遗风；听法菩萨像身披的帔帛从上至下翻卷飘飞，颇有吴带当风的气韵；画面上出现的身着汉式官服的男供养人和女供养人，以及汉地形象的上师等形象，则完全是汉地艺术形象的照搬照抄；画面上的一些背景纹饰，如云纹、火焰纹、植物纹等也明显带有汉地的审美情趣；还有，主尊佛像的袈裟也出现了右肩反搭袈裟边角的样式。黄春和先生说："以西藏风格为主的这些艺术形式出现在汉地，特别是出现在汉地佛教《大藏经》上，似乎有更加深刻的政治用意，它似乎在强调藏传佛教对中原汉地佛教的包容和统治地位，因为当时江南汉藏文化艺术实现的交流和融合本身就是政治因素影响的结果。"[1]特别值得一提的是，在《碛砂藏》开始的八幅扉画上，有两幅画上题有"陈宁画"的刊记。陈宁在当时算是一位十分活跃的艺术家。一些研究者认为，他主要活动于元中叶，前后达二十年之久，活动地点主要在杭州，有其题名的一些刻经都是在杭州完成的。有这样一位汉族艺术家参与《碛砂藏》扉画的绘制工作，也就不难理解扉画上汉地艺术因素之多的原因了，也由此大致可知藏传佛教艺术在江南演变的一些原因。这也是元朝内地藏传佛像艺术遗存中发现的唯一一类有汉族艺术家题名的作品，是值得我们特别重视的。

（3）泉州清源山碧霄岩元朝三世佛摩崖石刻

泉州清源山碧霄岩摩崖石刻三世佛像，凿刻于元至元二十九年（1292）。

[1] 黄春和：《藏传佛像艺术鉴赏》，北京：华文出版社，2004年，第92页。

1995年，温玉成先生发表《泉州发现的喇嘛教造像及其意义》一文[1]，首次公布了这处元代摩崖造像，引起学术界的高度重视。此处摩崖石刻为一铺三尊三世佛。三世佛并排跏趺端坐于束腰莲花座上，通高约二米五。中央主尊为释迦牟尼佛，头饰螺发，肉髻高隆，髻顶有宝珠，大耳垂肩，面部丰圆端庄；身着袒右肩袈裟，衣纹紧贴身体；左手结禅定印，右手结触地印，为释迦牟尼佛成道像。身后有头光和身光相连的马蹄形背光。释迦牟尼佛左为药师佛，右为阿弥陀佛，他们的形象特征与中央主尊完全相同，唯以手印不同而显示各自不同的身份。药师佛左手结禅定印，右手结施与印；阿弥陀佛双手置双膝上结禅定印。这三尊造像的时代风格都非常明显，佛像头顶肉髻高隆，面部丰满而富于肉感；脖子短，肩部宽阔，胸部高挺，肌肉饱满；全身衣纹基本为藏地惯用的萨尔纳特式表现手法，领口衣纹呈曲线形，宽大素朴；莲花瓣较宽大，与元朝一些青花瓷器上所见莲瓣形状相似；身后的马蹄状背光与甘肃马蹄寺元朝石雕造像背光完全一致。以上都是元朝藏式造像的典型特征。

值得注意的是，在这铺三世佛像南侧约二十米处保存有一段元至正二十七年（1367）的造像题记。这段题记记载了刻像时间、刻像功德主等内容，为造像年代、造像人及其风格来源的确定提供了可靠依据。题记内容为："透碧霄为北山第一胜概。至元壬辰间，灵武唐兀氏、广威将军阿沙公来临泉郡，登兹岩而奇之，刻石为三世佛像，饰以金碧，构殿崇奉，以为焚修祀圣之所。……同游行中书省理问官忽纳台唐兀氏，广东道宣慰使司同知、副都元帅阿兜温沙哈儿鲁氏，泉州路达鲁花赤元德瓮吉剌氏，官讲资寿教寺讲主智润及广威公外孙同安县达鲁花赤寿山兴焉，主严僧志聪。时至正二十七年十月丙午日题。"[2]由题记可见，这铺三世佛像是由灵武人唐兀氏广威将军阿沙命人凿刻的。阿沙当时任泉州监临官——达鲁花赤。阿沙还在此建有一寺，

---

［1］温玉成：《泉州发现的喇嘛教造像及其意义》，《中国文物报》1995年12月3日。

［2］此系黄春和先生于2001年根据厦门文物商店张金颖先生所寄的三世佛和题记照片录成。参见黄春和：《藏传佛像艺术鉴赏》，北京：华文出版社，2004年，第96页注。

名大开元万寿禅寺，并为寺捐田五十余亩，“以供佛赡僧”，时为元至元二十九年（1292）。1292年后，阿沙的侄子、时任福建江西等处行中书省参知政事般若帖穆尔，“分治东广，道出泉南，追忆先伯监郡公遗迹，慨然兴修，再兴堂构”。与般若帖穆尔同游的还有行中书省理问官忽纳台、广东道宣慰使司同知副都元帅阿兜温沙哈儿鲁氏、泉州路达鲁花赤元德瓮吉剌氏、阿沙的外孙同安县达鲁花赤寿山以及官讲资寿教寺讲主智润等五人。其中前四人都应是与阿沙同族的西夏人。

1962年在甘肃酒泉发现的《大元肃州路也可达鲁花赤世袭之碑》（至元二十一年即1284年立），提供了阿沙的身世与来历。[1]按碑文记载，在元太祖成吉思汗征讨西夏时，时为肃州守将的唐兀氏举立沙，“率豪杰之士，以城出献，又督义兵，助讨不服，忘身殉国，竟殁锋镝。太祖皇帝矜其向慕之心，悼其战死之不幸，论功行赏，以其子阿沙为肃州路世袭也可达鲁花赤，以旌其父之功。宪宗皇帝赐以虎符。世祖皇帝愈加崇敬，升昭武大将军，迁甘肃等处宣慰使。阿沙二男，长曰剌麻朵儿只，次曰管固儿加哥”。由此可见，阿沙是一位很有来头的西夏人。基于阿沙来自河西地区，泉州三世佛像的艺术粉本亦应来自那里。河西在宋代时为西夏王朝管辖，流行藏传佛教及其佛像艺术，河西地区的造像艺术粉本为典型尼泊尔—帕拉艺术风格，其代表性实物有黑水城出土的麻织画和甘肃榆林窟第3窟和第29窟保留的壁画像。

黄春和先生总结道：“值得注意的是，河西地区的造像艺术粉本不仅影响到了福建泉州，而且还影响到当时江南的其他地区，元朝《碛砂藏》扉画和飞来峰石窟应当是其影响的结果，因为这两项佛教文化杰作也分别是由与西夏有关的杨琏真伽和管主巴主持完成的。因此，我们可以得出这样的结论：福建泉州三世佛像的艺术风格与杭州飞来峰、北京居庸关云台佛像风格一样，都是直接或间接地受到了尼泊尔帕拉艺术的影响，亦属‘西天梵相’的风格

[1] 参见史金波、白滨、吴峰云编：《西夏文物》，北京：文物出版社，1988年，第119页图。

范畴。当然，北京、杭州和泉州三地西天梵相的风格特征存在一些微细区别，这主要与各个地区传统艺术的影响有关。”[1]

3. 甘肃境内藏传佛像艺术遗存

（1）与萨班有关的藏传佛教寺庙和造像艺术

元朝时西藏周边地区藏传佛教传播以今甘肃地区最为兴盛，留下的佛像艺术遗存也最为丰富。萨迦班智达・贡噶坚赞（简称“萨班”）于1246年抵达凉州，1247年与阔端王进行了具有重大历史意义的凉州会谈。这次会谈顺利地解决了西藏归附元朝的重大政治问题，萨班为祖国的统一大业做出了不可磨灭的历史贡献。这次会谈后，萨班被阔端王留在凉州，直到1251年圆寂于凉州幻化寺，他先后在凉州居住了五年。这五年中，萨班开展了广泛的传教活动，使藏传佛教在当地形成了一定的规模。据藏族学者布西玛毫哇德思尔雅所著《凉州佛寺志》记载，萨班在阔端王的支持下在凉州先后兴建了四大藏传佛教寺庙，它们分别是南部灌顶寺、西山莲花寺、北部海藏寺、东部幻化寺（亦称百塔寺）。

目前这四座寺庙只有海藏寺完好保存下来，百塔寺唯存一座灵塔，灌顶寺寺塔全毁。萨班圆寂后遗骨大部分供奉于幻化寺所建灵骨塔中，但灵塔今天只剩下高约五米的塔座了。通过萨班的兴寺传教活动，凉州后来成了有元一代藏传佛教在内地传播的一个重心。据记载，在八思巴任帝师的时候，幻化寺的僧人有近万人，由此可见其影响之大。元朝时萨迦寺通往大都的沿途共设立了二十多个驿站，其中甘肃境内就设立了好几个驿站，包括帝师在内的西藏僧俗人士往来西藏和内地时都要经过这些驿站，他们在往来中都要进行一些传法活动。八思巴和他的同父异母弟亦怜真伽，为元朝第一和第二代帝师，他俩都曾在甘肃临洮的行宫居留过。八思巴曾在其行宫“香根”居住达三年之久，而亦怜真伽最后也是圆寂在他的行宫“梅朵热哇”的。

---

[1] 黄春和：《藏传佛像艺术鉴赏》，北京：华文出版社，2004年，第97页。

元初藏族高僧在甘肃境内的这些传教活动，极大地促进了藏传佛教在甘肃地区的传播与发展，同时也必然会带动与藏传佛教理论和实践密不可分的佛像艺术的发展。如《萨迦世系史》记载："在工艺上有人除了略懂寺庙建筑和绘画外，实际操作时则捉襟见肘，徒有精通'五明'的名声。而萨班不仅精通绘画理论，还精通实际绘制佛像的技艺。绸缎卷轴上的《本续》神像、桑耶寺文殊菩萨壁画等都是他的不朽作品。"[1]又据《萨班传》记载："萨班不仅在绘画、雕刻、铸造、泥塑等方面技艺超群，而且在工艺造型、性相、度量、上色、调制颜料、衔接、黏舍、珠宝颜料的配制、人物神态的具体绘制等方面技艺也很精湛。他谦逊好学，虚心请教别人，终于成为超人的艺术家。"[2]黄春和先生说："像萨班这样精通绘塑，且有非常丰富的实践经验的大师来到甘肃地区，必然会带来藏传佛教绘塑艺术，也必然会参与当时甘肃境内新建寺庙的绘塑之事。今天我们虽然不能确定萨班和八思巴等人在甘肃境内是否留下了他们绘塑佛像的遗迹，但是在敦煌莫高窟和武威马蹄寺保存有那个时代的藏传佛教绘塑作品，都是风格十分纯正的元朝藏传佛教艺术作品。这些艺术作品应当与萨班等人的佛教和艺术活动密切相关，它们反映的也应当是萨班和八思巴当年亲自绘塑的佛像风格和模式。"[3]

（2）马蹄寺石窟石雕佛像

马蹄寺石窟是西北地区藏式圆雕造像保存最多的一处，共有四十余尊。马蹄寺位于张掖市南六十五千米处，现存石窟包括金塔寺、千佛洞、上、中、下观音洞和马蹄寺南、北二寺七个部分，窟群较为分散。藏传佛教石窟主要集中在马蹄寺北寺，共有第2、3、7、8四个洞窟，其中第7窟保存的元朝藏式佛像最多。这个洞窟俗称"藏佛殿"，是马蹄寺中最大的一座石窟。它分为前后

[1] 阿旺贡噶索南：《萨迦世系史》，陈庆英等译注，北京：中国藏学出版社，2005年，第90页。

[2] 《萨班全集》（第三卷），拉萨铅印本，第679—698页。

[3] 黄春和：《藏传佛像艺术鉴赏》，北京：华文出版社，2004年，第68页。

两部分，前宽后窄，平面呈凸字形。前部分为横长方形，券顶有三个入口；后部分为竖长方形，中设佛堂，佛堂左、右辟礼拜道，顶部平。前室和后室都开有佛龛供奉佛像。前室左右壁各开上下二列龛。每列四龛，共十六龛，后壁两隅和后室入门两侧共开四龛，但目前前室龛内佛像均无存。后室礼拜道共开龛四十六个：后壁七龛，前壁五龛，左右内壁八龛，外壁九龛，龛内佛像基本保存完好。后室佛堂后壁上下亦各开三龛，但佛像已无存。目前后室礼拜道所存四十六龛四十六尊造像虽经后代修补，但早期风貌仍清晰可见。造像皆宽额螺发，头顶较平，面相扁圆，脖子较短，着袒右肩袈裟，宽肩细腰，躯体浑厚，具有元朝藏式造像鲜明的特征。另外，造像头光和身光相连的背光形式，以及背光上自上而下的四拏具[1]装饰与元大德十年（1306）松江府管主巴施资补印《碛砂藏》密教经典扉画上佛像的背光和四拏具装饰完全一样，无疑是最有说服力的重要特征。

4. 其他地区藏传佛像艺术

元朝时藏传佛教除了在甘肃境内传播外，在今内蒙古、宁夏、四川、云南等地也有传播。但藏传佛教在这些地区传播的历史，史料记载十分简略。元朝时今内蒙古和宁夏流传的藏传佛教与西夏时藏传佛教传播的历史应密切相关。四川流行的藏传佛教则与唐朝时吐蕃东进，藏族人移居四川有关。藏族人移居地史料记载，藏传佛教著名的噶玛噶举派鼻祖都松钦巴就诞生于嘉绒地区，即今四川甘孜州新龙县。藏传佛教在云南的传播尚未发现任何文字记载和传人线索，我们只能推测它可能与忽必烈率兵南征大理的历史背景有关。以上几个地区尽管历史记载不详，但难得的是，都或多或少地保留下一些佛像艺术遗存。[2]

---

［1］“四拏具”，指大鹏金翅鸟、摩竭鱼、兽王飞马、象王。

［2］参见觉囊达热那特：《后藏志》，佘万治译，阿旺校订，拉萨：西藏人民出版社，1994年，第15页。

（1）内蒙古黑水城观音菩萨像

该像1958年在内蒙古阿拉善盟额济纳旗黑水城出土。总体艺术特征明显体现出汉藏艺术融合的特点。其中，观音的躯体和莲座造型、三花冠头饰、腕臂钏饰以及上面的嵌饰等均为藏式造像的特点，而其发髻的样式、面部及五官特征，上身所饰瓔珞、帔帛形式、衣纹手法乃至造型姿势等则明显来源于汉地传统造像样式和手法，如来源于汉地的自在观音或水月观音像。因此可以说，这尊观音像是汉藏艺术融合的一尊造像。此像现藏内蒙古博物馆。

（2）四川地区的释迦牟尼佛像

这尊造像的风格同上一尊一样，也是融合了汉藏两种艺术因素。当然藏式风格仍是其主流，如佛像螺发高髻，大耳垂肩，坐双层束腰莲花座等特征，就是典型的藏式风格特点。但汉地艺术因素也很明显，其中主要体现在袈裟的样式和衣纹的表现手法上。其袈裟采用了右肩反搭袈裟边角的形式，这是典型的汉地流行的袈裟样式。衣纹的表现手法是出现了较多立体的衣褶，在胸前及两腿处都有，与西藏惯用的萨尔纳特式手法形成鲜明差异。特别值得注意的是，在莲花座后部刻有几行重要铭文为："天统二年四月八日信女王文为亡父母敬造像一区，合家人口供养，所愿如是。""天统"年号为元末南方红巾军领袖明玉珍在四川成都所建夏国的年号，天统二年为公元1362年。由此铭文而知，这尊造像产地应当在今四川地区。此像现藏北京首都博物馆。

（3）云南晋宁观音山壁画佛像

云南藏式壁画像是20世纪末在昆明郊县晋宁县上蒜村观音山溶洞中发现的。观音山溶洞为天然溶洞，洞内崖壁上共绘有佛、菩萨、罗汉、护法诸神像共二百二十三躯，佛塔十一座。壁画用白灰抹底，再勾勒线条，设色成画，整体色彩鲜艳，构图严谨，布排有序。从《云南佛教艺术》[1]一书刊布的图片

［1］ 邹启宇主编：《云南佛教艺术》，昆明：云南教育出版社，1991年。

看,其中的大部分画像是显教崇奉的题材,藏式画像只有无量寿佛、不空成就佛、大黑天、毗瓦巴等少数几幅。这些藏式画像虽然数量不多,但风格特征非常鲜明。如南壁顶端并排的无量寿佛和不空成就佛(《云南佛教艺术》定为白度母和绿度母)就是典型的菩萨装藏式佛像。再如溶洞西壁的毗瓦巴像(《云南佛教艺术》定为"神王像"),形象特点更为突出。它是藏传佛教萨迦派崇奉的一位著名卜师像,是印度金刚乘的八十四位大成就者之一。这一题材还以浮雕的形式出现在杭州飞来峰第 91 龛中,也是元朝作品。由此看来,以崇奉萨迦派为主的元朝出现萨迦派祖师艺术形象不是一个偶然的现象,正是当时藏传佛教萨迦派传播的直接体现。

(4)元初西夏的木刻作品

据谢继胜《西夏藏传佛画:黑水城出土西夏唐卡研究》[1],这些木刻作品包括西夏正德十五年(1141)的《圣观自在大悲心总持功能依经录》经首版画、天盛十九年(1167)仁宗仁孝印施的汉文《佛说圣佛母般若波罗蜜多心经》经首版画、乾佑二十年(1189)仁宗印施的西夏文《观弥勒菩萨上生兜率天经》经首版画等。

七、藏传佛教工艺美术在内地的传播及其影响

(一)藏传佛教艺术对内地工艺美术的影响

元代西藏艺术传入内地不仅影响到了内地的建筑、绘画、雕塑,也对内地工艺美术产生了显著的影响,这在元代内地的织锦、缂丝、瓷器、金银器、铜器、铜镜、玉石器等工艺品上得到了具体体现,在服务于宫廷和上层社会的工艺品上表现得更为明显。如台北故宫博物院收藏的元缂丝《喜金刚像》、梵汉

[1] 谢继胜:《西夏藏传绘画:黑水城出土西夏唐卡研究》,石家庄:河北教育出版社,2002 年。

两体准提咒文铜镜及流失海外的元文宗、元明宗帝后像的缂丝唐卡《大威德金刚坛城》[1]等,既是元代宫廷信奉藏传佛教的重要物证,自身又体现了元代西藏佛教艺术对内地丝织、金属等工艺美术的显著影响。此外,元代文献中也记载了部分由宫廷制作的藏传佛教工艺品,如《元史·方技传》载,由西藏入元大都为宫廷效力的尼泊尔工匠阿尼哥除了参与建造佛塔、绘塑梵像外,也参与了宫廷工艺美术的设计与制作,其中包括金属工艺和丝织工艺,"为七宝镔铁法轮,车驾行幸,用以前导。原庙列圣御容,织锦为之,图画弗及也"。据此推断,元代宫廷工艺美术当具有鲜明的藏传佛教艺术色彩,不仅是阿尼哥本人参与了宫廷的各种艺术活动,其子阿僧哥、阿述腊及其徒刘元均承传其技艺,继续为元代宫廷效力;而且,他们在从事"塑土、范金"等具体工作之外,还作为元代宫廷工艺机构的管理人员承担管理之责,如阿尼哥之子阿述腊为诸色人匠总管府达鲁花赤[2],刘元因制作"西天梵相"得法而深获元仁宗宠幸,"传其艺非一","两赐宫女为妻"。因此,藏传佛教艺术在元代宫廷自阿尼哥起,经刘元及其徒代代相传,其影响不只限于前述提及的工艺门类。

元代藏传佛教佛事活动极盛,最多的一年(大德七年,1303 年)有五百余种。[3]据此不难想见与佛事活动相关的绘画、雕塑、工艺等造作之事异常兴盛,各项佛事活动所需的不同种类的法器、供器等必然不可胜数,如至治元年(1321)六月,作金浮屠于上都,藏佛舍利[4];同年十二月,冶铜五十万斤作寿安山寺佛像;泰定元年(1324),造金宝盖,饰以七宝,贮佛舍利;泰定三年(1326)秋七月,敕铸五方佛铜像[5]。

元代藏传佛教艺术对内地工艺美术的影响,并非限于官方,同时也涉及

[1] 孙机:《织御容》,《中国文物报》2000 年 10 月 15 日。

[2] 宋濂等撰:《元史》卷二〇三《列传第九十·方技》,北京:中华书局,1976 年。

[3] 参见王启龙:《藏传佛教对元代经济的影响》,《中国藏学》2002 年第 1 期。

[4] (明)宋濂等撰:《元史》卷二十七《本纪第二十七·英宗一》,北京:中华书局,1976 年。

[5] (明)宋濂等撰:《元史》卷三十《本纪第三十·泰定帝二》,北京:中华书局,1976 年。

民间。这一方面是由于宫廷工艺的辐射作用,另一方面是因元廷推崇藏传佛教,在各地也建造了不少寺院及帝师庙等藏传佛教设施。江淮诸路释教都总摄杨琏真伽在江南建造了大量的藏传佛教寺院,元上都、五台山、集庆(南京)等地的藏传佛教寺院也为数不少;加之,不少藏传佛教僧人如亦怜真伽、胆巴等在各地传教并担任官职,也使得包括工艺美术在内的藏传佛教艺术在内地民间传播,进而影响到民间工艺制作。北京出土的饰宝杵纹石刻栏板、饰八吉祥宝杵纹铜镜,景德镇生产的青白瓷多穆壶、僧帽壶,饰八吉祥纹、宝杵纹、梵文青花瓷器,镇江出土的宝杵纹银盘等,均反映了藏传佛教艺术对各地民间工艺的广泛影响。

(二)藏传佛教艺术对内地丝绸的影响

元代丝绸受藏传佛教艺术的影响自然远胜于宋代。藏传佛教装饰纹样的丝绸不仅数量大增,而且所饰藏传佛教纹样的种类也显著增多,宋代丝绸装饰中出现的由七珍和 等组成的杂宝图案至元代更加风行。在西藏传世的内地织锦和内地墓葬出土的丝织品上,均可以发现与宋代杂宝纹相近的装饰,如布达拉宫收藏的缂丝唐卡《不动明王像》的镶边,以及刺绣唐卡《静息观音坛城》的绣地、镶边织锦,均饰以杂宝纹;元代山东邹县李裕安墓、江苏苏州曹氏墓、重庆明玉珍墓均出土了不同花色的杂宝纹丝织品。[1]元代丝绸装饰的杂宝纹,较宋代丝绸上的杂宝纹而言,宝物种类增多,在七珍之外增加了灵芝、祥云、钱币等,既作为主题纹饰,又作为辅助纹样与云龙结合构成复杂装饰。如曹氏墓出土的杂宝纹缎袄,在曲尺形云纹间填以七珍中的珊瑚、犀角、银锭形耳饰、环形耳饰、宝珠等,缎裙上以杂宝纹为地,间以云龙纹,这很可能与宋代锦纹“红七宝金龙纹”有渊源。

元代丝绸装饰中还出现了来自藏传佛教的八吉祥纹,曹氏墓出土的绫袍

[1] 参见尚刚:《元代工艺美术史》,沈阳:辽宁教育出版社,1999年,第78—80页。

上饰以万字符和八吉祥中的双鱼、莲花、海螺和法轮。此处万字符与八吉祥的结合，也进一步说明万字符与藏传佛教装饰的密切联系。元代万字符较宋代更为流行，显然不能排除受藏传佛教影响的因素。此外，藏传佛教的宝杵纹、梵文也被装饰在元代丝绸上。元代文献中曾有关于“佛像西天字段子”[1]遭禁的记载，所谓西天字即梵文[2]。河北张家口市沽源县梳妆楼元代墓地出土了装饰有朱书梵文的罗裙，还出土了饰有梵文的鎏金银铜耳杯和桦树皮箭囊，这一方面表明墓主人信奉藏传佛教，另一方面也证实了元代确实有在丝织品上装饰梵文的做法，只是这件罗裙并非采用文献所记的以织造的方法装饰梵文，而代之以书写的方式。元代在瓷器及其他工艺品上饰梵文的并不鲜见，说明在元代丝绸、瓷器与其他工艺品上饰梵文是由当时风尚所致。吴明娣博士说：“发现元代珠焰窠兔纹丝织品上主纹旁的辅助纹样中即有宝杵纹，受丝织工艺的局限，其形象不够细致准确，但与北京元代铁可墓出土的铜镜上的宝杵纹相对照，就能加以辨识。元代银盘及青花瓷器上也出现了宝杵纹，这些都是元代工艺美术受藏传佛教装饰影响的具体表现。”[3]

（三）藏传佛教艺术对内地瓷器的影响

在汉藏文化交流十分兴盛的前提下，瓷器不可避免地受到了时代潮流的影响，打上了汉藏文化艺术交流的印迹。

元代景德镇窑为适应藏族生活习俗，曾烧造多穆壶、僧帽壶这类具有鲜明的藏族造型特点的器物。这类器物不仅在藏族、蒙古族等民族地区使用，也在内地流传。如1963年北京市崇文区元铁可父子墓出土了青白釉多穆壶，器型仿自藏族的金属或木质盛器，壶体筒状，上细下粗，壶柄一侧的口沿有

[1] 黄时鉴点校：《通制条格》，杭州：浙江古籍出版社，1986年，第295页。

[2] （明）宋濂等撰：《元史》卷二百〇二《列传第八十九·释老》，北京：中华书局，1976年，第4520页。

[3] 参见吴明娣：《汉藏工艺美术交流史》，北京：中国藏学出版社，2007年，第68-69页。

凸起的冠状饰。壶体上有仿箍和铆钉状装饰，柄两端各堆贴卷曲花饰。1966年在北京海淀区出土的青白釉僧帽壶，器身较明清常见的僧帽壶浑圆饱满，壶口沿凸起一圈，类似藏传佛教僧帽，壶柄上贴云头形片饰[1]。这两件瓷壶是景德镇工匠将蒙藏少数民族造型与内地制瓷工艺巧妙结合而创造的新式瓷器，也是汉藏民族文化艺术相互影响与融合的结晶。这类藏式瓷器还作为外销瓷输出海外，在东南亚曾出土元青花莲菊纹多穆壶[2]，在元代这类器物的烧造为数不少，其使用范围已远超出中国境内。中国青花瓷以藏式器型、汉地传统纹饰的面貌出现在国际市场，意味深长。元代藏传佛教传入内地，对宝珠的喜爱也影响了内地。如瓷器流行宝珠形纽，并出现新颖的缀珠纹装饰（青花釉里红镂雕盖罐），以珠纹连缀汉字吉语如“福如东海”“寿比南山”等[3]；同时，元代丝绸、服饰也盛行大量嵌饰珍珠。而元廷赐萨迦寺珠字诏，忽必烈赐八思巴“镂金珍珠袈裟”，明成祖赐哈立麻织金珠袈裟，等等，也当与藏传佛教的影响有关。

元代陶瓷造型还受到藏传佛教佛塔形制的影响，如著名的元青花釉里红四灵塔式盖罐[4]，盖面中心塑覆钵塔，塔内供一坐佛，罐身堆贴汉以来传统装饰中常见的象征季节和方位的四神（青龙、白虎、朱雀、玄武）。这是内地民间将藏传佛教与传统信仰相结合而创造的，具有藏汉两地艺术特点。无独有偶，在云南元代陶器中也出现了器形如覆钵塔式的黑陶塔式罐，这些与丧葬有关的陶瓷器也是元代民间葬俗受藏传佛教影响的典型例证。藏传佛教的八吉祥是元代瓷器较常采用的装饰纹样。八吉祥的八种物品常作为一个整体出现在瓷器装饰上，也有单独以其中一种作为装饰的，海螺是其中出现频率较高的纹样。瓷器装饰上出现的杂宝，由八吉祥中的轮、螺、盘等与藏族七珍和

---

[1] 首都博物馆编：《首都博物馆藏瓷选》，北京：文物出版社，1991年。

[2] 朱裕平：《元代青花瓷》，上海：文汇出版社，2000年，第165页。

[3] 尚刚：《元代工艺美术史》，沈阳：辽宁教育出版社，1999年，第210页。

[4] 朱裕平：《元代青花瓷》，上海：文汇出版社，2000年，第91页。

火焰、火珠、“三宝”、灵芝、钱、银锭、元宝、磬，以及道家宝物如葫芦、宝扇、花篮等构成，种类较丝绸上所装饰的杂宝更为丰富，也更加常见。

由藏族宝物与内地代表财富的铜钱、银锭及道家宝物组合在一起的杂宝，是元代藏传佛教艺术传入内地后，与内地传统艺术相互融合的结果，它在瓷器上的广泛运用，与其象征财富和圆满的吉祥含义有关。八吉祥、杂宝往往填饰在变形莲瓣内，构成二方连续装饰带或圆形纹样，成为元代典型的装饰形式，并为明清瓷器装饰所继承。如元卵白釉印花八吉祥“太禧”铭盘，盘心印阳文五爪独龙戏珠纹，内壁印阳文八吉祥，按顺时针排列有螺、长(肠)、轮、伞、花、罐、鱼、盖，在盖和螺、伞和花之间分别穿插“太”“禧”二字[1]。再如上海博物馆收藏的元青花莲瓣形盘，八个变形莲瓣内绘云朵、八吉祥，盘心绘莲池纹。

元瓷中饰杂宝纹多见于青花，如著名的元青花“至正十一年”铭云龙纹象耳瓶和萧何月下追韩信图梅瓶，二者均以杂宝纹作为辅助纹饰，前者杂宝纹绘于胫部的变形莲瓣内，后者则填饰在瓶肩部的变形莲瓣内。河北保定出土的元青花八棱玉壶春瓶，在器物主题装饰狮子戏球的空隙，也饰有珊瑚、象牙、火焰、菱形耳饰等杂宝。[2]这几件元青花代表作品，以往虽多有论及，但对这些辅助纹饰与藏族装饰艺术之间的联系少有关注。元青花瓷杂宝纹及其他纹饰组合，常含“三”这一数字，如三钱、三火珠、三海螺等，如北京故宫博物院收藏的元青花竹石灵芝折沿盘，内壁绘牡丹、石榴、菊花各三。青花瓶、罐上的云肩纹也常作“三垂云”。古代藏地观念中象征佛教庄严、财宝和圆满的“三宝”，在藏传佛教壁画、唐卡及各类装饰艺术中十分常见，甚至出现在印章图形中。佛教中的佛、法、僧“三宝”，身、语、意“三所依”，经、律、论“三藏”，过去、现在、未来“三世佛”等，均与“三”相关联。藏族对“三”的偏爱在元代

[1] 北京大学赛克勒考古与艺术博物馆：《元卵白釉印花太禧盘》，《中国文物报》1999年5月30日。

[2] 朱裕平：《元代青花瓷》，上海：文汇出版社，2000年，第67页。

通过藏传佛教艺术传入内地,故在瓷器装饰上有上述纹样的出现。

藏传佛教的十字杵纹也见于元代瓷器装饰中。十字杵在藏传佛教唐卡、壁画、造像、佛经装饰和寺院装饰物上十分常见,这与前述宁夏灵武磁窑堡窑址出土的仿藏传佛教法器的瓷质素烧如意轮、降魔杵有内在联系,均是受到藏传佛教法器及其装饰艺术的影响。内地瓷器装饰宝杵纹,多绘于碗、盘的内底,最早出现在元青花碗上,如日本出光美术馆收藏的元青花双凤牡丹十字杵纹碗,碗心绘十字杵,内壁绘双凤牡丹,口沿内一周绘卷草纹[1]。景德镇元代瓷窑址出土的青花瓷罐盖上也绘有十字杵纹。十字杵纹在元代瓷器装饰中虽不及八吉祥、杂宝纹常见,但仍占有一席之地,其装饰形式也为明清官、民窑瓷器所继承。

元代起内地艺术品饰梵文较以前显著增多,这与藏传佛教在内地的传播有直接关系。已知最早用梵文装饰的瓷器是宁夏灵武出土的元代褐釉瓷盘,在盘内刻八个变形莲瓣,每个莲瓣内及底心各饰一梵文字,此盘系佛教密宗信徒使用的器物,与该地自西夏时即受到藏传佛教影响有关。元代景德镇烧造的梵文瓷器以青花四出云头梵文盘为代表,在盘心的四个云头内各饰一梵文字[2];元五彩描金暗龙纹碗,也在碗心的柿蒂形开光内饰一梵文字。此外,在元代龙泉窑的青瓷装饰上还出现了八思巴文,八思巴文是由元代帝师八思巴创制的蒙古文字,出现在瓷器上十分难得。

吴明娣博士评论说:“元代瓷器正是在造型和装饰两方面,吸收、融合了藏族、蒙古族和其他民族艺术,才形成了新的时代风貌,其造型与装饰的西藏艺术成分,直接为明清瓷器继承,并焕发出更加炫目的光彩。”[3]

---

[1] 朱裕平:《元代青花瓷》,上海:文汇出版社,2000 年,第 155 页。

[2] 同上书,第 95 页。

[3] 参见吴明娣:《汉藏工艺美术交流史》,北京:中国藏学出版社,2007 年,第 69—77 页。

（四）藏传佛教艺术对内地金属及其他工艺的影响

元代藏传佛教艺术对内地金属工艺的影响也颇为显著。1962 年、1963 年，在北京发现的元初铁可父子墓中，出土了两件具有藏传佛教艺术特点的作品——青白瓷多穆壶和饰有莲托八吉祥、宝杵纹的铜镜[1]。台北故宫博物院收藏的梵汉两体准提咒文铜镜[2]和首都博物馆收藏的佛像梵文铜镜，也具有鲜明的藏传佛教艺术色彩，后者镜背中心为坐佛，两侧各有一座噶当式佛塔，镜缘环绕一周梵文，整个图案布局及表现形式具有元代脱模泥塑的显著特征，这显然是受藏传佛教小型造像或“擦擦”（源于古印度中北部的方言，是藏语对梵语的音译，意为“复制”）影响所致。

此外，八思巴文不仅见于元代瓷器，也被用作铜镜装饰[3]。1966 年江苏省镇江市金坛县（今属常州市）湖溪元窖藏出土的梵文银盘，是元代受藏传佛教影响难得一见的金属工艺品，盘内底饰八瓣仰莲纹，莲心及莲瓣内印梵文，周围环绕以单杵纹，其装饰布局与前述铁可墓铜镜镜背纹样有相近之处，是元代江南藏传佛教艺术的重要例证。镇江城内的藏式过街塔[4]与此盘之间也不无关联，它们虽是历经时代变迁侥幸留存的藏传佛教艺术个别遗存，却从一个侧面反映了元代藏传佛教曾经在江南这片汉文化沃土传播，从建筑、造像到实用器皿装饰均带有鲜明的藏传佛教艺术色彩。

元代藏传佛教艺术对内地玉器工艺也产生了一定影响。据《元代画塑记·御容》记载，“至顺元年（1330）八月二十八日……玛瑙局造白玉五爪铃杵轴头三副”，这是为“太皇太后御容并佛坛三轴”[5]所配。从《元史》的记载

[1] 北京市文物研究所：《元铁可父子墓和张弘纲墓》，《考古学报》1986 年第 1 期。

[2] 石守谦、葛婉章主编：《大汗的世纪：蒙元时代的多元文化与艺术》，台北故宫博物院，2001 年，第 115 页。

[3] 管维良：《中国铜镜史》，重庆：重庆出版社，2006 年，第 334 页。

[4] 熊文彬：《元代藏汉艺术交流》，石家庄：河北教育出版社，2003 年，第 94 页。

[5] （元）佚名：《元代画塑记》，北京：人民美术出版社，1964 年，第 5—7 页。

中还发现，元代还制作过玉鞍，为元朝国师必兰纳识里所拥有。这件玉鞍很可能为内地仿藏族鞍具而制作的稀有物品，由于藏族对鞍具倍加珍视，上层社会的鞍具制作十分考究，忽必烈以金鞍具赐八思巴，乾隆帝以玉鞍赐六世班禅，它们之间不无关联。《元典章》中留下了"禁金翅鹏样皮帽顶儿"[1]的禁令，这透露出至少在元至大元年（1308）之前，就曾有匠人仿藏传佛教造像背光及壁画、石刻中常见的金翅鹏形象造皮帽顶。从这一细节上，也反映出藏传佛教艺术的影响力不容低估，宗教借助艺术的力量渗透到了民众的生活之中。元代尊崇藏传佛教促使大批藏传佛教经书传入内地，对内地佛经的缮写、刻印也产生了显著影响。《元史》中频频发现"缮写金字""书金字""书西天字""金书西番字经""译西番经"等与藏传佛教佛经相关的记载。[2]

藏传佛教经书大多采用贝叶夹的装帧形式，在元代曾大量传入内地。它对于内地佛经缮写、刊刻、装帧、插图等艺术形式均产生了或隐或显的影响。在台北故宫博物院收藏的元杭州刊《普宁藏》经本《大集譬喻王经》[3]，其装帧形式采用内地传统的经折装，但在扉画的表现形式上则融入了藏传佛教艺术形式，画面细部的装饰纹样，也带有鲜明的藏传佛教艺术特征，如主尊莲座下方正中饰宝杵纹；同为台北故宫博物院收藏的元苏州刊《碛砂藏》经本《大威德陀罗尼经》，其装帧和扉画也同样带有藏传佛教艺术印记。萨迦北寺藏有汉文卷子装佛经三十一种、五百五十卷，每卷卷首有藏传佛教护法神版印扉画。与此同时，内地还仿造贝叶夹佛经装帧形式缮写、刊印佛经，由于种种原因，元代这种装帧形式的佛经尚未见实物传世，但是据萨迦寺所藏汉文卷子经卷末记透露，在蒙哥统治时期燕京信士"张从禄妻王从惠洎女张氏感如来之嘱咐，贺圣朝之弘恩，发心施财，命工印造释迦遗法三乘贝叶灵文一大藏，成（盛）一（以）黄卷，贮以琅函，安置在京大宝集寺"。这里所记的"三乘

[1] 《元典章》，北京：中国书店，1990年，第832页。

[2] 参见王启龙：《藏传佛教对元代经济的影响》，《中国藏学》2002年第1期。

[3] 见书前彩插图27。

贝叶灵文一大藏”,应当是指用于供奉的贝叶类夹装佛经。

元代藏传佛教艺术对内地石刻的影响十分显著,除了众所周知的杭州飞来峰摩崖造像和北京居庸关云台石刻外,在北京地区还有一些作为建筑装饰部件的栏板也同样可以看到藏传佛教艺术印记。如北京石刻艺术博物馆收藏的元代石刻栏板,主题图案为十字交杵与花卉纹构成的二方连续纹样,上下边饰为缠枝花纹,左右两边还各雕饰一单杵。该栏板应是高级官员住宅的建筑装饰构件,其中宝杵纹样与元代铁可墓铜镜及青花瓷所饰宝杵纹形态相近,这是元代藏传佛教艺术影响到内地世俗生活的又一例证。[1]

居庸关云台(即过街塔塔基)是北京现存最大的一处元代藏传佛教艺术遗迹。关于居庸关过街塔工程的负责与设计者,除上引欧阳玄过街塔铭中提到的诸人外,还有云台五体铭文(梵文除外)中提及的重要人物、元末历任三朝皇帝帝师“帝师喜幢吉祥贤”,此塔的主要设计者则应与帝师喜幢吉祥贤密切相关。帝师喜幢吉祥贤,今人多译为贡噶坚赞贝桑布,据《佛祖历代通载》应为帝师公哥儿监藏班藏卜。据《萨迦世系史》,他曾经被“皇帝封为‘靖国公’‘帝师’之名号,并赐金印等物。此后,皇帝又遣金字使者迎请,于二十二岁前往朝廷,任大皇帝的帝师二十七年”[2]。从过街塔浮雕的风格来看,具有两种风格混合的明显特征。一种是来自遥远边陲的陌生风格,具有尼泊尔风格痕迹的藏式风格;一种是在中原内地发展形成的汉式风格。显而易见,券拱的五铺“曼陀罗”和其下的十方佛为藏式风格的代表,其下的四大天王为汉式风格的典范,而券门的六拏具则是这两种风格走向融合的明显例证。

[1] 参见吴明娣:《汉藏工艺美术交流史》,北京:中国藏学出版社,2007年,第81—83页。
[2] 阿旺贡噶索南:《萨迦世系史》,陈庆英等译注,北京:中国藏学出版社,2005年,第229页。

八、敦煌莫高窟的萨迦派藏密艺术

元代还在著名的莫高窟开凿了一些新洞窟，其中留下一方元至正八年（1348）所立的“速来蛮刻石”石碑，上以藏、梵、汉、八思巴文、蒙古、西夏六种文字同时镌刻佛教的“六字真言”，记载了“速来蛮西宁王”重修莫高窟的“功德”。他们开凿洞窟，请来藏族画师，由于密教萨迦派的特殊地位，出现了引人注目的西藏密教艺术。这种独特的艺术风格打破了莫高窟后期渐衰的沉寂气氛，精湛的艺术成为藏民族留在莫高窟的珍贵宝藏。坐落在敦煌莫高窟最北端的第465窟，就是元代最珍贵的密宗壁画[1]。元代壁画中密教题材虽然开窟画壁为数不多，但其独特的艺术风格在莫高窟历代壁画中显得十分突出，充分展示了西藏萨迦派密教艺术的魅力。莫高窟中的大量元代壁画，都是一色密宗“曼陀罗”，画着各式各样变了形的菩萨、力士，如千手千眼观世音、文殊、十一面护法神及欢喜佛的怖畏金刚等形象，神秘可畏。如金刚手威严凶猛，眼如铜铃，双脚右伸左屈，双手右高左低，有千手千眼者，有三面六手者，有手执各类兵器者，颈挂人头念珠狂怒地舞蹈。这些密宗造像性格鲜明、形态诡异，千变万化、各尽其妙。如以大日如来为中心的五方佛和各种明王忿怒像，以及双身合抱像即欢喜佛。美丽的半裸佛母与大荒神交腿相护，威武雄壮中充满生动浪漫色彩，明王像面貌狞恶，裸体作舞蹈姿态，比例适度，夸张生动，线条刚劲有力，晕染颇有立体感。四周小金刚都为深棕色对半划开，有的左绿、右红，有的左肉白色、右深赭色，这种对半用色表现了阴阳的内涵。这批壁画有较多的西藏原始宗教苯教成分，也有明显的尼泊尔、印度的影响。

壁画中的图案装饰由藏文梵语及金刚杵等藏传密宗符号组成。经西藏文管会藏族学者考证，有些壁画原本出自藏族画师之手。更值得注意的是，在这些元代洞窟中还出现了新的绘制方法，即画在湿壁上的“水彩壁画”。据专家考证，这种方法很可能是由西藏画师将尼泊尔画风经西藏带入敦煌的。

---

［1］ 见书前彩插图28-1、图28-2。

九、藏地医学传入内地

11 世纪时，由藏族大翻译家洛钦·仁钦桑布翻译的印度医书《八支集要》及尼泊尔医注《集要广注·词义月光》等，在元代时又被由藏文译成汉文刊印于内地。西藏的医疗技术也由萨迦班智达开始传入蒙古地区。萨迦班智达应邀赴凉州后，长期体弱多病的阔端一次患上重病，多方治疗无效，后由萨班医治，结果手到病除，因此他深得阔端的敬重。元帝师八思巴也精于医术，他在大都期间，曾多次给蒙古王公、王妃和公主治疗各种疾病，都取得奇异的效果。他的弟子胆巴国师曾为元成宗治愈疾病。正是通过他们，西藏的医学被传入蒙古族及内地各个地区。其后，察雅班智达又将《四部医典》由藏文翻译成为托忒文来让蒙古医生学习。

十、藏地语言文字、音乐歌舞、服饰习俗在内地的影响

受藏族国师、帝师及名僧在元代的社会上层地位影响，不但有大批民众皈依了喇嘛教，而且边地汉商汉民，也纷纷教其子孙学习藏语藏文，甚至穿上藏装。进入藏地经商的汉商中，许多人与藏女结婚成家。

元代藏传佛教艺术对内地风俗也产生了一定影响。“在历史上，上至朝廷皇族，下至汉僧、平民，在许多民俗上亦潜移默化受到藏区佛教的影响。例如八思巴建议在大明殿御座上设白伞盖，以为镇魔安国，并诵经礼佛，于是从此形成每年二月十五日举行由五百藏僧领头的‘游皇城’节日。”[1]据《元氏掖庭记》记载，元顺帝耽于游乐，曾令官人演天魔舞，“以宫女一十六人按舞，名为天魔舞。首垂发数辫，戴象牙冠。身披璎珞大红绡金长裙袄，各执加巴剌般之器”，还有“金字经”“雁儿舞”及器乐合奏等，其实都是藏传佛教的宗

[1] 黄颢：《在北京的藏族文物》，北京：民族出版社，1993 年，第 2 页。

教音乐及跳神舞蹈。

十一、元代藏族宰相桑哥在理财和施政方面的贡献

桑哥,胆巴国师弟子,通诸国言语,曾任西蕃译史,因“好言财利事”而获忽必烈赏识。至元二十四年(1287)十月,忽必烈设立尚书省负责理财,命桑哥为尚书省右丞相,兼总制院使。“前省官不能行者,平章桑哥能之”,意即桑哥在理财方面较前任更为能干。桑哥在理财方面的举措主要有五:

一是清理财务。当时,部分司库人员私自冒充他人姓名填写关领课银文契,造成国库亏空。桑哥便首先从“钩考”(即清理财务)入手,开展了一次从中央到地方的大行动,通过尚书省“钩考”天下财谷,“以所征补之,未尝敛及百姓”。理财初见成效,收支平衡,国库充盈,甚至出现“币朽于库”的局面。二是增加税收。从至元二十六年(1289)起,桑哥“遂重其税,自是以来渐以增益,视其初倍蓰十百不侔矣”。三是整顿钞法。当时因“中统钞行垂三十年,省官皆不知其数”,故“更用至元钞”,在更替过程中,桑哥采取了一系列措施有计划有步骤地完成了至元钞的推行。四是开源节流。桑哥按照“上可裕国,下不损民”的原则统理财政,可谓事无巨细,如“万亿库旧有牌条七千余条,桑哥言岁久则腐,宜析而他用”。又如,桑哥建议修会通河(即安山渠),会通河修成后,可从每年繁重的陆运中解放五六万人力,不仅减少了政府开支,还可向政府提供赋税,两项相加,实则为国家年创收近六万锭,所谓“功在当代,惠及后世”。五是罢兵为民。为保护劳动人手,发展生产,节约军费开支,桑哥曾阻止“安西、凤翔、延安三道军户,无籍四千外,复得三万三千二百八十丁,欲以为兵”。罢兵为民,客观上有利于发展生产,受到了人们的欢迎和支持。综上,桑哥以“理财”闻名于当朝和后世。

桑哥不仅擅理财,他在政治方面也有重要建树。一是巩固元初政权,如密切关注宋室后裔的动向,并采取监视和控制的安置措施。二是打击地方势

力，加强中央集权，如敢于和蒙古贵族做斗争，限制地方蒙古贵族势力的膨胀。三是整顿吏治，如以甘肃行尚书省参政铁木哥"无心任事"，上奏由乞牙带代之；又以江西行尚书省平章政事忽都铁木儿"不职"，"罢之而后奏"等。四是整顿纪律，如因工部织课稍缓，怒曰"误国家岁用"，命工部尚书唐仁祖督促工期，"违期必致汝于法"，终令"昼夜倍其功，期未及而办"，等等。[1]桑哥为政期间的各种政绩，不仅汉文史料中多有记载，在藏文史料中也有所反映。

十二、史诗《格萨尔王传》所寓汉藏友好的历史文化含义

藏族英雄史诗《格萨尔王传》，公元8世纪前后至11世纪及其以后，特别是到了元代，对史诗分章本进行扩充、铺排，出现大量的分部本，在这些分部本中有不少反映汉藏友好往来的事项，具有汉藏友好的历史文化含义。

（一）涉及象征团结友谊的汉藏姻亲关系

史诗中象征团结友谊的汉藏姻亲关系，其中岭部落与中原汉王室的联姻最有典型意义。格萨尔父亲僧隆的原配夫人名"贾萨"，意为汉族妃子，史诗认为她是汉皇室的一位公主。僧隆与贾萨生子贾擦·霞尕尔，是格萨尔的同父异母兄，"贾擦"是汉族外甥之意，以表示他与汉皇室的甥舅关系。岭部落对贾擦的出世十分重视，举行了历时十三天的盛大诞生宴会，各部落献重礼祝贺。后来格萨尔率兵远征，便把部落大权交给贾擦，让他摄政。贾擦阵亡后，格萨尔将其遗孤扎拉泽加视为亲子，岭部落尊他为小王子，使他享有一人之下、万人之上的最高权威。扎拉泽加经常统兵作战，代替格萨尔行使各种

[1] 参见杨德华：《元代藏族宰相桑哥理财的政绩》，《中国藏学》1995年第4期。

职权，俨然以岭部落总首领自居。史诗对贾擦、扎拉泽加的尊重，就是对其母亲、祖母——贾萨的肯定和敬重。贾擦是这一史诗中有着汉藏血统的赫赫有名的大英雄，常以保卫汉藏友谊的英雄形象出现在读者面前。贾擦每当叙述自己的身世时，都要夸耀自己是汉人的大外甥，夸耀自己的坐骑是母家汉人地方的好马种，夸耀自己的宝刀是舅家汉人地方的精铁所锻造，口里时时夸耀着与汉人舅家的友好关系，这种姻亲文化关系，实际是唐代文成、金城两位公主出嫁吐蕃两个赞普以后汉藏两族结成友好甥舅关系的延续。

（二）部分章节和专述兼及汉藏人民的友好往来

史诗有些章节和部分专述或兼及汉藏人民的友好往来，如流传在云南迪庆藏族自治州德钦地区的《加岭传奇之部》（以下简称《加岭》），描写的不是战争，而是通过传奇式的故事情节，描写加岭两地的友好交往。“加”是藏语“加那”省称，它源于梵语“摩诃支那”（大中国），由“支那”一词变音而来，通常藏语称汉族或汉地为“加”或“加那”；“岭”是指格萨尔大王统领的岭朵，即岭国。

《加岭》汉文翻译整理本，全书二十多万字。故事梗概如下：加地皇帝噶拉耿贡娶了龙王的公主尼玛赤姬为皇后。这个皇后是“从九个魔女血肉中分化出来的妖女”，她的“父亲是妖魔，母亲是罗刹”。妖后曾告诉皇帝一个秘密——她将死去一次后复活人世，当她复活以后，她将做加岭两地人们的生命之主，掌握加岭两地众生的生死大权；她还将破坏加岭两地的传统友谊，还要与释迦教法为敌，毁灭佛法。由于妖后将死去后再复活，人妖之间、佛魔之间，存在着一场严峻的斗争。后来，妖后真的死了。皇帝被妖后生前的甜言蜜语所惑，妖后死后，皇帝非常悲痛。他按妖后生前吩咐，将妖后尸体密藏在宫中，打算等待妖后复活。皇帝下令在全国颁布黑暗的法律。在黑法的残酷统治下，日月不得放光，清风不得吹动，鸟儿不得飞翔，鱼儿不得游动。皇帝并下令断绝加岭两地的友好交往，加地的货物不得运往岭地，岭地的货物不得运往加地,加岭之间友好往来的黄金桥被阻断了。在黑法的笼罩下,万物失去了自由,加岭友谊遭到了破坏。在这危难时刻,妖后亲生的小公主阿贡措,为了加岭两地众生的幸福,毅然背着父皇,和众姊妹密商,给岭国格萨尔寄去金汁书信,请求大王到加地来帮助消灭妖尸,为众生铲除这个祸根。这位奉天命下凡人间,为人类降妖伏魔、抑强扶弱的格萨尔大王接到金汁书信后,为让加岭两地众生免遭妖祸,历尽艰辛,用了五年时间,先后征服了木雅王和阿赛罗刹,从木雅和阿赛地方得到了灭妖必备的各种稀有法物。然后,大王亲自率领十二名随从,战胜途中种种险阻,到达了加帝京都。大王瞒着加帝,运用神通法术,一举焚毁了皇后妖尸,为加岭众生铲除了这个祸根。

由于加地皇帝被妖后生前的话所迷惑,妖尸被焚毁后,加帝将格萨尔大王误认为是游方术士,对大王施以种种酷刑。为了维护加岭两地的友谊,格萨尔大王忍辱负重,甘心受屈,最后终于用神通战胜了各种酷刑,并使加帝从迷惘中醒悟过来。加岭两位君王最后终于结下了深厚友谊。为了感谢岭王,加帝对岭王进行隆重招待,两位君王互赠各种珍宝礼品,互相倾心畅叙友谊。为了报答岭王灭妖大功,加帝亲口提出要把皇位禅让给格萨尔大王,请大王统领加地十八行省江山。格萨尔大王为了维护加岭两地的长期友谊,婉言谢绝了加帝的盛情。大王说:“我空性大王格萨尔,并不是为了钱财到加地,也不是为了贪恋加地的美食,只是为了加岭两地众生的事。加地的疆土我无心要,加地的皇位我无心居,我只要解除众生的苦难,我大王心里就欢愉。”除妖大功告成,格萨尔一行启程返岭。加地公主和大臣们亲自将岭王一行护送至加岭界地,依依分手时,公主们唱道:“世上人人都需相依靠,好比加地需要靠岭地,又好比岭地离不开加地,加岭两地需要相依依。”公主们表达了相依为命的情谊。大王一行在归途中,途经云南丽江、德钦等地,访问了随臣向宛的家乡戎地,将戎王公主阿曼聘为王位代理人扎拉泽加的妃子,迎往岭国。大王一行,依靠姜地赠送的石马,开通了又一条加岭友好往来的通道“木雅正大道”,圆满返回岭国。从以上的故事梗概可以看出,《加岭》确实是一曲赞美加岭两大民族友好交往的颂歌[1]。

在《格萨尔》史诗中,这种联姻关系在不同版本中亦常有记述。在下拉达克本《格萨尔王传》中,其第四章“格萨尔到中国迎贵公主结婚”,叙述的就是格萨尔应邀到汉地帮助汉皇帝解除病痛,然后迎聘了一位汉公主为妃带回岭国的故事。在公元1716年北京版的蒙古文译本七章本《格斯尔传》中,也有一章(第三章)专门叙述格萨尔应邀到加地去为加地消灭妖尸的故事,其故事情节与此《加岭》大体一致。云南德钦本《加岭》,就是在这种汉藏友好交往早已存在的历史背景中产生的。在《加岭》第六章、第十三章和第十九章中,格萨尔的大臣穆穹喀德唱述自己的身世时,都一再提到汤东杰布这个铁桥活佛及其创始及发展藏戏做出杰出贡献的人物,他是14世纪末至15世纪上半叶的人,那么《加岭》写作的年代应在15世纪下半叶,而且多处提到红教即宁玛派的问题,写作或整理成为文本的肯定是宁玛派僧人。

(三)多处涉及汉藏之间的贸易和往来,从而促进文化交流

史诗中也多处涉及汉藏人之间贸易和往来之事,从而促进了文化交流。如请汉地名人调停部落纠纷,汉藏两地人员互到对方地界开展贸易活动;东方汉皇帝曾把贾擦和其他两个外甥叫到王宫,赐给他们马匹、宝剑、铠甲以及金银、茶叶、绸缎等物。格萨尔王在内地时,与汉皇互赠特产。汉藏民族更多的物质文化交流,主要通过部落成员外出交易、外地人员进入本地交易和集市贸易三种贸易途径,其中汉藏贸易占很大比重。史诗还谈到藏地绸缎、茶叶都是从汉地买来的;藏人到汉地学习法律;汉地艺人到藏地要猴;汉藏棋艺交流,等等。

[1] 参见徐国琼:《论〈加岭传奇之部〉产生的历史背景及时代》,载中国社会科学院少数民族文学研究所主编:《格萨尔研究集刊》(第1集),北京:中国民间文艺出版社,1985年,第103—119页。

（四）史诗在内地不同民族间流传和翻版为文化交流的产物

以江河源为中心的藏区是史诗流传的主要地区，同时史诗在祖国的其他民族和地区也有广泛流传。蒙古族的《格斯尔》的内容与藏族的《格萨尔》大同小异，据研究，蒙古族的《格斯尔》是对流传在蒙古地区的藏族《格萨尔》加工改造而形成的，是其同源分流。此外，在土族、裕固族等民族中各有其史诗《格赛尔》等流传，它们显然也是藏族《格萨尔》的翻版。除西北外，云南等地也有为数不少的藏族聚居，同时全国不少地方都有散居的藏族。这些地区的藏族中也流传着史诗《格萨尔》。可以毫不夸张地说，在全国的四面八方都有史诗《格萨尔》的传播。史诗在内地各民族间传播，它寓含着追求统一、民族团结、自强不息的精神文化，并作为江河源文化的优秀代表间接地与汉族文化有所交流，从而成为中华民族伟大精神的折射。[1]

第四节　藏、蒙古文化艺术的交流和影响

一、蒙古人通过西夏与西藏的早期接触

蒙古人最早是通过用兵西夏和在西征中亚的过程中了解藏族地区和藏传佛教的。因为成吉思汗建立蒙古汗国后，对外用兵的对象首先是西夏，而当时有不少藏传佛教的僧人在西夏活动。蒙古汗国在1227年征灭西夏前，在短短的二十余年的时间里，先后五次大规模地用兵西夏。其中后两次的规模最大，使西夏遭到了史无前例的重创。在这两次用兵中，其中1218年成吉思汗西征中亚后，在回师途中对西夏展开了大规模的进攻，致使西夏主出

[1] 参见何峰：《江河源文化的优秀代表史诗〈格萨尔〉是中华民族精神的折射》，《西北民族学院学报》1999年第2期。

逃凉州，元气大伤。1226年，成吉思汗乘胜追击，再次大规模用兵西夏，并于1227年渡过黄河，攻下积石州、临洮和洮河等地，进入藏族地区。

西夏在文化上一直与藏族地区联系十分紧密，不仅在社会、政治和经济方面与藏族文化密切相关，而且佛教还是形成双方亲密关系的重要纽带之一。由于西夏王室也扶持佛教，尤其是在后期崇奉藏传佛教，因而藏传佛教在这一地区得到了传播。藏传佛教各个教派的不少高僧应西夏王室的邀请在西夏境内传法，得到了西夏王室的极大礼遇，其中有不少著名的高僧还被西夏王室封为上师、国师和帝师，藏文文献保留了一些与此相关的珍贵史料。

1229年窝阔台即位，并于1234年与南宋合力破金后，蒙古汗国展开了对南宋的全面进攻。窝阔台之子阔端在受命率西路军南下进攻四川的途中同陕西和甘肃一带的藏族开始了大规模正式的接触，沿途招纳了许多藏族部落的首领并令其率兵南下随军进攻四川，其中最著名的就是亡金熙河节度使赵阿哥昌。赵阿哥昌为“土波思乌斯藏（西藏）掇族氏”的后裔，为唃厮啰属下的一支藏族部落，北宋时被赐以赵姓。赵阿哥昌率部归顺阔端后，其子赵阿哥潘随即率众跟随阔端南攻四川。由于阔端认识到藏传佛教对于稳定西夏故地和甘青藏区的重要性，同时为了保证南下四川时侧翼的安全，于是决定对西藏采取军事试探，于1239年派遣多达那波率军前往西藏。在运用军事威慑西藏的同时，欲延请一位西藏的学识渊博、德高望重的人物到蒙古就和平解决西藏归顺蒙古之事进行商议。

当时的西藏各派互不统属，各自为政。《西藏王臣记》载：“僧伽以噶当派为最大。达隆法王最会讲情面，止贡寺的京俄权势最大，萨迦班智达对教法最为精通。”尽管以京俄巴扎巴迥乃为首的帕莫竹巴对多达那波表示臣服，但对前往蒙古一事仍故意推脱，并极力举荐萨迦派的萨迦班智达·贡噶坚赞前往。萨迦班智达不负众望，1244年毅然前往，经过两年的长途跋涉，于1246年抵达凉州，并于1247年与阔端举行了具有划时代意义的重要会见，最终同阔端达成了和平归顺协议，并将协议内容向全藏宣布，此即历史上著名的《萨迦班智达致蕃人书》,从而正式完成了西藏归顺蒙古汗国的历史过程。

萨迦班智达与阔端的凉州会见,对于西藏和蒙古双方乃至于整个中华民族都具有极其重要的历史意义。一方面,蒙古军队兵不血刃,在再次统一中国疆域的过程中迈出了重大的一步,为统一的多民族国家的形成做出了重大的贡献。另一方面,西藏和平归顺蒙古元朝使西藏的生产力没有遭到破坏,而且在随后西藏与元朝统一多民族大家庭的频繁交往中得到了前所未有的提高和发展 ,这符合藏族人民的根本利益。正因为如此,萨迦班智达的远见卓识一直为世代藏族人民所讴歌和赞颂。[1]

二、八思巴为元朝创设蒙古新字

蒙古族原先没有文字,他们习惯以草青为一年,新月初升为一月,纪年以十二生肖为代表。命令只能以口语记诵相传,或者刻木为契作为符证。成吉思汗在征战中,曾令塔塔阿以畏兀儿字记录蒙古语来代替蒙古国书,来不及创制正式文字。忽必烈继位后,为了适应统一全中国的需要,在至元二年(1265)令八思巴创制蒙古新字。到至元六年(1269),新字制成。新字是以藏文字母为基础编制的方体字,共有四十一个字母,一千多字。其规律是以“韵关之法”和“语韵之法”编制而成外,基本上是采取“谐声为宗”作为依归的。由于其与塔塔阿以畏兀儿字记写的蒙古语旧字不同,忽必烈诏书中称其为“蒙古新字”,即后人所称“八思巴文”。同年二月忽必烈诏令以新字颁行全国,下诏诸路建立蒙古字学。次年,又诏诸路设“蒙古字学教授”。至元八年(1271),又选派蒙汉贵族子弟入国子监学习,并再次诏令“天下新起国字

[1] 参见熊文彬:《元代藏汉艺术交流》,石家庄:河北教育出版社,2003年,第27—30页。

学”。[1]终元一代,蒙古新字得到广泛的流行,举凡儒家的经籍、史书、佛教典籍都曾以蒙古新字进行大量的翻译,蒙古新字已成为蒙古官僚及其子弟必学的全国通用文字。此外,如公文、案牍、碑刻、货币、封诰都有印写或镌刻。现今仍保存着的元代圣旨、陕西周至重阳万寿宫圣旨碑、居庸关过街塔东壁石刻及北大图书馆所藏元刊《事林广记》等,都是用八思巴文译写蒙、梵、汉文的具体物证。由于它在元朝时对巩固大一统的中央政权起了一定的积极作用,元朝统治者对八思巴创制蒙古新字及巩固大一统所做的杰出贡献给予了充分肯定。为此,忽必烈封他为“大宝法王”。八思巴死后又被赐号“皇天之下、一人之上、宣文辅治、大圣至德、普觉真智、佑国如意、大宝法王、西天佛子、大元帝师”。英宗至治元年(1321),元政府还下诏两都及全国各郡县普遍建立八思巴庙进行祭祀。诏文规定:“其(殿)制视孔子庙有加,并命释法洪撰《帝师殿碑》。”[2]泰定时,又绘帝师八思巴像十一幅,颁赐各行省为之塑像祭祀。真是尊崇到无以复加的地步。[3]

成吉思汗的孙子贵由和阔端二人住凉洲时,阔端闻讯萨迦“班钦”(大班智达)的美名,遂遣使迎请萨迦“班钦”到凉州结为供施。在此之前蒙古无文字,当萨班欲新造(蒙古)文字时,发现一个妇人手持锯口状的揉皮木头,乃造出锯口形状的蒙古文,即“皮梳齿形”的蒙古文。他将字母归为发音强弱中的三类,开了诵读之风。其后,萨迦巴曲古卧色前往蒙古地区,给先前萨班创制的蒙古文增添许多长尾字,随即开始将藏文佛典译为蒙古文。此后,室利图国师将三般若从藏文译为蒙古文。在察哈尔林丹呼图克图之时,以衮嘎

[1] (明)宋濂等撰:《元史》卷二〇二《列传第八十九·释老》,北京:中华书局,1976年。
[2] (明)宋濂等撰:《元史》卷二十七《本纪第二十七·英宗一》,北京:中华书局,1976年。
[3] 参见陈崇凯:《元明藏族传统文化的繁荣及对其他少数民族的影响》,《西藏民族学院学报》(社会科学版)1997年第3期。

卧色为首的众多译师把全套《甘珠尔经》译为蒙古文。[1]

三、藏传佛教文化对蒙古地区的影响

藏传佛教自13世纪随蒙古皇帝传入蒙古地区后，逐步替代了蒙古族原始的萨满教，并凌驾于汉族的儒、道及西方宗教之上。以八思巴为首的元代藏传佛教各国师、帝师，纷纷把藏地经书译介入蒙古地区。至元十七年（1280）仅八思巴新译出的戒本就达五百部。八思巴还为忽必烈的太子真金在进军途中专门撰成《彰所知论》，对蒙古思想文化影响巨大。甚至到三百年后，蒙古作者所著《蒙古源流》一书，在基本观念和编制体裁方面，都取法于《彰所知论》。而在元尚未统一中国南方之前，噶玛噶举派国师噶玛拔希就从绒域（今川边藏区）向今甘肃、宁夏、内蒙古一带传播藏传佛教，并在宁夏与内蒙古交界处修建了一座名为吹囊朱必拉康的寺庙。八思巴圆寂后，受封白兰王的其侄儿兼徒弟达玛巴拉受忽必烈邀请至大都，为八思巴在梅朵拉哇（今北京法源寺内丁香园）修建了水晶舍利塔和一座藏式大佛殿。而蒙古搠思班还亲率一百蒙古人前往藏地的沙鲁寺，请著名的佛学大师布思端为他们灌顶授戒。[2]

藏传佛教对蒙古族的书面和民间文学的发展也起到了巨大的推动作用，而且蒙古族的古代文学通过藏传佛教的传播，它受藏族文学影响的广度和深度是其他任何民族文学的影响所不能比拟的。在13—14世纪时期，许多学者为使藏族文化源源不断地传入蒙古民族中间做出了巨大贡献。其中仅蒙古学者搠思吉翰节尔、沙刺布僧格、索南嘎拉等，就翻译了许多梵藏经籍，如

[1] 参见毛尔盖·桑木旦：《藏族文化发展简史（二）》，佘万治、饶元厚译，《西藏艺术研究》1991年第2期。

[2] 参见王辅仁、陈庆英：《蒙藏民族关系史略（十三至十九世纪中叶）》，北京：中国社会科学出版社，1985年，第24页。

《班扎日格其》(五护经)、《阿敦格日勒》(金光明经)、《菩提察日牙·阿瓦达拉》(梵文《菩提行经》)、《潘察丹达拉》(梵文《五卷书》)等。其中《金光明经》《五卷书》后来干脆被收入蒙古文大藏经《甘珠尔》和《丹珠尔》。藏传佛教经典传入蒙古后,其哲学思想取代了萨满教的意识形态,并在文学艺术作品中形象地表现出来,成为蒙古民间文学的新内容。比如《纳吉喇嘛的故事》就是这方面的代表作品之一。佛教思想对蒙古文化的广泛影响,在元朝后期表现为其形式也大多模仿梵藏传记文学的模式。如搠思吉翰节尔的《佛陀十二行状》是模仿梵藏传记文学模式写成的,而《摩诃葛剌颂》则是模仿梵藏诗歌写成的。《萨迦格言》从14世纪开始多次被译成蒙古文,并以蒙古名《苏布喜地》在蒙古地区广泛流传,出现了蒙古文的注释本和根据其部分内容改写而成的编译本。许多蒙古学者纷纷仿效藏族学者直接从事格言诗的创作。于是,一批蒙古文格言诗作品便应运而生,出现了《杜鹃格言》《天地万物之歌》《取舍之四行诗》《戒酒训言》等优秀作品。而更有代表性的则是15世纪蒙古学者索德那木丹巴仿效《苏布喜地》及其注疏《格言宝库》创作出的《智慧和愚蠢白莲花束》及其注疏《白莲花束阳光注》。这两本书在《苏布喜地》原有喇嘛因果说教的基础上,又融合吸收了蒙藏民族民间流传的说教警世故事,增强了宗教内容并丰富了警醒谚语,成为当时蒙古族广泛流传的重要文学作品之一。

在蒙藏人民的密切交往中,藏族的《尸语故事》很快被蒙古族人民所接受,演变为蒙古族的《喜地呼尔》,由于流传中取舍的不同,产生了十三、二十五、二十六、三十五等不同章节的手抄本或版本。而十三个章节的故事则完全是由藏文直接翻译为蒙古文的,其余章节的版本或是藏文版的变异,或是被蒙古化了的故事。后来还有了七种样式的变文。藏族的《格萨尔》被翻译传入蒙古后,在蒙古地区长期流传过程中,慢慢形成了具有独特民族生活气息、民族特点的独立存在的蒙古族史诗《格斯尔》。藏传佛教的跳神"羌姆"传入蒙古后,也完全被吸纳,名字改成了"布扎"。西藏的天文历算在13—15世纪从蒙古族手中吸收了汉历的先进知识后得到充实和发展,而又反过头来传入蒙古地区。蒙古学习藏族历法始于13世纪初,即元初写成的蒙古史书《蒙古源流》首先采用了藏历的十二生肖纪年。已如上述,西藏的医疗技术也由萨迦班智达和八思巴传入蒙古地区。

四、蒙古族音乐歌舞、服饰对西藏的影响

(一)音乐歌舞的影响

藏族受到蒙古族及汉文化的强烈影响。早在八思巴时开始,藏族上层人物就非常喜爱蒙古音乐艺术,其后无论是萨迦政权的僧俗上层,还是帕竹政权的统治者,也乐此不疲。《西藏王臣记》就记有帕竹万户长宣奴坚赞夜夜赏听蒙古歌舞、放纵嬉乐的场景。八思巴在北京为忽必烈当帝师时,经常被请去观看“表演世俗音乐及歌舞等”[1]。

(二)服饰的影响

在乌斯藏,蒙古族服饰及汉地日用品作为一种时尚,受到藏族上层的喜爱和推崇。不但帝师贡使如此,驻京或商道的藏商也乐于使用内地汉蒙的日用器具及饰品。帝师八思巴及其弟恰那多吉以穿戴蒙古衣饰为荣,恰那多吉还娶蒙古公主为妻、说蒙古语,西藏地方的僧俗统治者也乐于仿效。如曾三次入贡的帕竹继任万户长宣奴坚赞,平日头戴尖顶帽,身穿蒙古服装,足登蒙古靴,以欣赏蒙古歌舞为乐。在后藏“止贡之变”后的萨迦派,更是穿蒙古官服,说蒙古话,醉心于蒙古歌舞,经常游走于元大都与萨迦之间,以蒙古化来标榜自己,以求得元廷的赏赐。噶举派僧人团二世活佛噶玛拔希曾获蒙哥汗赐予一顶金边黑色僧帽,而以戴黑僧帽为荣,俗称黑帽派。

---

[1] 达苍宗巴·班觉桑布:《汉藏史集》,陈庆英译,拉萨:西藏人民出版社,1986年。

第五章

明代时期汉藏文化艺术的交流影响

由于西藏帕竹政权归附明朝，明朝对西藏确立了统辖权。“多封众建，贡市羁縻”，使西藏各派政教势力与明朝中央建立了密切关系，汉藏文化艺术因此发生了更大规模的交流和相互影响，明代成为汉藏文化艺术交流史上的“圆融期”。

第一节 西藏地方与内地的经济交流和明朝中央对藏传佛教的推崇

一、明王朝十分重视西藏地方的交通建设

促使西藏与内地经济联系加强的一个重要因素，是明王朝十分重视西藏地方的交通建设。明初，朝廷多次谕令西藏政教首领修复元代青藏、川藏驿道，新修商道、茶道，并派内地民工进入藏区，与藏族人民一起修路架桥，拓展交通。青藏驿道于明永乐五年（1407）、十二年（1414）两次整修，成为明朝前期西藏地方通往内地的主要交通孔道。川藏驿道是由明初川藏部分驿站与茶道整修而成，从成都经碉门到打箭炉（康定），再经里塘、江达、昌都到拉萨。明中叶以后，川藏道不论是在驿传还是在茶马贸易上都取代了青藏道，成为西藏与内地的交通热线。仅1531年一年内经此道的贡使就达四千一百七十人。而明代通往藏区的茶道，除由陕西经甘青入青藏道运输湖南砖茶外，主

要是从雅州经打箭炉通乌斯藏的川藏茶道，以及向西藏转运南路边茶的松潘道。

二、明朝中央对藏传佛教的尊崇

明朝为推行“多封众建”的政策，对待藏传佛教虽然废除了“一人之上”的帝师制，但仍保留了国师、大国师的封号，随后又加封大宝、大乘、大慈三大法王和阐化、护教、赞善、辅教、阐教五王，并以贡赐制同样给予巨额赏赐及财政资助。明朝对藏传佛教的推崇，还表现在皇帝本人的言行上。如明成祖朱棣为请噶玛噶举五世活佛哈立麻（得银协巴）[1]入京，耗费大量人力、物力，一路隆重接送。或与明太祖朱元璋曾做过和尚有关，明时对藏僧非常尊崇。据《历代噶玛巴传记》载：“火猪年（永乐四年，1406）得银协巴抵达皇宫时，受到皇帝、皇后、皇太子、大臣及僧俗众人的盛大欢迎，欢迎队伍中还有一头白象、三头挂着金银饰品的大象以及三百头披红挂绿的大象。”《贤者喜宴》记载：当时前来迎接的有持华盖、宝幢、飞幡、绸缎及黄金、水晶工艺品的仪仗队；有三只佩带黄金饰品的大象和三百只驮着各种装饰品的大象，以及五万名手持鲜花与乐器的僧人；九位皇子、三千名大臣带着十万名官员和一百二十万手持盾牌、长矛、金锤、金斧、金马锭、金三尖刀、金银绸缎制成的日、月造型等的军卒。到京后，驸马亲迎，皇帝亲自看望，并尊称其为“尚师”，一次赏赐黄金万两，居室用具都以银制。哈立麻辞归后，明成祖亲制佛曲，令宫中近侍为之歌舞；又亲自撰写《神僧传》，极力称誉其弘法之功和法术之高。1430年以后，乌斯藏各路法王的使者及藏僧，凡是要求在京长住者一律照准，且生活开

---

[1] 哈立麻，本名却贝桑波，系藏传佛教噶玛噶举黑帽系五世活佛，明成祖朱棣赐名得银协巴，是如来藏名的汉译。噶玛巴，藏传佛教噶玛噶举法系继承人的称谓，是噶玛噶举的最大转世活佛之一，《明史》称作“哈立麻”。

支全部由朝廷包供。明宪宗以后，宫廷佞佛达到高峰，藏密僧人尤其受到欢迎。高级藏僧活佛常被召入宫中，皇帝也要求其为自己传授“密法”，诵经念咒，“撒花米赞吉祥”。藏僧出入宫廷可坐轿，并由锦衣卫前导，宫中有权势的宦官见了也要跪拜。尤其是明武宗正德年间，为派太监刘允入藏请佛，所带去的礼物之多几乎耗尽了皇帝内库的黄金。

明隆庆五年（1571），入据青海湖地区的土默特部俺答汗信奉格鲁派，经阿桑喇嘛介绍对索南嘉措产生敬仰，自此两次派人邀请索南嘉措到青海会面。万历四年（1576），索南嘉措从哲蚌寺启程，翌年进入青海，渡通天河到达玉树，然后北上至果洛，再到达今海南州所在地恰卜恰，与俺答汗相会，受到了土默特贵族的热烈欢迎。同年五月十五日，他在恰卜恰十万人的隆重大会上论经说法，赢得了大众的崇信。在大乘法轮洲寺的开光典礼上，俺答汗当众焚烧了他所依止的翁公像，与索南嘉措互赠尊号。索南嘉措赠俺答汗“咱克喇瓦尔第彻辰汗”，意为“聪慧睿智的转轮王”。俺答汗赠索南嘉措“圣识一切瓦齐尔达喇达赖喇嘛”尊号。“圣识一切”即“识一切”之意；“瓦齐尔达喇”是梵文音译，即“金刚持”之意；“达赖”是蒙古语“海”的意思；“喇嘛”则是藏文“上师”之意。这个尊号的意思为金刚持海慧圣僧，即显密两宗造诣深广如海、超凡入圣的上师。尊号中的“达赖喇嘛”便是藏传佛教史上的首称，也是后世“达赖喇嘛”这一称号的开端。万历十六年（1588），明朝廷接受俺答汗早在万历九年（1581）五月提出的尊号，册封索南嘉措为“朵儿只唱”，“朵儿只唱”就是俺答汗赠予索南嘉措尊号中的“瓦齐尔达喇”，即“金刚持”的藏语译音，这是明朝中央通过授封对“达赖喇嘛”的正式认可。自此，明代官方文件中便开始使用“达赖”的称呼。明朝中央对索南嘉措的册封和对达赖称号的正式认可，后为清朝中央继承和发展，从而形成了由中央政府册封达赖喇嘛的完整制度。

第二节　汉文化艺术在藏地的传播及其影响

随着明王朝对西藏地方经济的扶持和对藏传佛教的推崇,西藏与内地的文化艺术交流大大加强,也使汉地文化艺术在藏地的传播及其影响有了更大的发展。

一、永宣宫廷佛像艺术对西藏地区佛像艺术的影响

永宣宫廷造像[1],是指明朝永乐和宣德皇帝御定的佛教造像风格和样式。永宣宫廷造像作为朝廷的赏赐源源不断地传入西藏后,很快引起了西藏佛教界和艺术界人士的关注和崇信。15世纪西藏著名雕塑大师白玛卡波曾对永乐造像做过非常细致的描述:"浇铸后洁净无瑕,优美锃亮,镀金技艺高超,人物丰满,袈裟衣褶优美。人物面孔略微扁平,眼睛长。双层粘连一块儿的莲花宝座,花瓣环围着前后左右四周。无论是仰瓣莲花还是覆瓣莲花的瓣尖都略呈尖形。莲花宝座上层和底层边缘上,数排珍宝十分精确地按照相同的间隔距离一颗接一颗地串联在一起。座基牢固地黏合一起,并用遍金刚来装饰,而且涂有白色黏剂。作品的完成略欠精细。遍金刚上没有镌刻任何图案或文字。它们被称为sku-rim-rm(敬事佛像——译者)作品,是用汉地青铜或淡颜色青铜,抑或是易于辨别的其他材料立塑而成的。"[2]

从白玛卡波的描述可知,当时藏地对永宣造像是何等熟悉。在藏族佛教界和艺术界人士的关注和崇信下,一股模仿永宣造像风格特征的艺术风气很快在雪域高原兴起。15世纪西藏著名雕塑家来乌群巴,就是开这一风气之

[1] 见书前彩插图29、图30。

[2] [法]海瑟·噶尔美:《早期汉藏艺术》,熊文彬译,北京:中国藏学出版社,1994年,第168—169页。

先的领军人物,并卓有成就。著名藏学家扎雅活佛在其著作《西藏宗教艺术》中说,“来乌群巴是与宗喀巴大师同时代人,他曾经塑造了四尊佛像:两尊上乐本尊,一尊大威德金刚,一尊文殊菩萨。这四尊佛像都供奉在甘丹寺的赛顿札仓和雍巴巾札仓。……此外,哲蚌寺的密宗殿供奉的大威德妙音天女像和色拉寺供奉的大威德胜魔尊胜佛母像也是来乌群巴的作品”,“这类经过镀金的铸像与明永乐利玛佛像极为相似,造型美观;盘起的双腿自然放松;双排的莲花环绕法座形成一个莲花团;两排莲花之间的连接处嵌入较深;花瓣脉络清晰,结构严谨”[1]。扎雅活佛的描述与现存实物的特征完全吻合,西藏模仿永宣宫廷造像的这类佛像也被习称为“来乌群巴利玛佛像”。

各地的西藏仿永宣造像遗存不少,在有关西藏佛像的图录中经常可以见到此类仿作。从实物看,这种仿永宣造像作品的风格十分统一,其突出特点是,与永宣宫廷造像在造型、装饰和衣纹表现手法等方面如出一辙。如绿度母像,此尊右舒坐姿,头戴花冠和发髻冠,面相平和宁静;上身不着衣,胸前饰繁复的连珠璎珞;肩搭帔帛,帔帛绕臂腕后垂于座侧;下身着裙,衣纹写实流畅,腰带下亦为垂饰U字形连珠装饰;左手置胸前牵莲茎,右手结施与印;整体风格特征与明宫廷造像完全一致。类似的实例还有很多,如那诺空行母像,也非常典型。当然,尽管来乌群巴所造佛像仿自明永宣宫廷造像,但两者仍有区别,主要体现在工艺上:永宣宫廷造像使用掺金的黄铜铸成,而来乌群巴佛像皆为红铜铸就;永宣宫廷造像封底采取剁口法,造像工艺十分精细,而来乌群巴佛像采取西藏传统的包底法封底,佛像工艺略显粗糙。最关键的区别在于,永宣宫廷造像的莲花座上都有“大明永乐年施”或“大明宣德年施”刻款,来乌群巴佛像则无刻款。因此,二者的区别也是非常明显的。

[1] 扎雅·诺丹西绕:《西藏宗教艺术》,谢继胜译,拉萨:西藏人民出版社,1997年,第85页、133页。

二、汉藏建筑技艺在西藏的融合发展

明代,汉藏建筑技艺的融合势头在西藏仍在继续。如哲蚌寺、扎什伦布寺的建筑,就采用了汉地的鎏金、减柱技术,以及汉式金顶建造技艺。再如永乐十七年(1419)所建的格鲁派三大寺之一的色拉寺,是宗喀巴高足释迦也失朝见明成祖受封回藏后修建的,其主建筑的汉式金顶楼阁金光灿烂,寺内藏有明帝赐封并由释迦也失嵌印的大慈法王缂丝像,以及从内地携回的数千尊铜佛塑像。又如位于西藏江孜县城北的白居寺,系僧人饶丹贡桑广征西藏及内地能工巧匠,参照内地及尼泊尔、印度宗教建筑的特点建造而成,于1427年开始修建,至1437年竣工。

(一)瞿昙寺[1]明代宫殿建筑风格

1393年,青海乐都的三罗喇嘛(桑儿加查实)前往南京进贡,并请求明太祖朱元璋为其寺院给予护持和赐名,于是朱元璋御赐寺额“瞿昙寺”,并拨款建寺。从洪武二十五年(1392)建瞿昙殿至宣德二年(1427)隆国殿落成,历时三十六年的营建,终使瞿昙寺成为气势恢宏、声望远播的青海名刹。坐落于青海乐都的瞿昙寺,其建筑风格与明代宫殿建筑艺术有亲缘关系。当地民谣说:“走了瞿昙寺,北京再甭去。”青海瞿昙寺的大钟楼、大鼓楼与北京故宫的东、西朝房,瞿昙寺御碑亭的十字歇山顶与故宫角楼的主楼等建筑,皆出一范。明洪武年间,海喇嘛从西藏来到青海,成为明朝招抚罕东藏族诸部的核心人物。朱元璋看到了宗教领袖人物在少数民族地区的巨大影响,为安定边境,采取了“因俗以治”的政策,亲自赐名敕造佛寺,且对其后辈恩泽日隆。明永乐年间,还有御用太监孟继等四人奉旨修寺,并调集宫廷匠师专司建造。瞿昙寺内现存的五通皇帝御碑,就详尽地述说了这段往事。瞿昙寺前区基本

[1] 见书前彩插图31。

呈汉地佛寺“伽蓝七堂”格局，后区则为宫廷建筑范式，中轴线和主要门、殿序列居中，其他附属建筑对称均衡布置，左钟右鼓，琉璃砖瓦房顶，飞檐吻兽，这正是故宫的建筑格局。寺内最宏伟的建筑——隆国殿，以及两侧抄手斜廊，就是以如今故宫太和殿的前身——明代的奉天殿为蓝本而建成的；屋顶圆筒形的青瓦、檐头垂挂纹饰的滴水、檐下五彩的精致木雕图案和格子装饰的木门等，都是典型的汉地建筑式样。隆国殿前左右对称的大钟楼大鼓楼，则是模仿奉天殿两边的文楼和武楼（即清代的体仁阁和弘义阁）建造的。“无论从建筑的大木结构、斗拱形制到隔扇细部‘蔟六雪花纹’、枋头‘霸王拳’、垂脊截兽小跑、平座滴珠板、柱础等，均与故宫建筑一致。”[1]故瞿昙寺有“小故宫”之美称。面积约九百平方米的隆国殿，是瞿昙寺内最后完成的建筑，也最完整地体现了明代建筑风格。隆国殿两册的抄手斜廊则是唐宋时期宫殿寺庙建筑格局的遗规，在唐宋壁画、石刻和文献中常能看见，也是国内唯一仅存的实物。因此，瞿昙寺被古建筑专家罗哲文先生誉为“国宝中的国宝”。

瞿昙寺里没有一般喇嘛寺中随处可见的嘛呢经轮，主事喇嘛说这是因为“皇宫”的缘故。瞿昙寺各殿宇都有壁画，其中七十八间回廊的大部分墙面布满明代和清代的彩绘壁画，明代曾前后两次画了不到一半的墙面，清代又做了部分增补。壁画的绘画风格与技法基本属于中原传统的大青绿工笔重彩。除了佛陀、菩萨、僧侣，画面中的神仙、龙王、帝君、力士、仙女、武将、卒伍、百姓等人物，皆着唐、宋或明代服饰，殿宇、台阁、陈设、车仗等亦为汉地款式。瞿昙寺落成之初完成的一批壁画，可能出自宫廷画师或中原名匠手笔，可惜没有留下名字；晚期壁画的作者则在画面屏风处留下了两处郡望姓名。瞿昙寺殿抱厦内有两幅坛城壁画，是“汉藏合璧”的典型作品，甚至风俗画的元素所占更多。瞿昙寺是我国西北地区保存最完整的汉式宫殿型建筑群，也是一座绘画、雕刻和珍贵文物艺术宝库。

---

[1] 张君奇：《青海名刹瞿昙寺》，《古建园林技术》2003 年第 3 期。

（二）塔尔寺[1]的汉地风格

建于明代的塔尔寺，其主体建筑是宗喀巴纪念塔殿，也称大金瓦殿。大金瓦殿是具有藏汉合璧特征的三层重檐金顶建筑，坐落于寺中央，被周围的弥勒佛殿（贤康）、六昭殿（觉康）和喜金刚殿（宫康）簇拥，宛如群星拱月，故显得巍峨壮丽、气象万千。大金瓦殿平面呈“凸”字形，建筑面积四百五十六平方米，分上、中、下三部分。下部建筑形似“须弥座”，具有藏式风格；第二层下面为五开间，装有通窗，有小回廊。其中，三面为藏式“边玛墙”，正面两侧的“边玛墙”上各嵌装一幅突出金色的“十相自在”梵文铜镜，具有浓郁的藏族风格和宗教特色。大金瓦殿的中上两层皆为重檐歇山式金顶，中层垂脊四角各安置一铜质镏金、绿色鬃毛的大耳青狮，昂坐守望；第三层为金顶，殿脊正中置一大型镏金吉祥宝瓶，两侧有火焰掌。火焰纹在佛教中表示无边的法力和光明，寓示祥光普照，永不熄火。与汉族建筑不同的是，大金瓦殿的垂脊四面有飞檐挑角，挑角上安装有藏族传说中的水怪头“曲森”（鳌头）。飞檐四角和门窗等处悬挂的白地黑字布幔也是塔尔寺独有，不仅用以遮护建筑彩绘，也是佛教徒礼拜的圣物。

在塔尔寺宏伟壮观的建筑群中，小金瓦殿显得小巧玲珑，其建筑同样结合了藏汉风格。其中的汉式琉璃小亭、“蜈蚣墙”装饰，以及“边玛墙”上涂褐色和黑色，都体现出藏式建筑的主要特征。与气势磅礴的大金瓦殿相比，小金瓦殿更为精致典雅。

大经堂是塔尔寺内建筑面积最大的经堂，内有十八根直托二层殿顶的通柱，十八根通柱所占面积是整个经堂的空间部分，也是顶层长方形天井四合院的中心，顶部的木结构为双层，两层之间又留有五十厘米的空间，这是塔尔寺建筑群中又一独具特色的建筑形式，藏语称“间东”，即空间。

塔尔寺还有许多供奉佛祖和菩萨的殿堂，如弥勒佛殿、释迦佛殿、文殊菩

[1] 见书前彩插图 32。

萨殿等，建筑年代不一，建筑风格也各不相同。弥勒佛殿是一座典型的明制建筑，内部以“退柱”法使其空间可容纳五米高的佛像。释迦佛殿内无明柱，殿通高十三米，形成上下两层，是采取了“减柱”法来扩大空间。文殊菩萨殿又称“九间殿”，内有九个开间，是一座联殿性质的建筑，即从外部看是一座整体结构的殿堂，而内部则分隔成文殊菩萨殿、狮子吼佛殿和宗喀巴大师殿三部分。

塔尔寺建筑群中最能体现藏汉结合风格的建筑，应是大拉让吉祥新宫和众多活佛府邸。大拉让吉祥新宫由上下五座院落、五华门、牌坊组成，是举行宗教仪式、行政办公和居住的综合性建筑。宫殿布局因地制宜，在地形较为复杂的情况下合理组织多重院落。墙体建筑沿袭藏式风格，主殿“嘎玉玛”佛殿也是藏式的双层平顶建筑，而以五华门为代表的一组牌坊则融会了传统的宫殿式营造手法。大拉让吉祥新宫建筑群的空间构成非常丰富，尤其是屋顶形式和装饰多姿多彩，从中可见汉藏文化交流和碰撞的印记。寺内诸多活佛府邸则借鉴了汉式四合院“一进复一进”的建筑手法，不同的是，这些活佛府邸并不讲究“坐北朝南”的汉地居住习惯，而采用了具有藏族特色的“背山面壑”自由布局。[1]

以上种种，表明了塔尔寺正是汉藏文化交流、融合背景下的产物。

（三）色拉寺[2]的汉地风格

色拉寺由释迦也失奉宗喀巴师命赴南京觐见明成祖返回西藏后于 1416 年建立，其建筑为藏汉融合风格。

---

［1］ 参见马浩德：《雕梁画栋塔尔寺》，《中国西藏》2004 年第 5 期。

［2］ 见书前彩插图 33。

三、汉地绘画雕刻艺术对西藏的影响

意大利著名藏学家杜齐在其所著《西藏画卷》第一卷中指出，以 15 世纪江孜绘画雕塑为代表，在吸收了汉族艺术的特点，以及融会了尼泊尔、印度、克什米尔等外来元素后，藏族传统绘画雕塑达到了高度圆熟的艺术创作境界。桑耶寺、哲蚌寺、色拉寺、白居寺等至今仍然保存有大批明代壁画。这些壁画融藏汉绘画技法于一体，其中一些壁画纯系汉式绘画或为汉族工匠所绘制。江孜白居寺吉祥多门塔一层多闻天殿中的多闻天壁画和二层作明佛母殿中的汉式度母壁画，就是根据内地的艺术风格描绘的。

明代宫廷藏传佛教艺术对西藏地方藏传佛教艺术的影响，在江孜白居寺吉祥多门塔的壁画中也有显著反映。如永乐金铜佛像中男性菩萨五叶冠中间的冠冕，与白居寺壁画中常见的冠冕一样，以及项圈对称地悬挂在胸前，在中心悬挂着三个长长的圆形连珠纹珠宝，项链一直对称地越过胸部，垂吊在肚脐上方等细节，也与白居寺壁画相近[1]。白居寺壁画中的《度母》《绿度母》等，也是十分地道的汉藏融合风格；壁画《弥勒佛》局部，其形象完全是汉地式的。吉祥多门塔三层宝生佛殿壁画《眷属之二》和金刚萨埵殿壁画《世自在菩萨》，都有大朵牡丹作为背景装饰。再如，现藏于伦敦维多利亚·亚伯特博物馆的 16 世纪唐卡《文殊菩萨和弥勒菩萨》，“画面的诸多造型都与江孜时代有关联，只是天上的云，下面的山石、花卉、行帐写实如明代工笔重彩画”[2]。以白居寺壁画为代表的江孜风格唐卡，还有 15 世纪的《释迦牟尼二弟子与十八罗汉》，现藏于伦敦大英博物馆，“主尊与十八罗汉俱坐于明代风格的木榻之上，罗汉与二侍立弟子的画风是沿袭唐卢楞迦的传统，准确而地道。在这里，明式家具和图案化的山石树木并置于白背景中，和谐得当”[3]。

---

[1] 参见熊文彬：《白居寺壁画风格的渊源与形成》，《中国藏学》1995 年第 1 期。

[2] 于小冬：《藏传佛教绘画史》，南京：江苏美术出版社，2006 年，第 229 页。

[3] 同上书，第 158 页。

16 世纪后期形成的西藏噶玛嘎孜画派，明显受到内地绘画，特别是四川绵竹画派的很大影响。由明到清，西藏勉塘、噶玛嘎孜两个画派在形成和发展的过程中，所受汉地艺术的影响是很明显的。据成书于 1758 年的杜玛格西·丹增彭措《彩绘工序明鉴》载，勉塘画派的创始人勉拉顿珠赴后藏向大师多巴·扎西杰布学习工艺技法时，看到一幅被称为“甲佐钦姆”（藏语意为“大汉风格的佛像唐卡”）的丝织唐卡时，“忆起自己前生在汉地，是丝唐堪布的化身，曾画过大幅唐卡”，“忆起与《二续部》书面字形相同的八种行书，忆起六种服装及装饰品，而且一一作画。并定成标准，遂成著名大勉塘派”[1]。从这个带有神秘主义色彩的藏式传说中，我们大致可以得出这样的结论：勉拉顿珠在学习绘画的过程中，曾经得益于对汉地丝织唐卡的临摹，后来创建勉塘画派，在不少细节处理诸如服装、装饰品等方面，都借鉴了汉地绘画的程式。目前尚存的勉塘大师亲绘作品，只有为一世达赖根敦珠巴所绘的扎什伦布寺措钦大殿的一组壁画。16 世纪中叶，勉唐画派已传至阿里以东的贡塘，贡塘的勉唐派大师止美所绘制的经书插画，背景全是青绿山水，使木刻板印的方式相传至今。勉塘画派的典型作品还有唐卡《莲花生大师》。

至于兴盛于藏东的噶玛嘎孜画派，由于横断山脉东临汉土，在艺术上受到汉地艺术的影响并不奇怪。噶玛嘎孜画派创始人南喀扎西曾师从勉唐派大师贡却班德，传说贡却班德就是文成公主的化身，这一说法本身就意味着藏汉文化交流的特殊含义。噶玛嘎孜画派具有浓郁的汉族艺术风格特征，南喀扎西的传统“在西藏所有绘画流派中体现出最为浓烈的汉族影响”。据藏文文献，南喀扎西曾临摹明成祖赠予五世噶玛巴得银协巴的一幅卷轴丝唐，以及三世噶玛巴让琼多吉在皓月中拜见元朝皇帝时的写实肖像和古典汉族风格作品《十六罗汉》，从而将印度传统人物造型、汉族传统的敷色和晕染与

[1] 康·格桑益希：《藏传噶玛噶孜画派唐卡对汉地青绿山水技艺的吸纳》，《西藏大学学报》（社会科学版）2010 年第 1 期。

西藏风格的风景三者成功地融为一体。南喀扎西绘画作品中风景的布局、色彩和晕染直接得益于明代宫廷艺术，藏文文献《知识总汇》中直言，这源于他对明代汉族卷轴画模式的借鉴。南喀扎西在创作中设色越来越淡，并且模仿国画中的纤细笔触，典型案例即丹萨替寺集会大殿的十六罗汉壁画。《彩绘工序明鉴》中说，噶玛嘎孜画派的作品“色彩迷人，部分与国画用色相同，但较之于国画用色更为优美。造型轻描淡写，精美绝伦，晕染柔和自然，人物面部和眼睛栩栩如生。喇嘛身躯圆实，宝冠小巧，其造型多与国画中的造型相同”。

噶玛嘎孜画派的许多其他画家也曾直接从汉地艺术中汲取灵感。十世噶玛巴却英多吉是南喀扎西之后该画派的重要代表人物。据藏文文献《知识总汇》记载，十世噶玛巴却英多吉早年学习勉塘画派和克什米尔艺术，后来对内地的丝绸卷轴画（丝唐）情有独钟。他临摹了大量克什米尔金铜佛像和内地的刺绣（或缝制）唐卡，并以此进行艺术创作。据说，他曾以著名的汉地丝绸卷轴画《叶尔巴老者》为范本绘制了二十三幅唐卡，这套丝绸卷轴画被认为是西藏最古老的画作。楚布寺保存的一套二十三幅唐卡是以《叶尔巴老者》为原型绘制的几组十六罗汉，是他用汉地古代石墨颜料画在白色底衬上的。据说在其他场合，他还临摹了一幅心性安息观世音的国画，或可能是以汉地风格绘制了十六罗汉。在汉藏边界地区云南理塘的绛域或临近地区漫长的流亡岁月中，却英多吉创作的画作中可见鲜明的汉地绘画手法，他以汉地绘画风格创作的一套十幅佛陀十二宏化唐卡，就保存在楚布寺噶玛巴的私人邸所里。因此，《知识总汇》将其后期作品视为直接模仿汉地范本的产物。

噶玛嘎孜画派在表现罗汉、大成就者等内容时，大胆随意，富于夸张，强调个性；线条遒劲流畅，衣纹勾勒繁密紧凑，服饰表现飘逸潇洒，体现出自由生动的风韵；设色偏重青绿色调，雅逸清丽；常以花草树木、山石瀑布等为背景，颇受内地山水画的影响。其中自然而写实的清雅之境，加上表现生动的神、罗汉、高僧大德等，使画面产生了一种美丽而神奇的艺术情境，这是该派艺术表现最为成功之处。昌都强巴林寺和类乌齐寺的壁画就是噶玛嘎孜画派的代表作品。研究藏传佛教艺术史的西方著名学者大卫·杰克逊曾评论道:“来自中原汉地,特别是来自15世纪初年明朝廷的—艺术作品被带入西藏之后,过了几十年的时间,他们处理背景的方式逐渐被西藏最伟大的艺术家甚至在普通的绘画实践中借用,譬如在与汉地内容无关的题材中也使用汉地方法来处理背景。”这一说法比较真实地反映了明清宫廷艺术与西藏本土藏传佛教艺术之间的关系。由此也不难看出,自元代以来,以宫廷藏传佛教艺术为代表的汉地艺术对西藏本土和藏区藏传佛教艺术创作的影响越发显著[1]。

再说瞿昙寺。首先,瞿昙寺的壁画数量惊人,总面积达一千五百二十三平方米,其中近百分之八十为明代早期壁画,余为清代壁画。瞿昙寺壁画中,隆国殿内墙壁画级别最高,内容为三世佛和藏密欢喜佛,高达五米多的巨幅佛像沥粉贴金,绘制精美,色彩艳丽。张君奇先生说,这些壁画“估计出自藏传佛教绘画高手之笔”[2]。在隆国殿两侧游廊即民间所谓“七十二间走水厅”中,有壁画二十八间三十八面,面积约四百平方米。南廊的明代壁画别具风采,与许多寺院壁画相同,从左至右描绘了佛祖释迦牟尼自降生到涅槃的全部经历。张君奇先生评价其“人物造型逼真,形象优美,线条运用钉头鼠尾铁线描,柔中含刚。人物所持器皿,如玉碗、熏炉、提壶、兵器均为宫廷所用,仅宫廷团扇就有九种之多,人物服饰为宋代中原打扮或宫廷装束,每幅画题有七言诗一首”,并由此分析,“这段壁画应出自宫廷画工之手”[3]。张大千先生曾说:“敦煌壁画是集东方中古美术之大成,敦煌壁画代表了北魏至元一千年来我们中国美术的发展史。换言之也可以说是佛教文明的最高峰。”但是,

[1] 参见熊文彬:《元朝宫廷的“西天梵相”及其艺术作品》(下),《中国藏学》2000年第3期。

[2] 张君奇:《青海名刹瞿昙寺》,《古建园林技术》2003年第3期。

[3] 同上。

敦煌壁画的年代止于元代，而元以后的明清壁画，就西北地区而言，无论是从规模还是艺术水准来说，瞿昙寺壁画都堪称其首，故有学者说，瞿昙寺壁画使中国西部壁画艺术有了一个比较完整的时代阶梯，可谓“前有敦煌，后有瞿昙”。[1]

瞿昙寺内可以与壁画媲美的则是石雕。如宝光殿、隆国殿佛台莲花座、象背云鼓、六伏狮曼陀罗，以及鼎座、罄座、灯座、御碑须弥座螭首等，其材质或为花斑石，或为当地出产的红砂岩。花斑石又称纹石，出自河南浚县、江苏徐州等地，为天然石料，质地坚韧，图案丰富，色泽鲜艳，有红、紫、绿、黄等色，具有很强的装饰效果。石质呈淡紫色的又称豆瓣石，上面均匀分布着浅黄色花斑，磨光后石面莹润细腻、色彩斑斓。花斑石极为珍贵，向来为皇家所用，明定陵地宫后殿、永陵的宝城都使用了花斑石，故宫的坤宁宫、清西陵也用此石制砖墁地。瞿昙寺花斑石须弥座集中在宝光殿内，每件上部都刻有“大明永乐年施”汉文及藏文、梵文对照铭文，是明皇室布施给寺院的供品，雕刻精细，磨制光洁。每件石雕分层拼对，应该是在河南官方采石场雕好后，再运至瞿昙寺的。[2]将这种石料从河南大量运往青海，在当时可谓极其艰辛，由此可见瞿昙寺的地位。

此外，在收藏家刘恩军所收集的四千多张藏传佛教布片画“匝尕”中，有一张系明代出现关羽形象的，也反映了中原文化对西藏地区的广泛影响。在明代绘制的唐卡《八思巴画传》中，同样有明显的汉地风格。由于画者对汉地绘画艺术风格十分熟悉，因此在绘制画传唐卡时，为了反映八思巴作为帝师与忽必烈等众多人物所历之大事、大场面，自然要吸收汉地艺术元素，故而形成了藏汉艺术融合的风格。

---

[1] 参见程德美：《瞿昙寺：深山里的小故宫》，《中国西藏》2007 年第 3 期。

[2] 参见张君奇：《青海名刹瞿昙寺》，《古建园林技术》2003 年第 3 期。

四、内地工艺美术在藏地的传播及其影响

明代，朝廷对西藏和其他藏区朝贡者的赏赐以工艺品居多，直接使得内地工艺美术大规模地输入西藏及其他藏区。如永乐十七年(1419)，"遣中官杨三宝赍敕往赐乌斯藏……灌顶国师阐化王……阐教王……辅教王……灌顶国师赞善王……灌顶弘善西天佛子大国师释迦也失等佛像、法器、袈裟、禅衣及绒锦、彩币表里有差"[1]。遣使赏赐的规格一般说来要高于例行的朝贡赏赐，如明成祖于永乐十一年(1413)遣太监侯显入藏赐予大国师果栾罗葛罗监藏巴里藏卜的礼品，其品种、数量都较永乐八年(1410)在京的赏赐大为增多，除茶、苎丝、彩绢、衣服、靴袜之外，另有佛像一尊、镀金铜铃杵一副、响铜钹儿一副、僧帽一顶、青纸四千张，苎丝、彩绢也由五匹增至七匹[2]。吴明娣博士指出："果栾罗葛罗监藏巴里藏卜是大宝法王哈立麻的弟子，曾随哈立麻入觐，得封'灌顶弘智净戒大国师'，其位在诸法王、教王之下，获赏如此，明廷对其他宗教上层人物的赏赐之丰就可想而知了。"[3]

明朝廷对西藏及其他藏区地方首领的赏赐中，规模最大、规格最高的当数永乐、宣德年间对入京朝觐的西藏三大法王的赏赐。永乐四年(1406)十二月，哈立麻入京(南京)朝觐明成祖，获赐"金百两、银千两、钞两万贯、彩币四十五表里及法器、个(茵)褥、鞍马、香果、米、茶等物"，其徒众也获赐"白金、彩币等物有差"[4]。哈立麻自永乐四年(1406)十二月入觐至永乐六年(1408)四月辞归期间，于永乐五年(1407)三月被明成祖封为如来大宝法王，随他一同前来的弟子中也有三人被封为大国师。他们奉命先后主持和参与

[1] 中国藏学研究中心等编：《元以来西藏地方与中央政府关系档案史料汇编》(第一册)，北京：中国藏学出版社，1994年，第150页。

[2] 同上书，第154页。

[3] 参见吴明娣：《汉藏工艺美术交流史》，北京：中国藏学出版社，2007年，第88页。

[4] 中国藏学中心、中国第一历史档案馆等合编：《元以来西藏地方与中央政府关系档案史料汇编》(第一册)，北京：中国藏学出版社，1994年，第98页。

了在南京灵谷寺为明太祖帝后建普度大斋、在五台山为皇后建大斋等皇家重要佛事活动,屡获厚赏。如永乐五年(1407)正月哈立麻获赐一批特别的物品,除常见的仪仗、幡幢等,还有在此前内地输入西藏的物品中罕见的手炉、灯笼、银交椅、银脚踏、银杌、圆扇等。再如永乐六年(1408)正月初一明成祖《致如来大宝法王书及赏单》,详细列出赏赐物品十八项,除了檀香、乳香、银、钞、马,其余物品均为工艺美术品,所涉及的工艺品种有丝绸、瓷器、金银铜器、玉石器、漆器、毛织品、皮制品等,此次赏赐给大宝法王的各种工艺品的总数有百余件(套)。[1]

五、丝绸在藏地的传播及其影响

(一)明代朝廷赏赐的丝绸物品

明朝廷赐予西藏僧人的物品中,往往少不了汉地的袈裟与靴帽,以及汉地的丝绸、缎、帛等。寺庙、庄园及宗谿领主的服饰中已经大量采用内地的丝棉织品。藏文史籍中多有对当时藏区贵族仿效内地的奢侈生活的描述,而一般平民也可穿用汉地输入的布、麻织品。18世纪前后,在西藏贵族中曾盛行戴一种叫“土比利”的蒙古士兵帽子,此帽是在晚明时期传入西藏的。

明代从内地输入藏区的丝绸数量庞大,甚至出现以绸缎捣泥塑佛像的奢侈做法。《至尊宗喀巴大师传》记载,“用绸缎捣泥塑造能怖金刚十七卡高身像……奉安在寝室内的胜乐绸泥塑像约一肘高”[2]。藏文文献中还记载,大慈法王释迦也失第一次朝觐后带回丝织唐卡,并将其献至甘丹寺的宗喀巴灵塔

[1] 参见吴明娣:《汉藏工艺美术交流史》,北京:中国藏学出版社,2007年,第87—89页。
[2] 法王周加巷:《至尊宗喀巴大师传》,郭和卿译,西宁:青海人民出版社,1988年,第321页。

前,每年展示一次,这就是著名的甘丹丝织唐卡节。这也表明,明代曾专门为赏赐藏传佛教僧人而织绣了大批量的藏传佛教唐卡。在西藏传世的明代丝织品中,最令人瞩目的就是永乐、宣德年间为赏赐藏僧而制作的缂丝、刺绣唐卡,如拉萨大昭寺藏"永乐年施"刺绣唐卡《大威德金刚像》和《胜乐金刚像》,西藏山南文管会藏明初缂丝唐卡《释迦佛像》和《观音像》,拉萨色拉寺藏宣德缂丝唐卡《大慈法王释迦也失像》,后藏乃宁寺藏带有"永乐十年四月十七日"题记的绢画《释迦立像》,以及布达拉宫藏正德时期的大庆法王领占班丹刺绣《普贤菩萨像》。[1]

(二)西藏传世的汉地风格丝织品

明代输入西藏的丝织品以汉地风格居多。如扎什伦布寺收藏的缂丝《鸾凤牡丹图》和织金双龙戏珠顶幔华盖,这两件丝织品至今均保存完好,十分珍贵。值得一提的是,北京艺术博物馆也藏有一件与扎什伦布寺所藏缂丝作品相似的《凤凰牡丹图》,二者构图相近,画面中凤凰、牡丹、太湖石、云彩的形态、设色也都颇为相像;不同的是,扎什伦布寺的《鸾凤牡丹图》上有一轮红日,北京艺术博物馆的《凤凰牡丹图》上则无。这两幅缂丝作品显然是依据明代流行的同一范本缂织的,或出自不同工匠之手,或为同一工匠所作只是在细节上稍有变化;前者经赏赐传入西藏,后者为内地宫廷或贵族拥有。这表明,明代西藏与内地在艺术上息息相通。

明代刺绣唐卡在西藏也有传世,如至今保存完好的刺绣唐卡《朗久旺丹》,就是汉藏艺术交融的代表作之一。《朗久旺丹》下部衬托莲池,池中有盛开的莲花和待放的花蕾,两边对称地各有一鸳鸯。西藏萨迦寺收藏的明宣德官窑青花五彩瓷碗和高足碗上,均装饰有莲池鸳鸯纹,可以证明内地此类装饰图案曾传入西藏。而《朗久旺丹》唐卡上出现莲池鸳鸯纹,应当是受到内

[1] 参见吴明娣:《汉藏工艺美术交流史》,北京:中国藏学出版社,2007年,第97页。

地织绣装饰的影响。莲池纹中，花瓣、花蕾、水波等配色具有云锦的色晕效果，色彩由内至外、由深向浅过渡。《朗久旺丹》上部的云纹也体现出内地织锦图案的特点。[1]

（三）以丝绸装潢佛经和装饰佛像

唐代内地的佛经即传入西藏，明代朝廷还专门刊刻藏文《大藏经》以赐藏僧。这类出自宫廷的佛经，融汉藏装潢艺术于一体，也对藏传佛教经书的装潢产生了影响。西藏佛教经书在保持原本贝叶夹装基本形制的基础上，吸收借鉴内地装潢手法，采用丝绸材料，使其装潢艺术臻于完美。此外，佛经插图和经边彩绘，也部分吸收了丝织纹样的表现形式。如现藏于西藏博物馆的《时轮本续》，经边所绘莲花的花形硕大，采用了类似云锦妆花色晕的描绘手法，与以往西藏佛经经边彩绘大异其趣。

西藏寺院壁画受到丝绸艺术的影响，与唐卡、佛经装潢相似，壁画中也常出现内地丝绸的装饰纹样。托林寺白殿壁画《毗沙门天曼荼罗主尊》中，人物右肩的蓝色帔帛和红色下裳均绘以排列整齐的朵云纹[2]；西藏所藏明孝宗允准锁南坚参巴藏卜承袭净修圆妙国师的封诰上，也装饰有这种形式的朵云纹[3]。托林寺白殿壁画《白度母》以及托林寺红殿壁画《说法图》《听法图》等的人物服饰上绘有红地散点布局的小朵花纹，其中有的为梅花形，这类花纹常见于内地宋代以来的丝绸纹样中，并见于扎塘寺壁画的菩萨服饰上。托林

[1] 参见吴明娣：《汉藏工艺美术交流史》，北京：中国藏学出版社，2007年，第98—99页。
[2] 西藏自治区文物管理局编：《托林寺》，北京：中国大百科全书出版社，2001年，第74页。
[3] 甲央、王明星主编：《宝藏：中国西藏历史文物》（第三册），北京：朝华出版社，2000年。

寺红殿壁画《持钵图》[1]中，主尊服装上的赭地朵花，以及衣缘镶边浅绛地黄色缠枝莲花纹，也是内地丝绸习见的纹样。又如托林寺白殿壁画《走街图》[2]，菩萨身后的背景绘有大面积的蓝地线描四合如意云纹，托林寺红殿的木质天花板上也绘有四合如意云纹，这种云纹同样源自内地织锦。《走街图》中窗台上所绘的二方连续几何纹，也是仿自内地锦纹。这些内地装饰纹样为托林寺壁画打上了鲜明的内地艺术烙印。

明代西藏佛像也融入了内地丝绸的装饰元素。如供奉在西藏扎囊县敏竹林寺的15世纪鎏金铜萨迦高僧像，其服饰上錾刻细致的丝织纹样，包括龟背纹、四合如意纹、连钱纹、回纹、卷草纹等，均为内地丝绸的典型纹饰；后藏江孜白居寺造像常见对丝绸纹样的刻画；吉祥多门塔内释迦牟尼佛的袈裟细部，雕饰有精细的缠枝花卉（牡丹、莲花、菊花等）纹、联珠纹，在部分尊像的背光和底座等部位，也雕刻有缠枝花、云纹等图案[3]。吴明娣博士特别指出："上述具有内地文化色彩的纹样，不应孤立地看待，当是内地文化艺术影响西藏西部文化的表征，以往中外学者对西藏西部文明的研究多从建筑、造像和壁画中的人物造型入手，注意到由于地缘关系，西藏西部佛教艺术具有较强的印度、克什米尔文化色彩，而很少注意到在画面装饰和人物服饰花纹上所体现出来的内地文化因素。"[4]

六、瓷器在藏地的传播及其影响

明代瓷器输入藏地主要通过朝廷赏赐，由贡使和内廷赴藏使臣带往西藏

[1] 甲央、王明星主编：《宝藏——中国西藏历史文物》（第二册），北京：朝华出版社，2000年。

[2] 同上。

[3] 此造像为吴明娣2000年9月参观白居寺所见。

[4] 参见吴明娣：《汉藏工艺美术交流史》，北京：中国藏学出版社，2007年，第101-104页。

和其他藏区。据史料载,明宣德七年(1432)一次赏给乌斯藏法王瓷器一千件。永乐年间,朝廷对西藏上层人士进行了大规模赏赐,西藏至今仍完好保存着一批永乐官窑瓷器精品。如永乐元年(1403),明成祖遣使奉书、币往西藏迎请噶玛噶举派黑帽系五世活佛哈立麻,哈立麻于永乐四年(1406)来南京朝觐明成祖,被封为如来大宝法王,赏赐金银、锦缎及各种珍宝无数。永乐六年(1408)正月,明成祖一次赏赐大宝法王香、币等物共十八项,其中包括"白瓷八吉祥茶瓶三个,银索全;白瓷茶钟九个,红油斜皮骰手全;五龙五个,双龙四个"[1]。

《汉藏史集》载,明成祖1406年敕封乌斯藏噶玛噶举派黑帽系五世活佛得银协巴为大宝法王,曾赐一只青花瓷碗;1413年敕封萨迦派拉康拉让高僧昆泽思巴为大乘法王,也赐有青花瓷碗一只。《汉藏史集》中还记载,皇帝赠予大乘法王的青花瓷碗上书有"白昼吉祥(夜吉祥)"等文字,绘有六种图案和吉祥八宝。明宣德年间,在西藏流传的官窑瓷器除永乐时已有的白釉、青花等品种外,还有蓝釉盘这类高温颜色釉名品和新创烧的青花五彩瓷器。以西藏博物馆收藏的一件宣德青花莲托八宝纹高足杯为例,杯身内壁上以青花书一周藏文,汉语意为"白日平安,夜晚平安,中午平安,日夜平安"。作为一件十分名贵的宣德时期官窑器物,更加可贵的是,此器还附有麻编杯套,说明当时是作为极其珍贵的物品运送进藏的。输往藏区的这些高足杯,往往还配备银质器座和器盖,尽显华贵之尊。这种高足杯只能在贵族家庭以及高僧喇嘛举行宗教盛典时使用。西藏博物馆也藏有明永乐青花菊花纹瓷壶。

现藏于萨迦寺的明代宣德青花五彩鸳鸯纹碗,世界上仅存两件,为稀世珍品,此碗内口沿所书的藏文吉祥经与《汉藏史集》所记载的明朝廷赐给大乘法王的青花碗文字内容一致。西藏博物馆所藏的永乐青花莲花纹执壶、宣

[1] 中国藏学研究中心等编:《元以来西藏地方与中央政府关系档案史料汇编》(第一册),北京:中国藏学出版社,1994年,第106页。

德青花海水纹高足碗则为永宣青花瓷的精品。萨迦寺所藏的莲池鸳鸯纹龙纹碗和莲池鸳鸯龙纹高足碗,为传世的宣德青花五彩瓷器中仅见的珍品。青花五彩这种彩瓷新品种,在景德镇窑一经问世,即传入西藏,由此也可看出明代帝王对藏僧之优崇,以及当时汉藏文化艺术交流之兴盛。明成化时期,景德镇瓷器生产得到较大发展,官窑大规模烧制瓷器,且工艺精良,可以达到与永乐、宣德瓷器相媲美的程度。成化皇帝追随永乐、宣德皇帝,一方面生产符合藏族审美的饰藏文、梵文、八吉祥等纹样的瓷器赏赐藏僧,另一方面赏赐官窑瓷器精品与西藏上层人士。现藏于西藏博物馆的青花缠枝花卉纹碗、青花龙纹高足碗,均为成化官窑青花珍品。拉萨哲蚌寺收藏的成化斗彩莲托八宝纹杯上,吉祥八宝两两组合成四组装饰,其中的莲花则改绘为石榴。石榴寓意多子,是明清流行的吉祥图案,将它移植到八吉祥中可谓别具一格,也体现出汉藏文化的融合。

正德时期,太监刘允受命赴藏迎请噶玛巴八世活佛,所携带的礼物数量惊人,几将内库黄金用尽,其中所赏赐的瓷器自然档次不低。如今西藏博物馆陈列的正德黄釉瓷碗,即西藏传世的正德官窑珍品。嘉靖一朝历经四十五年,由内地传入西藏的瓷器为数不少,其中的传世作品有书“大明嘉靖年制”款的青花云龙纹执壶,壶腹部两面各饰一桃形云龙纹,壶颈、壶底及流下部辅以卷草、缠枝花、回纹等边饰,布局疏朗,与壶体造型结合,十分妥帖。西藏扎囊县结鲁乡收藏的书“大明嘉靖年制”款的青花圆盒,盒身、盖顶及侧面均饰如意形锦地花卉纹,仿丝织纹样“锦上添花”。这些瓷器的造型装饰为地道的汉地艺术风格。

万历时期从内地传入西藏的瓷器也有不少存世,有的甚至内地罕见,如藏于西藏博物馆的青花云龙纹罐,外壁满布纹饰,罐身绘双龙戏珠和壬字形云、近底衬海水江崖,画工细致,青花色泽明艳,底有楷书“万历丁亥年造黔府应用”款。带有这种款识的瓷器目前仅知三件,两罐藏西藏,一罐藏贵州。这种为地方权贵订烧的瓷器传入西藏,表明明代内地地方势力与西藏上层之间有直接往来,这件瓷器很可能是给西藏上层人士的赠礼。

除赏赐和礼赠之外,明代通过贸易传入西藏的民窑瓷器亦不在少数,但存世的极少。目前已知西藏所藏的明代民窑瓷器有西藏扎囊县扎期乡收藏的一件白瓷印双龙纹盘,据称此盘圈足内有“大明年制”手写体款识,“年”字已模糊不清。在西藏山南地区博物馆,也陈列有一件雅砻沟出土的明代青花麒麟纹瓷盘。成书于17世纪早期的《后藏志》记述了乃宁寺的折大师的十三件圣物,其中之一就是“瓷碗月亮小井”。[1]

明代,达仓宗巴·班觉桑布在其所著的《汉藏史集》中,将制碗及鉴别碗好坏的知识也记录了下来。他将由内地传入藏地的碗分为八组十六种。其中,有龙、云图案的为上等,有茶、树图案的为中等,有鱼、兽图案为下等。其中的名器就包括明成祖赐予大宝法王和大乘法王的大小两只青花五彩鸳鸯纹瓷碗,大的一只碗口内壁有一圈藏文“白昼吉祥(夜吉祥)”,并绘有六种图案和吉祥八宝,非常名贵,因而其样式及图案在藏地十分盛行,该碗至今仍珍藏于萨迦寺中。而明永乐年间出产的名瓷青花“压手杯”,以及宣德年间出产的五彩莲水鸳鸯碗等,至今仍是藏族人民选购茶具、餐具时的精美参照。[2]。

七、金属、玉石、牙雕工艺品在藏地的传播及其影响

明代经由赏赐传入西藏及其他藏区的金属工艺品包括金、银、铜器,除一般日用器皿外,还有金册、金印这类特殊物品及佛像、法器、乐器、家具等。西藏传世的内地金属制品也为数不少,多为永乐、宣德时期的宫廷制造。吴明

[1] 参见吴明娣:《汉藏工艺美术交流史》,北京:中国藏学出版社,2007年,第106—111页。

[2] 陈崇凯:《元明时期藏汉文化的交融及对中华文明的贡献》,《西藏大学学报》1996年第2期。

娣博士对已经公布的相关资料做过统计，其中带有“大明宣德年造”的铜钹就有十余对，原分别藏于后藏萨迦寺、昂仁县扎桑寺、维桑林寺，亚东县东嘎寺，山南的乃东昌珠寺、泽当寺，曲松县甲日贡寺、朗真寺等处。其中维桑林寺一处就藏有三对铜钹。据此，可以推测，明代官方金属工艺品传入西藏的数量是相当可观的，流传范围甚广，涉及前藏、后藏各地寺院。宣德铜钹上均带有精致的装饰，或为二龙戏珠，或为龙虎纹，体现了宫廷金属工艺的风格。在明廷赏赐藏传佛教僧人、寺院的金属法器中，也有不少金刚铃杵传世，大多带有“大明永乐年施”或“大明宣德年造”的款识。

明代由于大量内地金属工艺品传入藏区，必然会产生一定的影响，在藏族金属等工艺品上得到反映。如密宗法器“嘎布拉”鼓（头颅骨鼓），鼓面上大多绘有与内地纹样相近的团龙。西藏铁质糌粑盒上有汉字“寿”字装饰，盖与盒身共饰三个呈“品”字形排列的变体篆书“寿”字，与藏族装饰“三宝”的形式相仿佛，“有祈愿吉祥之意”，糌粑盒上的“寿”字四周饰典型的藏式卷草，盒肩部还有一周卐纹，其形式是来自内地丝织纹样“卐不断”。这件器物属典型的汉藏合璧装饰，反映了汉藏艺术的融合已具体影响到了日用器物的制作。西藏的金属香炉也有采用内地的形制，并将汉藏两种装饰集于一身，其典型的例证就是西藏收藏的明代铜象首足香炉，与北京故宫工艺美术馆陈列的明初掐丝珐琅缠枝莲纹象首足香炉，在造型上如出一辙。青海塔尔寺内收藏有“大明宣德年制”款识的镂雕云龙纹铜香炉。内地的龙纹、花卉、太极、云纹、几何纹样也频频出现在藏族工艺品、寺院壁画、金铜造像及建筑装饰上。

明代内地的象牙雕刻也曾传入西藏，如日喀则扎什伦布寺收藏的释迦牟尼佛像和十一面观音像，就具有明显的内地造像特征，体态上不似常见的明显受到印度、尼泊尔造像影响的藏式佛、菩萨像那样强调人的生理特征，而体现出的是汉族地区审美趣味，衣服表现出丝绸的质感。从这两件作品的精致作风上看,它们很可能来自明代宫廷或官府作坊。[1]

八、印章、玉册、圣旨、封敕、佛经、敕书等对藏地装饰艺术的影响

明代在敕封藏区各地大小僧俗领袖时,颁赐了各种不同质地的印章,主要有金、银、铜、铁、玉、象牙等,至今仍有不少传世。这些印章的印纽形态不一,有如意、宝珠、宝焰、佛光、法轮和龙、螭、狮等造型,从一个方面体现出了明代内地不同门类的工艺特点。在这些印章中,玉印的档次最高,雕刻最为精美。如明廷颁赐大宝法王、大乘法王的印章均为玉质,双龙纽,一为白玉、一为墨玉,反映了明代宫廷玉雕的工艺水平。又如嘉靖时颁给灌顶国师阐化王印,以及万历时明神宗应蒙古顺义王俺答汗之请,赐给三世达赖索南嘉措的"朵儿只唱"(梵文意为金刚持)印。洪武二十六年(1393),明太祖朱元璋应青海三罗喇嘛之请,为瞿昙寺亲赐刻刹名,明成祖朱棣又亲为该寺立碑题文。永乐十年(1412),明成祖册封班丹藏卜为"灌顶净觉弘济大国师",并赐重达八十两的镀金银印一颗;册封索南坚赞"灌顶广智弘善国师",并赐象牙图章一枚。次年,又重立禁约石碑和金佛像碑各一通,并题碑文。他还册封噶举派黑帽系五世活佛得银协巴为"万行具足十方最胜圆觉妙智慧善普应佑国演教如来大宝法王西天大善自在佛",册封萨迦帝师后裔著思巴儿坚藏为"灵藏灌顶国师"(《明史》称"灵藏僧")。此外,明代册封西藏俄力思军民元帅府和赐给卒尔普寺、楚布寺的敕书,以及授灌顶国师阐化王的圣旨,至今仍保存在西藏。这些印章、玉册、圣旨、封敕本身,既是西藏归属中央,是祖国不

[1] 参见吴明娣:《汉藏工艺美术交流史》,北京:中国藏学出版社,2007年,第111—115页。

可分割的一部分的铁证,也是内地文化对西藏的影响的力证。

明代自永乐一朝就开始在南京刊刻藏文大藏经《甘珠尔》,色拉寺至今还宝藏有大慈法王携回的《甘珠尔》一百零八函。这些经典在装帧艺术上具有较高水准,装帧材料也十分珍贵,体现了明代宫廷书籍装帧艺术的风格,也反映了部分工艺品种的独特面貌。

近年来,原藏于西藏的一块永乐朱漆戗金八宝纹压经板被披露报端,吴明娣博士指出:"由它透露出的信息是,明代宫廷藏传佛教贝叶夹装经板曾用漆器戗金工艺装饰,漆器也在明初伴随藏文大藏经传入了雪域高原,以往的历史文献缺少这一方面的记载。"现藏于西藏博物馆的明代磁青纸泥金书《吉祥无量寿佛好事经部》,为带有汉文注音的藏文写本,采用贝叶夹装,上下有红色染象牙雕护经板。上层内侧护经板正中书写藏汉文字,两边分别彩绘藏传佛教尊像,表面嵌饰宝石,上覆经帘;书页图文并茂,其中一书页绘环绕汉藏文字的缠枝莲托八吉祥纹;由书页叠放形成的边墙四面彩绘,其中两面绘伎乐天一类神像,另有一端书汉藏文"吉祥无量寿佛好事经部",文字下部及两侧绘八吉祥组合图和缠枝花纹。由这部贝叶夹装佛经的装潢用料和工艺推断,它应出自明代宫廷。无独有偶,北京故宫博物院也藏有一部装潢形式和用料都与之十分相像的带有"大明成化年制"款的《各佛施食好事经》,二者所采用的红色染象牙夹经板雕刻作风如出一辙。明代宫廷佛经传入西藏,对藏族佛经装潢产生了影响,藏传佛教佛经装潢自明代起渐趋奢华精致,与此不无关联。

西藏的书籍插图也受到了内地装饰元素的影响。如明代《格萨尔王传·姜岭大战》手抄本插图,所绘云朵富于装饰意味,并采用双勾线的形式,与明代常见的云纹十分相像。历代统治者封赏西藏及其他藏区僧俗势力代表人物的历史文书也有不少传世,其中包括绢本、纸本等不同质地,装潢十分考究,以彩绘、印刷等不同手法装饰以精美的图案。至今保存在西藏的这类文书中,明成化帝封南葛剳失坚参叭藏卜嗣辅教王的敕谕和弘治帝允准锁南坚参巴藏卜承袭净修圆妙国师的封诰装潢最为精美。两者均为汉藏两体文字手卷装。前者为丝织底料，自首至尾分别为蓝、红、黄、白、浅绛等色，上下镶边则为深棕一色；通篇装饰以浅色团龙祥云纹，花纹精细；墨书其上，在整体上达到了多样统一的艺术效果；卷首为蓝地织浅色篆书“奉天诰命”四字，左右二龙相对。这件敕谕整体装潢和谐统一，显示出皇家书卷装潢的华贵作风。后者的装潢风格与前者相近，底色也分别有蓝、红、黄、白数段，所不同的是其装饰的纹样为呈“品”字形组合的朵云纹。这两件明代文书在设计、制作上均别具匠心，是不可多得的明代宫廷艺术珍品。[1]

九、汉地雕版印刷技术推动了西藏刻版印刷业的发展

在元时传入西藏的雕版印刷术，到明代随着大量纸张和汉地佛经流入西藏，推动了西藏刻版印刷业的产生和发展。明朝在京城设立“西番馆”，对与西藏来往的公文进行翻译和保存；设立番经厂，专门刻印藏传佛教经书。1556年，明廷又指示在北京番经厂印制了有精美版画的汉文《大藏经》，不久也传入西藏。明永乐八年（1410），永乐皇帝为了追荐去世的徐妃冥福而御令以《蔡巴甘珠尔》为母本，刊刻朱砂本大藏经《甘珠尔》一百零八帙，每帙都有永乐皇帝所作的《大明皇帝御制藏经赞》和《御制后序》。在大藏经刻印后，永乐皇帝写下的《大明皇帝钦定甘珠尔赞》和《大明皇帝钦赐赞词》两赞文的汉文原文及藏文译文都附在印本扉页。在每函经书的首页都写有“念皇考皇妣生育之恩、垂绪之德，劬劳莫报。来遣使往西土取藏经之文，刊梓印施，以资为荐扬之典。下界一切生灵，均沾无穷之福，有不可明言……”和“用是为赞以揭于卷首，且以冀流通于无穷焉”等字样。永乐版《甘珠尔》有汉藏两种文字目录，藏文目录名为《如来善逝佛经目录弘法日光》。该版本的《甘

[1] 参见吴明娣：《汉藏工艺美术交流史》，北京：中国藏学出版社，2007年，第120页。

珠尔》现于布达拉宫(一百零六函)和色拉寺(一百零三函)各存一套,前者是明成祖赐给萨迦法王贡噶扎西的,后藏于布达拉宫;后者是明永乐十四年(1416)赐给宗喀巴大师的弟子降央却杰的。

最重要的是,随着私人雕版推动西藏刻版印刷业的产生和发展,在明末首先诞生了西藏纳塘寺的印经院,成为藏地第一所印刷业机构。到1609年,噶举派红帽系六世活佛却吉旺丘(又作却吉旺秋)在西藏当地第一次将藏文《甘珠尔》全部刻版付印,成为西藏宗教及印刷史上划时代的一件大事。据东嘎·洛桑赤列《藏文古籍目录学》载:"公元1410年,明永乐皇帝派太监侯显到西藏迎请了准确可靠的《甘珠尔》《丹珠尔》底本,并以此手抄本为准在南京刻版印刷了全套藏文《甘珠尔》,这是藏文《甘珠尔》的首次刻版印刷。这次刻印的版本献给五台山一套,给楚布寺的噶玛巴和宗喀巴大师各一套。1594年,明万历皇帝时,在北京刻印了全套的《甘珠尔》和《丹珠尔》中的四十二函,称为藏文大藏经北京版,担任刻版校订工作的是噶玛巴红帽系活佛第六世却吉旺秋。""噶玛巴红帽系第六世活佛却吉旺秋鼓动云南丽江纳西木氏土司索南热丹,刻印一部完整的《甘珠尔》。木氏土司把从西藏山南琼结秦瓦达孜城堡存放的原帕竹札巴迥乃时期由桂译师宣努贝等高僧校订过的《甘珠尔》写本为底本,刻印了全套《甘珠尔》,费时十五年。此刻版在丽江完成,后移至理塘,故称丽江理塘版。以后,陆续刻印了纳塘版《甘珠尔》、卓尼版《甘珠尔》、德格版《甘珠尔》、布达拉雪印经院新版《甘珠尔》和昌都《甘珠尔》等版本。"[1]格鲁派创始人宗喀巴大师去世后,仁伍宗宗本纳喀桑布又主持将其论著刻版印刷。至今,在后藏萨迦寺内,除珍藏有元明时的汉文写经和雕版及活字印经外,最珍贵的是所保存的两千多块印板。[2]

---

[1] 吴健礼:《漫话古代汉藏文化联系》,拉萨:西藏人民出版社,2005年,第96—97页。

[2] 参见陈崇凯:《元明时期藏汉文化的交融及对中华文明的贡献》,《西藏大学学报》1996年第11卷第2期。

十、汉地天文历算对西藏的影响

西藏星算学山洞学派学者继承了前辈汉学的造诣,并实践了内地的天文学理论。前文提到,藏文历算著作《白琉璃论除疑》载:“为了准确地符合东方摩诃支那(指汉地)学者的教诫,贡噶白瓦讲:地时日时不相合,所谓闰月月日重。准确阐述闰月和时轮星相者,只是汉地实践也。”公元 1425 年,嘉央·顿珠维色编制了《楚布历书》。1429 年该寺又编制了新的《楚布历书》。它的内容与《萨迦历书》基本相同,还吸收了内地二十四节气的定气法和民间的节时内容。这两本历书都是以传统藏历为基础,吸收了时轮历和汉历有关方法编制的历书。值得指出的是,明朝永乐五年(1407),皇帝敕封该寺第五世活佛得银协巴为“大宝法王”,1424 年明朝还在派专使到该寺审查大宝法王灵童袭封的情况下,才批准袭封的。这两部历书编制的时间,正是楚布寺与明朝关系密切的时期,不可能不与明朝的《大统历》发生联系,因此《楚布历书》也可以视为明朝管理下的一级地方政权的历书。

十一、从《汉藏史集》看汉文化对西藏的影响

写于明宣德九年(1434)的达仓宗巴·班觉桑布所著《汉藏史集》,下篇主要记录西藏明代之前各教派的历史,上篇则主要记录“聪慧之汉地王统”“汉藏佛法精要最上乘无上密法之弘扬情形”“茶叶和碗在吐蕃出现的故事”“刀剑在吐蕃传布的情况”“茶叶的种类”“鉴别碗的好坏的知识”等,以及“大蒙古之王统综述”“吐蕃地区驿站的设置”“乌斯藏驿站支应办法”“伯颜丞相的故事”“桑哥丞相的故事”等,反映了元朝时西藏的军事、税赋、驿站、法律、器物,包括本钦的委任等元朝廷与西藏的关系等方面的详细情况;还有如“木雅之王统”“圣地于阗国之王统”等,也记录了属于内地的几个小地区的历史。同时,在“佛法后弘之情形”中也记录了关于“下路弘

法”过程中喇钦·贡巴饶赛受戒时找了“两个名叫格旺、吉文的汉和尚”参与授戒的情况，说明“下路弘法”中有汉传佛教的法脉。在“汉地之王统”中，比较详细地记载了从周开始到秦、汉、五代十国，再到唐太宗时文成公主和亲，文成公主所带释迦牟尼佛像的来历，女皇武则天的故事，唐中宗时金城公主和亲，赤松德赞时吐蕃军队攻入长安等历史事实，并清楚地说明了这些历史事实所依据的来源：“以上唐蕃之历史，系由太宗（应为北宋仁宗）时的史官宋祁编著，后来由韩祖才汇集刊行。由汉人译师胡将祖于阴木鸡年（乙酉，当为元世祖至元二十二年，公元 1285 年）在临洮译成藏文，由上师仁钦扎国师于阴木牛年（乙丑，当为公元 1325 年）将藏文刻版刊行。……详情请阅《唐书吐蕃传》原本。”

从中可以看出，《汉藏史集》正如书名所言，谓“汉族历史与藏族历史的汇集”，将大量的汉地历史知识和文化知识介绍进西藏，对后世汉藏文化交流起到了巨大作用。

十二、茶马文化的交流

明代西藏与内地的经济交流主要是“茶马互市”，其形式可分四种，即差发马、贡马易茶、官营互市、私营茶马互市。明朝中央以巨额赏赐资助西藏：正德年间，乌斯藏及天全六番招讨司贡使一次就“得赐番茶六万斤”。官营互市规模也很大，仅 1398 年，官府就以茶五十万斤易马一万三千五百一十八匹。民间私茶贸易，到明中后期冲破官府禁止，取代了官办贸易而成为茶马互市的主要形式。仅 1440 年，僧人葛藏一次运私茶及彩缎数万斤（匹）。景泰时，藏僧“货买私茶至万数千斤及铜、锡、磁（瓷）、铁等器用”。[1]

[1] 参见陈崇凯、顾祖成：《元明中央对西藏经济的扶持政策及作用》，《西藏研究》1997 年第 2 期。

烹茶技术也比较多地传入了西藏，故而在明代时由达仓宗巴・班觉桑布写成了鉴别茶叶好坏以及有关茶道的《茶叶的种类》一文。在“茶叶的种类”一节中，首先指出“甘露即茶叶”，介绍了内地十六种茶树的种植生长情形，叙述了不同茶叶的茶汤颜色、口感和治病保健的疗效，以及烹茶方法的传播。它是在藏区传播和发展茶文化的一部茶经，是一部鉴别内地茶叶的专著，对研究古代内地的茶树种类很有参考价值。《甘露之海》的书名是受古代内地人称茶为甘露的影响。建于明代四川蒙顶山上的甘露寺的一块古碑记载：“西汉有吴氏法名理真，俗奉甘露大师者，自岭表来挂物兹土，随携灵茗之种，而植于五峰。”这座寺庙是当地人为纪念西汉时吴理真在蒙顶山上种植优良茶树的功绩而修建的。藏文版《甘露之海》的作者是元明时期的一位藏族高僧，从书中反映的作者的知识面来看，他学识渊博，通晓藏医学，他肯定到过内地不少有名的产茶区，实地考察和研究过不少茶园，因此作者把区分汉地茶叶种类的书名叫作《甘露之海》。

《汉藏史集》的作者达仓宗巴・班觉桑布曾经详细地介绍了十六种重要的茶，名称分别是札那普达、乌苏南达、郭乌马底、阿米巴鲁、哈拉扎、阿古达玛、哈鲁巴达、朱古巴拉、萨日巴利、阿犁跋孤、穆班底、黑底古、居那达鲁、拔拉米达、呼噜呼噶和扎那扎都。其中，“生长在农田中的茶树，被称为哈拉扎的茶，色黄，叶大而粗，枝干粗，汁色如血，味道大苦，气味如甲明树气味，适速煎，饮之去痴愚”；“被称为居那达鲁的烘焙制成的茶，茶树枝叶缠绕一起，虽然没有香味和光华，但一经熬煮即生效力，色如红花，又如牦牛奶提取的酥油，饮之能调养身体无病，使人容光焕发”等。《汉藏史集》写于1434年，正值明代，这至少可以说明，藏族此时已经对汉地的茶文化有了全面的了解。

十三、汉地语言、习俗、礼仪、歌舞传入藏地

青海黄南隆务镇每年都要跳一种赶鬼驱邪的“於菟”舞，青年赤着上身，

裤腿卷到尽可能高的地方，由画师给他们的脸上和全身裸露之处画老虎斑纹，胸前和背后画虎面。双手各执一木杆，顶端贴着有汉字经文的白纸。据考证，这是明代从内地吴楚地方传入的。据《辞源》“於菟”是虎的别名，今湖北云梦县北，古称“於菟乡”。古代居住在洞庭湖边的巴人，崇尚白虎，在祈神的日子，人们化装成虎形，跳一种带有图腾色彩的驱邪舞蹈。隆务河谷是藏族聚居区，宋时属唃斯啰政权管辖。元代这里划归首府设在河州（临夏）的“吐蕃等处宣慰使司”。据《循化志》记载：“明立河州卫，以右所调贵德守卫，共十屯，而保安有其四。”四屯居民的祖先大部分为明清时期的屯守戍边之吴楚军人，这些军人不少未能返回故乡，而与土著相融合，随历史的衍变，他们接受了当地民族的生活习惯和思想文化；同时他们那来自南国的语言、习俗、礼仪、歌舞，也或多或少地保留下来，融入当地习俗，跳“於菟”就是最为有趣的例证。

明代还在宫廷设立“四夷馆”，其中被俗称为“西番馆”者，负责对藏文来往公文的翻译和保存。而大批藏地贡使被破例安置于京都，使内地文化通过贡使及驻京藏僧等带入西藏，并融入藏族文化之内。为了懂汉语，学习汉文典籍，与内地交易往来，许多贡使和藏商及僧俗官员也积极自学汉语汉文，加速了汉文化对藏地的传播，促使了藏族文化在14—16世纪的新繁荣。由此，也形成了人所共知的在藏语中汉语借词或音译比较多的事实。

第三节　藏文化艺术在内地的传播及其影响

1368年，明朝取代元朝以后，在西藏的施政方面继续沿用了元朝的方针，只是在具体的施政措施上将元朝依赖一个教派即萨迦派的做法改变成了依赖所有教派，即实行“多封众建”制度。不仅如此，明朝同时还沿用了元朝在宫廷创作藏传佛教艺术的传统，宫内英华殿、洪庆宫供番像，设“番经厂”习念西方梵呗经咒，御用监设佛作造佛像，从而使宫廷的藏传佛教艺术创作在永乐和宣德两朝走向了新的高峰。明朝宫廷藏传佛教艺术的创作和发展，除直接源于元朝宫廷的藏传佛教艺术创作之外，还直接从同一时期西藏本土的艺术创作中获取了新的艺术养料。在西藏和北京之间川流不息往返的各个教派的僧人，不仅将西藏本土的雕塑和唐卡带到了北京，同时又将北京创作的雕塑和唐卡带回了西藏。西藏本土与北京宫廷之间大规模频繁的佛像交流，不仅大大促进了藏文化艺术在内地的传播及其影响，而且将西藏本土和宫廷藏传佛教艺术的创作推向了一个新的艺术高峰。

一、藏传佛教在内地的传播

明太祖朱元璋尊儒崇佛。1347 年，当乌斯藏一位僧人来南京紫金山寓居时，朱元璋特意为其赐号“善世禅世（师）板的达”（即“班智达”），允许内地人民随其受戒。后又为另一藏族名僧星吉鉴藏在鸡鸣山建喇嘛寺，修五级宝塔，让其译经传教。而成祖一继位，即特派中宫侯显赴藏亲迎噶玛巴五世活佛哈立麻。所携敕书曰：“兹大师已证得释教如意妙果，实与佛祖无异。为在中原弘敷释教，也为国泰民安，请大师务必应召前来。”哈立麻携藏经到南京之日，成祖亲自以车驾前往出迎。在会见时成祖亲自执盏给他敬茶，优遇极隆。并在灵谷寺启建法台，由哈立麻率天下僧伽为其父母做大斋法事十四天之久。

（一）得银协巴对传播藏传佛教的贡献

1403 年明成祖即位之初，即派遣僧人智光携带诏书，“晓谕馆觉、灵藏、乌斯藏必力工瓦、思达藏、朵思、尼八剌等处，并以白金、彩币颁赐灌顶国师等，凡白银二千二百两，彩币百一十表里”。正是在智光入藏之后，明成祖进一步了解到噶玛巴五世活佛得银协巴在馆觉等地的活动情况，便决定召请年仅二十岁的噶玛巴到京会见，从此使明朝既定的“多封众建”的治藏政策得以一步步施行。智光和尚也以其不同寻常的贡献而得到明朝皇帝的赏识信重。永乐朝即封为国师，擢升为僧录司善世；仁宗朝又加封为大国师，并命居大能仁寺；宣宗朝再加封“西天佛子”称号。

藏族侯显，元末出生于甘肃临潭，幼年出家为僧，青年时代化缘游历到北京，学会了汉语文。他曾为明朝一位将军当马夫，随明军前往伊犁作战，获得军功，成为明朝廷的宦官。永乐元年（1403），他接了朝廷敦请西藏高僧哈立麻的榜文，受朝廷委派入藏，成功地将哈立麻等一批乌斯藏政教首领请到南京，接受了明朝的赐封和委任。侯显遂擢升为司礼少监。接着明成祖派侯显独率舟师，远航印度访问，他还代表朝廷访问了锡金和不丹，宣扬了明朝的国威。宣德三年（1428），他又接明朝廷的诏书，到卫藏地方慰问。他的一生为祖国统一和民族团结，以及增强明朝与西藏地方的政治、经济、文化的联系和交流，做出了极大的贡献。[1]

在藏族史书《贤者喜宴》中，记载了明成祖朱棣1403年迎请得银协巴（明史作哈立麻）的诏书。得银协巴接到诏书后，为了维护新兴的大明王朝，发展汉藏民族关系，也为了自身及其教派的利益，他毅然决定亲赴南京。赴京前，他先遣人向朝廷进献佛像等贡物。嗣后，率领几十名僧徒，同侯显等启程前往南京，途经索、那雪、贡第、拉顶、噶玛、尼堆、芒康、金沙江、丹灵藏、辛贡（即临洮）等地，沿途僧俗首领及百姓恭献方物，热情迎送。得银协巴不畏长途跋涉，不顾风吹日晒，一路弘教传法，大修善事，并为贡马而广纳马匹。皇帝曾多次遣人携敕谕及礼物到临洮等地迎接。快到南京时，侯显派人奏报，成祖于永乐四年（1406）十二月戊子速遣驸马都尉沐昕（明成祖五女常宁公主之夫）前去迎接。

明廷对他的接待规模之宏大、仪式之隆重，实属罕见。永乐四年十二月

---

[1] 参见吴健礼：《古代汉藏文化联系》，拉萨：西藏人民出版社，2009年，第123页。

乙酉,得银协巴一行抵京,皇帝在奉天殿赐见。赐见前,皇帝亲自到宫门迎接,并赐见面礼千辐金轮、右旋白海螺。得银协巴献给皇帝的见面礼也是一只右旋白海螺,这正合皇上的尊意,成祖甚为喜悦。他觉得得银协巴确实很"神通",对他心生敬信。觐见时,得银协巴位在群臣之上,皇帝亲自执盏给他让茶。关于入宫时迎接仪仗的规模,藏文史料这样记载:前来迎接的有身着盛装,手持华盖、宝幢、幡、飞幡等五彩缤纷的各种装饰品、供品及用绸缎、黄金、水晶等制造的各式精美艺术品的队列;佩戴大量黄金饰件的三只大象及三百只驮载各种各样装饰品的大象;五万名手持鲜花及各种器乐的僧人;还有以九位皇子及三千名大臣为首的宦官要员所率领的一百二十万名士兵,他们有的手持盾牌,大部分手持长矛,其中持金锤、金斧、金马镫、金三尖刀等的各一百名,手举金银绸缎制成的太阳、月亮造型的有四千名。……皇宫内也备有与宫外规模相当的迎接仪仗,其中披戴金盔金甲的就有二百名……

得银协巴抵京后,永乐帝接二连三地给他致书并赏赉,对他的优遇极隆,远胜乌斯藏其他任何觐见者,这充分反映了明廷对噶玛派喇嘛的信重。第二天,皇帝在华盖殿给得银协巴设宴,并赐金百两、银千两、钞二万贯、彩币五十表里及法器、茵褥、鞍马、香果、末茶等物。给他的随从也都逐一赏赐了白金彩币等。十二月辛亥,皇帝驾临得银协巴下榻之地灵谷寺,赐白马十八匹(马鞍三副),金七锭,银三十七锭,绸缎百余匹,白磁茶钟三十个,金钟杵十五副,金瓶二个,银瓶五个,金银盘子共计五只,并若干瓷碟。永乐五年(1407)正月初一,哈立麻进宫向皇帝贺年,皇帝赐宴款待。继后,得银协巴在寺中广做佛事,并特为皇帝颂吉祥祝词。

正月十五元宵节,永乐帝为感谢新年祝颂事给得银协巴致书,并筵请,晚上在宫中一起观赏灯会。正月甲戌,赐得银协巴牙仗、骨朵、幡幢、香合、拂子、手炉、伞盖、银交椅、银足踏、银罐、银盆、青圆扇、红圆扇、帐幄、拜褥等物件。

自二月二十日起,大师进宫塑造坛城,并为皇帝授无量寿灌顶。三月丁巳(1407年4月10日),永乐帝赐封得银协巴为"万行具足十方最胜圆觉妙智慧善普应佑国演教如来大宝法王西天大善自在佛，领天下释教”，颁赐印、诰和金、银、钞、彩币及织金珠袈裟、金银器皿、鞍马等。这一封号简称“大宝法王”。从此起，对这位如来大宝法王便不再用本名确贝桑布，而称得银协巴（即如来）。册封得银协巴的同时给仲布畦等随同进京的三位喇嘛也分别颁赐了封号，其中封仲布哇·桑结仁青为灌顶圆修净慧大国师，封噶希畦·仁青伯为灌顶正悟弘济大国师，封公龙巴·罗追坚赞为灌顶弘智净戒大国师，并给每人颁赐了印、诰命及银、钞、彩币等物品。册封完毕后，为了表示庆祝，皇帝在华盖殿设宴款待大宝法王等。

十月十七日，永乐帝又为感谢举办五台山超度道场之事给得银协巴致书。得银协巴在五台山为大行皇后荐福完毕后，启程返京。一路说法传教，大修善事，于永乐五年（1407）十一月抵达南京。这次外出为期四个月左右，饱览祖国锦绣河山，开阔了眼界，进一步增强了对中央王朝的内向力。

据藏文史料记载，得银协巴在京时，永乐帝曾遣使进藏。使者抵达必力工（即止贡）境内遭劫，藏内多有谗言进奏，于是明廷准备派兵入藏，当时掌握西藏政权的显赫人物帕莫竹巴扎巴坚赞给得银协巴连递三份书信，乞求出面调解这一事端。为了地方的安宁，为了民族间的友好和睦，哈立麻（即得银协巴）接受了扎巴坚赞的恳求，再三修书奏请皇帝施恩，最后终于避免了一场战争。直到永乐六年（1408）四月，得银协巴从南京启程归藏，一路游方教化，广演释教。五月，为了祝贺得银协巴生日，永乐帝遣使到途中颁赏：檀香一炷，优钵罗花蜡烛一对，吉祥御罗手帕一条，珠翠宝相花一朵，纻丝九匹，彩绢九匹，钞一万贯，巴茶九十斤，酥油一百五十斤，胡桃二十斤，荔枝二十斤，圆眼二十斤，莲肉三十斤，红枣三十斤，柿饼三十斤，银杏三十斤，李煎三十五斤，杏煎三十五斤，并致书。继后不久得银协巴渐至藏区。离开南京后，永乐帝仍遣使给得银协巴颁赐敕谕及礼品，大加爱抚，而得银协巴为了不辜负明廷的厚望，归藏后始终忠修供职。得银协巴还给众僧俗述说中原秀丽的山河、经济文化的发展及朱明皇室对藏僧的优遇等。

这些举动，客观上宣传了明廷对藏区的怀柔政策，促进了民族间的了解，加强了藏族僧俗百姓对中央王朝的向心力，也在内地传播了藏传佛教等。

（二）郑和对传播藏传佛教的贡献

宫廷参与佛事活动组织的人员，除了少量藏传佛教僧人，大多就是宦官。因此，明代宦官中信奉佛教者众多，众所周知的有侯显、谷大用、李童、刘瑾等，鲜为人知的如七下西洋的郑和，很少有人知道他是一位虔诚的佛门弟子，而且崇奉藏传佛教。

《明史》中记郑和为“三保太监”，是源自佛家以佛、法、僧为三宝的说法，因而僧保之，永以济世度人，故皆为宝也。同时藏传佛教更习惯称“佛、法、僧”为“三宝”，故所谓“三保太监”为“三宝太监”无疑。有关郑和崇信佛教的记载，主要见于明初刻奉《优婆塞戒经》卷七《题记》：“大明国奉佛信官内官监太监郑和……累蒙圣恩，前往西洋等处公干，率领官军宝船，经由海洋，托赖佛天护持，往回有庆，经置无虞。常怀抱答之心，于是施财，陆续印造《大藏尊经》，舍入名山，流通诵读。……今开陆续成造《大藏尊经》计一十藏：大明宣德四年，岁次己酉，三月十一日，发心印造《大藏尊经》一藏，奉施喜舍牛首山佛窟禅寺流通供养；大明宣德五年，岁次庚戌，三月十一日，发心印造《大藏尊经》一藏，奉施喜舍鸡鸣禅寺流通供养；大明宣德五年，岁次庚戌，三月十一日，发心印造《大藏尊经》一藏，奉施喜舍北京皇后寺流通供养；大明永乐二十二年，岁次甲辰，十月十一日，发心印造《大藏尊经》一藏，奉施喜舍静海禅寺流通供养；大明永乐十八年，岁次庚子，五月吉日，发心印造《大藏尊经》一藏，奉施喜舍镇江金山禅寺流通供养；大明永乐十三年，岁次乙未，三月十一日，发心印造《大藏尊经》一藏，奉施喜舍福建南山三峰塔寺流通供养；大明永乐十年，岁次壬辰，三月十一日，发心印造《大藏尊经》一藏，奉施喜舍天界禅寺藏殿流通供养；大明永乐九年，岁次辛卯仲冬吉日，发心印造《大藏尊经》一藏，奉施喜舍天界禅寺毗卢宝阁流通供养；大明永乐八年，岁次庚寅，三月十一日，发心印造《大藏尊经》一藏，奉施喜舍云南五华寺流通供养；大明永乐五年，岁次丁亥，三月十一日，发心印造《大藏尊经》一藏，奉施喜舍灵谷禅寺流通供养。”[1]

还有一篇题记年代更早，系僧录司右善世释道衍所作。永乐元年（1403）癸未秋八月二十三日释道衍题《佛说摩利支天经》曰：“今菩萨戒弟子郑和，法名福善，施财命工部刊印流通，其所得胜报，非言可尽矣。一日怀香过余请题，故告以此。”[2]释道衍即明初著名僧人姚广孝。姚广孝十四岁出家为僧，法名道衍。姚广孝虽是出家人，却是当年燕王朱棣起兵靖难、夺取帝位的献策人，甚得朱棣的宠信与倚重。由此也可以推知，郑和与释道衍的关系应非比寻常。

郑和施财印造《大藏尊经》十藏，如按每藏六百三十五函计算，则施舍灵谷寺等十处寺庙的佛经就有六千三百五十函之多，尚不包括零星印造的诸如《佛说摩利支天经》之类。另外，在他承担率领官家宝船南下西洋的重任的同时，明成祖仍然把监造大报恩寺的重任委托于他，一般说来，大凡监造佛寺者必是佛门弟子。[3]

（三）武宗皇帝对藏传佛教的崇信

明朝皇帝崇奉藏传佛教，优宠藏传佛教僧人，到明武宗朱厚照时可谓登峰造极。明武宗即位不久，即对藏传佛教密宗产生浓厚兴趣，既而达到迷恋的程度。他建僧寺（延寿佛殿）于宫内，“西僧行密秘者，夤缘而进居其中”。武宗招请藏传佛教僧人领占巴至京，封之为灌顶大国师，并复孝宗所降禅师为国师，继而又封乌斯藏使臣丹吉我些儿为大德法王，其他驻京各寺的藏传佛教僧人也大多得以升授为佛子、国师、禅师以及僧录司的左右觉义、左右正

［1］ 邓之诚：《骨董琐记》，邓柯增订点校，北京：中国书店，1991 年，第 593 页。
［2］ 冯承钧：《瀛涯胜览校注·序》，北京：中华书局，1955 年。
［3］ 参见陈楠：《明代藏传佛教对内地的影响》，《中国藏学》1998 年第 4 期。

一、都纲等职。影响最大的则是武宗于宫内建筑“豹房”一事。所谓“豹房”，即明武宗与密宗僧人密修之所在。豹房规模很大，筑宫殿数层于其中，造密室于两厢，勾连栉列二百余间房屋。武宗起用被斥黜的太监刘允，命其掌管豹房新寺。藏传佛教僧人领占巴等，每被引入豹房，念诵佛经，修练密法。武宗自己也学习藏语，出入亦常服僧人法衣，甚至自封为“大庆法王”，并铸“大庆法王西天觉道圆明大自在佛”金印，以至于在很长时间内，大庆法王法印与皇帝玺书并行。武宗诏给藏传佛教僧人度牒三万，以广藏传佛教。据载，武宗常与藏传佛教僧人、宦官一起诵经咒，为宫女断发讲经。武宗还多次派中官进藏延请僧人。《明武宗实录》记载，武宗于藏文、梵文无不通晓，于佛经论典颇有研究，尤其对藏传各派教法均能通达。由于明武宗信奉、修习藏密，经常引起儒臣们的不满和反对，史书中多有儒臣冒死进谏的记录。

（四）大慈法王释迦也失及其弟子等对藏传佛教的传播

明人笔记中记载，当时宫中英华殿、隆德殿、钦安殿都供奉藏传佛教佛像。近侍司掌灯烛香火，除万寿圣节及正旦、中元日于番汉经厂内悬幡设帐以“做好事”，还要在隆德殿内“跳步扎”[1]。法王、西天佛子、大国师等高级藏僧经常被召入宫中，传授皇帝以“密法”，口诵经咒，“撒花米赞吉祥”。他们出入寺院乘坐棕轿，由锦衣卫执仪仗前导，即使达官贵人在街上遇见，也莫敢不避路，宦官一律跪拜。朝廷不仅经常有所赏赐，而且由光禄寺承担每日膳食等费用。因此，供养藏僧成为朝廷每年的一笔巨大财政开支。释迦也失奉旨来京后，自然成为在京藏僧的领袖人物，除了自身例行的修持，更多的是参与、主持朝廷和各大寺院举办的法事活动。今见于记载的大事件主要有二：一是助缘修建北京法海寺，二是主持西天佛子大国师智光的荼毗法会。

大慈法王释迦也失第二次入朝经青海、甘肃抵五台山，在五台山驻锡传

[1] 见（明）刘若愚：《酌中志》。

教约五年时间，后应明宣宗之请前往北京，受到朝廷封赏和礼遇。《清凉山志》记载，明宣宗于宣德二年（1427）夏致御书给释迦也失："……朕恭应天命，主宰华夷，体祖宗一视同仁之心，隆佛氏慈悲不二之教。追惟皇祖太宗文皇帝，皇考仁亲昭皇帝，鞠育深恩，如天罔极。欲举荐扬之典，一念之诚，夙夜倦切。惟大师功行高洁，定慧圆明，朕切慕之。特遣太监侯显，赍书礼请，冀飞锡前来，敷扬宝范，广阐能仁，以副朕诚。朕不胜瞻望之至。"信中表明了这样的意思：刚刚即位的宣德皇帝将沿袭先祖皇帝特别是明成祖的既定政策，一如既往地礼遇藏传佛教高僧，这是维护包括广大藏蒙地区在内的边疆地区安定团结的客观需要，也是将先祖创下的"家业"继续维持并发展下去的客观需要。作为格鲁派的代表人物，释迦也失不仅与永乐皇帝有多年的亲密交往，而且在五台山及甘青地区有重大影响，宣德一朝若想继续永乐一朝的治藏政策，优礼藏传佛教高僧，那么释迦也失当为最合适的对象。因此，明宣宗决定迎请释迦也失到北京。

释迦也失此次到京的时间，一般认为是宣德九年（1434）。而学者陈楠研究认为，释迦也失来京时间应在宣德四年至六年（1429—1431）之间。若说释迦也失于正统四年（1439）圆寂，那么他在北京大约驻留了八年多。释迦也失在京最有可能驻锡的是大慈恩寺。大慈恩寺位于北京什刹海西北，嘉靖初年毁于火灾。据《宸垣识略》《日下旧闻考》等文献记载，该寺为金元古寺，寺名多次改易如"庆寿寺""双塔寺"等，明初时为"海印寺"，宣德四年重建，改名为大慈恩寺。在毁于火灾之前，大慈恩寺一直是西藏僧人居京修持重地，号称"第一丛林"，皇帝亦曾亲临。大慈恩寺于宣德四年重建并敕改寺名，在时间上也与宣德二年诏释迦也失入京相吻合；而宣德九年释迦也失被加封为"大慈法王"，也似与"大慈恩寺"相照应。同时，大慈恩寺在宣德、正统年间的地位乃京城藏传佛教寺院之首，这一次序应与驻锡于此的僧人之地位相照应。释迦也失在当时居于京城的藏僧中地位最崇，其后也未出现可与其相提并论者。正统元年（1436），朝廷议减在京诸寺番僧，《明实录》记载："先是，番僧数等，曰大慈法王、曰西天佛子、曰大国师、曰国师、曰都纲、曰喇嘛，俱系光禄寺支待。……上即位之初，敕凡事皆从减省。礼部尚书胡濙等议：'已减去六百九十一人，相继回还本处。'其余未去者命正统元年再奏。至是濙等备疏慈恩、隆善、能仁、宝庆四寺番僧当减去者四百五十人以闻。上命大慈法王、西天佛子二等不动，其余……不愿回者，其酒馔廪饩令光禄寺定数与之。"由此可知，京城番僧的等级中，大慈法王为首，而且历史上除释迦也失外并无第二人，即并未用作某类高级藏僧的泛称。而大慈恩寺位列京城藏庙首位，以此认定释迦也失居于大慈恩寺，也是顺理成章。释迦也失去世后，其大弟子阿木噶也一直驻锡于大慈恩寺。

明宪宗成化年间，大慈恩寺住持为札实巴。札实巴是成化年间最受礼遇的藏族僧人。据《明实录》，成化四年（1468），"大慈恩寺西天佛子札实巴奏：'乞以宛平县平民十户为佃户，并静海县树深庄地一段为常住田。'诏许之，不为例"。其后不久，札实巴被加封为"崇化大应法王"。札实巴曾于成化九年（1473）向朝廷呈奏："陕西弘化寺乃至善大慈法王塔院，岁久损坏，乞敕镇守等官修筑城堡，如瞿昙寺制。"这一奏请也得到了朝廷的批准。札实巴之所以得知远在青海（明时青海地区属陕西布政司，奏章因言陕西弘化寺）的弘化寺大慈法王塔院损坏，是因此前大慈恩寺灌顶国师端竹也失去河州处理公务时到弘化寺查看过，回来后禀之于他。成化十年（1474），大应法王札实巴圆寂，明宪宗下旨按大慈法王之例葬之。

关于法海寺的创建，现存有立于明正统八年（1443）的两通寺碑详记其事：东碑《敕赐法海禅寺碑记》为明英宗时礼部尚书胡濙撰，西碑《法海禅寺记》为明英宗时礼部尚书王直撰。近年，学者黄颢在考察研究中发现，《法海禅寺记》寺碑之阴记有藏族助缘僧人题名，其中包括大慈法王、西天佛子大国师、僧官、开山喇嘛等，碑记节录如下："敕赐法海禅寺助缘法王、尚师、国师、僧官、喇嘛、僧众官员人等。万行妙明真如上胜清净般若弘照普应辅国显教至善大慈法王西天正觉如来自在大圆通佛释迦也失，妙法清修净慈普应辅国阐教灌顶弘善西天佛子大国师哑蒙葛，弘通妙戒普慧善应辅国阐教灌顶净觉西天佛子大国师班丹扎释，净修弘智灌顶国师锁南释利，弘善妙智国师舍剌巴……”[1]从碑记中可知，当年参与法海寺创建助缘的僧俗人士有四百余人，碑记中详记姓名者仅十八人，其中十人是当时在北京的藏族高僧，第一位便是大慈法王释迦也失，释迦也失的大弟子阿木噶（碑文作“哑蒙葛”）位列其次，第三位则是西天佛子大国师班丹扎释，他来自安多地区，早在永乐四年（1406）就曾奉命赴藏迎请噶玛巴大宝法王，其后又几次出使藏地，对明朝廷实施“多封众建”的治藏政策做出了卓越贡献，于明代宗景泰三年（1452）被晋封为“大智法王”。

法海寺有三大特色。第一，该寺是汉藏两族僧人共同集资创建，留下了镌有汉藏助缘人士题名的碑刻作为历史见证，可谓汉藏合璧的杰作，在北京寺院建筑史上独一无二。第二，该寺大雄宝殿绘有九幅大型明代壁画，其中，背龛后三幅为观音、文殊、普贤菩萨像，正中为水月观音像，丈余长线，一气呵成，富有表现力，显示出高超的艺术技巧；后殿门左右为佛教护法神礼佛图，生动传神，个性鲜明；左壁的鬼子母像，酷似人间慈母；右壁帝释天，器宇轩昂；东西山墙描绘五方佛胜境，祥云缭绕，百花盛开，艺术表现手法高超。这些壁画都反映了明代早期汉藏艺术融合的精华与特色，是我国佛教艺术中极其珍贵的遗产，法海寺也因此以佛教壁画闻名于世。第三，寺内现存一口铸于正统十二年（1447）的大钟，此钟上半部铸有梵文陀罗尼楞伽佛经、白伞盖咒藏真颂等二十余种经咒，经题为汉文，经咒为梵文，是今天研究经咒的珍贵实物。[2]

---

[1] 黄颢：《在北京的藏族文物》，北京：民族出版社，1993年，第20页、30—31页。

[2] 参见陈楠：《明代大慈法王释迦也失在北京活动考述》，《中央民族大学学报》2004年第4期。

二、藏传佛教对汉地佛教的影响

元代藏密传入汉地后，密宗一脉得以延续。元至元年间，对勘汉、藏密典而编定《至元法宝勘同录》，则是中国佛教史上影响深远的大事件之一。将许多重要的藏密经典译为汉文，参与此项工作的不仅有藏、汉文兼通的汉地高僧，如明初高僧智光等，还有汉、藏文兼通的藏族高僧，如大智法王班丹扎释等人。北京房山云层寺保存了一部分明正统时期的藏文佛经，即以《圣胜慧到彼岸功德宝集偈》为主的五种藏文佛经，共一千余卷，是明代汉藏地区罕见之藏版印本，颇为珍贵。《圣胜慧到彼岸功德宝集偈》即班丹扎释根据西夏译藏汉合璧本校证而成。

除译经活动，内地还出现了许多通晓藏密仪轨与经典的汉地僧人，如明洪武年间奉廷诏出使藏区的三位汉地高僧。史书记载被派往招谕各部的人员，一般只提及陕西行省员外郎许允德一人，实际上如此巨大而艰苦的任务不可能是一个人完成的。参与招谕工作的还有基本为史书所忽略的三位著名僧人——为奠定明初大一统格局做出杰出贡献的元末明初高僧宗泐、克新和智光。任用汉地高僧招谕藏传佛教高僧，可说是洪武朝的一大创举。

提及任用汉地高僧为朝廷使者入藏区施行宣谕之事，首先要讲一讲金陵大天界寺。元代曾设有一个行政机构名宣政院（前身称总制院），专门负责藏区事务及佛教事务，这是元代的一大创举。明朝建立后不再设置这样的机构，而且朱元璋在治理藏区及处理佛教事务方面完全有自己的一套，并非照搬元朝旧制。朱元璋把金陵大天界寺放到了特别的地位上。天界寺建于元代，元文宗于天历二年（1329）将其潜邸改建成佛寺，题名“大龙翔集庆寺”，宗泐之师、著名元末高僧广智为该寺的开山住持。至正十六年（1356）三月，朱元璋军队攻下集庆（即南京），进驻大龙翔集庆寺，僧众逃散。后该寺住持慧昙积极活动靠拢新朝，朱元璋遂“诏改龙翔为大天界寺，命昙主之”。此后，天界寺更是名重一时，蜚声遐迩。据载，“每设法会，昙必升座。举宣秘要，车驾亲临，恩数优洽。远迩学徒，闻风奔赴，堂筵至无所容”[1]。朱元璋还亲笔御书“天下第一禅林”，悬于寺门。

天界寺举足轻重的地位还在于它兼管明初全国佛教事务。洪武元年（1368）正月，明太祖在大天界寺“立善世院，以僧慧昙领释教事”，并授慧昙以“演梵善世利国崇教大禅师”封号，“统诸山释教”，“秩视从二品”，“颁之诰命，赐以紫方袍”。由此可知，明初创设的第一个僧官机构称善世院。“善世”一词，作为僧司名称也首见于明朝。所谓“善世”者，即取其劝化世人为善之意，正如宋濂所说：“入佛之门，建善之本”。善世院开设不久，慧昙即染疾，遂“罢院事”，洪武三年（1370）夏疾愈，便奉诏出使西域。据载，慧昙于洪武四年秋“至省合剌国，宣布威德。其国王感慕，馆于佛山寺，待以师礼”。同年九月，抱疾出使的慧昙带着“不能复命”的遗憾客寂西域。洪武朝出使藏区的僧人克新和宗泐都是出自大天界寺。仅宣德十年（1435），在京城各寺的法王、国师、喇嘛多达六百九十余名，慈恩寺、隆善寺、能仁寺、保庆寺、护国寺等是当时藏传佛教僧人最多的寺院。

（一）克新及其出使藏区

关于克新的事迹，见于记载者甚少，且《大明高僧传》及《新续高僧传》中都没有立传。邓锐龄先生曾撰《明初使藏僧人克新事迹考》一文，文中引钱谦益编次《列朝诗集》闰集中收录克新诗三首并附克新小传。传文曰：“克新，字仲铭，番阳人。宋左丞余襄公之九世孙。始业科举，朝廷罢进士，乃更为佛学。既治其学，益博通外典，务为古文。出游庐山，下大江，揽金陵六朝遗迹，掌书记于文皇潜邸之寺七年。兵起，留滞苏杭，主常熟之慧日，迁平江之资庆。洪武庚戌，奉诏往西域招谕吐蕃。”此处所说“文皇潜邸之寺”，即集庆大龙翔寺，也就是明代的大天界寺。克新曾在此寺主文书事达七年之久，直至元末

［1］喻谦等编：《新续高僧传》卷第三十四《明金陵大天界寺沙门释慧昙传》。

战乱后才离开。其时，大龙翔寺住持正是元末高僧释笑隐和尚。据《新续高僧传》等记载，笑隐共有十大弟子，克新年纪最轻，笑隐也是宗泐的师傅，故克新与宗泐本同出一门。

克新奉旨出行藏区是在洪武三年（1370）。据《明实录》载，洪武三年六月，“命僧克新等三人往西域招谕吐蕃，仍命图其所过山川地形以归”。

（二）宗泐及其出使藏区

据《大明高僧传》《新续高僧传》及《补续高僧传》等史传记载：宗泐于洪武四年（1371）应诏进京，奉命住大天界寺，正是继补慧昙圆寂后之空缺，主善世院之事务。元代尊崇藏传佛教，文宗所建大龙翔寺，任命广智为开山住持，这位广智很可能就是藏族僧人。《金陵梵刹志》中言广智为天竺僧人，实际上，元明时代汉文文献中所说的天竺僧人本不是来自印度，大多来自藏区，也有少部分来自克什米尔一带。

据《新续高僧传》记载，慧昙亦曾师从于广智，则师徒先后住持大龙翔寺顺理成章。史传记载他“少时便习梵音”。此处所言梵音，亦极有可能是指藏文。他后来出使阿里地区，名义是“收求遗经”。后来又翻译文殊等经，史传因将其列入译经篇，足可说明这一点。宗泐从洪武四年应诏来住天界寺，至洪武十年（1377）奉诏出使藏区，其间有六年时间。在这六年之中，宗泐主要是主持寺务，升座说法；应诏笺释《心经》《金刚经》与《楞伽经》；制赞佛乐章等。在此期间，明太祖对宗泐礼遇有加，“荣遇为一时之冠”，“时见临幸，日有赐膳，尝和其诗，称为泐翁”。

今考《明史》，宗泐所注佛经仅有“《心经注》一卷，《金刚经注》一卷”。不知《楞伽经注》有没有完成抑或佚失。制赞佛乐章事在《全室外集》中有《进应制献佛乐章》诗可证，诗曰：“晓进封函紫殿深，九重斋沐政虚心。翰林拜署廷慈曲，乐府翻歌法寿音。清庙烈文同盛大，白云黄竹异荒淫。由来制作当时事，千古揄扬始自今。”从洪武四年直至洪武十年之间，明太祖与宗泐个人关系极佳,来往密切,每当宗泐升座讲法,太祖皇帝常御驾亲幸;命御膳房每日赐予膳食,无有虚日;经常召宗泐进宫,赋诗唱和,口口声声称宗泐为"泐翁"。对于如此恩宠,虽身在释门的宗泐,也是深受中国传统的儒家文化影响,为报效君王,也乐于"为知己者用",甚至可以为知己者死。故其后不久则有了奉诏西域万里之行的壮举。

宗泐从西域还朝复命是在洪武十四年(1381),史书缺记其出使时间。据《补续高僧传》记载是在洪武十年冬。另《全室外集》徐一夔序中亦云:"佛有遗书在西域中印土,有旨命公往取,既衔命而西。出没无人之境,往返数万里,五年而还。艰难险阻备尝之矣。"序文中所言"往返五年",必是从洪武十年算起。各种记载中均言宗泐西域之行是为了"收求遗书",但从当时历史情况来分析,主要目的应是"俄力思"即阿里地区的僧俗上层宣谕朝廷的招谕政策。

据载,宗泐从西域归来后,撰有《西游集》一卷,"盖奉使求经时道路往还所作",想其书"见闻既异,记载必有可观"[1]。只可惜如此重要的游记不知佚失何处,就连编辑《四库全书》的馆臣们也未能见到。明史中有关宗泐出使的记载有两条,即《明实录》"洪武十一年(1378)十二月乙卯"条:"戊辰,享太庙。是月,遣僧宗泐等使西域。""僧宗泐还自西域。俄力思军民元帅府、巴者万户府遣使随宗泐来朝,表贡方物。"这里所言西域,是指藏区,《明史》中记载今西藏地区史事均列于《西域传》。

(三)智光及其出使藏区

据《西天佛子大国师塔铭序》及《新续高僧传》卷第二《明金陵钟山西天寺沙门释智光传》等文献资料记载:明朝建立后,智光率弟子往南京朝觐太祖,明太祖发现他兼通梵汉(梵实则指藏语),于是命他驻锡钟山寺翻译其师班智达所携经典,所译文字词简理明,深得太祖嘉赏。后遂命智光携弟子惠

[1] (明)释宗泐撰:《全室外集》卷六。

便出使西域。智光前后三次出使西域，两次是在洪武朝，一次是在永乐朝。明宣德十年（1435）初受封“西天佛子大国师”名号，同年六月示寂，在北京阜城门外故刹三塔寺举行了隆重的荼毗盛典。智光在洪武朝两次出使藏区，第一次是在洪武十七年（1384）。《塔铭》云：“甲子（洪武十七年）春与其徒惠便奉使西域，至尼巴辣梵天竺国，宣传圣化，众皆感慕，已而谒麻曷菩提上师，传金刚曼坛场四十二会。礼地涌宝塔。其国敬以为非常人。”铭文记载亦可与明史记载相互印证，《明实录》洪武十七年二月己未条：“遣智光等使西天尼八剌国。”上文所言尼八剌或尼巴辣即今尼泊尔加德满都河谷一带。智光出使尼八剌，实际上是指智光西行所达到的最远点。邓锐龄先生说：“13世纪以后，因中天竺比哈尔一带佛教圣地为伊斯兰教所毁，佛教学者遁入尼八剌，以故藏人多到尼八剌求法深造，智光当日也必循藏尼间大道南下，谒一名精通经典的大乘佛教僧人学得密法并周历河谷东西两部。”智光于洪武二十年（1387）自西域还朝。同他一道入朝者不仅有尼八剌使者，还有乌斯藏及朵甘地方的使者，据《明实录》载：洪武二十年十二月庚午，“西天尼八剌国王马达纳罗摩、乌斯藏、朵甘二都指挥使司都指挥搠斡尔监藏等各遣使阿迦耶等来朝”。“上表贡方物、马匹、镔铁剑及金塔、佛经之属，贺明年正旦”，“僧智光等自尼八剌国使还，献马八匹，却之”。

智光第二次出使事，据《塔铭》记载，“比还，复往，复率其众来朝”。另外几则碑记亦有相同记载。此次出使回朝时间应是在洪武二十三年（1390）十二月。《明实录》记云：“洪武二十三年十二月庚辰，西番诸夷曰西天尼八剌国、曰灌顶国师吉剌思巴监藏巴藏卜、曰乌斯藏卫俺不罗行都指挥使司、曰仰思多前司徒公子巴思、曰乌斯藏卫都指挥使司佥事班竹儿藏；曰分司佥事管卜儿监、曰犛思寨官喃儿加、曰哑力巴犛卜者、曰扎唐千户端竹藏卜、曰宣慰使列思巴端竹、曰乌斯藏卫镇朵儿只藏卜、曰班竹儿藏卜、曰汝奴藏卜、曰的瓦占寺僧星吉旦遣使扎萨巴鲁等表贡方物，贺明年元旦。”文中所说的“吉剌思巴监藏巴藏卜”，现通译为“扎巴监藏”，是明代乌斯藏地方最有影响的地方实力集团,同时也是教派集团的帕木竹巴政教合一的领袖人物,在元代即为乌斯藏十三万户之一。至明代,帕竹政权更是炙手可热,其他较小的地方势力及教派集团无不唯其马首是瞻。它对朝廷的向背,直接影响着乌斯藏地区的稳定与否。另外,文中的"俺不罗"即"羊卓","哑力巴"即"蔡巴",都是较大的地方政权。这些地方的僧俗首领共同派遣使者一道来朝,很可能就是随同智光一起来的。[1]

三、藏传佛教艺术在内地的传播和影响

明宣宗时,北京常住藏僧多达千人。英宗时,不但由光禄寺衙门按等级为常住藏僧供应酒肉膳食,还为他们在京大修寺庙。孝宗时,竟在大内建立清宁殿,专请藏僧入宫设坛庆祭。明武宗更是亲自"诵习番经,崇尚其教"。他又令工部专为已故各法王和大师修建灵塔,令兵部为藏僧造房修寺。明宫廷还专设有"番经厂",专门翻译刊印藏经、制作藏佛像和做法事时吟诵的梵呗经咒,由此使藏传佛教文化艺术在内地广为传播。

(一)藏传佛像艺术在内地的传播

1. 永宣宫廷的藏传佛像艺术

明朝宫廷造像开始于永乐皇帝时。明成祖朱棣即位后,一改太祖时期招谕、安抚的治藏政策,而转向建立以僧王为首的僧官制度,对西藏上层僧侣广行封赏。从永乐四年(1406)册封帕竹第悉札巴坚赞为"阐化王"开始,到永乐十三年(1415)封释迦也失为"西天佛子大国师"止,在短短的九年时间里,成祖先后分封了三大法王、五大教主以及一些灌顶大国师、灌顶国师、大国

[1] 参见陈楠:《明代藏传佛教对内地的影响》,《中国藏学》1998 年第 4 期。

师、国师、禅师等。成祖的这种大规模分封活动，在藏地掀起了一股受封热潮，一时间藏地大大小小的僧侣纷纷朝觐请封或遣使来京，而明成祖几乎来者不拒，皆予封号、官职，并赏赐大量珍贵礼物。在永乐皇帝赏赐的礼物中，宫廷制作的金铜佛像便是其中重要的一部分。因此可以说，明朝宫廷造像的产生是与明代对西藏实施的“众封多建”的宗教政策密不可分的，是明朝宗教政治的产物。

据史料记载，明朝永乐年间受邀来京（南京）的大宝法王、大乘法王、大慈法王等上层僧侣，在他们离京回藏时都多次受到永乐皇帝赐赠的佛像。如永乐十二年（1414），大慈法王释迦也失来京面圣，他于永乐十四年（1416）离去时，成祖便赐以佛像、佛经；次年释迦也失又进赠马匹，成祖又回赠佛像。类似的赐赠在《明史》和《西藏史料》中记载很多。明朝中后期出现的“番经厂”可能担起了制作藏式佛像的主要任务。与此同时，由于明朝藏传佛教的较大影响，汉传佛教已开始接受注重量度和仪轨的藏式造像模式，从现存当时汉地佛教造像受到藏式造像的影响看，许多汉地工匠已基本掌握了藏式佛像特征和制作要领，正是由于汉地佛教的接受和汉地工匠的参与，才使得明朝中后期的藏传佛像艺术得以继续流行。因此可以说，代表明朝宫廷造像风格的其实主要是永乐和宣德两个时期制作的佛像。据初步调查，永乐和宣德造像国内现存有二百余尊，分别供奉或收藏在喇嘛庙、博物馆和私人手中。其中，首都博物馆有五十余尊，故宫博物院有二十余尊，中国文物交流协调中心十余尊，天津文物公司五尊，辽宁省博物馆六尊，北京雍和宫二尊，西藏博物馆、寺庙共五十九尊。另外，敦煌研究院、沈阳故宫博物院、承德外八庙管理处、内蒙古博物馆、青海省博物馆也有少量收藏。

以永乐、宣德为代表的明朝宫廷造像是一种新型的佛像艺术模式，它的风格既独特又成熟，在藏传佛教造像艺术史上占有一席重要的地位。永宣造像不是对西藏佛像艺术的简单移植，而是在明朝西藏成熟的艺术风格基础上，大胆地吸收汉地审美观念、表现手法和工艺技术，并将汉藏艺术完美融合于一体的新的艺术风格。它的独特之处就在于它大胆地吸收了汉地艺术,并实现了完美的融合,这是过去西藏佛像艺术各种风格都不具备的特点。这种艺术潮流就是元初由尼泊尔工匠阿尼哥开创的汉藏佛像艺术交流的潮流,永宣造像正是秉承了这一汉藏艺术交流的传统而开出的一朵璀璨夺目的艺术之花,如果没有元初以来汉藏艺术的交流,就不可能结出永宣造像这一艺术硕果。

永乐前期大约从永乐六年(1408)至永乐十九年(1421),据黄春和先生研究认为,这个时期是明朝宫廷造像的开创时期。佛像整体造型、装饰风范基本成型,但是一些局部或多或少地保留了印度和尼泊尔造像的遗风。其特征表现为造像体态优美,形象妩媚,装饰繁缛,气质高雅。其中最具特色的是莲花座上的莲花瓣,其形制细长饱满,劲健有力。因为这种莲花瓣形制不同于后来的莲花瓣形式,而又在此期造像上有着普遍的影响,因此可以作为此期造像鉴定的重要依据。如中国文物交流协调中心收藏的一尊思维菩萨像,就是一尊非常标准的永乐前期造像代表。这尊造像胸前及腰带下繁复的连珠装饰、莲花座及莲瓣形式已基本具备永宣宫廷造像的特点,但是其面相和姿势则明显带有尼泊尔造像遗风,菩萨面颊尖削,眉眼上挑,嘴小,人中短,口和鼻比较集中,形象秀美,完全符合印度和尼泊尔人崇尚的审美标准。而菩萨姿势更具异域风情,它游戏坐姿,身体向右倾斜,头向左偏,体态极度夸张,极富动感,一看就是继承了印度、尼泊尔崇尚的三折枝式的造型姿势,其标准造像代表如《思维菩萨》。

永乐后期大约从永乐十九年(1421)到永乐末年(1424)。这一时期为明朝宫廷造像的定型时期。造像的体态基本趋于平稳,很少见到三折枝式的动感造型。造像面相也发生了变化,嘴变大,人中变长,脸变得较方。如果说永乐前期造像面相妩媚,有些女性特点的话,那么永乐后期则明显表现出大丈夫相特点,而且面相非常接近,千佛一面,好像是照着一个特定的模型而来。而最为明显的变化是莲花瓣,其形制比永乐前期略微宽肥一点,而且在莲瓣头部出现了卷草纹。这一时期是明朝宫廷造像的兴盛时期,现在遗留下来的宫廷造像大多是这种类型的。

宣德时期是明朝宫廷造像持续发展时期。这一时期的造像风格基本承袭永乐后期风格,但也略有一些变化。造像躯体更趋肥硕,略显臃肿。造像体量都较大,一般都在二十厘米以上,而大多在二十五至二十七厘米之间。造像面相宽平,更加趋近汉化和男性化。莲花瓣更加宽肥饱满,莲瓣头部的卷草纹饰更加繁缛,更具装饰意味。衣纹的质感比起永乐时期也更加强烈。一言以蔽之,这些造像汉化程度更深,尼泊尔艺术元素明显减少。[1]

2. 藏传佛像艺术在西藏周边内地地区的传播及其影响

明朝时期西藏周边地区佛教的传播在原来的基础上也有所扩展,其范围包括今西藏昌都,云南迪庆、丽江,四川甘孜、阿坝(历史上称嘉绒藏族),青海玉树、果洛、黄南、海南,甘肃夏河等广大的地域,而且寺庙的兴建也明显增多,藏传佛像艺术也自然地得到广泛传播。

(1)云南迪庆藏传佛教与丽江壁画

迪庆在云南北部,到明朝时已形成藏族人聚居的一个重要地区。当时因有丽江木氏知府对藏传佛教的扶持,藏传佛教在这一地区得到了较大发展。这里流行的主要是藏传佛教噶举派的黑帽系和红帽系。据史料记载,明正德十一年(1516),噶玛噶举黑帽系第八世弥觉多杰法王受丽江土知府邀请曾亲临迪庆弘法。明万历四年(1576),木氏土知府出资刊刻《甘珠尔》,在迪庆境内的小中甸“康萨林寺”开工,噶玛派红帽系六世却吉旺丘以所藏旧版《甘珠尔》相借,作为校刊之用。明天启元年(1621)在康萨林寺举行的《甘珠尔》竣工开光仪式上,却吉旺丘活佛又亲自为之开光加持。从黑帽系八世法王到丽江至明末,在迪庆、丽江境内日后兴建了十三座规模较大的藏传佛教寺庙。藏传佛教在迪庆地区的传播不仅满足了当地藏族人的信仰要求,而且还影响到当地汉族、纳西族、白族和傈僳族人的信仰,这些非藏族人对藏传佛教的

[1] 参见黄春和:《藏传佛像艺术鉴赏》,北京:华文出版社,2004年。

信仰大大地壮大了藏传佛教的声势,同时也为藏传佛教赋予了新的宗教和文化内涵,使之具有浓郁的多民族性和地方性文化色彩。这种多样的宗教文化色彩在该地遗留的重要佛教艺术遗存——丽江白沙壁画上就有十分明显的体现。

白沙壁画现存于丽江纳西族自治县城北八千米处的明清寺庙中,是由明朝时期木旺、木增等几代土司经营近三百年完成的。据有关文献载,当时参与绘制的画家有来自大理的巧工杨得和氏,有来自藏族地区的画工古昌,有来自江南的汉族画家马肖仙(另一说叫马啸山,是江西人,曾在西藏作画多年[1]),以及远道请来的擅长道释画的张道士,还有一些纳西东巴教弟子。现存壁画主要分布在琉璃殿、大宝积、大宝阁、大觉宫之中,共有五十三铺,总面积达一百七十一点六七平方米。始绘于明洪武十七年(1384),兴盛于明嘉靖、万历之际。现存壁画除大宝阁内一部分补绘于清乾隆时期外,其余皆为明代作品。其中琉璃殿和大宝积宫的壁画现被列为全国重点文物保护单位。现存的这些壁画在题材上兼容了藏传佛教、汉地佛教、道教,艺术风格也是融合藏、汉、纳西绘画于一体,体现出多元合一的文化特点和当地纳西文化的巨大包容性。但是就单个的藏传佛教题材看,壁画表现的艺术风格基本是以藏式风格为主流,比较典型的题材有大宝阁正殿正壁的上乐金刚像、大宝积宫后壁金刚亥母像等,其造型姿势、身体比例,以及全身装饰等方面具有藏式造像明显的图形化和程式化特点,而其设色浓丽沉稳,线条流畅柔丽等特具鲜明的时代特征。上乐金刚和金刚亥母等题材都是藏传佛教噶举派崇奉的重要神祇,这些题材也见证了当时噶举派在当地传播的史实。当然,这些藏式题材的画像同其他地方佛像风格一样也受到了内地艺术的影响,金刚和佛母的身上配有飘动的帔帛,是这些壁画像较明显的特点。另外神像的头饰、宝

[1] 王璐:《走出雪域——藏传佛教圣迹录》,西宁:青海人民出版社,2007年,第152页。

缯、耳饰、钏饰等,其造型也都具有一些不同于西藏本土造像的特征,体现出明显的自然主义的审美倾向。

(2)青海乐都瞿昙寺壁画

据史料和碑志记载,瞿昙寺始建于明朝洪武年间,由藏僧三罗喇嘛创建,经永乐、洪熙、宣德三朝增修而告竣工。瞿昙寺壁画在题材和绘画风格上可分为两类:一类是中原风格的佛传故事画,主要分布在两厢回廊上;一类是藏式风格的佛、菩萨、金刚、护法等佛像画,主要分布在各殿堂内。

殿堂内的藏式佛画主要分布在殿内两侧和正面的墙壁上。大致是:隆国殿正面中央是释迦牟尼等三尊佛像,佛像两边是喜金刚像,西边山墙上为菩萨和四大天王像等;除宝光殿内的壁画,因年久烟熏,细部已不甚清晰外,其余保存最好,颜色十分鲜艳,尤其是殿顶天花板的小方格中也都绘有佛像和菩萨像,尽管这些壁画分布在不同的殿堂内,绘制的时间略有先后,但艺术风格基本是统一的,画面气势恢宏,色彩富丽而不失沉稳,人物姿态大方,躯体丰硕健壮,衣纹流畅自然,带有非常明显的元末明初西藏中部地区艺术特点,同时又大量吸收了中原内地的艺术风格和手法。如隆国殿回廊上的一幅释迦牟尼佛成道图像,主尊释迦牟尼佛顶平面短,脖子短粗,体魄雄健壮硕,其造型特点和艺术神韵可以追溯到元朝萨迦南寺那尊铜铸佛像,只是它的衣纹采取了中原内地的表现手法。这些壁画佛像同明朝宫廷造像风格也非常近似,特别是菩萨装造像,其形象和装饰风格与明永宣时期宫廷造像如出一辙。从瞿昙寺与明宫廷的密切关系看,这些壁画应当是出自当时的宫廷画师(汉族、藏族或尼泊尔人)之手。如壁画《金刚手与黑财神》,壁画《一佛二菩萨》。

(二)永宣宫廷佛像对中原地区佛像的影响

现存明代宫廷藏传佛教的艺术作品主要由金铜佛像和寺院艺术两部分组成。其中,金铜佛像的代表作为永乐和宣德两朝期间在宫廷浇铸的金铜佛像作品。这些作品现已散落世界各地,仅已发表有明确铭文的作品就有近五十件。这些作品均出自宫廷,均镌有“大明永乐年施”或“大明宣德年施”的六字铭文。面部造型多呈方形,服饰繁密,莲瓣瘦长,制作精良,给人以华丽优美之感。与元代宫廷的“西天梵相”和同一时期西藏本土的佛像相比,汉族艺术风格的特征日益明显突出。

在北京城散落的藏传佛教寺院或与其关系密切的寺院,也是明代宫廷藏传佛教艺术的重要组成部分。尽管这些寺院大多不复存在,但其遗址依稀可寻,保存相对完整者尚有法海寺、大护国保安寺、大隆善寺、大能仁寺、大慈恩寺、智珠寺、法渊寺、兴教寺、西域寺、西域双林寺和五塔寺等。法海寺和五塔寺基本得以保存至今,其中法海寺堪称为明代宫廷藏传佛教艺术的代表。据《法海禅寺记》,有十位藏族僧人参与了该寺的集资,其中有格鲁派创始人宗喀巴的弟子、明封大慈法王释迦也失,大慈法王的随从大国师哑蒙葛,宗喀巴和大宝法王得银协巴的弟子、大国师班丹扎释,灌顶国师索朗释剌,弘善妙智国师舍剌巴,妙胜禅师索朗藏卜,戒行禅师班卓儿,开山喇嘛领占巴、扎失乳奴和扎失远丹。这座位于北京市石景山区模式口的法海寺,以精美的壁画而闻名。整个壁画除藻井的坛城为一片藏式风格和正壁的二十天为一片汉式风格外,其他均为汉藏风格合璧的作品。在这些汉藏风格融合的作品中,汉式风格占据了主导因素,除佛像的造像仪轨、服饰和标识等尚保持着部分藏传佛教造像的样式外,整个风格具有鲜明的汉化倾向。[1]永宣造像对明朝中原地区佛像的影响也十分突出,它对中原佛像的影响体现在两个方面:一是影响了中原地区流行的藏传佛教造像,二是影响了中原地区传统的汉传佛教造像。

[1] 参见熊文彬:《元朝宫廷的“西天梵相”及其艺术作品》(下),《中国藏学》2000年第3期。

1. 永宣造像的影响主要集中在明朝北京地区藏传佛教寺庙的造像

据史料记载,有明一代北京兴建了真觉寺、护国寺、大慈恩寺、大兴隆寺、大能仁寺等十余座喇嘛庙,遍布城郊。另外还有一些汉传佛教寺庙也住有藏族僧人,或有藏族僧人参与建设和活动,如北京石景山区的法海寺、房山区西域寺等。这些寺庙既是北京传播藏传佛教的重要场所,也是传承藏传佛教造像艺术的所在。尽管目前这些寺庙大多数已经毁弃不存,但从少数遗存我们仍可窥见明朝特别是永宣之后藏传佛教造像艺术的风貌。护国寺是明朝北京最有影响的一座藏传佛教寺庙,为明朝僧录司之所在,著名的汉地高僧姚广孝曾在此驻锡,著名的西藏大喇嘛"大智法王"班丹扎释亦曾在此做过住持。此寺在"文革"时受到严重破坏,现在只有一座金刚殿保存下来,同时还留下了三尊十分珍贵的木雕藏传佛教上师像。这三尊雕像就具有明朝永宣造像的鲜明特点。其中主尊高约两米,结跏趺端坐,光头无冠帽,躯体浑厚,腰部有收分,身着袈裟,衣纹写实自然;其余两尊为站像,造型和衣饰特点与主尊完全相同。

现存明朝藏式造像最多的当推北京五塔寺的金刚宝座塔,塔上共有浮雕佛像一千五百六十一尊。据史料记载,这座金刚宝座塔建成于明成化九年(1473),可见这些浮雕造像皆完成于成化九年之前。这些佛像的风格也明显延续了永宣造像的遗风,但同时也融入了较多的中原艺术因素。与永宣风格相比,佛像的躯体变得丰腴了一些,菩萨的装饰更趋复杂。北京法海寺始建于明正统四年(1439),建成于正统九年(1444),历时五年建成。此寺由汉藏两族僧俗人士共同出资兴建,其中藏族助缘僧人共有十人,包括有释迦也失、班丹扎释等著名人物。这些人物的名字都镌刻在《法海寺记》碑刻的碑阴。因此,法海寺自然地融入了藏传佛教艺术的成分,佛教雕塑就是其中重要的一部分。在法海寺大雄宝殿内,原供奉有三世佛及其胁侍菩萨,以及十八罗汉像、大黑天像等,就是十分典型的藏式风格造像,而且也是具有十分浓郁的永宣风格的一堂造像。虽然这堂雕像早已被毁,但是从留存下来的老照片上我们仍可以看到这堂造像所体现的永宣造像风貌。[1]

另外,在一些文物部门,如中国文物交流协调中心、首都博物馆等单位,还保存有一些刻有具体年款的藏式金铜造像,根据初步调查统计,有正统、景泰、成化、正德、嘉靖、万历和崇祯等几种不同时期的纪年造像。这些纪年造像在艺术风格上基本保持了永宣造像的遗风,没有太多的变化。如金刚持像,在题材上是一尊十分典型的藏密造像,它的头冠、面相、服饰、衣纹、装饰、躯体造型,以及莲花座形式皆与永宣造像一致,区别只在一些非常微细的地方,如发髻、耳环等与永宣造像稍有不同。永宣造像在莲花座正前方都刻有宫廷铸造的标志性款识,从这尊造像的刻款内容与形式看,它明显铸造于内地,因为它的刻款形式采取了汉地传统的读写习惯,而刻款内容也表明它是明正统元年(1436)由内地的奉佛弟子出资铸造的。从这尊造像所体现出来的特点看,这些永宣之后带具体纪年的藏式佛像不仅具有浓郁的永宣造像遗风,而且还带有中原铸造的明显标志。黄春和先生说:“我想这些造像的产生应当与明朝北京众多的藏传佛教寺庙有着千丝万缕的联系。”[2]

2. 永宣造像影响了汉传佛教造像

从普遍性看,当时全国各地大到寺庙殿堂中供奉的佛像,小到一般老百姓家中供奉的小型铜铸、木雕造像,都受到了永宣造像风格的影响。从艺术特征上看,当时以佛和菩萨为主的汉地佛像都带有十分鲜明的藏式造像特点。如佛像,其头部的肉髻都变成了高高隆起的塔状形式;腰部有了明显的收分;袈裟样式、衣纹形式与永宣造像一样;佛座也都是永宣造像惯用的半月形束腰式双层莲花座;特别是躯体结构变得匀称,姿态也趋于端正,不像宋元时汉地造像生动自然,富于个性特点。菩萨像的藏化也很明显,菩萨的头冠与永宣造像头冠一样,也是花冠和发髻冠并用,花冠正面多为半月状装饰;胸

[1] 参见陈楠:《明代藏传佛教对内地的影响》,《中国藏学》1998 年第 4 期。
[2] 黄春和:《藏传佛像艺术鉴赏》,北京:华文出版社,2004 年,第 135 页。

前也是U字形的连珠式瓔珞,似网状罩于胸前;衣纹也非常写实;全身结构与姿势也变得匀称和端正;莲花座也多为半月状束腰形式。明朝中原佛教造像的这些变化与其传统风格相比已是大相径庭。黄春和先生说:"因此我们可以说,明朝永宣造像已完全改变了中原地区传统的造像面貌,而使中原佛教造像呈现出一种带有藏式造像特点的新的艺术风格。这种新的艺术风格的出现标志着我国传统佛像艺术已经走到了尽头,因为这种新风格是一种缺乏活力与变化的程式化的艺术形式。"[1]

明朝中原佛教造像遗存很多。如观音菩萨像,从头饰和衣着看,它是一尊典型的汉式菩萨像,但是它的面相、耳饰、身体比例和莲花座形式,以及制作工艺已明显融入了永宣造像的特点。再如释迦牟尼佛说法像,它的整体造型与永宣造像完全一样,只是面相和躯体略显肥胖了一些,特别是身体表面的装金采取了漆金技法,由此说明它仍是一尊汉地寺庙制作的佛像。类似实例很多,不胜枚举。特别值得注意的是,明朝中原佛像艺术不仅受到了永宣造像的影响,而且还表现出对永宣造像风格的全盘接受。如首都博物馆珍藏的一组三世佛像,制作于明景泰元年(1450)。三尊像的整体风格和制作工艺同永宣造像如出一辙,完全看不出任何区别,但从莲花座上刻款的内容和形式看,它们明显是制作于北京的汉传佛教寺庙,为汉地僧人出资铸造。刻款内容为"大明景泰元年岁次庚午圆授广善戒坛传法宗师龙泉寺住持道观施金镀"。据考,"广善戒坛"是明朝北京两大戒坛之一,在今天北京广安门外的天宁寺;龙泉寺就是今天门头沟区的潭柘寺,道观是龙泉寺第三十六代律宗宗师。这条题款表明,作为地地道道的汉地僧人道观已完全接受了藏式永宣造像风格了。再如北京智化寺内的佛像——转轮藏殿内转轮藏上浮雕的小佛像和如来殿上下供奉的佛像,也都是永宣造像模式。智化寺是明正统九年(1444)由明朝太监王振舍宅兴建的一座寺庙,从寺庙碑刻资料看,是一座

[1] 黄春和:《藏传佛像艺术鉴赏》,北京:华文出版社,2004年,第137页。

正规的禅宗寺庙，与藏传佛教无丝毫瓜葛。一座正统的汉地禅宗寺庙里却出现了藏式的永宣风格造像，更加充分地说明了明朝汉地佛教对永宣造像乐意接受的事实。另外，值得一提的是，永宣之后中原地区还出现了在佛像造型风格和刻款上完全仿永宣造像的制品。此风大约兴起于明末清初。北京故宫博物院和首都博物馆分别收藏有一尊清朝永宣造像的仿制品，它们做工粗糙，面相、衣纹等处明显走样，刻款生硬，极不周正，一看就是后来仿制的。[1]

（三）各地的藏传佛教艺术

1. 炳灵寺格鲁派艺术

炳灵寺在历史上并不叫这个名字，先称“龙兴寺”，后称“灵岩寺”，都是汉文名称，明代以后改称代表了藏传佛教特点的炳灵寺，它为藏文“十万（佛像）之州”转音而来。炳灵寺洞窟一百八十多个，各个朝代都有，明代所建的有五个洞窟中的密宗造像，和一些摩崖石刻中的佛塔造型，乃至不少刻像、画像的风格中，都或多或少带有藏传佛教的色彩。从明永乐年间格鲁派传入后，其在炳灵寺的发展速度和规模超过了以往任何教派，由于其严守戒律教规，博得僧俗群众的广泛支持，具有以前各教派所没有的生命力。因此炳灵寺原来隶属各教派的僧人都改信格鲁派。格鲁派的传入，使寺院面貌为之一新。他们在寺院进行了一系列的弘法活动，包括整顿寺规，修善寺院，重绘壁画，甚至重新开凿一些洞窟等。据保存至今的第145号窟的《大明碑》（《重修古刹灵岩寺碑记》）载：格鲁派传入后，相继在成化元年（1465）、弘治三年（1490）、正德十二年（1517）、嘉靖十六年（1537），对炳灵寺的寺院、洞窟建筑壁画进行了重修。由此，炳灵寺出现了自唐朝以后从未有过的欣欣向荣的局面。

嘉靖三十九年（1560），格鲁派僧人宗哲在青海湟中宗喀巴诞生地建立塔尔寺后，格鲁派进一步影响到了炳灵寺。隆庆元年（1567），在炳灵寺黄河口

［1］ 参见黄春和：《藏传佛像艺术鉴赏》，北京：华文出版社，2004年，第134—139页。

修桥，以便汉藏群众往来；隆庆四年（1570）左右，在上寺开凿了第4、5号窟等，塑佛像，绘壁画，至今在炳灵上寺第4号窟右壁前沿还保存有“隆庆四年法朝拜”的阴刻题记。万历二十九年（1601），又一次重修炳灵寺洞窟，在第70号窟中塑了十分精美的八臂十一面观音菩萨像，第70号窟前壁北侧有阴刻“大明万历二十九年”的题记。伴随着活佛转世体系的建立，藏传佛教在炳灵寺的传播达到了最高潮。明万历四十六年（1618），六十余岁的蒙古高僧晋美赤来嘉措来炳灵寺朝拜，为寺僧讲经说法，并在喜佛洞修习密宗百天。由于渊博的佛学造诣及其在僧众中的威望，他被奉为法台，并在喜佛洞前为之建立了密宗院，他后在此圆寂。[1]至此，炳灵寺又恢复了盛唐时期香火盛旺、佛灯长明的景象。据《河州志》记载，这时寺院僧人达到四五百人，且“远近番族，男妇来游”。

2. 北京智化寺藏式风格造像

智化寺是明朝正统年间兴建的一座汉传佛教寺庙，寺中有些塑像具有典型的藏式风格，是明代汉传佛教对藏传佛像艺术接受和认同的重要见证。寺中现有大智殿、如来殿、大悲堂、转轮藏殿等建筑，但由于“文革”期间的破坏，只有转轮藏殿和如来殿两座殿堂保持着旧有的供奉面貌，藏式风格造像亦主要集中在这两个殿堂中。其中，转轮藏殿保存佛像较多，此殿位于中轴线上大智殿前西侧，殿内置有贮藏佛教大藏经的八角轮藏一座，因此得名转轮藏殿。转轮藏由三部分构成，下为须弥座，上奉毗卢遮那坐佛一尊，中为藏经之经柜，是转轮藏之主体。经柜共有八面，每面有四十五个放置经书的抽屉，横数三十五个，竖数十个。每个抽屉朝外之立面上浮雕一尊佛像，这样经柜一面即有四十五尊佛像，八面即有三百六十尊佛像。佛像姿势及艺术风格完全一样，跏趺坐姿，左手结禅定印，右手结触地印。头饰螺发，上身着袒右肩袈裟，下身着长裙，裙褶露于胸前，衣纹立体感很强，写实自然。面部宽平，宽

[1] 参见曹学文：《藏传佛教在炳灵寺的传播、发展及衰落》，《西藏研究》2000年第1期。

额高鼻，大耳垂肩。躯体壮硕，肩宽腰细。佛座为双层莲花座，莲瓣肥硕，莲瓣尖部饰有卷草纹饰。这些特征同永宣宫廷造像比较，汉化的成分明显增多了，面部更接近汉地的审美和流行的样式，衣纹更为写实，莲瓣的样式更加宽肥。这个转轮藏虽为贮藏大藏经之用，但其雕刻内容则表现了以大日如来为中心，以八大菩萨为眷属，八大金刚为护法的密教曼陀罗世界。由此内容看它的艺术风格为藏式就不足为奇了。

如来殿在大智殿后，有上下两层，上下层中央各有一组大佛塑像，下为释迦佛与金刚密迹、梵王，上为法身佛毗卢遮那佛、报身佛卢舍那佛和应身佛释迦牟尼佛，上下层侧壁供有泥质模印佛像近万尊，所以此殿又称万佛阁。此殿的佛像属藏式风格者以上层的毗卢遮那佛最为明显。毗卢遮那佛供于殿的中央，跏趺坐于莲蓬式仰莲座上，两手置胸前结说法印。头正面戴一叶形花冠，头顶束发髻冠。面相长圆。五官较有特点，尤其是双目，显露睁视，给人威猛之感，颇有密教特色。身斜披袈裟，露着右肩，右肩有袈裟一角反搭其上，为汉地的习惯做法。下身着长裙，衣纹流畅自然，也体现出成熟的汉地技法。佛像躯体壮硕，宽肩胸阔，腰部略有收分，现出伟昂脱俗之豪迈气势。躯体上还有装饰，胸前是繁缛的瓔珞，手腕、臂和脚踝有花形钏饰，为典型的藏式装饰风范。

3. 五塔寺金刚宝座塔[1]上的浮雕佛像

五塔寺位于北京西直门外白石桥东长河北岸。始建于明初。金刚宝座塔仿印度菩提伽耶塔（释迦牟尼佛成道处塔）形制而建，由一个正方形金刚宝座和五座方形密檐式小塔构成。台基束腰部位，上面刻摩尼宝珠、金刚杵、轮宝、狮、象、孔雀、大鹏金翅鸟、宝马等，其中五种动物雕刻最为突出和生动，据密宗造像仪轨规定，它们分别是大日如来、阿众佛、阿弥陀佛、宝生佛和不空成就佛的坐骑；束腰之上整齐地雕刻五排浮雕佛像，每排均挑出短檐，檐头刻

---

［1］ 见书前彩插图 34-1、图 34-2。

出筒瓦勾头、滴水和檐子；短檐下是佛龛，每排十一龛，每龛坐佛一尊，每龛之间又以石柱相隔。宝座的南北两面正中各开一圆形拱门，拱门的弧形券面上刻大鹏金翅鸟、龙女、摩竭鱼、飞马、象、狮，这些内容通称“六拏具”。进入拱门，里面是一个方形过室，过室中心有一个方形塔柱，塔柱四面各开一佛龛，每龛皆供一尊佛像。过室顶部，有蟠龙藻井。在过室南面两侧各设四十四级石阶，盘旋而上，直达宝座顶部的罩亭。罩亭为琉璃仿木结构形式，它的南北也各开有一个券门，出券门即到金刚宝座的顶部。

环绕在金刚塔基一周雕刻着藏文七言诗和八宝图案，至今依然清晰隽秀。从藏文内容看，充满了对国家兴旺和人民安康的祈祷、期盼和祝愿，表现出藏传佛教由来已久的爱国和爱教的光荣传统。到了清代，乾隆皇帝曾为其母亲祝寿而重修该寺并竖立了一座藏文碑。民国时期九世班禅也曾到此寺参拜，并且还特意献了燃灯佛像一尊。

在金刚宝座塔的各种雕刻题材中最为突出的是佛像的雕刻，整座宝塔共雕有佛像一千五百六十一尊，它们在宝座和五座小塔上分层排列，错落有致，宛若一个佛陀的世界。佛像题材主要是五方佛，即大日如来、阿弥陀佛、不空成就佛、宝生佛和阿众佛。它们的形象特征基本一致，皆螺发高髻，跏趺端坐，身披袒右肩袈裟，唯以所结手印不同而相互区别。它们所结手印依次为智拳印、弥陀定印、与愿印、施无畏印、施与印和触地印。佛像的风格都是非常典型的藏式造像风格，与永宣造像有一脉相承的关系，只是体态略显丰臃了一些。五塔寺金刚宝座塔于 1961 年 3 月被国务院公布为全国第一批重点文物保护单位；1980 年在此建立五塔寺文物保管所，1982 年正式对外开放；1987 年 10 月改名为北京石刻艺术博物馆。[1]

[1] 参见黄春和：《藏传佛像艺术鉴赏》，北京：华文出版社，2004 年，第 241—243 页。

4. 明朝西藏大喇嘛班丹扎释及其雕像

班丹扎释是明朝著名的藏传佛教高僧,曾住持北京护国寺。该寺始建于元大德时,由元朝丞相托克托(即脱脱,1314—1355)故宅改建而成,原名大崇国寺。明宣德四年(1429)重修后改名大隆善寺。成化九年(1473)赐名大隆善护国寺。建寺以来,一直是北京重要的喇嘛庙,对连接汉藏、汉蒙和蒙藏关系发挥了重要作用。寺毁以后,寺中文物散落各处,多少人为之叹息。1998年夏,黄春和先生去法源寺参观时,偶然在寺中毗卢殿后的西配殿中发现了护国寺移来的三尊木雕喇嘛像,其中的主尊便是班丹扎释大喇嘛。班丹扎释是大宝法王哈立麻的徒孙,哈立麻之徒昆泽思巴的弟子。明永乐年间,明成祖召大宝法王晋京,班丹扎释作为陪同首次来到内地(南京),成祖授以"僧录司右阐教"。洪熙元年(1425)又受封为"净觉慈济大国师"。宣德元年(1426)又受其师大乘法王昆泽思巴派遣,晋京"贡方物,贺万寿圣节"。又受封为"西天佛子大国师"。宣德十年(1435)宣宗敕修北京护国寺。修完后,赐予居住。景泰三年(1452)又获"大智法王"封号。他学识渊博,曾于正统十二年(1447)对《圣胜慧到彼岸功德宝集偈》对照梵文进行校对,并雕版付梓流通,这就是朱字版《圣胜慧到彼岸功德宝集偈》,是仅晚于永乐年朱字版大藏经的又一部藏文雕印佛典。居京期间,他还作为助缘功德主参加了北京西郊法海寺的兴建,《法海禅寺》碑阴记载了他的名号,曰"弘通妙戒普慧善应辅国阐教灌顶净觉西天佛子大国师班丹扎释"。他一生往返于内地和藏区,迭受成祖、仁宗、宣宗、英宗和代宗五代帝王宠信,为明朝"远夷率服,边境无虞",为促进祖国的统一、民族团结和文化交流做出了不朽的贡献。

班丹扎释像高约三米,结跏趺坐,光头,身着袈裟,像表面髹漆。它原供于护国寺影堂内,一直被人们误以为是明成祖的谋士姚广孝(道衍禅师)像。据《寿像记》碑文记载,明宣德十年(1435),班丹扎释弟子在其生前,"聚议合财,雕造师之寿像,期以安奉寺之祖堂"。另外,这尊像从护国寺移至法源寺后进行修补时,从其头部发现了藏文《陀罗尼经咒》,由此可以确定其为班丹扎释寿像无疑。主尊两旁的木雕像应是班丹扎释的侍者或他的两大弟子。[1]

明代大崇教寺也是奉敕所建。大崇教寺，俗称东寺，藏名原为“隆主德庆林”（天成大安洲），在梅川乡马厂村北山上。它是岷州藏族班丹扎释大国师大智法王所建。据《安多政教史》等有关资料介绍：早在公元1417年，班丹扎释即在岷州城东修建了曲德寺，名曰“隆主德庆林”。公元1428年，班丹扎释给帝后等授大轮灌顶，宣德帝为褒奖他在乌斯藏的工作等特颁赦书，派遣官员，负责扩建这座宫殿式的寺院。计征派地方大小官员一百余名，各部落大小土官二百名，各种技术员一百一十名，军人及乌拉二千零五名，从事这项浩大的工程。共建有大小佛殿十余座，廊房六列，佛堂六十间，钟鼓楼、碑亭等都饰以琉璃瓦和飞檐，以及僧寮二百间等，并派官军五十名常年驻守防卫，四周崇垣环绕，清静妙好，殿堂崇逻，廊庭周回，金相庄严，天龙俨恪。寺内除了显密佛像外，还藏有难以数计的珍奇稀有法物供品。诸如：黄金吉祥宝塔，塔用金铜火镀，三分之一为黄金，共用黄金二百五十两，塔座十五肘，塔座为白色水晶；火镀的黄金神灯；黄金制成的曼荼罗，饰有珍珠串和璎络；大小能容藏三大升粮食，七个一组的铙钹三副；宝瓶座架饰以黄金花朵，其大盈一庹，共有三十朵嵌镶于四周；大铙钹一副、每片铙钹一个人之力仅能举起；大小和藏升七八相等的银灯；银制曼荼罗五副；青铜香炉多具，许多绸缎缝制的幡、伞、华盖等供祭礼用具为数难以言说；堆绣制作画卷以及为数无法统计的画卷多轴，等等。还有金汁书写的藏文藏传佛教《甘珠尔》大藏经，藏文苯教《甘珠尔》经、汉文版《甘珠尔》大藏经多部，都以锦缎包裹，每包以象牙片作系带环扣，描金夹板，黄金的书夹扣，其装饰极其珍贵。这种设置完全符合杂居地区的实际状况，正如吴均学者所说：“符合洮岷地区民族杂居之实况，更符合洮岷地区既流行藏传佛教，更存在着藏区原有宗教苯教之客观现实，表明它既是藏传佛教寺院，也是沟通藏汉文化的一个中心。寺院建成之后，宣

[1] 参见黄春和：《藏传佛像艺术鉴赏》，北京：华文出版社，2004年，第243—245页。

德帝特题赐寺额曰：‘大崇教寺’，赐予护敕，并颁御制《修大崇教寺碑文》，勒石于碑亭，作为大明皇帝敕建的证据。”[1]其规模之宏伟，参建人数之众多，所藏供物法器之珍奇丰富，不仅在岷州佛教史上是唯一无二的，而且在藏传佛教史上也是少见的。

一般藏传佛教法会的会期大多是两天左右，而大崇教寺四月举行的佛诞大会的会期为八天。期间，既有寺僧并坐经堂诵经，又有高僧于讲堂寺净坐；既有奉寺寺僧念经，又有洮岷临河各寺诸僧助兴诵经，且往往多至一千余人，形成“梵音震山谷”之雄势；既有番僧戴五佛冠、衣五色舞衣的佛前跳舞，又有“羌儿番女并坐殿前，吹竹箫、歌番曲，此唱彼和，观者纷然”的赛歌亮嗓的场面。此数日中，除了约会者外，还有汉番男女及临郡洮州诸番，朗山进香者摩肩接踵而来，山寺形成闹市，人山人海。可谓是宗教文化与民间文化交织在一起，相得益彰，热闹红火之极！由此可知，大崇教寺不仅是沟通汉藏文化的中心，也是汉藏群众进行经济贸易的场所之一，更是各族群众交流感情的纽带，如一年一度的花儿盛会，就在这里举行。[2]

5. 传入内地的藏式佛塔

北京市房山县南乐水头村云居寺喇嘛塔，建于明代。在一个台座上建覆钵形塔身，上立相轮塔刹，均系用砖砌筑，塔高五米。这里还有三座覆钵式喇嘛塔，是寺内僧人墓塔。北京潭柘寺乡鲁家滩村西南山谷内的广智禅寺过街塔，建于明代。塔下为券洞式台座，长宽均为四点二米，高三点二米，由石块砌成，券洞周边用青石料镶嵌，券洞高二点五米，宽二点二米。塔通高四米，下为方形基座，承托覆钵、相轮和石华盖盘，塔刹部分已残缺。塔身的东部有石雕佛龛，内供石佛一尊，石佛高零点三一米，宽零点九一米，雕刻精细，是典型的藏式喇嘛塔。

---

[1] 吴均：《论明代河洮岷的地位及其三杰》，《青海民族学院学报》1989 年第 4 期。

[2] 参见谈士杰：《藏传佛教在岷州》，《西北民族研究》1995 年第 2 期。

内蒙古呼和浩特有一座藏传佛教寺院叫锡勒图召,建于明万历十三年(1585),是右翼土默特部僧格杜楞为三世达赖索南嘉措建造的,亦是四世达赖云丹嘉措出家的寺院,四世达赖曾在这里驻锡长达十年之久。锡勒图召的院东白石塔院中,有一座高五丈的汉白玉覆钵式藏式佛塔。佛塔造型独特,玲珑剔透,雕刻精美,是内蒙古地区最漂亮的一座藏式佛塔。宁夏很多佛塔的造型,既不同于藏式佛塔,又有别于我国南方和北方的佛塔,有点像云南大理三塔。当然也有一些比较典型的藏式佛塔,譬如宁夏同心的韦州旧城中,有一座迄今保存完好的藏式佛塔。塔通高十五米,建于明代,白色瓶形塔身,端庄地坐落在一个八角形须弥塔基上,中间镶嵌着一周莲花花瓣,给人的感觉佛塔好像是从莲花蕊中盛开的一朵洁白无瑕的莲花,塔顶置有象征藏传佛教宇宙观的"十三天"(十三重相轮)的塔刹,显得格外玲珑剔透,赏心悦目,充分体现出藏传佛教的思想境界。另外,青海瞿昙寺也有一座白塔。

明代更有一些藏族名僧常来少林寺,弘法修行,建寺立塔。立于明隆庆二年(1568)的《匾囤和尚碑》碑文记载,匾囤和尚二十岁入少林寺时拜的就是一位藏族高僧。中原大地上,像少林寺里那样的藏式佛塔还有许多,如在河南省沁阳县山王庄水浴寺发现的一座藏式佛塔,经查为北京妙应寺开山住持知拣和尚的灵塔。辽宁省盖县西南熊岳的望儿山塔,始建于明末清初,高六米,是一座典型的藏式佛塔;广西桂林象山顶的普贤塔,建于明代,砖结构,高十三点六米,塔基座为双层,八角形,第二层正北面嵌有南无普贤菩萨像,亦是一座典型的藏式佛塔;云南昆明官渡金刚宝座塔和云南大姚白塔皆系藏式佛塔;四川峨眉山万年寺的砖殿是明代修建的,它的顶部中央立着一座覆钵式喇嘛塔,四隅各有一座较矮的同类佛塔,亦属金刚宝座式佛塔。

五台山台怀镇北隅圆照寺塔院内有一座白色的喇嘛塔[1]。塔建于明宣德

[1] 见书前彩插图35。

九年(1434)。砖结构,塔基方形,四隅各建一小塔,五塔共峙。主塔最高,为印度高僧宝刹沙者骨灰安葬处,塔的形制是金刚宝座式。[1]

6. 青海塔尔寺附近的“刘琦拉康”

青海塔尔寺附近有一座特殊的藏传佛教寺院名叫“刘琦拉康”,原来刘琦是明朝派往西藏的一位联络官,后成了藏传佛教格鲁派创始人宗喀巴的弟子,在西藏生活了二十年,很受藏族人民的尊崇,死后被视为护法神,塑像供奉,后又被请回青海宗喀巴的出生圣地塔尔寺,极受各族人民尊崇。这也说明藏传佛教被汉族官员接受程度之深,竟然由于他的崇信和为藏传佛教做的贡献而被藏族民众当成护法神。

四、《普度明太祖长卷图》[2]

西藏博物馆收藏的这幅长卷画,横长四千九百六十八厘米,纵宽六十六厘米,原藏于西藏佛教噶玛噶举教派的主寺楚布寺。画卷内容系哈立麻在南京灵谷寺为明太祖朱元璋及孝慈高皇后设普度大斋的过程中出现的种种祥云毫光和吉祥景象。从二月初五开始到二月十八是逐日记述和绘画,以后从三月初三到三月十八为择日记述和绘画。画中多见彩云祥光,间或有罗汉和仙人降临。画共三十余幅,有文字有图画,如连环画一般,每幅皆毫光满天,仙气临空,显示出哈立麻的无边法力。

哈立麻是藏传佛教噶玛噶举教派黑帽系第五世活佛,年届二十已名扬藏内外。明成祖朱棣为燕王时已知其名,即“有僧哈立麻者,国人以其有道术,称之为尚师”。朱棣即位当年,即派司礼少监侯显、僧智光,带着诏书到西藏

[1] 索南才让:《走出雪域的藏式佛塔》,《西藏艺术研究》2006年第1期。
[2] 见书前彩插图36。

约请哈立麻。哈立麻进京后的永乐五年(1407)二月,明成祖命他于南京郊外灵谷寺为明太祖朱元璋及孝慈高皇后建普度大斋以资福,“帝将荐福于高帝后,命建普度大斋于灵谷寺七日”。[1]从长卷画的文字记述和画面看,大斋从二月初五到三月十八,共四十三天,后面还有六天没有记事,中间有些天也没有记事,其实四十九天,并非明史所谓“七日”。开斋以后,哈立麻登坛诵经,大显法力,空中出现各种祥云瑞兽,君臣看后喜不自胜。长卷画的开头描述了大斋的起因、地点、时间和第一天出现的情景。长卷画共记事二十二天,用汉、维吾尔、回、藏、蒙古五种文字记述。汉文和蒙古文竖写竖行,维吾尔文和藏文为横写竖行。长卷画上这些文字的保存,为研究明朝初年中国的民族文字提供了实物例证,也提高了长卷画的文物价值。长卷画中,每日文字记述的后面即为画面,主要是画当天所见祥云毫光,亦见罗汉、仙人乘云而来、驾虹而去,飘逸生动,让人神往。画中有“如来大宝法王、西天大善自在佛宝楼”及其“建好事坛场”,以及宝塔、幡竿等。绘画采用铁线描法,建筑则用界画。

哈立麻所做法事相当成功,“帝躬自行香,于是祥云、甘露、青鸟、白象之属,连日毕见。帝大悦,侍臣多献赋颂”[2]。皇帝当即赐予金银宝钞、彩币马匹,并于永乐五年三月初三,封哈立麻为“万行具足十方最胜圆觉妙智慧善普应佑国演教如来大宝法王西天大善自在佛领天下释教”,简称大宝法王,赐印、诰及金、银、钞、币、织金珠袈裟等。其玉质封印今藏于西藏,方形,边长三点五厘米,高八点三厘米,交龙纽;九叠篆文,印文为“如来大宝法王之印”。“如来”是明成祖赐给哈立麻的名字,藏文意为“得银协巴”。从此,人们都称他得银协巴,他的本名却贝桑波反而鲜为人知了。

长卷画上“三月初三,褒崇招来大宝法王西天大善自在佛”的记述,同《明

[1] (清)张廷玉等撰:《明史》卷三三一《列传第二百十七·西域三》,北京:中华书局,1974年。

[2] 同上。

史》中敕封他为大宝法王的记载是相符的。据《明实录》载,这一天并"斋天下僧二万众于灵谷寺中"。

五、促进汉藏友好及文化交流的藏族僧人"洮岷三杰"

明代洮岷州僧人在历史上对祖国、对民族、对人民都做出了不可磨灭的贡献,尤其是班丹嘉措、班丹扎释和释迦巴藏卜三位高僧大德,被誉为"促进汉藏和好的洮岷三杰",其贡献最为突出。

(一)促进了民族团结关系

1. 避免了两场战祸

明永乐三年(1405),班丹扎释被明廷派去扎西沃岗迎接哈立麻得银协巴,并被任为翻译。明永乐帝迎接得银协巴到京后,选派了包括他在内的三十九人为哈立麻的侍从,随同前往康藏。据说,永乐九年(1411),由于阐化王扎巴坚赞违背明廷意旨,将派大军征讨,他率领帕木竹巴派的协敖扎结等为侍从,驰赴京师,恳求原宥。永乐帝立即颁发敕书派钦使宣慰,一场战祸,遂告弭息。因此,当他于永乐十一年(1413),回到乌斯藏时,阐化王等感激地说:"您使我们的地方得以像乳酪那样凝结,平安无事,恩德无量!"[1]据《安多政教史》的记载,释迦巴藏卜政治上的贡献,在弭息一场战祸。他自乌斯藏回内地之际,恰直萨迦派与帕竹派矛盾激化,发生战争,宣德帝拟派兵征讨,经他恳求后,乃免于讨伐,避免了这场战祸,保持了社会稳定,人民平安无事,的确称得上"恩德无量!"

[1] 参见吴均:《论明代河洮岷的地位及其三杰》,《青海民族学院学报》1989年第4期。

2. 维护了祖国统一，密切了民族关系

岷州三杰及太监侯显（藏族，洮州人）等，都是执行、传达中央政府的旨意，反映地方实况的忠实可靠人士。由于他们在中央政府和藏区做了大量工作，出色地完成了许多重大要事，既使帕竹地方政权一直“忠修职责”，又使明廷对乌斯藏的管理措施得到贯彻落实。因而，出现了七八十年的太平盛世，为藏史所称颂。这样就既维护了祖国统一利益和本民族利益，又加强了民族团结，密切了民族关系。

3. 培养了一批人才，发挥了重大作用

14 世纪末至 15 世纪初，洮岷藏族僧人赴京形成热潮，也可认为这一时期洮岷藏族人士已牢固地取得明廷的信任。这可能与太监侯显有关，班丹嘉措就是其中之一。他把洮岷地区的藏族子弟送到中央政府培训，使他们成为推行明廷民族政策、宗教政策的人士。他除推荐班丹扎释等外，还送释迦巴藏卜入朝，后者被永乐帝纳为义子，这在封建时代是一种特殊的优越待遇。由于他和萨迦、噶玛巴及帕竹派都有关系，他对于明廷的民族宗教政策在这些地方的落实有不小的贡献。他的弟子等也继承他所推行的加强民族关系事业，并将其推向新的高度，使有明一代，河洮岷地区成为通向乌斯藏的中心。

（二）弘传藏传佛教文化

明朝皇帝崇奉藏传佛教高僧，优礼相待，达到史无前例的程度，特别是明武宗对藏传佛教的崇信。据《明史》记载：他“常服其服，诵习其经，演法内厂”；西华门内修建了豹房，专供藏传佛教喇嘛演奏与娱乐；当时在京城的藏传佛教法王“服食器用僭拟王者，出入乘棕舆，十卒执金吾杖前导，达官贵人莫敢不避路”。[1]这反映了当时藏传佛教的影响巨大。

［1］ 参见姜安：《藏传佛教在海内外》，《西藏研究》1993 年第 4 期。

班丹嘉措与班丹扎释在弘传藏传佛教事业上的贡献最为突出。班丹嘉措一生都在洮、岷、叠等州从事藏传佛教的教育事业，门徒甚众，晚年在岷州西江乡修建了曲宗班乔寺。班丹扎释在大崇敦寺建成之后，又请准于岷州茶埠峪沟门前修建了大崇敬寺的一座下院——圆觉寺(国师居地)。他不但在这些寺院建立了藏传佛教的讲辩制度，还在北京大隆善寺设立汉族和尚的讲辩制度，聚集和尚百余名，由在僧录可任觉义的和尚主持讲辩，而他总其成。正统八年(1443)，他出面申请为全国僧人颁发度牒，计三万七千张，从而进一步扩大了藏传佛教的影响。

藏传佛教寺院，既是僧人弘传佛教的活动中心，又是藏族文化的集聚中心，也是培养人才的学校。在相当长的一段时间内，在他们三人的领导下，大崇教寺与班藏寺成为发展藏族文化的中心。班藏寺在仲钦巴时就与萨迦派有联系，自大崇教寺修建后，都成为多麦地区最早的格鲁派寺院。此外，还有明成祖时，在内地首次雕刻《大藏经》版。该版以宋字印刷，卷首以黄金粉书而成。这部在内地雕刻的精美的《大藏经》头版被带回西藏并受到宗喀巴大师嘉许，此卷至今仍藏于色拉寺内。据《安多政教史》中零星记载，当初进行这部大藏经的刻版、缮写、校对等工作，明廷曾调洮岷藏僧参加，这也说明岷州僧人在文化上的贡献是不小的。

岷州属高寒区，境内山峦起伏，犬牙交错。古时居有羌、藏、汉、土、回等民族。这里交通闭塞，经济、文化、科技等十分落后，山村更无文化可言。在这种情况下，山乡修建起了宫殿式的寺院，可谓是综合性的艺术殿堂。寺院及其法会自然就成了各族群众精神生活的唯一圣地和场所。尤为重要的一点，是为民族民间文化相互交流，取长补短，共同繁荣，提供了条件，使群众的精神生活愿望得到了满足。这也是藏传佛教扎根于信教群众心坎的一个重要原因。尽管寺院成了史迹，它的崇伟形象如今已看不到，“梵音震山谷”的声音也听不到，但赛歌亮嗓的传统一直延续到今天，一年一度的花儿盛会，仍然如故，年年活跃着群众的精神生活，满足着群众的精神需要。总之，岷州僧人在宋明两代，特别是岷州“三杰”在维护祖国统一、民族利益、民族团结以及弘扬藏传佛教、沟通藏汉文化交流，尤其是在发展藏族宗教文化等方面，立下了汗马功劳。正因为如此，所以流传着这样一首颂词：“文殊化身班丹嘉措尊，持密主宰班丹扎释跋，慈悲之主释迦巴藏卜，敬礼恩德无比三上师。”

因此，他们被誉为促进汉藏友好及文化交流的“洮岷三杰”。

六、藏传佛教艺术对内地工艺美术的影响

明代，在内地工艺美术大规模输入藏区的同时，西藏艺术也通过络绎不绝的藏区朝贡者和往来于汉藏两地的明朝使臣、藏传佛教僧人，源源不断地传入内地。

藏区贡入宫廷的“方物”，见于文献记载的品种主要有：画佛、铜佛、铜塔、佛经、珊瑚、犀角、氆氇、左髻毛缨、足哩麻、铁哩麻、刀剑、甲胄之属、金银器、海螺、颅器、舍利、香等，其中佛像和氆氇在各项贡物中所占的比重最大。如哈立麻遣使赴京进贡的表文中所列出的贡物：“进贡红氆氇一百副，紫氆氇五十副，黄氆氇五十副，红铁哩麻五十副，白铁哩麻五十副。”[1]进京入觐的三大法王和宗喀巴等西藏地方各教派领袖人物献给明朝皇帝的礼物，也以这两类物品居多。如宗喀巴在回复明成祖第一次召请的书信中，开列了六件礼品，其中三件是金铜佛像，另有三种舍利。明万历时三世达赖喇嘛索南嘉措在给明朝首辅大学士张居正的书信中说道，“压书礼物：四臂观世音一尊，氆氇二段，金刚结子一方”[2]。此外，各种藏传佛教工艺品在朝贡的方物中也占有一定的比重。如藏传佛教中特殊的法器“嘎布拉”碗，是用人的头颅骨镶以金

［1］　吴钧：《从〈西番馆来文〉看明朝对藏区的管理》，载《藏族学术讨论会论文集》，拉萨：西藏人民出版社，1984 年，第 118 页。

［2］　顾祖成编著：《明清治藏史要》，拉萨：西藏人民出版社，1999 年，第 78 页。

属、宝石等制成。

显然,藏传佛教艺术也会影响到明代宫廷工艺的制作。从文献记载和传世工艺品上看,有不少明代宫廷工艺作品具有藏传佛教艺术特征。有些品种的生产既为赏赐藏传佛教各派僧侣,同时又为满足宫廷佛事活动和日常生活的需要。如明代永乐、宣德、成化、弘治、正德、万历诸朝,大量生产的带有梵文、藏文的瓷器及僧帽壶、净瓶、藏草瓶等,既见藏于西藏寺院,又见于宫廷传世品之中。御器厂窑址中也大量出土了这类残器,以致今人很难区分哪些是专为赏赐藏僧的,哪些是为宫廷所需而生产的。如明代装饰有八吉祥、七珍等藏传佛教纹样的锦缎,在赏赐藏僧的礼单上,与在内地宫廷传世以及定陵出土的丝织物中都有发现。如 2001 年在湖北钟祥明梁庄王墓出土的大批珍贵文物中就有两件藏传佛教金佛像,其中一件背面铸阴梵文,同时还出土了三件镂空的梵文单字。这表明墓主人与藏传佛教有密切的联系,墓中随葬的金银珠宝、玉器、瓷器等档次很高,其中一件金壶上有“银作局洪熙元年正月内成造”等铭文。20 世纪 50 年代,南京牛首山弘觉寺塔基下出土明正统年间的一座铜鎏金藏式覆钵塔,四周有四个青花瓷罐、玉瓶和兽角雕刻的佛像,塔座下刻“金陵牛首山弘觉寺永充供养,佛弟子御用太监李福善奉施”。塔的造型和瓷器的杂宝纹装饰均具有藏传佛教艺术特征,反映了明代藏传佛教在宫廷的传播,也影响了宦官的信仰。上行下效,内地民间工艺也因模仿宫廷工艺而间接受到了西藏及其他藏区藏传佛教艺术的影响。如景德镇民窑瓷器中有许多仿官窑制品,呈现一定的藏传佛教艺术特征。而景德镇“器成天下走”,也将藏传佛教艺术尤其是其装饰纹样,传向了各地。

此外,明代西藏佛教艺术品和实用工艺品也对明代的社会生活产生了一定的影响,在民间制作的铜镜、铜钟、香炉及漆器等工艺品上也出现了带有藏传佛教艺术色彩的梵文、藏文及八吉祥、七珍、宝杵等纹饰。由于传入内地的藏传艺术品数量较为可观,除了大量供给宫廷,也得以在民间流传。明代高濂的《遵生八笺》和文震亨的《长物志》中均提及佛堂供设“乌斯藏佛”,这表明西藏佛教造像在内地的传播颇为广泛，引起了士大夫阶层的关注，见诸文献记载；甚至像氆氇这样的实用毛织品也出现于文人著述中，如文震亨在《长物志》中提及做被子的材料时首推氆氇[1]。这有力地证明了传入内地的氆氇曾影响到人们的日常生活。[2]

汉族传统文化艺术中的题碑、匾额、刻印等，也通过封爵赐号进入西藏，为西藏文化艺术的发展输入了新的成分。有明一代，在广大藏区有三位法王、五位王和众多的大国师、国师、禅师等封授，还有册封西藏俄力思军民元帅府的诏书、赐给楚布寺的敕书及授灌顶国师阐化王的圣旨等等，至今仍保存在西藏。这些金印玉册、圣旨、封敕本身既是西藏归属中央、是祖国不可分割的一部分的铁证，也是内地文化对西藏影响的力证。

七、藏传佛教艺术对内地丝绸工艺的影响

明代丝绸采用的藏传佛教装饰纹样与元代相同，但数量显著增多，装饰形式上的变化也更为丰富。藏传佛教装饰在内地经过长期的流传，已经为内地装饰艺术消融改造，而演变为汉藏合璧的纹样，常常与具有内地民俗色彩的吉祥图案结合在一起。

明代传世丝织品的八吉祥、杂宝纹装饰十分常见，如北京故宫收藏的八吉祥纹锦，即缠枝莲托八吉祥纹。明代丝绸上七珍、杂宝纹的装饰形式，较八吉祥的变化更为丰富。苏州博物馆收藏的四合如意云纹杂宝锦，在云纹间点缀七珍中的菱形、银锭形耳饰等；北京定陵出土的红织金杂宝纹罗，以七珍中

---

[1]（明）文震亨：《长物志校注》，陈植校注，杨超伯校订，南京：江苏科学技术出版社，1984 年，第 330 页、357 页。

[2] 参见吴明娣：《汉藏工艺美术交流史》，北京：中国藏学出版社，2007 年，第 120—123 页。

的菱形耳饰、环形耳饰、犀角、象牙、火珠及如意等为主题装饰，散点布局，具有宋、元杂宝纹的形式特征；而同在定陵出土的饰杂宝纹丝绸，有的则完全不同于宋、元杂宝纹布局，如七珍织金缎，将七珍组合为团花形，空隙穿插云纹；红织金妆花杂宝纹罗，由云纹和犀角构成为圆形图案，内填杂宝；而松竹梅万字杂宝纹妆花缎，将犀角、云头、方胜、银锭、钱、宝珠等填饰在梅花瓣内，花心填揖，图案组织颇为别致。明代十一月冬至节，宫眷、内臣穿阳生补子蟒衣，其纹样为童子骑绵羊，亦称太子绵羊图，有的将七珍与太子绵羊组合构成图案，具有强烈的民俗色彩。藏族七珍往往与其他宝物构成散点图案作为丝织品装饰的辅助纹样，这种装饰形式见于定陵出土的万历皇帝纱地缉线绣斗牛方补袍料，在同时期的青花瓷器、金银器装饰中也有所见。在西藏扎什伦布寺收藏的刺绣唐卡镶边锦缎上也见有含犀角、珊瑚等七珍图形的杂宝纹。

还有以七珍与中国传统的婴戏图结合的装饰，以团窠纹为主纹，间饰七珍及其他宝物的杂宝纹装饰，在明代丝绸装饰中较为常见，如台北故宫博物院所藏明代宣德元年（1426）泥金写本《金刚般若波罗蜜经》函套所饰的双狮戏球纹织金锦。这种装饰反映出七珍纹样传入内地后，经过长期发展演变，已与内地纹饰相融合，呈现出新的时代特征。明代缂丝红地云蟒宝相纹椅披上也饰有七珍中的部分宝物，上方是诽鹤，将三宝珠和犀角等饰于主纹的下方，分置左右，与唐卡中主尊下方供七珍、八吉祥的构图十分相像。三宝珠的形态更是与西藏唐卡中所绘摩尼宝如出一辙，这显然是受明代为赏赐藏僧而制作的藏传佛教缂丝、织锦等唐卡艺术的影响。明代丝织品上也出现了梵文装饰，北京慈因寺出土的一块本色素纺绸，其四角与中央有朱红色梵文，这种在丝织品上书写朱红色梵文的做法已见于前述河北张家口沽源县梳妆楼元代贵族墓地出土的朱书梵文罗裙上，而在传世丝织品中尚未发现。[1]

---

［1］ 参见吴明娣：《汉藏工艺美术交流史》，北京：中国藏学出版社，2007 年，第 123—127 页。

八、藏传佛教艺术对内地瓷器工艺的影响

明代,内地宫廷瓷器和民间瓷器也受到藏族文化艺术的浸染,较元代更多地采用了藏式器型和藏族纹饰,汉藏艺术的融合在明代瓷器上得到鲜明体现。

洪武年间,景德镇大量生产具有藏传佛教艺术特色的瓷器,既用于赏赐藏僧,也服务于宫廷。明御器厂窑址中出土有永乐白釉僧帽壶、无柄壶(亦称为藏草瓶),这类具有藏族器型特点的瓷器,在西藏寺院和北京故宫、上海博物馆、南京博物院等传世品中均有所见,体现了永乐一朝汉藏文化艺术上的相互渗透。永乐瓷器上流行梵文、藏文、西番莲、八吉祥纹等装饰,这类纹样在题材和表现形式上既有对元代瓷器的继承,也有创新。如梵文,在元代瓷器上多点缀于盘、碗类器皿的底心和内壁,作局部装饰,字数较少;而永乐瓷器除采用与元代相同的形制外,还出现了以多层梵文字满布器表的新颖装饰。在景德镇明御窑厂窑址中出土的永乐梵文大勺即采用这种装饰。宣德瓷器延续了永乐瓷器的风格,藏文装饰常见于其上,如台北故宫博物院收藏的宣德青花龙纹僧帽壶,景德镇官窑窑址出土的青花五彩莲池鸳鸯纹盘和青花龙纹僧帽壶,以及收藏于西藏的青花莲托八吉祥藏文高足碗、青花莲托八吉祥纹僧帽壶,等等。

宣德年间,景德镇御器厂烧造的佛事用器和具有西藏文化特色的瓷器,如僧帽壶、藏草瓶,以及饰有八吉祥、杂宝、西番莲、梵文、藏文等藏族纹样的瓷器,存世较多,既有收藏于西藏寺院的,也有少量于内地传世或出土,还有窑址出土的大量残器。以僧帽壶为例,传世以及窑址出土的数量多、品种丰富,已知属于宣德制品的有:宝石蓝釉、青釉、红釉和青花。青花僧帽壶所饰主题纹样又有双龙、龙穿花、缠枝莲托八宝等不同花样。宣德官窑瓷器上书有藏文的,除前文所述碗、盘、僧帽壶、高足碗,还有宣德青花缠枝牡丹纹净瓶、青花龙穿花纹高足碗等器物。如青花龙穿花纹高足碗,系内壁书藏文一周,底心双圈内饰一梵字。西藏收藏的青花莲托八吉祥藏文高足碗,也采用

了这一装饰形式。宣德瓷器中，也有在器外壁书写多层梵文的，如北京故宫博物院收藏的宣德青花出戟盖罐。宣德瓷器上还出现了藏人歌舞图案[1]，也体现了藏族文化对内地瓷器装饰的影响。1991年北京广安门外明墓出土带有“大明宣德年制”款的青花缠枝莲托八吉祥纹高圈足碗，表明这类官窑器物的流传并非仅限于藏族上层和宫廷，也传至内地民间。

景德镇民窑青花瓷器中，有不少装饰了八吉祥、杂宝、梵文、十字杵等纹样，显然是受永乐、宣德官窑瓷器的影响，也是对元以来这类瓷器纹样的继承。如正统青花瑞兽献宝图大罐，在主纹四周空隙饰犀角、方胜、钱、火珠、元宝等，与保定窖藏的元青花狮纹八棱玉壶春瓶的装饰形式相近。南京牛首山弘觉寺塔基下出土的四件青花瓜棱罐圈，一件罐身饰缠枝莲纹，其余三件均为菱形开光杂宝图案。四罐置于一铜鎏金藏式覆钵塔周围，瓷器纹饰与所供佛塔形制，均显示出与藏传佛教的密切联系，反映了藏传佛教在明宫廷的传播及对宦官信仰的影响。河北安次正统三年（1438）何氏墓出土的红彩缠枝莲托八宝纹香炉，景德镇景泰四年（1453）严升墓出土的青花结带宝杵纹小碟、青花梵文净水碗，景泰七年（1456）袁龙贞墓出土的青花缠枝捧八宝纹碟、首都博物馆藏景泰至天顺青花莲托梵文八宝纹碗、南京博物院藏天顺青花八吉祥纹铃台等，多为民间佛教供器，其装饰反映了明前期民间对藏传佛教纹饰的广泛接受。

成化时期，景德镇官窑瓷器中佛事用器和具有藏族艺术特色的器物大幅度增加。成化时有些器物在装饰题材上虽与永乐、宣德瓷器相同，但表现形式更富于变化。如八吉祥纹既有在永、宣瓷器上常见的缠枝莲托宝，又有折枝莲托宝，如成化斗彩莲托八吉祥碗上所饰八吉祥，与习见的藏式莲托八宝相似。当内地装饰艺术通过瓷器影响西藏艺术的同时，藏传佛教艺术也影响到内地民间工艺。如明中期景德镇民窑瓷器受成化官窑的影响，也在青花盘、

[1] 参见耿宝昌：《明清瓷器鉴定》，北京：紫禁城出版社；香港：雨木出版社，1993年。

碗上装饰多层梵文，如吉林扶余出土了六件装饰梵文的瓷器，其中三件外壁书写多层梵文。民间瓷器上饰八吉祥、十字杵纹的更十分常见，如景德镇湖田窑址出土了民窑青花碗、盘，分别绘法轮、法螺、莲托八吉祥、结带十字杵纹等，碗、盘心书汉字福、寿或梵文。江西波阳成化三年（1467）墓出土的青花法轮纹盖罐；江西临川成化十六年（1480）墓出土的青花梵文三足炉、云南玉溪窑明青花结带十字杵纹碗等，都是藏传佛教艺术在内地民间影响之佐证。

正德官窑瓷器不仅有前朝常见的藏传佛教装饰，而且用藏文、梵文和八思巴文书写年款，别出心裁。嘉靖年间，据《陶书》和《陶说》二书中，除记载常见的转枝莲托八吉祥、八宝纹，灵芝捧八宝，转枝宝相花托八宝等纹样外，还有“转枝莲托百寿字”，这显然是由转枝莲托八宝、转枝莲托真言字这类纹饰演变而来的。《陶说》还提到隆庆时的“四季花捧乾坤清泰字”、万历时的“缠枝牡丹花托八宝”，首都博物馆藏有万历青花缠枝莲托“万喜”字碗、万历青花缠枝花托“寿”字人物纹盘。这类纹饰反映了明后期内地汉藏装饰艺术的融合与推陈出新。

万历朝是晚明各朝中汉藏文化交流较为兴盛的阶段。在长达四十八年中，传世瓷器中有大量带有藏族装饰艺术特点的作品。如万历时出现了莲捧“波罗蜜多心经”这类特殊的装饰[1]。梵文装饰的瓷器甚多，北京故宫博物院就藏有数以千计的万历青花莲托梵文碗[2]；仅《陶说》记载的万历青花真言字装饰，就有真言字、遍地真言字、宝相花捧真言字、江芩子花捧真言字、西番莲捧真言字等不同形式。首都博物馆收藏的万历青花梵文莲花形盘，俯视如盛开的莲花，内心如意云环绕一梵文字，其外的两层莲瓣内各书一小梵文字，外壁上层的莲瓣内八个梵字和八朵折枝花相间。此盘为万历青花的代表作，并影响到清代瓷器，雍正时曾仿制过这种样式的梵文瓷器。万历青花中还出

[1] 参见耿宝昌：《明清瓷器鉴定》，北京：紫禁城出版社；香港：雨木出版社，1993 年。
[2] 叶佩兰：《漫谈明代青花瓷器的纹饰》，载中国古陶瓷研究会编：《中国古陶瓷研究》（第六辑），北京：紫禁城出版社，2000 年，第 322 页。

现受藏俗影响的新颖纹饰,首都博物馆收藏的青花扳沿洗,洗内底绘开光盆景。开光形为四瓣莲花式,这种形状的开光在西藏装饰中较常见,早在吐蕃分治时期西藏托林寺的佛座上就饰有这种开光。开光内绘摩尼宝盆,上插珊瑚、麦穗等[1],颇似西藏民间节日互祝吉祥时所捧的"切玛"(吉祥佛盒)。开光外绘四组折枝灵芝。洗内壁、外壁均饰折枝花,沿面绘锦地朵花纹。此洗主题装饰具有藏族文化特征,与内地传统纹样构成和谐的整体,是汉藏艺术融合的又一典型例证。由梵文瓷器的流行和"切玛"式装饰施之于日用瓷器,不难想见万历时藏族文化对内地的影响程度加深,其范围已不仅限于藏传佛教,还涉及到民俗。

景德镇民窑瓷器大规模外销,传向海外,至今仍有作品传世。在新加坡收藏的15—16世纪的景德镇窑青花瓷中就有口沿内一周书梵文、外壁绘莲池纹的青花碗和内底心绘结带十字杵、外绕缠枝花纹青花盘。民窑瓷器上的藏传佛教纹饰已与内地传统装饰融为一体,成为中国外销瓷装饰的组成部分,其流传海外,对传播藏传佛教装饰艺术也起到间接的作用。[2]

九、藏传佛教艺术对内地金属、珐琅、漆木工艺的影响

明代,内地金属工艺受藏传佛教艺术的影响最为显著。永宣时期,宫廷除大量铸造各式藏传佛教金铜佛像用于赏赐西藏及其他藏区寺院外,也制作不同种类的藏传佛教法器、供器,传世品颇多。现藏于西藏博物馆的"大明永乐年施"款大威德金刚铜鎏金坛城,是传世的明永乐时期宫廷制作的藏传佛教艺术品中造型、装饰最为奇特华缛的一件。永乐和宣德时期还仿藏传佛教

[1] 马希桂主编:《青花名瓷》,台北:艺术图书公司,1993年。

[2] 参见吴明娣:《汉藏工艺美术交流史》,北京:中国藏学出版社,2007年,第127—136页。

法器样式制作铜鎏金嵌宝石铃、杵,造型、装饰既具有西藏法器的基本形制,又体现了明代皇家工艺的作风,做工精湛,庄重华贵。据相关资料获知,传世的永乐、宣德法器有:现藏于布达拉宫、北京故宫博物院和西藏博物馆的带有“大明永乐年施”款铜铃杵各一副,三者造型、纹饰十分相近,铃体表面的主题纹饰是璎珞纹,并装饰覆莲瓣纹、梵文及单杵纹,柄部均有佛面。布达拉宫和西藏博物馆所藏为九股铃杵,北京故宫博物院所藏为五股,布达拉宫藏铃杵还嵌饰宝石。带有宣德款识的传世铜铃杵现分别收藏于西藏博物馆、北京故宫博物院和中国历史博物馆,款识分为“大明宣德年施”和“宣德年制”两种,其造型和装饰与永乐时期制品相仿佛。值得一提的是,现藏于北京市大钟寺古钟博物馆的五件金刚铃,其中三件明确以璎珞纹、单杵纹、覆莲瓣纹及梵文作为装饰,明显带有永乐、宣德铃杵特征。其中尤以一件宝珠形顶的金刚铃最为独特[1],此铃铃体造型、装饰精细,与永乐、宣德璎珞纹金刚铃更为接近,柄部光素无饰,柄端呈宝珠形,且光色与铃体有别,并非原配。

明代铜镜装饰也体现出浓厚的藏传佛教艺术色彩,传世品中带有梵文、佛像及含有七珍、八吉祥的杂宝纹铜镜为数不少。故宫博物院收藏的明代铜镜中,有两件带柄镜,其中一件镜背与手柄满饰梵文咒语,另一件铜镜柄部装饰藏文。明代杂宝纹铜镜较之梵文、藏文铜镜更加流行,杂宝纹无论作为主题装饰,还是辅助装饰在铜镜上都十分常见,其中频频出现七珍中的环形耳饰、菱形耳饰、银锭形耳饰、犀角、珊瑚、象牙、三宝珠等浮雕纹样。著名的永乐大钟和正统年间铸造的法海寺铜钟[2],均以梵文装饰。最为独特的是明代铜钟上还出现了藏文,北京大钟寺古钟博物馆即藏有藏文铜钟,这在已知的历代铜钟装饰上十分罕见,不同字体的藏文满布钟外壁。河北正定临济寺还藏有明天顺四年(1460)的铁钟[3],钟体袈裟纹中饰梵文六字真言。

---

[1] 参见《北京文物精萃大系·古钟卷》,北京:北京出版社,2000年。
[2] 同上。
[3] 参见孙机:《中国梵钟》,《考古与文物》1998年第5期。

内地流传的香炉也吸收藏传佛教艺术因素，北京广济寺内饰有莲托八吉祥纹的明代铜鼎即是一例。首都博物馆收藏的青铜三象足熏炉，在镂空莲花形盖顶部有类似藏族“切玛”式宝盆雕饰，作为盖纽，宝盆内堆塑珊瑚、三宝珠、犀角、海螺、莲花等宝物形象。这件铜熏炉造型、装饰较为繁缛，其炉身形态与西藏所藏铜象首足香炉十分相像，工艺风格一致，所不同的是后者无镂空盖，很有可能原盖缺失，二者应为同时期的制品。明代金银器也借鉴藏传佛教艺术，出现银镀金莲托汉字六字真言帽饰和塔形金簪、梵字金簪、六字真言金盘、金碗盖、碗托。特别是，西藏传统的宝石镶嵌工艺被大量运用在明代金银器上，如北京右安门外明墓出土的嵌宝石莲托梵字金簪，以各种宝石镶嵌金簪表面，华美异常。

明代宣德时期掐丝珐琅制作已达到较高水平，现藏西藏博物馆的一件掐丝珐琅番莲纹僧帽壶，与明代永乐、宣德时期模仿藏族金属器物烧造的瓷僧帽壶造型、装饰作风一致，被认为是明代早期制品。此外，北京故宫博物院工艺美术馆陈列的明万历掐丝珐琅八吉祥纹长方熏炉、明中期掐丝珐琅蒜头瓶，也受到了藏传佛教纹饰的影响。

明代漆木器装饰同样出现了藏传佛教纹饰，如北京故宫博物院收藏的明代缠枝莲填彩漆圆盒，盒盖饰有梵文；美国旧金山亚洲艺术馆收藏的填漆彩绘双龙纹长方盒，盒盖正中饰以由八吉祥组合而成的装饰图案。这种装饰形式有别于常见的各自独立的八吉祥图案，而以复合形式表现，显然也是源自藏传佛教艺术。无独有偶，在一件明万历方形漆盘上也出现了与之相类似的纹饰，这进一步说明，明代八吉祥复合图案传入内地，一度较为流行。美国旧金山亚洲艺术馆还藏有一件以藏传佛教纹样装饰的漆器，在剔红寿字八方盘内雕刻由象牙、犀角、珊瑚、三宝珠组成的七珍纹，环绕盘心的篆书“寿”字，边饰龙纹。[1]此外，日本东京国立博物馆收藏的剔红桃纹漆箱，底缘边饰亦

[1] 参见台北故宫博物院编：《海外遗珍·漆器》，台北故宫博物院，1993年，第117页、136页。

为七珍纹，这两件雕漆制品的主题装饰均为表达祝寿之意，其中融入七珍纹，显然与其表达的吉祥寓意相吻合，这同样表明明代藏传佛教纹饰已成为广为流行的吉祥图案。[1]

明代家具中也有以八吉祥装饰的紫檀椅、装饰浮雕杂宝纹的黄花梨木圈椅及箱盖内带有明万历款的缠莲八宝纹描金紫漆衣箱。[2]

北京著名的大钟寺大殿里有一幅壁画记录着明朝永乐皇帝接见当时西藏地位最高的大宝法王哈立麻的盛大场面。大钟寺里的大钟上还镌刻着藏传佛教的六字真言，还有永乐皇帝亲自编写的一部十多万字的《诸佛世尊如来菩萨尊者神僧名经》镌刻于钟上，大钟铸成以后，每次都要敲击一百零八下，据说也是根据藏传佛教认为人世间共有一百零八种烦恼，每敲击一下，便可解除一种烦恼，因此形成了那击钟一百零八下的做法。如此日夜敲击，岁岁祈祷，功德无量。据文物工作者考证，在这口通体铸满了二十多万字经文的大钟上，不仅有十多万字的汉文经文，还有不少只在藏传佛教中才保留使用的梵文兰札体经咒等，约一百种、十万字。皇帝何以如此重视这些藏传佛教经咒，是因为哈立麻学德高超，是他将那种被认为天书般神圣的兰札体经咒传到了北京，因此皇帝不但特恩准将这种经咒与御制经文一起铸于京城这口唯一的特大铜钟上，而且还向他颁赐了“大宝法王”这个位居其他法王之上的最高封号。由此看来，大钟寺犹如一座历史的丰碑，将这段美妙的民族团结佳话永远地记录下来，为了留住当年永乐皇帝亲切接见大宝法王那美好的情境，就把当时那生动的情境绘制成壁画，画在该寺的大殿里，不断向后人讲述着这口大钟的动人故事。

---

[1] 参见吴明娣：《汉藏工艺美术交流史》，北京：中国藏学出版社，2007年，第136—143页。

[2] 参见王世襄：《明式家具研究》，香港：三联书店，1989年。

十、藏传佛教艺术对内地佛经装潢等艺术的影响

据文震亨《长物志》记载："常见番僧佩经，或皮袋，或漆匣，大方三寸，厚寸许，匣外两旁有耳系绳，佩服中有经文，更有贝叶金书，彩画天魔变相，精巧细密，断非中华所及，此皆方物，可贮佛室，与数珠同携。"[1]这样必然使藏传佛教佛经在内地产生一定的反响，进而影响内地的书籍装帧艺术，这在明代宫廷佛经装帧方面体现得尤其明显。明永乐和万历朝为赏赐藏僧而刊刻的藏文大藏经《甘珠尔》《丹珠尔》，其装帧形式基本保持了藏传佛教佛经装帧的特色，而所用材料和装饰的艺术手法则融合了内地艺术成分，如前面提到的永乐经板采用朱漆戗金工艺制作。永乐八年（1410）版《甘珠尔》佛经的插图也"体现出较新的汉族艺术风格的影响"[2]。北京故宫博物院收藏的带"大明成化年制"款《各佛施食好事经》，为贝叶夹装，上下夹经板用染成红色的象牙制作，上层经板浮雕喜金刚、上乐金刚、时轮金刚等密宗主尊像。底层经板浮雕多闻天等五尊护法神，上下经板边缘刻卷草纹，经首页用泥金手法书写藏、汉文经名。四周镶四十八颗红、蓝宝石，经边也彩绘佛、护法神一类尊像。这部由宫廷为帝王诵经特制的豪华经书，不仅反映了藏族书籍装帧艺术对内地宫廷工艺的影响，也体现了明代汉藏书籍装帧艺术的相互融合。明代宫廷的藏传佛教经书还有一部分采用内地传统的手卷装、经折装，也体现出汉藏艺术融合的特征。如台北故宫博物院收藏的明正统四年（1439）泥金写本《如来顶髻尊胜佛母现证仪》，其扉页画所绘主尊和跋画中的吉祥金刚大黑天相具有鲜明的藏传佛教绘画特征，扉页画左侧标识则为汉式，主尊上方的五尊佛像间饰以散点布局的折枝花纹，在左右胁侍椭圆形背光上方饰蕉叶

[1] （明）文震亨：《长物志校注》，陈植校注，杨超伯校订，南京：江苏科学技术出版社，1984年，第290页。

[2] [法]海瑟·噶尔美：《早期汉藏艺术》，熊文彬译，北京：中国藏学出版社，1994年，第114页。

纹,汉藏艺术风格被巧妙地融合在一起。另一幅明正统四年(1439)泥金写本《吉祥喜金刚集轮甘露泉》扉页画,风格与前述作品相同。值得指出的是,画面主尊吉祥喜金刚两侧八吉祥与折枝花纹的组合,构成汉藏装饰集于一体的散点图案,八吉祥以团花形态出现,采用内地图案样式,别具一格。

明代北京地区的建筑彩画受藏传佛教的影响十分突出。如北京智化寺万佛阁内檐天花彩画绘缠枝莲托梵文六字真言,纹样组织形式与工艺品装饰中常见的缠枝莲托梵字相同。北京法海寺内檐天花彩画亦绘梵文及宝杵纹,正方形布局,莲花中心为圆形适合图案,八个变形莲瓣内和莲花中心各填一梵字,与瓷器盘类器皿的内底装饰形式一致;边饰宝杵纹(单杵),与西藏同类纹饰完全相同。明代建筑垫拱板彩画中的祥云宝杵、法轮卷草和十相图"朗久旺丹"等,也取材于藏族纹饰;建筑彩画中的飞头、椽头,有的也绘有梵字和祥云宝杵。特别是明代北京法海寺大殿壁画中,观音双手托举宝瓶,瓶内供珊瑚树[1],珊瑚树是藏族七珍之一,被认为是稀世之宝而备受珍爱。藏族人多以珊瑚树供佛,也喜欢用它做数珠和饰物,法海寺壁画绘珊瑚树,应与藏传佛教的影响有关。

具有藏传佛教艺术风格的明代石刻,也有少量存世。如位于北京房山区的万佛堂拱券式石窗[2],即装饰以藏传佛教造像背光中常见的六拏具形象,它与著名的北京五塔寺石刻装饰均反映了明代内地的藏传佛教艺术风貌。田义墓棂星门上方的雕饰很容易令人联想到藏传佛教寺院顶部的象征鹿野苑初转法轮的法轮双鹿形态,这在内地以往的陵墓建筑中尚未发现,不应排除其受到藏传佛教艺术的影响。此外,北京香山碧云寺的山门石狮底座边饰也装饰带有七珍形象的杂宝纹[3]。

---

[1] 参见《北京文物精萃大系·石雕卷》,北京:北京出版社,2002年,第190页。

[2] 同上书,第215页。

[3] 同上书,第229页。

十一、藏传佛教八吉祥纹样在汉地的传播

汉地八吉祥最终从西藏八吉祥装饰中分化出来,确立自身风格特征主要是在明代。在风格特征上,明代八吉祥更加强调装饰性与形式感,更加追求莲托图案中植物纹样的蜿蜒曲折与枝叶的蔓延,与西藏八吉祥装饰突出绘画性和自然趣味,较为简洁的风格形成明显差异,汉地传统的缠枝纹与藏传佛教八吉祥组合而成的缠枝莲托八吉祥代表了明代八吉祥纹样的最高艺术成就。就具体作品而言,明代八吉祥纹样的艺术风格大致经历了早期、中期和晚期三个阶段。

(一)明代早期八吉祥纹样的艺术风格

从洪武至天顺年间,这一时期汉地八吉祥装饰已很流行。装饰以八吉祥的艺术品主要用于宫廷佛教活动或赏赐西藏上层,永乐六年(1408)永乐帝赏赐大宝法王的物品中就有三处出现了八吉祥装饰,"寿字八吉祥御罗手帕一条,长一丈……白磁八吉祥茶瓶三个,银索全……鞍一副:垒漆鞒,大红暗花伫丝座……口金银八吉祥事件……"《汉藏史籍》中也记载了永乐时期明朝廷曾将装饰有八吉祥和"白昼吉祥夜晚吉祥……"藏文的青花碗赏赐大乘法王昆·泽思巴,这种图案在西藏被认为是宝贵的象征,当时十分盛行,至今西藏还保藏有宣德时期烧造的青花缠枝莲托八吉祥纹高足碗,图案与《汉藏史籍》中记载的无二。

缠枝莲托八吉祥在15世纪上半叶的西藏颇受喜爱,明朝廷为满足西藏上层的需求生产了大量装饰有缠枝莲托八吉祥的瓷器,保存至今的有:藏于西藏文管会的"宣德年制"款的青花僧帽壶,西藏博物馆的"大明宣德年制"款青花僧帽壶和"宣德年制"款青花高足碗,1991年出土于北京广安门外明墓的"大明宣德年制"款的青花高足碗,1995年出土于河北安次县的景德镇窑矾红彩三足炉,南京博物院天顺青花铃台等。明代早期的缠枝莲托八吉祥

风格的则较为典雅自然，缠枝追求自然弯曲，延展流畅，富有生机，莲叶多呈鸭掌形，排列较为疏朗，注意留白，与同时期的工艺品装饰风格基本一致，西藏布达拉宫收藏的永乐时期《喜金刚》刺绣唐卡可以成为这一风格的经典之作：缠枝莲托八吉祥主要出现于唐卡的下部装裱织锦上，与上部的金翅鸟和大卷草及左右边缘的四季花托八吉祥相呼应，下部的八吉祥每四个为一组，每个吉祥物均以缠枝围绕，并承以莲座，莲叶造型自然，多在叶尖处稍作蜷曲，以与八个圆形缠枝形成整体上的和谐，画面的空白以蜿蜒的莲枝和莲叶填补，但画面却不显满密，反倒疏朗有致，充满生机。

明代早期的八吉祥中各种吉祥物的形象也具有很强的时代性，如法轮，多为八辐或六辐火轮，不似元代的花轮；螺则更注重细节的刻画，尤其是对尾部旋进的内部结构的表现，这主要是受到西藏的影响；伞有捆扎的和盖形的两种形制，以前一种继承元代风格的居多；盖则相对于元代更加华丽，较突出盖的流苏和帷幔；花仍为莲花样式，只是莲瓣排列较密集，装饰性增强；瓶，一改元代贯耳长颈瓶插花的样式，变为带盖的类似藏式奔巴瓶的形制，并在瓶的颈部和腹部下装饰莲瓣，显得更加庄重；双鱼的对称式布局较为流行，喜旋图式的藏寺构图在汉地几乎不再出现；吉祥结在永乐时期还保留元代的上下成尖状的特征，宣德时期则演变为上下各有一结的形制，这一形制被后世所承袭，成为吉祥结的固定样式，直至现代的中国结也与此一脉相承。此外，在汉地八吉祥图形中，飘带自永乐时期开始成为必不可少的要素之一，只是偶尔由于构图考虑，会出现在轮、花、结上省略飘带的做法。

（二）明代中期八吉祥纹样的艺术风格

从成化至隆庆时期，八吉祥成为汉地更加常见的装饰图形，装饰范围也逐渐与佛教活动相脱离，就瓷器而言，成化、嘉靖、隆庆各朝均有烧造，并成为当时瓷器较为典型的纹样被著录在后世的文献中，如《成窑鸡缸歌》注[1]中就提及，八吉祥纹成为与香草、鱼藻、瓜茄等同样常见的成化鸡缸杯的装饰题材。另外明代沈德符《敝帚斋余谈》也记载了成化、嘉靖烧造八吉祥纹样瓷器的情况，嘉靖窑主要是仿烧宣成制品；在清代朱琰《陶说》中对此也有记述。值得一提的是，嘉靖朝吸取前朝佞信藏传佛教的教训，对藏传佛教实行打压的政策，大批寺院及佛像被焚毁，但作为藏传佛教母题的八吉祥纹样还被广泛装饰于这一时期的瓷器上，足见人们对八吉祥的认识已经完全脱离了藏传佛教的背景，将其单独提取出来作为瓷器上的装饰，弘治青花高足碗即一例佐证。

这一时期，八吉祥的形象内容并无变化，但在构图上却有所创新，不仅有明早期缠枝莲托八吉祥（即文献中记载的转枝莲八吉祥）、四季花托八吉祥样式，而且还出现了八种吉祥物组合的复合图形，如现藏于西藏博物馆的明代磁青纸泥金书《吉祥无量寿佛好事经部》的书墙一端绘制的八吉祥组合图，取八吉祥中的轮、螺、伞、盖、花、鱼、结，上下拼接组合成社瓶的形制。因其在装潢形式、用料上，与北京故宫博物院藏“大明成化年制”款的《各佛施食好事经》十分相似，二者年代也应不会相距甚远，不少应属明代中期制品。在图案布局上，成化时期的瓷器上还出现了将法轮置于中心周围环以另外七种吉祥物的形式，主要见于圆形适合纹样中，如成化斗彩莲托八吉祥碗和成化景德镇窑青花八吉祥纹盘上的八吉祥纹。在风格上，明中期尤其是成化时期的八吉祥更加轻盈精致，追求缠枝的装饰性与曲线感，莲叶比例逐渐加大，莲枝更显纤细，注重对莲枝和莲叶尖部的刻画，较明早期更加蜷曲和飘逸，不仅流畅，更加有跳跃之感；在形象特征上，各吉祥物变化无多，在承袭永乐、宣德时期样式的基础上，更加程式化，如螺的边缘开始出现波浪形，螺口的漩涡装饰逐渐强调，尤其在正德以后表现得更为明显。

---

[1] 朱琰：《陶说》，台北：台湾商务印书馆，1958年，第78页。

（三）明代后期八吉祥纹样的艺术风格

从万历至崇祯时期，是八吉祥纹样装饰范围最为广泛，形式最为多样的时期。除常见的瓷器外，其他材质如丝绸、漆器、佛塔石刻、珐琅器八吉祥纹样也较为普遍，已深入到生活的各个方面。在日常器具中，八吉祥装饰也不仅限于碗盘杯碟等饮食器皿，还出现在了香奁这一类闺中之物上，体现了其在汉地装饰艺术中的传播之广、影响之深。这一时期八吉祥形式多样，主要体现在各种名目层出不穷，不仅有缠枝莲托八吉祥和莲瓣内饰八吉祥，还有折枝莲托八吉祥、朵莲托八吉祥、莲花地八吉祥、缠枝宝相花八吉祥、四季花托八吉祥、灵芝托八吉祥等，并且也突破了以往八吉祥纹样多与莲花、梵文、藏文等佛教题材结合的传统，大量与传统吉祥图案并置于同一幅图案之中，这在清代朱琰的《陶说・说器下》中也有所记载。然而，在艺术成就上，八吉祥在明代后期已远不如明中、早期两个阶段，其风格上呈现出规整、雅丽的特征，更加富于程式化与装饰性。以缠枝莲托八吉祥为例，八吉祥在构图中所占比例逐渐减少，画面中大部分的面积被缠枝所占据，莲瓣与莲叶形制趋一致，均以线条表现，莲叶多呈如意云头形，叶尖更加蜷曲，一叶四瓣，两两对称，布满整个空隙，这与成化时期缠枝的粗细错落、自然轻盈形成鲜明的对比。在形象特征上，除盖以外，大致形象不出前朝的定制，只是螺在装饰细节上更加夸张，其波浪形的边缘更加受到强调，偶尔还见到在其表面装饰斑纹的例子。盖在万历时期更加朴实，逐渐趋向伞幢的形制。

（四）明代八吉祥图形总体演变特点

纵观整个明代八吉祥图形的演变，在风格上是逐渐从自然向曲线的装饰性过渡的，即从早期的典雅自然过渡到中期的轻盈柔美，直至晚期的规整雅丽；在形式上，愈来愈多样化，从早期的以缠枝莲托八吉祥为主演变到晚期纷繁众多的八吉祥样式，并且其图形组合也更加丰富，尤其是明代中后期与其他传统吉祥图案一起频繁出现于汉地装饰中，逐渐摆脱了宗教题材。然而，在早期即已形成的八吉祥样式又随着丝绸、陶瓷等汉地工艺品被重新传入藏区，对藏区的艺术又产生了深远的影响。汉藏艺术相互影响，难分彼此，被学术界认为在明代达到了圆融之境，也正在于此。这一特征在同一时期的白居寺壁画、永乐金铜佛像中也可找到例证。而作为艺术门类中沧海一粟的八吉祥纹样，能够成为汉藏艺术交流中的重要缩影，倍显珍贵。[1]

十二、藏地宗教风俗、语言文字在内地的影响

由于藏传佛教在内地的影响，不但有大批民众皈依了喇嘛教，而且边地汉商汉民自己教子孙学习藏语藏文。进入藏地经商的汉商中，也有许多人与藏女结婚成家。特别到了明代中后期，入藏教，学藏经，说藏语，在藏边汉地、边关、首都及贡道和藏传佛教寺院周围，已成为一时流行的风尚。根据《典故纪闻》记载，明英宗天顺年间邹干等上奏："永乐间，翰林院译写蕃（藏）字，俱于国子监选生习用。近年以来，官员军民匠作厨役子弟，投托教师，私自学习，滥求进用。"把汉人学习藏语文看成一个社会问题，足见藏语藏文在内地影响之大。

元末宫廷盛行的藏传佛教跳神乐舞如"金字经""雁儿舞""十六天魔舞"等，到了明代，在宫廷及都城、佛地曾盛极一时。据明代内宫执掌文墨的太监刘若愚记载，明时内宫专设番经厂，念西藏梵呗经咒，主持各种法事。宫中英华殿专供藏传佛教佛像。凡做法事，内宫及经厂皆戴藏式僧帽，穿红袍黄领护腰一整天或三日夜。万历时，每到八月中旬，在神庙举办万寿圣节，宫内则在英华殿做法事，同时在地宇宽广的隆德殿大门内"跳步吒"。"跳步吒"另作"跳步扎"，是黄教喇嘛的一种宗教文化活动。它首先被蒙古族接受，蒙古语称"跳步扎"，汉语叫作"跳神"，意为"驱魔散祟"之娱神舞，即今西藏神舞

[1] 参见杨鸿姣：《明代藏传佛教八吉祥纹样在汉地的传播及其风格演变》，《西藏艺术研究》2008 年第 1 期。

"羌姆"。跳此舞象征着神佛保佑,天下太平,五谷丰收。执经诵念梵呗者十余人;妆韦驮像合掌捧杵者一人;御马监等衙门也派出人力牵牛围侍;学藏经跳步扎者数十人,各戴方顶笠,穿五色大袖袍,身披璎珞;一人前吹大法螺号,一人后执大锣,其实十余人均手持藏式长柄扁圆鼓及弯柄长槌,按节奏齐击,有缓有急,按五色方位而进。由五方五色伞盖下诵经之喇嘛为舞进退,前后需半日时间,并规定凡参加及观看跳步扎者"凡食驴肉者绝不敢入殿,入则必有意外灾咎,凡食牛、犬肉者亦不敢及隆德殿、钦安殿,亦颇著灵验,人不敢犯也"[1]。成书于明代的著名长篇小说《金瓶梅》中也有追荐法事的描写,可见藏文化对当时汉人生活的影响。

十三、白象大师三罗喇嘛在国家统一进程和文化交流中做出的历史功绩

朱元璋认识到,明王朝要取代元王朝在藏族地区的地位,绝不能低估宗教问题的重要性,为争取藏族地区的支持,必须从元手中接过宗教旗帜。元朝最后一位帝师喃加巴藏卜于洪武五年(1372)遣使入贡表示归顺,"帝喜,赐红绮禅衣及鞋帽钱物。明年二月躬自入朝,上所举故官六十人,帝悉授以职。改摄帝师为炽盛佛宝国师。仍锡玉印"[2]。洪武六年(1373)冬,"元帝师之后,锁南坚藏巴藏卜、元国公哥列思坚藏巴藏卜并遣使乞玉印。廷臣言,尝给赐,不宜复予。乃以文绮赐之"[3]。洪武七年(1374),"元帝师八思巴之后公哥坚藏巴藏卜及乌斯藏僧答力麻八剌遣使来朝请封号。诏授帝师后入为圆

[1] 参见(明)刘若愚:《酌中志》卷十六《内府衙门执掌》。
[2] (清)张廷玉等撰:《明史》卷三三〇《列传第二百十八·西域二西番诸卫》,北京:中华书局,1974年。
[3] 同上。

妙觉弘教大国师。乌斯藏僧为灌顶国师，并赐玉印”[1]。从此，全国藏族地区的各僧俗势力基本上转向明朝中央政权一边。蕃僧三罗喇嘛就是在这一历史背景下担当了出使藏族部落的艰巨任务，以其佛教高僧的影响力和高尚的人格力量说服罕东诸部归顺朝廷，为国家的统一做出了贡献。

三罗原是西藏卓窝垅（今洛扎县）人，《安多政教史》中说：“（三罗）降生于西藏山南的卓窝垅，后依神佛及上师授记，来到多麦，居海心山长期修法。松巴称‘当时乘白象而行’。有人认为海喇嘛是白象仙者的化身。章嘉·绕贝多杰曾解释说：汉语中称青海为‘海’，海喇嘛因此得名。”[2]三罗喇嘛与西藏噶举派祖师玛尔巴同属一氏族。关于三罗喇嘛修建佛堂，民间还有一个神奇的传说。据说，三罗喇嘛来到此地时，身后的罗汉山松柏参天，门前的瞿昙河畔杨柳荫浓。三罗喇嘛感动于荒野之中竟有如此灵地，遂高诵佛号，停杖憩息。临行时忘携禅杖，待回身去取，却见禅杖已在泉边扎根，长成寺前高大的珍珠树……后来三罗喇嘛去南京进贡，请求朱元璋对他的寺院给予护持和赐名，朱元璋见他“藏扬佛法，忠顺朝廷”，遂于洪武二十五年（1392）御赐寺额“瞿昙寺”，并拨款建寺。“瞿昙”二字来源于梵文“乔达摩”，是佛祖释迦牟尼的姓氏，六百多年前的金字大匾至今仍悬挂在瞿昙寺殿前廊内。瞿昙寺得到了明朝历代皇帝扶持，1393年明政府首先在乐都瞿昙寺设西宁僧纲司，三罗喇嘛被授为都纲，掌管青海宗教事务。这是在青海设的第一个僧司衙门。此后明朝有十三帝先后下过敕谕，赐匾额、修佛堂、立碑记、赐印。

三世达赖喇嘛索南嘉措（又称索朗嘉措）是格鲁派的忠诚继承者和最重要的代表人物之一。明万历十一年（1583）他应召入京途经宗喀时逗留时间较长，风尘仆仆的他去了许多格鲁派寺院，如塔尔寺、夏琼寺、廓隆寺等，也到

---

[1] （清）张廷玉等撰：《明史》卷三三一《列传第二百十七·西域三》，北京：中华书局，1974年。

[2] 止贡巴·贡却丹巴然杰：《安多政教史》（青海分册），星全成、尼玛太译，青海：青海民族学院民族研究所语言文学室，1988年，第193—200页。

瞿昙寺讲经释法，与瞿昙寺僧众和卓仓拉迪各族群众有广泛的接触，当看到寺院与村庄相邻，他建议将寺院和学经道场分离。当时瞿昙寺对达赖的这一指示奉若圣旨，照办不误，立即选定勒俄定为址修建了学经道场，并请达赖为学经道场命名，所赐名为“扎西当噶”，这个名称一直沿用到现在。

三罗喇嘛及其后继者因功获得对卓仓地区的统治权，奉行了较为开明的政治、经济、教育和文化政策。三罗喇嘛叔侄本是卫藏人，他们经历了从萨迦体制到帕竹体制的变动，作为噶举派在这次变动中是受益者，他们获得了对卓仓地区的统治权后，却建立了与他们在卫藏所代表的阶级和社会制度迥然不同的封建制度，显然是一个进步。卓仓拉迪的统治者完全听命于大明王朝，岁必朝贡，如良马、兽皮、鹿茸等，也得到了丰厚的回赏。用朝廷的威望统治着各族人民，征收香粮，延续香火。每遇战事，组织地方武装跟随官军出战，在永乐朝曾北征喀尔喀，立有战功。以后又随同官军抵抗过进犯西宁一带的亦卜剌、卜儿孩、丙兔等蒙古部落，使蒙古部落染指卓仓的企图未能实现。牧区红帽儿部和其他部落的一些零星进攻也遇到卓仓各族强有力的抵抗，保得卓仓地区安然无恙。明末李自成农民起义军贺锦部进入西宁地区后，卓仓囊索组织当地乡勇参加了反农民军战斗，农民军和卓仓乡勇都有伤亡。

三罗喇嘛一心修法，敬重佛祖，劝善化俗，普度天下，成为藏传佛教当之无愧的一代高僧。同时，他为国家统一、边疆地区的安宁和文化交流付出了心血，也对带有浓郁的藏传佛教神秘色彩的卓仓文化圈的形成和发展起到了至关重要的作用。[1]

---

［1］ 尕让·杭秀东珠、尕让·尚玛杰：《白象大师三罗喇嘛及其历史功绩》，《西北民族学院学报》2000 年第 1 期。

十四、茶马文化的交流和发展

洪武年间，明朝政府与西藏地区的人民进行了广泛的贸易，当时秦州（甘肃天水）、雅州（四川雅安）、打箭炉（四川康定）、松潘（四川松潘）等地都是藏汉两族人民进行贸易的主要地方。

藏汉之间的茶马交易分为官府主持的茶马交易和民间私人茶马交易两种方式。明太祖建立了约一百二十万人的庞大军队，这些军队需要优良的兵器和精良的马匹，而这些马匹的来源只有边塞草原。这时朱元璋刚打败蒙古族建立的元朝，在北部很难筹集到良马，于是把征集马匹的目标转到了西部。洪武十九年（1386）十二月，朱元璋曾派人“以钞三十九万三千六百九十锭，往陕西河州等处市马，给骑兵操练”。洪武八年（1375）五月，朱元璋遣内使赵成携带绫罗绸缎和四川的茶叶到河州与藏族商人交换马匹，并且使河州守将抚慰藏族商人，开通了藏汉族此地的茶马交易市场，活跃了藏汉间的贸易市场。这客观上促进了两族间经济文化的发展，同时也使两族间的关系进一步密切。藏汉间茶马贸易的数额因此也与年俱增。如正德十三年（1518），应阐化王使臣请求，朝廷一次赏与乌斯藏朝贡僧人及在京僧人的食茶就多达八万九千九百斤。这一方面说明茶叶在藏族生活中的重要性，另一方面更突出反映了明朝内地与藏区的经济联系对于整个藏族地区来说具有某种必要性和依赖性。由此不难看出，明初中央政府十分重视与藏地的茶马互市，也反映出当时藏汉茶马交易达到了有史以来的高峰。明朝廷与藏地易马，还规定了明确的价格，洪武年间以茶换马的价格为“上马给茶八十斤，中马六十斤，下马四十斤”。到永乐年间，易马的价格虽几经变更，但变化甚微。

另一种是民间私人的茶马交易。由官府主持的茶马交易，基本是统治者为了自己的需要而进行的，它根本不能满足需求。因此，在民间这种纯属商品往来的茶马交易随之兴起，但它严重地影响了官府易马的市场。明政府日益感到“迩因私茶出境，马之入互市者少，于是彼马日贵……茶日贱”[1]。洪武三十年(1397)六月，驸马都尉欧阳伦因贩私茶，被朱元璋赐死。因利益驱使，即使动用严刑都无法禁止民间私人的茶马交易。洪武二十一年(1388)四川天全六番副招讨杨藏十说：“茶户经常用茶与西番交换缨、茜等物品，他们贩运所得利益，每年的课额能收一万四千余贯。”尽管明政府三令五申，限制这种私人贸易，以保护官府马匹的来源。但这种禁令到明永乐年间已名存实亡。据《明实录》，永乐十三年(1415)，四川长河西、鱼通、宁远等处军民宣慰使说：“西方无他土产，唯以马易茶为业。近年禁约之后，生理甚难，乞仍开市，庶几民有所养。从之。”以后明朝的数百年间，西藏一直服从明朝廷的管辖，“终明世西陲宴然”，两地之间的茶马交易从未中断，并且日益成为藏汉人民生活中不可缺少的环节。

明朝把茶法和马政视为军国要政，故加强了对茶马贸易的管理。朱元璋十分重视茶政，他在谕蜀王椿时说：“夫物之至薄而用之则重者，茶是也。”“茶、马，国之要政。”[2]都御史杨一清言：“戎人得茶，不能为害。中国得马，足为我利。至我朝纳马，谓之差发，彼欲亦遂。前代曰互市，曰交易，大不相侔；且金城以西绵亘数千里，以马为科差，以茶为酬价，使之远夷皆臣民，不敢背叛，如不得茶，则病且死，以是羁縻，实贤于数万甲兵矣，此制西番以控北夷之上策也。”[3]由此可以看出，明代以茶易马的主要目的，并非如宋代备马以战，而是借此实现对各少数民族地区的有效控制，以达到政治目的。在具体制度上，明朝一改宋制，于洪武二十六年(1393)正式推行金牌信符制度，“它虽然保留以茶易马的经济关系，但已不是平等自由商品交换关系。在政治上，它是皇帝对臣民的‘差发’，‘不信者斩’，具有强制性。在经济上，它是国家征调臣民马匹，并确定其征调数量和偿付的价格，具有以马代赋的性

[1]《明太祖实录》卷二五〇。
[2]《明宪宗实录》卷九十七。
[3]贾大泉：《汉藏茶马贸易》，《中国藏学》1988年第4期。

质”[1]。“在茶马比价上，采取贱马贵茶的政策，通过官方法定茶马比价，强制藏族人民接受不等价交换。”[2]到永乐时，金牌制度停止施行。到了嘉靖年间，明廷又力图恢复旧制，变通采取颁发“勘合”之制，但已名存实亡。明廷只得另辟蹊径，开始实行接引收税、招商经营的引岸制度。引岸制度一直沿袭到民国时期。值得一提的是，明朝为了进一步笼络藏族僧俗首领，施行朝贡制度，发展了唐宋时期的贡马赐茶制度。“藏族各部的贡物，一般称为‘贡马及方物’，其数量均无明确的规定，以表示对王朝的拥戴而已。明廷对贡使的赏赐则较优厚，‘务令远人得沾实惠’。明廷对贡马则按级给赏，赐予优厚的钞锭、丝纻，俨如对等贸易；对贡使则按人赏赐优厚的彩缎、丝衣、钞锭、靴袜。此外，由于贡使都要‘专讨食茶’，故又规定按朝贡路线，每人赐给食茶五十至六十斤。”[3]“藏族朝贡使除按例得到食茶外，还有其他种种办法获取茶叶运回藏区。”[4]贡马赐茶实际上是明代茶马贸易和政治统治的一个必要补充。因边茶商贸的兴起，四川引岸制度发展迅速，致使内地与西藏的贸易中心南移，四川便成为其中心。据《大明会典》，明嘉靖时“四川年例茶引五万道。旧额黎雅一万道，松潘二千道，腹里三万八千道。今加派黎雅一万道，松潘二千道，余二万六千道，仍令腹里照常报中”，腹引数远远大于边引数。[5]在秦州（天水）、洮州（临潭）、河州（临夏）、雅州（雅安）设立了四个茶马司，管理输藏茶叶的十三个市场。洪武五年（1372），朝廷对输藏茶叶采用“十中取一”的收税办法，征收茶叶五十万斤，由茶马司统一交换藏区的马匹。若按此推算，当时输藏茶叶约五百多万斤。

[1] 贾大泉：《汉藏茶马贸易》，《中国藏学》1988年第4期。
[2] 陈一石：《明代茶马互市政策研究》，《中国藏学》1988年第3期。
[3] 贾大泉、陈一石：《四川茶叶史》，成都：巴蜀书社，1989年，第88页。
[4] 贾大泉、陈一石：《四川茶叶史》，成都：巴蜀书社，1989年，第197页。
[5] 参见杨嘉铭、琪梅旺姆：《藏族茶文化概论》，《中国藏学》1995年第4期。

十五、藏地医学传入内地

被誉为藏族“药师佛祖”的宇妥·云丹贡布撰就的藏医学巨著《四部医典》,明代时被译成汉文,在内地中医界广泛刊印流传。老宇妥·云丹贡布曾经受到同为赤松德赞御医汉地医生东松康瓦的很大影响,也曾经把金城公主带入的汉地医书《月王药诊》中的精华吸收了,与印度医学和西藏本地医学结合起来,奠定了这部藏地医学巨著《四部医典》基础。新宇妥·云丹贡布是老宇妥·云丹贡布的第十三代后裔,又对《四部医典》用厘定后的藏文全面进行修改补充和注释,还增加了部分章节,形成更加完善、丰富的医学巨著。它被翻译成汉文在内地广泛流传,从此,藏地医学对汉地医学产生了一定影响。

十六、藏族文化对河湟地区“花儿”[1]的影响

明代起河湟地区归属于汉族管辖,并大量向这一地区移民,当地的一些藏族土著,一部分进入牧区,部分留居而与当地汉族和其他民族杂居。由于相互婚姻关系,“自明建清,日渐溶化,竟至变夷为华……衣冠礼仪与汉族无异”[2]。也有少数藏族融入撒拉、土、保安、东乡等民族当中,而上述民族也有融入藏族的,这也正是自明代以来,藏族与汉族和其他民族大杂居、小聚居而自然形成的结果。明代起青海河湟地区的“花儿”发展很快,藏族的文化基因从音乐、语言、生产方式、生活习俗到思想信仰,全方位地渗入到主要为汉族所掌握的“花儿”之中。甘肃临夏的“花儿”研究专家王沛认为,“类”的称谓是藏族“勒”的转音,因藏族历来将民歌曲调称为“勒”,因此“类”源自“勒”,是受了藏族音乐文化的影响。还认为歌手演唱时习惯于以手托腮或用

[1] 花儿:甘肃、青海、宁夏一带流程的一种民间歌曲。

[2] 《续修导河县志》。

弯曲的手掌作招风状置于耳朵后，这与藏族在山头或田野唱歌时所持姿势一模一样，是受藏族影响的又一例证。

河湟地区自古以来就是多民族交融之所在。据《史记》记载“河湟二州，皆西羌地”。随着历史变迁，众多羌族早已远徙西南地区，留在西部的羌族，也早已融入藏族。以产生形成于甘肃拉卜楞地区的《拉卜楞令》为例，它与青海循化撒拉族自治县道炜藏族乡的酒曲《道炜香西河》极为相似，两首曲子旋律的起伏和框架一脉相承。[1]还有《东峡令》《河州三令》《保安二令》等，都有一个与藏族人物相联系的动人故事。如源于藏族土族杂居区的《东峡令》，具有藏歌风味，它反映一个藏族姑娘因思念追求一个大眼睛黑眉毛的漂亮小伙而不得，成天在森林里游荡，或在青山坡哭泣而留下的调子。[2]“花儿”歌词中藏语借词的经常出现，是藏族文化渗透影响“花儿”的又一表现。“花儿”中汉语与藏语相互借用十分常见，如“树尖上的黄杏儿，要吃你个家摘来；我要的‘少年’你不送，还要我戈尔毛买来”。用汉语唱的“花儿”，但其中的“戈尔毛”是藏语“钱”的译音。还有汉语与藏语名称同时出现在“花儿”里，如“沙马尕当白豆儿，你看圆哩嘛不圆；万马锅里烙馍馍，你吃嗬甜哩嘛不甜”。其中藏语“沙马尕当”就是汉语“白豆儿”，藏语“万马”就是汉语的“锅”。还有一种藏汉杂居的双语区应运而生的“风搅雪花儿”，一句汉语一句藏语搅在一起，如“樱桃好吃树木难栽，东扎的主汔团格（树根里渗出个水来）；心儿里有是口难开，拉依个乃那乔占哲由果格（花儿里问候个你来）”。还有半句汉语半句藏语搅合的，随意搅合的，等等。在“花儿”里反映藏族生产和生活以及习俗的也很多。

由此可见，青海河湟地区的“花儿”完全是汉藏文化交流的产物。

---

[1] 参见王沛：《河州花儿研究》，兰州：兰州大学出版社，1992年，第401页。
[2] 参见萌竹：《青海花儿新论》，《西北通讯》1947年第8期。

第四节 藏族文化在其他民族中的传播

一、藏传佛教格鲁派在青海蒙古民族中的传播

16世纪前后,格鲁派在青海的蒙古族中已有传播。1559年,蒙古土默特部俺答汗携子丙兔、侄火落赤等数万众入居青海,随同前来的还有永邵布、蒙古尔津等部落,其势力一度达到青海南部玉树、甘南等广大藏区。在俺答汗深入藏区的生活中,当地民众所信仰的藏传佛教格鲁派对他产生了比较大的影响。1571年经其侄推荐,由格鲁派僧人阿桑喇嘛向他介绍了索南嘉措的事迹,并建议其迎请授法皈依三宝。1577年冬,索南嘉措答应前来青海,1578年5月在青海湖同俺答汗举行了历史性的会见。事前俺答汗派了三批人马迎接,会晤时盛况空前,聚众十万余人,举行了隆重的庆祝大会。这次会见中,首先索南嘉措广泛系统地宣传了格鲁派的教义,当时由鄂尔多斯、土默特、永邵布王族三子弟带头,组织百余人出家剃度为僧。1579年举行大愿法会,索南嘉措以"喜金刚"灌顶,使更多的民众改信藏传佛教格鲁派。之后,在会见处"建神殿,内供三时诸佛、尊者上师、宗喀巴尊者等的塑像。其左右前方,分别有大威德殿、观音殿等。……全部为汉式金瓦屋顶,筑三层围墙。……修建者多为汉地工匠"[1]。这座寺院,成为青海蒙藏民众信仰的一个中心,也是蒙藏文化交流史上的一个重要里程碑。继而,格鲁派经青海又传入蒙古的土默特、喀尔喀及新疆的卫拉特蒙古之中。1582年俺答汗病逝,索南嘉措于1584年前往蒙古为其举行祈祷仪式,一路上竭力讲经传法,广招弟子,弘扬格鲁派教义。明朝对索南嘉措的蒙古之行极为关注,1588年明廷根据蒙古顺义王的请求,特别派员前往蒙古邀请索南嘉措到北京与皇帝会晤。

[1] 止贡巴·贡却丹巴然杰:《安多政教史》(青海分册),星全成、尼玛太译,青海:青海民族学院民族研究所语言文学室,1988年,第21—37页。

索南嘉措接受了邀请,却于同年三月在赴京途中不幸圆寂。他临终遗言,将转世于蒙古汗王家庭之中。后俺答汗之孙被认定为四世达赖云丹嘉措,蒙古军队护送其入藏,延续了蒙古势力支持藏传佛教格鲁派的历史使命。[1]在俺答汗推崇格鲁派以后,不但从此改变了蒙古族的主体宗教信仰,而且随之也使藏族的某些生活习俗传入蒙古地区。首先革除了蒙古族以往在人们死后按其贵贱,以其妻、奴仆、乘马和财宝殉葬的陋俗,改学藏族风俗,将死者财务献给上师和僧众,请喇嘛诵经为亡灵超度。又禁绝蒙古族每月对萨满神翁公开实行血祭,杀牲奉献。将血祭的神像一律烧毁,每家改竖一尊六臂观世音神像,并以乳、酪、酥油进行供养。喇嘛不但成为蒙古族人民心中神佛的代表,而且人们生产生活都离不开喇嘛。每逢移营、婚嫁、生养、疾病、丧事,都要请格鲁派喇嘛卜凶求吉、祛病驱邪。如遇天灾人祸,也要请喇嘛诵经求佛保佑。喇嘛寺院成为蒙古族宗教和文化活动中心,去寺院烧香、拜佛、转经,成为人们生活中的一件大事。每月的初八、十五、三十当天,像藏族一样守斋,念六字真言,不再去劫掠汉族、藏族。藏族牧民为适应高原游牧生活,经长期实践,形成了随身必备的“四宝”:木碗(用以喝酥油茶和调制酥油糌粑)、腰刀(用以割肉)、火镰(用以取火)和“格乌”(内装小佛像的供盒),明时贵族和有身份的人还会携带鼻烟壶。这些随身用具很快被蒙古族接受,稍加改造后加以使用。特别是到了16世纪,茶马互市在藏汉之间的频繁交往,使藏族饮用奶茶和食用青稞糌粑的习惯也传入蒙古地区,蒙古也正式向明廷请求开放茶市,以满足蒙古族从饮酸马奶转变到饮奶茶的生活需要。不过,蒙古族奶茶仍是用酸马奶制作的。本来蒙古族偏重肉食,而且以马肉为最珍贵,只有祭祀及大宴盟会才能郑重享用。后来三世达赖索南嘉措赴蒙古地区传教时,劝诫他们不要滥杀马匹,蒙古族遂一改旧习,不再轻易宰杀马匹,同时不再食用

[1] 参见韩官却加:《格鲁派在青海蒙古民族中早期传播及其作用》,《青海民族研究》2001年第1期。

马肉。蒙古族文字及语言中随之也吸收了许多藏文词语，成为同音借词，还有由汉语入藏又被蒙古语借用的词。一些蒙古族人名也直接借用藏名，只不过语音有所变异。到17世纪，扎那达尔根据藏文和天竺字母创制了书写蒙古语的索永布文字，在喀尔喀的寺庙喇嘛中流行长达二百余年。[1]

二、藏族文化在纳西族地区的传播

从明朝万历时开始，西藏大宝法王先后三次到丽江地区传播藏传佛教，在此建立五大喇嘛寺，形成噶玛噶举派红帽系中心。此后，在滇西北地区共建起十余座藏传佛教寺院，格鲁、噶举、宁玛等各教派在泸沽湖地区普遍盛行。“这些地区村落的附近和岔路口，都有石头垒成的‘嘛呢堆’；住房的门、屋顶均饰有藏文经咒或经幡，居民也经常到寺庙朝拜喇嘛教的名神。”[2]纳西族的东巴教舞蹈也渊源于藏传佛教的跳神“羌姆”。著名的丽江壁画，是纳西、藏、汉画工携手合作的杰作，其中不但有藏传佛教特别是密宗的佛像，而且有藏文款识。东巴绘画中的八宝、五佛冠等，从内容到形式，几乎与藏画完全一样。在音乐方面，丽江塔城、巨甸一带纳西族经常演唱藏族“勒巴舞”，而且“男女全穿藏装，配以藏语唱词，以弦子和藏式货郎鼓配音”。宁蒗县永宁地区、中甸县白地及丽江县大具地区的民歌都带有很浓的藏族民歌韵味。[3]

[1]（清）萨囊彻辰：《蒙古源流》，道润梯步译校，呼和浩特：内蒙古人民出版社，1980年，第381—384页。

[2] 李近春、王承权：《纳西族》，北京：民族出版社，1984年。

[3] 参见和志武：《略论纳西族的东巴教和东巴文化》，《世界宗教研究》1983年第1期。

三、藏族文化在甘青土族地区的传播

明初,萨迦派、宁玛派、噶举派相继传入甘青土族地区。14世纪末,格鲁派传入土族地区后迅速发展,逐渐取代了萨迦、宁玛诸派,佑宁寺就是在这样情况下建立的。15世纪以来,格鲁派在土族信仰中逐渐占据主导地位。不仅如此,藏传佛教文化已深入到土族人民生活的方方面面。在土族所居的附近山头或路边,多建"嘛呢堆"和"崩康"(四方形供佛之亭)的佛教设施;每到初一、十五、三十等日,土族人要煨桑、转经;土族居住庭院多建煨桑台,竖立经文旗杆;主房(或楼房)设佛堂;人畜有病遇灾、婚丧、盖房都要请喇嘛念经卜卦;每年不同时节都要举行与佛教有关的经会、法会等。土族语言中也大量吸收了安多藏语词,其宗教用词及婚宴赞歌、酒曲多用藏语。在民间文学中,许多藏族民间故事被土族加以改造而广泛流传,如《锅漏》《害人终害己》《披虎皮的驴》《兔杀狮》等,藏族的《尸语故事》和史诗《格萨尔王传》更为土族人民津津乐道,世代传诵,以至于土族中最有名的艺人全是说唱《格萨尔》的能人。特别是土族人名大多套用藏语命名,如扎什、斯让、卓玛、丹吉等,一些地区的土族男子干脆穿藏袍、藏靴,戴藏帽等。[1]

四、藏族文化在内蒙古地区的传播

内蒙古首府呼和浩特,一向有"昭城"之称,如七大昭、八小昭、七十二绵绵昭。据统计,仅呼和浩特就有八十多座藏传佛教寺庙。特别是有与拉萨一样的大昭寺和环绕大昭寺的八廓街。据史书记载,这座大昭寺是在蒙古土默特部首领俺答汗皈依藏传佛教、迎请三世达赖的大背景下修建的。至今在大

[1] 参见刁文庆、蔡西林:《土族民间节日集会与群众文化》,《青海民族学院学报》1987年第3期。

昭寺经堂内还供奉着三世达赖的铜像，还有宗喀巴大师和四世班禅的圣像。另外，寺内还珍藏着六百多年前印刷的藏文经典《甘珠尔》和《丹珠尔》《大般若经》，以及十分罕见的藏文经咒。如今，它像一座历史丰碑，向后人叙述着蒙藏兄弟民族之间的文化交流和密切的亲情关系。

离大昭寺不远还有一座著名的藏传佛教寺院“锡勒图昭”。1586 年，三世达赖索南嘉措到达蒙古以后，不仅为大昭寺银佛开光，为 1582 年逝世的俺答汗举行了盛况空前的诵经祈祷、超度亡灵大法会，还在蒙古地区做了许多建寺弘法的大事，如到东部和北部（漠北）传教，取得了极大成功。1588 年，索南嘉措赴京途中不幸在土默特欧吐密地方圆寂。他在遗嘱中曾责成锡勒图噶卜楚大师去东方寻找他的转世灵童，一年后，土默特部左旗苏卜盖村出生的一个俺答汗家族的男童被选中，取名云丹嘉措，不久被迎入锡勒图昭，出家习经，锡勒图噶卜楚任他的经师。1602 年，云丹嘉措被迎请入藏，1603 年路经塔尔寺，在藏北热振寺举行坐床典礼，因年岁太小，故由经师护送，并被抱着参加了坐床典礼。由于经师噶卜楚也坐在了宝床之上，因此后来才在他的名字前加了“锡勒图”三个字。“锡勒图”，藏文称“赤脱”，即有权坐在宝座上的意思。进而，连他当时在蒙古驻锡并为四世达赖教习经典的那座寺院，也被称为“锡勒图昭”。

五、藏族文化在裕固族地区的传播

明朝末年，祁连山一带的裕固族地区最早建立藏传佛教寺院是“黄藏寺”，也叫“古佛寺”，并从西藏请来了藏文化经典。在裕固族中也曾出现过一个学法都很高超的名僧，即一世顾嘉堪布，生于明朝成化年间。他很有作为，圆寂于明朝万历年间，在广大裕固人的要求下，按藏传佛教的惯例转世。

第六章

清代时期汉藏文化艺术的交流影响

崛起于15世纪的藏传佛教格鲁派，借助蒙古固始汗部力量统一西藏，建立了甘丹颇章政权。五世达赖进京朝觐，清朝对达赖喇嘛和固始汗进行册封，密切了与西藏之间的关系。后六世班禅赴京觐见乾隆皇帝，进一步加强了西藏地方与中央的亲密关系。在清朝扶持西藏地方经济和推崇藏传佛教以及促进西藏文化发展的态势下，西藏与内地的文化艺术交流空前繁盛，汉藏之间往来的文化艺术品，无论是品种还是数量，都大大超过以往任何朝代，汉藏文化艺术交流达至“鼎盛期”。

第一节 清代扶持西藏地方经济和对藏传佛教文化的尊崇

一、清代扶持西藏地方经济的措施

西藏的封建农奴制社会，自17世纪中叶格鲁派寺院集团得势以后，发展逐渐缓慢，人民生活日益贫困，人口数字明显下降，经济文化日趋迟滞。为了促进西藏地方经济发展，稳定社会秩序，清朝政府采取了一系列措施。其一，减轻徭赋，让人民休养生息。1751年平定珠尔墨特那木扎勒事件后，以及1792年驱逐廓尔喀侵略军出西藏后，清朝中央政府都制定了“善后章程”，严禁各级官吏擅自私派差役，将农奴的部分无偿劳役改为有偿劳役，绝对禁止漫无限制地私用乌拉[1]。此外，清政府还制定了减轻人民兵役负担，免除逃亡户差税，以及因天灾、战争造成减产歉收的年份减免租赋的政策。其二，建立地方正规币制。长期以来，西藏的商品交换形式是以物易物，大额贵重者用金银。16世纪以后，尼泊尔银币流入，但使用兑换不方便，而且还引起了藏尼银钱纠纷，使商业贸易受到影响，加上其他政治上的原因，导致了廓尔喀侵藏事件的发生。福康安筹议的《藏内善后章程二十九条》中正式提出了在藏铸造银钱的方案，经清朝中央批准后，在驻藏大臣监督下，西藏地方正式设立铸币厂，铸造统一的正反两面分别用汉藏两种文字标明"乾隆宝藏"字样的三种不同重量的银币，在西藏地方开创了使用钱币的历史。其三，在国家管制的前提下开放对外贸易。1794年清廷批准对外开放贸易，外商来藏，每年额定次数，由驻藏大臣统一发给执照，派员稽查，绝对不允许随意进出国境；坚持从对外贸易中合理课税，以补充西藏地方财政收入。这样，既解决了西藏人民生活和生产的部分需求，又增加了西藏地方的财政收入。

这些政策措施的实施，虽然未改变西藏封建农奴制社会的性质，但是它在一定程度上削弱了封建农奴主阶级的特权，促进封建农奴制经济的变化，起到了推动西藏社会向前发展的作用，同时也进一步密切了中央政府与西藏地方的关系。

二、清代推崇藏传佛教文化的政策

清初，为了巩固政权，"除逆抚顺，绥众兴教"，朝廷根据满族、蒙古族、藏族之间某种共通的文化和宗教特点，企图通过藏传佛教激发他们共同的思想

[1] 西藏民主改革前，农奴为官府或农奴主所服的劳役，主要是耕种和运输，还有种种杂役、杂差，"乌拉"即指服这些劳役的人。

感情，并通过上层喇嘛控制边疆地区。

1653年，顺治帝迎请五世达赖喇嘛入京，以厚礼相待；同年5月，在达赖喇嘛返藏途中，遣礼部尚书觉罗郎球等送携有满、汉、藏三种文字的金册金印，册封达赖喇嘛为“西天大善自在佛所领天下释教普瓦赤喇怛喇达赖喇嘛”。清廷的这一重要举措，不但正式确定了清朝中央与西藏地方的属领关系，而且积极促进了藏传佛教和藏族文化同内地的交流。达赖喇嘛为“所领天下释教”的最高宗教领袖，就是清政府向蒙藏地区施行这一政治策略的开端。当时，朝廷还花巨资特地设计建造了具有汉藏两种建筑风格的黄寺，供五世达赖居住，这实际上对藏传佛教和藏族文化在内地的弘扬与传播起到了积极的作用。清政府给予达赖喇嘛优厚的待遇和崇高的地位，本身就表明了对藏传佛教文化的尊崇。正因如此，达赖喇嘛后来在蒙藏地区拥有神圣的地位。自此以后，达赖遣使进京朝贡不绝，如康熙皇帝所说，“六十余年并未有”，也成为汉藏文化艺术交流的一种重要形式。[1]

清顺治二年（1645），固始汗赠予洛桑·却吉坚赞“班禅博克多”尊号，“班”是梵文“班智达”，即对宗教学者的称谓，“禅”是藏语大的意思，“班禅”就是“大学者”之意；“博克多”系蒙古语，是对睿智英武人物的尊称。这是“班禅”名号的最早由来。到了康熙时期，清朝中央对藏传佛教的态度从利用发展到了推崇。康熙五十二年（1713），清廷册封五世班禅罗桑益西为“班禅额尔德尼”，赐金册金印。“额尔德尼”系满语“珍宝”的意思，以此鼓励蒙藏地区僧俗“如达赖喇嘛身故……以班禅主喇嘛之教，继宗喀巴之道法”。这实际上是推崇藏传佛教的一种表现。中央政府册封班禅额尔德尼定制的形成，除了其政治、宗教意义，也有效地推进了文化艺术的交流。清廷在北京组织雕刻印刷并发行了藏文《大藏经》《西域通文志》《辽、金、元三史语解》和满、汉、蒙古、藏四种文字的《清文鉴》。一些藏族学者不仅精通佛学和藏文，而且

[1] 参见吴健礼：《古代汉藏文化联系》，拉萨：西藏人民出版社，2009年，第137页。

精通汉文、满文、蒙古文和梵文经典，为四体《清文鉴》的完成做出了卓越贡献。五世达赖和六世班禅进京，随从逾千人，一路传教、说法、释经，传播藏传佛教文化和藏族文化，同时接受内地文化以及购买内地物品。清廷在经济层面的赏赐次数多、数量大，五世达赖和六世班禅也有丰厚精美的贡物献于皇帝和王公大臣。正是在这种经济和政治的相互作用下，清廷逐步强化了对西藏地方的统治，也推进了西藏和内地两种文化的交汇融合。

康熙三十二年（1693），二世章嘉活佛奉召进京，驻锡法渊寺，被任命为札萨克喇嘛。章嘉活佛的入京，对清朝进一步推崇藏传佛教发挥了重要作用。在清廷的支持下，他多年在蒙古地区传教弘法，在长城沿线修建寺庙，组织蒙古各旗僧人学佛，于是，藏传佛教在蒙古地区的传播和发展再次达到顶峰。1706年，康熙又封章嘉活佛为“灌顶普惠广慈大国师”，赐金印。章嘉活佛还受到当时的皇四子雍亲王即雍正皇帝的崇拜，他不仅向二世章嘉学习佛法，还自己出资购买法渊寺，加以整修后献给二世章嘉居住，并请康熙帝赐寺名“嵩祝寺”。由此可见，当时的清朝统治者一方面册封藏传佛教上层人士，提高他们的地位，大力提倡藏传佛教在蒙藏地区的发展；另一方面甚至亲自学习佛法，参与推行藏传佛教的活动，使佛教成为当时社会意识形态领域一个很重要的组成部分。康熙时期，还曾经组织大量人力对勘汉、藏文《大藏经》，并命二世章嘉活佛等人在元、明两朝蒙古译佛经的基础上，将藏文大藏经《甘珠尔》部分翻译成蒙古文。

雍正皇帝继位后，对藏传佛教更加推崇。他令皇四子弘历即后来的乾隆皇帝随当时在朝廷为师的土观活佛学习藏传佛教，并经常召请土观和三世章嘉等高僧到宫中与汉僧一起研讨佛法。1734年，雍正帝正式封三世章嘉为“灌顶普惠广慈大国师”，并赐金印、金册等。

到了乾隆时期，对藏传佛教推崇至上便成为清朝中央对蒙藏地区的基本政策。1735年，乾隆皇帝继位后，即将京城喇嘛事务的大印交给章嘉，封他为掌印喇嘛。乾隆八年（1743）赐御用金龙黄伞。乾隆十六年（1751）又赐

"振兴黄教大慈大国师之印"。由此可见，当时藏传佛教在京已有了相当的发展，并形成一定规模。委任章嘉活佛全权管理京都喇嘛事务，说明已有一定势力的喇嘛教开始正式纳入清政府的管理轨道。乾隆九年（1744），乾隆帝将建于1694年的雍正皇帝潜邸改建为藏传佛教寺院，赐名"雍和宫"。其建制均仿西藏正规寺院，如设立四学殿、大经堂、三世佛殿、戒坛、药师殿、法轮殿、天王殿等；各殿均备有所需经典及所供佛像，如《甘珠尔》《丹珠尔》《四部医典》《白琉璃》等众多藏文经典，以及唐卡、壁画、雕塑等。这里曾经培养了许多藏族和蒙古族的高僧。寺院住持和各札仓首席喇嘛均由西藏特殊选派的高僧担任，学僧最多时有三千余人，他们的生活给养都由清政府按时供应。宫廷设有专门管理藏传佛教活动的"中正殿念经处"，主管宫内喇嘛念经及办理佛像事宜。当时，清朝宫廷制作了大批藏传佛教造像，皇帝还亲自监造了一些重要的佛像，尤其是乾隆年间，造像精美而且大多有年款。如西藏博物馆馆藏文物中，有一幅清乾隆五十一年（1786）绘制的布轴画唐卡《罗怙罗尊者》。这是乾隆钦命中正殿画师造于内地，后来随清宫廷制作的藏传佛像一起传入西藏，对卫藏的造像艺术和绘画艺术产生了深刻的影响。1745年，乾隆帝在雍和宫接受了章嘉活佛传授的"胜乐"灌顶，并向其上师奉献了以一百两重的金质"曼遮"为主的各种供养品。1792年，雍和宫立了一座石碑，即著名的《御制喇嘛说》碑，就是在这座碑上，乾隆皇帝提出了清代对藏传佛教的总方针："兴黄教即所以安众蒙古。"从此，雍和宫不仅成为京城研习和传播藏传佛教文化的第一中心，也成为清朝联系蒙藏地区政教事务的中心。

第二节　汉文化艺术在西藏的传播及其影响

清代，汉藏文化交流有了进一步的发展。捷克学者卢米尔·吉赛尔在其所著《西藏艺术》中说："从17世纪末到18世纪初，中原汉地艺术对西藏产生了相当大的影响,致使西藏艺术的古老传统产生了突变……西藏也拼命汲取中原汉地文化的精华,就范于中原艺术的规律。于是在西藏出现了汉藏风格混合的形式。”[1]这与有清一代对藏传佛教文化的推崇和传播,以及五世达赖和六世班禅两次入京朝觐和众多僧俗人等对汉文化的吸收有着密切的关系。

同时,在拉萨的内地商人中,以四川人数量最多,这些人原先都是清朝衙门里的,或是清末赵尔丰、钟颖军队的部下,他们大都住在河坝林和鲁布一带,一般以种菜、做豆腐、理发、开烟馆和甜茶馆等为生。也有一些人为驻藏大臣府种菜,称为“嘉安班菜园”,据说,这种“嘉安班的后裔”在拉萨有三十多家。在日喀则、亚东下司马等地也有他们的足迹。这些汉族商人和因故留居下来的汉人,也不同程度上在西藏传播了汉文化。

一、驻藏大臣发展西藏文化教育的措施

驻藏大臣制度确立以后,每任驻藏大臣都为汉藏文化交流和西藏文化发展采取了不少措施。西藏长期处在封建农奴制度束缚下,整个文化教育事业为三大领主所垄断,广大农奴没有受教育的权利,处于文盲或半文盲状态。由驻藏大臣主导,大力发展西藏的文化教育事业,是在1905年张荫棠进藏查办藏事、筹办新政之后。

(一)张荫棠和联豫在筹办新政中重视发展西藏地区的文化教育事业

张荫棠先后向朝廷提出《治藏建议十九条》《传谕藏众善后问题二十四条》等治藏方略,以提高藏族人民的文化水平,帮助他们学习科学技术知识,

[1] 《国外藏学研究译文集》(第一辑),拉萨:西藏人民出版社,1985年,第333页。

促进士农工商和各种实业的发展。他还提出，在多办学校的同时必须广派青少年到内地和外国，学习英文和各种实业方法，以期学成返藏发展西藏经济。相关举措有：成立盐茶、工商、学务、农务等局；种植茶树，收取盐税，培养技工，引进机械，兴办西藏地方工业；招募垦民，垦荒种地，兴修水利，培育良种；兴办教育、出版等事业。张荫棠还撰写了《训俗浅言》和《藏俗改良》，宣传儒学，改良西藏社会习俗。但是，他开始提出的办学措施脱离西藏实际，同时由于提出计划后不久被调离西藏而多未具体实施。

1906 年 12 月，清政府命联豫接替有泰补授驻藏大臣，并任命张荫堂为帮办大臣，张力辞不就，于是联豫从此“大权独揽”，他在任期内“颇多兴革，请拨饷银，编练新军，改官制，铸银元，举办汉文藏文传习所、印书局、初级小学、武备学堂、白话报馆等”[1]。1908 年 5 月，四川武备、将弁两学堂优秀毕业生十四人被调拨进藏，对扎什城的宣武厅稍加修葺，办起了西藏第一座武备学堂。1910 年 2 月川军入藏以后，联豫以川军为基础，统编成新军一协，下辖步队三营、马队一营、炮队一营、军乐一营，合之前原练士兵一营，使西藏地方的近代化军队初具规模。为适应西藏现代化改革对人才的需要，他在拉萨创办了藏文和汉文传习所，选派十余名汉人子弟专门学习藏文，同时选派藏人子弟二十余人专门学习汉文，以培养藏汉两通的双语人才。经过努力，短短数年内，西藏已经开办新式学堂二十二所；实行藏汉学生同校，改私塾为蒙养院，在拉萨设立小学堂；积极培养汉藏语言文字互译的人才。据 1911 年西藏学务局向中央学部的报告，计有山南蒙养院，西藏第一、第二、第三蒙养院，西藏藏文传习所，西藏汉文传习所，西藏第一、第二初等小学堂，达木第一、第二蒙养院，达木第一、第二初等小学堂，后藏汉文小学堂，西藏汉藏文半日学堂，江达蒙养院，西藏第四、第五蒙养院，江达汉文小学堂，工布汉文小学堂十九所学校，合计教职员八十二人，学生四百七十六人。另外，察木多（昌都）、拉

---

[1] 吴丰培主编：《联豫驻藏奏稿·联豫小传》，拉萨：西藏人民出版社，1979 年。

里、靖西等处也各设立汉文蒙养学堂一所，并拟在曲水、哈拉乌苏（那曲）、霍尔三十九族、类乌齐、硕般多等地筹设新式学堂，等等。这些新式学堂的创办，可谓开西藏近代教育的先河。

为启民智，帮助提高藏族人民文化水平和了解国内外新闻及事态，促进新政的推行，光绪三十三年（1907），联豫利用张荫棠带来的石印机器一套，创立白话报馆，编印西藏第一张藏文报纸《西藏白话报》。该报参照四川旬报及各省官报办理，以爱国尚武、开通民智为宗旨。据称此举获商上（清朝对西藏地方衙门的专称）甘丹赤巴热烈赞同。文章除报馆人员撰写部分外，多登四川旬报、中外日报及各省官报的文章，译为藏文。该报为旬刊，每期印刷三百份。据西藏自治区文管会仅收藏的宣统二年（1910）八月下旬印刷的第21期《西藏白话报》，首页为封面，上部用红蓝双色套印汉、藏文“西藏白话报”，下部正中印红色蟠龙一条，中间五页为正文，似用钢板刻写，黑墨油印，全部为藏文行书，其内容有西藏、内地和国外新闻以及科学知识等。这份报纸开了藏文报的先河，将一股新风吹进了拉萨。光绪三十四年（1908），联豫从印度购置铅制藏文字母和印刷机器全套，设立译书局，选派汉藏两族懂双语的人会同经理，出版的第一部书就是用汉藏两文印刷的《圣谕广训》[1]，并广为散发，“然后再译有关实学、实业之书，陆续译印”[2]。此外，联豫还开设了施医馆等。

清末，中央政府曾对僧侣的文化教育做了一些改革，以图将近代教育的内容渗入经院式的教育中去。如在雍和宫设立喇嘛训练班，令驻藏大臣饬各大寺院派僧人到京学习，在演绎高深佛理的同时，学习内地语言文化和现代知识，等等。

---

［1］　参见许广智：《联豫在西藏推行近代化改革的历史作用及评价》，《西藏研究》1995年第1期。

［2］　吴丰培主编：《联豫驻藏奏稿》，拉萨：西藏人民出版社，1979年。

（二）宣传孔孟之道和维新思想

张荫棠为启迪民智，还非常重视对藏族民众进行思想教育，使之改变落后、迷信的思想和某些不良习俗，以适应推行新政的需要。1907 年，他颁发《训俗浅言》和《藏俗改良》两本小册子，译为藏文，一方面用忠君爱国的孔孟思想和伦理道德教育西藏人民，并改良许多不文明、不卫生的风俗习惯；另一方面则以“物竞天择”“优胜劣汰”以及资本主义实业救国、学习西方科学技术为我所用等一整套新思想、新学识启发群众，促进西藏的新政改革。他为促进藏族民众认识西藏在英国虎视眈眈之下所处的危险境地，以及唯有革新政治、发展经济和富国强兵，才能抵御敌人的道理，亲自到大昭寺向藏官演讲《天演论》，以“优胜劣汰”“适者生存”和印度等的前车之鉴，来唤醒藏族民众。他的讲演打动了许多藏族人士，反响甚好。

但是，张荫棠和联豫是以地主阶级的所谓孔孟之道和资产阶级改良维新思想“教育”藏族民众，完全忽视了藏族传统的优秀文化，这种宣传教育实质上打上了“同化”行为的烙印，故其中一些观念难为藏族人民所认同。不切实际地改变某些传统习俗，必然遭到有关方面的反对和抵制。尽管如此，他们在西藏发展文化教育之举，给西藏地区人们的传统观念带来了一次强大的冲击，也给当时闭塞的西藏封建农奴制社会吹进一股维新改良的新风，这对后来西藏社会的发展有所影响。同时，这些措施，使作为中国传统文化支柱和核心的儒家思想进一步流传于西藏民间。

二、布达拉宫的万岁金字牌位和乾隆御赐匾额及其肖像

布达拉宫红宫最高处是七世达赖喇嘛格桑嘉措寝殿“萨松朗杰”（意为殊胜三界），殿内正中位置是乾隆皇帝的肖像，像前还竖立着一块精雕细刻的藏、汉、满、蒙四种文体的“当今皇帝万岁、万万岁”的金字牌位。查究其源，这块牌位，是藏历第十二绕迥的铁鼠年，清康熙五十九年（1720），康熙皇帝派

宗室平逆将军延信护送至拉萨赐给七世达赖喇嘛的。当时七世达赖喇嘛即将皇帝牌位供奉在自己的寝殿“萨松朗杰”中,至今已有二百八十多年的历史。据《布达拉宫胜迹志》第15页中记述:“此殿(萨松朗杰)玻璃佛龛内供有七世达赖喇嘛时康熙皇帝派延信扈送的皇帝万岁牌位和八世达赖喇嘛时期清朝中央政府送的清乾隆皇帝肖像。”《西藏通史》第793页记叙:“七世达赖喇嘛时期康熙皇帝的灵牌也供在此殿。”

乾隆皇帝终其一生也未能亲临藏地,于是于1795年退位后的清嘉庆三年(1798),接受出家戒和比丘戒,将自己身穿僧装的画像委托章嘉呼图克图带往拉萨,赐予达赖喇嘛,并捎带口谕云:“西藏乃一方清净之土,朕久已神往之。但因路途遥远,无法前往,朕的圣容画像去了,就等于朕亲自到达,等于亲身朝拜了释迦佛并得到了加持。如果有人再来朝拜朕的画像,勿加阻止。”据摄政达擦活佛(又称功德林活佛)传藏文版即《达擦活佛传》第203页引述:“奉天承运大皇帝退位,太子嘉庆即皇帝位,噶厦官署特派使者进京祝贺,向皇帝父子祝寿请问圣安,呈献了大量礼品。”乾隆帝退位后,赐肖像派人送往西藏。藏历第十三绕迥的土马年,肖像送到拉萨后,八世达赖喇嘛即在布达拉宫“萨松朗杰”寝殿中特设佛龛供奉乾隆皇帝肖像。该书的第269页中引述了八世达赖喇嘛当时对僧俗们说过一段话:“文殊皇帝为了西藏人民幸福兴旺,赏赐的龙体肖像,作为汉藏众生敬拜之礼物。大皇帝是诸佛之严父,是至尊文殊菩萨化现人主,故为天等众生供拜处,慈爱雪域众人,尤其持黄教者,诏谕奉载,现在弘扬宗喀巴大师圣教,是大皇帝的慈恩,因此,我等必须圆满侍奉。”并命噶伦夏扎巴和孜强佐两人负责兴建供奉处。供龛建在“萨松朗杰”寝殿中间,顶部用杨木制成,金质屋脊,宝瓶,装饰华丽,纯金座,南椟隔断,内挂锦缎围幔,肖像供在无数供品中间,像前供着金器、银器和羊脂玉、水晶石制成的各种供具,富丽堂皇。佛殿内五种供器陈列周围。同时还将原七世达赖喇嘛时期供在寝殿中的皇帝万岁牌位供奉于乾隆皇帝肖像前。可见当时西藏地方对清朝中央的恭顺和爱戴之情。

从七世达赖喇嘛格桑嘉措以来,各世达赖喇嘛都定期向皇帝万岁牌位和乾隆皇帝肖像前朝拜以表达臣属关系。《布达拉宫胜迹志》中记叙:“从七世达赖喇嘛格桑嘉措时起,以后各世达赖喇嘛在每年藏历元月初三凌晨,都按时率领僧俗官员到该殿向皇帝像和万岁牌位举行朝拜、行君臣礼。《达擦活佛传》中还记录了乾隆皇帝驾崩后在万岁牌前的致祭情形:第十三绕迥的土羊年(1799)乾隆皇帝驾崩。二月初十日,噶厦官署接到皇帝驾崩的折子,噶伦们立即换白衣(孝服)来布达拉宫禀报,并按照礼仪,于二月十四日令色拉、哲蚌寺的七百僧人,在大昭寺回廊诵经超荐,令上密院三百名僧人在小昭寺诵经七日。同时颁发诵经条令,专人妥善管理。在布达拉宫两座灵塔前,圣观世音鲁格肖热像和皇帝肖像前举行百供。十四日上午,达赖喇嘛亲自到皇帝肖像前叩拜,然后同丹吉林活佛,热振诺门罕仁波钦,郎杰扎仓二十一名僧人一起到法会诵总摄论自入次第经。两位驻藏大臣、加果齐、笔帖式、公·噶伦、代本等汉藏官员,身着白色孝服依次至肖像前叩拜。一切仪式结束后,孜雪上表嘉庆皇帝,安慰不要过度悲伤,表奏了诵经超荐的情况,请求允许堪布进京吊唁。”极尽了君臣礼仪。

供奉在布达拉宫的皇帝万岁牌位和乾隆皇帝肖像,除为达赖喇嘛和摄政活佛、噶厦官署僧俗官员定期、不定期朝拜外,从19世纪上半叶以来,在确定达赖喇嘛和班禅额尔德尼转世灵童时,都必须在“萨松朗杰”殿中皇帝万岁牌和乾隆皇帝像前举行金瓶掣签,然后报请中央(皇帝)批准,册封后才能升法座正式继位。如第十、十一、十二世达赖喇嘛都是在皇帝万岁牌位和乾隆皇帝像前经过金瓶掣签等重大政教活动来确认而后报经中央政府批准,才正式得到认可继位坐床的。九世达赖喇嘛虽经嘉庆皇帝特准免于掣签,降旨令其作为达赖喇嘛呼毕勒罕时,灵童亦对皇帝深表谢恩。据《九世达赖喇嘛传》藏文版第28页记述:“当时灵童未经任何人提示,得皇帝降旨时说:‘大皇帝颁发此旨,谢谢。’说话慢而清晰,恭祝皇上。”又第69页记述:“九月二十三日,为报答大皇帝圣赐勿庸入瓶掣签之宏恩,在萨松朗杰殿乾隆皇帝肖像和皇帝万岁牌位前供献五种供品,达赖喇嘛、摄政诺门罕、钦差大臣同两位驻藏大臣、经师嘉赛活佛、第穆活佛、策墨林活佛、热振赤钦活佛、赞布诺门罕、阿钦诺门罕、策却林活佛、赛巴活佛及色拉、哲蚌两寺的各大活佛、朗杰扎仑的轨范师、翁则等虔诚诵经祈愿之后，达赖喇嘛诵回向经祝愿国泰民安，悦耳动听，使众人诚服，十分欣慰。”

道光十七年（1837），十世达赖喇嘛圆寂。此后僧俗大众积极地寻找转世灵童，其间共寻访四位灵童：他们分别出生于桑昂曲宗（今察隅）、拉甲日洼、四川孔萨土司地界及甘孜泰凝寺。道光二十一年（1841）初，四位灵童被送至拉萨，均通过形象判断、言行观察和实物考测。这年六月中旬七世班禅额尔德尼率众多高僧念经多日，虔心默祷，祈盼认定达赖喇嘛的转世灵童。接着，在布达拉宫乾隆皇帝像前，由驻藏大臣孟保、海朴举行金瓶掣签仪式。事后孟保在奏折中汇报：“奴才等于五月二十五日（1847 年 7 月 13 日）恭诣布达拉山，谨于圣容前，将金本巴瓶供奉黄案，焚香九叩，将幼子等之乳名及其父名用清字、唐古特字写签，给与该亲丁、师傅及众喇嘛等看视毕，奴才海朴入候班禅额尔德尼等对众讽经一遍，敬将名签缄封，贮入金本巴瓶中。签小瓶深极为严密。复候班禅额尔德尼等对众讽经一遍，奴才孟保向案上瓶内用手将签拨转数次后，敬掣一签，与该亲丁、师傅、众喇嘛等同观。签写泰凝寺番民策旺策柱所生之子乳名那木觉木多尔济，现年四岁。其余三签，亦眼同大众取出看毕。班禅额尔德尼、噶勒丹锡呼图萨玛第巴克什及大小呼图克图、众喇嘛等诚欢诚忭，签称：仰蒙大皇帝振兴黄教掣达赖喇嘛之呼毕勒罕。今掣得此幼子系出平素卖柴贫苦番民主家，灵敏异常，诚符众望，实是达赖喇嘛真正呼毕勒罕出世，黄教得有主持，众心悦服，小僧等实在钦感不尽。随即向上谨行九叩礼恭谢天恩。”[1]

十三世达赖喇嘛经光绪皇帝批准的谕旨“贡嘎仁青之子罗布桑塔布克甲木措，即作为达赖喇嘛之呼毕勒罕，勿庸掣签”颁下时，灵童亦三跪九叩地

[1] 中国藏学研究中心等编：《元以来西藏地方与中央政府关系档案史料汇编》（第五册），北京：中国藏学出版社，1994 年，第 108 页。

向皇帝谢恩。如《希奇珍宝链》上卷第47页中记叙:"当年十一月十四日,灵童被迎抵拉萨蔡贡塘寺时,按照惯例,驻藏大臣松淮当众捧读圣上已批准了达赖喇嘛转世灵童的谕旨后,灵童即向东方行了三跪九叩大礼,然后坐入法座。"《西藏通史》第884页中记述:"五月十三日,达赖喇嘛正式举行坐床大典的前一天,达赖喇嘛遵照旧例,在大昭寺进行了广泛的朝拜活动之后,直赴布达拉宫向皇帝唐卡像,观音菩萨像叩头敬礼、献哈达。十四日坐床继位之后,按惯例,达赖喇嘛派白尔也堪布前往北京向皇帝呈送谢恩奏本。"

西藏和藏传佛教势力,因其政权归属于中央,从而成为中央管辖的一部分。将藏传佛教势力纳入到中央主权管辖,是自元以来历代封建帝王对西藏实行统治的成功举措。而清朝自顺治皇帝册封藏传佛教活佛达赖喇嘛以来,中央对西藏的管辖更具完善。特别是康熙皇帝万岁牌位及乾隆皇帝肖像入主西藏政教核心——布达拉宫,标志着中央对西藏的管辖更加具体、更具权威。[1]

(二)清朝皇帝在西藏的御赐匾额

1760年,乾隆帝委托达赖喇嘛的进京贡使米那堪布等带回了赐给布达拉宫的题匾"涌莲初地",以及分赐大、小昭寺的另外两块匾额"西竺正宗"和"鬘门真境"。对此,西藏方面选择了技术最好的工匠和画师制作框架和复制墨宝,并译成藏文。现在,"涌莲初地"的真迹仍珍藏在西藏档案馆,酣畅雍容的笔锋间洋溢着当年盛世天子的神采。[2]布达拉宫圣观音殿中供奉着一尊"鲁格夏热"天成观音像。传说,松赞干布选择了观世音菩萨作为自己的本尊,他来到尼泊尔,在一座原始森林中发现了一棵神异的旃檀树,他打算砍下旃檀树干回去雕刻为观音像,没想到剖开树皮,里面已有一尊完好无损的

---

[1] 参见扎西次仁:《康熙万岁牌和乾隆皇帝像供奉布达拉宫考》,《中国西藏》1997年第4期。

[2] 马丽华:《乾隆旧事:清朝中央政府和西藏地方关系的一段史实》,《西藏日报》1995年10月8日。

天成观音,他就将它带回来供奉于红山宫堡寨的最顶层。吐蕃王朝崩溃后,这一尊圣观音像不翼而飞。而在五世达赖扩建布达拉宫时,它又奇迹般地重现。从此以后,它被奉为布达拉宫的镇宫之宝,历代达赖在进行政教所有事务之前,甚至饮食起居、闭关修习,都要向它祈祷供奉。清同治皇帝得闻此像灵验后,欣然命笔,书写下“福田妙果”四字,这就是圣观音殿门楣上至今供奉着的同治皇帝御书的“福田妙果”匾额。[1]此外,清朝廷还将御书匾额给西藏名寺古刹,布达拉宫东大殿至今还悬挂着同治皇帝所赐“振锡绥疆”金字匾。乾隆等历朝皇帝还赐给达赖、班禅等藏传佛教上层人物御笔福寿字,以示恩宠。

三、清代驻藏大臣衙门及其在汉藏文化交流中的作用

雍正五年(1727),清朝政府任命内阁学士僧格和副都统马腊为首任驻藏大臣,负责办理前后藏一切事务,是为驻藏大臣之始。自此至宣统三年(1911)清朝灭亡,共一百八十五年,派驻藏大臣一百六十余任。驻藏大臣衙门,是代表中央行使地方管理权的派出机关。由于种种原因,驻藏大臣衙门也多次更署。衙署饱经沧桑,多遭破坏,现在只存几处遗迹。这些驻藏大臣衙门,其本身建筑以及行使地方管理权的事务中,都起到了推动汉藏文化交流的作用。

通司岗衙门,在拉萨大昭寺北面,面临八廓街,后靠冲赛康,《西藏图考》中又称为“宠斯岗”,疑即冲赛康的音变。从清朝正式设立驻藏大臣的1727年起,到1750年发生珠尔墨特那木扎勒谋乱事件中该衙门被焚毁,仅有二十三年。据《清高宗实录》,这里地处拉萨旧城中心,而且“从前驻藏大臣所居,闻系三层楼房,楼高墙固,即偶有意外之事,易于防守”。1750年10月,郡王珠尔墨特那木扎勒谋叛,驻藏大臣傅清及帮办拉布敦将其诱入通司

[1] 参见杨玫:《苍茫天路唐蕃古道》,西藏自治区出版资助项目送审打印稿,第310页。

岗衙门杀死，珠的党羽闻讯包围衙门，纵火焚烧，并杀害驻藏大臣和官兵百余人。1751年，乾隆皇帝下旨修缮通司岗旧址，建立双忠祠。《双忠祠碑记》记载，1791年傅清之侄福康安将军奉命统帅大军进藏征剿侵略西藏的廓尔喀，来到拉萨拜谒双忠祠，见其“堂庑垣墉，间有倾圮。爰于班师之日葺而新之”。维修之后，福康安亲撰《重修双忠祠碑记》，勒石竖碑，嵌于祠内过道两壁，系满、汉、藏三体文字分别勒石。现仍完好保存在原处。到20世纪初，通司岗衙门（双忠祠）乃作为邮政用房，因而人们习惯称之为“查康”。

甘丹康萨衙门，在大昭寺北里许，小昭寺西南附近，原为珠尔墨特那木扎勒的府邸，乾隆十六年（1751）三月，四川总督策楞到藏后，奏请将珠尔墨特那木扎勒的楼房作为驻藏大臣衙门。乾隆帝当即颁诏允许，《清高宗实录》载：“将从前驻藏大臣居住之通司岗为傅清、拉布敦祠堂，其珠尔墨特那木扎勒之叛产应追入官，为驻藏大臣等办事公所并官兵居住。”甘丹康萨始建于藏巴汗时期，先为拉萨地方首领顿珠结布的官府，五世达赖建立甘丹颇章政权以后，蒙古和硕特部首领固始汗因灭藏巴汗有功，他的府邸也修建在此。固始汗的一个弟弟名叫甘丹才旺，原在扎什伦布寺为僧，1691年克什米尔人入侵阿里，当时第司·桑结嘉措起用甘丹才旺，让其担任蒙古骑兵的主帅，把森巴人驱逐出去，回到拉萨以后也住在这里，因此人们称其为“甘丹康萨”（意为甘丹才旺的新居）。18世纪前半叶，这里又成为郡王婆罗鼐的府邸，婆罗鼐死后，他的儿子珠尔墨特那木扎勒袭封，仍然居住在此。

扎什城衙门，在拉萨北郊约七里的扎什，即藏语译音，今译查溪。这里原是流沙荒郊，但地势开阔，便于驻军训练。扎什城的修建，与驻军有关。1727年清朝在西藏设立驻藏大臣的同时，在西藏留驻川陕兵两千，在昌都留驻滇军一千，作为“声援”。1733年，清世宗下旨只留驻数百名清军，三年一换，成为定制。同年乃“特命于色拉、召（大昭寺）之间扎溪地方另建城垣”[1]。是年

[1]（清）周蔼联撰：《西藏纪游》，张江华点校，北京：中国藏学出版社，2006年。

4 月来藏换防的工部尚书副都统马腊到达拉萨，8 月扎什城修建竣工。扎什城驻藏大臣衙门比兵营的营房晚一些修建，至少在咸丰七年（1857）以前驻藏大臣就住在扎什城衙门。扎什城衙门前原有石狮一对，由十三世达赖的近侍土登贡培将其移置于罗布林卡，现在完好地蹲坐在罗布林卡大门两侧前。

扎什城衙门前原来还有一座关帝庙，虽然随着衙门和兵营的废弃而被毁不存，但由清军官兵所立的关帝庙碑尚保存在大昭寺院内。衙门后面的扎什贡巴寺尚存，系三层楼房，寺藏“万寿寺”铁钟一口。扎什城衙门东边还有一座小庙，那是拉萨很有名的扎基拉康（即扎基寺）[1]，里面主供扎基拉姆[2]，她是内地的鸡脚神。传说古时有一帝王，生有三个女儿，其中最美的一个受到嫉妒被害，后变成魔女，为害一方，父王砍断了她的双脚，她却长出一对鸡脚，后遂成为护法神。她的右边是一尊土地神，过去的旧帽上还有“土地菩萨”四个汉字。很显然，这些是清军官兵供奉的内地神祇。这座小庙也就是清朝驻藏官兵集资为清高宗和七世达赖荐福禳灾的。扎基拉康内还藏有明宣德年间的铜钹，其一题款为“大明宣德年造”，另一题款为“大明宣德五年内加金银造”。扎什城衙门东北里许，还有驻军教场和阅兵遗迹。《清高宗实录》记载，乾隆五十四年（1789），驻藏大臣舒濂和普福向清廷提出“西藏向未设立教场，殊乏校阅军士的重要场地，请于扎什地方建造教场”，并将过去雅满泰大臣所住楼房“除改建仓房贮米外，余房甚多，概行拆毁，盖造教场”。以后形成了每年藏历正月二十四日，拉萨传大召结束时，游行仪仗队的士兵要着蒙古装，“由布达拉山前过正桥，转绕布达拉山后，至扎什城点兵，过队完，散”。教场遗址在今拉萨北郊畜牧研究所院内，阅兵点将台尚存部分残迹。

鲁布衙门。咸丰七年（1857）驻藏大臣赫特贺因病解职，以驻藏帮办大臣满庆接任。满庆看见当时“藏中屡不靖”的形势，便把驻藏大臣衙门从北

[1] 见书前彩插图 37。

[2] 见书前彩插图 38。

郊扎什城迁到拉萨城内，开始是租用民房，后在同治皇帝的多次指令下，便在大昭寺以西约里许的鲁布地方修建了新的驻藏大臣衙门和兵营。从中国历史博物馆收藏的《拉萨画卷》上尚可见到该处衙门的位置和建筑概貌：有两座院落，呈现“四合院”形式，各有一座楼房居后，八九个小院由过道和小门连接成一个大院，前院东西开门，门前有四根旗杆，挂有黄色旗帜。在南面的墙壁上，各有一红色太阳图案，门楼为牌坊歇山式屋顶。衙门内，许多穿着满、蒙服装的人正在忙碌着；衙门外的官员列队迎候，一队仪仗队正引导清朝官员自大昭寺向驻藏大臣衙门行进。驻藏大臣衙门南边拉萨河的对岸，一黄袍官员席地而坐，在藏族妻子的陪同下，观看藏族男女青年穿着鲜艳的民族服装在翩翩起舞。西南方，一名清朝官员端坐在帷幕中，四个清朝官员站立两旁，观看歌舞，五名藏族青年载歌载舞，伴奏的乐器类似中原地区的琵琶、胡琴、竹板。厨房旁边草地上的一群人中，还有一个藏族青年正在练习武术。[1] 衙门坐西向东，大门前原有石狮一对，军区警卫营驻防时尚保存完好，藏族群众习惯把这里叫作“朵森格”，即石狮子。警卫营调防察隅时将其搬走，据说现还放在察隅警卫营门前。[2]

驻藏大臣也有通过驻藏办事经历撰写著作，对汉藏文化交流做出了贡献。如《西藏图说》西藏地理著作，松筠撰，成书于清嘉庆元年至三年（1796—1798）之间。乾隆六十年（1795），松筠抵藏任驻藏办事大臣，在藏五年，见闻甚广，颇著政声。此书据作者巡边、考察所见所闻，实地测绘而成。有总图、分图，图文并茂，实为西藏人文地理之重要著作。西藏史籍《西招图略》，清驻藏大臣松筠撰。他撰写本书的目的是将其驻藏期间治理藏政的一些经验告之于后任，希望后任继续其重视体恤藏族的政策。他在序中说：“钦承圣训：教以宽柔无分遐迩，一背羁縻而向化怀德，是在修德也。”该书共分二十八条，

[1] 参见宋源：《〈拉萨图〉简介》，《西藏研究》1975 年第 9 期。
[2] 参见欧朝贵：《清代驻藏大臣的衙门》，《中国西藏》1994 年第 5 期。

涉及当时西藏的政治、军事、经济、社会状况等各方面的情况，是一部有价值的清代西藏史籍。也有清朝官员涉及西藏各种史籍，撰写著作的，如西藏地理著作《西藏图考》，黄沛翘撰。作者早年从戎，后来又长期在四川任官职，长年勘察地理，览阅有关西藏的诸多史籍，旁搜博采，编绘地理图志，成《西藏图考》。该书对藏区地理的古今沿革、山川险易、道里远近，均条分缕析，叙述清晰，使人一目了然。

驻藏大臣和琳是廓尔喀之役后期进藏，先是奉旨协办后勤供应，大刀阔斧地厘清梗阻，确保了运输的畅通，深得乾隆赏识，战后留下来参与福康安主持的《钦定藏内善后章程》二十九条的制定。担任驻藏大臣期间，正值藏地天花流行，死亡了很多人，和琳募捐了一批资金口粮，在嘉黎县天花流行的地方修建了几排平房，将各地的患者集中在此，派兵管理治疗，一段时间下来，痊愈者十之八九。为使人人皆知，和琳索性在拉萨建立了一通碑，称为“恤痘碑”，劝告人们“永远遵行”（“恤痘碑”语）。现在，这通碑还与“唐蕃会盟碑”并立于大昭寺前。

四、从土观·洛桑却吉尼玛的诗及其著作《土观宗派源流》看汉文化对西藏的影响

清朝时期，西藏与内地的交往更加紧密。大批的藏僧来京城学习、供职、主持寺庙的法事等，把藏族的传统文化与宗教带到了中原。同时，内地的大臣、军队驻扎西藏，汉族商人入藏贸易等，都为汉藏经济、文化交流创造了有利的条件。土观·洛桑却吉尼玛生于乾隆二年（1737），卒于嘉庆七年（1802），是清代藏汉文化交流的重要人物。他是甘肃天祝藏族自治县人，六岁时被认定为土观活佛，在青海佑宁寺坐床。乾隆二十八年（1763），他被乾隆皇帝召入京城，任掌印喇嘛、御前常侍禅师等职。并与章嘉国师一起参与了《四体

清文鉴》、满文《大藏经》的编纂、翻译工作。土观活佛进京之时，正值北京清漪园（颐和园前身）建成，作为乾隆禅师的土观活佛为园林的山水风景所感动，触景生情作《颐和园礼赞》一诗。这种藏族活佛直接描写内地风景的诗歌比较少见，亦是汉藏文学交流的重要表现。这首诗共分七段，每一段写一个主题，分别描写了水、鸟、花、树、山、泉，并以最后一段作结。其诗曰："湖水清澈，令人心爱，像是铺展开一片绿色琉璃；群群水鸟，点点繁星，昼夜交替在湖中尽情沐浴。羽毛绚丽的各种飞鸟，在天空变幻美妙舞姿，鸣声像阵阵鼓乐响起，真真是位乐天降落尘世。被花露沉醉的六脚蜜蜂，盘旋在莲花金色花蕊里，是因为贪恋芳香不肯离去，也由于无形丝带系在脚底。唯恐名园秀丽的脸庞，在暑热中消退了娇嫩，绿树撑开了柄柄阳伞，让她在树荫下静静乘凉。披着翠绿大氅的山冈，山上长满名花和异草，为使子女在怀中安睡，山冈屹立着不动不摇。泉水披着泡沫织成的白沙，淙淙作响慢慢向山下流去，被风姑娘吹落的片片花瓣，她弯着腰耐心地一路拾取。园中平地、山冈和湖边，树荫遮覆，像天生处处亭楼，珍宝堆聚，巧修成座座宫殿，神力人工，在这里比美竞秀。"

这首诗写景、状物、抒情，应该说写得十分自然秀美。那湖里的"群群水鸟，点点繁星，昼夜交替在湖中尽情沐浴"；那蜜蜂"是因为贪恋芳香不肯离去，也由于无形丝带系在脚底"；那泉水面对"被风姑娘吹落的片片花瓣，她弯着腰耐心地一路拾取"。清代的颐和园作为皇家园林，描写它的诗句太多太多，但用藏语写它的诗句又太少太少。土观活佛之诗，既是藏人身临其境地描写北京名园颐和园，又是汉藏文化交流的明证。

土观活佛在其著作《土观宗派源流》中记述了大量的汉族文化历史知识，说明了当时汉文化对西藏的影响十分巨大。该书第三章"汉地儒家、道家和佛教的教派源流"中说："汉族正史中有如是语：'……初儒教如星，次道教如月，最后佛则如日。'故本书亦依上说，分为三节。"第一节"如星的宗派儒家学说的源流"，在"关于儒的起源""关于经籍的起源"和后边"儒家所持的理论”中，较为系统详细地介绍了孔子及其儒家学说。他介绍孔子说：“孔子出生于释迦降世的年代相距不远，约在周朝末代周敬王时，生在汉地十三省之一的山东。其生平事迹，汉地普遍传说他是一位最大的圣人。现今汉地的法制和贵、贱、中三等的人伦道德之实践，莫不奉他的理论著作为圭臬。从那时起直到现代，朝代虽然有所改移，然仍以孔子之学为宗，尊为各朝的至圣先师，历代人君莫不塑造孔子神像及灵位为之供祀，这种规制至今不替。孔子的后裔，世代受皇帝的敕封，封为公爵，现在的爵位已传到七十三代云。”由此看来，他对于孔子的生平事迹比较熟悉，认识也比较准确。他还说“儒的根本经籍完全没有关于轮回涅槃，系缚解脱，六道众生的言诠和前世果报等道理。熟通儒家学说之人，除一二人前生业力熏习而有志于道者外，大多学说人是重于现世生活……”同时他又说道“我等具德上师汤吉勤巴·若比多吉曾说：‘易经的奥义可以说与无上密宗相互吻合。’这是他的亲弟子所说的。传说晋朝时期即有和尚法显（1386）及道明二大德，曾解释说儒道二家的理论和佛教极为相合的说法。以后汉地佛教源流史中亦记有儒家先师孔子的学说，说此学外示人以治国平天下，内示以趣入圣道之次第，与如来所说，全不相悖。”说明他一方面对儒家的理论有比较深刻的理解，另一方面他又指出了儒家学说与佛教也有相通之处，为藏人接受儒家思想解除障碍。第二节“如月的教派道教的源流”介绍了太上老君的传说以及道教的教义等。第三节“一类小派的源流”介绍了回族的伊斯兰教在内地传播的情况。还有“关于治理朝政创立法制”“关于历算的起源”“关于医学的起源”“关于诗词的著作”，“他如历史著作，工巧的技艺，堪舆之学，相人之术，占卜推算等，古之旧籍与今之新著，汗牛充栋，极为流传……”[1]

---

［1］ 土观·罗桑却季尼玛：《土观宗派源流》，刘立千译注，拉萨：西藏人民出版社，1984年，第200—223页。

五、汉地天文历算、医学继续传入西藏

（一）《白琉璃》等历书吸收了汉地历算方法

1687 年，第司·桑结嘉措主编的《白琉璃》是西藏天文历算方面一部综合性的重要文献，是藏传历算学的地方官书，也是清朝管理下的西藏地方政权的一部历书。该书分别叙述了编制历书的规格、项目和内容，并逐月绘出固定的表格。

《白琉璃》关于日食、月食、闰月、闰日、差日的计算，其基本数据是采取时轮历。但是在闰月问题上，第司·桑结嘉措在《白琉璃论除疑》中说，为了准确地符合汉地学者的教诫，所谓闰月，将按照汉地传统的方法（即无中气月置闰的方法）。这是因为，五世达赖于 1652 年到北京觐见顺治皇帝时，他参观了清朝的钦天监，了解到朝廷颁行的《时宪历》在对日月食预测的计算方面比《时轮历》更先进，闰月的设置更方便。只不过当时《时宪历》尚未译成藏文。《白琉璃》除吸收了不少汉文历书里的项目，还在附录中保留了唐代传入吐蕃的《五行占》。

还有《敏竹林历书》，是以 1714 年大译师达慕师利《日光论》为依据，由红教主寺之一的敏竹林寺所编制，在藏传时轮历中享有很高的声誉。但此书在编写中，完全采用了汉历中二十四个节气的设置体例。《德格历书》，是 1732 年德格土司的白邦寺依据噶玛俄列旦增的《善说宝疏》编制的。《拉卜楞历书》，1879 年拉卜楞寺建立喜金刚院，传授时宪历，并依《马杨寺汉历心要》每年编制“黄历”，在甘、青藏区通行。

（二）时宪历传入藏区

1644 年，清朝在北京建都。1645 年朝廷颁行了《时宪历》。1714 年康熙皇帝对《时宪历》重加修订，改名为《御制皇家历象考成》。据黄明信先生著《西藏的天文历算》一书载：五世达赖喇嘛“在他写的《黑白算答问》一书

中说道：'予至东方大皇帝之都城时，两度观其历书，细究其法，可与蒲派相通。' 近代的钦饶诺布大师说：'伟大的五世观察紫禁城钦天监所出之汉历曾说明：可以用我们时轮历的语言去表达它。'"[1]说明西藏早就想引进汉族的时宪历。据黄明信先生《藏历漫谈》载，接着康熙又钦命对历法有研究的蒙藏官员、活佛哲布尊丹巴、兰占巴等多人参与，先翻译成蒙古文，后由蒙古文翻译成藏文，题为《康熙御制汉历大全》（俗称《汉历大全》），于康熙五十四年（1715）刊版。该书还附有浑天仪等绘图，绘图者为汉族算术博士刘玉思（译音）。拉卜楞寺有该书的写本共八百七十页，布达拉宫有该书的刻本。

据《藏历漫谈》载："乾隆八年（1743）出现了《汉历大全》简行改编的藏文本《以汉历中北京地区为主的日月食推算法》，俗称《马杨寺汉历心要》，又译作《汉历要旨》。这个简要的藏文本，是由当时北京雍和宫一位精通历算者所授，马杨寺数理学家索巴坚赞所译。简化本把卷帙浩繁的《汉历大全》浓缩为五十多页的藏文本，并且能够实际运用它来推算西藏地方出现日月食的时间，达到比'时轮历'更精确一些的效果，成为有藏区特色的时宪历了。《康熙御制汉历大全》是一部有系统历算理论的译著，以便于藏族学者学习和研究。简化本是藏传时宪历学派的著述，它是藏族学者经过学习钻研时宪历后的心得和学术成果，开创了藏族历算学新的一页。"

据《藏历漫谈》载，《马杨汉历要旨》从 18 世纪 40 年代起由北京雍和宫流传到蒙古阿拉善旗与甘肃东北部天祝（藏语称华锐）的马杨寺一带，没有继续西传。到了 19 世纪中叶，藏传时宪历的传播重新掀起了高潮。1861 年，甘肃永登县红帽吉祥法苑的赛钦活佛所著的《汉历发智自在王》，对简化本的运算做了调整和补充。他所著的《黄历编制法》介绍了时宪历民用历书的编制法。1876 年甘南拉卜楞寺土登嘉措所著的《纯汉历日月食推算法》和《黄历编制法》，曾经将按此编制的藏文历书与汉文做过核对，出现了时宪历

[1] 黄明信：《西藏的天文历算》，西宁：青海人民出版社，2002 年，第 97 页。

编制的《恭息历书》。1900年甘南麦许寺曲培所著的《日、月食推算法·彗剑光华》和《汉历用表》,是当时表格最全的一个版本。当时在藏区先后出现了二十多部研究和阐述时宪历的著作。

20世纪初,拉卜楞寺编制的黄历传到拉萨。1916年十三世达赖喇嘛在拉萨建立"门孜康"(医算院),该院除讲授时轮历外,还增设了时宪历课程。正是时宪历的传入使藏区各种历书预测日食、月食、星宿的运行方位比时轮历更加准确了。

(三)汉地医学继续传入西藏

清朝中央政府十分重视藏医,1745年在北京雍和宫创办了藏医学院,主要学习藏医《四部医典》《月王药诊》和《晶珠要草》等医书,为多麦地区培养了大批藏医药人才。

五世达赖时期,开始组织部分学者对传统医典《四部医典》进行增补勘正,经过第司·桑结嘉措校订的拉萨版《四部医典》更加完善。19世纪初,藏族著名学者罗桑却吉尼玛指出:"我认为西藏所传的《四部医典》,其最初亦源于汉地,其中'五大',不似天竺所说的地、火、水、风、空,而是汉地的土、火、木、金、水。其次该书的动脉名寸、关、尺都是当时的汉语译音。"一些藏医用药,也采用中医的"君臣配伍"和"药引"之说用来配药。

随着藏传佛教各派在蒙古的传教活动,藏医学也传入蒙古族地区。16世纪,三世达赖索南嘉措在蒙古传教时,还在当地创办了藏医僧院,培养了一批蒙古藏医学人才,蒙古族中也出现了一些著名的藏医学者。同时,藏医也吸收了蒙医的医学和经验。[1]

---

[1] 参见阿旺次仁、赤列曲札所著《藏医》一书。

六、西藏建筑绘画艺术融合了汉地风格

清代内地工匠也曾深入西藏，为传播内地艺术做出了贡献。如康熙朝晚期，蒙古准噶尔部乱藏，布达拉宫遭到破坏，为此，清朝派军进藏平叛。其后，清廷曾拨巨款，并派“汉族工匠老魏等一百一十四人至西藏修建布达拉官，总工头顿奇”[1]。

（一）罗布林卡“藏汉合璧”的建筑风格

在 18 世纪初期，罗布林卡这里还是一片茂密的柳树丛林，人称“拉瓦采”（“灌木丛林”之意）。拉萨河的故道从这里流经，景色甚佳，相传五世达赖在夏天曾来此消暑；七世达赖喇嘛在哲蚌寺学经期间，也曾来此沐浴治病，据说疗效很好。于是当时的驻藏大臣便奏请清朝政府在这里修建了第一座行宫建筑，名叫乌尧颇章（凉亭宫），作为七世达赖消夏、治病之处，以示朝廷中央政府的关怀。1851 年七世达赖又在东侧修建了格桑颇章等建筑，把“拉瓦采”正式改名为“罗布林卡”，是为建园之始，从此，罗布林卡便成为历代达赖的夏宫，每年藏历四月到九月，达赖在此消夏，处理政务，举行庆典和宗教活动。八世达赖时期，又相继增建了恰白康（阅书室）、曲然（讲经院）、鲁康（龙王庙）、措几颇章（湖心宫）等，到康松司伦（威镇三界阁）完工时，宫苑规模已初步形成。经过一段时间的间歇，到了十三世达赖时期，宫苑又得到大规模的扩建，继续修建了珍增颇章（普陀宫，后为藏书室）和金色颇章。

罗布林卡东部是以格桑颇章、措几颇章和达登明久颇章（新宫）为重点，四周是用围墙围成的宫苑区；西部以金色颇章和格桑德吉颇章为重点，较为分散幽静自然。在东西两大苑区之间，是大片的林木、草地、花树，林木葱葱，花草繁茂，与万绿丛中的红墙、白墙、黄瓦、金顶交相辉映。罗布林卡的宫

[1] 嘉措顿珠：《布达拉宫志》，《西藏研究》1991 年第 3 期。

门[1]是一座气势甚为宏大、极具藏式建筑风格的大门，宽大深远的藏式垂花门楼和楼顶的金色装饰，使宫苑气氛更加浓郁。康松司伦[2]是东部宫苑区的大门，汉译“威镇三界阁”，是一座五开间重楼三顶的汉族楼阁式大门，为罗布林卡最早建成的景区。大门的建筑规格很高，屋顶为高低错落的三座庑殿式金瓦顶，正门旁还有随墙边门，有如内地佛寺三门之制。门前有一个石块铺地的广场，作为“雪顿节”及重大庆典时演出藏戏和舞乐之用。达赖喇嘛和僧俗官员就在康松司伦的二层楼上看演出。

格桑颇章[3]位于宫苑东区的东南角，进入康松司伦宫门之后向南一拐就可到达，1755 年七世达赖时始建，初为二层，十三世达赖时又增修了第三层，为罗布林卡最早的建筑之一。格桑颇章的第一层为经堂，第二层为乃堆拉康（罗汉殿）、贡康（护法殿）及达赖的阅经室，第三层为达赖接见僧俗官员的地方。在颇章的第二层有四幅壁画，非常引人注目，内容为儿童玩耍的场面，名“婴戏图”。其中一幅是儿童杂技图，八名儿童正在做“钻圈”的表演，中有两童子手持汉文“福禄寿喜”“增福延寿”的长条旗。另外三幅为“五童观鱼”“五童戏要”和“五童搬桃”。画面生动活泼，极富世俗气息，为西藏壁画中所少见。从画中儿童的服饰、发型上看，有浓厚的汉族地区绘画风格，体现汉藏文化交流的情况。

湖心宫藏语称“措几颇章”[4]，是罗布林卡东部宫苑的中心建筑。湖心宫的布局很有特点，在一个长方形的大池内，南北分列三个方形小岛，在岛的周围和池岸绕以石栏杆。这种“一池三岛”的园林布局，在汉地中原已有两千多年的传统，但“三岛”的形式较为自然错落，到西藏却整齐化了，这正是两种文化相结合的表现。在水池正中的小岛上，是一座三间歇山顶的汉式建筑

[1] 见书前彩插图 39-1。
[2] 见书前彩插图 39-2。
[3] 见书前彩插图 39-3。
[4] 见书前彩插图 39-4。

殿宇，平面方形，前有宽阔的廊庑，下有高大台基和四围栏杆衬托。建筑体量虽然不大，却显得稳重；殿顶饰以金色神像和金幢筒，同样表现了汉藏建筑艺术相结合的特色；在水池北面的方形小岛上建有一座方形三间周回廊亭殿，重檐四角攒尖顶，殿顶采用了莹顶形式，铜瓦、金脊饰，檐下施斗拱，屋顶飞檐翘角，汉藏建筑艺术结合得非常融洽。殿内外绘有藏传佛教壁画，尤其前檐廊柱内壁所绘绿度母像，不仅形象生动而且画技精美。两岛分别以跨水石桥相联，并从中心岛上左右以跨水石桥通达两岸。南侧一个小岛则孤立于池中，岛上只种一些树木，以保存野趣，与颐和园南湖中的皇埠墩类似。

在修建罗布林卡时，十三世达赖曾专派艺人去北京学习各式作法和营造工艺。罗布林卡的门窗木雕装饰就有一组汉族“八仙过海”的故事图案，虽然谈不上是精湛杰作，但也颇具水平，且有浓郁的民间艺术风味，让人感到这些远离汉地故乡的道教仙人们，也被藏人奉为神灵，与藏地的神佛和高僧大德们遥相呼应，让人觉得在这个神圣的空间中一切都是平等友好的，而他们就像兄弟一样，不分佛道，亲如一家。

金色颇章是罗布林卡西部宫苑区重要的宫殿建筑，规模甚大，为罗布林卡三大宫殿之一。“金色”，藏语为“受宠者”，因为主持修建者是十三世达赖的亲信，人称“金色工培拉”。所以，宫殿修成后，便以金色“命名”，也即“受宠者的宫殿”，这一景区也被命名为金色林卡。金色颇章正门前有一个宽阔的大广场，面积达六千八百余平方米。广场正中是一条用大石板铺砌的通道，通道两旁栽种了松、柏、杏、杨等树木。宫殿前面的四棵古柏，高大茁壮，枝叶繁茂，广场四周有围墙，形成大院落。院中还种植了玫瑰、牡丹等花卉，景色极佳。金色颇章的建筑亦富丽堂皇，宫前长廊及宫内建筑无不雕梁画栋，黄色屋檐，金顶装饰，也是藏汉结合的风格。白墙红檐下边玛草装饰，高低错落，与周围的绿树丛林相掩映，构成一幅优美的高原雪域园林图画。

格桑德吉颇章位于金色颇章的西北侧，罗布林卡的西北角，也是附属于金色颇章的一座小型宫殿。它处于四周丛林环抱、泉水浸出的环境之中，更显幽静，在它的旁边，后来又开辟了水池、亭栅、假山、小桥等园景，成为罗布林卡中仿效江南园林造园法的景点。然而虽仿江南，有假山水池，但凉亭水榭的形式，让人一望而知是藏式风格，具有浓郁的藏族建筑文化特色。[1]

（二）“汉藏合璧”风格的泸定铁索桥

泸定铁索桥是汉藏工匠共同建造的，建造于康熙四十年（1701）。据《圣祖仁皇帝御制泸定桥碑记》说：“入炉（打箭炉即康定）必经泸水（大渡河），向无桥梁……行人援索悬渡，险莫甚焉，兹偕提臣岳升龙相度形势，距化林营八十余里，山址坦平，地名安乐，拟即其处，仿铁索桥规制，建桥以便行旅，朕嘉其意，诏从所请，于是鸠工构造。桥东西长三十一丈一尺，宽九尺，施索九条，索之长视桥身为八丈而赢，覆板于上，又翼以扶栏以梁柱，皆熔铁以庀事。桥成，凡命使之往来，邮传之络绎，军民商贾之车徒负载，咸保安乐疾驰，而不致病于跋涉，绘图来上，流惬朕怀，爰赐桥名曰泸定。”[2]

这是汉藏桥梁建筑文化交流的物证，泸定铁索桥至今尚存。

（三）汉藏绘画艺术的交融

清代唐卡《十六罗汉》完全是汉地风格。还有七佛画像唐卡[3]，一套七幅，是乾隆皇帝于乾隆二十四年（1759）钦定赐给西藏，为金汁白描画。内地绘画艺术输入西藏由来已久，这一套七幅唐卡的输入，更加影响了西藏绘画艺术的发展。

勉塘画派因为受到汉地画风的影响，其唐卡《萨迦贡噶宁布》，可以说是该派的“标准样式”。

---

[1] 参见罗哲文：《罗布林卡：藏汉合璧的雪域园林》，《中国西藏》2002年第4期。

[2] 吴健礼：《古代汉藏文化联系》，拉萨：西藏人民出版社，2009年，第258页。

[3] 见书前彩插图40。

十世噶玛巴曲英多吉在勉塘画派的基础上创建嘎孜派，17世纪中叶的作品《释迦牟尼像》[1]，有非常独特的雅洁之气，明显呈现汉地风格。他的另一幅唐卡《莲花生像》，简洁，清雅，空灵，专属他那种“秀骨清相”的类型，正是他的那种大量留出空间、重视透明色彩渲染、力求简约空灵的嘎孜派艺术特色影响和启发了司徒班钦的“新嘎孜派”绘画风格。

17世纪还诞生了噶雪派代表作之一的唐卡《五世噶玛巴得银协巴》[2]，它记录了五世噶玛巴拜见永乐皇帝时的情景，画面冷灰主调与灰白色人物皮肤形成优雅的色彩关系，青绿山水式的配景，透明的薄色染出的天空，虚化的云气，右上角的密集金刚的藏式特征，表现了嘎孜派典型的艺术特色。

清代西藏绘画已经发展到汉藏技法交融的地步，主要反映在新嘎孜派和近现代嘎孜派的作品中。司徒班钦·却吉迥乃[3]1729年在旧四川甘孜州德格地区兴建了八蚌寺（也作八邦寺），由于他的努力，18世纪噶玛噶举文化在康区复苏，噶玛噶举派中心也转移到八蚌寺。八蚌寺在安多和康区影响巨大，共计有一百零五座下属寺院。他在八蚌寺创建新嘎孜画派，使八蚌寺也成为噶玛嘎孜画派培养绘画人才的基地。在建立八蚌寺时，他请来了二十三位来自类乌齐的噶玛画师，并亲自参与壁画中巨幅立尊的造型和整个壁画工程色彩的设计。在绘画实践中，他主张在制作方法、色层变化、渲染技巧、线条勾勒上都与汉地风格的唐卡一致，用印度和尼泊尔的造型特征安排人物动态和服饰[4]。1733年起由他亲自设计定稿，并请嘎雪画派的大师们参与主要绘制工作，历时两年完成了《如意藤》（譬喻故事）一百零八个故事的三十幅巨大唐卡组画。18世纪以后，嘎孜派及其分支人才辈出，高手云集。先后有赤列饶佩活佛、阿卓吉杰、杰堆·次旺扎巴、喜巴·次丹巴、噶妥仁增·次旺诺布、

[1] 见书前彩插图41。

[2] 见书前彩插图42。

[3] 见书前彩插图43。

[4] 见书前彩插图44。

三世且仓松饶嘉措活佛、八世却绛仲巴活佛、普布次仁等大师。普布次仁被称为“工巧天毗首羯摩的化身”,1729年受命于德格四十二代土司旦巴次仁,完成了《如意藤》《二神圣六庄严》《十八罗汉》《新旧密宗本尊》和众多护法神的范本木刻印版白描稿。他的作品几乎是藏传佛教绘画的全套范图,也是雪域最出色的绘画准则,成为嘎孜画派无可替代的摹写画谱。

清代西藏绘画的汉藏技法交融还反映于最受五世达赖喇嘛重用的大师藏巴·曲英嘉措创始的新勉塘画派的出现。它是立足于勉塘派的传承,综合嘎孜派和青孜派的部分特点,吸收汉地绘画技法为特色,成为西藏民族绘画最典型的代表。藏巴·曲英嘉措的作品主要有扎什伦布寺扩建时,由他负责设计和制作壁画和雕塑佛像,以及布达拉宫很多壁画和塑像。他的作品写实技艺高超,在他的肖像作品中尤为突出的是画中人物的形象特征,进而再现人物的灵魂世界。如《四世班禅洛桑·却吉坚赞》[1],这幅肖像有他签名的唐卡真迹,写实技巧的高度简直不可思议,画面中班禅有着慈善又略带诡秘的微笑,十分传神。五官线条配合得十分严谨又具个性特征:嘴较小,鼻头略大,眼小而微上斜,眼珠小而中聚,五官集中,精确的线描表现了准确的、立体叠压的、前后起伏的凹凸关系。线条本身极为松活,似不经意而为之。个性鲜明的周围小人物也都灵魂出壳般地呼之欲出。于小冬在《藏传佛教绘画史》中评论道:“与其相比,以写实见长的李公麟不过如此,同时代的西方写实大师也不见得高明太多。一幅白描小画,略施粉黛,足以立画史高位,千古不朽!”[2]另如《萨迦班智达》[3],优雅精美的效果和丰富的技艺都可见大师的艺术精髓。特别是图中右上与右下的两个肖像化人物和风景细部的画法都与扎什伦布寺亲绘制的壁画风格十分相近。构图中出现大量空间,下方较丰富繁密。两个肖像化人物,毛发胡须真切可触,质感准确。风景有汉画的青绿

[1] 见书前彩插图45。

[2] 于小冬:《藏传佛教绘画史》,南京:江苏美术出版社,2006年,第266页。

[3] 见书前彩插图46。

山水特征,渲染层次丰富细腻,有虚实强弱的节奏变化。

18 世纪的嘎孜画派继承者们具有很强的革新意识,如唐卡《红帽系噶玛巴》,不仅是汉地青绿山水作为背景大面积应用,同时高僧大德的形象更加显示出人文飘逸的气质,面前桌子上陈列着宝瓶、金轮等藏传佛教的法物。

新勉塘画家有:早期的乌青·贡布次旺、普昌平措、拉萨的热嘎瓦加央旺布等,中期的厄巴苏琼乌青、江孜久如·冲巴等,晚期的厄巴·乌钦·次仁久吴(十三世达赖的宫廷画师)、来参巴·次仁和孜仲来参·益西加措(两人是十三世达赖喇嘛灵塔殿和罗布林卡壁画的主要画师)。还有主持《藏医唐卡》绘制的洛扎·诺布嘉措和黑巴格涅等。厄巴·乌钦·次仁久吴曾随十三世达赖前往内地,用图画手稿记录沿途胜景及主要历史时刻。他回藏后绘制了壁画《十三世达赖觐见光绪帝图》于拉萨布达拉宫十三世达赖喇嘛灵塔殿,画的是十三世达赖喇嘛土登嘉措于 1908 年入京觐见清光绪皇帝和慈禧太后以及在京城活动的连续场面。壁画采用中国传统风俗画风格。图中上方是光绪皇帝接见十三世达赖喇嘛的情景,下方为十三世达赖喇嘛等众高僧大德跪地朝拜慈禧太后。人物置于红色宫室,绿色松柏之中又有流水穿过,气氛轻松,表现了内地与西藏的和睦关系,绘画风格藏汉合璧,确属西藏壁画之艺术精品。

上述画家还在布达拉宫绘制了很多壁画,其中一例就是《五世达赖觐见顺治皇帝图》,见于拉萨布达拉宫司西平措二楼画廊壁画。是五世达赖喇嘛阿旺·罗桑嘉措于 1652 年去北京觐见清顺治皇帝时的画面。壁画风格为藏汉合璧,采取风俗画与独幅相结合的形式,把五世达赖喇嘛从西藏启程及路途、抵京、觐见、赴宴、游乐、戏耍、受封等组成连环画面,突出“觐见”主题。在中心位置描绘了金銮殿举行盛大宴会的场面,顺治皇帝居中高坐,五世达赖坐于右侧。作品用色是在深色底子上施以朱色和金色,华丽而不俗,人物神态端庄,故事性强,气氛热烈,是反映我国民族关系史的艺术珍品。这些画家的写实能力惊人,布达拉宫长寿极乐殿中十三世达赖的照片和塑像,在“对照中发现源自传统的造型定式已向真实的方向加以修正，如大而凸的眼睛，眼珠较小，上下窄而颧骨宽的‘申’字形脸，八字须等特征，……与古佛造型奇妙地中和到了同一个脸上。这张脸产生自真实与图式的‘中间地带’，表现世间法王又是菩萨之身的十三世达赖，这种表现是最成功的”[1]。

布达拉宫西大殿二楼壁画中绘有许多僧人戴着面具，手拿折扇举行跳神表演的场面，旁边还有三个和尚在伴奏，明显是汉族和尚们的表演，这既反映了汉藏文化艺术的交流，也反映了汉藏绘画风格的融合。拉萨乃琼寺的一些壁画中有内地绘画中常见的“柳叶描”，线条根粗梢细，宛如柳叶，明显带有内地绘画风格的特点。如《吹笛伎乐天女图》即采用了类似内地传统仕女图的表现手法，画中芭蕉叶的处理带有内地工笔重彩的感觉。其实，内地的亭台楼阁，甚至五台山的风光等元素，在藏族众多的壁画、唐卡创作中都能见到。从 18 世纪持续到 20 世纪，总体绘画风格呈现出汉藏大融合的趋势，如 19 世纪拉萨宫廷风格唐卡《八世达赖喇嘛强白嘉措》[2]，无论是主尊形象，还是众多的背景人物和花卉装饰，都是汉地与藏地画风的结合。

德格八蚌寺创建者第八世司徒活佛班钦·却吉迥乃，吸收汉地“金碧山水”画法创建了“新嘎孜”画派，使唐卡中所象征的佛土圣地更加金碧辉煌、神圣庄严，从而把噶玛嘎孜画派推上了发展的高峰。

七、内地工艺美术在西藏的传播及其影响

清廷为了实现联络格鲁派以安抚蒙古各部的统治方略，不惜财力、物力对格鲁派领袖达赖、班禅及其他藏传佛教高僧大加赏赐，优崇备至。清朝对达赖、班禅赏赐之频繁、规格之高、数量之大，均超过明朝对西藏三大法王的

---

[1] 于小冬：《藏传佛教绘画史》，南京：江苏美术出版社，2006 年，第 292 页。

[2] 见书前彩插图 47。

赏赐。

乾隆二年(1737),规定达赖、班禅隔一年遣使一次。乾隆七年(1742)正式规定,达赖、班禅隔年轮流遣使进京朝贡一次。道光二十年(1840)改定朝贡期限,每隔二年遣使一次,自此延续至清末。清代对朝贡的赏赐规格也做了规定:除对所贡方物"均与折赏"外,"赏达赖喇嘛:重六十两镀金银茶筒一、镀金银瓶一、银钟一、蟒缎二匹、龙缎二匹、汝缎二匹、片金二匹、闪缎四匹、字缎四匹、大卷八丝缎十四匹、大哈达五个、小哈达四十个、五色哈达十个。赏正使:二等雕鞍一、重三十两银茶筒一、银执盂一、缎三十匹、毛青布四百匹、豹皮五张、虎皮三张、獭皮五张。跟役喇嘛十八人,例赏:每人各缎一匹、毛布各二十匹;跟役一名,赏缎一匹、毛青布十匹。赏副使:三等蟒缎一匹、方补缎一匹、大缎一匹、棱布二十四匹;跟役喇嘛十二人,每人各给彭缎一匹、毛青布十匹"[1]。

清廷对班禅朝贡的回赐与达赖相类,规格略低。对其他藏区领袖朝贡的赏赐,也有明确规定。此后清代各时期对朝贡的赏赐基本上依乾隆时期的规定执行。清朝对达赖、班禅除了朝贡的赏赐,还遣使存问,赐赠礼品。崇德年间,清太宗皇太极遣使存问达赖,致书"外附奉金碗一、银盆二、银茶桶三、玛瑙杯一、水晶杯二、玉杯六、玉壶一、镀金甲二、玲珑撒袋二、雕鞍二、金募玉带一、镀金银带一、玲珑刀二、锦缎四"[2]。六世班禅自动身来内地,到承德入觐,及至京城,一直不断得到乾隆帝各种名目的赏赐,小的赏赐不可胜记,仅大规模的正式的赏赐就有十多次。如至塔尔寺初迎礼、归化城再迎礼、岱海三迎礼;承德首次进觐、亲递丹书克(礼)、普宁寺跳"布扎"、须弥福寿庙和普陀宗乘庙大法会、万树园等处两次宴会,颁玉册、玉印;北京香山昭庙开光、宫中保和殿宴会等,一次赏赐物品常多达数十项。如乾隆四十五年(1780)七

[1] 张羽新:《清政府与喇嘛教》,拉萨:西藏人民出版社,1988年,第111页。
[2] 张其勤原稿,吴丰培增辑:《清代藏事辑要》,拉萨:西藏人民出版社,1983年,第7页。

月二十一日，皇帝首次于承德会见班禅，给班禅本人的正赏十五项，加赏二十项。其中仅玻璃、瓷器就各有三十件，皮张数以千计。[1]随班禅至承德的僧俗从人共五百一十八名，这些人均依据其地位得到不同的赏赐。

因此，吴明娣博士研究指出："总体上看，清代朝廷对西藏地方上层人物的赏赐，大大超过明代的规模。清代通过赏赐而传入西藏的工艺美术的品种、数量都较明代有显著增加。清代生产的几乎所有的工艺品种都被赏赐给西藏上层，甚至包括鼻烟壶、钟表、玳瑁制品、葫芦器、火镰、官服顶戴一类新出现的或稀有、特殊的品种。"[2]

民间商队在西藏各地都有，经由民间商队年复一年地输入西藏的民间工艺品，数量十分可观，它使西藏广大民众，一般是富裕人家，也能获得内地的丝绸、瓷器及其他工艺品，这扩大了内地工艺美术在西藏的流传范围，增进了民间汉藏文化艺术的交流。此外，清代西藏达赖喇嘛等上层人物进京及使臣朝贡，随行人员也从事贸易，这使得一部分内地工艺通过这种途径传入西藏。

自乾隆五十八年(1793)起，清廷在西藏发行货币，直至清末。先后发行乾隆宝藏、嘉庆宝藏、道光宝藏、咸丰宝藏、同治宝藏、光绪宝藏、宣统宝藏等银币。清末宣统三年(1911)大清国邮政带有龙纹、雁纹、鱼纹等图案的邮票也流通于西藏。货币和邮票承载的内地文字及装饰图案在西藏广为传播，对传播内地文化艺术也起到不可低估的作用。

清代内地的民窑瓷器、铜器等民间工艺品在西藏也有传世，数量上虽无法同传世的宫廷工艺品相比，但分布范围相当广，说明了它在西藏民间的广泛影响。[3]

---

[1] 中国第一历史档案馆、中国藏学研究中心合编：《六世班禅朝觐档案选编》，北京：中国藏学出版社，1996年，第231页。

[2] 吴明娣：《汉藏工艺美术交流史》，北京：中国藏学出版社，2007年，第154页。

[3] 参见吴明娣：《汉藏工艺美术交流史》，北京：中国藏学出版社，2007年，第150—158页。

八、丝绸在西藏的传播及其影响

随着清朝丝绸生产的全面恢复和发展，丝绸在皇家赏赐品中的比重逐步增加，康熙时给西藏上层的颁敕礼往往以丝绸为主，有时仅有丝绸一项。此后，赏赐西藏上层的丝绸有增无减。如《七世达赖喇嘛传》记载，雍正皇帝曾遣其弟和章嘉呼图克图存问七世达赖，“献上所赐各种景泰蓝及珍宝器皿、用百匹锦缎制成的奇异供物、大小五色内库哈达、百余匹内库缎、十余匹土尔扈特产红黄色氆氇和白银两万两”[1]。如乾隆二十七年（1762），八世达赖坐床，皇帝随敕赏片金缎、大缎、彭缎、漳绒、普通缎各九匹。咸丰三年（1853），因班禅圆寂而派驻藏帮办大臣前往布施银五千两，“再赏给小团龙妆缎大缎二十匹、贡缎一百匹、大哈达二十方、小哈达三百方”[2]。达赖、班禅入觐，清廷赏赐的丝绸更加丰厚，档次更高。如六世班禅入觐，多次获赐的丝绸，计有大缎、蟒缎、妆缎、八丝缎、漳绒、洋缎、洋绸、黄纱等不同的品种。[3]

西藏传世的清代丝织品十分丰富，上述见于文献记载的丝织唐卡有原西藏琼结县建叶寺藏清早期缂丝唐卡《释迦牟尼佛》、布达拉宫藏乾隆九年（1744）制缂丝唐卡《三世佛像》、乾隆赠八世达赖的缂丝唐卡《观世音像》及丝绸唐卡《无量寿佛像》等。清代织绣唐卡，有些完全是依据内地传统佛画制作的，缂丝《三世佛像》（画面上题为无量寿佛）上的题记“乾隆甲子仿唐卢楞伽法敬制”，即说明了这一点。清代实用丝织品，目前在西藏收藏的较多，有些可与内地作品相印证，如布达拉宫收藏的红织金云蟒纹妆花缎顶篷，与北京艺术博物馆收藏的明代红织金云蟒纹妆花缎织成帐料的纹饰、布局、配

[1] 章嘉·若贝多吉：《七世达赖喇嘛传》，蒲文成译，拉萨：西藏人民出版社，1989 年，第 148 页。

[2] 张其勤原稿，吴丰培增辑：《清代藏事辑要》，拉萨：西藏人民出版社，1983 年，第 456 页。

[3] 参见中国第一历史档案馆、中国藏学研究中心合编：《六世班禅朝觐档案选编》，北京：中国藏学出版社，1996 年，第 135—231 页。

色都较为相像,二者之间的渊源关系,十分明显。此外,布达拉宫还收藏有清廷于康熙三十五年(1696)赠送的一对锦缎帷幔,供于达赖喇嘛宝座所在的司西平措大殿中[1]。

清代官服在西藏也有收藏,如19世纪的清朝官服龙袍,前饰五爪正龙、祥云,下摆海水江崖、二龙戏珠。僧官服装虽然为氆氇质地,但其局部仍饰有织金凤凰番莲纹锦缎,体现了内地丝绸服饰对它的影响。清代丝绸还与唐卡、经书、荷包等构成密不可分的整体,因而得以很好地保存下来。唐卡装裱、堆绣唐卡、包装佛经、法器等物的丝绸种类十分丰富,各种花色几乎应有尽有,如红织金缠枝牡丹、红地四季花、织金团花杂宝纹、红织金西番莲纹、赭色暗花云龙纹、红地团花瓜瓞绵纹、红地福寿字花卉纹等。

清代丝绸大规模输入西藏,对藏族艺术以及社会生活等诸多方面均产生了巨大的影响,具体体现在以下几方面。

1. 对藏族织绣工艺的影响

这在西藏的毛织、刺绣工艺上得到具体体现。西藏毛织品中,以用作地毯、坐垫、睡毯、马褥的卡垫工艺水平最高。后藏江孜盛产卡垫,其中有很多图案是来源于内地锦缎纹样,如二龙戏珠、凤戏牡丹、龙凤呈祥等。清代,西藏地毯曾贡入宫廷,并得以传世。北京故宫博物院收藏的康熙时期的"白地双龙团花栽绒毯"和乾隆时期的"紫地折枝花栽绒毯",均是清代受内地丝织装饰影响的藏族毛织工艺的代表作品。内地锦缎纹样一直在藏族毛织工艺中得到广泛运用,在20世纪50年代十世班禅献给中央政府的礼品中,就有装饰类似清代织锦龙纹的卡垫。在近代西藏民间,作为草原用具的毛织品上也饰有"寿"字[2]。现代藏族人编著的藏族传统装饰图集,在所收录的有关毛织品(卡垫、帐篷、柱套之类)的传统图案中,有不少图案如寿字、龙、

[1] 参见嘉措顿珠:《布达拉宫志》,《西藏研究》1991年第3期。

[2] 叶星生收藏的西藏民间艺术品,见于2000年3月在北京展览馆举办的西藏文化大展。

凤、福寿三多、太极、暗八仙、西番莲、宝相花等，显然是从明清丝绸纹样中移植而来的。[1]

内地丝绸装饰对西藏刺绣工艺的影响也十分显著。如布达拉宫收藏的清代刺绣唐卡《宗喀巴像》，具有模仿织锦纹样的特点。布达拉宫收藏的另一件清代刺绣唐卡《无量光佛》，画面构图疏朗，以冷色调为主，配色典雅，刺绣工细，背光也采用了云锦色晕的形式，明显具有内地织绣的作风。

2. 对藏族金属和其他工艺的影响

清代丝绸装饰流行的团寿字、四合如意云纹，被清代藏族金属工匠作为铁质、银质笔套的错金、镂孔装饰，铁质笔套上的错金团寿字还与内地装饰常用的柿蒂形开光相结合。西藏江孜白居寺收藏的双龙耳香熏，腹部也装饰一醒目的团寿字，外绕藏式卷草，汉藏艺术融合的特征十分明显。类似的团寿字还出现在清代一鎏金铁质碗套的盖面中心。原为布达拉宫白宫大门上的错金铁质藏式大锁，装饰华丽的龙穿花纹，二龙相对，具有内地明清丝绸、瓷器等工艺品上常见的龙纹特征。清代西藏制作的鎏金铜质马鞍，也有与之相似的对称穿花龙纹镂孔装饰。[2]

清代西藏贵族使用的用根瘤木制成的木果盆，盆内绘团龙纹，龙首为正面。这种形式的龙纹常见于清代官服及官用织绣品上，也为金银器及窑瓷器装饰袭用。在一对清代镶银铜质长号上，各有一菱形花浮雕嵌饰，一为正面云龙、海水江崖，另一为凤凰牡丹。龙、凤的形象和装饰布局，明显来源于内地织绣纹样，前者与龙袍正面的装饰形式相近。清代错金银火锅的盖面上，也錾刻精细的龙凤纹，一边为二龙戏珠，一边为双凤对折枝花，外围边饰折枝

[1] 参见阿旺格桑：《藏族装饰图案艺术》，拉萨：西藏人民出版社，1995 年。

[2] 参见甲央、王明星主编：《宝藏：中国西藏历史文物》（第五册），北京：朝华出版社，2000 年，第 90 页、130 页、131 页。

花果[1],整体上体现了内地工艺装饰风格。还出现类似内地锦缎上常见的花卉纹样,如在清代制作的一件银“嘎乌”(龛式佛盒),上饰错金缠枝花纹,不仅纹样组织有丝织图案的严谨作风,而且所饰的花卉既有莲花,也有梅花,不同于西藏传统的莲花纹的装饰形式,而令人联想到典型的内地丝织纹样四季花;饰于“嘎乌”下方的莲花,花形与明清织锦上的西番莲纹如出一辙;底部的边饰也似乎是模仿清代织绣上的海水江崖的形式。

西藏金属工艺品上装饰龙凤也十分常见,如清代镶银铜质长号上,各有一菱形浮雕嵌饰,一为云龙和海水江崖,一为凤凰牡丹。

3. 对藏族绘画的影响

清代丝绸输入西藏,在唐卡、壁画上打下了清晰的烙印。首先是内地丝绸纹样被移植在唐卡中人物服饰及陈设品上,这直接反映了当时内地丝绸在藏区使用的情况。如《唐东杰布像》唐卡,主尊的袈裟、靠背、坐垫等所饰的纹样,有四合如意纹、龟背纹、绗纹等,显然是内地丝织纹样的再现;画面背景所绘云彩,也与内地织绣云纹图案化的表现形式相同。在清代的唐卡中,常见具有内地艺术特点的建筑、花卉湖石、绿竹花树、蝶飞蜂舞等景物,如布画唐卡《红阎罗》的背景,即绘画山石花树。清代丝绸唐卡《无量寿佛像》中的主尊形象,左侧绘太湖石、花卉,右侧绘梅树、坡石、丛草。这类形象的出现,主要是受来自内地花鸟、山水画的影响。西藏唐卡描绘各种内地花卉中,牡丹占很大比重。在清代唐卡中牡丹常常取代莲花的位置,藏族画师在有意无意之中,将莲花画作了雍荣华贵的牡丹。清代乾隆早期贡入宫廷的西藏布画唐卡《达赖喇嘛源流组画——松赞干布像》,画中的松赞干布理应“右手握莲花”,实际所画的花、叶形状,均似牡丹。在这一唐卡组画中,其他画幅中应绘作莲花的,都绘成牡丹,如五世达赖右手握牡丹,六世达赖座前案上所供也为

[1] 参见甲央、王明星主编:《宝藏:中国西藏历史文物》(第五册),北京:朝华出版社,2000 年,第 125 页。

牡丹。在另一幅西藏的清代布画唐卡《尊胜佛母像》中,主尊背光周围也绘有不同颜色的牡丹,花朵或盛开或含苞待放,完全是内地牡丹的真实写照。这种情况的出现绝非偶然,在布达拉宫收藏的清代唐卡中,绘有牡丹的,也屡见不鲜,如《萨迦贡噶宁布像》《桑耶寺图》《三世佛》等。清代西藏寺院壁画上也经常绘牡丹,在古刹桑耶寺有清代所绘的精美壁画,画面上多处穿插较大面积的牡丹,十分醒目。在西藏昌珠寺依照传统样式新绘制的壁画上也出现了与桑耶寺壁画相类似的牡丹,壁画中牡丹的表现形式与唐卡基本相同。

清代西藏壁画中体现内地丝绸艺术影响的作品也比比皆是,这不仅从壁画中人物服装纹饰上体现出来,而且在画面人物形象之外的大面积空间图像上得到了反映。如布达拉宫红宫金顶壁画《度母像》《佛母像》,以及二十一度母和众多佛母像的周围均绘画缠枝莲花,显然是从清代云锦莲花纹脱胎而来的,不仅花、叶的形态、配色仿白云锦图案,花纹为蓝灰色,用白色勾勒轮廓线的形式也是仿云锦。

4. 对藏族雕刻与建筑装饰的影响

清代藏传佛教造像亦如元明两朝,常常打上了丝织纹样的烙印。如被贡入清廷的五世达赖喇嘛银像和四臂般若佛母像等西藏金属造像,均体现出这一特征。在布达拉宫本生殿所塑纯金质释迦牟尼像和纯银质五世达赖喇嘛像底座上,均雕刻出精细的纹饰。前者莲座上所饰的朵云纹及后者方形坐垫所饰二龙戏珠、“万不断”纹,均与内地流行的丝织纹样相仿佛。特别是清代藏传佛教造像,无论是佛、菩萨,还是上师、高僧,大多“穿锦着缎”,衣饰华美。这样对藏传佛教造像艺术产生了巨大的影响,使信众原本对造像本体的关注转移到衣饰上,造像的魅力被丝绸掩盖。

清代西藏的建筑彩画,很多图案吸收了内地织锦纹饰特点,如布达拉宫门楣彩绘纹样中有内地织锦中如意云纹、卷草、连钱纹,图案的色彩对比强烈,勾勒轮廓线也效仿云锦中妆花的“片金绞边”,产生富丽华贵的色彩效果。布达拉宫在清初大规模扩建,曾有内地汉族工匠参与了布达拉宫建造,其建筑装饰上出现丝织纹饰，或许还与内地汉族工匠的参与有关。大昭寺的建筑装饰也体现内地丝绸装饰的影响，如吐蕃王朝时的佛传木雕《佛祖诞生》的下方，有彩绘莲花，其花形、配色，几乎是清代云锦莲花纹的翻版，甚至勾勒花纹轮廓线，也令人想到云锦妆花的“片金绞边”，因此可以断定此处的莲花纹当是清代绘制的。

5. 对藏族社会生活的影响

丝绸及丝绸制品对清代藏族社会生活的影响，体现在诸多方面，在此仅以在藏族社会生活中占有很重要地位的哈达为例。哈达作为礼品，广泛用于藏族的各种社交礼仪活动，是在清代。从顺治九年（1652）八月顺治帝两次给五世达赖的随敕礼[1]，到次年（1653）五世达赖谢恩礼，以及此后各个时期朝廷与达赖、班禅等藏族上层人物的礼尚往来中，几乎都有哈达一项。相互致礼时，往往首先提到哈达一方。清廷赏赐藏族上层时除有一条致礼哈达外，还多有数量不等的各种规格的赏赐哈达。如原拟乾隆四十六年（1781）正月班禅献礼，回赏的礼品中有“大哈达五个，小哈达四十个，五色新样哈达十个”[2]。再如遇皇帝、太后逝世，在藏诵经，一次即赐大小哈达八千四百方[3]。在藏族社交活动中，可以用哈达表达各种不同的感情，其作为丝织品的实用功能已基本丧失，而演变为情感的象征物。哈达在服务于世俗生活的同时，也在藏族人民的宗教生活中发挥重要作用，供佛、法、僧均离不开哈达。

此外，还需提及的是荷包，经由赏赐传入西藏后，也对藏族的习俗产生了一定的影响。自清乾隆时起，清廷的赏赐必有数量不等的大小荷包，且所赐

---

[1] 参见中国藏学研究中心等编：《元以来西藏地方与中央政府关系档案史料汇编》（第二册），北京：中国藏学出版社，1994年，第229—230页。

[2] 中国藏学研究中心、中国第一历史档案馆编：《六世班禅朝觐档案选编》，北京：中国藏学出版社，1995年，第257页。

[3] 参见中国藏学研究中心等编：《元以来西藏地方与中央政府关系档案史料汇编》（第二册），北京：中国藏学出版社，1994年，第1907页。

数量逐步增加，显然与藏族上层人物的需求直接相关。如同哈达，最初仅赏赐一方，出于表达礼仪之意，而后频繁赏赐数十方、数百方，完全是为满足实际需要而供应。[1]

九、瓷器对西藏的输入及其影响

清代，内地传入西藏的瓷器数量大、品种多，内地官窑、民窑瓷器的主要品种几乎都能在西藏发现，且有大量专为西藏上层显贵烧造的特殊器物。

（一）朝廷官窑瓷器的输入

康熙官窑瓷器在西藏各地均有流传，品种主要有青花、五彩、釉里红、白瓷等，以青花瓷最为常见，还有较为珍贵的黄釉、青花玲珑瓷、虎皮三彩等。如萨迦寺就藏有带“大清康熙年制”款识的黄釉二龙戏珠碗。西藏山南地区文管会藏青花龙纹玲珑瓷盘，盘内底绘龙纹、蝙蝠，内壁有一周叶状玲珑纹饰（于胎上镂孔后施透明釉）。西藏博物馆收藏的虎皮三彩多穆壶，是康熙后期由景德镇工匠新创烧的将虎皮三彩工艺与藏族器型结合于一体的典型作品，与采用金属、珐琅、象牙、青白瓷等工艺制成的多穆壶相比，更富有创意，由黄、绿、紫等色晕散形成的美妙色斑使多穆壶面貌焕然一新，是一件不可多得的藏式瓷器。还有西藏山南地区收藏的两对青花瓷瓶，均书“康熙年制”楷书款，一对绘双龙纹；另一对绘仕女、灵芝、仙桃、梅花鹿等，表现内地民众普遍喜爱的“灵仙祝寿”吉祥主题。西藏博物馆收藏的一对五彩人物故事图棒槌瓶，采用康熙五彩典型的装饰形式，瓶身两面长方形开光内分别绘人物故事图，一画中有庭院仕女，并有一人正跨越墙头；另一画面绘两仕女送别骑马

[1] 参见吴明娣：《汉藏工艺美术交流史》，北京：中国藏学出版社，2007年，第158—174页。

者。这两个画面很可能是描绘《西厢记》中两个主要情节:私会与送别。

雍正时期的瓷器如西藏康马县收藏的阴刻“大清雍正年制”款的二龙戏珠纹影青瓷高足碗,影青瓷并非清代瓷器的主要品种,既然它能被赏赐给西藏上层,那么其他如青花、粉彩之类常见的瓷器品种也当会传入西藏。吴明娣博士研究指出:“汉文史书中将瓷器作为给藏族头目的主要赏赐物品而记录在案的是雍正时期,如《清世宗实录》中记雍正十年(1732),西藏番属巴尔布雅木布、吐楞、库库穆三汗遣使至藏欲进京朝贡,因道路遥远而‘由西藏遣回’,‘特赐缎匹、玻璃、磁(瓷)器各种,一并发往’。以往虽然有大量的瓷器赏赐给西藏,但因其不是作为主要赏赐物品而被史家省略在‘等物’之列,雍正皇帝实录中明确记载赏赐瓷器,表明这时期瓷器在赏赐物品中的比重较以前加大,在人们心目中的地位提高。”[1]

乾隆时期输入西藏的瓷器存世数量较多,是此前任何时期都无法与之相比的。2001年中国历史博物馆举办的“金色宝藏”展览中,展出了八件西藏博物馆所藏的乾隆官窑珍品:仿汝釉三羊尊、粉彩八吉祥纹奔巴瓶、青花云龙纹背壶、金彩刻缠枝莲纹盖盒、青花缠枝莲纹觚(一对)、黄地青花缠枝莲福寿纹贯耳瓶和粉彩百鹿纹方尊。这些作品体现了乾隆景德镇窑瓷器不同的工艺、造型、装饰特点,其中仿古造型的汝釉尊和黄地青花贯耳瓶、青花觚等完全体现的是传统汉文化气息;而粉彩八吉祥纹奔巴瓶,又称沐浴瓶,是乾隆时主要为藏地烧制的仿藏族器型的宗教用器,体现的是汉藏文化相融合的特征。其他如拉萨罗布林卡收藏的黄釉浮雕云龙纹葫芦瓶、珐琅彩八吉祥纹奔巴瓶,拉萨哲蚌寺收藏的书御制诗红彩如意云纹碗,山南地区文管会藏“乾隆年制”款黄釉瓷碗、粉彩狮子戏球纹龙柄壶,扎囊县扎期区公所收藏的粉彩八吉祥纹盘等。

康熙、雍正、乾隆三朝是清代青花瓷烧制的鼎盛时期。西藏博物馆珍藏

[1] 吴明娣:《汉藏工艺美术交流史》,北京:中国藏学出版社,2007年,第177页。

的清代督窑官唐英监烧进献的“五供”之一乾隆青花缠枝连纹觚,造型别致,绘制精工,纹饰繁缛,但层次分明,青花色泽明艳,为“唐窑”中的精品。传世铭记唐英款的青花五供器有花觚、烛台等均不成套,而西藏博物馆所藏的这对花觚成对保存,且完好无损,更是弥足珍贵。明清时期釉上彩瓷达到了顶峰,有五彩、粉彩、斗彩等品格。西藏博物馆所藏的乾隆斗彩缠枝莲花纹赏瓶实属罕见,因赏瓶多为青花,少见五彩。还有乾隆粉彩百鹿纹方瓶,图案系动物形象,纹饰祥瑞,施彩艳丽,是乾隆粉彩瓷中的上品。

清代御窑还生产具有藏文化特色的瓷器,如造型别致的青花藏文僧帽壶和虎皮三彩、蓝釉、黄釉、五彩的多穆壶,还如清道光黄地粉彩“佛日常明”纹碗,就是以佛家吉语为装饰图案的精品。

(二)民窑瓷器的输入及其影响

清代还有为数不少的传世民窑瓷器保存在西藏。据西藏自治区文管会主编的各地文物志记载,传世民窑瓷器有青瓷、白瓷、青花、五彩、绿釉等不同品种,多碗、高足碗、盘、瓶、盒等日用器皿,装饰上有八吉祥一类藏族纹样,但多数是云龙、缠枝莲、牡丹、折枝花、蝙蝠等内地常见的纹饰。如萨迦寺收藏的青花缠枝莲八吉祥纹碗及莲花式托,原自扎囊县桑耶区征集、后藏于西藏自治区文管会的洒蓝地釉里红龙纹瓷碟,具有景德镇官窑瓷器作风。据《萨迦、谢通门县文物志》记载,萨迦寺收藏有人物、动物瓷塑,如“绿釉瓷狮”“寿星瓷像”“达官瓷像”,据书中对这些瓷塑的细节描述推测,当为清代景德镇窑制品,两件人物瓷塑很可能是清代康熙瓷塑中常见的五彩福、禄、寿三星中的禄星和寿星。又据《雪域名刹萨迦寺》记载,寺中还藏有粉彩大肚弥勒(布袋僧)、五彩香炉、霁青釉描金大瓶、粉彩瓷蛙、粉彩鹦鹉等民窑瓷器,其中小型人物、动物瓷塑数量较为可观。在刊布的图片中,可见一童子骑马和肩背攀爬众多小童子的布袋僧瓷塑,这类小瓷塑在内地民窑制品中较为多见。

（三）瓷器对藏人生活和精神文化方面的影响

内地瓷器输入西藏，在饮茶方面产生了重要影响。如布达拉宫清代壁画松赞干布像，两边有官吏手托高足碗奉主尊，所绘高足碗是自元以来流行于西藏的内地瓷碗样式。碗与碗托配套使用，至少在清代西藏已很普遍，西藏上层人物的座前或座侧的藏桌上一般都有一带托茶碗，如布达拉白宫摄政厅的第司宝座旁就有这一陈设。藏族上层人物无论在室内，还是在野外活动，都用这种带托茶碗饮茶，清代反映藏族社会生活的绘画，如清代《敬长图》和布达拉宫壁画《游泳图》[1]，就描绘了这一细节。藏族权贵珍视瓷器，也为显示其地位尊贵，往往为瓷碗配上镂雕的金质碗托和碗盖，十三世达赖喇嘛甚至将这种汉藏工艺结合的成套茶器作为礼品在朝觐时献给皇帝。[2]

瓷器文化的传入，也带来了精神的传播，首先是皇权精神的传入。随着碗文化的发展，对碗的使用由“一碗多用”逐步发展为专碗专用，也由官民合用发展为分级使用，如像皇帝用御碗，皇亲大臣用富贵碗等。到清朝康雍乾时期，瓷碗已成为权力的象征。那时，皇帝有自己的御窑和御用督陶官，如“年窑”（雍正时的督陶官年希尧所督造的御窑称为“年窑”）等。西藏收藏家协会秘书长陈保前曾在拉萨市“冲赛康”买得一只仿宋隐青高足碗，碗里落双圈六字楷书款“大清雍正年制”。据资料记载：雍正四年（1726）八月八日奉谕旨“明高足碗一只，着年希尧照样烧些来”，落款大清雍正年制。据分析，当时雍正皇帝把它作为珍品赏赐给达赖、班禅及西藏高僧，其目的不仅在于瓷碗本身，而且是通过瓷碗对西藏进行“权力赏赐”和“感情赏赐”。其次，自从瓷碗上带有字款和图纹以来，人们就把对幸福美好生活的追求浓缩在掌中园径之间，把精神寄托在这天天看得见、用得上的物品上，瓷碗上常见的

[1] 参见甲央、王明星主编：《宝藏：中国西藏历史文物》（第五册），北京：朝华出版社，2000 年。

[2] 参见吴明娣：《汉藏工艺美术交流史》，北京：中国藏学出版社，2007 年，第 174—184 页。

“福”“禄”“寿”“喜”等吉祥字样。常见的画面有:连年有余(莲花和鱼的图案)、莲生贵子(莲花和莲蓬)、喜上眉梢(梅花枝上登一只喜鹊)、一路平安(水中一只鸳鸯、一只鹌鹑)、太平有象(大象身上驮一只瓶子)以及富贵长春、三阳开泰、望子成龙等,还有八宝图案、八仙图案、八瑞图案之类,这些从一个特殊的空间反映了中国流传的民风民俗、精神观念。碗进来了,各种吉颂词、吉颂图案也进来了。墨竹工卡“御窑”在为布达拉宫专烧的陶器中,在葛巴拉(以人的头盖骨做成的碗,作为修习密宗时的法器)碗上刻有藏民族传统的莲花图案和八吉祥图案外,还有篆字、寿字、喜字纹。在一些传统的民房中,许多横梁和墙上都用寿、喜字作为装饰。在家家摆设的藏柜上,除了传统的四瑞图、八宝图外,还有汉文化中的仙鹤图、龙凤图、寿星图、八仙图、荷花图、牡丹图等。一些大喇嘛、大活佛穿的袍子,上面还缀满了寿字、喜字、宫廷图纹。

藏民族大量地吸收了汉文化中的养料与内容,但同时又融入了自己的民族精神与审美观念,从而形成了对碗本身的运用和理解。如对于有龙凤的图案,汉族把龙看成天子,把凤看成皇后,而且是富贵和权势的象征,藏民族除此以外,还加入神奇的意义,认为绘有龙图案的瓷碗,能去毒,除茶垢,治眼病,使人聪明无病,破除痴愚,并使碗中食物鲜美。在碗的使用上,藏族认为,有龙和云彩的碗是国王使用的;有飞禽和树木的,是高僧大德们用的;有水纹及水兽的,是高贵人用的。在鉴别碗的好坏上,他们对碗上图案总的评价是,有龙和云彩结合图案的是上等,有茶和树木结合图案的是中等,有鱼和水兽图案的是下等。再具体一点说,有龙、大象、狮子、老虎、法轮、净瓶、莲花、树木等图案的碗是上等;有大鹏、鸭子、野兽、云纹、树纹、水纹、水兽、花朵等图案的,虽能使人一时快乐,但终究不长久;有鱼类、乌鸦、人尸、执兵器的野兽、惊惶的动物图案,谁有这样的碗就会受苦。他们把碗上的图案与印度各种花纹对照,并与一个人的吉祥平安、食物充足、事业成败、智慧消长、后裔繁盛及三灾八难紧密地联系起来。通过这种文化现象的分析比较,可以看出汉藏文化的共同之处和相互间的差异,可以看出汉地瓷器的传入对藏族人民生活和精神文化的影响,更可看到汉藏民族之间历史上的文化交流和亲密无间的关系。[1]

清代康乾时期,大量落有“大清康熙年制”“大清乾隆年制”款名的瓷碗进入西藏,随着各种落款瓷碗的传入,西藏各地烧制的陶碗中开始出现落款。这种落款分“庙款”“宫款”和“民款”。墨竹工卡陶窑为布达拉宫专烧的“御陶”上,落款“布达拉宫用”或“最高处用”。因西藏缺少烧制高质量瓷器的硅酸盐土和高岭土(仅江西、福建、湖南有)及这种工艺,各大寺庙和大贵族则采取在藏画图纸,到内地官窑、御窑烧造,来制造自己所需用的碗,有的是藏族图案落汉款字;有的是内地传统宫廷图案落藏文款;有的是藏式图案落藏文款;有的是藏式造型但画风及字皆为汉式。史料记载,乾隆年间,大清乾隆皇帝曾谕旨唐英:“照西藏所送样子速速烧些来。”光绪年间,西太后曾下旨景德镇御窑厂为西藏布达拉宫烧造大批五彩龙凤呈祥图案的八寸毛血盘及各种碗盅,藏文落款“布达拉宫”专用。陈保前曾收集到一个五彩圆口深肚大碗,碗周围画着西藏风马旗上绘制着代表战神的五种动物:马在碗心(红色),雄鹰(金黄色,其造型是凤头鹰身),猛虎(黑彩勾画线条,鳝鱼黄涂虎毛),龙(瓜皮绿彩),狮(茄子紫)。其风格是唐卡画风。落款,六字青花料款:大清光绪年制。这是一只典型的藏汉艺术融合的碗,是一只民族团结的碗。在苯教的图像学中,虎象征着身体,狮象征着剽悍英武精神,龙象征着繁荣,马象征着灵魂,而鹰则象征着蓬勃向上的生命力,这是藏汉艺术在碗上的浓缩,在审美艺术上的结合,在传统技艺上的相互补充和融合,在精神上的一种交流。

十、金属、珐琅器在西藏的传播及其影响

清廷对西藏上层在常规赏赐之外,如逢达赖、班禅坐床、受戒、册封、圆寂

[1] 参见陈保前:《瓷碗在西藏的传播》,《雪域文化》1991年冬季号。

等重大事件，所赐金银器更加可观。如乾隆二十七年（1762）八世达赖喇嘛坐床，清廷颁赐的金银器有银净水壶一个、大银曼达一个、银多穆壶一件、银执壶一把、银盅一个。[1]乾隆四十五年（1780），谕赐八世达赖喇嘛金册、金印。[2]乾隆五十七年（1792），内务府造办处奉旨承造两件供藏传佛教活佛转世掣签用的金奔巴瓶，一件送往西藏，另一件置于雍和宫。从金瓶的造型、装饰到内部象牙签及外面片金锦瓶衣的设计、制作，都是乾隆帝亲自审定的。先画纸样，后做木样，经多次更改才依样准做金瓶。乾隆帝注意尊重藏族人民的审美习惯和爱好，命将"其木样墙子上如意云中间卧蚕改画三宝珠"，"瓶盖上宝石珠子不必嵌安，做松石、蜜蜡、珊瑚、青金镶安"[3]。这些细节充分说明清廷对赏赐西藏的工艺品制作的高度重视。通过赏赐传入西藏的工艺品，集中体现了清代工艺美术的突出成就。乾隆以后各朝，赏赐西藏上层金属制品基本上依照乾隆朝定例。特别是乾隆皇帝颁赐的金奔巴瓶，用于"金瓶掣签"抽选达赖灵童，因此不仅是用金子打造，工艺十分讲究，盖子上雕刻花纹，还镶嵌宝石。

由于大批金属制品持续不断地输入西藏，西藏当地的金属工艺也不可避免地受到内地技艺的影响。明清时期由于大量内地执壶、茶壶传入西藏，藏族金属器皿中增加了新式茶壶、酒壶、净水壶等，有仿自内地元以来流行的源自玉壶春瓶式的撇口、细颈、鼓腹高身执壶；也有仿内地自宋代出现，而在明清陶瓷器中常见的矮身茶壶。在整体造型模仿内地器型的同时，藏族工匠往往在器物局部造型及装饰上融入藏族艺术因素，从而形成了自身的民族特色。如西藏博物馆收藏的包金錾花银执壶和鎏金錾花龙柄银壶，器型与传入西藏的明永乐青花缠枝莲纹执壶、嘉靖青花云龙纹执壶、清乾隆掐丝珐琅龙

[1] 参见中国藏学研究中心等编：《元以来西藏地方与中央政府关系档案史料汇编》（第四册），北京：中国藏学出版社，1994年，第1699页。

[2] 参见同上书，第1712页。

[3] 王家鹏：《清宫藏有关"金瓶掣签"文物》，《文物》1995年第3期。

柄执壶等的造型主体基本相同。清乾隆掐丝珐琅执壶及其他清代传入西藏的执壶在继承传统的基础上,又吸收了藏式器物的造型、装饰因素,以满足藏族人民的审美需求,形成了汉藏合璧的样式。这种造型样式也直接影响了藏族净水壶的制作。在装饰上,西藏金属制品大量采用内地的云龙纹、二龙戏珠、龙凤纹、龙穿花、凤穿花、牡丹花、竹子、团花、缠枝花、折技花、云纹、山石、海水、寿字、太极图、回纹、钱纹等。如西藏博物馆收藏的金镶宝石折沿盘,盘心錾刻飞凤牡丹[1],就是来自内地的传统装饰纹样。再如西藏的银鎏金高足果盘,盘内壁錾刻缠枝牡丹纹,四面有突出的鎏金四瓣花形折枝花鸟纹饰,系藏族工匠将两种常见的内地装饰纹样结合在一起,并在花叶的细部处理上表现藏式卷草纹的特点,这是汉藏装饰融为一体的典型作品。清代掐丝珐琅(景泰蓝)传入西藏的最早记录是雍正朝给七世达赖的赏赐,《七世达赖喇嘛传》在记载此次赏赐时,首先提到的就是"景泰蓝"[2],透露出当时景泰蓝是最受人瞩目的礼品。雍正朝养心殿造办处档案记载,雍正十二年(1734)制作"珐琅满达二份、珐琅轮杵三份及赏喇嘛用的铜胎珐琅奔巴壶一件、掐丝珐琅海灯一件、珐琅海灯一件、珐琅靶碗一件、珐琅拉古里碗一对"[3],这表明清宫珐琅作已生产用于赏赐西藏上层人物的藏传佛教法器、供器。还如乾隆二十七年(1762),清廷颁赐八世达赖喇嘛坐床的礼单中有铜珐琅八吉祥一份、珐琅宝瓶一个、珐琅海棠花式碟一对、珐琅海灯一个、珐琅盘一对、大小珐琅碗二对、珐琅大瓶一对、珐琅大碗一对、珐琅茶筒一对、珐琅盒一对、珐琅观音瓶一对等,仅这一次所赏赐的珐琅器就达三十件,其种类、数量远远超过金银器、

[1] 参见中国历史博物馆、西藏博物馆编:《金色宝藏——西藏历史文物选萃》,北京:中国藏学出版社,2001 年,第 292 页。

[2] 参见章嘉·若贝多吉:《七世达赖喇嘛传》,蒲文成译,拉萨:西藏人民出版社,1989 年,第 148 页。

[3] 朱家溍选编:《养心殿造办处史料辑览》(第一辑),北京:紫禁城出版社,2003 年,第 268 页。

玉器和玻璃器[1]。

珐琅器除经由官方赏赐的方式传入西藏，也通过民间贸易输入西藏。在西藏，珐琅器备受珍视，直至清末民初，掐丝珐琅器在拉萨市场上仍有出售。在清廷赏赐西藏上层的金属工艺品中，还包括钟表等物品。如乾隆四十四年（1779）八月二十六日，六世班禅进京朝觐途中，乾隆帝特“由驿赍往”，赏其御用时钟一座，以备路途使用；乾隆四十五年（1780）五月二十五日，乾隆帝敕谕六世班禅，赏赐他及强佐仲巴呼图克图金表各一只；同年九月初七，乾隆帝又以存问礼赏赐六世班禅带有玩具性质的音乐钟。至今，西藏还保存着法国 19 世纪制造的珐琅钟一座，这也极有可能是清廷的赏赐品。[2]

十一、玉石、玻璃器在西藏的传播及其影响

现藏于西藏的玉制品，以乾隆朝数量最大、琢制最精，如现藏于布达拉宫的青玉铃杵。此外，还有更多未见于史料记载或记载不详的传世玉石珍品。如西藏博物馆藏带有“乾隆御制”篆书款的翡翠碗、透雕花鸟纹玛瑙壶、青玉包金靶碗、带有乾隆御题的玉雕释迦牟尼佛像龛，以及虽无款识但带有乾隆玉雕工艺作风的玉雕释迦牟尼佛像等。乾隆以后各朝赏赐给西藏上层的玉器也有传世，如现藏西藏博物馆的嘉庆时期宫廷制作的一对白玉碗[3]。再如嘉庆十四年（1809）十一月初一，嘉庆帝五十大寿，九世达赖喇嘛遣使庆贺，

---

［1］参见中国藏学研究中心等编：《元以来西藏地方与中央政府关系档案史料汇编》（第四册），北京：中国藏学出版社，1994 年，第 1699 页。

［2］参见吴明娣：《汉藏工艺美术交流史》，北京：中国藏学出版社，2007 年，第 187—193 页。

［3］中国历史博物馆、西藏博物馆编：《金色宝藏——西藏历史文物选萃》，北京：中国藏学出版社，2001 年，第 315 页。

获赏礼品中即有玉佛一尊、玉如意一柄、云南产石珠一串、玉石器一件[1]。西藏现存的传世玉器中，西藏本地所产的并不多见。其中，有一件清代的白玉酥油供灯[2]，灯内镶白银，外嵌珊瑚和绿松石，器壁较厚，其外壁嵌饰的绿松石上，琢制了一个汉字团寿字，这种团寿字来自内地常见的织锦及金银器、瓷器、珐琅等工艺装饰。从它的加工工艺和团寿字被横置嵌饰的细节判断，这件白玉酥油供灯应当为西藏本地制作。由此可以看出，西藏玉器工艺也受到内地玉器工艺及其他艺术影响。

据档案记载，雍正年间，宫廷玻璃器已传入雪域。雍正十二年（1734）九月二十四日，雍正帝问五世班禅病愈情况，赏赐其玻璃珐琅碗、壶等物[3]。乾隆时期，清廷赏赐达赖、班禅等上层人物的玻璃器大幅度增加，数量已不亚于瓷器。如乾隆二十七年（1762）八世达赖喇嘛坐床，乾隆帝赐玻璃器十四件，其中包括玻璃五供一份、透明玻璃大花盘一对、起花黄玻璃香炉一个、起花黄玻璃碗一个、起花黄玻璃橄榄瓶一对、玻璃架一对[4]。乾隆四十三年（1778），八世达赖喇嘛受比丘戒，乾隆赏赐的物品中有红玻璃鹰架五件、玻璃灯笼一对[5]。乾隆四十五年（1780）七月二十一日，六世班禅进京朝觐，首次于承德依清旷殿谒见乾隆帝时，获赏的玻璃器达三十件，其中碗、盘、瓶各十件[6]。同年元旦，乾隆帝为表庆贺赏赐六世班禅玻璃香炉盒一套、珐琅玻璃瓷器六对、玻璃灯笼一对[7]。此后乾隆帝又先后赏赐八世达赖喇嘛和六世班禅及其他西

---

[1] 参见中国藏学研究中心等编：《元以来西藏地方与中央政府关系档案史料汇编》（第四册），北京：中国藏学出版社，1994年，第1753页。

[2] 参见甲央、王明星主编：《宝藏——中国西藏历史文物》（第四册），北京：朝华出版社，2000年。

[3] 参见中国藏学研究中心等编：《元以来西藏地方与中央政府关系档案史料汇编》（第四册），北京：中国藏学出版社，1994年，第1898页。

[4] 参见同上书，第1699页。

[5] 参见同上书，第1780页。

[6] 参见中国藏学研究中心、中国第一历史档案馆编：《六世班禅朝觐档案选编》，北京：中国藏学出版社，1995年，第230页。

[7] 参见同上书，第136页。

藏上层人物以玻璃器,其中八世达赖喇嘛获赐玻璃器共二十七件[1]。现藏西藏博物馆带有“乾隆年制”款识的黄色玻璃花口碗、盘、细颈瓶,以及布达拉宫收藏的蝙蝠团寿字套红碗,是传世清宫玻璃器的上乘之作,代表了这一时期宫廷玻璃工艺的最高水平。嘉庆、道光以至光绪各朝,玻璃往往是不可或缺的加赏物品,一般朝贡回赏均含有五到九件不等的玻璃器,多为碗、盘、瓶及鼻烟壶等。[2]

十二、漆木、牙角骨器及其他工艺在西藏的传播及其影响

传入西藏的木工艺品多数是作为金银、珐琅、玉石等工艺品的外包装、底座以及与佛像相配套的佛龛等。如现藏于布达拉宫清廷所赐的青玉铃杵,其原配的木套盒设计精巧,制作考究,具有宫廷工艺风范。还有一对紫檀木座,为带“乾隆御制”款的翡翠碗底座,应是与碗同时传入西藏的[3]。据清宫档案记载,清廷赏赐西藏上层的佛像不计其数,其中一部分配以佛龛。如乾隆将佛像配以佛龛一同赏赐给六世班禅,其随行人员在返藏时即使行李沉重也要留下的物品中,就有“紫檀镶珐琅龛九座(内供佛九尊)、紫檀六方龛三座(内供佛三尊)、楠木桃龛九座(内供佛九尊)”[4]。西藏罗布林卡藏有乾隆年间宫廷造紫檀木雕百宝嵌佛龛,系档案中所说的“三殿式龛”,内供三尊长寿佛[5]。

[1] 参见中国藏学研究中心等编:《元以来西藏地方与中央政府关系档案史料汇编》(第四册),北京:中国藏学出版社,1994 年,第 1712—1716 页。

[2] 参见吴明娣:《汉藏工艺美术交流史》,北京:中国藏学出版社,2007 年,第 195—198 页。

[3] 参见中国历史博物馆、西藏博物馆编:《金色宝藏——西藏历史文物选萃》,北京:中国藏学出版社,2001 年,第 317 页。

[4] 中国藏学研究中心、中国第一历史档案馆编:《六世班禅朝觐档案选编》,北京:中国藏学出版社,1995 年,第 326 页。

[5] 参见西藏自治区文管会编:《西藏文物集粹》,北京:紫禁城出版社,1992 年,第 86 页。

西藏还有鎏金铜三殿式佛龛传世，从工艺作风上看，当属清中期宫廷造作。从龛内造像身体平板的特征看，此龛及造像也当产自清廷。这类佛龛传入西藏，对西藏佛龛的制作也产生了相应的影响，甚至有不少泥质或陶质小佛像（“擦擦”）在形式上吸收了内地宫廷佛龛的造型和装饰。如西藏 18 世纪制作的释迦牟尼佛、绿度母等小型泥塑，主尊或置身于仿内地建筑的亭式龛内，或置身于重檐楼阁式龛内，脊饰龙纹，有的周围还衬托祥云纹，具有鲜明的内地艺术特征。“擦擦”上出现内地样式佛龛，在乾隆时期十分流行，应与清宫为佛像配以各式仿建筑造型的佛龛并赏赐西藏上层有关。此外，木雕佛像、坛城一类大型木制工艺品，也被传入西藏。布达拉宫内供设的内地楼阁式大型坛城及木雕牌楼即为乾隆帝所赐。此外，木碗一类小件木制器皿，清廷也偶有赏赐，如八世达赖喇嘛坐床，乾隆帝曾赏木碗一只[1]。

清代采用象牙、犀角、动物骨骼等材质雕琢的工艺品，也曾由清廷赏赐给西藏上层。象牙、犀角雕刻虽然稀有珍贵，但在西藏传世的工艺品中仍占一定比重，其中多为内地也不多见的珍品。如现藏西藏博物馆的象牙雕夹经板、象牙雕释迦牟尼佛像、象牙雕云龙纹多穆壶、象牙雕白菜昆虫、犀角雕仕女纨扇纹杯、犀角雕龙纹杯等，这些雕琢精美绝伦的宫廷工艺品无不散发出浓郁的内地工艺文化气息。前述两件犀角杯，一为绘画式装饰，另一为仿商周青铜图案，均从不同侧面体现出内地工艺文化的深厚内涵。在西藏传世的骨雕制品中，有许多将内地纹样与藏传佛教装饰集于一体的。其中一件用于密宗仪式佩戴的“骨衣”上，可以看到内地的凤凰牡丹、穿花龙、披帛仕女等典型的内地纹饰，雕琢工细，极有可能是内地宫廷所造。倘若为西藏制品，则反映出藏族工匠对内地装饰艺术十分了解，对其刻画驾轻就熟，这也表明汉藏艺术融合已达到了炉火纯青的地步。

[1] 参见中国藏学研究中心等编：《元以来西藏地方与中央政府关系档案史料汇编》（第四册），北京：中国藏学出版社，1994 年，第 1699 页。

清代，珊瑚、海螺、椰壳、玳瑁、葫芦等材料雕刻的工艺品也有少量通过赏赐的渠道进入西藏。如乾隆四十三年（1778），清宫造办处奉旨用白海螺等做八吉祥及七珍、八宝备赏班禅；乾隆四十四年（1779）运往热河的备赏六世班禅的清单中即有金里玳瑁碗四件[1]。此类雕刻品传世的包括现藏布达拉宫的内刻乾隆题赞的雕七佛海螺，西藏博物馆藏珊瑚雕仕女凤凰摆件等。[2]

十三、佛经、敕书、印章、玉册等在西藏的流传及其对装饰艺术的影响

清代各朝尤其是康熙、雍正、乾隆时期，均曾缮写、刻印数目可观的经书和敕书，有的将其作为二方连续的边饰，布局或疏朗，或满密，无不体现出清代皇家装饰艺术的风范。如清世祖颁给四世班禅的圣旨，清高宗给七世达赖转世灵童的敕谕，以及清宣宗给十世达赖转世灵童的敕谕等，既具有很高的史料价值，也具有独特的艺术价值。清代颁赐西藏的文书，也有采用丝织材料的。如清圣祖册封五世班禅的谕旨，以黄缎为地，幅面开本形式是采用藏族奏书的样式，其上墨书藏文，并以织金缠枝莲寿字纹锦镶边，装潢更为富丽。这时期颁发给达赖、班禅的玉册、金册，也往往采用与纸本文书相接近的表现方式，而装饰、加工更为考究。由于这类物品的特殊功用，较之其他传至西藏的工艺品，更加受到珍视，其影响力非寻常物品可比，它们所承载的清廷装饰艺术也相应得到更广泛的传播。[3]

---

[1] 中国藏学研究中心、中国第一历史档案馆编：《六世班禅朝觐档案选编》，北京：中国藏学出版社，1995 年，第 6 页、119 页。

[2] 参见吴明娣：《汉藏工艺美术交流史》，北京：中国藏学出版社，2007 年，第 198—203 页。

[3] 参见同上书，第 205—207 页。

十四、西藏的“张大人花”

在拉萨，藏族同胞都熟悉“张大人花”[1]，叫得出它的名字，到处都能见到它的身影：布达拉宫高高的石阶两侧，宫墙脚下，它成百上千朵地怒放着；拉萨河畔的十里长街上，它成千上万朵地随风摇曳着；在日喀则，它高贵地昂首挺立着；在边陲小城亚东，它温柔地为人们的家园守望着。可以说，“张大人花”的踪迹遍布世界屋脊。“张大人花”属菊花科，花朵呈菊花状，由于西藏终年阳光灿烂，光合作用充分，此花高者可达两米，绿叶修长，每株可开花几十朵，且久开不败。更加神奇的是，“张大人花”生命力极强，花种入土，只要地面湿润，几天之内即可破土而出，长出嫩芽，一个月后便可开出艳丽的花朵。熟悉这种花的人都说，“张大人花”是拉萨的一道美丽的风景。

关于“张大人花”，这是一个在西藏高原流传了近百年的故事。原来，“张大人”指的是清朝末年的驻藏帮办大臣张荫棠。张荫棠是广东南海人，汉族，晚清政府的一位高级官员。清光绪十八年（1892），张荫棠被委任为内阁中书，次年考入海军衙门章京。1896年起任驻美国使领馆三等参赞、旧金山领事，后调任驻西班牙代办。1902年随清廷外务部门官员唐绍仪赴印度与英人交涉西藏事务。1904年至1906年，张荫棠又受清政府之命，多次参与处理英国侵略西藏问题，为维护国家主权据理力争。他上奏朝廷说，藏区局势岌岌可危，应用兵收权，整顿西藏，刻不容缓，并提出了新的治藏政策。他在给外务部的电报中说：“英人经营西藏，已非一日，耗资不下千万，阴谋百出。”“窃思藏地东西七千余里，南北五千余里，为川滇秦陇四省屏障，设有疏虞，不独四省防无虚日，其关系大局实有不堪设想者。”“况英人亦视我在藏兵力之强弱，能否治藏以为因应，我能自治，外人无隙可乘，自泯觊觎之心。”张荫棠的上书可谓赤子之心，慷慨陈言，爱国之情，跃然纸上。张荫棠提出的

[1] 见书前彩插图48。

治藏政策受到清政府的重视。清廷首次破格重用其为副都统，任驻藏帮办大臣。1906 年 10 月 12 日，张荫棠经印度大吉岭进藏抵达拉萨，僧俗官员以及各族群众到郊外接官亭迎接。他到任后目睹英军侵略藏边、专横跋扈、殴毙人命的罪行，更增加了他变法图强、改革藏政的决心。他首先弹劾昏聩误国的驻藏大臣有泰及十余名满、汉、藏族贪官污吏。接着整顿藏事，上奏“治藏刍议”十九条，主张清查户口、赋税，设置西藏行部大臣、会办大臣等，分治外交、督练、财政、学务、盐茶、巡警、农务、工商、路矿等九局事务，筹饷练兵，修筑交通，兴办教育，振兴农工商业，开发矿产，革除苛政，废除乌拉差役，设立银行，改良风俗，办理一切新政。张荫棠还把《训俗浅言》《藏俗改良》两本小册子译成藏文，散发各地，人们普遍称此为“钦差训育”。但是，张荫棠的改革措施触动了西藏政教合一社会统治阶级的根本利益，引起了他们的恐慌和对抗，也引发了英印政府的无理抗议和驻藏大臣联豫的猜忌诬告。清政府担心由此酿成大祸，遂于清光绪三十三年（1907）五月将他调离西藏，命其与英人谈判修订《西藏通商章程》。1908 年张荫棠任外务部右参赞。宣统元年（1909），张荫棠出任驻美国、秘鲁、墨西哥、古巴大使。1935 年，张荫棠病逝，身后留有《西藏奏牍》五卷。

对张荫棠的治藏方略，藏族学者给予了极高的评价，对“张大人花”也做了出色的注解。1990 年由恰白・次旦平措、诺章・吴坚、平措次仁撰写的西藏历史巨著《西藏通史——松石宝串》中写道：“张荫棠是位颇受变法维新思想影响的官员。他提出的发展工商事业、开发矿产、便利交通、发展教育等有关发展西藏的主张及措施对西藏的事业起到了积极作用，深受藏族人民的称赞。他带来的花种人们取名为‘张大人’，这种花现在遍及西藏的东南西北，成了纪念这位大臣业绩的象征。”关于“张大人花”，一位藏族作家还做过这样的描述：西藏处于高寒地区，在拉萨，原本极少有树木花卉，且品种单一。驻藏大臣张荫棠入藏时曾带入各种花籽，试种后，其他的花籽无法生长，唯一有一种花籽长出来呈“八瓣”形，且耐寒，花瓣美丽，颜色各异，清香似葵花，果实呈小葵花籽状。一时间,拉萨家家户户都争相播种,然而谁都不知道此花何名,只知道是驻藏大臣带入西藏,因此起名为“张大人”,相传至今。当时西藏通晓汉语的人很少,而会说“张大人”这一词语的藏族同胞却大有人在,直到现在,许多不会说汉语的藏族老人谈论此花时,也仍然能流利地说出“张大人”这三个汉字。这就是“张大人花”的来历。百年前,由于受到历史和社会条件的制约,张荫棠的治藏方略“隆志未酬”,但他在西藏留下了久开不败的“张大人花”,播下了实行社会变革的种子。“张大人花”,确实成为了汉藏两大民族友好关系史上的又一个永恒的历史佳话。[1]

十五、藏传佛教地区的关帝崇拜与关帝庙

(一)西藏关帝崇拜的缘起

藏族在历史上是一个以骑兵争战为传统的农牧业结合的少数民族,他们拥有流传广泛的民族史诗《格萨尔》,其中塑造的民族英雄格萨尔是一个伟大的战无不胜的战神,这就为后来吸纳关圣帝君提供了一个有利的契合点。因为关圣帝君在汉族人民心目中,虽然主要作为忠义的化身和象征,但他毕竟是一员战将,大刀关羽的英雄形象老幼皆知。其后在藏族人民和其他少数民族人民心中,由于满族的中介,手持大刀的红脸大汉关羽,主要是被当作战胜之神和家国的保护神来看待的。这不但在藏族中,特别是在满族、蒙古族、达斡尔族及锡伯族人民眼中,均是如此。其后在传入藏区时,由于关公的神像为黑枣红脸,满面胡须,与格萨尔的形象接近,故很易被不识文字的广大藏族人民当作是格萨尔的神像。正因为如此,拉萨磨盘山关帝庙、亚东及泽当的关帝庙,都曾被当地藏族群众误称为“格萨拉康”(格萨尔神庙),这也成为关

[1] 参见张小平:《拉萨的“张大人”花及其他》,《中国西藏》2002年第4期。

公神像易于被藏民族接纳的一个因素。

满族最初也是以骑兵争战起家，进而以十三万铁骑纵横天下的。在平定中原、定都北京之后，清廷在紫禁城皇宫内及都城中大修关帝庙，给予关公以神圣帝君的崇高地位，与祖庙家庙配享。从《清实录》大量记载中可以看出，清朝各代皇帝每隔一些时间便要亲自祭拜关帝庙，这已成为祖传定制。万一不能亲自祭祀时，也要派内务府大臣代为供奉香火。清代的满族皇室同藏传佛教及其政教首领关系更较前代密切，清军多次进藏并随后如同驻藏大臣一样常驻西藏，必然进一步促使关帝崇拜之习俗在藏区传播和扩展。

西方史学家海西希经过仔细研究后也指出："满族人也（同明朝一样）奉关帝为战神。"他重述了当时的历史事实："在 18 世纪中叶，（西藏）章嘉呼图克图乳贝多吉（又译作若白多吉或若必多吉—编者注）（1717—1876）在北京皇宫中最高级别的喇嘛教官济仲呼图克图的倡导下，为关老爷写了一卷祭祀祈愿文，以藏文、满文和蒙古文版本发行。中国古老的战神关帝于其中又被宣布为中国皇帝的大守护神，并且与在格鲁巴教派诸神占统治地位的三位一体（集密、胜乐轮、阎曼德伽）结合在一起了。"他还认为，藏传佛教的领袖人物"召请关帝神是为了传播佛教和使居住在中华帝国者感到满足"。"从 18 世纪末一直到 19 世纪末，尤其是在嘉庆（1796—1820）和道光（1821—1850）等皇帝执政年间，清朝政府安定了边界省份及满族地区。他们在这些地方遍修关帝庙。关帝作为一位国家的守护神和战神，受到清朝兵卒和官吏的崇拜。仅仅在甘肃、蒙古、新疆和西藏等地，就为此目的而建了六十六座关帝庙，并且由国库补贴，同时也终于实现了由喇嘛教把国家保护神，中国古老的战神纳入了喇嘛教万神殿的计划。"在中国的边疆少数民族地区，"关帝被当作战神，而过去早就有人把喇嘛教中的格萨尔汗当成了此神。他们作为战神，在肖像方面的相似性是不言而喻的。因此，在边防地区的关帝庙中，把伟大的关圣帝当成关氏家族神圣的格萨尔汗，这完全符合嘉庆和道光时代的宗教民族融合政策……稍后不久，关帝不仅仅被当成了战神，而且还被说成是格萨尔汗”[1]。

同时，得力于清初藏传佛教领袖人物，如章嘉活佛、土观活佛及班禅大师的直接或间接的推动作用，特别是被封为国师的三世章嘉活佛与土观活佛师徒带头供奉，更起了示范效应。根据现在收藏于西北民族学院的土观活佛所编的藏文《章嘉若白多吉全集》，其中载有章嘉活佛所写的《关老爷的祈供法》一文。文章将关公正式列入藏传佛教诸护法神的行列之中，这是目前所知能证明关圣帝君被纳入藏传佛教之中的最早的权威性文献。祈供文中将关公视为“统领全中国的大战神，（他）自己（指关帝）曾应诺要守护佛法”。而这里所谓关公自己应诺做藏传佛教护法神一事实际是来自关公对章嘉活佛的一次托梦。因此，章嘉国师不仅把关公列入护法神行列，并且完全依照藏传佛教仪轨对关帝进行祭祀，在祭祀文中要关帝遵照托梦所示，“做瑜伽圣法修炼之助伴，息灭所有违缘而助顺缘无余成，使佛法广弘，国境平安”；使“瑜伽师徒及献资施主等，无论外出、住家、做事皆平安”。此后，章嘉国师还曾再一次为关帝撰写了祈供文。

章嘉国师倡信在前，其亲传弟子三世土观活佛承其师教紧随其后，也把关帝当作护法神供奉，并且同样亲自书写祈供文，并题名曰《三界伏魔大帝关云长之历史和祈供法·激励事业雨流之雷声》，向藏传佛教界详细叙述了关公的来历和祭祀关帝的宗教仪轨。其中说到之所以把关帝作为藏传佛教的护法神，是因为关帝自己要求将其身像塑立于佛教寺院中，自愿守护佛法僧众。为了进一步使关帝藏传佛教化，土观活佛还论证了关公与藏传佛教的历史渊源，再次认定关公确系佛教密宗护法神之化身，且与密宗“卫则姊妹护法”，即本尊马头明王眷属中之红面狱主是同一心识。因为卫则姊妹护法神曾做过“汉地之冤鬼”，脸面也是红色，其手持宝剑之蛇形把柄也与关帝类同。

---

[1]　［意］图齐、［德］海西希：《西藏和蒙古的宗教》，耿昇译，天津：天津古籍出版社，1989年。

而同时代的五世班禅罗桑益西幼年所写的《王子义成证迹记》中，也曾提到他受过一红脸大汉的庇佑，这位赤面大汉亦允诺做班禅之护法神。故章嘉国师记述他所遇关帝托梦显灵时，关帝曾自述其在后藏一直不断得到藏族僧俗各界的饮食布施。

六世班禅在关帝纳入藏传佛教系列中的推动作用，还表现在他及许多藏族群众都在传说格萨尔是班禅大师的化身。六世班禅还利用这一传说，出于维护与中央的统一臣属关系及藏汉人民的团结友好之用意，又特意把关帝考证为西藏的战神格萨尔。这样一来，关圣帝君、班禅大师及格萨尔就在藏族僧俗眼中成为同一个神的不同化现，从而成为藏汉人民的共同保护神。

（二）关帝在藏区的有关传说

据《卫藏通志》记载，早在唐代西藏地区就有关公信仰。到了清代，清军中崇信关公，进藏清军把关公信仰带到西藏。藏区凡修建有关帝庙的地方，一般都有关于关帝的某种传说。在藏区及西藏修建关帝庙的缘起，除各级政府修建者之外，尚有以下四种情况：一是由内地驻藏官兵修建者，如拉萨磨盘山关帝庙及日喀则关帝庙，帕里的“汉房子”和亚东北白党的“格萨拉康”关帝庙。二是由汉藏商民共同出资兴建者，主像除关圣帝君外，还塑奉有藏传佛教的度母等神像，如乃东县泽当镇的关帝庙，拉萨扎什城关帝庙及打箭炉（今康定）关帝庙等。三是在原藏传佛教寺院内附建的关帝堂或加塑有关圣帝像，如扎囊县的桑耶寺、堆龙德庆县的楚布寺等，此类当是藏族已认同了关圣帝君后，把它当作一般护法神之一来陪侍供奉。四是由入藏定居的汉民发起，汉藏人民共同修建者，如甘南夏河县拉卜楞寺关帝庙，在关帝神龛侧还配享有阿念玛钦山神及班禅大师画像。西藏嘉黎县被称为“加拉公寺”的关帝庙，则是由进藏部队后裔修建而其后由汉藏人民共同供奉的。在这些寺庙中，建筑规模较大的要数第一种，而第一种修建的直接原因则是关羽作为战争保护神显灵的传说。这里选录几则，以资证明。

其一，关帝与藏传佛教发生关系的传说。此事发生于乾隆元年(1736)并有藏文史料记载为据。土观・洛桑却吉尼玛(即土观・罗桑却吉尼玛)记述说:"龙年(即乾隆元年)之吉日良辰……章嘉活佛自(拉萨)大昭寺附近起程(赴京)……途观四川地方一座叫襄陵的大山(即玉泉山)，山下有'汉云长显灵处'石刻，在山下住宿。章嘉活佛夜里梦见一位红脸大汉对他说:此山顶上便是我家，请住小憩。言讫，一步跨上山巅。章嘉活佛也随至那里，只见那里有许多富丽的房舍，红脸大汉将章嘉活佛请到中间屋中，献上各种食品，还将妻子儿女引来拜会，说道:从此地以下的汉地都属于我管辖。给我布施食物者，在西藏也不少，特别是后藏的老年高僧一再供我饮食。从今天起，我做你的保护者。明日你在途中将遇八难，吾可排除。次日途中，有猴从树林里抛出一块石头，打在侍从楚臣达杰头上，只是受了点轻伤，并不要紧。据说那个红脸大汉就是汉人所说的关云长，译成藏语称为珍让嘉布。"[1]经过这场虚惊以后，章嘉国师果如梦中关云长所言，虽然平安抵京，到京后却"患上了一种好像是痛风的病……当时，巴桑曲杰举行天女圆光占卜，幻景中只见章嘉国师身边拥聚了很多非常大的蜘蛛，欲与章嘉国师抗衡较量;一个威风凛凛的红脸大汉手持宝剑，将那些蜘蛛赶往他处。那天晚上，章嘉国师梦见一个红脸人对他说:伤害你身体的那些小鬼已被我驱逐。他(章嘉活佛)问:你居住何处?(红脸大汉)答:我住在皇宫前西大门外右方。次日，(活佛)打发侍从前去察看，被称为前门的城门外有一座关帝庙，内供以前塑造的关老爷即关云长塑像，历经各代，香火不断。想必是这位关帝保佑章嘉国师，遂举行了(对关帝)的大祭。"正因此故，章嘉活佛才在济仲呼图克图的支持下，亲自撰写了一篇祭祀关圣帝君的祈愿文。

其二，乾隆时期关圣帝君在西藏战地显灵的传说，这一传说还有拉萨关

---

[1] 土观・洛桑却吉尼玛:《章嘉国师若必多吉传》，陈庆英、马连龙译，北京:民族出版社，1988年。

帝庙碑文为证。碑文中说：在藏历第十三饶迥年（乾隆五十六年，即1791年），廓尔喀侵占了后藏的济咙、聂拉木等地，进而窜入日喀则，将班禅驻锡地扎什伦布寺院洗劫一空。乾隆帝接到噶厦官署及驻藏大臣奏报后，派福康安及海兰察率兵入藏，统领汉藏大军进行征讨。福大将军趁在拉萨筹粮集兵的间隙，专程拜谒了扎什城的关帝庙。当游至巴玛热（即磨盘山）时，心中忽然一动，发愿在此修一座关帝庙，以求关帝保佑征讨大军出师奏捷。关帝庙动工后，福大将军也领兵出征，果然一连打了很多胜仗。但狡猾的廓尔喀人吸取教训，伪装败退，把汉藏军队诱入一条峡谷，截断退路。随后，敌军伏兵恃险居高反扑，中国军队也奋勇冲杀。从中午到深夜，两军直杀得天昏地暗，汉藏军队却无法攻破敌人的伏击圈。正在万分危急之时，忽然敌阵中火光四起，吼声震天。火光中仿佛看到红脸关公手提大刀砍杀敌军，藏族士兵也以为又是格萨尔舞刀助阵，于是士气大振，个个如神兵天将，冲向敌人，夺占了山头，擒拿了敌军首领，随后乘胜追击，直逼敌军都城。廓尔喀王再三请降求和，送还全部财物，立誓永不犯境，福大将军才接受了降书，班师回藏！人们赞颂大将军的功绩，大将军却说："非关神保护功不至也。"和琳在所撰磨盘山及扎什关帝庙碑文中也指出："自进师至凯旋，凡三越月，固由圣主庙谟广运……然究属关帝君威灵呵护之所致也。……盖国家声教之所及，无非神威之所讫，自非真气磅礴，塞乎天地之间，辅翊景运，安能弥纶中外，（关帝）灵威异彰若此乎！""大功告藏……亦惟帝君神功赫奕……从而铭曰：惟神（指关帝）配天，惟皇建极。佐我国家，是凭是式。威灵显昭，不可思忆。"[1]更巧的是，福大将军凯旋返抵拉萨时，关帝庙亦告落成。在举行竣工典礼时，前往朝拜的汉藏士兵惊奇地发现，所供奉的关帝塑像同他们在阵中恍惚看到的形象几乎一模一样。从此，磨盘山关帝庙又被藏族人民直呼为"格萨拉康"，即格萨尔神殿。

其三，关于藏族供奉的赞神赤尊赞与关公关系的传说。赤尊赞这位红脸

[1] 见《新建关帝庙碑》，载（清）和琳纂修：《嘉庆卫藏通志》。

赞神，传说原来是文成公主进藏时所修大昭寺的守护神，他守护的就是唐皇从汉地送给吐蕃的“觉卧”佛（即释迦牟尼）的等身像。后来西藏民间传说中将赤尊赞又附会成汉地的关圣帝君。考其渊源，一是据《西藏王统记》等藏文史书记载，文成公主将“觉卧”佛请入西藏时，唐皇特派两个大力士挽车装运。藏族人民以其护运佛像有功，曾塑其像供奉，后来遂与传入的战神关帝混为一体。另一个原因是五世达赖时，重塑了赤尊赞的形象，使他成为红脸金甲、威风凛凛的将军，从形体上与关帝更为接近。《如意宝树史》也记载，五世达赖在亲笔所写的尊赞神祀供文中明确指出：赞神“来自汉地，且随文成公主成蕃域守护神，于松赞干布前做许诺之，鲁赞大威力者，愿往积崖山之住地”。故其后土观活佛也认为关帝与尊赞应出自同一心识。八世达赖时又加封其为新扩建的策觉林寺护法神，并由其掌管拉萨河一带的晴雨丰欠。藏传佛教中还有一个与关公形象近似的赤面煞神叫“赞卡尔”，也可简称为赞。其神像常被以血或红色染之，这也成为关帝神像易于被藏族接纳的另一因素。

其四，“革塞结波”神号与关帝。据《卫藏通志》记载，在拉萨东南方附近有一座规模不大却系当地藏族民众较早修建的关帝庙。之所以建此庙，传说是因为拉萨地区很早以前曾有妖魔鬼怪为害一方，当地藏族人民深受其祸，日夜不安，后来关圣帝君显灵，以神威除掉妖魔，“人始蕃息，土民奉祀”，并称尊号为“革塞结波”，意为汉地的格萨尔王。由此可知，藏族人民早就把关帝当作自己的格萨尔王。

（三）藏区的关帝庙

1. 拉萨的关帝庙

根据历史记载及实地考察，西藏首府拉萨先后有四座关帝庙：一在拉萨东南，一在扎什城，一在甘丹寺附近，一在磨盘山。拉萨东南的关帝庙又称“革塞结波”，历史最早，现已完全毁圮。扎什城关帝庙位于色拉寺附近，离城中心（大昭寺）约七里。“扎什”即现在的扎溪，过去是清军驻地的兵营。据碑文记载，其庙位于扎什兵营城紧南面，而其城始建于雍正十年（1732），庙也应与此同时或稍后。修建的原因是："恭惟我国家抚有区夏……幅员之广，千古罕有。举凡王师所向，靡不诚服，关圣帝君实默佑焉。唐古忒在胜朝为乌斯藏，自圣祖仁皇帝时归入版图，驻兵扎什城，旧建有帝君庙。灵应异常，僧俗无不敬礼。"乾隆五十七年（1792），福康安曾"谒（拜祈）扎什城关帝庙。见其堂室湫隘（窄小潮湿），不可以瞻礼缅神、御守捍患"。扎什城关帝庙建成后，由驻藏大臣和琳写了碑文。甘丹寺附近的关帝庙，《卫藏通志》称"旧字（志）内藏：拉撒东南噶勒丹寺相近，其楼阁经堂佛像，与大小昭寺相似，内供关圣帝君像。……达赖喇嘛岁至其地讲经"[1]。可见，这是一个附设在藏传佛教主寺的关帝殿，似乎不是一座独立的庙宇。此处及扎什关帝庙均已毁圮，无法详考。

拉萨保存至今规模较大的是磨盘山关帝庙，系福康安平定廓尔喀后所修，并撰写了碑文，历今已二百余年，后有所毁坏，今已维修如旧。该庙建于同布达拉宫遥相呼应的西面的巴玛热山顶，坐北朝南。今所存建筑物尚有八百平方米，为汉藏混合式建筑。其南面为悬崖，悬崖前原建筑为济咙（也作济隆）呼图克图在拉萨的官邸功德林；如今上山须从后山爬上山腰，从侧门才能进入庙内。关帝庙正南原有一山门，大门两侧各有一塑像。门内为一正方形庭院，东西筑有两层藏式平顶楼房，底层为庙僧住室，上层为接待香客之所。由庭北台级拾级而上便是正殿，宽十二点五米，进深近十米，前檐下回廊约宽三米，为汉式抬梁木结构，歇山式屋顶，四角为飞檐，上盖红色琉璃瓦。与内地关帝庙不同的是，20世纪60年代以前，院内东西仍存有两匹泥塑战马（内地为一匹），主殿及后殿顶脊正中均树有藏传佛教的经幢。主殿的关羽塑像除脸部有些藏化特征，基本保持了汉地风格。有意思的是，现在关帝庙文殊殿中还保留着汉地特殊的抽签占卜方式：人们跪在蒲团上，虔诚祈祷后抖动签

[1]　《西藏研究》编辑部编：《西藏志·卫藏通志》，拉萨：西藏人民出版社，1982年。

筒，直到一支签掉出来，看殿的藏族僧人让其拿起一对陈旧黯褐的半月形木板，合于掌心后抛掷于地上，方才那支签才算数。这仪式叫“掷茭”，原是闽南沿海一带流行的测神意方式，一正一反名“圣杯”，意即神明认可。磨盘山脚下还一座功德林寺，功德林活佛与汉地一直保持着良好关系。至今功德林寺院仍然有不少汉地寺院风气，如整齐划一的僧舍，僧人需到统一的大厨房过斋等。抽签也是其中一项，时常可以见到藏族妇女跪地抽签，喃喃祝祷。[1]

受藏地传统信仰的影响，在关帝庙正殿之后，还修了一座文殊殿，供奉的是藏传佛教信仰的文殊菩萨及莲花生大师、金刚持护法、千手观音等，所以藏族称其为“加央拉康”（文殊菩萨神殿）。据恰白·次旦平措等编著的《西藏简明通史》汉译本载，这两座汉藏混合式庙宇均是同一年经清朝皇帝及达赖喇嘛批示后兴建的。可惜的是，庙中塑像在20世纪六七十年代被毁弃。庙内原先还挂有五十多块匾额，分别题有“忠义、宣昭”“峻格于天”“共仰忠谟”等，后或被破坏或散失，现在收回十余块，其中题为“道光岁次己亥（1839）孟夏谷旦”的“四海永清”匾额仍基本完好。庙内现存最重要的文物是磨盘山新建关帝庙碑。石碑高约二百九十二厘米，宽一百一十七厘米，厚二十九厘米；碑额为二龙戏珠，中间篆刻“万季常存”的竖书汉字；碑文后题为“御前大臣领侍卫大臣太子太保武英殿大学士吏部尚书兼兵部尚书一等忠勇公大将军福康安谨撰”。

此外，仍据《西藏简明通史》载，历史上在今拉萨所属之工布江达县及定日县还建有几座关帝庙，但详情不明。

2. 日喀则扎什伦布关帝庙

在日喀则的扎什伦布寺旁，也曾建有一座关帝庙，今仅余一大殿。据乾隆时和琳翻修该寺的碑文中所说，清初西藏“自入版图以后，即其地建帝君庙”。则该庙应建于1642年前后，地处扎寺旁小山上的营官寨附近，且“历昭

[1] 参见杨玫：《苍茫天路唐蕃古道》，西藏自治区出版资助项目送审打印稿，第305页。

灵应，汉番僧奉祀惟谨”。后来在反击廓尔喀战事胜利后重新翻修。翻修碑文中说：因廓尔喀入侵事起仓促，寺僧难以抵挡，只好四散奔逃。当时，只有驻藏清军“都司徐南鹏，仅率绿营弁兵七八十人据（关庙旁之）营官寨，以当其冲。贼兵环之数匝，断（我）汲水道，仰攻八昼夜。我兵固志死守……（后）掘地十余丈，飞泉涌出，欢声动地，士气百倍，贼遂稍却，屯聚柳林中以为久计。忽夜（空传）警，（贼）自相残杀，畏而引去。（敌）行至通拉山，风雪骤作，贼众僵毙不可胜计。（我军）咸以为（关）帝君灵应所致”。此后福康安果然一连“七战七捷……贼酋……输纳表贡，愿奉约束”。福康安也认为胜利取得的原因之一“亦惟帝君神功赫奕，历相我国家”。[1]关圣帝君在后藏声威大振，关帝庙成为汉藏军民共同奉祀之神庙。1792年，大将军返藏后，为感谢关圣帝君护佑，特出资将扎什伦布寺旁关帝庙进行了整修。并在落成之后勒铭为记，铭曰：“惟神配天，惟皇建极。佐我国家，是凭是式。威灵显昭，不可思忆。归祀蒸尝，极功崇德……殿宇航甗，门庶翼翼。于有斯年，护此西域。”

据西藏文物部门考察，日喀则关庙遗址的主体建筑大体完好，其建筑基础略呈矩形，大殿正门至今悬挂有乾隆五十九年（1794）夏四月和琳所书“慈悲灵佑”匾，署衔作“钦差总理西藏工部尚书镶白旗汉军都统世袭云骑都尉”。关庙正殿为木结构的汉式建筑，但前廊的下柱头却使用了藏式托木。前廊西阔四柱五间，廊后为深四间十二柱的殿堂。堂后神座中夹塑关云长坐像，其稍前左右的关平、周仓也为坐像。再往前右侧塑一立卒，左侧为驭马，今已毁弃。正殿西侧原竖有1794年和琳所立的帝君庙碑，现在则移存于扎什伦布寺的前院保存。

3. 山南泽当关帝庙

据1962年西藏少数民族社会历史调查组在山南地区的调查，在吐蕃时期文成公主与松赞干布停居过的泽当，有一座汉藏人民共同敬奉的关帝庙，

[1] 参见《西藏研究》编辑部编：《西藏志·卫藏通志》，拉萨：西藏人民出版社，1982年。

当地藏族人俗称为"汉神殿",有时也称为"格萨拉康"。据西藏自治区文管会索南旺堆主编的《乃东县文物志》(内部版)考察记述:关帝庙位于泽当镇西端,北距噶丹曲果林一里,东南紧靠著名的贡布日山,北临雅鲁藏布江河岸。该庙系早年随驻藏大臣进藏后留居当地的三十多名汉地军民于18世纪中后期集资修建。寺庙基本为汉式,殿堂结构为抬梁式,屋顶为歇山式,但墙体结构及附属住房则采用藏式建筑(可能为后来续建)。布局如下:该庙坐东朝西,由西向东为三级逐级升高的院落,层次分明,和谐统一,突出了关帝大殿的主体地位。拾级进入圆形大门内,为一方形四合院,前部左右两侧为偏房,房内各塑一马,两厢为看庙人居室、厨房等藏式建筑,院内植花草。再拾级进入第二个院落,中间为一汉式土地神殿,塑有土地神像,院两侧为住寺僧人用房。再拾级入第三级大院,便是关帝正殿及配享的度母殿。正殿塑关公神像,左列依次为周仓、持金刚、诺布桑布(传说中之西藏巨商)等汉藏合璧神像,右列依次为关平、观音菩萨、达珍(马头明王)等塑像。关公背后还塑有一新疆度母像。正殿为四根明柱,前墙整个为棂窗,窗前南角有一木栏,栏内悬挂架式铜钟、木鼓各一,与内地左右分列不同。铜钟铸有汉文,记述了该庙建造时间及简史。正殿后门直通度母殿,殿内供奉有白度母塑像。庙中原有三副汉文楹联,今已不存。由于当地汉藏民族世代友好,频繁通婚,亲如一家,所以每年藏历九月十三举行关帝庙会时,当地汉藏混血后裔及藏族群众同汉族一起,到关帝庙上香叩头、求签卜卦。关帝庙也欢迎藏族群众敬献的酥油灯。

4. 藏北嘉黎关帝庙

在藏北嘉黎县,清代到20世纪60年代中期也建有一座关帝庙。关帝之所以受到当地藏族的供奉崇拜,一是因为它建于泽拉里山脚下,是西藏历代的古战场和藏北交通要冲,关羽这位红脸大将的战神形象很适合藏族人民的心理;二来这里是明清通往拉萨的必经之路,关帝庙正好与拉里山顶的藏传佛寺拉里寺遥相呼应。当地藏族人亲切地称关庙为"加拉公寺","加拉"即

“汉神”，“公”即关公，是汉神关公庙的音译。“加拉公寺”大约是清代入藏官兵所建。据藏族第一位人类学博士格勒教授与西藏著名女作家马丽华在20世纪80年代的调查，清政府在平准保藏战役后，几次派绿营兵常驻嘉黎。晚清时尚有五十多名汉族兵丁在辛亥革命后未能返回内地，便在当地娶藏族妇女为妻，安家落户。现在，他们的后裔早与藏民同化，成为当地土著的一员。但在当地口碑传说中，还明白无误地知道某人的先辈是内地汉民。可惜的是，加拉公寺已毁于20世纪六七十年代。马丽华还从一位藏族红衣喇嘛口中得知，在当地藏族民众及藏区各地远道来朝圣的香客心中，加拉公寺（关帝庙）与拉里寺一样神圣，他们对关帝及释迦牟尼同样敬畏。因为藏民们认为两位神祇具有同样的法力，没必要厚此薄彼，于是便供奉同样的布施，行同样的跪拜礼。当年管理过加拉公寺的是一位至今健在的叫扎西卓玛的藏族老阿妈，但调查以后得知，她其实也是当年留驻当地的汉族绿营兵的后裔。[1]

5. 夏河拉卜楞关帝财神庙

在甘南藏区夏河县著名藏传佛寺拉卜楞寺对面的大夏河南岸，也有一座香火鼎盛、别具特色的关帝庙。该庙背山面河，与拉卜楞寺隔河相望。关帝庙殿占地三千二百平方米，沿中轴线依次为山门、汉门、大殿及左右配殿。山门上有以汉藏两种文字镶嵌的“关帝庙”金字牌匾。梁木结构的山门，由六根彩绘红柱撑托着双层飞檐和数组斗拱，傲立于青藏高原之上。大殿建筑雕梁画栋，飞檐凌空，匾额高悬，楹联堂皇。大殿原正中神龛内，关公右手托长髯，左手持《春秋》，威严神态与内地无异。但不同的是，香案上陈放的是藏族特有的酥油灯，供献的是青稞锅盔，在几簇花枝上挂满各式长哈达。神龛右侧，则供奉着山神阿尼念钦和十世班禅大师的照片。

拉卜楞关帝庙香火旺盛，受到藏汉人民的共同供奉，不过藏人均按习俗口念嘛呢，手转经轮而叩长头。据当地藏人所说，该庙系晚清时修建。当时

[1] 参见马丽华：《走过西藏》，北京：作家出版社，1994年。

山陕商人在藏区做皮毛茶布生意，十分红火，于是想建一座财神庙，得到藏人的支持。藏汉群众共同捐资建庙，原名为“关帝财神庙”，所以在关帝神龛一侧插满象征吉祥财富的财箭。原庙在 20 世纪六七十年代被毁。1988 年，藏汉群众由拉锐和王彦等人发起，拉卜楞寺贡唐仓活佛亦捐资五千元，恭送唐卡、哈达、酥油等物，六世嘉木样活佛送来锦缎，藏汉群众纷纷集资重建。1990 年 8 月 15 日落成时，当地各族群众六万多人参加开光大典，敬献哈达，此庙成为藏汉一家的又一历史写照。

又据民国刘赞廷所撰西藏昌都等县志稿，在察雅、宁静、昌都还有几座关帝庙，详情待考。[1]

十六、茶马文化的交流

顺治十八年（1661），清世祖批准达赖喇嘛的请求，在云南永胜县开设茶马互市市场。从顺治到乾隆初年，茶马互市由于各种原因时常中断，至乾隆中期，茶马互市制度宣告退出历史舞台，取而代之的是与茶马互市有相同意义，但贸易范围更加广泛、基本形式有较大变革的边茶贸易制度。清代因循“茶引制”，雍正年间，四川输藏茶引为十二万三千二百二十四张，按此推算约一千二百多万斤。乾隆年间，清朝改“茶引制”为“引岸制”，将茶引和销茶口岸结合起来进行管理，并将输藏茶叶定名为“边茶”。

自此以后，在川、青、甘、滇藏区，形成了几个传统的边茶运销市场和几条运销线路。如边茶经西宁市场销往青海藏区，特别是湟源成为丝绸南路的要冲，集中于丹噶尔城，被称为“小北京”，成为西北地区最大的包括“茶马互市”的贸易集散地，京、津、晋、陕、甘等地的商人、工匠纷至沓来，甚至英、美、俄等

[1] 参见陈崇凯：《藏传佛教地区的关帝崇拜与关帝庙考述》，《西北民族研究》1999 年第 2 期。

国的泰兴、仁记、泰和、怡和、居里、瑞记、美斯、瓦里等八大银行在此设立办事机构，进行商业贸易和金融业务。经拉卜楞、卓尼市场销往甘南藏区；经理县和松潘市场销往川西北藏区；经康定市场销往甘孜、昌都、玉树；经中甸市场销往滇西北藏区。销往西藏的边茶，都要经过昌都、玉树和黑河中转。有的大茶商在康定购茶，用自己的骡帮直运拉萨。销往西藏各地的边茶，一般都从拉萨边茶市场转运各地。边茶还一度经帕里和噶尔、聂拉木等地销往不丹、拉达克和尼泊尔。

康熙三十五年（1696）打箭炉的贸易地位得到巩固和扩大，受到清政府的正式承认和重视。据《清圣祖实录》载："四川巡抚于养志疏言：'臣遵旨会同乌斯藏喇嘛营官等，查勘打箭炉地界，自明季至今，原系内土司所辖之地，宜入版图。但番人藉茶度生，居处年久，且达赖喇嘛曾经启奏，皇恩准行，应仍使贸易，……'理藩院议复，从之。"康熙三十九年（1700），平定打箭炉营官昌侧集烈叛乱后，清政府开始直接控制打箭炉贸易，自是各地商人聚集打箭炉，打箭炉商务日趋繁盛。

康熙三十二年（1693），达赖喇嘛奏请打箭炉"交市之事"；三十五年，康熙准"行打箭炉市，蕃人市茶贸易"。正是这一纸王命，改变了这片荒滩的命运，使康定后来成了西陲重镇。康定成了繁华闹市，雍正八年（1730），朝廷在康定依山临水修筑城墙三堵，长一千一百一十八丈，并在三条进出口处修建了东南北三座城楼，分别起名紫气门、南极门、拱宸门。从此，康区贸易中心城镇打箭炉城就这样诞生了。如果把雍正八年修筑城垣，定为打箭炉城正式产生的话，那么早在康熙年间此城已初具规模，"每年发茶八十余万包（当时两篾为一包，每篾十斤），私受茶税数万两"。来往商人数百上千，已是"烟火遍荒墟"。这一高原古城以它独有的活力，继续向前迅猛发展，很快就成为"汉夷杂处，入藏必经之地，百货完备，商务称盛""常年贸易不下数千金，俗以小成都名之”[1]的小都会，集康区经济、政治、军事、宗教、文化中心于一地。

打箭炉“历为藏之商埠，凡康藏土产系由此出口，以黄金、麝香、硼砂、药材、羊毛、皮革为大宗；入口以川茶、绸缎、布疋、铜铁、器具、瓷器以及杂货等，每年交易数字至一千八百余万两”[2]。可见炉城贸易规模之大，除茶贸易，其他商品贸易额也不小。打箭炉及整个藏区都不产茶，其居民却“嗜茶如命，无论贫富贵贱、僧侣，食必熬茶”。茶产于四川之雅安、名山、荥经、天全、邛州等州县，“茶树生于山间砾地，每年采叶三次，初采芽尖，为上品；次采嫩叶，为中品；最后采者为丛枝老叶与修剪之蘖条，为下品。由农家自焙制后，售入各大茶庄，茶庄取诸茶叶装木甑内蒸之，使之成为砖形，专销康藏。榷者称为边茶，学者称为砖茶”。边茶由“五州县商人行运到炉，番民赴炉贾运至藏行销”。“荥经商专办上中品，天全专办下品茶（古称乌茶）。雅州各品皆备，其名目殊繁。雅茶最上者曰‘毛尖’；其次曰‘芽子’，专销西藏贵族；其次为‘金尖’，销康藏各大寺院与土司家；其次为‘金昌’，叶少梗多，销康藏平民。”[3]茶的品级与康藏居民的等级基本上对口销售。

边茶一砖为甑，每四甑相续排列，护以粗篾编成之长薄篓，两篾为一包，每四包为一引。茶叶为清政府专营，四川在成都设盐茶道，在产茶各州县设茶课司。各茶商在产地买茶，先要向官府领取“茶引”。《打箭炉志略（乾隆）》记载：“每年邛州、雅安县、名山县、天全州由本州县纳课，请领院部茶边引。”每引纳榷课银一钱二分五厘。每引运茶一百斤，行销打箭炉引茶，每引纳税银四钱七分二厘，清末征税银一两。每年运销打箭炉的茶引，雍正年间为九万三千一百一十九引，到嘉庆年间增至十万四千四百二十四引，清末光绪年间仍有九万五千四百一十引，比明代增加两倍多。清政府还在天全、荥经等茶路关口，设关抽厘截羡。规定无论大小路都要集中过泸定桥，检查有无

---

[1] 见徐珂：《清稗类钞·农商类》。

[2] 见刘赞廷：《康藏图志》。

[3] 任乃强：《西康图经》，拉萨：西藏古籍出版社，2000年。

茶引,引砖茶的数量是否相符。无引和引茶不符都是违法,要受到处罚。另外,背茶过桥,还要收费,每背铜钱十文。

打箭炉以茶叶贸易为主,“其他各业皆因茶而兴”。有清一代,逐渐在炉城形成三大特殊行业,即锅庄业、缝茶业、皮房业,对炉城的发展和贸易兴隆起了极大的促进作用。随着边茶贸易的扩大,在藏区市场上还出现一种由藏族经营的兼有货栈、旅店和经纪人作用的行业,如康定的“锅庄”、中甸的“房东”等。“锅庄”和“房东”免费为远道的藏族商人和农牧民提供货栈、住宿、介绍行情和买卖;在与内地商人交易时,居中翻译,促成交易,收取内地商人一定的“退头”(服务费);藏商购买的茶叶,也在“锅庄”里进行牛皮包装,以便长途驮运;茶叶出关时,“锅庄”帮助缴纳税款,向藏商提供了一条龙的服务。这些在历史上对促进汉藏贸易起了积极作用。

锅庄业,为打箭炉城所特有,是兼有土司头人、经纪人、旅店、借贷、贮存等职能的行业。锅庄产生于康熙年间,据《康定图志》载:“康熙三十九年土司锡拉扎克被藏蕃昌侧集烈杀害,旋经四川提督唐希顺率兵征剿,以土司之妻贡噶袭职其子坚赞德昌自木雅移此(打箭炉)建垒营寨,置土目于此,听差侍贡,名锅庄。”在木雅时称土目,入炉后始称锅庄。锅庄始终是明正土司的下属头人,首先得给土司录办一切对内对外事务。锅庄中地位也不一样,有称为土司最亲信的五户,即萨根过、郊白仓、贡觉娃、瓦斯碉和甲绒五家锅庄;有四户大管家,即效白仓、贡觉娃、瓦斯碉和甲绒四家锅庄;有四户小管家,即充布措、昌措、曲里巴巴和卡娃降措四家锅庄;还有称为一般管家的“捏巴”。嘉庆年间,锅庄发展到四十八家。根据职务上的悬殊,宗教信仰的差异,关系的亲疏,待遇也是非常悬殊的,大锅庄当大管家或辅佐土司,小锅庄被派卖酸菜;大的经济年收入可达二万两以上,小的维持生计亦难。随着炉城商业贸易的发展,锅庄业也逐渐转向和发展。最初,康藏商人大多自带帐篷,沿山傍水居住,购买茶包即行上路。自木雅十八家锅庄迁居炉城后,锅庄已从听差侍贡,接送汉藏官员,逐渐转向为接待康藏商人,供给茶水、食宿,提供贮存、饲养牲畜的场所和汉藏商人间交易的经纪人。其收入按康藏商出售货物的百分之四提取，一般由汉商负担，称之为“退头”。锅庄除给康藏商人提供一切方便外，还要保证藏货不受损失，负责贷购茶包等。嘉庆以后，四十八家锅庄都修有较好的居住场所，条件充备，营业稳定。嘉道咸同年间，康藏土特产最高峰时，每年交易黄金达八千两、白银五万两、麝香一千二百五十斤、虫草两万斤、贝母三万斤、知母三万五千斤、鹿茸一千二百斤、羊毛五十万斤、高级皮张三千张、氆氇一万卷以及牛羊、其他杂货等[1]。同时，行销炉城的茶叶每年也达一千三百余万斤。如此大量的贸易都要经过锅庄来撮合，可见其营业之兴隆。

缝茶业，即为茶叶运输提供包装的行业。据炉城的交通和气候，要保证茶货，特别是运出关外的茶叶，不致受潮散失，包装就显得十分必要了，于是，缝茶业便于炉城应运而生。茶叶的包装与运输，必须适应康藏地理、气候的特点。炉城的缝茶业在技术上达到相当高的水平，在广大康区及西藏、青海都享有盛誉。缝茶工人藏语称“甲朱娃”，即明正土司的匠奴或土奴。平时，除做工以养家糊口外，还要应官差，跑驿站，扫街道，甚至从事抬丧送葬等杂役。人数最多时曾达一百三四十人，分上、下街两地作业。缝茶的工具极为简单：刀、针和生牛皮，可缝花包与满包两种，一人一天最多能缝十驮。缝茶业主要承办康藏商人所购茶叶之包装，在包装好的花包或满包两头，各家康藏商均用刀划出自家的房名或地名或庙名，以示区别。业务由锅庄与工头接洽，人手不够时，即可临时增派。可见，缝茶业类似明正土司的锅庄之下的手工作坊。

皮房业，是炉城最早的制革业，其产品称烟熏红牛皮，藏语称“路各古玛”。据炉城皮房业老工人回忆，炉城皮房业大约始于清同光时期，最早由清溪一位姓邓的师傅率先来炉创其首业，设坊带徒经营，到清末民初发展到十

[1] 参见李亦人：《西康综览》，南京：正中书局，1946 年。

余家。皮房业产品大都以“四十八家锅庄”为主要经销场所，通过康藏商人运到康区各地、西藏、青海以及云南贩卖。一张红牛皮一般可换三张生牛皮，或茶叶三包半至四包，或银元十个。[1]

边茶贸易制度的核心是改官营为商营，以引岸制完全取代榷茶制，内地仍以茶叶为主要商品，其他与藏族人民相关的生产、生活资料进入市场的比例增大，而藏区输出的交换产品已不再仅限于马，还包括皮革、药材、黄金等土特畜产品。“到雍、乾时期，嘉庆《四川通志·茶法》对四川省推行茶引州县有一较全面的统计，总计全川共颁行引票十四万六千七百一十三张，其中边引十万零一千三百一十七张，土引三千一百二十张，腹引为一万四千二百七十六张。这一数字是清代川茶引额文献记载的最高额。”[2]其边引数与明嘉靖时期相比增加了五倍多。与此同时，边茶贸易有了一些新特点：一是藏区商贸集市口岸不断增多，包括最负盛名的打箭炉和松潘等；二是除了以往的以物易物的交换形式外，货币参与市场交换的趋势日渐明显；三是各种茶票，如“照票”“飞票”应运而生；四是四川边引、土引、腹引形成定制，成为国内一种独特的引岸制度。清末光绪初，四川总督丁宝桢针对当时课税积欠以及茶业时受梗阻的情况上奏，建议免除茶商历年积欠的课税和茶息银；将以往由州县领票征收的茶课，转解省盐茶道；增加边茶的采购范围，增加边引，以扩大对藏区茶叶的经营；保护茶商的专利。经过整顿，边茶贸易又出现生机。

光绪十九年（1893），随着英帝国主义对西藏侵略的加剧，《中英印藏条约》的签订，英印在亚东开埠通商，英印茶叶开始源源不断地倾销西藏，这不仅严重冲击了汉藏边茶贸易，对四川的茶叶生产也造成威胁，并造成西藏土特畜产品的大量外流。英印茶叶在西藏充斥的状况，遭到了西藏僧俗各界

---

［1］参见吴吉远：《川藏贸易重镇——清代打箭炉城的产生和发展》，《西藏研究》1995年第2期。

［2］贾大泉、陈一石：《四川茶叶史》，成都：巴蜀书社，1989年。

的抵制和反对。光绪二十五年(1899),十三世达赖喇嘛通过哲布尊丹巴向清廷陈述藏事道:“茶系内地四川茶人大利,原有交康茶税,交藏地税,兼之藏众欲饮此茶,若令英人贩卖,必贫易售,且于税收一项,诸多窒碍,应请一律禁止。”[1]

光绪三十二年(1906),张荫棠出任驻藏帮办大臣,他态度鲜明,积极采取措施,力图抵制印茶入藏。一是从外交上周旋,使印茶入藏无法取得合法手续;并试图以重税印茶来保障川茶之利权。二是提倡在藏区试种茶树,就地发展茶叶生产。三是主张减少川茶课税,改善运输条件和经营管理,以降低川茶成本,提高川茶的竞争能力。四是拟设“官运茶局”,署理川茶在藏区的运销业务。赵尔丰任川滇边务大臣期间,为抵制印茶入藏,振兴茶业,力挽利权,亦采取了如下措施:“(1)派遣巡检郭士材赴西藏、印度调查茶务。(2)以川茶种子输入藏地,教民自种。(3)严禁假茶,以为茗政……(4)组织边茶公司,宣统二年(1910)在雅州城内成立‘商办边茶股份有限公司’,并在打箭炉、理塘、巴塘、昌都、界姑五处设立售茶分号……”[2]但因清王朝覆灭,赵氏抵制印茶诸举搁浅。[3]

十七、具有汉藏文化交流意义的清代咏藏诗

咏藏诗早在唐代就相继出现,元代更盛。到了清代,我国统一的多民族国家发展到历史上前所未有的高度,清朝对藏直接治理不断加强,内地与藏地经济文化交流日趋频繁,人们对西藏认识深化,自然要反映到诗歌创作领

[1] 牙含章:《达赖喇嘛传》,北京:人民出版社,1984年,第128页。
[2] 刘俊才:《历史上甘孜地区的边茶贸易》,《西南民族学院学报》1985年第3期。
[3] 参见杨嘉铭、琪梅旺姆:《藏族茶文化概论》,《中国藏学》1995年第4期。

域中来，真是“常笑古人诗境窄，只愁西出玉门关”[1]。清代前期的咏藏诗不仅数量上远远超过前代，而且对当时在藏发生的重大事件，对藏地的山川形胜、风土人情、民族宗教进行了多角度的文学描绘，在古典诗歌领域中占有特殊的地位。清代咏藏诗中有为数较多的叙事纪实、评述议论、吟诵风物等艺术价值比较高的诗歌。这些诗作从不同角度反映了清代对西藏的治理，艺术地再现了历史上发生的许多重大事件，生动地展现了西藏自然、地理和环境的一幅幅史诗般的画卷，这也是我国内地与西藏地方文化交流的一个重要部分，具有汉藏文化交流的巨大意义。

（一）叙事纪实咏藏诗

清朝在藏治理建立后，遇到的第一个挑战就是康熙五十六年（1717）准噶尔部对西藏的袭扰。魏源《复西藏》中写道：“怪哉准噶何猰貐？其口奉佛其心甚，夜叉罗刹曾不殊。攘佛之国踞佛都，如来终赖荡武扶。王师三道军容盛，诸部拥护禅林定。”[2]诗中道出了准噶尔贵族袭藏的非正义和凶残，以及清军“平准保藏”的军威和胜利。诗句充满遒劲雄烈的气势，慷慨激昂的情绪，描述清朝“平准保藏”的史实。在这次战役中，从四川进藏的清军将领岳钟琪有诗写道：“出塞男儿事，登高喜纵观。草残驱牧远，地阔设防宽。山与雪争白，霜同月斗寒。长安何处是，东望雪漫漫。”[3]以浅显的诗句刻画高原战场，表现清军将士昂扬的斗志和立功边疆的志向。

雍正五年（1727），西藏内乱骤起，噶伦阿尔布巴等人杀害首席噶伦康济鼐，前后藏之间发生战争，清朝紧急调兵从青海、四川、云南三路进藏平乱。毛振宣督办滇军粮运，随云南总兵入藏，在驻昌都一年间，诗作甚多。他的《江干远眺》：“破虏今随马伏波，旌旗南返问如何。江分两道双桥锁，藏隔千

[1] 赵宗福选注：《历代咏藏诗选》，拉萨：西藏人民出版社，1987 年，第 222 页。
[2] 同上书，第 19 页。
[3] 同上书，第 23 页。

山三路过。青鬓经霜容易改，贞心匪石不曾磨。请缨亦是儒生事，拟灭渠魁早罢戈。”[1]描写昌都之险要，清军三路进军之阵势，表达了坚贞的报国忠心，强烈的爱国之情，是一首佳作。

阿尔布巴事件平息后，清朝册封颇罗鼐掌管西藏事务，“并议迁达赖喇嘛于里塘，以杜衅端”[2]。雍正十二年（1734），清帝以藏地安谧，乃命果亲王允礼偕章嘉呼图克图送达赖喇嘛归藏。允礼写有《奉使纪行诗》，其中《至惠远庙》有这样的诗句：“击钵吹蠡拥使棚，为迎丹绋下冰天。星霜三月衔恩重，雨露殊方拜诏虔。久抚不毛同近甸，更回离照烛遐边。狄千宣谕欢雷动，喜见皇仁万里传。”[3]形象描绘清朝此举得到藏族人民极为热烈的拥护，全诗气势昂扬，有较高的史料价值。

乾隆十五年（1750），继颇罗鼐掌权的“珠尔墨特那木扎勒谋逆不法，驻藏大臣都统傅清，左都御史拉布敦窥其叛迹，密疏奏闻……遂召珠尔墨特那木扎勒于楼上诛之。都统傅清、左都御史拉布敦为其党所害”[4]。这就是历史上的珠尔墨特那木扎勒事件。杨揆《双忠祠并序》[5]和孙士毅《双忠庙并序》[6]均是写这一事件的诗作，松筠在《莽噶布堆》诗中也述及此事件：“皇威镇遐域，诛暴慰循良。庙算垂良策，钵衣传教黄。爵收销逆慝，势弱永安康。”[7]赞誉傅清、拉布敦，指出诛灭祸首的意义及影响。

乾隆五十六年（1791），西藏地方发生了廓尔喀大举入侵的事件。廓尔喀侵略军进袭日喀则，七世班禅丹贝尼玛避居拉萨。张问陶《西征曲》诗：“班

---

[1] 赵宗福选注：《历代咏藏诗选》，拉萨：西藏人民出版社，1987年，第132页。
[2] 同上书，第215页。
[3] 同上书，第156页。
[4] 同上书，第22页。
[5] 同上书，第85页。
[6] 同上书，第193页。
[7] （清）松筠：《丁巳秋阅吟》，载吴丰培辑：《川藏游踪汇编》，成都：四川民族出版社，1985年，第131页。

禅出走坐床倾,天母堂中战马鸣。”[1]反映了这一情景。廓尔喀入侵使西藏人民面临深重的灾难,清朝接到西藏地方的报告后,立即征调雄厚兵力、物资,派出以福康安为主帅的大军进藏抗击。

(二)评述议论咏藏诗

咏藏诗中不仅有大量记述史实的叙事诗,而且还有不少评述清朝治藏政策措施的诗作,这是清代咏藏诗的另一大特色。吴世涵的长诗《西僧坐床歌》中有这样的诗句:“皇朝柔远有深意,非为邀福礼僧伽。振兴黄教安蒙古,因地立制无偏颇。威德所被一中外,政不易俗民乃和。”[2]诗人用文学的语言将清王朝因俗而治、因地立制、兴黄教安众蒙古的治藏政策揭示得淋漓尽致。在吟咏治藏政策的诗作中,驻藏大臣松筠的《西招纪行诗》最具代表性。这首诗是清代前期咏藏诗中最长的一首,共八十一韵,八百一十字。诗作先总述“治道”:“治道无奇特,本知黎庶苦。”“度地招流亡,游手拾农具。”“仁以厉风俗,教之已革故。”“安边惟自治,莫使民时误。”宣扬治理藏政的经验是“为之教,为之养”,这些思想在当时不无可取之处。接着逐一描述“巡边”,强调“审隘”“安边”的重要。如巡行曲水时写道:“西招第一隘,战守事倍功。过江傍索桥,舍此无他渡。”写江孜:“是为南大门,屏藩有巨川。”“定日当要冲,量为设防讯。”称聂拉木:“隘口旧无墙。孤立营官寨,民居仅数行。在德不在险,休养成堤疆。”《西招纪行诗》将纪行与议论相结合。因配之以图,又名《西招纪行图诗》。[3]

清代前期藏地多次发生战乱,本来就受封建农奴制苛重剥削的藏族人民更生活在水深火热之中。清朝在平定乱事后,一般都要酌定善后章程,采

[1] 赵宗福选注:《历代咏藏诗选》,拉萨:西藏人民出版社,1987年,第23页。

[2] 同上书,第132页。

[3] 参见(清)松筠、黄沛翘撰:《西招图略·西藏图考》,拉萨:西藏人民出版社,1982年,第111页。

取除苛蠲赋。抚民生息的措施,因而表现这方面主题的诗作也就大量出现了。松筠《还宿邦馨》诗:"荒番遮道诉,粮赋累为深。昔户今摊派,有田无力耘。……稽实减征纳,慈悲达赖仁。"[1]真实地反映平定廓尔喀侵藏战争后,边地粮赋苛重,几经战乱百姓户数大为减少,仍每年迫以原户纳赋,民不堪命的惨象,驻藏大臣以达赖喇嘛名义蠲免粮赋,以舒民累的史实。《济咙》诗:"忻兹秋省敛,获见有余粮。时使民何怨,即旋役免忙。嘉禾正晚熟,岂可误登场。"[2]在松筠的诗作中多处反映赈灾免粮以纾民困和减轻差役以惜农时的抚民生息措施这一历史事实。清朝之所以重视推行这些抚民措施,松筠的《桑萨》诗中写得十分明白:"……舒力能余力,防微谨细微。安民斯保障,蠲赋仅几希。"再看作者之自注:"保障边地,全资百姓,蠲赋无几,获利无穷。"[3]更能看出清朝前期在藏推行的施政措施之精明。这首诗虽无文学意义之佳句,却堪称论政之哲理警言。

清代咏藏诗中的这些赈灾抚恤、蠲免差赋、招抚逃亡、惜农时、抒民累的诗篇,是我国古典诗作中悯农抚民进步思想传统之继承,也是清代前期治藏政策措施之记录,反映了清朝前期在西藏地方的治理使地方与中央间、民族间的融洽关系得到前所未有的发展确是历史事实。

藏族上层与清朝驻藏官员间的关系,是当时地方与中央间、民族之间关系的一个重要体现。松筠《嘉汤》诗:"清晓溯流登翠麓,午前缓辔至嘉汤。烹羊煮粥呼群从,衲裰征衫满座香。"[4]再现了随行藏族僧俗官员与驻藏官兵的和睦相处情景。和宁的《班禅额尔德尼燕毕款留精舍茶话》[5]描述了诗人作为清朝驻藏大臣出巡后藏,七世班禅设宴盛情款待,宴席之后又款留相与

[1] (清)松筠:《丁巳秋阅吟》,载吴丰培辑:《川藏游踪汇编》,成都:四川民族出版社,1985 年,第 136 页。
[2] 同上书,第 134 页。
[3] 同上书,第 129 页。
[4] 同上书,第 127 页。
[5] 赵宗福选注:《历代咏藏诗选》,拉萨:西藏人民出版社,1987 年,第 156 页。

亲切谈话的情形,诗中洋溢着一派友好的动人气氛。这首长诗不仅真切地反映了历史内容,而且从文学技巧看,也是一首好诗。

藏族人民对清朝驻藏官员的拥戴,是当时地方与中央间、民族之间关系的更质朴、更重要的体现。松筠《白朗》诗中写道:“白朗山村阔,耕田四野饶。壶浆长路献,缇乐上音调。”[1]艺术地再现了白朗村民满怀着丰收的喜悦对清朝官员的迎拜盛况。文干《二十三日白浪口占四首》之一:“野阔田畴辟,秋成刈获饶。壶浆迎道左,一一拜星轺。”[2]也是对清朝官员的壶浆迎献的记述。为什么会出现如此情形?孙士毅《宁静山是西藏分界处》中有这样的诗句:“何须苦说华严界,中外于今久一家。”[3]这是西藏与祖国统一历史发展的必然结果。松筠诗中说:“欲久乐升平,治以同胞与。”“于时保赤子,无虑山水遥。”[4]这是清朝前期在处理民族问题上的积极进步思想和对边疆推行“政通人和”政策的结果。正是从这些意义上说,清代咏藏诗中反映清朝治藏政策、抚民措施和地方与中央间关系主题的诗篇具有一定的研究价值。

(三)吟咏西藏风物诗

清代咏藏诗中还有许多吟咏西藏风物的诗作。这种诗作由短小竹枝词到长篇的歌行体,由单首到组诗,内容上不仅描绘了藏族奇异的风俗,赞美了藏地独特的物产,而且表现的角度是多方位的,表现的形式是动静结合的,给人们立体地展示西藏风物的诗化了的天地。

清初文学家尤侗有《乌思藏竹枝词》:“拂庐大小上碉房,氆氇缝衣瑟瑟

---

[1] 赵宗福选注:《历代咏藏诗选》,拉萨:西藏人民出版社,1987年,第164页。

[2] (清)文干:《壬午赴藏纪程诗》,载吴丰培辑:《川藏游踪汇编》,成都:四川民族出版社,1985年,第250页。

[3] (清)孙士毅:《百一山房赴藏诗集》,载吴丰培辑:《川藏游踪汇编》,成都:四川民族出版社,1985年,第215页。

[4] (清)松筠:《丁巳秋阅吟》,载吴丰培辑:《川藏游踪汇编》,成都:四川民族出版社,1985年,第123页、125页。

装。口诵佛经作佛事，射生偏喜啖牛羊！”[1]描绘了藏地建筑、民族服装和饮食习俗。毛振宣的诗句“番人悬经于索竿，风吹动云如口诵”[2]，描写了藏地宗教风物经幡，是作者以实地见闻来描绘藏族风物的诗作。描绘藏地风物做到逼真传神的要数在藏区实地考察过的查礼《藏纸》诗，这是一首吟咏藏地特产的佳作。诗作在对比蜀纸生产工拙质差之后，描绘藏纸的制作工艺，赞美藏纸的质地精良：“孰意黄教方，特出新奇样。臼捣柘皮浆，帘漾金精浪。取材径丈长，约宽二尺放。质坚宛茧练，色白施浏亮。涩喜受于麋，明勿染尘障。题句意固适，作画兴当畅。裁之可弥窗，缀之堪为帐。”进而将藏纸与高丽纸、洋纸做比较，赞美藏纸：“何异高丽楮，样笺亦复让。”最后诗作将对藏纸的赞美升华到对乌斯藏、对祖国的颂扬：“国家盛声华，夷夏歌荡荡。佛国技艺能，天远不筹创。东土应夸观，颂美乌斯藏。”[3]表达了诗人对中华能有藏纸这一优异的物产而无比自豪的爱国主义感情。诗作诗情奔放，逼真传神，不愧为风物诗之佳作。查礼《西域弓矢歌》以遒劲的笔力，饱含热情地讴歌了藏族弓箭的高超质量和强大威力：“筋弦角背硬难开，竹筱雕翎材入选。锋镝刃利透肌肤，沙场频见旌旗卷。”[4]也称得上是一篇藏族弓箭的赞歌。清初吟咏西藏的风物诗是不可与这些实地见闻的诗作同日而语的。

咏藏诗中吟咏风物的诗作，在清朝平定廓尔喀侵藏后直接治理西藏进入鼎盛时期，也发展到了新的高度。孙士毅的风物组诗与和琳的《西招四时吟》是反映这种发展水平的代表作。孙士毅风物组诗《蛮方日用与内地迥殊，触目成吟，得十二首，题仍口外蛮语，而以华言分晰注之，聊备风谣之尔末云耳》，其题目已将组诗的创作背景、特点表达得简洁清楚。组诗不仅在

[1] （清）常明、杨芳灿等纂修：《四川通志》第4册《西域》，成都：巴蜀书社，1984年，第3页。
[2] 赵宗福选注：《历代咏藏诗选》，拉萨：西藏人民出版社，1987年，第22页。
[3] （清）常明、杨芳灿等纂修：《四川通志》第4册《西域》，成都：巴蜀书社，1984年，第25页。
[4] 同上书，第26页。

命题形式上表现出浓烈的西藏民俗特色,反映的民俗内涵也颇为丰富。现归纳如次:反映饮食习俗的《糌粑》《纳然》(青稞酒);反映衣着习俗的《褚巴》(藏袍)、《革康》(藏靴);反映居住建筑习俗的《呀那》(牛毛帐篷)、《改咱》(独木梯);描述民族礼品和用物的《哈达》《扎不扎雅普罗》(木碗);描述西藏宗教物品的《廓罗》(转经筒)、《吗密旗》(经幡)、《麻利堆》(嘛呢堆);描述藏地交通工具的《客么甲木蚩吞》(牛纤)。这组民俗诗作写得很有特色,现以其中《哈达》做一分析。孙士毅在《哈达》诗中写道:"投我鹊纹绫,俨如士执贽。易于手中板,正平怀里刺。戋戋将毋同,无语言文字。签此光明锦,深悟洁白意。"[1]诗作以古代汉族相见的礼物做类比,将哈达的功用和寓意充分地揭示了出来,反映出作者对藏族这个传统礼节习俗的深刻了解。

和琳是在廓尔喀侵藏战争时进藏主持前藏以东军需运输,战争结束后任驻藏大臣的,他的《西招四时吟》是一组描述西藏四季气候风物之诗作。由于和琳有多年在藏生活体验,这组诗写得甚为真切传神。如"小窗欣日色,大漠渺人烟。风怒沙能语,山危雪弄权。略应桃柳意,塞上怯争妍。"刻画了西藏的"春寒"。《西招四时吟》不仅细致描写了西藏地方春、夏、秋、冬之气候特征,而且对四季中典型的民俗活动也做了生动记述。如记夏季逛林卡,藏族人民载歌载舞的情景:"树有浓荫处,都翻弦索声。"记述秋季沐浴节和收获农事:"池塘堪浴佛,稞麦渐仓储。"[2]颇能道出地方民族特色。

对藏地风物具有切身体验的杨揆也写有多首风物诗,他的《皮船》一诗对西藏的渡河工具牛皮船和乘皮船泛渡之惊心动魄做了真切的描绘。他在

[1] (清)孙士毅:《百一山房赴藏诗集》,载吴丰培辑:《川藏游踪汇编》,成都:四川民族出版社,1985年,第220页。

[2] 赵宗福选注:《历代咏藏诗选》,拉萨:西藏人民出版社,1987年,第85页。

《索桥》诗中描述道:“宛宛虹舒腰,落落蛇蜕骨。迥疑匹练铺,窄抵长绠拽。”[1]形象地表现了藏地铁索桥的奇特风采。杨揆、如孙士毅诸人还作有描绘西藏寺庙、形胜的诗,带有浓烈的西藏风土气息。如孙士毅《木鹿寺》诗:“几重楼阁耸朱垣,落日登临气象尊。……欲问祛卢左行字,寺门西去有经园。”[2]描绘了夕阳中木鹿寺的雄伟、庄严,介绍了这座西藏古寺藏经之丰。《龙潭》诗:“一潭古水龙所宫,青龙去后蟠神龙。天龙八部此其族,不准雄飞作雌伏。夜深佛火光青荧,老龙出水来听经。风鬟雾鬓渺何许,捧珠归去小龙女。”[3]运笔上展开了想象的翅膀,将龙王潭的民间传说展示得活灵活现,凸显西藏的神奇。此类诗作应看作一种西藏风情诗。

由上看出,在清朝对西藏加强直接治理的过程中,在我国统一的多民族国家历史发展的进程中,吟咏西藏风物的诗作不仅数量上由少到多,而且民俗描绘的深度、广度不断增大。可以看出,在平定廓尔喀侵藏战争期间,描写西藏风物的诗作已不是吟咏静的藏地物产了,已由静而动,开始向描写动的民族风情迈步。孙士毅诗作《跳钺斧》就是这一发展变化的反映:“明僮崽子,十十五五,赤脚花发催羯鼓。”“跳钺斧,胸前花氆氇,耳后玉傧挡。忽挟飞矢上马去,前村正打牛魔王。”[4]这些诗句绘声绘色地记述藏族的跳钺斧乐舞表演和驱鬼“打牛魔王”的宗教活动,描绘出一幅生动的风俗画。平定廓尔喀侵藏战争后,清朝对西藏的治理进一步强化,咏藏诗人对藏地风物了解更为深切,因而咏藏诗由描绘静的风物向展现动的民族风情的转化得以完成。乾嘉诗人马若虚的组诗《西招杂咏》可以看作完成这一转化的标志。《西招杂咏》这组诗共六首,其中五首描述当地民族风情,生动逼真。如“锦伞蛮靴马

[1] (清)杨揆:《桐华吟馆卫藏诗稿》,载吴丰培辑:《川藏游踪汇编》,成都:四川民族出版社,1985年,161页。

[2] (清)孙士毅:《百一山房赴藏诗集》,载吴丰培辑:《川藏游踪汇编》,成都:四川民族出版社,1985年,第220页。

[3] 同上书,第226页。

[4] 同上书,第222页。

上娘,笑开金埒作盘场。惯从云外落双雁,不解红闺计线箱”,刻画了藏族妇女惯于跃马射猎、技巧高超、英姿飒爽的生动形象;“谁从觉路引金绳,性命鸿毛一掷能。我讶身轻一鸟过,人言亦似脱鞲鹰”[1],描绘了藏地竞技空中飞绳的惊险奇绝场面。这组展现西藏民俗风情的诗作具有不容忽视的文学价值。

(四)诗人队伍方面的特色

清代咏藏诗数量之多、题材内容之深广与诗人队伍不无关系。咏藏诗人可分为两类情况:一类是进过藏,对西藏山川形胜、民情风物等有亲身了解和体验的。这类诗人中有驻藏大臣和琳、和宁、松筠、文干之类;有清朝在藏用兵统领军队的将领,如岳钟琪、毛振宣之流;有运输军需、解送银饷进藏的大小官员孙士毅、项应莲诸人;有进藏将领、官员的幕僚,如杨揆、王我师等人。这些人可谓是当时的“西藏通”。一类是未亲历西藏,或到过邻近内地的其他藏区,或涉猎过藏事,对西藏有所了解的。吟有咏藏诗作的尤侗、马维翰、查礼、沈叔埏、张问陶、吴省钦、方积、钱杜、夏尚志、魏源等人属于这一类。这类人当中有的对西藏历史、民族、宗教、风情颇有研究,堪称当时的“藏学家”,如魏源[2]。在阅读资料时,还发现乾隆帝弘历写有描述反击廓尔喀侵藏战事的诗作多首。作为这次保藏卫国战争的最高决策者,他的这些诗也就不是通常的“附庸风雅”之作了。

清代前期咏藏诗的诗人队伍除了上述情况外,还是一个多民族的结合体。咏藏诗人包含汉、满、蒙、回几个民族成分,还有藏族人士。在咏藏诗中发现有恭格班珠尔的两首诗,一首是他陪同孙士毅游龙王潭的记游诗,另一

[1]（清）常明、杨芳灿等纂修:《四川通志》第4册《西域》,成都:巴蜀书社,1984年,第3页。

[2]魏源著有《圣武记》,卷五专论西藏,其中有诗《复西藏》。

首是他与孙士毅的唱和:“功业文章并绝奇,前身应是戒禅师。龙华会上因缘在,乞与重题一首诗。”[1]这首七绝文字凝练,韵律流畅,可以看出其时藏族上层人士恭格班珠尔汉语言文学素养之深厚。这从一个侧面有力地反映清代前期我国统一的多民族国家的历史发展,也反映了汉藏文化交流程度之深。

(五)艺术价值较高的咏藏诗

咏藏诗不仅在题材内容和诗人队伍方面独具特色,就是在文学方面也具有一定的艺术价值。清代前期咏藏诗的诗歌体裁丰富多样。首先,古体诗方面,有四言体、古风体。古风体的诗作十分丰富,松筠的《西招纪行诗》就是古风体。还有杂言体、乐府体。乐府体的诗作更为丰富,特别是乐府体中的一种称作竹枝词[2]的体式,作品数量多且具有较高的艺术价值。其次,近体诗方面,有五绝、七绝、五律、七律,还有一种排律或称长律,孙士毅的著名诗作《甥舅会盟碑》就是这种体裁。清代咏藏诗的诗歌体裁几乎包括了古典诗歌的所有体裁。

清代咏藏诗的诗歌风格也呈现出多样性。从总体看,主要有两种:第一种是气势雄浑、诗意浓郁,刻意造奇。杨揆的《瓦合山》:“连峰百余里,溪涧互萦抱。拾级身渐高,横空断飞鸟。晶莹太古雪,山骨瘦而槁。浩浩驱长风,扑面利如爪……”[3]刻画瓦合山之“奇、高、险”。还有《自宗喀赴察木途中》:“……危坡下注忽千丈,断涧惊流晚来长。崚嶒石角大如象,岩溜舂撞殷雷响。”[4]另外,描写瀑布的佳作有果亲王的诗,1728年七世达赖喇嘛从西藏来

[1] (清)孙士毅:《百一山房赴藏诗集》,载吴丰培辑:《川藏游踪汇编》,成都:四川民族出版社,1985年,第198页。

[2] 竹枝词原是古代四川东部的民歌,经唐朝诗人改创歌词,成为乐府的一种曲名。

[3] (清)杨揆:《桐华吟馆卫藏诗稿》,载吴丰培辑:《川藏游踪汇编》,成都:四川民族出版社,1985年,第177页。

[4] 同上书,第163页。

到康区嘎达(今乾宁)惠远寺暂住,1738年清朝雍正皇帝派其弟果亲王到惠远寺看望七世达赖喇嘛,期间看见泸定头道水瀑布,赋诗道:“才过鱼通栈几重,忽看飞瀑泻高峰。天将玉乳流悬崖,入道金山傍古松。到此顿教开俗眼,坐来直欲洗尘胸。十年山水游经遍,不信奇观意外逢。”这里还有一个果亲王与明正土司之女王氏么么的爱情故事。果亲王到惠远寺看望七世达赖喇嘛后,回到康定,与明正土司之女王氏么么一见钟情,并真挚相爱,明正土司要求他留在康定,他不肯,私带王氏么么出走,走到康定以东的头道水时被明正土司派来的人追赶上,再三要求他留下,他答应就地留下。明正土司就在头道水给他们修建了衙门,并在后山岩壁上刻了“小天都”三个字。后来王氏么么生了两男,把“果”字分成甲、木二姓,大的姓甲,小的姓木,这就是后来鱼通土司姓甲,土坪土司姓木的来历。[1]果亲王是满族,但已经汉化了很多,明正土司之女是藏族,这里也反映了不同民族通婚而产生的深度文化交流的事实。

描写藏中泥石流之奇景,都是诗意浓郁、刻意造奇的佳作。奇,或由于言事,或在于命意。言事之奇,在咏藏诗中较为普遍。这种奇因为描述的是藏中的奇景异俗,本质上多半是写实,属于现实主义的艺术表现。咏藏诗中亦有命意之奇的佳诗,如孙士毅《过破碉行乱石中》:“一路悬崖塞马首,满川碎石欲西走。昨宵雨大水没足,石缝时时露星斗。马蹄踏石误踏星,倒影忽散青天青。”[2]这些诗句将大雨后骑马过碎石川的艰难历程写得“奇丽”异常,抒发了诗人的翩翩联想和昂扬情趣。这种命意造奇,常常是浪漫主义艺术表现的特征。

第二种是绮丽自然、纤秾洗练。如文干《嘉玉桥晓发经得贡喇山》:“桥下

---

[1] 参见阳昌伯著《果亲王与小天都》一文,载《康巴艺术》。

[2] (清)孙士毅:《百一山房赴藏诗集》,载吴丰培辑:《川藏游踪汇编》,成都:四川民族出版社,1985年,第198页。

春溪泻碧油，桥边山影带溪流。横溪壁立山殊峭，岩路千盘到上头。”[1]描绘了贡喇山的青山绿水，风光绮丽，典型地反映出自然洗练的风格。

清代咏藏诗在诗歌语言方面也颇具特色。比喻形象而奇特是一大特点。如孙士毅把落叶比作寒鸦，将积雪的群峰喻为万朵芙蓉；杨揆以虹、蜕骨蛇、白练比喻铁索桥，都是精彩之笔。清代咏藏诗在表达上独具的特色是音译藏字的入诗。除上文已述及的音译藏字作为诗题外，诗句中还有嵌用的，如：“曲噶（藏族民众）等风汉，那么（妇女）皆渴羌（酒）。”“各样银钱钱五分，麻丫（三分之一）竖杠（二分之一）用纷纷。”“纳然（青稞酒）通（喝）余辣辣（烧酒）加（吃），有生无熟鹿帕夏（猪肉）。”音译藏字的入诗，从语言方面润饰了藏地的特色，也表现出诗人们对藏语的了解和掌握。

咏藏古典诗歌至清代而蔚为大观，形成一个峰巅，它是诗歌在文人诗全面成熟后又经明代的全面衰落而再度兴盛的一个表现。清代咏藏诗，无论就它反映的时代生活内容，还是就它艺术上的成就，都值得去展开深入研究。

咏藏诗语言洗练、准确、形象，内涵丰厚与深沉，诗句极富韵律和节奏感，唐金鉴一首《达赖喇嘛出世行》：“春日藏文到拉里，报道达赖喇嘛出幼子；大招分遣孜仲迎，境上乌拉莫停止。俄而三队舆马来，云自曲宗及仲堆；又云哲乌孔萨司，同称敏异此三孩。陡闻佛种荟萃太凝寺，奇童最颖负天瑞；驰马恭接咸问年，半称龄三牛称四。群趋古刹居桑阿[2]，大吏大会阿弥陀；历瞻前辈供佛验遗貌，细从铃杵摇鼓认无讹。光气重重充天庭，举止大方肖其形；孺子幼小原无知，而乃赋质何秀灵。谨涓吉辰近端阳，布达拉上齐趋跄；恭叩高宗纯皇帝容前，供奉黄案焚藏香。金奔巴瓶肃枚筮，黄教一派谁其继；班禅众佛虔讽经，默祷呼半勒罕真出世。瓶深签小密而严，单一高擎信手拈；乃在那木

[1] 赵宗福选注：《历代咏藏诗选》，拉萨：西藏人民出版社，1987年，第193页。
[2] 原注：德庆寺名。

觉木多尔济[1]，策旺登柱[2]喜色添[3]。噶勒丹锡噶布伦，仰睹后身即前身；诚欢诚忭咸稽首，始知因果自有真。大吏具章呈至尊，宸衷大慰语温存；司天为择从床期，唐古特中歌鸿恩。”[4]这首诗歌，形象地反映了道光年间西藏拉里军台粮务委员唐金鉴咏清政府实施金瓶掣签，认定十一世达赖喇嘛的真实过程。当然这首诗的内容并非孤立，下面两首诗歌的内容与之相配，相得益彰，共同反映了这一重大的历史事件。道光二十一年（1841），经过金瓶掣签仪式，十一世达赖喇嘛最终得到认定。驻藏大臣孟保与班禅额尔德尼等共同商定，并经朝廷批准，决定于次年四月十六日达赖喇嘛进行坐床仪式。清政府决定派遣章嘉活佛等僧众入藏，看视十一世达赖喇嘛坐床典礼兼祝班禅额尔德尼六十寿辰，并以熬茶形式慰问僧俗大众。次年初春，唐金鉴在拉里任粮务委员，接待章嘉活佛。斯时，西行道路的积雪开始融化，道路泥泞，行进艰难，故唐氏以“勤劳奉王事，莫怕雨凄凄”诗句勉励章嘉活佛。

唐金鉴的另一首诗《前后藏遣使进京恭祝道光皇帝六十寿辰》：“九天阊阖寿星垂，光彻皇舆临远陲；趋拜冕旒万国至，藏香蔼蔼春熙熙。西方边徼唐古特，达赖喇嘛之臣称噶勒；彤廷代祝陈其义，大哈达呈丹书克长寿。画佛九轴图利玛释迦及文殊，得胜救度二母齐供奉；法座法轮文锦铺，红香黄香黑白香。银塔金瓶七宝装，定光两颗舍利子；八宝高排八吉祥，蜜蜡珊珊珠串串，彩丝结缀莲花瓣；金字佛经讽诵虔，梵声嘹亮磬声间。藏枣大若安期瓜，梭梭葡萄味孔嘉；卡契红花胜蜀产，札木札雅木碗纹无瑕[5]。庭实充，数难终，商上以下咸享献，方物如云陈下风。旋有额尔德尼遣使偕入都，珍珠押表龙墀趋；无量寿佛左右侍，鞠躬默默闻嵩呼。银白观音绿观音，满达（佛身银座）光连

---

［1］太凝寺幼佛名。

［2］佛父。

［3］佛父母，称佛公、佛母。

［4］（清）唐金鉴：《西康诗稿》，道光刻本。

［5］原注：此碗能辨食毒。

靠背金；珍奇多与前藏符，班禅上下抒忠忱。天颜览册欣输诚，轸恤西夷万里情；薄来厚往颁赐隆，远人轩舞沾恩荣。”清政府对西藏的统治方式，除政治上采取“兴黄教、明法度、立章程”外，往往以朝贡方式，在经济上积极扶植，借此加强政治的联系，“天颜览册欣输诚，轸恤西夷万里情；薄来厚往颁赐隆，远人轩舞沾恩荣”，增强西藏地方对中央政府的依附感和向心力。这首记叙前后藏遣使为道光皇帝祝寿的诗所表现的便是典型的事例。当然，朝贡的寓意远不止于此。西藏地方欲藉进贡的名义，从事并扩大与内地的贸易交往。雍正年间，清政府规定达赖喇嘛、班禅额尔德尼来使堪布，间一年轮班进贡一次，即两年一次。道光二十年（1840），道光皇帝颁布谕旨：“若仍令其每年轮班入贡，恐届时急于攒程，跋涉间关，更增劳积，殊非优体喇嘛之意。”改间一年为间二年进贡一次。[1]对于清政府的关心，达赖喇嘛、班禅额尔德尼等能够体贴与理解，“顶感皇仁报答不尽”，便藉道光皇帝六十寿辰，遣使入京祝寿。此诗便是描述这一次朝贡的缘由及贡物的内容，同时反映了达赖和班禅对道光皇帝的祝祷之虔诚和“忠忱”。

十八、汉族文学艺术在西藏的影响

（一）内地汉族戏班以及汉文化对藏戏发展的影响

据噶伦多仁·丹增班觉的《多仁班智达传》记载：“雍正元年（1723）为庆祝春节和藏历年，驻藏大臣‘衙门和查溪两地汉兵组织演出各种戏曲，还请到多仁噶伦庄园的林卡里唱戏，汉人们白天演戏，晚上燃放鞭炮，看戏看热闹的人一直到半夜才散，连楼上楼下都站得满满的’。”[2]雍正七年（1729），清廷遣色楞、延信等率军进藏对蒙古准噶尔用兵，进藏兵丁有云南、四川、陕

[1] 参见苏发祥：《清代治藏政策研究》，北京：民族出版社，2001年，第176页。
[2] 由边多译述。

西、青海、宁夏人，尤以陕西人最多。当时四川提督黄廷贵在给朝廷的奏折中云："驻藏鉴仪使周瑛抵藏后，竟于所辖兵丁中，择女乱弹者攒凑成班，各令分任脚色，以藏布制造戏衣，不时装扮歌唱，以供笑乐，甚失军容。"鉴仪使周瑛从奉命留守西藏，组班唱戏，到被革职，其间计有十个月。据《清高宗实录》一三一八卷载："清乾隆五十三年（1788）乾隆两次谕旨，指责赴藏驻军大臣庆麟让兵丁改作优伶，专职演戏，以供消遣。但谕旨中还明示：'商民演戏毋庸禁止。'拉萨'城内所驻商贾赴藏作商，唯秦晋两帮最夥'。"[1]以上两则史料，说明驻藏清兵时有组织会演内地戏曲的士兵进行演出娱乐的情况，间或也有藏族各种人来看戏，从而对西藏戏曲文化产生间接影响。

据《西府秦腔》一文记载，西府秦腔张家班在清初随军到过四川的大小金川。又据严长明著《秦云撷英小谱》记载，乾隆三十六年（1771）即小金川战事初始之年，有陕西秦中著名秦腔艺人张银花及其父张某随军远至小金川演出过。据说赴金川的陕西兵丁竟有三万余人，银花父女在金川演出长达三年，主要观众也是陕地兵丁。[2]清光绪三十四年（1908）赵尔丰于巴塘屯垦。为安抚垦民，即在部队中组织川、陕地方戏班，作演出娱乐。后他升任四川总督，所属部队撤出时，将兵垦部队变作巴塘耕民，随军戏班亦变作民间戏班。第二年赵尔丰升迁为驻藏大臣，开建西康行省，带军进驻昌都，其后军队由钟颖统领流转四千余里，最后抵拉萨，于清宣统三年（1911）离开。三年里随军的秦腔戏班时常在所到之处进行演出，剧目有《五典坡》等，戏衣不够时，还借西藏官员和贵族服装代用。以上两则史料，说明驻四川藏区的清军中有随军内地戏曲戏班在各地演出的情况，间或也有当地藏人看戏而产生文化影响。这种影响，还可以从四川的康巴藏戏和西藏昌都岗托的德格藏戏中，涉及打仗的表演就采用戏曲"武打"的形式得到证实。西藏传统藏戏中打仗的

---

[1] 杨志烈著、朱丙信编：《秦腔入藏史》，拉萨：中国戏剧家协会西藏自治区分会，1984年，第13—16页。

[2] 参见同上书，第10—12页。

表演也多少有内地戏曲“武打”的影子[1]。

另外，卓具才学的五世达赖喇嘛曾经于1652年率领三千多人的代表团赴北京觐见清顺治皇帝。他在北京和蒙古前后五个月期间，看到了不少汉、蒙古、满等各民族宫廷和民间的音乐、舞蹈、戏剧、杂技、百艺等艺术表演，受到了很大启发。他返藏后，首先十分注意扶持藏戏的发展，在他的倡导下，将完全是宗教节日的哲蚌寺雪顿节改变成为每年举行全藏性藏戏会演的艺术节；同时将他家乡的白面具藏戏班“宾顿巴”分成“扎西宾顿”和“若捏宾顿”两个戏班，都参加雪顿节演出。同时，他一方面在扩建布达拉宫及其绘制壁画的过程中，让设计和建筑及绘制人员注意吸收和运用汉地的建筑技术和绘画风格，如布达拉宫的许多金顶及其众多宫殿的斗拱、雀替和楼阁式飞檐等，以及壁画中《五世达赖喇嘛觐见顺治图》《固始汗与第司桑结嘉措图》等，涉及众多的蒙、汉民族的人物和事物，在绘画时尽量运用汉地绘画的手法。另一方面，他把从拉达克传入的颇具西域风味的歌舞加以改造，组织起了西藏地方政府唯一官营性的专业歌舞队“噶尔巴”。在他的影响下，他的“第司”（代他总理政教事务者）桑结嘉措创制了一种专门为达赖喇嘛和宫廷服务的内廷歌舞“囊玛”。

囊玛在后来的发展中，也成为民间的一种旋律婉转、动作典雅，具有深情细腻、婀娜多姿的高雅歌舞。囊玛的发展，还涉及到噶伦多仁·丹增班觉，他对藏族文化和音乐歌舞均有比较高的修养，被称为“班智达”（精通五明学的博士）。在他担任噶伦时，正值尼泊尔廓尔喀人入侵，他被任命为首席代表与尼方谈判，因未谈妥，被疑为有投降变节行为而押解北京。后经乾隆皇帝亲自审理而获释。他畅快地在“如同繁星般布满大地的北京城”[2]居留了好几个月，朝拜著名寺院，还曾找城中艺人学奏扬琴、胡琴，又学过吹笙。他回

[1] 见书前彩插图49-1。

[2] （清）丹增班觉：《多仁班智达传》，成都：四川民族出版社，2006年。

藏后，热心地把扬琴等乐器传进西藏，并将它们与西藏的“扎年”（六弦琴）、“毖旺”（藏式胡琴）等一齐组合起来，成为囊玛的伴奏乐队。根据藏学家雪康·索朗达杰介绍：多仁·丹增班觉还创作出一部分新的囊玛歌曲，而且在有些囊玛舞曲中加进了京剧的间奏曲。同时，他在藏族本身固有的舞蹈姿态和礼仪等诸种动作基础上，明显地加进了表现汉族礼仪如“作揖”等动作。他还把内地的工尺谱也带进西藏并在民间加以推广。这些戏剧、工艺美术、音乐、歌舞等艺术因受汉文化的影响而有了进一步发展，都对清代时期藏戏艺术的迅猛发展产生了一定的影响，如传统藏戏中船夫的服装背后有汉族的圆形寿字装饰。[1]

（二）汉族文学艺术对藏地的影响

清代，汉藏民族在政治、经济和文化等各个方面有了更为广泛、密切的交往，在这种交往中，两族的文学也得以互相学习，获得共同繁荣。与此同时，两族的很多文学名著通过口头的传播和文字的翻译等途径传入对方，为促进二者文学的交流和发展起到了积极作用。此外，汉族文学艺术作品在藏族地区也有所流传。在西藏有些民间艺人以说唱“甲仲”（汉族故事）而著称，他们所讲的故事有《水浒传》《三国演义》《西游记》《聊斋志异》，以及《包公案》《薛仁贵征东》等。这些讲说“甲仲”的艺人，不但受到群众的欢迎，而且还被上层人士请到家中去说唱。特别是《西游记》，不仅在口头广为流传，而且早就被译成藏文，以手抄本形式流传于社会。这个节略性译本改名为《唐僧喇嘛的故事》，全部有三十四回，包括了《西游记》中的大部分故事情节。

1696 年康熙皇帝特派扎萨喇嘛登巴色吉将一对绣有宗喀巴和五世达赖像的巨大的锦缎绣幔，送到了拉萨，作为红宫的落成赠品。为了织造这对锦幔，康熙皇帝特令建造了一座织造厂，费工一年之久，耗银一万六千余两。该

[1]　见书前彩插图 49-2、图 49-3、图 49-4。

锦幔被传为布达拉宫稀世之宝。

17世纪起流传于西藏民间的唐卡《孔子至尊图》[1]，高六十九厘米，宽四十七厘米，绣在正中的孔子像高二十二厘米，宽十六厘米，四周铺以三十二个与藏传佛教相关的图案。孔子为白发老者，身着藏式服装端坐在莲花台座上，右手执天文历算盘，左手端寿桃，背饰祥云、日月轮。画下方环绕人身兽面的十二生肖。画面下部有手写的十二句藏文，上部分是对诸神的顶礼膜拜；下部分为“孔子是天文历算始祖，无论男女，塑造或绘制孔子形象，其运气、权力将得以上升，诸方面均获成就。祈祷吉祥如意！”本来天文历算术是文成公主传入西藏的，将其归为孔子所创，系民间误传，但这反映了孔子在藏族人民心目中的崇高地位和西藏民间存在的尊孔思想，也反映了汉地儒家文化与西藏佛教文化的相互交融。

十九、汉地风俗对西藏的影响

清朝延续了每逢皇帝大寿即行赏赐蒙藏地区长寿老人做法。1791年乾隆皇帝八十大寿时，着令西藏将七十岁以上至百岁老人名单奏报。这一年卫藏地区共有一百九十二人得到赏银七百三十二两。同时颁发规定：长寿老人穿白色的长寿服，居家房顶特建飞檐斗拱房顶，以示长寿老人在此居住，使全社会尊重。这些文件清册中，长寿者的姓名、住址、年龄，都被清清楚楚地记下，完好地保存在自治区档案馆里。[2]有意思的是，至今藏区到处可以见到七十岁和八十岁的老人身穿白色长寿服，长寿服的背后刺绣上象征吉祥、

---

［1］ 唐卡《孔子至尊图》是1996年在著名收藏家叶星生“西藏民间艺术珍藏展览”筹备过程中被发现并经专家论证的。

［2］ 参见马丽华：《乾隆旧事：清朝中央政府和西藏地方关系的一段史实》，《西藏日报》1995年10月8日。

圆满和长寿的太阳和月亮徽记,以及七十或八十(当然也有七十以上或八十以上)的符号。这说明乾隆皇帝祝福长寿老人的文化影响深深扎根在西藏民间。

第三节　藏文化艺术在内地的传播及其影响

一、清代尤其推崇藏传佛教的实例

清代尤其推崇藏传佛教及其代表人物,从而促使整个藏文化艺术在内地有十分广泛的传播和巨大影响。

(一)康熙皇帝为迎接五世达赖建造天桥

由于五世达赖在那种特殊的历史背景下来到京城,无论对稳定西藏的局势,还是对整个清朝廷的巩固都有着特殊意义,因此朝廷给以特殊的重视,不但在北京专门建了一座供五世达赖驻锡的黄寺,而且按照明朝初年西藏大宝法王来朝时专门在南京建造了一座天桥的惯例,康熙皇帝为迎接五世达赖进京,别出心裁地在他入城的前门外建了一座天桥,让他从城墙的上边进城,以表示他不同凡响的大活佛的特殊身份。关于迎接五世达赖,还有一个小故事:当时康熙皇帝为了进一步表示尊重,打算出宫远迎,但是文武百官又觉得那样做有损大清皇帝的身份,最后商量的结果是,让皇帝在五世达赖进城的那天,装作外出去打猎途经南苑的样子,不期而遇,如此既达到了远迎的目的,又不失身份。

(二)乾隆皇帝迎接六世班禅前后的故事

1779 年,乾隆帝通过三世章嘉活佛召请六世班禅入觐,且"肖其所居,以资安详”,特意动用国库巨资专门为六世班禅修建了几座宏伟的寺庙。如“建西黄寺于京师”,以供班禅居住。还仿照扎什伦布寺,在承德修建了须弥福寿寺,又在避暑山庄仿照布达拉宫修建了普陀宗乘之庙。在皇家园林颐和园内还有一座“松堂”(亦称“须弥灵境”),代表着藏传佛教宇宙观四大部洲八小洲的独特红台、白台和四色喇嘛塔建筑,总让仰望观瞻者为之振奋,再加上依山势而起的高高红色雕墙上的藏式盲窗,给人以一种如身临藏族地区寺院圣地的肃穆神秘之感。此外,乾隆帝在北京香山修建了“昭庙”,即香山脚下的班禅行宫,供六世班禅夏季居住。依照惯例,西藏高级宗教人士来京,一般住在当年五世达赖住过的黄寺,但是六世班禅进京时正值盛夏酷暑,乾隆皇帝担心他耐不住内地的高温,因此体贴地选择了北京最凉爽的香山,为他建造了一座藏传佛教寺庙——“昭庙”。高高耸立的佛塔下,绿树掩映中,一座红墙寺院特别引人注目:门前的琉璃牌坊气魄雄伟而华丽,上面书写着藏文,砖雕式红墙上镶嵌着一扇扇像眼睛似的盲窗……如此种种,都散发着浓郁的藏传佛教寺院气息。昭庙内至今还保存着乾隆皇帝的御笔碑铭,向人们叙述当年六世班禅进京、朝廷隆重迎接的盛事。1751 年,乾隆之母孝感皇太后六十大寿,乾隆帝为祝寿改北京西郊瓮山为万寿山,在山前建大报恩延寿寺,在山后建喇嘛寺院,并依据雍和宫的制度征集蒙古各旗的僧人来此诵经学法,大国师章嘉还专门为之举行了开光仪式。这样,藏传佛教在京城,从官员到百姓几乎都深入人心。

综观历史,清朝前期的民族政策在我国历代中央王朝中是最成功的,一方面,对蒙藏地区施行了有效的统治和管理;另一方面,有清一代对藏族传统佛教文化的推崇及其在内地的传播,以及藏汉文化艺术的交流,不仅做了大量深入细致的工作,而且确实做出了巨大贡献。

二、从避暑山庄乾隆御制诗看清朝民族宗教政策及其文化交流意义

据《热河志》统计,清朝有关避暑山庄御制诗约四千五百首。其中乾隆

御制诗占百分之九十五左右。其类别可分为:行宫诗、巡典诗、徕远诗、围场诗、寺庙诗。按内容可分为叙事咏史和写景抒情两大部分。不论在清代帝王或在历代帝王中,乾隆都是写诗最多的一个。他一生写诗四万二千二百五十首,其诗作之多,有史以来,首屈一指。乾隆避暑山庄御制诗突出的特点是附有长长的序文和注释,这些序文和注释或胪陈史实,或解释典故,或说明诗意,是我们研究避暑山庄的重要资料。有的可以补充档案、官书之不足。从中可以看见乾隆对国内民族宗教的态度。

乾隆在外八庙的题诗仅《热河志》中记载的有四十九首,时间自乾隆十九年(1754)至乾隆四十七年(1782)。其中,溥仁寺十五首、普宁寺四首、普乐寺一首、安远庙四首、普陀宗乘庙六首、殊像寺九首、广安寺四首、罗汉堂二首、须弥福寿庙四首。这些诗多为叙事抒情而作,如《六月望日溥仁寺瞻礼因阅稼》《普宁寺观佛事》《安远庙瞻礼书事》《渡河诣普乐寺瞻礼》《普陀宗乘庙落成拈香得句》《普陀宗乘庙即景》《普陀宗乘庙即事》《瞻礼普陀宗乘庙因题》《布达拉瞻礼有作》《殊像寺落成瞻礼即事成什》《广安寺瞻礼六韵》《题罗汉堂》《扎什伦布庙落成纪事》《再题扎什伦布庙》《扎什伦布再叠庚子韵》等。

提及重大历史事件的诗作,如乾隆于四十五年(1780)创作的《扎什伦布庙落成纪事》:“华言福寿等须弥,建以班禅来祝厘。旧例已遥遵顺治,新工犹近比康熙。”此诗注中说:“今年(1780)班禅额尔德尼来热河为余祝七旬万寿,因仿后藏班禅所居庙式特建此寺。”“谓西黄寺因五辈达赖喇嘛于顺治年间来京特敕建寺居之。”西黄寺位于北京朝阳区安定门外西北黄寺路,清顺治九年(1652)建,为西藏达赖和班禅来京的驻锡之所。由此可见,清朝统治者总结了元朝曲庇喇嘛的历史教训,告诫子孙对黄教绝不可曲庇谄敬,才能避免重蹈元朝亡国的覆辙。

早在崇德四年(1639),皇太极致书图白忒汗时曾说:“自古释氏所制经典,宜于流布,朕不欲其泯绝不传,故特遣使延致高僧宣扬法教。”又在致书掌佛法大喇嘛时说:“朕不忍古来经典泯绝不传,故特遣使延致高僧,宣扬佛教,利益众生。”皇太极的子孙谨遵此训，极力推崇喇嘛教，而黄教教徒对清政府也表现得十分忠诚。乾隆四十五年（1780），乾隆帝仿西藏的扎什伦布寺为班禅修建了班禅行宫，并对班禅一行极为关心，他在《再题扎什伦布庙》诗中写道：“班禅辎重先云至，夏季生衣预沛恩……”诗注中说：“班禅额尔德尼昨遣喇穆占巴四人并喇穆随从五十余人赍送辎重先至热河，因即以扎什伦布旁舍居之。”由于喇穆占巴等自后藏来，时已是夏季，可他们还穿着毡毳做的衣服，因此乾隆帝曾赐“纱葛银两药物”以表示对他们的关心。班禅等跋涉万里，历尽艰辛，于七月二十一日到达避暑山庄，不期只几个月就因出天花示寂于北京的西黄寺。1781年，乾隆帝在《扎什伦布寺叠去岁韵》诗中写道：“寺图后藏奉阿弥，福寿如山自兆厘。本拟来宗阐法教，那期入寂示恬熙。灭生原不拘三乘，规律犹然贻一枝……”诗注中说：“班禅额尔德尼于庚子（1780）七月来觐山庄。拟以次年春送还后藏，不期于十一月示寂于黄寺。”“上岁班禅额尔德尼住此，曾留其高徒罗卜藏敦珠布带领班第二十人在庙住持，传习后藏经律，因派此地喇嘛百八十名随从学习。今岁临幸扎什伦布见习经律，诸喇嘛俱渐次娴熟。虽班禅示寂，而宣扬黄教规律常存，实亦去来如一也。”这段注文非常明确地阐明班禅虽已示寂，但宣扬黄教的意义是永存的。[1]

三、北京雍和宫在内地与西藏文化交流中的作用

北京雍和宫是一座至今保存完好的藏传佛教寺院，建于1744年。清代，藏传佛教格鲁派（即黄教）受到皇室的格外优崇。顺治和康熙先后册封了达赖喇嘛和班禅额尔德尼，尊崇他们为整个藏区的宗教领袖，支持格鲁派在西藏建立基本统一的地方政权。在北京，顺治帝为五世达赖晋京新建了西黄寺；

［1］参见张书敏：《从承德外八庙的乾隆御制诗看清政府的民族、宗教政策》，《西藏研究》1995年第4期。

康熙帝先后召请几位藏族高僧常住北京，讲经传法，其中曾经师从于五世达赖的章嘉呼图克图（第二世），还被封为清朝唯一的国师，受赐黄伞、黄车，经常奉召进宫应对。雍正皇帝在当亲王时，就笃信佛教，经常与章嘉一起谈经论道。乾隆帝继位后一直重视“弘扬佛法”，他鉴于京城没有传授黄教经典、仪轨的场所，征询三世章嘉活佛若必多吉的意见后，将雍正帝原来的藩邸改建成了佛殿、经堂齐全的藏传佛教寺庙雍和宫。

整座寺院仍以旧雍和宫为轮廓，而大殿、门窗布饰参照藏式。它的前半部稀疏开阔，仅有影壁和几座牌楼，门、楼、亭点缀其间；后半部则建筑物密集，飞檐重阁，纵横交错。从钟楼、鼓楼、碑亭到各个配殿，都是严格按照南北中轴线建造相互对称，外形庄严。而寺院各殿，由南至北采取阶梯形逐渐升高，这就更加显示出雍和宫的宗教气氛。主要建筑有：影壁、牌坊、碑亭、天王殿（雍和门）、正殿（雍和宫）、永佑殿、法轮殿、万福阁。其中法轮殿平面呈“十”字形，屋顶设有五座小阁，阁上设小型喇嘛塔，具有鲜明的藏传佛教艺术风格。万福阁是全宫最高大的建筑物，黄琉璃瓦歇山顶，高三层，其东西两侧各有一座二层楼阁，三阁之间用两座阁道连接，为我国木构古建筑的杰作，按藏传佛教设四个扎仓，住持等依清廷规定由西藏选送。内有高达二十六米（地面上十八米）的旃檀木雕弥勒像和宗喀巴铜像等藏传佛教文物，为全国重点寺院和全国重点文物保护单位。

雍和宫建成后，乾隆帝赐名“噶丹敬恰林”（汉意为兜率壮丽洲），由章嘉佛和赤钦佛率领僧众举行了隆重的开光典礼。雍和宫有三绝，名贯古今中外。一绝是“万福阁”中十八米高的整棵白檀木雕成的“弥勒佛”。弥勒佛是三世佛中的未来佛，梵文名“迈达拉”，藏文名“强巴佛”，汉文名“慈氏佛”。二绝是“法轮殿”中大型雕塑五百罗汉山，此山是名贵的紫檀木所雕，而置于山上五百罗汉分别是由金、银、铜、铁、锡铸成，这些罗汉造型生动，精巧而别致，再现《般若经》之情景。三绝是“照佛楼”中金丝楠木佛龛及所供奉的释迦牟尼佛站立着，身衣上有水纹流动特点的“照佛”。这尊佛像之所以名贵并称为

"照佛",在三世章嘉撰《汉地照佛像释》一文中有所说明:"释迦佛为超度生母和进行'夏住'(佛认为夏季虫蚁活动频繁,出门多会踏死、踏伤众多生命,故要求佛门子弟在夏季时间闭门静坐不外出)而莅临神界三十三天时,国王乌扎稚请求佛能允予塑造一佛之等身像,以使该像长供久奉。佛体光芒四射,耀眼夺目。众工匠难以睁眼仰望佛之全身而塑像,于是,佛自己走到一大河边,立在岸上,身影映照在水中,众工匠依水中倒影塑起了一尊佛之身像,并且像的衣服上还塑有明晰的流动水纹。像塑成之后,由释迦牟尼佛亲自为之开光、加持,故灵异无比。此后,佛预见到东土汉地乃佛法弘扬之地,于是,手摸旃檀'照佛'头顶曰:'吾示寂千年之后,为兴扬佛法,普度众生,尔宜前往东土汉地安禅。'这样,这尊旃檀'照佛'便由天竺印度莅临东土汉地焉。"三世章嘉的这段说明,便是衣有水纹的"照佛"以及此旃檀"照佛"前来东土汉地的缘由。看来此像成后,为显示此佛像之灵异,很可能是塑像者们以丰富大胆的想象把此塑像同释迦佛像沟通在一起,说此像是释迦佛亲自派到东土汉地普度众生,弘扬佛法来的,从而描绘出一个出神入化的佳话。释迦牟尼亲自派遣旃檀"照佛"前来东土汉地,把中国的佛教同印度的释迦牟尼佛直接连在一起,这是多么美妙多么传神的千古佳话,特别是到了18世纪,由藏族的一代鼎鼎大名活佛国师章嘉三世用藏文再传给世人,更属难能可贵。现在雍和宫中的"照佛",相传是乾隆皇帝的母亲纽祜禄氏所奉,乃铜铸"照佛",可能是清代时期依循上述故事再塑的。不论是久远所雕的旃檀"照佛",还是后世再铸的青铜"照佛",都被认为是体现释迦牟尼佛对中国佛教的直接关注,是佛的替身,是佛使。对于这样一尊特殊珍贵的佛像,不论从宗教的角度,还是文化的角度,都应被予以殊礼尊崇。释迦牟尼佛替身前来东土的"照佛"在雍和宫已安禅数百年,它和配以金丝楠木的佛龛确实是雍和宫之一绝。[1]

寺庙按照皇帝的意图从蒙古和汉藏地区选拔了五百名聪慧的年轻僧人,

---

[1] 参见张德新:《北京雍和宫的"照佛"》,《中国西藏》1996年第5期。

又遵照皇帝“各扎仓的喇嘛和教习的格西,由西藏派遣”的谕令,由达赖喇嘛和班禅额尔德尼从西藏四大寺、上下密院中选派学问经典好的喇嘛充任“四学”(经院)堪布和教习。清高宗乾隆的这种宗教虔诚是寓有“安定社稷”之目的的,在他晚年所撰的《喇嘛说》中,对此做过系统的阐述,概括说来就是“兴黄教即所以安众蒙古”。雍和宫在内地众多藏传佛教寺庙中,居于特别重要的地位。这一方面是因为这里集中了蒙古和甘青等地各部落的僧徒,又有西藏派来传授真经的教习,从而可使正宗的黄教在内地和蒙古得以广布,同时因此又吸引了众多朝拜的信徒。因此,它就成了联系蒙藏地区广大人民的一个重要枢纽。再一方面,因其居于“天子脚下”,又是由皇家藩邸、家庙改建的,所以寺庙事务经常受到皇帝亲自过问。在相当长的时间内,皇帝把这座寺庙看作是藏传佛教乃至西藏政教首领的代表机构,利用它作为与西藏达赖喇嘛沟通的另一渠道。从寺庙初建起,这里除常住北京的章嘉国师外,还经常有几位政教地位颇高的西藏活佛、喇嘛在此留住,如前后两世济隆呼图克图、两世噶勒丹锡呼图禅师(额尔德尼诺门罕)均住此多年,与章嘉活佛一起讲经传法。他们还时常为达赖喇嘛与皇帝间传递信息,皇帝也把他们视作身边亲信,甚至直接派到拉萨“掌办商上事务”(即摄政)。例如乾隆四十二年(1777)八世达赖的摄政、第六世第穆呼图克图圆寂,皇帝即派噶勒丹锡呼图阿旺楚村提木前往署理。乾隆五十四年(1789)又派住在雍和宫的济隆呼图克图前往西藏协助八世达赖办事,一年后再派噶勒丹锡呼图禅师二次入藏,代替济隆“帮同达赖喇嘛办事”,任职一年后在藏圆寂。噶勒丹锡呼图在雍和宫任事多年,深得乾隆皇帝赏识,获得两次出任西藏摄政的殊荣,后世把他和他的转世称为策墨林呼图克图,与第穆、济隆、热振并称为四大呼图克图。事隔二十八年以后,原九世达赖的摄政、第七世第穆呼图克图圆寂,策墨林的转世阿旺扎木巴勒齐木又被皇帝从雍和宫派去拉萨,“接办商上事务”,到职后他参与主持十世达赖掣签选认,并被任命为十世达赖的经师和摄政。

以上说明，雍和宫在内地与西藏的文化艺术交流中确实发挥了巨大作用。

四、从乾隆皇帝与六世班禅的亲密交往中看汉藏文化艺术的交流融合

（一）乾隆始终特别隆重接待六世班禅

乾隆四十五年（1780）七月，是乾隆皇帝七十一岁大寿。西藏的六世班禅为了给乾隆皇帝祝寿及其他政治原因，不远万里专程从西藏赴北京，对加强西藏与祖国的关系做出了卓越的贡献，受到了以乾隆皇帝为首的清朝官员和广大人士的热烈欢迎。

据藏文史料记载，乾隆皇帝为了使六世班禅到内地之后没有离乡之感，专门为他兴建了几座宏伟的寺庙。例如，仿照六世班禅在西藏日喀则常年居住的扎什伦布寺，在承德也建起了一座扎什伦布寺，即须弥福寿寺。此外，在北京香山还为他修建了昭庙，供六世班禅夏季居住（冬季居住在西黄寺）。昭庙建成后，乾隆皇帝又为该寺亲笔写了碑文，其内容是："既建须弥福寿寺于热河，复建昭庙于香山之静园，以班禅远来祝厘之诚可嘉，且以示我中华之兴黄教也。"[1]

六世班禅在京患天花，乾隆皇帝闻奏，彻夜难眠，凌晨即到西黄寺探望，不但立即谕御医为其诊治，而且还拨二千零三十四两白银布施各寺，祈福禳灾。六世班禅不幸病逝之后，乾隆皇帝更是悲痛万分，次日凌晨见班禅遗容，泪流满面，大叫"朕之喇嘛啊！"竟然昏厥过去，苏醒后说："（班禅）笃诚远来，并未能平安回藏，朕心实为悼惜。"为了追悼六世班禅，曾在西黄寺祭祀百日。

---

［1］土观·洛桑却吉尼玛：《章嘉国师若必多吉传》，陈庆英、马连龙译，北京：民族出版社，1988年。

据《六世班禅传》记载，当时，上至乾隆，下至王公大臣，西宁、兰州等西北五府，北京雍和宫、妙应寺等大寺院和西藏、青海、热河、蒙古等地寺院以及各族官员百姓纷纷致哀，所献金、银、珠宝祭品，加上沿途所得礼物，总计折合白银十一万余两。1781 年班禅灵柩自京启运西藏时，乾隆皇帝亲至西黄寺拈香祭送，并特命理藩院尚书傅清额等护送，直至西藏扎什伦布寺。

（二）乾隆皇帝与六世班禅亲密交往的文物

乾隆帝对班禅入朝极为重视，给予很高的评价与丰厚的赏赐，对班禅的不幸圆寂深表痛惜悼念，因此故宫中保存了大量与六世班禅有关的文物，件件文物传达给人们真切的历史文化信息，也是汉藏文化艺术交流融合的物证。

1. 西黄寺内“清净化城塔”[1]

班禅圆寂后，乾隆皇帝为其建立了“清净化城塔”，塔内葬有六世班禅大师的经咒衣履等物，故也称“六世班禅塔”。该塔建筑群由牌楼、护塔兽、金刚宝座、五塔和东西碑亭组成。塔前牌楼呈屋宇式，开有三门，全部以汉白玉建成。中门外侧楹联为“香界吉云开佛日辉悬恒普照；法轮圆镜转智珠朗印妙同参”，横额为“慧因最上”。左右二门外侧雕饰藏传佛教“八瑞相”；三门之上浮雕相同，均为上下两幅，是汉族的吉祥图案，上为“二龙戏珠”图，下为“二凤腾云”图，取“龙凤呈祥”之意。中门内联为“象教演浮提常住因缘万归一；鹫光印乾竺大乘示现幻皆真”，横额为“妙谛真空”。塔后牌楼中门内联为“圆满证前身无量人天足喜欢；光明呈宝地总持龙象护庄严”，外联为“水月映禅心金粟影临清净地；露珠明法镜妙云现吉祥光”，横额“华严海会”。塔前还有东西碑亭，西碑亭内立有乾隆御书《写寿班禅圣僧并赞》诗歌以及“祈寿长椿图”碑。东碑亭内便是著名的乾隆御书《清净化城塔记》碑，以汉、满

[1] 见书前彩插图 50。

(正面)、蒙、藏(背面)四种文字刻于碑上,被称为“四体文书”。

清净化城塔,是藏、汉、印佛教建筑艺术的完美结合,其主体结构与形制是我国藏传佛教塔式样,而整个结构及总体布局则是采取了印度菩提伽耶式,其花纹装饰和图案造型以及楹联和横额则多为汉族艺术的传统手法。这种三位一体融汇诸家艺术风格的建筑形式,为我国清代佛塔建筑艺术的杰作。[1]

2. 班禅画像

画像为大幅的西藏唐卡形式,通高一百八十九厘米,宽一百零三厘米,画心纵一百一十七厘米,横六十七厘米,用富丽堂皇的大红底,勾莲织金缎装裱。画幅正中六世班禅大师结跏趺端坐在雕龙扶手椅上,身着清代官服,内穿黄蟒袍,外罩黄八团龙褂,胸前挂朝珠,斜披红帛,头戴黑皮边冬冠,面容安详慈善,右手做说法印,左手托宝瓶。宝座周围点染青山绿水。天空漂浮着五彩祥云,祥云正中端坐无量寿佛,左侧是密教主尊大威德金刚,右边是黄教祖师。下方地界中央画六臂永保护法,左为降阎魔尊,右为吉祥天母。画像装潢华丽,笔法精细。像背后用黄绸作衬,下部贴一方白绫,上面用汉满蒙藏四体文字书写题记:“乾隆四十五年七月二十一日,圣僧班禅额尔德尼自后藏来觐,上命画院供奉绘像留弆,永崇信奉,以证真如!”这是班禅大师万里东行到达热河后,乾隆皇帝命画院画师参照西藏唐卡画法,根据大师本人形象作的写实肖像。六世班禅额尔德尼是清代西藏重要的宗教领袖,法名罗桑巴丹益西(又作洛桑巴丹益希),藏历第十二饶迥土马年(乾隆三年,1738年)十一月十一日,生于后藏南木林宗扎西孜地方,乾隆五年他三岁时被认定为五世班禅的转世灵童。乾隆六年(1741)六月初四在扎什伦布寺坐床,继任为六世班禅。他一生为维护祖国统一,做出了重要贡献。乾隆二十二年(1757)七世达赖喇嘛圆寂后,在奉钦命入藏办事的章嘉国师的支持下,由

---

[1] 参见李德成:《清净化城塔与〈清净化城塔记〉》,《中国西藏》1994年第5期。

他认定了绛边嘉措为八世达赖，并尽心培养，在八世达赖成年后，与之很好地合作，使得西藏在七世达赖喇嘛圆寂后外敌觊觎、内部矛盾加剧的情况下能保持稳定，此中六世班禅起了重要作用。他拒绝英国人入藏通商、签约的要求，保卫了国家主权。乾隆四十四年(1779)赴京朝觐，达到了他一生事业的顶峰。

有关这幅班禅像，内务府档案记载："乾隆四十五年(1780)七月二十六日，太监额鲁里传旨，着舒文转传与全德，将画画人陆灿派人送进京来，务于九月尽十月初间到京，预备画班禅额尔德尼像，钦此。""乾隆四十五年十月三十日，管理造办处事物大臣舒文奉旨：着亲身带陆灿至西黄寺画班禅像。"[1]《六世班禅洛桑巴丹益希传》中也有相关细节记载："十月五日上午，乾隆皇帝派工匠总管苏(舒文)大臣送来上等哈达等礼品，及珠宝雕饰之御带，苏大臣对大师说：'我时常虔诚供佛，为雕刻班禅额尔德尼像，特来请问班禅额尔德尼像如何？江南一位优秀画家奉旨前来向您问画，但因所画身形过大，未敢启口，待后再问。'大师等人听后笑了，赏赐了大臣与画家，并回奏皇帝，当时，画家绘画了强佐与司膳堪布画像。"[2]

当时乾隆帝指示画家绘制了多幅班禅像，除此官装像外，还有僧装像(现存故宫)。画家陆灿十月三十日给班禅画像后两日，十一月初二，班禅就在西黄寺不幸圆寂了。可贵的是，画家给我们留下了班禅大师的珍贵仪容。此后，为永久纪念班禅，乾隆帝下旨在宫内外挂班禅画像。"乾隆四十六年(1781)二月初十日，将班禅画像四张交里边打得结子呈览，奉旨：画像四张具不必在佛箱收供，一轴配红木插盖匣一件，交中正殿西配楼安供，其余三轴，在法源

[1] 中国第一历史档案馆、中国藏学研究中心合编：《六世班禅朝觐档案选编》，北京：中国藏学出版社，1996年。

[2] 嘉木央·久麦旺波：《六世班禅洛桑巴丹益希传》，许得存、卓永强译，拉萨：西藏人民出版社，1990年，第528页。

楼、热河紫浮、须弥福寿之庙各安挂一轴，钦此。”[1]

3. 班禅奏书

班禅奏书，收藏在一个棕色描金花皮匣中，当年乾隆帝不是作为一般档案保存，而是作为历史纪念精心保藏在雨花阁佛堂内。匣内有奏书原件和满文、汉文两种译本，及藏文经两部，两部经为墨字两面书写在厚实的藏纸上，共计四十六页，其中一部经的汉文意思是“请皇帝住世文”即祈祷皇帝长寿，经名为《无畏狮子吼》。经的结尾写道：“天皇四十五岁（即乾隆四十五年）十月上旬吉祥日专心写，班禅。”另一部经为《薄伽梵白伞盖佛母成就悉地甘露瓶仪轨经》。奏书宽七十五厘米，长四百五十厘米，用金、墨书写在颜色稍黄的藏纸上，藏文草书体，写得流畅而又工整，富有艺术美感，凡涉及皇帝处用金字，奏书末尾盖朱红“敕封班禅额尔德尼之宝”大印。汉文满文译本，是黄绫面奏折，黄纸墨书。

奏书汉文译本，开头是五言诗：“无量功德佛，身居十二宫。现八十种相，种种皆圆满。”接着赞颂乾隆皇帝是文殊菩萨化身：“曼殊师利佛，现化圣帝身，抚育四大部洲，一切众生安稳快乐，……鸿布宗喀巴法乘，一切诸魔罗具以大威力降伏，为世界中稀有功德，曼殊师利大皇帝宝座上，时有天龙拥护永远巩固，如恒河沙数无量无边，长以大慈愿海普度众生，众生皆归仁寿，三千大千世界合口赞颂无量圣寿各大欢喜。臣僧敕封班禅额尔德尼，恭进哈达一个，系五彩哈达嵌松石金满达一具，大摄受嵌宝石银座具三十四世相金释迦牟尼佛一尊……”奏书结尾以恭进礼品单结束。六世班禅以佛教语言表达了西藏各界对乾隆皇帝的美好赞颂与祝愿。

[1] 中国第一历史档案馆、中国藏学研究中心合编：《六世班禅朝觐档案选编》，北京：中国藏学出版社，1996年。

4. 班禅马鞍

马鞍是六世班禅亲乘的马鞍，马鞍的鞍桥为铁镀金质地，用铁铸造而成，镂空雕錾出龙纹、杂宝图案，表层镏金，玲珑剔透金光闪烁。连两只马镫也镂空雕錾花纹镏金。鞍垫用明黄织金缎，上绣云龙，用料考究，工艺精美。鞍上拴当年留下的黄纸签，上书："乾隆四十五年（1780）七月二十六日，班禅额尔德尼进铁镀金玲珑马鞍一副。"还拴一羊皮条上书："仁宗睿皇帝御用镀金鞍一副嘉庆十年恭贮。"由此可知，乾隆帝又将此鞍赐给了嘉庆帝，作为嘉庆的御用鞍珍藏下来。根据档案记录，这是班禅到达热河第一次与乾隆帝见面进献的大量礼物中的一件："乾隆四十五年七月二十一日，班禅等瞻天颜进佛交佛堂。哈达交自鸣钟。曼达交佛堂。珊瑚琥珀数珠交外库，金交广储司。……马鞍一副交武备院，马交上驷院九匹，交察哈尔喂养九百九十一匹。班禅恭进哈达一个，拴五色哈达镀金银曼达一个。金宗喀巴佛一尊，连嵌宝石座靠。立像扎什利玛释迦牟尼佛八尊。珊瑚数珠一串，一百零八颗。琥珀数珠一百零八颗。金一千两，内有自成螺形一百两重金一块。黄毡一个。各色氆氇九十个。粗香一百五十束。细香一百五十束。冰糖一匣。藏枣一匣。藏杏一匣。班禅在扎什伦布本身骑连鞍马一匹，马八匹，马九百九十一匹，此项现交察哈尔都统常青处喂养。"[1]

班禅进献的礼品极贵重，不仅有珍贵佛像和土产，还有骏马一千匹，其内有九匹是班禅在扎什伦布寺亲乘，一匹是全鞍马。当年班禅骑着马，东渡通天河，翻越雪山，横穿戈壁沙漠，跋山涉水就使用的这副马鞍，它伴随着班禅征程万里到达热河，完成了东行的使命，最终进入皇宫又成为皇帝的御用鞍，确实是不同凡响的历史证物。当年乾隆帝就对它十分重视，内务档案中记载："乾隆四十五年九月二十二日，员外郎五德，催长大达色、金江来说：太监鄂鲁里交黄片金鞍笼一块，传旨：着交苏州织造全德，照样织造二匹送来，钦此。

[1] 见中国第一历史档案馆《民族进单》1443号。

于四十六年正月二十六日，将苏州送到黄片金二匹，随鞍笼一块交太监额鲁里呈进，片金交内库，鞍笼带往热河，在班禅进鞍子上用讫。”[1]

5. 乾隆御笔写寿娑罗树并赞与为六世班禅所画之像

乾隆四十五年（1780）十一月，为庆祝六世班禅额尔德尼寿辰乾隆亲笔作《乾隆御笔写寿娑罗树并赞》。这幅墨画，纵二百零四厘米，横九十厘米，上方分别为汉、藏、满、蒙四种文字书赞，每段都有“乾隆”御印。书赞内容为：“梵域娑罗，震旦交让，生同大椿，其寿无量。毗舍浮佛，七佛之三，树下得道，心境示参。毗舍浮佛偈日：前境若无心亦无。圣僧西来，宣扬黄教，恰值寿辰，慧日普照。写此灵根，用延遐算，七叶纷敷，千龄曼衍。泥日法会，荼毗应身，非一非二，化被无垠。乾隆庚子仲冬上浣御笔写寿班禅圣僧并赞。”这是六世班禅进京献寿重大历史事件以及清中央政府与西藏宗教领袖间亲密关系的实物见证，具有重大的文物价值。乾隆皇帝还为六世班禅寿辰绘画了肖像。

6. 班禅影堂

乾隆四十五年十月二十八日，侍膳官发现了班禅大师手心脚心显现红疹，怀疑是天花，立即奏明皇帝。十月二十九日凌晨，乾隆帝亲至西黄寺班禅病榻前探视，并立即派御医来诊治，然而药石无效，班禅至十一月初二圆寂。翌日皇帝亲率众臣来西黄寺吊唁。班禅的圆寂太出乎乾隆的预料，他在十一月初三的上谕中说：“班禅额尔德尼为朕之七十寿辰，去年自扎什伦布起行，一路平安，途经之处，蒙古王公、扎萨克等，均皆筵宴，极为欣喜，于塔尔寺过冬。本年七月抵达热河朝觐，七月二十四日朕以首次朝觐礼，在避暑山庄万树园盛筵宴赏。万寿之日，班禅额尔德尼亲率众徒在内佛堂念经。八月十九日，又宴赏。热河众喇嘛聆听讲经，内外扎萨克、喀尔喀、土尔扈特、杜

[1] 中国第一历史档案馆、中国藏学研究中心合编：《六世班禅朝觐档案选编》，北京：中国藏学出版社，1996年。

尔伯特蒙古王公、扎萨克、台吉等，前来献礼叩拜。九月抵京时，众喇嘛及数千和尚等跪迎。伊随后游览海子、内廷、圆明园、香山、万寿山等处。十月初三日在保和殿赐宴赏赉。又往弘仁寺、雍和宫传法，敷演黄教，造福众生。十月二十九日朕闻班禅额尔德尼发烧身感不适，当即派医诊视，方知出痘，十一月初一日朕亲临探视，喇嘛甚喜，尚甚健谈，初二日病情骤变，入夜圆寂。朕闻之甚是震悼，即赴西黄寺拈香，喇嘛本性虽来去如一，猝然圆寂，实出朕之意外，于心极为不忍，不胜哀伤。原拟为庆贺喇嘛诞辰赐赏镶珠金玉物件，特派大臣赉往，交付强佐、岁本等，仍行赏与喇嘛。今为喇嘛圆寂善后事，上银五千两，妆缎、蟒缎、各色大缎二十匹，官用缎一百匹，大哈达二十方。并饬该处速造金塔，安奉班禅额尔德尼法体，罩以垂帐柩布，供于西黄寺殿内，召集京城各寺喇嘛诵经百日。”[1]

乾隆四十六年（1781）二月二十三日，班禅舍利金龛送往西藏，乾隆帝亲诣西黄寺拈香送行。为缅怀班禅，乾隆帝下旨在西黄寺西侧修建清净化城塔院。鲜为人知的是，在紫禁城中乾隆为班禅设立了影堂（纪念堂），在雨花阁西配楼。这是一座二层小楼，坐西朝东，面阔三间，进深一间。内中供奉着六世班禅的银塑像、画像和他的生前遗物。自乾隆四十六年起直到清末一直香火未断。根据清宫廷《宣统二年雨花阁西配楼陈设档》记载："楼上明间三面墙挂供墨刻班禅额尔德尼源流十三轴。楼下明间安设紫檀案二张，上供银间镀金班禅额尔德尼一尊，重六百二十七两六钱，上嵌舍利珠一颗，穿黄金片衣二件。红皮匣子一个，内供班禅罗布藏巴尔丹依什祈祷速转胡秘尔汉经一本，白纸墨西番字。丹书克经一本，磁青纸泥金西番字，金欢门上嵌小正珠九十七颗，班禅源流经二本，白纸墨西番字。画像班禅额尔德尼一轴。”[2]

雨花阁的西配殿是六世班禅影堂，东配殿是三世章嘉影堂，乾隆把这两

---

［1］ 中国第一历史档案馆、中国藏学研究中心合编：《六世班禅朝觐档案选编》，北京：中国藏学出版社，1996年。

［2］ 见故宫博物馆图书馆《宣统二年雨花阁西配楼陈设档》。

位为国家做出贡献的高僧遗像遗物供奉在宫内，世世代代纪念，表达对他们的尊敬与怀念，是发自内心的诚挚情意，因为这里是皇帝拜佛之处，外人不能踏入一步的宫廷禁地。

五、章嘉活佛对传播藏传佛教的贡献

（一）章嘉活佛与乾隆皇帝

章嘉活佛，是清代备受中央朝廷尊崇的藏传佛教四大活佛之一，康熙二十五年（1686）二世章嘉阿旺罗桑曲丹随师阿旺罗桑嘉措奉命去蒙古调解扎萨克图汗与土谢图汗的纠纷有功，受到康熙帝嘉奖，是为章嘉活佛系统与清廷直接联系之始。康熙四十五年（1706）章嘉因功被封为"灌顶普惠广慈大国师"，赐金册、玉印，常驻北京嵩祝寺和多论诺尔的汇宗寺。康熙帝面谕二世章嘉："蒙古各旗奉法，均尔一人之力，黄教之事，由藏东向，均归尔一人掌管。"自此，章嘉成为格鲁派在蒙古地区的最高教主，与达赖、班禅和蒙古的哲布尊丹巴并称为黄教"四圣"，分管京城与蒙古地区的宗教事务。

三世章嘉活佛若必多吉[1]，生于甘肃凉州（今武威）的一位牧民家。其父名叫古茹丹增，是土族人，原是青海湟水流域祈土司的属民，后举家迁移凉州放牧，落籍贯于藏族部落。在他刚出生时，佑宁寺正在寻找二世章嘉活佛的转世，发现了他这个灵异婴儿，被认定为灵童，于康熙五十九年（1720）进寺坐床。七岁进京，直至逝世一直在朝廷供职。由于他在朝时间长达几十年，是康乾盛世中乾隆执政时的国师，而他本人聪明好学，才能过人，又与乾隆皇帝私交甚笃，因此他一生中参与解决了当时的许多民族宗教问题。于雍正十二年（1734）被封为"灌顶普惠广慈大国师"，受赐银印封册；乾隆元

[1] 见书前彩插图51。

年(1736)赐给管理京师寺庙喇嘛扎萨克大喇嘛印;乾隆十六年(1751)再赐“振兴黄教大慈大国师”之印。若必多吉是西藏佛教史上最出名的学者之一,他懂汉、藏、蒙、满等多种文字,博通佛典群籍,著书立说、翻译经典约计有一百七十多种,为各民族的文化交流做出了不朽的贡献。

1. 章嘉设计指导佛寺兴建

在乾隆年间,章嘉国师经常参与佛寺兴建工程。“有一天,乾隆皇帝问章嘉:在西藏为佛教建有广大功业的杰出人物有哪些?他们的主要功绩如何?章嘉国师一一详细列举,其中讲到大译师仁钦桑波创建托林寺,寺内正殿有四层,内设四续部佛众的立体坛城的情况……大皇帝说:在朕的京城中也要建一座那样的佛殿。于是,由章嘉国师负责,在京城右方建起了一座四层金顶佛殿,内置四续部佛众的塑像;顶层殿内塑有密集像,第三层殿内塑有大日如来佛像,底层殿内作为各扎仓僧众念诵三重三昧耶经咒的场所。”[1]1745年章嘉国师遵照上师的指示,闭关静修十四天,念诵回遮咒文十万遍。闭关静修结束后,国师朝见皇上,乾隆皇帝说:“现在朕欲望学习密法,请给我传授入乘法灌顶。还要把你的本尊神胜乐灌顶法传授给我!”国师欣然答允,便开始给皇帝传授全部的“胜乐铃五神”灌顶法。灌顶时,皇帝请国师坐在高高的法座上,而皇帝自己坐在较低的坐垫上。

1766年,乾隆帝因为平定新疆之后,蒙古、哈萨克、布鲁特等各族首领来热河(今承德)朝觐日益增多,需要增建新的寺庙供他们瞻礼,而热河避暑山庄东北面磬锤峰下普宁寺和安远庙之间地势空旷,于是决定在该处建寺。在征求章嘉国师意见时,章嘉·若必多吉说:根据佛经记载,有一个上乐王佛(即胜乐金刚),他是持轮王的化身,常向东方讲经,普度众生。这座寺庙要在最外面开辟几道门,建三条大道。山门内的正中和两边要建大殿,后面要建一

[1] 土观·洛桑却吉尼玛:《章嘉国师若必多吉传》,陈庆英、马连龙译,北京:民族出版社,1988年。

座坛城,由石梯而上。在坛城的上面建一佛龛,要正好与磬锤峰相对。这样,所有的人和天神都会因此而皈依佛。依照章嘉国师的设计,从1766年开工兴建,到1767年8月建成,乾隆皇帝将这座寺院题名为“普乐寺”。《章嘉国师若必多吉传》则说:普乐寺是由章嘉·若必多吉主持修建的,并单纯从宗教方面记述修建普乐寺的缘由。按照该书的说法:二世章嘉活佛阿旺罗桑曲丹曾说过热河的磬锤峰是大自在天的依止处,在该地还有一座吉祥轮胜乐智慧坛城,乾隆帝听到这个故事后,遂令章嘉·若必多吉在磬锤峰的对面修建了一座胜乐立体坛城及佛殿等。在普乐寺建成后,由章嘉·若必多吉主持了开光仪式,乾隆帝亲自参加了僧人们的法会。

乾隆九年(1744)他协助乾隆帝将雍和宫改建为京内最大的藏传佛教寺院。乾隆时期在北京、热河、五台山兴建的众多藏传佛教寺院,他都参与了指导审定。故宫雨花阁,是紫禁城内最大的藏传密宗佛殿,建成于乾隆十三年(1748),巍峨高耸于故宫西部,四角尖顶,上覆鎏金铜瓦,顶立鎏金喇嘛塔,是故宫内唯一藏汉合璧的建筑。这座著名神殿仿古格托林寺坛城殿,是国内保存最完好的藏传佛教密宗四部神殿。从建筑到殿内佛像供器的配置,章嘉都参与指导和设计,如档案所记:“二月二十八日,副都统金将遵旨拟画得雨花阁上安设无量寿佛宝塔纸样一张交太监胡世杰,传旨:照样准做,做时其塔上风带坯片要厚,再欢门交章嘉胡土克图画,有莲花座喇嘛字先呈样,塔肚内应装藏亦着问章嘉胡土克图。”章嘉在传播藏传佛教艺术方面的贡献尤为巨大,他精通佛教艺术,宫廷制作的大量佛像、法器、唐卡多请章嘉指导把关,有时奉旨直接参与创作。档案中有大量记录:“乾隆四十四年(1779)四月初四,……着章嘉胡土克图拟供佛三尊一堂或五尊一堂安供画样呈览。”“……手持金刚应做何颜色,着四德问明章嘉胡土克图,画样呈览。”乾隆时期西藏进贡的藏传佛教文物,主要由他鉴定加持,如上乐王佛唐卡,背后缝有白绫签题记书:“乾隆四十三年(1778)十月初一,钦命章嘉胡土克图认看供奉额尔德尼诺们汉阿旺错尔提穆恭进达赖喇嘛前辈亲供利益画像阴体上乐王佛。”

此唐卡所画上乐金刚为四面十二臂造型,为黄教所传上乐金刚法本尊的标准形象,用色明丽,绘画细致。这是历辈达赖所供的珍贵唐卡。清宫廷的藏传佛教文物,集中代表了清代西藏佛教艺术在内地的传播与发展,章嘉国师无疑起到了桥梁和纽带作用。

2. 乾隆向章嘉学习藏语藏文

这种非同一般的重视还表现在为了迎接六世班禅来北京,乾隆帝专门向章嘉活佛学习了藏语。据《班禅大师全集》记载,乾隆皇帝见到六世班禅时,曾亲自对他说:"朕今建扎什伦布寺,以备我佛驻锡,切欲对话,故学藏语。"另据《章嘉国师若必多吉传》记载,班禅大师到达热河的第二天,乾隆皇帝亲往扎什伦布寺看望他的时候,也曾当面对六世班禅说过:"……朕过去不会藏语,只是为了迎接您的到来,才特意向章嘉活佛学了些日常用语,很不熟练,一些宗教用语还要请章嘉活佛担任翻译。"1780年七月二十二日班禅在避暑山庄澹泊敬诚殿朝觐乾隆皇帝,班禅向乾隆献吉祥大哈达、长寿佛、珍珠念珠后,欲跪地叩拜,乾隆急忙拉住班禅的手,用藏语说:"喇嘛不要磕头。"即回赠吉祥大哈达,引入锦座。章嘉国师向乾隆、班禅献哈达;班禅主要随从向乾隆献哈达。仪式结束,乾隆偕班禅至四知书屋殿,用藏语询问沿途辛劳和达赖学经情况。待皇上回宫后,章嘉活佛对班禅说:"今日皇上与大师相见,对您前来祝寿显得特别满意。……圣上对您真是出乎意料地信仰和喜爱,我与他老人家相处多年,从未见他如此高兴过。"

据藏文史书记载,乾隆皇帝不仅会说藏语,而且为了学习佛法,校对佛经,还向章嘉活佛学习过藏文。《章嘉国师若必多吉传》中说:"……有一个时期(章嘉活佛)将藏文的楷书与行书的读写方法与正字教给皇上。皇上不但记忆力很强,而且还能独立思考,所以对传授的每个词,马上就可掌握其词意。有一天,皇上说'我已经会读藏文了!'后来,皇上使用所学的藏文进一步学习了佛经,并校对了藏文佛经的满文译本。"当时,章嘉活佛遵照皇上旨意,率领一部分学者、僧人将藏文《甘珠尔》经翻译为满文。译稿经章嘉活佛逐函校对之后，再呈皇上审阅。皇上（对译稿）仔细推敲和修改的地方一一进行了订正。皇上悉心审阅后，还作译记。该书还记载说，乾隆皇帝对《甘珠尔》经译稿的审阅"不仅仅是看一看，而且对其词意进行了严格推敲和修改。这简直是一位圣者不凡的历史"。

3. 为乾隆皇帝进谏议定重大事项

在黄河的许多支流上，每年河水泛滥，冲走沿岸的村庄和农田，乾隆皇帝尽全力修整河堤预防水灾，却无济于事。皇帝向章嘉国师征询良策，国师奏称："黄河主流发源于玛卿雪山，如果隆重祭祀玛卿蚌拉山神，或许有益。"于是，皇帝传谕西宁办事大臣，每年拨款在雪山附近祭祀山神，从此那里的水灾平息。祭山之例，由是创始。

18世纪中叶的一段时间里，当时担当摄政的颇罗鼐的儿子，因为勾结准噶尔图谋不轨而被杀，其党徒反过来又杀了驻藏大臣和下属官员侍从，以及在拉萨的几乎所有汉族，掀起了叛乱，七世达赖和退休的多仁噶伦向乾隆皇帝报告，请求续派钦差来藏。乾隆想把西藏今后的政事全部交给两位驻藏大臣处理，并准备下旨。他把这一想法向身旁的章嘉国师咨询，章嘉国师听了觉得不妥，当即奏道："二位驻藏大臣在政事上很有才能，但在宗教事务上却很不熟悉……陛下居于北京，他们远在西藏，西藏情况除由他们禀告以外，其真实内情陛下恐难知道……解决此次事件要为尔后汉藏两族之前途和西藏政治与宗教事务的最大利益着想。"章嘉国师的这番明奏，使乾隆皇帝改变了先前的主张，重新下旨："现今西藏地方之权，交予达赖喇嘛，由驻藏大臣协助，重大事件由他们共同处理，为辅助达赖喇嘛设立四个噶伦。"这也是西藏设立地方官署"噶厦"的开始。

4. 章嘉圆寂，乾隆痛悼

乾隆五十一年（1786），乾隆帝巡幸五台山，三月初三日，乾隆和章嘉国师一同参加了在菩萨顶举行的隆重的祈愿诵经法会。章嘉国师身染寒疾，病情日益加重。乾隆帝接奏报,立即派御医急速前往五台山诊治。经御医胡增诊断,章嘉所患之病是伤寒传经之症,发汗不爽,以致头晕目眩身热,口干舌燥,四肢浮肿,大便不通,经御医用药后病情略有缓解。二十八日,理藩院侍郎巴忠抵达章嘉驻地,将乾隆眷念之情传谕章嘉,并将颁赏的哈达、念珠等物交与他,章嘉由人搀起跪奏谢恩。四月初一日晨,章嘉喘息稍减,脉色尚好,午时骤变,气息微弱,御医急忙诊脉用药。四月初二午时,章嘉如常盘腿打坐诵经,至酉时,在打坐之处连叹四声,坐定而圆寂。乾隆对章嘉的圆寂极为悲痛,在四月五日上谕中说:"章嘉呼图克图掌印多年,阐扬黄教,安抚众生,留心经律,昨据傅清额奏称呼图克图于四月初二日圆寂等语,朕心深为悼惜,着制造金塔一座从其素愿,永予镇海寺供设。"

章嘉国师曾留下遗嘱:不要保留遗体和建立金银灵塔,遗体火化后把骨灰及身像放在一个不大的铜塔里,安放在五台山镇海寺中。乾隆从其遗愿,用七千多两黄金制造了一座金塔,把章嘉法体安放金塔内,再将金塔安置在凿好的四方石窟中,石窟上建大石塔。五台山镇海寺永乐院内至今尚存章嘉灵塔。但乾隆没有同意将章嘉遗体火化:"唯若照呼图克图所言,仅供奉其舍利,则断然不可,故照班禅额尔德尼例,将其法体坐于灵塔,供奉于镇海寺,设若一两年内朕临五台山,亦可拜谒呼图克图之灵塔。"可见他对章嘉的怀念之情溢于言表。不仅如此,他还将紫禁城内雨花阁东配楼布置为章嘉影堂,供奉章嘉的铜像、画像、遗物,以表永久的纪念。供奉影堂中的章嘉国师银质镀金像,是在他圆寂当月,乾隆帝就命造办处为其造的像,像高七十五厘米。国师鼻宽口阔,眉目疏朗,神态庄重而慈祥,右面颊下有一小包,是其面相特征。匠师精心塑像,采用了"银间镀金"技法,在银像的帽子、面部、衣袖的花边等部位镀金,金银两色相互辉映,有独特的艺术效果。这是纪年准确、形象写实的珍贵塑像,是乾隆宫廷藏传佛教造像的代表作品。

章嘉铃杵,在装铃杵的皮匣内壁贴白绫,铃杵盒题记上书:"乾隆五十一年四月初一日,章嘉胡土克图恭进利益银靶铜铃杵一分。"这是在大师临终前把他用的法器献给乾隆以表感激与祝福，在他的遗奏中还为佛教界的人事安排向皇帝建言："黄教至为重要，小僧圆寂后诺们汗阿旺簇勒提木最佳。京城嵩祝寺等寺庙事务仍令扎萨克喇嘛格勒克纳木喀等掌管，转世灵童请由却藏呼图克图前往寻觅。"[1]可谓鞠躬尽瘁，死而后已。

作为一代高僧，章嘉・若必多吉不仅在蒙藏地区，就是在内地也享有盛誉，清人笔记中多有记载，颇具传奇色彩。《詹曝杂记》说："（章嘉・若必多吉）每元旦入朝，黄宪车所过，争以手帕铺于道，伺其轮压过，则以为有福。……蒙古经及中土大藏经皆能背诵如瓶泻水。汪文瑞尝叩一事，辄答以某经某卷，检之果不爽，则其人亦未可浅量矣。"《圣武记》记载："晚年病目，能以手扪经卷而辨其字。"乾隆帝曾从章嘉学佛，拜为金刚上师，章嘉为乾隆灌顶，乾隆向他施顶礼佛足的大礼。乾隆在章嘉的亲传下修习藏传佛教，他曾说："朕自乾隆八年（1743）以后，即诵习蒙古及西番字经典，于今五十余年，几余究心讨论，深识真诠。"乾隆对西藏佛教、西藏文化有相当深入的了解，直接影响了乾隆时期国家治理蒙藏的策略，这都与章嘉的传授分不开。章嘉是佛教大师，一生致力于弘扬佛法，他精深的佛学造诣，特殊的民族文化背景，崇高的活佛地位，特别是与皇帝的密切关系，不仅在政治上发挥了宗教领袖的作用，在藏汉佛教文化交流方面影响更大。

（二）章嘉活佛对内地藏传佛教寺院的影响

从建筑方面看，举凡清代北京、山西、热河、蒙古的藏传佛教寺院，追根溯源几乎都有他的影响，尤其是在宫廷的范围内更为显著。活佛并非游方僧，每一位活佛都须有自己的根本寺院。一个大寺院可能驻有好几位活佛，如雍和宫就设有七大佛仓：阿嘉、土观、敏珠尔、东科尔、济隆、那木喀、诺们罕（汉）等；一位大活佛也可能在不止一个寺庙有自己的拉章，如章嘉呼图克图在青

[1] 见中国第一历史档案馆《军机处满文录副奏折》。

海佑宁寺、北京嵩祝寺、多伦的善因寺、五台山镇海寺的普乐院都有自己的住所，因此章嘉在这些寺院影响巨大。

1. 青海佑宁寺与广惠寺

据《章嘉国师若必多吉传》《安多政教史》《大清历朝实录》《年羹尧奏折专辑》等记载，刚转世不多年的小章嘉·若必多吉受到雍正皇帝的特殊照顾，被奉命送往京城。小活佛若必多吉到达京城之后，曾配合当时在京掌印扎萨克大喇嘛土观呼图克图阿旺却吉甲措多次向皇帝奏请修复青海被毁的寺庙。由于他们持续不断地多方请求，两座寺院获准占有原有寺址，由皇帝府库拨款，重新修复了经堂僧舍。这与《佑宁寺志》的叙述大体相同，且多一点细节。章嘉、土观二位呼图克图不止一次地向上请求。开始，皇帝应允郭隆、色科二寺的喇嘛到曲藏寺等处进行静修，参加宗教仪式。后来，北京发生了一次地震，并有陨石降落，是时二位呼图克图又上奏。这回皇帝批准，并拨款，于土鸡年（1729）三月八日开始重修郭隆、色科二寺。章嘉·若必多吉在撰写《七世达赖喇嘛传》时，也特别提到达赖喇嘛为此事曾派笔帖式阿旺罗桑到北京来晋见皇帝。松巴·益希班觉在《青海史》中说班禅额尔德尼曾派代表赴京，与章嘉协力，诚心请求修复郭隆等寺庙。达赖喇嘛、班禅额尔德尼、土观与章嘉呼图克图都极为关心此事，为修复重要庙宇而竭尽全力。1731年郭隆寺修复工程完毕，雍正命名为佑宁寺，与此同时，色科寺也被赐名为广惠寺。尽管重建青海寺庙并非雍正的主意，由于他终于同意出资，他不但没有被指责，反而因寺院的修复而受到拥戴。结果，青海藏、蒙僧俗人民等仍将雍正视为文殊大皇帝，而将毁庙杀僧的全部罪责归到两位将军身上，即年羹尧与岳钟琪。上述材料反映出作为静修圣地、传播佛教的喇嘛寺庙之举足轻重。

当初年羹尧报告："西宁周围数百里之内，一切有名寺院喇嘛皆披甲执械……" 雍正即指示："除小喇嘛一人庙宇之外，亦犯不着姑容……" 在处理此事时雍正丝毫不手软，但同时他又考虑到在小章嘉躲避之处大通河北杂隆地方的七百人内，“必有当日老(喇)嘛熟认朕的人，可令一二擒获的喇嘛内将老喇嘛(章嘉·阿旺罗桑却丹)与朕的恩情说与他……着他给人带小喇嘛(章嘉·若必多吉)来则无事矣”。雍正对章嘉有着特殊的感情，他对佛学有浓厚的兴趣，经常与阿旺罗桑却丹等僧人讨论佛学哲理，对阿旺罗桑却丹格外佩服，而且在他即位之前，阿旺罗桑却丹曾为他祈愿登极，为此他曾赐给阿旺罗桑却丹一副珍奇座具，后来夙愿果然得以实现。[1]

正因为雍正考虑到藏传佛教的作用以及上层喇嘛在蒙古人中的影响，为避免事态的复杂化，降谕旨将章嘉带到北京。1697 年，章嘉·阿旺罗桑却丹曾经说服青海和硕特蒙古归附清廷，接受清朝皇帝的封号与赏赐。二十多年之后，雍正将这个地区纳入清朝管辖之内，除了军事征服，他没有忘记有影响的活佛的能量。青海蒙古军事力量的削弱，青海活佛在北京地位的提高，以及青海寺庙的部分恢复，都在青海蒙、藏僧俗与清朝的关系中起了相当重要的作用。

2. 多伦诺尔汇宗寺与善因寺

1727 年，雍正皇帝分别给予多伦与库伦十万两白银修建寺庙。1731 年多伦寺庙建成，命名为善因寺。为此，雍正还立有碑文，回顾他的父亲康熙建汇宗寺赐给章嘉·阿旺罗桑却丹，雍正声称：“章嘉胡土克图道行高超，证最上果，博通精品，克臻其奥，有大名于西域，诸部蒙古威所尊仰。今其后身，秉质灵异，符验显然。且其教法流行，徒众日广。朕特行遣官，发帑金十万两，于汇宗寺之西南里许，复建寺宇，赐额曰‘善因’，俾章嘉胡土克图呼毕尔汗主持兹寺……”雍正也强调：“因其教不易其俗，使人易知易从，此朕缵承先志，护持黄教之意也。”[2]此前，在蒙古王公的请求下，康熙在多伦，即元代上都所

[1] 刘慕燕：《寻访十世班禅灵童及关吉玉主持坐床典礼档案史料选》，《民国档案》1989 年第 2 期。

[2] 牙含章：《班禅额尔德尼传》，北京：华文出版社，2000 年。

在地，亦即蒙古草原南端，建立了汇宗寺。与汇宗寺相邻，雍正又拨款修建善因寺，希望继承皇父的遗志，让蒙古人继续虔诚地信仰藏传佛教。

3. 热河（承德）“小桑耶寺”普宁寺和有雄伟坛城的普乐寺

在避暑山庄周围的十二座寺庙中，除去两座建于康熙朝，其余十座都建于乾隆时期。法国学者柴安妮的书中屡次提到，章嘉对于乾隆的影响以及乾隆对章嘉的信任可从寺庙的建设中反映出来。承德的寺庙有不少带有西藏的风格，用瑞典探险家斯文·赫定的话来说，融合藏、汉风格的建筑物给人以一种很愉快很有效的印象。例如，1755年的普宁寺是乾隆在承德所建外八庙中第一座寺院，风格仿桑耶寺。正如康熙击败噶尔丹后建立的汇宗寺一样，乾隆平定准噶尔达瓦齐后建立了普宁寺，有象征着藏传佛教独特宇宙观的四大部洲、八小洲的台式建筑，以及极其醒目的代表着藏传佛教显密四部的白、黑、绿、红四色彩宝塔，大乘之阁外部高台盲窗酷似桑耶寺的乌孜大殿。

在久乱不治的新疆终于平定准噶尔以后，蒙古、维吾尔各族人民纷纷来朝时，根据《大藏经》中关于上乐王佛专门为东方带来幸福的记载，三世章嘉设计了专门供奉上乐王佛的坛城。位于避暑山庄最后边的三层方形高台中心的“旭兴之阁”，仰对着那尊屹立在大型立体坛城模型中央的威严的藏传佛教密宗佛像，显得格外肃穆、幽深和神秘。1766年，乾隆为了期盼天下太平、普天同乐，又修建了这座有着坛城的普乐寺，供来承德的西北各族上层人物瞻仰。普乐寺碑文表明，章嘉·若必多吉在普乐寺的布局与命名方面均起了很大作用。乾隆写道：“咨之章嘉国师，云：大藏所载，有上乐王朝，乃持轮王化身，居常东向，洪济群品。必若外避重，疏三涂，中翼广殿，后规阇城，叠磴悬折，而上置龛，正与峰对者，则人天威遂皈依。”普乐寺平面呈长方形，分为前后两部分：前为汉式，供三世佛；后为藏式，筑有立体坛城，坐落在旭光阁之上。遥望磬钟峰，高耸的石棒锤与普乐寺的中轴成一直线，正如章嘉国师所建议的那样。乾隆在接受佛教的理论之余，也表现出他的儒学修养。他在碑文中继续写道：“既宁且安，其乐斯在。譬如佛影覆于鸽身，四大得所，离怖畏想，生欢喜心。蕲自刹那以逮亿劫，同游春台化宇，乐其乐而不能名其乐，真上乐耳。虽然，曷易臻此哉？语曰：‘民可与乐成，难与虑始。’又曰：‘先天下之忧而忧，后天下之乐而乐。’是朕所由继‘普宁’‘安远’，而命之为‘普乐’者，既以自慰，且重以自勖，而匪直梵文胜因福利之云云也。”[1]

4. 辽宁阜新普安寺

海塘山（现称海棠山）密宗造像为清代阜新地区第二大寺普安寺之遗存。普安寺的创建者，据说是章嘉活佛之前身。《阜新县志》卷二载：“普安寺，一曰大喇嘛洞，在县南四十五里海塘山左麓，章嘉活佛前身于前清康熙二十二年（1683）率其徒张王刘杨丁郭等姓创建之。”据《阜新县志》卷三《仙释》载：其人乃“普安寺转世喇嘛也。伊前身系汉族人，张姓务农。一日耕于野，有猎人尾一白兔至，张匿之犁下。及猎人往，纵之不去，疑求护送之。行至一山洞（即建普安寺处）忽不见，遂有所悟，不复返矣。后其妻访知，往馈食一次，再见虎伏洞口，却归，疑已死。越二年，张忽出现，收徒六人创建是寺，自言当生某，遂不知所终。逾数年，其徒如言往寻，果得，遂迎为佛，喇嘛自此转相轮回”。这里所说的“收六徒创建是寺”的张家人，从建寺年代来看，应是章嘉二世阿旺罗桑却丹，他在康熙年间一直很活跃，参与处理了许多宗教事务，也深受康熙帝的尊崇。而章嘉三世若必多吉虽然是内地弘传藏密最有成就者，但其活动年代显然与建寺时间不符，所以普安寺的初建者应是章嘉二世阿旺罗桑却丹。普安寺初建之后，历经各代共六世转身活佛的扩建，如“乾隆四十五年（1780）章嘉二世转身建切列拉省一座（讲经殿）。嘉庆元年（1796）章嘉四世转身建太兴仓一处、佛爷仓一处。道光三年（1823）建阿花拉省一座，五年建成丁花拉省一座，是年蒙御赐该庙为普安寺。二十八年（1848）蒙御赐匾额一方，号曰莫里根刊布呼图克图，遂成巨刹……”也就是说到道光五

---

[1] 见《热河普乐寺碑记》，载齐敬之：《外八庙碑文注释》，北京：紫禁城出版社，1985 年。

年（1825），普安寺得名，至迟到道光二十八年（1848）普安寺已成为著名大寺了，为阜新地区仅次于瑞应寺的第二大寺，早年僧众一千六百余名。

海棠山清代密教摩崖造像，位于辽宁省阜新蒙古族自治县南部大板乡境内，距县城二十千米，分布在医巫闾山支脉，东西四点八千米、南北三千米，面积十四点四平方千米。尚存二百六十余尊造像，主要分布在喇嘛洞山和萨本山南北两面坡的黄色花岗片麻崖上。主体雕像群位于山北的“聚神石”，它的前后四周雕有七十多尊造像，有吉祥天母、绿度母、白度母、关公、无量寿佛、金刚、文殊、四臂观音等。在民间俗称“巅山石”处有群像弥勒、大黑天、宗喀巴、大威德、长寿三尊、药师、地狱主等。最高处的造像为格鲁派创始人宗喀巴。最大的造像为辩经台处释迦牟尼佛（五米高），这是几处最为显要的造像。

造像为线刻、浮雕和浮雕线刻相结合的形式，并且都有铲地深浅不同的龛形。除了祖师宗喀巴、佛祖释迦牟尼明显地造刻得最高、最大、最显要，其他的造像安排则不以大小精粗为主次。空间大些、时间早些，造像相对较大，反之便小。二百六十余尊造像，大者五米左右；小者三十厘米左右；三米以上的造像有三十多尊。造像大致可分为六大类：一是祖师像，宗喀巴、米拉日巴、章嘉活佛；二是佛像，释迦牟尼佛、无量寿佛、弥勒佛、长寿三尊；三是佛母像，白度母、蓝度母（据吕振奎文）、绿度母、红度母、大白伞盖佛母、尊胜佛母；四是秘密佛像，持金刚、大威德金刚、马头金刚；五是菩萨像，四臂观音、十一面观音、莲花手观音、文殊菩萨；六是护法像，六臂大黑天、地狱主、事业王、骑羊护法神、吉祥天母、地母金刚菩萨、多闻天、关帝、周仓、关平。

对于造像的起始年代，已知有三种说法：一是章嘉前世率徒建寺同时造像；二是摩崖造像起始于道光初年；三是建寺之后，大约于清代中晚期开始造像。第三种观点是1995年第二期《辽海文物学刊》吕振奎的《阜新海棠山摩崖造像考察报告》提出的造像时间。即先建寺后造像，可能于乾隆年间约18世纪70—80年代已开始造像，因为据县志载，乾隆四十五年（1780）章嘉二世转身（章嘉三世若必多吉）在此建讲经殿，说明该寺之影响已经很大了。而信众造像祈福，追求世俗利益而并不真的讲究佛法，正是清代佛教信仰的特点，所以当普安寺初具规模之后，人们随之便会自发地于附近造像供养，这也是历来建寺与造像的规律，所以这批造像应是在建寺的1683年之后不久有了一定影响和信众后便开始修造，历经乾隆、嘉庆、道光、咸丰、同治、光绪约一百多年的时间内逐渐完成。从造像风格的差异、风化的程度上也可以看出，不会是道光或光绪之后几十年内的作品。

5. 北京雍和宫与大报恩延寿寺

据《章嘉国师若必多吉传》，皇帝在京师后面修建了一座三层佛堂，内塑一尊千首千臂白伞盖佛母像。又在佛殿后面经过周折建起一座名为大西天的佛堂。这两座佛堂均由章嘉主持开光典礼。据陈庆英、马连龙判断，大西天佛堂即耸立于北京西郊颐和园万寿山上之佛香阁。1751年前夕，乾隆为其母六十大寿大兴土木，北京西郊堤坝工程完成之后，出现了风景宜人的万寿山与昆明湖，乾隆曾作文抒发自己的亲身感受，大意讲在万寿山上建起大报恩延寿寺，有千间屋九层塔，他惭愧自己有时不能如愿尽到一个孝子之责，所以修建寺庙，集结喇嘛念经，以期回报母育之恩。庙宇、宝塔显然增添了景色的魅力，为其母祈祷以尽孝心。

6. 紫禁城中的庙宇

清朝统治者修建庙宇的动机，除了满足上层喇嘛及众蒙古的请求，为其政治服务，或为表示孝心之外，他们当中有些人本身在一定程度上也是真心信佛的，尤其是乾隆。经章嘉国师的指点，乾隆模仿西藏托林寺在紫禁城内西部修建了雨花阁，章嘉国师不仅在名义上而且具体地负责建筑工程。有些奏折奉有谕旨，皇帝点名让一上奏人向章嘉国师请教。雨花阁是据密宗四续部理论进行设计的，雨花阁附近的中正殿设有念经处，宗教仪式在这里定期举行。养心殿西暖阁即乾隆卧室的隔壁，还有一小佛殿，其中供有密宗神像及物品，乾隆可以随时进行礼佛活动。如果说多伦诺尔、热河的喇嘛寺院是向蒙古人做的姿态，以政治目的为主来笼络蒙古人，而紫禁城内的佛堂则只能说明是皇帝本人精神上的需求。18、19世纪之交的西方旅行家巴罗约翰曾记述他的印象，说乾隆具有很强的佛教意识，每天清晨都要去佛堂。再如，在乾隆还是皇四子的时候，他就有“长春居士”之号。在雍和宫的展览品中，人们还可以看到乾隆皇帝聆听喇嘛上师讲经时所穿戴的专门衣冠。特别是乾隆墓葬东陵裕陵进口处写满了的梵文与墓中的菩萨雕像也充分给人以乾隆信奉佛教的感觉。另外，在章嘉国师的指导下，他对佛学也确有一定的精深了解与研究。[1]

7. 五台山菩萨顶[2]

五台山中心台怀镇的灵鹫峰上有一座著名的寺庙“菩萨顶”，高高的一百零八级石阶上，彩绘的牌楼，覆盖着黄灿灿琉璃瓦的殿堂，显得无比雄伟辉煌，有如天堂的仙宫一般，号称“五台小布达拉”。菩萨顶开始时是一般的佛教庙宇，清初康熙皇帝来朝山时将它改变成为藏传佛教寺院；先后来朝拜的西藏高僧大德有元代噶玛巴·让迥多吉、大宝法王噶玛巴·得银协巴，明代宗喀巴弟子大慈法王·释迦也失，清代的历世达赖、班禅、二世和三世章嘉国师等。在菩萨顶内有大量的珍贵文物，如在大雄宝殿供奉着宗喀巴与二位上首弟子的塑像；还有明代永乐皇帝御制的第一部藏文大藏经；乾隆皇帝专门为六世班禅大师绘制的菩提画；一通用藏语对满族皇帝的称呼“满殊师利”的碑文；一通颂扬二世、三世章嘉国师功德的碑文等等。这里不仅驻锡着总管五台山汉传佛教和藏传佛教事务的由达赖喇嘛指派的扎萨克大喇嘛，而且还设有皇帝行宫和大喇嘛行辕。凡是来朝拜的皇帝和藏传佛教的高僧大德，一般都住在这里。特别是三世章嘉国师经常来五台山菩萨顶修行念经，凡是

---

［1］参见王湘云：《清朝皇室、章嘉活佛与喇嘛庙》，《西藏研究》1995年第2期。

［2］见书前彩插图52。

有皇帝来朝山也都是他先来安排迎接。1786 年他圆寂时也在这五台山菩萨顶,后移到他的属寺离台怀镇不远的寂静苍松林海中的镇海寺,建塔而葬。

(三)章嘉呼图克图为清朝政府推行民族、宗教政策稳定藏蒙地区发挥了积极作用

章嘉呼图克图是青海贡隆寺(佑宁寺)的大活佛,自第二世被召入朝供职起,历世驻京,得封各种名号,备受皇帝尊信,受权掌管北京、蒙古佛教事务。乾隆年间钦定驻京活佛班次,章嘉排为左翼头班,位居所有驻京呼图克图之首,成为藏传佛教界在朝廷中的一位具有崇高地位的人物,是中央联结藏族和蒙古族的主要纽带,为清朝政府推行民族、宗教政策和实施统战策略进而稳定藏蒙地区发挥了积极作用。

1. 嘉木样一世与章嘉二世关系之缔结

章嘉二世阿旺罗桑却丹于 1661 年前往西藏修习二十三年,学成一代名僧,回到安多不久,受到朝廷嘉奖。1693 年,他被康熙皇帝召驻北京,尊为讲经喇嘛,为之修建嵩祝寺,遂赐金册金印,封为“灌顶普惠广慈大国师”。他从此奔波于北京、蒙古和藏区之间,效命朝廷。嘉木样一世俄昂宗哲本是一位安多凡僧,二十一岁进藏勤奋钻研显密经法数十年,终成僧众敬慕的佛学大家,被第司·桑结嘉措和六世达赖仓央嘉措赞誉为“根钦嘉木样雅巴”,委为哲蚌寺郭莽学院的掌教堪布,其后因在拉萨统治阶层之间发生的政治纷争中遭遇磨难和排挤,而返回安多立业弘法并创建拉卜楞寺。在藏期间,章嘉二世与他结为师徒,授受教理;不辞艰辛,饱尝困苦,共赴后藏寻求密法传承;回到安多,又倾心相交,互为依托。他俩之间建立了真诚深厚的情谊,既是一对师徒,又是挚友。

(1)嘉木样拜师章嘉

1668 年,嘉木样一世俄昂宗哲进藏求学,发誓若不成才,愿请神祇诛灭自

己。当年加入哲蚌寺郭莽学院。为了投拜最具学识的师长,他耳闻目睹,仔细考察全院优秀学者。同年冬季法会,各个部级集中辩习,学者们逐一立宗答辩,竞相显示才华。在法会临末,轮到名流们争雄斗智,辩论达到高潮,精彩纷呈。其中一位红眼睛的青年学僧反应敏锐,口齿伶俐,对答如流。俄昂宗哲得知这是学识广博的安多章嘉活佛阿旺罗桑却丹时,心生敬仰,拿定投其为师的信念。第二年冬季法会,他以优异成绩升入般若部,虔诚拜求章嘉活佛为师父,从而经常在其膝下听经聆法,求教疑难问题。在章嘉的悉心教授下,嘉木样长进甚快,而且师徒情感与日俱增。1676年,嘉木样转往下密院修持四年,除了其他高僧,也随章嘉聆受部分经法,学习掌握了相关的密宗仪轨的实践知识。1678年,他们师徒二人受命为拉萨密院经堂中塑造的大威德、怙主、法王三尊护法神像装置了内藏。嘉木样对章嘉渊博精深的才学造诣钦佩至极,说像章嘉大师这种高僧在无数劫波中心是难得一人。嘉木样担任郭莽学院堪布期间,为举办全寺辩经大法会,派员进京与已经驻京受封大国师的师父章嘉联系,请求协助募化经费。经章嘉大力帮助,在北京、蒙古等地及时筹集到了大量所需财物,章嘉还捎话嘱托嘉木样多任几年堪布,主持讲修,饶益佛法,争取施资举办两次辩经法会。

(2)师徒共赴后藏求聆密法

章嘉和嘉木样主习显宗又修密宗,如饥似渴地吸取佛学文化,除了研修普通经典教义,也很注重索求一些传承稀贵的密典要诀。他俩曾多次耳闻五世达赖称颂色派密法传人居钦·贡曲乎亚培的修持水平,又因这时格鲁派大部分耳传秘诀濒临失传,于是联络了叶尔雄·罗哲嘉措,经商议,三人志同道合,决意共赴后藏寻访高僧,聆受这些密法,为系统承传全面弘扬佛教文化而建立别人难以企及的功德。按照分工,嘉木样去日喀则拜求居钦·贡曲乎亚培,章嘉奔赴温萨,罗哲嘉措前往夏鲁。他们长途跋涉,在三个多月时间里,分别拜求师父,聆取许多耳传秘诀和稀有经法,求受密宗灌顶,并且做了大量笔录,获益甚巨。三人依约相聚,极为兴奋,又决定不图世俗名利,要去西藏与尼泊尔交界处找一幽静的地方长期隐居潜修，以期深化所学。这种想法被高僧达普巴·丹曲坚赞断然否定，劝导不要以己为重，而要着眼于佛法的弘传与众生的福利，促使三人返回拉萨。

1683年，章嘉活佛启返安多，师徒依依惜别。分手前夕，嘉木样约同部分僧众最后一次在西藏求受了《经庄严论》的教敕，表达吉祥的象征，祝愿师父在安多弘法圆满，事业成功。章嘉二世在其自传中对此记有一笔，并对上首弟子嘉木样的学识予以赞美："深修浩瀚显密教义得自在，俄昂宗哲及其众多青年僧，请求聆受《经庄严论》之教敕，如意结成讲说正法好缘起。"

（3）嘉木样接受师旨创立贡隆寺密宗经院

1709年，嘉木样东返安多创建拉卜楞寺，第二年应邀去拉莫德钦寺传法。回归途中，贡隆寺再次派人来请，说章嘉大师也即将从北京回到母寺。嘉木样非常高兴，于是八月份动身前往。抵达贡隆寺之日，受到该寺僧众热烈欢迎。师徒别离近三十年后重逢，不胜愉悦，每日促膝相聚，讨论经法，畅叙友情，共商政教。

依照师徒先前商定的计划，嘉木样此次领受师父的法旨，制定方案，抽调僧侣，主持组建起贡隆寺的密宗经院，亲自登座传授"四家合注"经的教敕，随之任命该寺丹麻活佛阿旺丹增弥勘为经院法台、甘钦·罗哲嘉措为副法台，授旨二人一切清规制度均按拉萨下密院执行；还向密院赠送大威德、怙主、法王三大护法神的唐卡像（卷轴画）和铜钹一对，熬茶奉僧，发放布施，勉励大家勤修经典，承传密法。他尽职尽责，善始善终，圆满完成了密院的组建工作。章嘉大师为之欢喜。

驻锡贡隆寺的日子里，嘉木样在章嘉座下祈请聆受了"降魔大威德金刚"灌顶和法王随许；与章嘉、土观、却藏三活佛和法台、僧众等为该寺经堂及其内供佛像举行了诵经安住仪轨。他安排自己的随行学者们在法会上进行了富有表演性的精彩辩论。贡隆寺对嘉木样盛情接待，恭敬承侍，公私各方赠献丰厚礼品。嘉木样离开贡隆寺之际，又与师父进行了一次单独长谈，彼此难舍难分。章嘉知道嘉木样在拉萨的最后阶段与部分政教上层势力闹得不欢而散，才使他东来安多建寺立业，因此，将要或正在面临诸多困难，他为此深感遗憾。

1714年章嘉二世圆寂于蒙古多伦诺尔，年底遗体请回贡隆寺。嘉木样听到噩耗，惊痛交加，举行广大诵经祈祷，但由于他当时处于特殊的历史环境，未便前往青海致祭。在寻访章嘉灵童时，贡隆寺派人到拉卜楞寺向嘉木样请教灵童出生地的特征。嘉木样明示：转世活佛降生在一个北面高、沟脑北向的狭谷附近。约1720年，章嘉灵童的人选被筛选剩余三名，但究竟哪个是真身灵童，却莫衷一是。章嘉拉章宫遣人再到拉卜楞寺通报情况并请求指点，嘉木祥道：出生在夏玛尔帕岔的那位即是我的上师的真身转世者，请带上衣物用具快去认领吧。最终认定的章嘉三世活佛果然是那位小孩。在寻访认定灵童的过程中，章嘉拉章宫与嘉木样之间的密切配合，嘉木祥所寄予的热情关注和做出的正确预示，都为以后嘉木样二世与章嘉三世之间顺利继承由他们的上一世缔结的友好关系奠定了基础。

2. 嘉木样二世与章嘉三世关系之增进

章嘉三世益西丹贝仲美，七岁起驻京，雍正、乾隆两朝颇受重用，加封“振兴黄教大慈大国师”，一生在政治、宗教、文化方面做出过卓越贡献，影响甚大。嘉木样二世晋美昂吾，是一位在拉卜楞寺政教发展史上起到重大作用的寺主，他即位后发奋图强，整顿内部，拓展教区，取得显著成就；对外广泛建立关系，创造发展环境，其中与章嘉三世的关系就是一个主要方面。

（1）嘉木样拜尊章嘉受戒聆法

1749年夏季，章嘉国师为已故母亲做荐亡法事、探望年迈的父亲和因安多地方的恳切邀请，向乾隆皇帝请假两个月，从北京回到青海。这时，嘉木样正在青海蒙古部族中传法，得到消息，约于六月底从青海湖畔径直赶往贡隆寺朝谒。章嘉大师派其个人代表和寺院执事们远道骑迎，组织僧众列队夹道迎候。基于两个活佛系统在上辈的亲密关系，章嘉三世对嘉木样二世的到来无比高兴，热情招待，谆谆教诲，示以关怀；嘉木样则身心无二，虔诚膜拜，尊为师父，聆受了许多经法，还祈请传授比丘戒。两人经常畅谈细论，交流思想。七月下旬吉日，章嘉为嘉木样传了比丘戒，易取法名贡曲乎晋美昂吾益西宗哲智华，并为表示祈愿他成长为一位杰出的弘法教主，赐以释迦牟尼铜像一尊、袒衣一件，还特为其撰写了一篇祈福禳灾的祝祷词。嘉木样深表谢恩，呈献金、银、缎及马一百匹等厚重供养。可能是嘉木样汇报了拉卜楞寺在政治、经济、宗教的发展方面存在的制约问题和个人事业方面的困难，于是章嘉大师鼓励他前往西藏朝拜、修学，旨在恢复与布达拉宫的正常关系，而且胸有成竹并意味深长地说：进藏经费由他协助在蒙古等地筹措。这次与章嘉三世的相会，对嘉木样二世的政教事业产生了积极意义，是其生涯中的一个转折点。他鼓足勇气，充满信心，毅然进藏朝习，成功地弥合了与西藏执权上层中断了三十多年的关系，从而把拉卜楞寺的发展推向高潮。

（2）章嘉举荐嘉木样进京供职

嘉木样二世于1752年进藏修学八年，并与达赖七世结为师徒，受到器重和信赖。1756年，达赖指名嘉木样前往北京担任讲经喇嘛。由于客观原因，他诚恳推谢了北京之行。1757年，章嘉国师奉皇帝之命进藏为达赖七世圆寂致祭并主持选任灵童的事宜。嘉木样与土观三世前往途中迎接，于墨竹如托与章嘉相逢。章嘉见到两位弟子，由衷喜悦，即刻下轿，接受献礼，互致问候，尔后共同骑马行进。至拉萨途中，师徒亲切无比，白天并肩赶路，一同就餐，晚上经常倾谈终夜。通过弟子之口，章嘉掌握了西藏近年有关方面的基本情况。嘉木样在拉萨应承为章嘉联络办理其诸多个人事务。1758年，嘉木样随章嘉聆受了许多灌顶、教敕和随许。这年，留驻北京的达察济仲活佛逝世。秋末，章嘉奏准皇帝，授旨嘉木样进京供职。时值拉卜楞寺及其根本施主青海蒙古河南亲王旗的代表到达拉萨迎接嘉木样二世，他们拜谒章嘉，请求说：继任亲王年幼，拉卜楞寺又无统领，两方面都急待大师回归掌管，万望批准免行北京。章嘉痛斥他们的短浅目光，但嘉木样自己也再三推托，说他没有这种意念，加之未出天花，多有不便。不久，他患病，再去哀求章嘉，陈述理由，章嘉经过考察，采取变通措施，满足了他的愿望。所谓变通措施，即章嘉派遣拉卜楞寺的噶丹赤巴转世活佛贡唐二世俄昂丹贝坚赞于1759年春季代替嘉木样进京出任教职。

嘉木样二世虽未去北京上任，但章嘉仍然推荐了拉卜楞寺的活佛，其中自有道理。贡唐二世抵京，被乾隆皇帝赐以呼图克图名号，大加赞许。其后，朝廷又谕招拉卜楞寺的噶丹赤巴转世活佛萨木察二世罗藏晋美南喀进京，从此，萨木察世系被定为驻京呼图克图。1759年，嘉木样和章嘉朝谒为认定达赖灵童事宜而来到拉萨的班禅六世，并在其座下一同聆受时轮金刚大灌顶等许多教法。两人还在班禅眼前进行了经论对辩表演。是年五月下旬，嘉木样完成学业回返安多，章嘉国师馈赠像经塔多件、衣饰全套、银一百两、马十匹（其中备鞍马一匹）等，另给拉卜楞寺捎带人均银三钱的布施，为寺公捐赠上等茶叶一百七十包，指派自己的代表陪送嘉木样一段路程。可能是章嘉国师回京后奏请了朝廷，1762年，乾隆皇帝为嘉木样二世颁册赐印，敕封为“扶法禅师班智达额尔德尼诺们罕呼图克图”。

（3）嘉木样祈请章嘉担任贡隆寺法台

1763年，贡隆寺法台土观三世接到朝廷的谕旨准备进京，经他授意，该寺组成代表团去拉卜楞寺敦请嘉木样接任法台。嘉木样应邀往驾青海上任并为土观送行。他拜托土观向章嘉国师转交一封信件和慰问礼物，信中请求：为满足安多地区僧俗大众的热切愿望，企盼国师近期驾临贡隆寺。同年九月，章嘉的父亲在家乡病逝。章嘉获得皇帝准假赶回奔丧，于十一月抵达贡隆寺。嘉木样组织举行欢迎仪式，隆重接待，并祈请国师到拉卜楞寺做客、讲经，章嘉答复假期短促，必须尽快回京。拉卜楞寺依嘉木样的指示组团到贡隆寺向章嘉敬献丰厚财物，祝愿康寿，章嘉也派其承宣官到拉卜楞寺发放布施。嘉木样在章嘉座下聆受了金刚手大轮灌顶等法。师徒两人在贡隆寺欢度1764年的新春佳节。章嘉应嘉木样之请，为来自甘青各寺的活佛及学僧两千余人讲经近一个月,在应求为许多人传授比丘戒时,指定嘉木样作为他的助手。拉卜楞寺前往朝拜的学者在贡隆寺进行立宗辩论,博得章嘉赞许,称颂嘉木样治教严谨,治寺有方,讲修得力,人才济济。

嘉木样认为,章嘉作为国师久驻北京,难得西来,此次应珍惜机会,祈请他担任贡隆寺法台,以求加持和善缘。他把这一想法讲给寺院执事、老僧们,赢得大家赞同。于是自己卸去法台。章嘉虽因进京时间临近而坚持推辞,但在恳请之下,最终还是满足了大众的心愿。约三月份,章嘉继任该寺第三十八届法台,嘉木样受旨做了各项协助工作。同年五月八日,章嘉启程返京,委任大学者扎萨克喇嘛噶藏拉旺代理法台兼讲经导师。第二年,嘉木样遣派自己的司膳长携礼进京,拜见乾隆皇帝并慰问章嘉国师。

(4)师徒汇聚五台、北京、多伦诺尔

嘉木样为朝游五台山、宣化、蒙古及拜从章嘉聆受经法,于1769年四月启程东行。是年夏季,章嘉由北京移居五台山避暑,在嘉木样抵达的前一天,他派员到崞阳镇接应,次日,又授命全体随侍及五台山的扎萨克喇嘛等执事和菩萨顶寺的僧众举行欢迎仪式。章嘉虽在坐禅闭修当中,还是当即单独接见了嘉木样。这年春季章嘉曾患大病,为此,嘉木样诵经祈祷,祝愿师父康复安泰,并献银五百两及氆氇、哔叽。他还在朝游间隙,应章嘉司膳长的请求,为章嘉所作义理深奥难解的《见地道歌》撰写出释述详明、准确、全面的《上师道歌注疏》。他自己说,当时没有任何可供参考的图书,每日只是复诵三遍道歌,向尊胜上师虔诚祷告,口诵心惟,豁然开朗,领会了其中奥妙,于是写出此注。《章嘉三世传》记道:国师见此新作,极为赞赏。八月份,章嘉解禅,师徒共同进行各种法事活动。座谈当中,章嘉要求嘉木样此次进京朝觐皇帝,嘉木样再三推辞,但在章嘉力劝下接受了进京的法旨。冬,嘉木样取道蒙古行进,章嘉宫在多伦诺尔予以接待,提供乘马、驮畜。

1770年二月,嘉木样前往北京,先到章嘉当时居住的香山,师徒聚会数日。章嘉带领嘉木样主仆游览了皇帝的寝宫和园林,尔后进京。章嘉驻锡嵩祝寺，嘉木样居于就近的土默特贝子的宫室，先后朝礼京城的佛教圣迹，应邀拜会各大驻京活佛。三月份，章嘉依约在嵩祝寺向嘉木样为主的活佛、学者历时十五天详尽传授宗喀巴解述集密金刚道次一切难义的《五次第明灯》的教敕。传法结束，嘉木样致谢，敬献曼荼罗、像经塔、黄金三十两、白银一千一百两、大缎二十匹及其他物品。接着，章嘉又给嘉木样单独传授了多种显密经法。嘉木样每天拜谒章嘉，谈论政教事务，研讨经典中的难点要义。四月一日，乾隆皇帝到嵩祝寺朝礼释迦牟尼旃檀像。嘉木样夹行在章嘉的侍从行列中，在举行仪式时，目睹了皇帝的“金颜”。几日后，嘉木样离京赴蒙，章嘉为之设宴饯行，赠送唐卡像三十一幅、铜铸像九尊、银七百两、库缎多匹等，最后亲手赠一无量寿佛鎏金铜像，象征着祝愿健康长寿。启程时，章嘉又传无量寿佛灌顶，派人陪送。师徒再次惜别，忧伤之情不堪言表。嘉木样忆念师恩，心潮激荡，当晚在住地疾笔畅写一篇道歌，表达了对师父的至诚情怀。

1771年夏，章嘉奉领皇帝谕旨前往蒙古多伦诺尔为哲布尊丹巴的转世灵童传授沙弥戒。嘉木样得知情况，于七月份从阿巴嘎旗转赴多伦诺尔拜会。章嘉派其司膳长率队骑迎，设灶接风。在多伦诺尔汇宗寺，师徒为重逢而欢喜，倾心座谈。嘉木样向章嘉献银一千两。章嘉给哲布尊丹巴传授灌顶时，嘉木样也一并聆受。八月份，嘉木样辞别师父上路。关于这段史实，《章嘉三世传》如是记载：“不久，嘉木样活佛也来到那里。接着，章嘉依哲布尊丹巴之请，给以其为首的嘉木样……等众位大喇嘛及四十多僧讲授了……等多种教法。……又按嘉木样的请求传授‘那若六法指导瑜伽体验’等。有一次，由嘉木样活佛提供资具举行了盛大的吉祥总摄轮会供轮法会，在法会上章嘉吟唱如下的道歌。……如此解开语教受用轮结的即兴吟唱的金刚道歌，使在场的人们得到诸种欢乐，尤其使嘉木样活佛十分感动，禁不住热泪长流。此后嘉木样向章嘉国师奉献了礼物和修行供养，请求章嘉授以胜乐本尊的瑜伽修持法，使章嘉非常高兴。章嘉在嘉木样返回安多时赠送了大量礼物。由于他们师徒在前世历辈中结下深厚情谊，故而互相不忍分离。嘉木样在返回的路上特别思念持金刚上师的恩德，心中极度悲苦，写成道歌体书信寄呈章嘉国师。”

（5）章嘉圆寂后嘉木样的痛苦及其认可转世灵童

1772年，嘉木样二世去贡隆寺，为大僧会发放布施，为嘉木样一世尊章嘉二世之旨建立的密宗经院修建经堂而捐银五百两。据载，1783年，他派专使进京拜见乾隆皇帝和章嘉国师。1786年4月，章嘉三世在五台山圆寂。嘉木样二世正在西藏朝游，他听到这个不幸的消息，努力镇静自己，调整情绪，与侍从们连日诵经祈祷，表达哀思。但这突如其来的精神刺激，使他无法承受，几乎停止了一切正常活动，不思寝食，少语寡言，沉陷于极度的悲伤之中。驻藏大臣前来安慰说：“章嘉国师已寿高七旬，不可能永久驻世。我认为，现在达赖、班禅二位教主健在，大皇帝也足莲泰安，值此，国师示寂转生，若能确立继任活佛，这对将来终是一件好事。”嘉木样在大昭寺释迦牟尼像前献供祷告，祈愿师父的转世灵童尽快降生。1787年春节，嘉木样让拉卜楞寺僧众照常欢度节日，而自己却出于对师父的怀念，取消喜庆，间断会客，独自深居念修。三月份，嘉木样去塔尔寺时，贡隆寺的代表来到那里邀请，旋又章嘉宫年前派往西藏向各大活佛赠献回向礼并负责寻访灵童的承宣官等人专程而来献银一百两等财物，汇报在西藏面谒达赖、班禅的情况，请示寻访灵童的有关问题，诚恳请求一如前辈活佛那样主持认定章嘉的转世灵童。嘉木样做了相应的答复和安排。

1788年冬，章嘉转世灵童被接任于青海却藏寺。嘉木样于11月应邀前往探视灵童，驻锡于该寺的却藏宫邸，与章嘉三世的胞弟即却藏三世俄昂图丹旺秀就灵童的相关事宜进行了“广泛细致的讨论”。第二天，嘉木样看望灵童，赠送礼物，以示敬意。灵童也以“历世所结良缘，异常欣喜”。对于章嘉四世的确立过程，不见史书记载。嘉木样此次前往会面时，章嘉四世不满两周岁，依常规，估计尚未正式认定。因而可以推断，却藏活佛邀请嘉木样而去，就是征求欲立这位灵童的意见,才使二人进行“广泛细致的讨论”。不知嘉木样是否提出了不同看法或建设性意见。但最终还是遵从却藏活佛的主张,赠礼会见“灵童”,从形式上予以认可。

3. 嘉木样三世与章嘉四世关系之过渡

章嘉四世益西丹贝坚赞,在西藏留学六年后,于1794年奉召进京,先后得赏金、银大国师印鉴,管理蒙古、北京地区教务。嘉木样三世罗藏图丹晋美嘉措,性格温静,不善社交,注重修持,深居简出,尽管如此,但还是与章嘉之间保持了传统关系。章嘉四世在却藏寺建成雄宏的释迦牟尼佛殿,提前一年约定由嘉木样主持开光仪轨,并向安多各寺的大活佛发出参加仪式的邀请。1831年六月四日,嘉木样率领人马前往,受到章嘉、却藏、拉科、济仲等活佛及汉藏官员二百多人远到两日的路程骑迎。嘉木样先到贡隆寺,住于设在章嘉府邸内的嘉木样寝宫,第二天在章嘉宫设灶接风与僧众仪仗恭迎下抵达却藏寺,下榻于章嘉在该寺的宫邸。六月二十一日起连续三天,嘉木样及其随侍僧为释迦牟尼佛像及其殿堂举行了开光仪轨。

1845年,德哇活佛从北京派人向嘉木样汇报在朝廷为之请封的情况。可能德哇活佛提出了若干建议,嘉木样立刻办理相关事宜,并派人携带书信、礼物进京与章嘉国师联系。1848年初,道光皇帝敕封嘉木样“扶法禅师”,颁赐金印。章嘉四世虽于此前1846年逝世,但可推测,嘉木样请封成功是他从中起了一定作用。1850年八月中旬,似是对方事先邀请,嘉木样特派德哇活佛去却藏寺讨论关于认定章嘉转世灵童的问题。直至十月一日,德哇活佛始从青海返抵拉卜楞寺向嘉木样详细禀报讨论结果。德哇活佛此次不是前往章嘉世系的贡隆寺,而是依约去了却藏寺,由此推断,这世章嘉活佛(五世)的寻访工作是由却藏四世罗藏图丹绕吉具体负责,他仿照却藏三世主持竺立章嘉四世时那样,循例(或礼节性)征询嘉木样的意见。从他指派德哇活佛作为特使看,具有一定的针对性,因为当时年值七十二岁的德哇三世嘉央甲主尼玛(蒙古族)学识出众,善于政教,在整个安多、蒙古地区德高望重,是包括章嘉四世在内的诸多大活佛的传法师父，所以，想必他代表嘉木样与却藏活佛进行深入磋商，陈述了选立章嘉灵童的原则性意见。[1]

六、藏传佛教艺术在内地的传播及其影响

（一）藏传佛教造像艺术在北京宫廷的传播及其影响

清朝格外推崇藏传佛教，使之在北京的传播和影响大盛特盛。当时北京全城共有喇嘛庙三十余座，喇嘛人数众多。同元、明两代一样，清朝北京的藏传佛教也主要为帝王和皇室成员崇重和信奉。在清朝诸帝中，康熙、雍正和乾隆三位帝王对藏传佛教的重视尤为突出，他们礼敬高僧，为藏传佛教大兴寺庙，所做"功德"无数。如康熙帝亲自册封了一世章嘉国师、一世哲布丹巴活佛和五世达赖喇嘛，率先在宫廷创设中正殿念经处，兴建了玛哈噶喇庙、永慕寺、资福院等多座喇嘛庙。雍正迎请、优礼并册封三世章嘉为国师。乾隆皇帝礼敬三世章嘉、六世班禅，在皇宫和皇家苑囿设立了慧曜楼、宝相楼、梵华楼等多座佛堂，又在北京和承德兴建了三十余座喇嘛庙等。康雍乾三帝对藏传佛教所做的这些"功德"既密切了民族关系，稳定了边疆社会，满足了自己和皇室奉佛祈福的需求，同时也促进了藏传佛教造像艺术在北京的广泛传播与发展。

据《咸道以来朝野杂记》记载，清朝前期皇室所造佛像多得难以统计。如乾隆三十五年（1770）乾隆六十寿辰时，王公大臣"做佛像为祝者，统以万计"，因此在北京建万佛楼贮之；乾隆四十五年（1780），乾隆七十寿辰时，王公大臣又造佛像二万余尊，用银三十三万一千余两。又据《造办处活计档》记载，乾隆五十四年（1789），乾隆八十大寿时，蒙古王公大臣向朝廷敬献了

[1] 参见扎扎：《嘉木样世系与章嘉世系关系史述略》，《甘肃民族研究》1997年第3期。

大小法身佛像八百五十二尊，清宫《造办处活计档》对此有明确记载："乾隆五十四年八月初五日传旨万寿大庆，蒙古王公呈进大法身铜佛二十七尊并各大臣官员等呈进小法身铜佛八百五十二尊，着万胜壶境楼上安供。将大法身铜佛像各配楠木供桌，小法身铜佛配楠木佛格安供。"又据清末人崇彝说，圆明园内有一组建筑，名舍卫城，为供奉佛像之所，"自康熙以来，凡进佛祝寿及皇太后上寿造佛像，皆送其中，盖十万余尊"。另据清乾隆年间陈设档记载，清朝承德外八庙和避暑山庄供奉的各类佛像多达二十多万尊。从这些记载我们不难想见，清朝宫廷所造佛像之多了。

1. 清朝西藏郡王颇罗鼐敬献给雍和宫的两尊佛像

雍和宫改庙的第二年，时为西藏郡王的颇罗鼐特地从西藏给雍和官敬献了两尊精美佛像，以示祝贺，一尊为释迦牟尼佛说法像，一尊为观音菩萨像。这两尊佛像经历了二百六七十年沧桑，现在仍完好地供奉在雍和宫内。它们以重要的宗教历史和艺术价值受到了佛教界和学术界的高度重视。

释迦牟尼佛说法像，供奉于雍和宫第二进大殿"法轮殿"正中的宗喀巴大师像前。值得注意的是，这尊佛像的背光后还有用四种文字书写的题记。从左至右分别为满、蒙、藏、汉四种文字，皆竖行书写。题记内容为造像来源、名称、供奉时间和地点等。现将汉文题记抄录如下："乾隆十年正月二十二日奉特旨命西藏郡王颇罗鼐将有大利益佛像请至京城供奉。颇罗鼐随与达赖喇嘛共同阅定后交钦差副都统索拜，恭请于本年九月二十五日至京具奏，奉旨供奉于雍和宫。掌教转轮结印释迦牟尼佛[1]御制赞曰：佛身普通诸大会，充满法界无穷尽；为救世间而献身，究竟本无身可献。如妙莲花出诸水，水与莲花无二性；是则名为转法轮，西天东土何分别。"由题记可知，这尊造像是由西藏郡王颇罗鼐于乾隆十年（1745）进献给雍和宫的，它的铸造时间应该

[1] 此像系释迦牟尼佛，在西域文严城、室罗筏城、灵鹫山三处为转法轮之像。源流经云：凡供此佛之处，法教大兴。

是雍正末期或乾隆初期。

观音菩萨像，现供奉于雍和宫第二进大殿雍和殿，也是乾隆十年由西藏郡王颇罗鼐敬献给雍和宫的。此像由名贵的白檀木精雕而成，莲座高一百一十厘米。观音头戴三叶冠，正中冠叶较高，顶盘大发髻。面相庄严，神态慈和。大耳下垂，有耳饰。宽肩，上身袒露，下身着印度式僧裙。僧裙很特别，左短右长，两腿间垂下折角状的裙边。臀部又斜缠一条带子。僧裙紧贴身体，大腿的轮廓清晰地显露出来。僧裙的形式与衣纹表现手法都是7—9世纪印度流行的风格。躯体略呈三折枝式站立，足下有一个圆形覆莲座。右手下垂，结施与印，左手放在大腿处，姿态生动自然。这尊像的背光后也书写了四体文题记，亦为竖格书写，自左至右依次为满、蒙、藏、汉四种文字。其中汉文题款为："西藏郡王颇罗鼐恭庆曼珠室利大皇帝，为众生安逸。大兴黄教，建立新庙，敬进白檀庄严利益罗吉硕哩佛。交伊来使囊素开津品尔口口于乾隆十年十一月二十四日至京具奏，奉旨供奉于雍和宫，番称鉴赖滋克。蒙古称尼都泊尔悟哲克齐，华称观音菩萨。"由此可见，这尊观音像敬献的时间比上一尊释迦牟尼佛说法像要晚六个月。

这两尊佛像不仅以造型完美、工艺精细而引人注目，而且还具有独特的艺术风格。因为它们都属于仿古风格，反映了清代西藏地区佛像艺术仿古风格流行的风气。释迦牟尼佛说法像所仿的是早期克什米尔风格。从现存的早期克什米尔佛像遗存来看，像雍和宫供奉的释迦牟尼佛说法像这种造型的佛像大约有十余尊，说明当时这种佛像是一种十分流行的造像题材和样式。同早期原作相比，它在整体造型、大小规格和局部表现上基本与早期造像相仿。值得注意的是，在北京故宫博物院和承德外八庙管理处也各收藏有一尊与雍和宫这尊释迦牟尼佛说法像造型风格完全相同的佛像。两尊佛像台座上也都刻有"大清乾隆年敬造"题款，说明两尊造像皆出自清宫造办处无疑。黄春和先生分析说：三叶冠观音菩萨像也是一尊典型的仿古之作，所仿原作最早可以追溯到公元7世纪的印度。从公元7世纪到12世纪，这种造型的观音像在东印度一直是十分流行的题材。值得注意的是，几乎与东印度同时，这种观音像在尼泊尔和我国西藏地区也很流行，其风格虽略有变化，但造型样式基本一致。在印度、尼泊尔和西藏三地流行的三叶冠观音站像中，最为流行，样式最为稳定、标准的当推流行于尼泊尔的观音像。尼泊尔的观音像姿态舒展，身躯高挑，与清朝西藏所仿观音像也最为相似。因此，与其说雍和宫这尊檀香木观音像仿自东印度，不如说直接源于尼泊尔7—12世纪流行的样式。无独有偶的是，在北京故宫雨花阁也供有一尊西藏造白檀木三叶冠观音菩萨像。此像供在雨花阁一层东面的上乐金刚坛城前，高九十三厘米，是清宫中最大的檀香木观音像。此像头戴三叶冠，脖子上挂珊瑚串珠，衣裙上缀满串珠璎珞和画珐琅佛像饰件，背光形式及上面的雕饰与雍和宫观音像相同，背光后也书写了汉、满、蒙、藏四体文字。其中汉文为："乾隆十七年十二月二十六日奉旨供奉番造白檀香自在观音。"从铭文看，它也是由西藏进献的，不过进献时间比雍和宫的观音像晚了七年。

虽然这两尊造像不过是清朝西藏佛教造像中比较流行的两种仿古样式和题材中的两件实例，但它们有着一般仿古作品所不具备的优胜特点和文物价值：它们做工精细，形象生动，风格鲜明，是清朝西藏同类题材和风格中最为突出的两尊造像；它们都是由当时统领西藏军政大权的西藏郡王颇罗鼐从远在万里之遥的西藏送到雍和宫供奉的，反映了清乾隆时期中央政府和西藏地方的亲密关系。另外，这两尊佛像都是在雍和宫改为喇嘛庙时送到雍和宫的，是雍和宫由雍正潜邸改为喇嘛庙的重要历史见证。[1]

2. "中正殿念经处"造像

清朝帝王在尊崇藏传佛教中，对藏传佛教造像也非常重视，其重视程度和表现出来的热情大大超过元、明两代帝王。康熙皇帝率先在宫廷设立造像

[1] 参见黄春和《藏传佛像艺术鉴赏》附录，作者在文中说："是我与雍和宫管理处马兰同志合作撰写的，经她同意，收入本书附录中。"

机构制作藏式佛像。史载，康熙三十六年（1697），康熙帝在宫廷设“中正殿念经处”，负责宫中藏传佛教事务，并兼办佛造像[1]。雍正时，“中正殿念经处”继续存在，职能未变。其后的乾隆皇帝对造像的重视更为突出，他不仅在宫内专门设立“造办处”制作佛像，还亲自参与造像的图样设计，造像过程的监督，几乎所有重要造像环节他都亲自把关定夺。特别是当时受乾隆帝特别礼敬的三世章嘉活佛和二世土观活佛也都参与了宫廷造像活动，充当顾问和艺术指导。由于乾隆对造像的高度重视，乾隆时宫廷造像规模盛大，活动频繁，参与工匠众多，制作的佛像成千上万，这些都是康熙、雍正时无法相比的。这些情况在清宫档案《清内务府各作成做活计档》中都有充分的反映。

康熙宫廷佛像风格。康熙皇帝在位时间很长，共有六十一年。因为当时铜矿开采受到严格限制，铜产量极低，宫廷造像活动并没有大规模开展起来。目前属于康熙宫廷制作的金铜佛像共发现六尊，都是刻有具体年款造像。一为上师像，铜镀金，高七十七点五厘米，康熙十九年（1680）造，见1994年香港苏富比拍卖图录。二为药师佛像，铜镀金，高二十厘米，康熙二十一年（1682）造，北京首都博物馆收藏。三为摧破金刚像，铜镀金，高二十二厘米，康熙二十四年（1685）造，日本北村太道收藏。四为四臂观音菩萨像，铜镀金，高七十三厘米，康熙二十五年（1686）造，北京故宫博物院收藏。五为无量寿佛像，铜镀金，高十七点五厘米，康熙二十五年（1686）造，中国文物交流协调中心收藏。六为无量寿佛像，铜镀金，康熙四十三年（1704）造，收藏地不明。从这些实物看，康熙造像风格特点非常鲜明，佛像造型挺拔，工艺精细，整体效果明显优于雍正和乾隆造像。它继承了明朝造像风格，同时又开启了清朝造像的新风尚。

如四臂观音菩萨像更具代表性，康熙造像优胜的特点在这尊造像身上表现得更加突出。观音结跏趺端坐，姿态自然挺拔，头戴镂空状花冠，耳际宝缯

[1] 参见王家鹏：《中正殿与清宫藏传佛教》，《故宫博物院院刊》1991年第3期。

飞扬。面相圆润,神态安详。上身双肩搭帔帛,胸前饰璎珞。帔帛在两手腕间分别绕成半圆环,然后从两腿下对称垂搭在莲花座正面座壁上。下身着长裙,腰间束带,腰带下缀有连珠装饰。帔帛及裙子皆用写实手法表现,衣纹生动自然。尤其是垂于座前的帔帛写实性更强,给人以强烈的丝织物感觉。全身的衣饰上还镶嵌了一些珍珠宝石,使造像整体显得雍容华贵。此尊的莲花座也非同一般,造型大方,做工也极其讲究。莲座呈梯子形,造型宽大,气势恢宏,其上下边沿和束腰皆饰一周圆连珠。莲座上仰覆莲花瓣上下对称分布,莲瓣宽肥饱满,其边沿和头部都有卷草装饰,造型生动,手法写实。这尊造像从整体造型、体量、工艺水平和完好程度上看都是其他康熙造像无法相比的,堪称清朝康熙造像的经典之作。值得注意的是,在这尊观音像莲花座下缘的直边上还分别用汉、满、蒙、藏四种文字刻写了一周同样内容的铭文。其中汉文为:“大清昭圣慈寿恭简安懿章庆敦惠温庄康和仁宣弘靖太皇太后,虔奉三宝福庇万灵。自于康熙二十五年岁次丙寅,奉圣谕不日告成,永念圣祖母仁慈垂佑,众生更赖菩萨感应圣寿无疆云尔。”[1]由此可见,这尊四臂观音菩萨像是康熙皇帝专为其母亲铸造的,是希望“赖菩萨感应”,保佑其母“圣寿无疆”。这尊造像现藏北京故宫博物院。然而,虽然康熙造像在宫廷没有像此后的乾隆皇帝在位时那样大规模开展,但是在民间造像风气还是相当盛行的。现存的仿照康熙宫廷风格的民间造像数量不少,民间仿制的造像从整体造型、衣饰以及制作工艺上与康熙宫廷造像都非常相似,只是工艺逊色一些,如铜泥金像《白度母》。

3. 雍正时期宫廷佛像风格

对于清朝北京宫廷佛教造像,长期以来我们只是局限于讨论康熙和乾隆两个时期的,因为过去只发现有这两个时期的造像实物和相关的文献记载。2001 年年初,著名文物收藏家夏景春先生收到一尊刻有雍正年款的弥勒菩

[1] 王家鹏:《藏传佛教金铜佛像图典》,北京:文物出版社,1996 年,第 511—512 页。

萨造像,引起了社会各界的广泛关注。这尊弥勒菩萨像,通高二十四厘米,黄铜铸造,通体镀金,镀金颜色呈浅黄色,与康熙和乾隆宫廷造像金色相似,但不如明朝永乐和宣德宫廷造像金色富丽绚烂。下身着长裙,衣纹较为简略,仅在小腿部翻起一道大衣边来表不着裙,为典型的尼泊尔表现手法。衣边上也刻画了一些花纹,延续了康熙造像做工精细的遗风。另外,弥勒的手腕、臂和小腿部都佩有钏饰。全身衣饰的做工也非常精细,虽然不及康熙造像,但比起乾隆造像明显稍胜一筹。特别是宝缯和收帛的处理十分生动自然,体现了较高的艺术水平。这些造型与姿势特点既鲜明地体现了弥勒菩萨的宗教功用和身份,同时也反映了雍正造像承前启后的时代风格特点。最值得注意的是,在莲花座后部的座面边缘上刻有一行题款,书写形式为自右向左倒书,题款内容为“大清雍正年敬造”。这尊造像还有一个突出特点,那就是它的封底铜盖正中阴刻一个十字金刚杵,十字杵的中心有一个圆圈,内刻一道弯曲的阴刻线,使圆圈形成了两条鱼的形状,一条鱼有一只眼,另外一条鱼无眼。很明显,这是中国传统文化中常见的表示“阴阳”的一组图案,俗称“阴阳鱼”,一般为道家或道教崇尚。这种图案从元朝开始便出现在藏式造像的封底上,到清朝藏式造像封底上普遍采用了这种图案。毫无疑问,这是汉藏文化交流的结果,是藏传佛像艺术汉化的一个重要体现。所谓“承前”主要指继承清朝康熙造像遗风;“启后”主要指开启乾隆造像之新风尚。其中,在“承前”的艺术特点上体现得更加突出一些,如弥勒菩萨宽平的面相,舒展自如、结构匀称的躯体,胸前装饰繁复的璎珞,帔帛的披挂样式,莲花座及莲花瓣形制,衣边的处理,以及全身精细的工艺等特点,都与康熙造像风格及工艺技法相似。若再溯源,这些艺术特征大多是从明朝造像上继承下来的,只不过失掉了原有的艺术韵味,而带有新的时代艺术气息。从“启后”的角度来看,雍正弥勒菩萨像也有十分明显的体现。乾隆前期造像与雍正弥勒菩萨像艺术特征相似之处较多,前后相承的关系十分明显。比较典型的例子是 1978 年北京妙应寺塔刹发现的铜镀金三世佛像。这三世佛像头部高昂,身躯挺直,全身结构匀称,衣纹流畅自然。特别是三世佛像莲花座上的莲花瓣皆饱满有力,上面也都饰有云头纹,这些特征都十分接近康熙、雍正时期造像。这三世佛像是清朝乾隆十八年(1753)作为"镇塔"之宝放进塔刹的。[1]很显然,其制作年代在乾隆十八年之前,属于乾隆前期造像无疑。

雍正皇帝在位时,对当时流行于中原的汉传佛教和流行于雪域高原的藏传佛教都十分崇信,对汉传佛教,他不仅重视,而且还颇有研究和体悟,他曾亲自撰写了《御选语录》十九卷、《拣魔辨异录》八卷等探讨佛学问题的专著。他自号"圆明居士",并自封为"海内第一禅人"。对于藏传佛教,雍正的重视程度要大大超出汉传佛教,他曾将自己的潜邸的一半改为黄教上院,继续支持宫中中正殿唪经的旧例,礼敬三世章嘉。章嘉抵京后,雍正赐住北京旃檀寺(即弘仁寺,庚子之乱时焚毁)。雍正二年(1724),雍正驾幸旃檀寺,章嘉前来拜谒,"世宗喜而抱之"。当年十一月十一日,雍正又赐章嘉国师驻锡嵩祝寺。章嘉至嵩祝寺时,迎接他的场面十分隆重,"地铺黄毯,赏乘黄车,九龙褥,及各种珍品,遣官护送。僧众载道,优礼之隆,逾于前世。抵嵩祝寺,高坐法座,诵经谕众,僧俗无不愉服"。雍正九年(1731),雍正敕命修复善因寺,工竣,又赐给章嘉国师。三世章嘉入京后到十八岁之前一直是以学习为主,主要学习汉、满、蒙三种文字,雍正还特命皇四子(即后来登基的乾隆皇帝)也同他一起学习。每次进宫学习,都享受极高礼遇,乘"御乘"进宫。到十八岁时,雍正正式册封他"灌顶普善广慈大国师",并赐以金册和银印。[2]

雍正款弥勒菩萨像至今才发现一例,很多人为之不解,其实原因很简单,那就是当时的制作量较少,而制作量少的原因主要与当时铜产量低有关。值得一提的是,夏景春先生的藏佛中有一尊铜镀金宗喀巴大师像,其整体风格与雍正款弥勒菩萨像相似,特别是造像莲花座的造型以及莲花瓣形制与雍正

[1] 参见黄春和:《白塔寺》,北京:华文出版社,2002年,第70—73页。
[2] 参见妙舟法师撰:《蒙藏佛教史》,扬州:江苏广陵古籍刻印社,1993年。

款弥勒菩萨像几乎完全一样。在康熙和乾隆时期宫廷造像和民间仿造是同时并存的，制作的佛像风格也大体一致。因此，从夏景春收藏的这尊宗喀巴大师像推测，雍正朝除宫廷制作佛像外，民间也应当流行仿制宫廷造像之风，夏景春收藏的这尊宗喀巴大师像就应当是一尊雍正时期的仿宫廷造像作品。

4. 乾隆时期宫廷佛像风格

乾隆时期，大学士工布查布译出《造像量度经》，乾隆皇帝与三世章嘉又合作编订了《三百佛像集》，乾隆时造像就是严格按照这些佛像量度的规定和既定的图像模范进行塑造的，这应是乾隆造像普遍走向程式化，从而导致艺术水平急剧下降的主要原因。乾隆造像目前遗存非常多，主要集中在各大博物馆和一些大的藏传佛教寺庙，也有一些流入民间。其中不少署有标示年代的铭款。从一些带年款的造像看，乾隆宫廷造像可以分为如下四种类型。

（1）六品佛像

是乾隆时期设立的用于修习密法的“六品佛楼”中供奉的一类佛像。所谓“六品”，按照由低到高，先显后密的次序设立，其中显教占一品，即“般若部”，其余五品都是密教内容，由低到高依次为：事部，为下品根基者修习内容；瑜伽部，为上品根基者修习内容；无上瑜伽部，为上上品根基者修行内容；其中无上瑜伽部又分为“父续”和“母续”两部。“六品”佛楼的内容设置是格鲁派提倡的先显后密、由浅入深的修法思想的具体体现。

根据罗文华先生著文介绍，清代自乾隆二十二年（1757）至四十七年（1782），先后修建和布置了八处六品佛楼。它们是紫禁城内四座，分别为建福宫花园内的慧曜楼、中正殿后淡远楼、慈宁宫花园内宝相楼、宁寿宫花园内的梵华楼；长春园一座，含经堂西梵香楼；承德避暑山庄三座；还有珠源寺众香楼、普陀宗乘之庙大红台上西群楼、须弥福寿寺妙高庄严西群楼等。这八处六品佛楼形制及佛像布置一致：皆为七开间，平面呈横长方形，中央明间上供宗喀巴大师像，下安佛龛、佛塔或旃檀佛。左右各三间，楼上自西向东依次供奉般若、无上阳体、无上阴体、瑜伽、德行、功行六品佛像及法器，楼下各间供各式佛塔。每间各供佛像一百二十二尊,每间前供桌上还各供有大佛像九尊,这样六间共供有大小佛像七百八十六尊。[1]在六品佛楼供奉的每尊佛像上都有署款,署款共有三种:一种是年代款,皆为“大清乾隆年敬造”,在佛座正壁的上方,为铸款,自右至左倒书;一种为佛名款,如“斗战胜佛”,在佛座正壁下缘,为阴刻款,自右至左倒书;再一种是品名款,如“瑜伽根本”“般若品”等。令人遗憾的是,清宫设置的这八处六品佛楼大部分先后在八国联军和日本侵华战争中遭到毁坏,现在只剩下故宫梵华楼一座基本保存完好,是我们今天研究乾隆时六品佛楼佛像供奉仪轨的重要依据。那些被毁坏的六品佛楼中的佛像大多被外国列强掠走或流落民间,现在分别藏于国内外博物馆和私人手中。

(2)祝寿佛像

据记载,在乾隆六十、七十和八十三次大寿中清宫都造了不少佛像。其中,乾隆六十大寿时铸像最多,承德普陀宗乘之庙一次就接受了各少数民族王公贵族向皇帝祝寿敬献的四尊无量寿佛像,特建千佛阁供奉,乾隆还御制《千佛阁碑记》记载此事,现在遗存下来的也大多是这次祝寿的佛像。佛像题材皆为无量寿佛,其造型风格完全一样,大小也基本一致,皆在二十厘米左右,其明显标志是佛像台正面下沿阴刻“大清乾隆庚寅年敬造”铭款。值得注意的是,虽然这种造像也出自宫廷,但其风格比较独特,它不同于六品佛楼佛像风格,亦与后面的几种类型不同。它的风格应源于当时西藏流行的一种无量寿佛造型样式,也应当属于尼泊尔风格。在北京的妙应寺意珠心镜殿展出的“藏传万佛造像艺术展”中就展出不少这种西藏无量寿佛像。另外,由于这种祝寿佛像当年铸造较多,有很大的影响,于是这种祝寿佛像在当时便出现了仿制现象,现在也有不少不带刻款的无量寿佛像保留下来,造型大小与刻款者基本一样。

---

[1] 参见罗文华:《清宫六品佛楼模式的形成》,《故宫博物院院刊》2000年第4期。

（3）仿古佛像

清朝宫廷盛行复古之风，宫中许多祭祀及赏玩器物都带有仿古的痕迹，宫中佛像仿古作品的出现应当是这一复古风气影响的结果。据黄春和先生所见实物和发表的图像资料看，当时宫廷所仿古代佛像主要有东印度、尼泊尔、克什米尔、斯瓦特几个地区的风格。仿品做工精细，几可乱真，仿品与原物同时受到敬奉，成为宫中佛像造像的一大特点。

（4）其他类型

除了上面介绍的几种风格和类型造像外，乾隆时还有一些其他类型的署款造像。主要有两类：一类是“大清乾隆年敬造”款佛像。款字或铸或刻，其造型风格与六品佛楼佛像一致，但无品名款和佛名款，同时其体量也比六品佛要大。这类造像无疑也出自宫廷造办处。据推测，它们可能是六品佛楼六品佛前供奉的大佛像，或为清朝皇宫御苑佛堂中供奉的佛像。再一类是“土观呼图克图诚心金银造”款字摩利支佛母像。从造像体现出来的风格看，应为乾隆时期铸造。

青海五屯的佛像艺术也受到内地宫廷的影响，如彩塑《财源天女》，瓜子脸，柳叶眉，樱桃小嘴，眼睛也很大，完全与中原汉人的审美特征相符。

承德外八庙的造像集中了康熙和乾隆两朝各种形式的佛教造像，其中大部分是藏传佛教造像，尤其值得注意的，是浦仁寺慈云普阴殿和后殿供奉的九尊无量寿佛。

漠北蒙古的佛教造像，为蒙古最著名的佛教大师一世哲布尊丹巴开启，一方面受到宫廷造像的影响，另一方面受到西藏仿古风气的影响。

5. 宫廷佛像在其他寺庙的影响

清乾隆时期北京地区由于宫廷造办处制作藏式佛像的影响，在一些大的喇嘛庙也制作佛像，如当时北京最大的喇嘛庙雍和宫就设有铸造佛像的机构，称为“造办房”。这个机构规模也相当大，拥有大批的工匠，从事铸造、镀金、玉石牙木雕刻、装金、彩画、彩绣等不同种类的佛像制作。乾隆时期是北京藏传佛教发展最兴盛的时期，这些喇嘛庙供奉的佛像不可能全都来自宫廷造办处，就应当由喇嘛庙自己的造像机构来解决。除金铜佛像外，在清代早中期还同时流行其他形式的藏式造像，如木雕、石刻、泥塑、琉璃、陶瓷等形式。这些形式的造像在当时皇宫御苑里修建的喇嘛庙和佛堂中随处可见，至今也有不少遗存下来。比较著名的如：碧云寺金刚宝座塔，建于乾隆十三年（1748），塔座和五座小塔上浮雕佛、菩萨、佛母、护法、罗汉等造像甚多。北海天王殿琉璃阁，建于乾隆二十四年（1759），其外壁嵌琉璃小佛像无数。西黄寺清净化城塔，乾隆四十七年（1782）建，塔上雕有佛像和佛陀成道故事图像。颐和园智慧海、多宝琉璃塔，建于乾隆年间，建筑上嵌有琉璃佛像无数。清东陵裕陵，为清高宗弘历陵寝，在河北冀县清东陵陵区内，乾隆八年（1743）始建，乾隆十七年（1752）竣工。陵寝内浮雕有八大菩萨、四大天王和众多佛像，雕工十分精美。承德外八庙，这些寺庙集中了康熙和乾隆两朝各种形式的佛教造像无数，其中大部分是藏传佛教造像。[1]

（二）传入内地的藏式寺庙和佛塔

1. 北京的藏式寺庙和佛塔

北京颐和园后山，香岩宗印之阁的四座喇嘛塔，建于清乾隆年间，四塔均高约十五米，分别用红、白、黑、绿四种颜色，象征佛教宇宙观的四种元素（土、火、水、气），佛教认为这四种元素构成世界，乃至宇宙，每座佛塔都由台基、穿堂、莲花座、塔身、相轮、仰盘、覆盘、宝顶、铜铃等组成，圆肚形塔身，分上下两层，刻有佛教“如来八宝”等装饰。四座佛塔皆为典型的藏式佛塔。北京香山东麓碧云寺金刚宝座塔，全部用汉白玉砌成，在汉白玉塔座上筑有五座方形石塔，其中有两座造型十分漂亮的藏式佛塔。碧云寺屋顶层装饰五座小白塔，其中一座在高耸的屋顶上面，四座安置在屋角上面，塔的形制与北海白塔

[1] 参见黄春和：《藏传佛像艺术鉴赏》，北京：华文出版社，2004年，第158—185页。

十分相似，均为藏式佛塔。清乾隆四十五年（1780），六世班禅来北京为乾隆帝祝贺七十大寿，不久因病在京圆寂，北京城内所有的寺庙都为班禅大师念经四十九天。为纪念班禅大师的无量功德，乾隆帝用赤金铸班禅遗像，供于西黄寺大殿内，并用七千两赤金造金塔一座，上嵌满珍珠，此塔称“清净化城塔”，亦是典型的藏式佛塔。北京安河乡鹫峰山东南麓的鹫峰和尚塔，建于嘉庆元年（1796），砖石结构，为覆钵式佛塔，塔高四点六米，塔基为单层须弥座，塔身修长，塔刹为十三重相轮，用花岗岩制成。北京颐和园西部玉泉山华藏海禅寺内的华藏海石塔，建于清乾隆年间，全部用汉白玉雕砌，平面八角形，仿木结构，密檐式实心塔，塔身八面均雕刻佛像和佛经故事，此塔的塔刹为一小型率堵波式喇嘛塔。玉泉山北隅山峰上，有一座金刚宝座式佛塔，建于清乾隆年间，砖石结构，方形台座上矗立三塔，中心大塔为一座藏式喇嘛塔，显得高大威严。

中国古代最大的皇宫北京故宫与藏式佛塔也结下了不解之缘。西藏达赖、班禅和其他高僧活佛频频出入皇宫，受到皇帝接见，与皇帝共商政教大事，或为皇帝举行各种佛事活动。三世章嘉活佛七岁入宫，与当时还是皇子的乾隆皇帝同窗学习，成为国师，辅佐乾隆皇帝半个多世纪，处理日常政教事务。北京故宫里有英华殿、隆德殿、钦安殿和宁寿殿等几座著名的藏传佛教佛殿。这里值得一提的，是故宫宁寿殿内有六座造型极为精致的藏式佛塔。这些佛塔全部用昂贵的景泰蓝制成，镶嵌着价值连城的猫眼石等奇珍异宝，闪闪烁烁，满堂生辉。故宫内还珍藏着全套藏密佛像和西藏珍贵的唐卡画，足见以皇帝为代表的统治阶级对藏传佛教的厚爱。北京雍和宫是乾隆帝和三世章嘉活佛共同参与建造的内地最大的藏传佛教寺院，寺内供奉着达赖和班禅赠送的佛像、唐卡以及藏传佛教高僧活佛莲花生、宗喀巴、达赖、班禅、章嘉等的造像和松赞干布造像，珍藏着大藏经《甘珠尔》《丹珠尔》以及《班禅传》和千函珍贵的藏文金粉经典，雍和宫大殿屋脊那高高耸立着的五座藏式鎏金佛塔，金光熠熠，器宇轩昂。高悬在每座殿堂门楣的藏文匾额，一通通矗立在碑亭中的藏文碑铭和那高高的嘛呢旗杆及飘扬的经幡，都在向人们昭示着这座佛寺与汉传佛教寺院截然不同的风格。

此外还有一些零星散落或未曾记载的藏式佛塔，这些均构成了北京地区藏式佛塔群落。通过这些藏式佛塔，我们可以了解到藏式佛塔在北京地区传播发展的大致情况。这些藏式佛塔以铁的事实，证明了西藏和祖国内地间水乳交融的关系，同时也说明，在佛教文化发展的历史长河中，藏族人民为首都北京的建设做出了自己应有的贡献。

2. 河北承德的藏式寺庙和佛塔

河北承德避暑山庄，是在清康熙五十二年（1713）至乾隆四十五年（1780）间陆续建成的皇家行宫。在此期间，清朝皇室在这里建立了十一座佛教寺院，分别归属八个庙宇管辖。由于这些寺院位于县城以外，所以俗称“外八庙”。外八庙的建立，主要是为了团结西北及西藏地区的少数民族，为他们提供一个前来承德觐见清朝皇帝的修行、居住和举行佛事活动的场所。承德避暑山庄的建筑主要参考了藏传佛教寺院建筑风格。这里的佛塔是西藏式的，但在制作工艺方面却表现出独特的风格，经过汉藏僧俗、能工巧匠的多年努力，河北承德避暑山庄逐渐成为华北平原上藏传佛教建筑最聚集的地方。这里的建筑独创了一种集我国汉式建筑和藏族及其他少数民族建筑有机结合的新的格调。站在避暑山庄中心，仰望四周环山，仿照西藏布达拉宫、扎什伦布寺、桑耶寺的藏传佛教建筑，一座座玲珑秀丽的藏式佛塔亭亭玉立，惟妙惟肖，林林丛丛，诵经声响彻山谷。坐落在承德避暑山庄之北的普宁寺，建于清乾隆年间，寺院大乘阁系西藏桑耶寺大殿的布局形式，大殿的四隅有红、绿、黑、白四种不同颜色的佛塔，人们亲切地称之为“小桑耶寺”。这四种不同颜色的佛塔，对比十分强烈，但在强烈对比中又寻求和谐与统一。这四种佛塔的象征意义均与西藏桑耶寺佛塔的象征意义相吻合。普宁寺大乘阁高台上建有两座属过街塔的藏式佛塔，俗称东塔与西塔。东塔为两层圆形塔肚；西塔亦为两层塔肚，有台基、塔刹等。承德普乐寺是我国内地最大的坛城型建筑，这座坛城里有大型立体曼陀罗模型，其中央有藏传佛教密宗佛像，寺院山门内有宗仰殿，面阔七间，进深五间，重檐歇山顶，覆盖琉璃瓦，屋脊装饰色彩缤纷的琉璃饰件，以数条黄琉璃龙贯穿起来。正中嵌釉瓦藏式佛塔一座，殿顶装饰十分华丽丰富，中间藏式佛塔更显得高耸耀眼。承德避暑山庄东北普乐寺阁城，建于清乾隆三十一年（1766），阁城第二层墙踏道上有层盖覆，台上四角和四面各建琉璃藏式佛塔各一座，八座佛塔的形制完全相同，象征着清朝对四面八方进行长期稳定的统治。普乐寺天王殿屋脊上竖立着三座藏式佛塔，三塔高耸挺拔，色彩鲜明，使得天王殿更加庄严肃穆。

承德还有一座酷似西藏布达拉宫的藏式建筑，叫普陀宗乘庙。远远望去真如布达拉宫红宫的高墙盲窗，平顶式殿堂楼房和半圆形雕楼及一排端庄秀丽的各种藏式佛塔映入眼帘。普陀宗乘庙，建于清乾隆三十二年（1767），是为乾隆帝六十寿辰、皇太后八十寿辰，并接待国内各少数民族王公贵族而建的。山门后有五塔门，门高十米多，门上面有三层西藏梯形式样的假窗，墙顶上建有藏式佛塔五座。五座佛塔形式各异，象征着佛教五大宗派。普陀宗乘庙平面布局和拉萨的布达拉宫相似，前部位于山麓，后部主体建筑位于山巅，气势磅礴，壮丽宏伟。中部大部分平顶碉房式白台随山势呈纵深自由建置，顶部大红台仿布达拉宫的红宫，是其主要建筑，全高二十五米，分上下两部分，上宽五十八米，下宽五十九米，形成明显的收分。西面圆形建筑仿布达拉宫西端半圆形碉楼；西面山下的三塔仿布宫与药王山之间的三塔；下部高台部分仿布宫的晒佛台。普陀宗乘庙所仿布达拉宫的都是有代表性的部位，形体、比例等大体上与布达拉宫近似，所使用的色彩也基本上一致，虽然建筑尺度和内容远不如布达拉宫，但实际效果仍然体现出它的主要特征。建筑的细部装饰抓住最有西藏建筑特征的风格，根据当地的情况加以应用，如将“边玛”檐改为汉族的“鹰不落”墙顶，外墙面粉刷棕红色，远看俨然是藏族建筑的檐口和女墙风格。万法归一殿的重檐攒尖顶、鎏金铜瓦、屋脊、水纹、宝顶呈法铃状等，都承袭了西藏寺庙建筑的风格。因此，普陀宗乘庙被人称为“小布达拉宫”。承德避暑山庄东北平岗的安远庙普渡殿正脊中部立有铃状形藏式佛塔三座,大小迥异,挺拔高耸,富有特色。

建筑被称为“小布达拉宫”的普陀宗乘庙时还有一个由于七世达赖的支持而促使民族团结的故事。土尔扈特蒙古是虔诚的佛教徒,在他们游牧在伏尔加河和顿河下游草原的漫长岁月中,从未间断过与藏传佛教圣地拉萨的联系。后来因为受不了俄国的军事压迫和与东正教的格格不入,而决定冒死举部回归。土尔扈特首领渥巴锡在决策过程中曾经秘密派专使来到远在西藏的七世达赖喇嘛格桑嘉措身边,征求他们心目中最为信赖的大活佛的意见。当时七世达赖鲜明地支持他们回归祖国,并通过占卜为他们选择了一个举事启程的良辰吉日,就是黑牦牛咳嗽的时候开始行动。可是,偏偏在商量好的那天,黑牦牛老是不咳嗽,万般无奈下只好由人模仿牦牛咳嗽声,发出起义信号,可终因声音太小,使伏尔加河对岸的一小部分土尔扈特人没有听见而滞留在了俄国,变成了今天的卡尔梅克人。而绝大部分土尔扈特人在渥巴锡率领下不顾千难万险,回到了阔别一百四十多年的祖国。正当他们万里迢迢到达祖国的时候,恰逢“小布达拉宫”的普陀宗乘庙落成开光,他们像久旱逢雨的枯苗,沐浴在祖国大家庭统一文化的喜悦的甘露之中,更加体会到祖国各民族兄弟间那种谁也离不开谁的深深亲情关系。朝廷为他们在普陀宗乘庙最为醒目的迎门之外立了三通汉、满、蒙、藏四体合璧的碑文,以示永久的纪念,褒奖他们的这种爱国壮举。

承德藏式佛塔的特点是比较逼真地模仿了西藏布达拉宫、桑耶寺及藏传佛教坛城式佛塔建筑。这使美丽的承德叠翠之中,充满了藏族风格的建筑,显得更加诱人,使人追史溯源,浮想联翩,仿佛置身于寺塔林立、经幡飘扬的雪域圣地。

承德还有一座酷似扎什伦布寺的“须弥福寿之庙”。“须弥福寿”是藏语“扎什伦布”的意思。乾隆皇帝在“承德离宫”内专门为六世班禅修建了“须弥福寿之庙”,供六世班禅居住和讲经用,故又称为“班禅行宫”。它建立于乾隆四十五年（1780），坐北朝南，坐落于山麓。山门开拱三个，门楼、东西隅角建有隅阁。山门内正北有座碑亭，平面呈方形，为重檐歇山式，亭内立有乾隆《御制须弥福寿之庙碑》，高八米余。北边山坡上有琉璃牌坊一座，乃为三间四柱七楼建筑。庙内大红台，为藏式平顶，用大砖铺砌，四角各建小殿一座，单檐一顶，脊上雕兽：南面两殿装饰孔雀，北面两殿装饰鹿。大红台南面正中修有琉璃墙门，广大的壁面上开小窗三层，每层十三个，窗头嵌琉璃垂花罩，为汉族建筑手法。妙高庄严殿是六世班禅打坐讲经的地方，平面呈方形，七开间，各三层，每层都设置佛像，重檐攒尖顶，盖鎏金鱼鳞状铜瓦，屋脊上各置两条巨龙，共八条，中央宝顶为法铃状。吉祥法喜殿，主殿是班禅来承德时的卧室，五开间，两层楼，重檐歇山顶，盖鎏金鱼鳞状铜瓦，脊装饰与妙高庄严殿相类似。东西山墙为藏式窗。大红台正北中轴线上的一组建筑，有金贺堂和万法宗源殿，是班禅的弟子们居住的地方。庙内还有一座八角七层的琉璃宝塔，是仿杭州六和塔形式建造的。大红台周围因山借势布置假山叠石，广植古松，又是汉族传统的园林艺术。再在周围配合小型白台、各式喇嘛塔等，组成了壮观的群体，远远望去颇有扎什伦布寺的气势。因此，“须弥福寿之庙”既是模仿扎什伦布寺建造的，又是融合了许多汉族建筑艺术特点的，是汉藏建筑艺术、文化融合的结晶。

承德外八庙运用园林化的手法来渲染佛国天堂的理想境界，这在我国历来的寺庙园林中是罕见的。它在清王朝巩固民族团结和国家统一中发挥了积极作用，在佛教史上也有一定的地位，这是汉藏佛教文化艺术双向交流所取得的辉煌成就。特别是外八庙普乐寺把藏传佛教密宗的坛城、须弥山及显宗佛经中所描绘的宇宙世界的理想境界，直接表现在建筑的总体布局和个体形象之中，这是清代仿藏传佛教艺术创新成功之处，也是古代建筑、园林、佛学相融合的新发展。

承德外八庙普乐寺后半部的主体建筑“阇城”（坛城），形制独特，别具一格，是仿西藏萨迦寺的坛城而建。是用砖石砌筑上中下三层方形高台，通高三十七点六米，突兀于其他建筑之巅。下层墙内原有一圈僧房，四面设门，正门向西以石砌城台名“阁城”，连接四门是七十二间单层廊房，是藏传佛教建筑上常用的“嘛呢郭拉廓”。四面均有蹬道可通上下。中层墙上加有雉堞，形如城墙。各蹬道上屋顶四面建有八座琉璃藏式佛塔。其中四角的四个均是白色，正中是紫色（赤），背面的是黑色，南面是青色，北面是黄色，是取“青龙”“白虎”“朱雀”“玄武”的意思。据《金刚顶经》载：中央为大日如来，四方即四个波罗密，东方赤塔（紫色）为法波罗密，西方黑塔为金刚波罗密，南方青塔为业波罗密，北方黄塔为宝波罗密，也就是大日如来具体智慧的表现。四个白色塔是歌、舞、嬉、鬘四内供：歌内供释迦牟尼、舞内供不空成就如来、嬉内供阿弥陀佛（无量寿佛）、鬘内供阿众大日如来。整个“阇城”是密宗金刚界理论实体，所谓“金刚界”就是这坚石壁垒的阇城。金刚界显示大日如来的智德曼荼罗，它是摧毁一切烦恼的锐利武器。乾隆所说的“蕲自刹那以亿劫”就是显示大皇帝的力量，把自己比喻成“菩提大智”的“神变”，希望自己的封建国家坚固如同金刚一样，永享太平，何不乐乎！

3. 五台山的藏式寺庙和佛塔

五台山台怀镇镇海寺是三世章嘉活佛驻锡之寺，清乾隆五十一年（1786）章嘉活佛在镇海寺圆寂后，信徒们在镇海寺为三世章嘉活佛建造了一座用花岗岩雕刻的藏式灵骨塔，塔高十米，塔顶置十三级圆形塔刹和饰物，塔基八角须弥座上雕刻金刚力士像，塔身雕刻佛陀和菩萨像，以及三世章嘉活佛像，雕刻十分精美，散发着不同寻常的纯净圣洁的艺术气息，瞻仰灵塔，一种超然崇敬之情油然而生。三世章嘉活佛灵塔，是按藏式佛塔形制给藏传佛教高僧活佛在我国内地建造的第一座灵塔，形似北京北海白塔。该灵塔的建成标志着藏式佛塔在内地更深层次的发展。五台山台怀镇罗眼寺，始建于唐代，明成化年间重建。该寺山门左侧有一座佛塔，相传在清代，这里有一株枝叶繁茂的大树。因蒙古喇嘛非常崇奉文殊，故在重修文殊殿后，寺僧就想塑一尊藏式文殊像，于是就伐这棵大树，作为塑像的塑柱，外面又着泥彩画，涂抹成这一藏式白色的喇嘛塔，名叫文殊塔。塔基平面方形，边长六米。上置双层十字折角形须弥座，座上十二个方角，饰仰莲瓣，承托着圆形覆钵。上为十二角双层十字折角形须弥座式的刹座，承托着十三刹身和宝盖及小型的覆钵式刹顶，这亦是一座典型的喇嘛塔。

五台山北台附近的塔尔沟杂华奄小寺中，有一座造型美丽的佛塔。这座佛塔是清代藏传佛教格鲁派著名高僧格隆尊哲大师仿照尼泊尔首都加德满都著名佛塔“甲容卡肖”建造的。“甲容卡肖”不仅闻名于尼泊尔，而且享誉东南亚其他佛教国家。五台山显通寺藏珍楼保存着一座形制特殊的铜塔，塔通体铜铸，形似钟，塔身的相轮下大上小，具有元代喇嘛塔的显著特征。该藏珍楼中还有一座清代白玉舍利塔，其须弥座上为覆钵式塔身，塔身正面开一佛龛，龛内供舍利，上置七级相轮、宝盖和桃形宝珠构成的塔刹，高零点五米，全部由白玉制成，是清代遗留下来的一座藏式佛塔。内蒙古慈灯寺有一座著名的金刚宝座式佛塔，塔的建筑略显印度佛塔风格，但更多地凸显了藏式佛塔的特征。这座金刚宝座式佛塔是由扎萨克大喇嘛阳察尔齐呼毕勒罕于清雍正十年（1732），根据藏传佛教《金刚经》对金刚五部的描写而设计建造的，塔内珍藏着许多珍贵的佛像和雕刻的佛经故事，还有蒙古文注解的土天文图，象征藏传佛教宇宙中心的须弥山图及藏传佛教高僧活佛、著名学者松巴·益西班觉的《如意宝树史》木刻版等。

4. 其他地方的藏式佛塔

江苏扬州市西郊瘦西湖畔的莲性寺白塔，建于清乾隆年间，此塔用砖砌成，塔的形制与北京北海白塔相似，为江南地区罕见的白塔，是典型的藏式佛塔。

在内蒙古自治区达茂联合旗百灵庙镇百灵庙前有两座貌似双峰叠立的白塔，双塔形制与建造规模基本一致，均为藏式喇嘛塔。

吉林省洮安县德顺乡洮安双塔，建于清顺治元年（1644），两塔相距约二十米，造型均为藏式覆钵塔，用青砖砌成，每座高十二点三米，塔身上部有塔刹相轮十三道，四周有藏文砖刻咒语和大型砖浮雕。黑龙江省肇源县茂兴大庙村的衍福寺双塔，建于清顺治元年，双塔东西排列，相距约三十米，双塔均为藏式佛塔，形似北京北海白塔。湖北省武汉市陀山西端的黄鹤矶头的胜象宝塔，高九点三六米，塔座宽五点六八米，由塔座、圆瓶、相轮、塔刹组成。[1]

（三）从台北故宫博物院收藏的清代三件立体坛城到承德外八庙普乐寺的建造，看清代藏传佛教艺术与汉地佛教艺术双向交流所取得的成就

1. 鎏金镶珊瑚松石坛城

此坛城是顺治九年（1652）达赖喇嘛携来北京之物。高十四点八厘米，直径三十二点四厘米。周沿用螺丝、錾金手法布满西番莲和佛教八宝吉祥图案。圆形平面上布四大部洲、五大海围绕中心之须弥山，均用上等珊瑚和绿松石镶嵌而成，富丽堂皇，光彩夺目。盛装坛城的皮盒内书写满、汉、蒙、藏四种文字“利益金造曼达，乃世祖皇帝时五辈达赖喇嘛来京供于西黄寺，章嘉胡图克图以其吉祥万年，环宇康宁，众生利益，故奏闻皇上，请内廷供奉”。五世达赖阿旺罗桑嘉措于顺治九年十二月与清世祖见面，住在特为其修建的西黄寺内。次年四月受封辞归，从此达赖喇嘛成了正式世传封号；此坛城也成了西藏与中央政府密切联系的证物。此坛城是用密宗图像象征其宇宙的法器，比喻大彻大悟的佛之境地，是将密宗佛、菩萨等尊像集中造出以备修法时供奉。在宗教仪式中或手持之以作法，或陈设在案上以供礼拜，或密修时作观想的本尊。其形式或圆或方，中央本尊佛，本尊的四方、四隅各一菩萨，是为中院；中院周围一、二层菩萨或护法像，成为外院。

2. 金制坛城

坛城在藏传佛教中是宇宙的象征，和被立体表现的曼荼罗同样。为了

---

[1] 参见索南才让：《走出雪域的藏式佛塔》，《西藏艺术研究》2006 年第 1 期。

修法把它拿在手中，是作为一种法器放在须弥坛上，所以使用了最珍贵的素材，在基础部分为圆形，周围有用土耳其宝石装饰的吉祥纹和莲花唐草纹，在坛的中央置有高好几层的佛阁，四边有门，极为庄严。佛阁的上层置放着大威德金刚小像，阁的四边也做了四个小门，并添有法器、花卉、经桌等，各门上有各种佛教的供养品作为象征。这些厚重且典雅的佛教祭祀法具，在 18 世纪的宫廷修行时被使用。在造型和工艺技术方面，坛城是一件精美度非常高的作品，除了使用珍贵材料，其表现上的节奏感非常明快，从中也可以看到，佛教建筑文化艺术对清王朝建筑乃至故宫建筑有着相当明显的影响。

3. 银制镀金坛城

坛城是表示佛修行成道的座所，佛教在修行时用这种法器来祈祷神佛的降临，防止各种魔鬼侵入。除了圆形的基础部分，再就是用四个方位表示佛教的世界，即：东（白）、南（青）、西（红）、北（蓝）。坛上有宝塔和楼阁、亭和配备手持法具的诸尊。总之，他们是保护佛法的四天王和四佛。在中央耸立着高高的须弥山，据说它在古代印度是宇宙的象征，即灵山，而且是世界的中心。山的周围有九个大陆和八个海，人间的世界在最外侧。山有四峰，配有亭台楼阁，中峰上有宝阁或是宝宫，顶的附近有瑞云缭绕。根据佛说，太阳和月亮以须弥山为中心旋转。清朝内廷中有许多佛殿和佛阁，场所虽然有所不同，但是一定要置放各种坛城，有金银制造的，还有陶瓷制品，绘画形式则被称为“唐卡”。这种坛城作品是清朝盛期所造，各部分的金工水平都相当高超，详细表现了佛教世界的构成，是宫廷所属的“工房”（造办处）所制作的佛教美术精品。清王朝继承了明朝治理西藏的策略，用朝贡与封赏方式加强与蒙藏地区的联系。清廷利用藏传佛教政策是通过僧侣中的领袖人物实现。在利用藏传佛教领袖人物的影响，发挥他们在政治上的作用方面，达赖、班禅和章嘉等活佛具有代表性。从顺治九年（1652）五世达赖进京朝觐起，达赖、班禅及西藏的民族宗教上层，按照朝廷规定轮流朝贡，朝廷给以丰厚的赏赐，也为汉、藏佛教文化艺术之双向交流拉开了帷幕。

清宫法器、供器来源有二,其一为蒙、藏、甘、青等地贡品;其二为清宫造办处制作。自五世达赖喇嘛1652年朝觐将"鎏金镶珊瑚松石坛城"入贡清宫后,清帝对所贡法器、佛像等供品特别重视。在藏传佛教影响之下,清宫内廷也设置了造办处,专门负责制作收集法器、佛像、佛龛等事宜。该处是专为皇家服务的工艺制作机构,集合了当时国内各个行业能工巧匠。因藏传佛教重视事相,重视修行仪轨,尤其是密宗仪轨极为神秘复杂,所用供器、法器种类又特别繁多,为解决这一难题,故在乾隆时期从西藏招来一些画师、雕刻师和工匠,由他们负责设计创作,其造型主要按照藏传佛教仪轨设计制作,由驻京大喇嘛章嘉国师、阿旺敏珠尔呼图克图(即三世阿旺嘉措)和土观等国师亲自指导监造;用最贵重考究的材料,不惜工本精雕细刻,镀金处金光灿烂,珐琅釉料色彩光亮五彩缤纷、豪华精致、美轮美奂;而所铸刻造的法器、供器中最具宫廷特色的是铜镀金珐琅制品、珐琅坛城等。宫廷所制法器与西藏贡品在质量和风格上形成了鲜明的对比。西藏作品造型生动,纹饰简洁,镀金欠光泽,细部较粗糙,但具有粗犷豪放气质,表现了藏民族纯朴民风与审美情趣。正因为宫廷的支持,清代西藏佛教艺术与汉地佛教艺术双向交流才取得了辉煌成就。

从台北故宫博物院收藏的三件立体坛城珍品到承德外八庙普乐寺的建造,不仅反映了清王朝藏传佛教艺术与汉地佛教艺术之双向交流所取得的成就,而且也反映了藏传佛教与清王朝中央政权的紧密关系,从而证实了只有国家的繁荣和政治的安定,才能使艺术和文化得到空前发展的道理。[1]

[1] 参见张庆有:《从台北故宫博物院收藏的三件立体坛城珍品看汉藏佛教艺术双向交流》,《西藏艺术研究》2000年第1期。

（四）炳灵寺的藏传佛教之影响

清顺治二年（1645）炳灵寺东北山头杨家村生一男孩，经藏区活佛卜算，是晋美赤来嘉措法台的转世，于是被接到寺院，五岁受“近世戒”，取法名“嘉杨隆珠”，八岁受“沙弥戒”，当年坐床任法台。由此把晋美赤来嘉措追认为第一世活佛，嘉杨隆珠为第二世话佛，炳灵寺活佛转世系统由此诞生。

嘉杨隆珠十九岁（康熙三年，1664）去西藏色拉寺密宗院，学经十四年，取得“介仁巴”学位。在五世达赖罗桑嘉措前受听了《时轮全刚》灌顶，在五世班禅罗桑益西前受听了《无量寿经》灌顶。二十四岁在色拉寺受比丘戒。康熙十六年（1677）回到炳灵寺。返寺后仿照色拉寺的教规，改革和完善了炳灵寺规章，同时修建了大昂欠、护法殿，炳灵寺从此隶属色拉寺系统。

康熙二十一年（1682），嘉杨隆珠二世去京朝拜皇帝，康熙帝敕封嘉杨隆珠为“扶禅师呼图克图”，颁赐册文玉印、珍珠伞、孔雀扇，准乘八抬黄轿。康熙二十四年（1685），康熙皇帝为炳灵寺颁赐《甘珠尔》一百零六卷、《诸晶集咒经》一部，又赐给炳灵寺度牒二十七张，命河州衙门每年关支杂粮四十二石二斗。二世嘉杨隆珠于康熙四十四年（1705）圆寂。嘉杨隆珠活佛共传八世。

第二世嘉杨隆珠活佛是炳灵寺历史上第一位受到皇帝召见并敕封的活佛，炳灵寺由此赢得了前所未有的荣誉，大大推进了藏传佛教在炳灵寺及其周围地区的发展。嘉杨隆珠活佛体系建立后，在炳灵寺又相继建立了嘉杨沃色（俗称尕杨太爷，嘉杨隆珠被称为大杨太爷）活佛体系，建立于康熙四十八年（1709），共历五世；雍迦玛锐（俗称大雍太爷）活佛体系，建立于乾隆八年（1743），共历八世；罗藏云旦（俗称尕雍太爷）活佛体系，建立于乾隆十八年（1753），共历四世；旦曾坚措（俗称薛太爷）活佛体系，建立于康熙五十二年（1713），共历三世；嘛尼仓活佛体系，建立于嘉庆初年，共历四世。

伴随着藏传佛教活佛转世系统的建立，炳灵寺的规模急剧膨胀，一时间出现了佛殿、经堂林立，僧舍遍布的景况，寺院僧人也迅速增长，民间有“上一千、下八百”的说法，也就是说炳灵上寺有一千余僧人，下寺有八百名僧人。

由于寺院规模过于庞大，炳灵寺自活佛转世系统开始不久，就分上、下寺两部分。同时，隶属于炳灵寺的小型藏传佛教寺院遍及甘、青、内蒙古三省区，共六十余座，这些寺院有的是炳灵寺的分寺，有的是将寺权布施于炳灵寺。这期间，炳灵寺与格鲁派各大寺院有着密切关系，各系统的活佛几乎都是从色拉寺、哲蚌寺、甘丹寺、塔尔寺、拉卜楞寺的扎仓毕业的。炳灵寺的嘉杨隆珠等活佛频繁与达赖、班禅等格鲁派最高领袖接触，据《噶丹佛教史》记载，第三世达赖喇嘛索朗嘉措等曾专程前来炳灵寺朝拜。乾隆四十四年（1779），炳灵寺第四世嘉杨隆珠活佛陪同六世班禅进京为乾隆皇帝祝寿，得到了乾隆皇帝的敕封。道光二十六年（1846）拉卜楞寺嘉木样三世活佛专程前来炳灵寺朝拜，等等。同时，炳灵寺的扎仓也为其各属寺培养了大批的佛学人才，各属寺的活佛、法台及主要僧人都毕业于炳灵寺的扎仓，“灌顶”在炳灵寺的大活佛前。[1]

（五）噶举噶玛派僧人在云南、四川传播藏传佛教

17世纪第八世噶玛巴·米久多吉和十世噶玛巴·却英多吉前后赴云南纳西族地区广传藏传佛教，各地建立了十三座藏式寺院。十世噶玛巴在丽江土司的资助下，刻制完成了藏文大藏经《甘珠尔》的全部木刻印板。上述两位大师在此传法以来，噶举派的主寺德格八蚌寺，为纳西族培养了许许多多佛学、文学、佛画艺术等各类人才，北京民族出版社的著名藏文书法家降·西饶朗达就是其中之一。

[1] 参见曹学文：《藏传佛教在炳灵寺的传播、发展及衰落》，《西藏研究》2000年第1期。

七、藏传佛教艺术对内地工艺美术的影响

清代早、中、晚期格鲁派领袖的三次入觐，使西藏艺术品大规模输入内地。六世班禅入觐每次获赏后，均献谢恩礼佛像、佛衣、哈达、念珠等物，在承德首次觐见礼和献给乾隆七十寿辰的贺礼，品种、数量均颇为可观。如仅珊瑚珠、蜜蜡珠，六世班禅就进贡四百多串。首次觐见贡礼："洁白哈达，五十两重银曼扎，五穗内库哈达，其他三界法王宗喀巴佛像及金座，菩提树为架，表面饰有诸宝闪烁的双身胜乐金刚和四瑜伽佛像之靠背，释迦牟尼响铜佛像及各佛像之佛衣，一百两金袋一个、十两金条五十根、十两金包四十个、大藏香一百五十束、藏香一百五十束、珊瑚和琥珀念珠各一串、黄氆氇一匹、点花氆氇和紫色氆氇等九十匹，冰糖、印度枣、桃子等各一千，马鞍车一套、马一千匹，吉祥洁白哈达等。"皇帝也将其中的部分物品赐予王公贵族，因而使西藏工艺品在宫廷之外得以流传。《红楼梦》一百零五回记宁国府被抄的物品中有氆氇三十卷，也从一个侧面反映了清代氆氇在达官显贵中流传的情况。

西藏传入内地的佛教艺术物品至今仍有大量存世，主要收藏于北京故宫博物院、台北故宫博物院、承德避暑山庄博物馆等。如五世达赖贡银茶壶、嵌珊瑚松石大坛城，六世班禅进金质宗喀巴像及金座、唐卡《六臂积光佛母像》《白伞盖经注》、大利益铜铃杵、铁镀金马鞍，七世班禅进金嵌松石佛龛，九世班禅进银坛城，十三世达赖进银鎏金嵌珊瑚松石法轮，等等。清代西藏艺术除了通过上述朝贡等方式，还因有大批黄教僧侣活跃于内地，而使藏传佛教艺术广为传布。清代也有大批藏传佛教僧人长住京师，清代皇帝尊崇藏传佛教格鲁派，在宫廷内广设佛堂，除遍布宫内各处的大小佛堂外，还有以中正殿为核心的专门为皇帝做佛事，并管理宫廷佛事的机构，这种机构包括十多座佛堂，其中就有藏僧为皇帝效力。居京喇嘛在传播藏传佛教的同时，也对汉藏艺术交流做出了贡献。有些喇嘛还身怀技艺，参与了宫廷和寺院的佛教艺术品设计、制作。此外，也有西藏上层派遣的工匠进京为皇家献艺。乾隆九年（1744）"从西藏选送巴拉布匠六名，经奏留造办处三名，雍和宫三名"，他

们曾在宫廷制作五方救度佛母等物，居京数年后奉旨还家。这些参与清宫藏传佛教艺术品制作的僧人及工匠势必对宫廷藏传佛教艺术造成一定的影响，进而影响到宫廷工艺的作风。

清宫制作的藏传佛教工艺品可分为两类：一是从材料、工艺到造型、装饰，基本上模仿西藏制品的，有的甚至能做到与真正的藏式器物一般无二，且更为精致、华贵，如北京故宫收藏的银镶宝石藏式和好塔、铜镀金嵌松石法轮、嘎布拉鼓、天杖、金刚橛、巴苓等；二是作品的基本形制与藏式器物相同，而在材料、制作工艺方面，与藏式器物存在明显的差异，而具有内地工艺特点。这类作品在总量上远多于前一类作品，品种几乎涉及到清代所有的工艺门类，采用丝织、刺绣、陶瓷、金属、珐琅、木石、漆术等工艺制作的尤为多见。还利用内地工艺美术生产发达、材料丰富、技术优越等条件，运用各种不同的材料和工艺手法制作出面目一新的作品。这些作品在造型和装饰上往往融汉藏艺术于一体，较之藏式器物更为别致，富于变化，在汉藏艺术交流史上写下了绚烂的篇章。在装饰上，元、明时已在内地广泛流行的八吉祥、七珍、宝杵纹、梵文字、藏文字等藏族装饰纹样，在清代更为流行，无论是宫廷工艺，还是民间工艺都普遍采用。各个工艺门类的作品，都通过其装饰体现出藏传佛教艺术的渗透，不仅施之于宗教物品，在日用器皿的装饰上也得到反映，汉藏艺术融合的特点十分突出。[1]

八、藏传佛教艺术对内地丝绸工艺的影响

清代丝绸在受到藏传佛教装饰影响方面，较明代更为显著。八吉祥、杂宝纹是南京云锦中的代表性纹饰，饰有八吉祥、杂宝纹的丝绸在内地和西藏

[1] 参见吴明娣：《汉藏工艺美术交流史》，北京：中国藏学出版社，2007年，第209—214页。

均有传世。1976年，在内蒙古清代荣宪公主墓出土的清代黄缎穿珍珠八团龙女袍，前襟下幅部位的海水江崖纹中装饰含有藏族七珍中的珊瑚、火珠等纹饰。中央工艺美术学院收藏的清代绛紫地三蓝绣八韦牡丹纹百褶裙，此裙前后两幅以牡丹为纹，四角为八吉祥纹，别有意味的是八吉祥周围还装饰有道教的暗八仙纹，这组刺绣图案将象征富贵的牡丹与藏传佛教及道教纹饰集于一身，鲜明地传达出在内地藏传佛教纹饰已深入地渗透到人们的世俗生活当中，八吉祥为人们所熟悉和喜爱程度已经与牡丹相仿佛。

清代丝绸受藏传佛教艺术影响的突出表现是，除在丝绸上装饰藏传佛教图案，也采用丝织工艺织造藏传佛教尊像，并受藏传佛教唐卡艺术影响用丝绸贴绣堆绫唐卡。如据《六世班禅朝觐档案》记载，六世班禅于承德须弥福寿和普陀宗乘庙供设皇帝足莲金轮而获赐的物品中就有“剪贴缎子镶制之佛像”[1]；乾隆四十五年（1780）七月初四日，须弥福寿庙住宿楼安挂了苏州织造奉命绣制的《吉祥天母》和《十一面观音》[2]。内地传世的这类丝织品多产自乾隆时期，如北京雍和宫收藏的由乾隆生母崇庆皇太后奉施的堆绣唐卡《绿度母像》，用数千块花色有别、大小不一的绸缎绫锦堆绣而成，为乾隆时宫廷藏传佛教刺绣唐卡的代表作。北京艺术博物馆收藏的蓝缎绣《宗喀巴像》和铺丝绒满绣《观音像》，均是受藏传佛教唐卡艺术影响的内地刺绣作品。

清东陵慈禧墓中曾出土陀罗尼经被，以捻金线织佛像、佛经。经被面积为二百七十厘米见方，经文每个字大小只有一厘米，共缀珍珠八百二十粒。乾隆、光绪陵中也出土陀罗尼经被。据《大清见闻录》记载：“陀罗尼经被，盖西藏喇嘛胡图克图所贡，质以内地绸缎为之，上有梵字陀罗尼经大悲咒，若一大圆图，然字皆旋转，由内达外，约十余层，细极毫毛而明晰可数。”[3]

[1] 中国藏学研究中心、中国第一历史档案馆编：《六世班禅朝觐档案选编》，北京：中国藏学出版社，1995年，第252页。

[2] 同上书，第207页。

[3] 参见吴明娣：《汉藏工艺美术交流史》，北京：中国藏学出版社，2007年，第215—217页。

九、藏传佛教艺术对内地瓷器工艺的影响

(一)藏传佛教艺术对官窑瓷器的影响

清代瓷器所受藏传佛教艺术的影响,主要体现在官窑瓷器上。康熙中后期,清廷开始大量向西藏上层赏赐官窑瓷器。当时的景德镇官窑会烧造仿宣德霁红釉僧帽壶,并仿藏式净瓶生产青花和斗彩奔巴壶,壶上所绘的璎珞、莲瓣纹正是藏族人喜爱的装饰。康熙时还出现了特殊的八吉祥壶,将八吉祥的形象以雕塑和装饰相结合的形式表现出来[1],其设计思路与康熙时出现的用汉字“寿”字、“福”字形态构成的寿字壶、福字壶一致,可能是督窑官或窑工别出心裁,为了取悦帝王而制作的表达吉祥寓意的新式瓷器。

雍正、乾隆时期烧造的藏式瓷器相对增多,藏传佛教艺术对官窑瓷器的影响也大大增强。乾隆时期,官窑不仅用各种制瓷工艺手法烧造僧帽壶、多穆壶、奔巴壶、奔巴瓶、甘露瓶(藏草瓶)一类藏式器物,还生产瓷质八吉祥、七珍、法轮、佛塔等藏传佛教法器、供器及各式藏传佛教尊像。清宫传世藏传佛教瓷制品较为可观,如雍正影青僧帽壶,乾隆粉彩多穆壶、仿木釉多穆壶、青花八吉祥纹奔巴壶、粉彩描金莲瓣纹藏草瓶、青花莲托梵文高足杯棚、粉彩覆钵式塔棚、金釉珐琅彩法轮、矾红地粉彩瓷塑八吉祥、窑变釉释迦牟尼佛坐像、描金释迦牟尼佛像、粉彩观音菩萨像、粉彩无量寿佛等。据清宫档案记载,乾隆十一年(1746)二月二十二日、五月初二日,以及乾隆二十四年(1759)、二十九年(1764)先后传旨命景德镇烧造白地红花、青花甘露瓶。在北京故宫和台北故宫博物院均藏有白地红花(矾红彩)甘露瓶。这些最初为赏赐藏僧而烧造的器物,在内地也较为流行,相同器型因所施釉彩、纹样不同而呈现多姿多彩的面貌,如台北故宫博物院收藏的龙头流奔巴瓶(沐浴瓶),分别有青花、粉彩、黑釉描金等不同品种。香港天民楼也藏有青花红彩龙头流

[1] 赵宏:《故宫博物院藏藏蒙瓷器》,《故宫博物院院刊》1994年第1期。

奔巴瓶[1]。

清中期，藏式瓷器烧造量大、流传广，有的甚至流向海外，被视为清代瓷器的代表作品。如英国维多利亚和阿尔伯特国立博物馆收藏的有“大清乾隆年制”篆书款的龙头流奔巴瓶和黑釉描金奔巴壶[2]：前者与西藏博物馆和台北故宫博物院所藏瓷奔巴瓶形制相同；后者仿镶嵌松石、珊瑚奔巴瓶，利用釉彩的丰富色调仿造出久经使用的金属制品效果，瓶颈的覆莲瓣纹也好似锤揲而成。这些瓷器充分体现了乾隆景德镇官窑高超的制瓷工艺水平，也反映了藏族艺术对内地制瓷工艺的影响。乾隆时期流入海外的瓷器中，还有带有藏传佛教装饰的青花八吉祥纹扁瓶。这是景德镇官窑烧造的陈设用瓷，当时作为朝廷的礼品由使节带往欧洲。这件青花大瓶曾为西欧数国仿烧，如荷兰德尔夫特窑的白地蓝花陶瓶和法国的黄地青花瓷瓶，二者从工艺、造型到纹饰，均刻意模仿中国青花瓶，这两件瓷器现藏于日本出光美术馆。鸡高足盖碗是乾隆时期出现的新器形，《乾隆五十二年各作成做活计清档·记事录》记载：“十二月……十八日，员外郎五德、大达色、库掌金江、催长舒与、笔帖式福海将九江关送到红龙白地天鸡顶有盖靶碗四十件（随做样碗一件，年供二十件，吉祥交进二十件），呈览。奉旨：交佛堂。钦此。”[3]

到嘉庆前期，官窑瓷器的烧制仍延续乾隆时期的风格，生产瓷质藏传佛教法器、供器等，如台北故宫博物院藏描金瓷法轮[4]和南京博物院藏粉彩瓷塑八吉祥，均为嘉庆官窑制品，其艺术表现与乾隆时期的同类作品难分彼此。在瓷器装饰上，清代官窑、民窑均延续了元、明风格，仍大量运用八吉祥、杂

[1] 参见罗宗真、秦浩主编：《中华文物鉴赏》，南京：江苏教育出版社，1990年，第192页。

[2] 参见［英］柯玫瑰：《英国维多利亚和阿尔伯特国立博物馆藏中国清代瓷器》，南宁：广西美术出版社，1995年。

[3] 见《清宫造办处活计清档》，载冯先铭：《中国古代陶瓷文献集释》，台北：艺术家出版社，2000年。

[4] 参见台北故宫博物院编：《皇权与佛法——藏传佛教法器特展图录》，台北故宫博物院，1999年。

宝、梵文等装饰纹样，且一直盛行至清晚期，如嘉庆黄地粉彩莲托八吉祥纹香炉、青花缠枝莲八吉祥纹执壶，道光青花莲托八吉祥纹壶，同治粉彩八吉祥纹盘、青花梵文碗，等等。此类藏传佛教纹样在内地被长期使用，久而久之，其藏传佛教色彩逐渐淡化，而成为广大民众所喜爱的吉祥图案。这些装饰不仅出现在内地日用瓷器上，而且在外销瓷上也十分常见。例如，1994 年从马来西亚马六甲海峡“戴安娜”号沉船中打捞出水的嘉庆外销瓷中，就有不少青花变体梵文盘。[1]

“清宫中收藏的这批具有藏传佛教风格的瓷器，说明清朝皇帝作为入主中原的少数民族统治者，在全面接受汉文化的同时，也接受了藏文化。这一切同时也表明西藏与内地、藏族人民与全国人民之间血肉相连的亲密关系，自古以来源远流长。”[2]

（二）清宫旧藏藏传佛教风格瓷器

清宫旧藏藏传佛教风格瓷器，有些是藏蒙地区向清王朝进贡的物品，也有些是清宫内造办处自行制造的。在这些藏品中有许多瓷质藏传佛教器物，它们的烧制地点一般在江西景德镇御窑场内，以明清时期器物为主，以清代乾隆时期数量最多。清宫中具有藏传佛教风格的瓷器，可大致分为三部分：一部分是仿制藏传佛教中的法器，一部分是仿制藏蒙习俗的生活用具，另一部分则是具有藏传佛教纹饰的中原器皿。

1. 仿效藏传佛教中的法器

藏传佛教中的法器，风格特点非常鲜明，由于很少为外界所知，所以长期以来都被一种神秘色彩所笼罩。藏传佛教中的法器，可大致分为六大类，有礼敬、称赞、供养、持验、护魔、劝导各项。清王朝时西藏地区的宗教头领达赖

---

[1] 参见吴明娣：《汉藏工艺美术交流史》，北京：中国藏学出版社，2007 年，第 217—224 页。

[2] 刘伟：《清宫旧藏藏传佛教风格瓷器与帝王宗教信仰》，《中国藏学》2004 年第 1 期。

喇嘛和班禅额尔德尼喇嘛，每两年轮流向朝廷进贡物品，每次供品中都有法器。西藏地区进贡的法器，就其材质而论以金、银、铜器为主，制作较为粗糙，具有浓重的高原风格。而宫中造办处制作的法器，虽然以藏区进贡的法器为范本，但制作精细，造型工整，材质丰富，用料讲究，既是佛教法器，也是罕见的工艺品。在宫中以瓷器制作的法器，主要是依宫中的法器为样本，在江西景德镇御窑场烧制，品种非常有限，数量也相对较少，主要包括：

（1）“八宝”和“七珍”。藏传佛教的主要供器，“八宝”由法轮、法螺、宝伞、白盖、莲花、宝罐、金鱼、盘肠结等八件器物组成，被藏传佛教视为吉祥象征。按照教义的说法，“轮”代表佛说大法圆转万劫不息，它上面的八道轮回，即引导人们达到至善的道路；“螺”代表菩萨果妙音吉祥；“伞”代表张弛自由、曲覆众生；“盖”代表通覆三千净一切乐；“花”代表出五浊世无所染；“罐”代表福智圆满具完无漏；“鱼”代表坚固活泼能解坏劫；“肠结”代表回环贯彻一切通明。乾隆以前“八宝”仅以纹饰形式在瓷器上出现，最早可推至元代。从乾隆时期开始烧制单独成型的八宝器，一般以成组的形式出现。“七珍”也称七政，由水珠、火珠、象宝、马宝、文官、武将以及佛像组成。“七珍”在乾隆以前的瓷器上没有出现过。乾隆时期“八宝、七珍”，均由圆饼形镂雕制出，图形下承以莲花式器座，并以金彩仿制铜镀金效果，与铜制品一般无二。

“八宝”和“七珍”在佛堂内的供台上，常在一处供奉，或分大小两组同时出现。紫禁城宫殿内有一处“梵宗楼”佛堂，在供奉一尊九首三十四臂十六足大威德怖畏金刚的供台上，即供奉着大小两组粉彩瓷质八宝器。这种陈列方式据说源自西藏，目前宫中佛堂内保存的原状，大致为清朝乾隆时期的原状，仅有个别几处佛堂，在晚清时期内中陈设做过少许改动。

（2）大法轮。藏传佛教中将法轮喻指佛法，佛法如转轮圣王的“轮宝”一样转动，无坚不摧。它既能摧破众生的一切烦恼，也能摧灭众生的一切邪念。同时，法轮也指佛陀说法，如车轮旋转。由于法轮象征佛法的权威和庄严，在藏传佛教中还作为吐蕃法王松赞干布和五世达赖的手持标志出现。以宫中藏品看，宫廷造办处曾造过多件铜镀金大法轮，上面满嵌绿松石及各式珍宝，瓷质大法轮完全仿其形制。在故宫藏瓷中有几件乾隆时期的瓷质大法轮，它不仅以金彩仿出铜镀金效果，还以色彩鲜艳的釉色，仿出绿松石、红宝石、蓝宝石等各种珍宝，让人耳目一新。乾隆时期这种瓷质金彩大法轮，并非一般的陈设观赏品，它在宫中佛堂内实实在在是作为供器使用。在宫中的一处佛堂“梵华楼”的二楼明间，供奉宗喀巴像前的供台上，即供奉着一件瓷质金彩大法轮。

（3）奔巴瓶。“奔巴”是藏语“瓶”的意思。乾隆五十七年（1792）清政府对呼图克图转世，实行金瓶掣签制度，即颁发金奔巴于布达拉宫，将转世灵童姓名写在签上，置于瓶内，由达赖喇嘛会同驻藏大臣抽签决定，这就是所谓“金瓶掣签”。瓷质奔巴瓶即仿此金瓶形制。在密教中瓷质奔巴瓶内常盛净水，上插藏草，以示淋漓之甘露，所以又称藏草瓶或甘露瓶。而以此瓶盛五宝、五香、五药、五谷及香水等二十种物，供奉佛菩萨，则以此开显净菩提心之德。在故宫博物院藏品中，有一件乾隆时期制作的白釉描金彩瓷质奔巴瓶，精美异常。此瓶造型线条流畅，釉质细腻，金彩纹饰在白釉衬托下更显皇家气派。

（4）奔巴壶。奔巴壶的造型与奔巴瓶基本相似，只是在瓶腹部装饰一个弯曲的流（壶嘴称流）。在藏传佛教密宗修行仪式中，奔巴壶是灌顶器物。瓷质奔巴壶（瓶）最早从清代康熙时开始制作，雍正、乾隆、嘉庆时期均有制作。香港天明楼藏品中有一件乾隆时期景德镇御窑场为宫中烧制的青花矾红彩奔巴壶，其形制明显具有雪域高原风格。其壶口部较大，无盖，像西藏、青海等地的喇嘛寺院前的华盖。较长的颈部又呈多层宝塔状，浑圆的腹部，弯曲向上与壶口平齐粗大的流，很像藏地用的大铜壶。乾隆时期，奔巴壶除了作为宫中佛堂的法器外，也曾是皇帝向内地寺庙进献之物。例如文献曾记载，乾隆皇帝祭泰山岱庙时，曾进献奔巴壶一件。瓷质奔巴壶在乾隆官窑作坊中大量生产，充分体现出乾隆皇帝对少数民族风俗习惯和宗教信仰的尊重。

（5）沐浴瓶。仿制藏传佛教中沐浴瓶的形式而制，在藏区这种形制的沐浴瓶，又称作“净瓶”。在西藏宗教活动中，沐浴瓶是为神像或信徒本人进行沐浴时所用的器物。这种器物多用于盛圣水（即用清水泡以藏红花）、洒圣水或给信徒倒少许作为加持水。它的造型如塔状，有大小两个口，有的上面有盖，有的上面无盖。小口一般曲折连于腹部，腹呈扁圆状，下承以托。釉色主要以青花为主，也有粉彩、斗彩等品种。沐浴瓶的形式从康熙时期开始出现，北京故宫博物院藏一件康熙青花沐浴瓶，腹部纹饰为璎珞纹，造型与西藏博物馆收藏的一件清代金沐浴瓶大体相似。

（6）甘露瓶。也是藏传佛教活动中的重要器皿，它是藏传佛教密宗修行仪式中的供佛之物。其形制一般为小口，细长束颈，腹部扁圆，覆盘式足。以北京故宫博物院藏品为例，就有雍正时期的油红彩甘露瓶。乾隆时期甘露瓶釉色繁多，有斗彩、粉彩、矾红彩、青花等多个品种。粉彩中又有绿地粉彩、蓝地粉彩之别，纹饰有缠枝莲花纹、八宝纹等。北京故宫博物院藏一件乾隆白地矾红彩甘露瓶，制作堪称精品。在器物的口沿、颈部凸起处及底足部位，还涂以金彩，以示其华贵之姿。

（7）出戟盖罐。在藏传佛教中，这种出戟盖罐一般多用作“摩尼”罐，即在罐中放入一种以青稞粉掺以舍利粉末和珍贵药材而制成的黑色小药丸。信徒们认为这种小药丸，经喇嘛念经加持后，可以起到治疗疾病延长寿命的作用。北京故宫博物院收藏一件宣德时期青花梵文出戟盖罐，即仿“摩尼”罐而制。此罐直口，平肩，平底，肩部突出八个方形扳手。器身通体书蓝扎体梵文，盖顶五个梵文种子字，代表着胎藏界五方佛。盖内梵文分别为毗卢佛、不动佛、无量光佛、成就佛、宝积佛和代表前四佛双身中的四女像种子字。器身绘三层梵文，上下两层以莲花纹间隔，分别代表各方佛双身像中的女像种子字，中间一层为梵文经咒。器盖内和器底部均篆书“大德吉祥场”五字，器盖边沿绘海水浪涛纹。此件器物制作十分精美，特别是其肩部突出的八个扳手，俯视像佛教中的“法轮”形状，其盖的造型与西藏的曼荼罗供器也极为相似。故宫博物院研究员耿宝昌先生认为，这件出戟盖罐可以认定为宣德时期宫廷内做法事活动的用具。此件出戟盖罐为宫中旧藏之器，并一直密藏宫中。乾隆皇帝对此器更是珍爱有余，在宫中所藏出自宫廷画师之手的一幅《乾隆赏宝图》上，即曾画有此器。

（8）法螺。在藏传佛教的法器中属于称赞类器物，它是法会时吹奏的乐器之一。法螺在灌顶仪式上，也作为登上正觉的证明。据档案记载，乾隆四十五年（1780）至乾隆四十六年（1781）仅一年间，宫中造办处制造和收集的海螺就有近三十个。乾隆四十五年六世班禅为乾隆皇帝贺寿时，曾为乾隆皇帝进献一个右旋白海螺，贮藏在皮制盒内，并附白绫签一个，其上书写汉、满、蒙、藏四体字。汉文意思为："乾隆四十五年，班禅额尔德尼所进大利益右旋白螺，护佑渡海平安如意，诸事顺成，不可思议功德。"与此器相同，西藏布达拉宫博物馆，也收藏有一件乾隆皇帝赐给达赖喇嘛的白海螺，器身还雕刻结跏趺坐于莲花座上的七个佛像。器口沿处镶金边，金边上嵌珠宝玉石，整件器物制作相当精美。海螺内另刻乾隆帝题赞："洪海之螺，梵天之器，以鸣呗唱，满字半字。释迦拈花，迦叶鼓琴。十方三际，异音同音。置则寂然，奏则亮尔。以演大乘，溥归佛旨。"在北京故宫藏瓷中有几件乾隆时期烧制的瓷质海螺，其仿生效果与白海螺原物大小相当，宛如珍品再现[1]。

（9）酥油灯。是藏传佛教寺庙和信徒家中佛龛前供奉的长明灯。瓷质酥油灯大量出现在乾隆时期，其形制与西藏金银制酥油灯大体相似。一般口微撇，直壁，高圈足外撇。以青花装饰为多见，常绘画莲花托梵文图案，有大中小三种器型。青花酥油灯在乾隆时期并不是个别器物，在清宫中有大量遗存，其数量有数百件之多，可见当时需求量之大。这些瓷质酥油灯，一方面是作为乾隆皇帝赏赐给西藏僧侣之物，另一方面也可能是宫中佛堂自用。

（10）五供。指佛前五件供器，又称五具足。一般由一个香炉、一对花瓶、

---

［1］参见故宫博物院编：《故宫珍藏康雍乾瓷器图录》，北京：紫禁城出版社，香港：两木出版社，1985年。

一对蜡扦组成。五供的形制各朝代变化不大,有方形和圆形两种,大小均有。清代以乾隆时期烧制的瓷质五供器最盛。乾隆时期的五供釉色以青花、粉彩、红彩、胭脂彩等装饰为主,纹饰常绘画云龙和缠枝莲花托八宝图案。北京故宫博物院收藏有一套乾隆青花矾红彩云龙纹五供,香炉为双耳鼎式,花瓶为花觚式,蜡扦为仰覆盆式。造型端庄,纹饰艳丽。以青花描绘的云纹飘逸,矾红彩龙纹尽显威武之姿。在香炉口沿、蜡扦和花瓶腰部,均篆书“大清乾隆年制”款,一望而知为景德镇御窑场特为宫中烧制之物。

(11)瓷塔。宫中瓷塔制作非常精美,器型有大有小,塔檐层层叠罗,很有气魄。釉色以各种色地粉彩为主,也有器身全部涂以金彩,颇似金质佛龛。故宫藏有多件瓷质佛塔,其中一件粉彩描金佛塔,塔身通体以紫红釉为地,釉面装饰粉彩缠枝莲纹、璎珞纹、兽面纹及仰覆莲瓣纹等图案。塔顶部为一个如意宝瓶,下部为描金宝盖,中间有十三相轮,象征十三天。塔身一侧开有一欢门,内中可放置佛像。最下面是须弥方座,方座中空,原放置佛经。此塔造型为典型藏式塔,属供养塔类,一般常置于佛前供案上,以示观想。

(12)佛造像。佛教又被称为“像教”,以密宗教义为圣教之精髓的藏传佛教,更加重视像教。藏传佛教在吸收佛教艺术精华的同时,逐渐形成藏族佛教中独具特色的造像艺术。在清宫藏品中,各种材质的佛造像多达数万件,其来源主要是元明清时期宫廷制作,也有朝廷大臣、文武百官以及西藏地区进贡物。以宫中藏品看,瓷质佛造像属于藏传佛教的,主要是释迦牟尼像、无量寿佛像、达摩像、观音像以及罗汉像等。这些佛造像大度,灵气毕现,既慈祥和蔼,又超凡脱俗。釉色一般满饰金彩,还有窑变釉、哥釉、白釉以及蓝釉等。与佛像配套烧制的是莲花式底座,常涂以粉彩作装饰,色调明艳,与庄严肃穆的佛像相映生辉。

2. 仿制藏蒙习俗的生活用瓷

宫中瓷器除专门仿制用于宗教活动的法器外,还有一些仿制藏蒙习俗的生活用瓷。由于藏传佛教在内地的传播,特别得到皇室崇信后,蒙藏地区的喇嘛僧侣与清帝交往频繁,因此一些藏蒙风俗的生活用器,也大量出现在宫中,给瓷器仿制提供了条件。宫中仿制藏蒙习俗的生活器皿,主要有仿金属制品盛酒器的僧帽壶、仿银器盛乳汁或酒的多穆壶、仿铜制高足杯、仿西藏喇嘛僧侣用的木质碗等等。它们既可用在宫中招待蒙藏僧人,也可作为帝王赏赐蒙藏地区宗教领袖之用。

(1)僧帽壶。清代僧帽壶基本上仿制明永乐、宣德器型,其釉色十分丰富,有青花、斗彩、黄釉、绿釉、粉彩、松石绿釉等,几乎在清代所有著名品种中都有僧帽壶的制作。不仅如此,在乾隆时期的壁瓶中也有此器型,足以见其盛烧的程度。雍正时期曾有一位宫廷画家,画过一幅《雍正后妃图》,画面上雍正妃倚桌而坐,在作为背景的多宝格上,画有一个红釉僧帽壶,它说明当年在宫中,僧帽壶不仅是作为赏赐蒙藏僧人的物品,也是宫内的陈设物品。

(2)多穆壶。一种带有鲜明民族特色的器皿,它是仿藏族地区人民盛放乳汁、酒或酥油的银质或皮革器物而制。清代从康熙时开始仿制,其多穆壶造型略显粗犷,还带有草原上游牧民族的遗风。至乾隆时期多穆壶在造型上,尽现宫廷华贵雍容之姿。以北京故宫博物院收藏的一件乾隆仿木纹釉多穆壶为例,壶身呈桶状,口部边缘呈僧帽状,器身通体施木纹釉,釉色形象逼真。修长的器身上有四道微微凸起的金色弦纹,仿佛是金质箍痕。器身一侧为凤流,另一侧为龙柄,盖隆起呈台阶状,传统的中原工艺与藏民族风格,在这件器物上得到完美统一。

(3)仿木纹碗。碗身较浅,有两种形制:一种里外均施木纹釉;另一种内饰金彩,外施木纹釉。此碗器型仿西藏僧侣及藏民所用木碗,乾隆皇帝在其御制诗中称其为“扎古扎雅木”。木碗是藏民最喜爱的器物,它方便耐用,盛食物不变味,不烫嘴,便于携带。仿木纹釉碗以乾隆时期制作较多,不仅形象仿出树木的纹理,而且连树节也精确仿出,若不仔细分辨,根本无法看出是以瓷而制,其高超的工艺令人叹服。

(4)高足杯。也称靶杯,器型一般口沿外撇,浅腹,下承高足,足内中空。

高足杯主要作为饮酒器,其形制并非中原器物,而是受蒙藏地区草原马上民族器物影响,因此也有人称其为“马上杯”。高足杯在清代继续成为皇室对蒙藏贵族的赏赐物,例如档案中即有雍正皇帝命赏赐蒙古王公祭祀用高足杯的记载,《雍正、乾隆朝唐英督陶纪略注》中记,雍正十年(1732)“备赏蒙古王公祭红高足碗”“备赏蒙古王公祭青高足碗”“备赏蒙古王公黄色高足碗”“备赏蒙古王公白色高足碗”。这种赏赐制度一直延续至晚清时期。西藏博物馆收藏有多件清代景德镇御窑场烧制的高足杯,如雍正白釉釉里红三鱼纹高足杯、乾隆白釉暗刻缠枝莲纹高足杯等。另外高足杯也是皇室佛堂内佛前供器。

3. 具有藏传佛教纹饰的中原瓷器

宫廷内带有鲜明雪域风格的瓷器,是藏文化与汉文化相互交流的结果。宫廷中那些带有藏族风俗的瓷器,虽然具有强烈的地方特色,但精巧秀雅的装饰,与藏传佛教器物雄浑豪放的气质相去甚远。尽管如此,藏传佛教文化渗透于瓷器的制作过程,无疑为瓷器的发展注入了新的活力。藏传佛教文化对瓷器的影响,主要表现在瓷器的装饰纹样上,现特举几例:

(1)八吉祥纹。八吉祥即指八宝纹饰而言,原来是指藏密佛前的八种供器,后成为密宗器物上流行纹饰。随着藏传佛教在内地的盛行,八吉祥纹饰也成为汉民族艺术中常用的吉祥纹饰。清代乾隆时期瓷器上除单独描绘的八吉祥外,还出现了云鹤八吉祥、结带八吉祥以及莲花托八吉祥等纹饰。西藏博物馆内收藏有一件乾隆时期皇帝赏赐给西藏地区寺庙的青花盉,器身上青花绘折枝莲花托八吉祥图案。雍正时期景德镇御窑场,曾烧出过一件青花壶,甚至将八吉祥以立体形式融为一体。其壶盖呈半圆形“白盖状”,上绘青花纹饰又呈“宝伞”“莲花状”,颈部塑成“法轮”,腹部刻串珠纹及弦纹形成“法螺”,壶柄为“盘肠结”,壶流为“鱼”,壶身为“宝罐”,构思可谓奇巧无比。此壶现藏于北京故宫博物院。

(2)十字宝杵纹。十字宝杵又称金刚杵,它在藏传佛教中属于持验类,用来代表坚固、锋利之意。佛经记载金刚杵代表了“五佛五智义”,亦表示“十波罗密能摧十种烦恼”。金刚杵与金刚铃常常合用,金刚杵的各种形象在藏传佛教寺庙中随处可见。十字宝杵纹是以金刚杵为原型变化而来,以元代景德镇青花瓷器上的十字宝杵纹最为典型,其后一直延续至清代。

(3)梵文。原是古代印度一种书面文字,这种古印度的文字语言在中国出现,更多的是作为佛教经典体现。金元时期这种以梵文作装饰的器物非常少见,直至明代永乐、宣德时期,梵文才在官窑瓷器上广泛流行,并一直延续至清末。

除了以上所列举的明显带有藏传佛教风格的纹饰,常见的佛教文化装饰还有忍冬纹、莲瓣纹、字纹,以及书写“阿弥陀佛”“佛日常明”等文字的纹样等。这些纹饰在大多数瓷器上出现的时候,其宗教色彩已基本上被淡化,而主要象征着吉祥的寓意。

4. 乾隆皇帝与藏传佛教瓷器的制作

在故宫博物院数以万计的陶瓷藏品中,具有藏传佛教风格的瓷器,以乾隆一朝制作为最盛。品种与历代相比不仅有所增加,而且制作之精美可谓冠绝一世。这一切显然与乾隆皇帝的宗教信仰有着密不可分的关系。虽然这种影响实际上自元代开始就已经出现,但是乾隆皇帝将这种影响发展到了极致。

乾隆时期清宫佛堂虽然在规模形式和陈设上各有不同,但基本上以供奉藏传佛教诸神为主。宫中佛堂等级制度非常分明,一般分专人使用,皇帝、皇太后、皇后与众嫔妃以及皇子均在属于各自的佛堂中事佛。属于乾隆皇帝使用的佛堂,是宫内最重要的佛堂,它分布在总领宫中事物的中正殿,和以中正殿为核心的一座庞大独立院落,包括雨花阁、雨花阁东配楼、梵宗楼、宝华殿等大小七个殿堂中。除此处之外,在宫中供皇帝使用的佛堂,还设在皇帝寝宫养心殿西暖阁和养心殿东西配殿中。当乾隆皇帝退位做太上皇时,在其所居住的宁寿全宫内,同样修建了一座小佛堂,以供乾隆皇帝朝夕事佛之用。

在宫中众多佛堂中，以雨花阁的修建，最能体现乾隆皇帝对藏传佛教的信仰。雨花阁是一座汉式宫殿建筑与藏式建筑巧妙结合的独特建筑，在整个紫禁城宫殿建筑中仅此一例。据档案记载，雨花阁竣工于乾隆十五年(1750)，其整个工程的建造，包括其后八次大改造工程，都是三世章嘉活佛根据藏传佛教的教义，主持设计和审定的。雨花阁自建成之日起，既不供大活佛居住，也不供蒙藏领袖朝拜，它是乾隆皇帝本人修炼密宗的专用佛堂。除了做佛事的喇嘛，宫外人是不能踏入一步的。

正是由于乾隆皇帝对藏传佛教有浓厚的兴趣，所以才不惜花费大量人力和物力，命宫廷造办处制造各种佛教物品，不仅如此，对于佛教器物的用途，乃至造型、纹饰，乾隆皇帝都曾给予具体指导。

关于"八宝""七珍"的制作，《乾隆三十八年各作成做活计清档・行文》中记载："四月……照先烧造过瓷五供养、五供、七珍、八宝、成对之轮塔等物，不拘大小，算伊瓷器贡物呈进。钦此。"《乾隆二十五年各作成做活计清档・行文》中又记："八月初八日，郎中白世秀、员外郎金辉来说，太监胡世杰传旨：著传与尤士，嗣后烧造七珍、八宝、八吉祥、八供、五供养等，俱各刻款。钦此。"从以上档案可看出，瓷质八宝和七珍在烧制过程中，往往与五供、佛塔等明显具有供器性质的器物一同烧制。

关于奔巴瓶(壶)的制作，《乾隆三十四年各作成做活计清档・行文》中记载："十月初三日，库掌四德、五德将九江关监督伊龄阿送到配盖……奔巴瓶一件持进，交太监胡世杰呈览。奉旨：……奔巴瓶一件著在热河狮子园文供佛前供。其现交配盖奔巴瓶得时，不必在此安供。钦此。"文供佛即指文殊菩萨。档案中所记乾隆皇帝要求将瓷质奔巴瓶，供奉在文殊菩萨像前，也说明瓷质奔巴瓶作为礼佛用器的作用。《乾隆五十年各作成做活计清档・金玉作》中还见记载："十月二十四日，郎中五德、员外郎大达色、掌库福海、催长舒与来说，太监鄂鲁里交青花白地磁奔巴壶一把(紫檀木座，春耦斋，壶嘴伤折磕缺)。传旨：将伤折处粘好，壶嘴边上磕缺处磨齐，呈览。钦此。"从这段档案中可以看出，瓷质奔巴壶在宫中是非常珍贵的器物，即便破损也不可废弃，修补后还要再用，这在以奢华著称的乾隆盛世，是被当作圣物来处理的。

关于甘露瓶的制作，《乾隆十七年各作成做活计清档·江西》中记载："二月十七日，员外郎白世秀来说，太监胡世杰传旨：从前传过无款甘露瓶并壮罐多烧造些，不必随大运送来，如何此二样烧造的甚少。著交江西急速烧造无款甘露瓶五十件……不必随大运。钦此。"从以上这段档案记载看，甘露瓶上有书"大清乾隆年制"款的器物，也有不书年款的器物，从传世品情况看也是如此。由此推测，甘露瓶在清代，一方面是朝廷赐给西藏僧侣的特别器皿，另一方面也可能是乾隆皇帝修炼密宗时的专用器皿，而且需要量极大。

关于五供的制作，《乾隆四十四年各作成做活计清档·行文》中有详细记载："二月初一日，员外郎四德、五德、催长大达子来说，太监鄂鲁里交金地洋彩磁炉一件……磁五彩八宝一分，各随木座，俱系佛堂。传旨：著发江西照金地洋彩磁炉、瓶、蜡扦样款、尺寸、花样、颜色烧造五供二分；照黄地洋彩磁炉、瓶、蜡扦样款、尺寸、花样、颜色烧造五供三分；照白地红花磁炉、瓶、蜡扦样款、尺寸、花样、颜色烧造五供五分；照白地红龙磁炉、瓶、蜡扦样款、尺寸、花样、颜色烧造五供三分……算伊万寿贡、年贡二次呈进。除此外，不必再进磁器。其新造五供并做样，五供内所随雕龙蜡铜苓芝花留京成做。钦此。"这段档案详细记录了乾隆皇帝对五供烧制的具体要求。在明清两代帝王中，乾隆皇帝之举实属罕见。

关于瓷塔的制作，《乾隆二十六年各作成做活计清档·记事录》中有这样一段记载："十月十八日，员外郎寅著将九江关监督舒善呈进九层瓷塔一座（随紫檀木座）呈览。奉旨：交舒善，将此塔上层五连顶子拿下去一层，另配重檐莲座，下层成塔一座，其下四层配做顶子一层，成塔一座。钦此。"从档案中可以看出，乾隆皇帝不仅命御窑场烧制瓷塔，同时将个人的喜好融入设计中。

关于佛像的制作，《乾隆四十四年各作成做活计清档·油作》中记："……

于本日将章嘉胡图克图拟得释迦牟尼佛一尊中、阿弥陀佛一尊左次、药师佛一尊右次、燃灯佛一尊右、弥勒佛一尊左持进，交太监厄勒里呈览。奉旨：将佛五尊著喇嘛画样呈览，准时，发往江西照样烧造。送到时将现供三大(士)菩萨三尊换下。钦此。”同档《记事录》中又记：“十二月十七日，员外郎四德、五德、催长大达子，将九江关送到磁佛五尊，系宁寿宫养和精舍换供磁三大士菩萨。传旨：著喇嘛装藏。钦此。”这条档案说明，宫中藏传佛造像不仅由喇嘛拟图样，而且要由喇嘛装藏。

关于僧帽壶的制作，《乾隆十年各作成做活计清档・江西》中记载：“三月二十日，司库白世秀来说，太监胡世杰交霁红僧帽壶一件，无盖。传旨照京内僧帽壶盖木样一件，交江西照样烧造霁红盖送来，其僧帽壶配座，呈进时声明头等。钦此。” 此条档案说明，僧帽壶在景德镇御窑场是作为非常重要的器物烧制的。

关于高足杯，《清档》中称之为靶碗，《乾隆四十一年各作成做活计清档・行文》中记载：“于二十八日，将磁靶托一件照靶碗样款大小镟得靶碗木样一件，上贴年款纸样，呈览。奉旨：将碗靶去矮四分，发往江西烧造靶碗一件，其他样颜色务要与碗托一样。再弘治款靶碗一件配紫檀托座，供佛用。钦此。”这条档案明确说明，靶碗是佛堂之器。在紫禁城内的一处佛堂“佛日楼”内，在释迦牟尼的塑像前，依乾隆时期的陈设原状，供台上即依次排列着十二个白地红彩天靶碗。[1]

十、藏传佛教艺术对内地金属、珐琅工艺的影响

藏传佛教艺术也对清代金属、珐琅、玉石、漆木、牙骨等各个工艺门类产

[1] 参见刘伟：《清宫旧藏藏传佛教风格瓷器与帝王宗教信仰》，《中国藏学》2004年第1期。

生了显著影响。清廷藏传佛教法器、供器应有尽有，这些多姿多彩的藏传佛教工艺品，除了显示清王朝财力充裕、内地物产丰富外，也反映了内地各工艺门类工匠的聪明才智和精湛技艺，极大地丰富了藏传佛教艺术宝库。

清代后期的藏传佛教金铜制品亦不乏精致之作，如台北故宫博物院藏金嵌松石珊瑚坛城，为五世达赖的贡品。

清代藏传佛教造像在北京及周边地区寺庙大量供奉，必然对民众心目中的佛尊形象产生潜移默化的影响，这在清道光二年（1822）铸造的铜钟上得到鲜明的体现。这件铜钟外壁浮雕四尊佛像，其身体姿态、五佛冠、佛像两侧延伸出莲花及仰覆莲座的表现形式，均与藏传佛教金铜佛像造型十分接近。据钟体表面的“信士弟子文韫敬献”铭文推断，此钟系由民间信徒出资铸造。敦煌市博物馆收藏的带有“雍正八年十杵一日”铭文的铜钟[1]，钟体外壁饰六字真言、璎珞纹、海螺、犀角、宝珠等带有藏传佛教装饰特征的纹样，近底缘八卦与莲花纹相间。据钟上的铭文所记，此钟也是由信士弟子捐资铸造的。由这件远在敦煌的铜钟装饰可见，清前期藏传佛教艺术的传布之广。

晚清钱币上也出现了八吉祥装饰，如咸丰元宝花钱，太平天国铸造的镇库钱残品上也见有八吉祥中的吉祥结（盘肠）。此外，北京海淀区西峰寺乡出土的清代莲花纹金圆牌，一面图案即为藏文六字真言环绕一团寿字，寓意吉祥美好。此外在西藏有为数不少的铁镀金器物被贡入宫廷。现藏北京故宫博物院的六世班禅献给乾隆皇帝的铁镀金龙纹马鞍和现藏台北故宫博物院的铁镀金龙纹碗套[2]，是西藏贡入宫廷的铁镀金工艺佳作。乾隆时期曾仿西藏铁镀金制品制作佛钵，北京故宫博物院收藏的钵底写“大清乾隆年造”玲珑钵，钵体满饰由行龙、八吉祥和缠枝莲构成的镂空花纹，与藏族铁镀金制品作风一致。

---

[1] 参见《北京文物精粹大系·古钟卷》，北京：北京出版社，2000年，第146页。

[2] 参见台北故宫博物院编：《皇权与佛法——藏传佛教法器特展图录》，台北故宫博物院，1999年，第209页。

清代珐琅工艺成就卓著,其掐丝珐琅、画珐琅、錾胎珐琅各具特色,其中以掐丝珐琅最为盛行。清廷大量采用掐丝珐琅制作佛塔、坛城、转经筒一、八吉祥、七珍宝等法器、供器,掐丝珐琅八吉祥、掐丝珐琅七珍宝制作颇多,传世品在北京故宫博物院、台北故宫博物院等处多有收藏。清代宫廷制作的藏传佛教珐琅器,往往融汉藏艺术于一体。如承德须弥福寿庙陈列的紫檀木座掐丝珐琅塔,塔下部仿汉式建筑,由三层阁组成,自下至上分别为正方形重檐、八角形重檐、圆形三重檐;上部则接藏式塔瓶和金刚杵塔刹;通高三点一五米,整个塔体从底至上由正方形向圆形自然过渡,将汉藏两种造型巧妙结合,堪称典范;在装饰上也是汉藏纹样结合,既有龙纹,又有八吉祥纹等。[1]

清代制作的錾胎珐琅也曾与藏传佛教艺术结缘。乾隆四十五年(1780),六世班禅进京朝觐,曾在接受皇帝赏赐时,回进嵌宝石银胎珐琅盖罐。清宫据此器仿造錾胎珐琅靶碗,仿品造型与原器不尽相同,但花纹及工艺作风却如出一辙。乾隆时期制作的藏式金银器,局部装饰也常常采用錾胎珐琅工艺,与所嵌宝石、玻璃等交相辉映,是乾隆时期金属工艺品中将汉藏技艺巧妙融合的典型。[2]

十一、藏传佛教艺术对内地玉石、玻璃工艺的影响

乾隆时期也以优质玉料制作藏传佛教工艺品,如现藏于布达拉宫的青玉铃杵。内地亦有玉质法器传世。现藏于北京市文物公司的带有"乾隆年制"款的白玉质金刚铃与西藏所藏青玉铃杵风格一致,二者均为清宫制作。这件白玉金刚铃从形制、纹饰上看,与原存养心殿现藏台北故宫博物院的金刚铃十分相像。台北故宫博物院所藏金刚铃原为布达拉宫二世、三世、五世达赖

[1] 参见孙亚芳:《紫檀木座珐琅塔》,《中国文物报》1998 年 4 月 12 日。
[2] 参见吴明娣:《汉藏工艺美术交流史》,北京:中国藏学出版社,2007 年,第 225—233 页。

喇嘛手执，这显然是由达赖喇嘛入贡清廷的，因其来历特殊而备受珍视，置于描金皮盒内，附汉、满、蒙、藏四体字说明。内地僧帽壶多为瓷质，清宫也用玉琢制，台北故宫博物院收藏的碧玉僧帽壶是仿藏式器物制成的不可多得的玉质器皿。乾隆时期还以优质的玉料制作藏传佛教供器，台北故宫博物院所藏铜镀金填珐琅嵌白玉八吉祥即是一例。清宫还制作了大量玉质的藏传佛教佛像，这些玉佛多用于供设清宫佛堂和皇家寺院以及赏赐蒙藏上层高僧，如现藏于台北故宫博物院的清代白玉无量寿佛，这尊佛像与藏传佛教无量寿佛明显不同，突出表现的是玉的质地之美。受藏传佛教艺术影响，清代宫廷还大量制作各种宝石念珠以供赏赐藏僧及宫廷佛事之用。清宫内用于陈设的玉器也同样留下了藏传佛教艺术的印迹，如现藏于北京故宫博物院的乾隆碧玉花薰，炉体满饰镂雕的八吉祥云蝠纹样。

清代宫廷玻璃生产始于康熙，至乾隆时期达到鼎盛，这一时期造办处玻璃厂以生产的透明玻璃佛塔为藏式覆钵塔样式，底呈须弥座，整座佛塔具有鲜明的藏传佛教艺术特征。塔肚内供奉有珐琅无量寿佛一尊，这是传世品中难得一见的具有藏传佛教艺术特征的玻璃制品。清宫造办处档案中记载乾隆二十二年（1757）、乾隆三十九年（1774）造办处曾制造过玻璃塔。在北京故宫博物院所藏的白地套红玻璃杯上，出现了八卦、梵文、蟠螭、海水江崖组合的装饰，佛、道、汉、藏不同文化集于一体，从某种程度上说，这件玻璃杯折射出了当时中国三教合流、民族融合的时代特征。[1]

十二、藏传佛教艺术对内地漆木、牙角骨雕刻工艺的影响

清代宫廷漆器、木器也受到藏传佛教艺术的影响，其中以佛龛的制作受藏传佛教艺术影响最为显著。如雍正朝造办处档案中就留下关于为达赖喇

[1] 参见吴明娣：《汉藏工艺美术交流史》，北京：中国藏学出版社，2007年，第233—236页。

嘛所进铜佛像"配紫檀木龛供中正殿"[1]的记载。为了与造像作风相协调，佛龛制作不可避免地大量采用藏族造型样式，也有不少佛龛融汉藏艺术于一体。如为迎接六世班禅入觐，清宫为西藏进贡的藏传佛像配制各式佛龛，连同佛像安供于承德须弥福寿庙，其中有紫檀木六方亭式龛、三殿式龛、金漆龛、紫檀木镶黄杨木顶四方龛、紫檀木镶珐琅片铜镀金脊兽重檐亭式龛、紫檀木四方亭式龛等[2]。再如现藏承德避暑山庄博物馆的紫檀木雕镶嵌四角毗卢帽式重檐龛，即为这类佛龛中的典型之作。整体造型近似内地四角重檐亭，但上部的僧帽形风板及奔巴瓶式龛顶则具有鲜明的藏族艺术特点，佛龛正面的铜镀金八吉祥及毗卢帽正中镶贴的摩尼宝，更增添了该龛的藏族艺术气息。此类汉藏艺术风格合璧的佛龛诸多，造型、装饰极富于变化，是清代漆木器中制作最为考究的作品，如木填黑漆描金四角重檐龛、木漆描金六角亭式佛垂木镶嵌描金六角重檐亭式龛、紫檀木雕镶嵌冠式重檐殿式龛等[3]。

清代宫廷也以漆木为材料制造藏传佛教法器、供器。台北故宫博物院收藏的剔红漆佛钵和西藏布达拉宫收藏的剔红漆坛城，即少见的藏传佛教雕漆传世珍品。据道光二十八年（1848）《大报恩寿寺陈设清册》记载，该寺内曾供奉有金、铜、玉、瓷、珐琅等各材质的佛教法器、供器，其中包括"木贴金八吉祥十六件"[4]。清宫也曾仿西藏金铜佛像制作漆木质佛像，台北故宫博物院收藏的供于剔红亭式佛龛内的无量寿即为木雕金漆造像[5]。漆木器装饰也受到藏传佛教纹饰影响，如美国旧金山亚洲艺馆收藏的剔红莲托梵文杯、剔红八

[1] 朱家溍选编：《养心殿造办处史料辑览》（第一辑），北京：紫禁城出版社，2003年，第160页。

[2] 参见承德市文物局编：《中国·承德避暑山庄300年特展图录》，北京：中国旅游出版社，2003年，第142页。

[3] 参见同上书，第140—143页。

[4] 朱家溍：《明清室内陈设》，北京：紫禁城出版社，2004年，第148页。

[5] 参见台北故宫博物院编：《皇权与佛法——藏传佛教法器特展图录》，台北故宫博物院，1999年，第114页。

宝番莲纹桌屏,自主题至装饰均为清代流行的藏传佛教纹样,前者与同时期青花莲十梵文灯盏的造型和纹饰如出一辙。此馆还收藏一件带有藏传教七珍纹的剔红春寿宝盒,盒盖面宝盆内有犀角、珊瑚宝物,其装饰形式与前述明代瓷器上“切玛”纹有相通之处,这装饰也见于清代贴黄竹器春字盒上。

在牙雕制品中出现了专为藏传佛教佛事活动制作的供高僧佩戴的装饰品,其中有高僧佩戴的佛冠、璎珞衣、臂钏。这些特殊的供事用品,从材料、形制到纹饰等诸多细节均仿自西藏制品,只是在阳刻工艺上更趋精致,局部纹饰融入了内地装饰因素。台北故宫博物院收藏的象牙五佛冠、璎珞衣即为清宫制品,其中部分饰物是用洗染成牙白色的动物骨骼琢制而成。据造办处档案记载,珐琅作于雍正八年(1730)、九年(1731)均制作过珐琅“嘎布拉”碗[1]。雍正九年制作的“嘎布拉”碗竟有九件之多。乾隆时期还流行以各种颜色涂染象牙,北京故宫博物院收藏的象牙镂空八瓣式盒为清中期牙雕中的珍品,它即是采用透雕、浮雕、染色相结合的技法加工而成。盒盖面中心饰五蝠捧寿,外环绕八吉祥纹,盖壁则镂刻山水、楼阁、人物故事图。这件作品集藏传佛教纹饰与内地传统绘画式纹样、吉祥图案于一身,是汉藏艺术融合的又一例证。

清廷对海螺的艺术加工颇为考究,既有对螺体表面进行雕刻,饰以佛像、梵文、八吉祥等藏传佛教纹饰,又有以金、银或铜镀金包、镶,甚至以硕大的金属片嵌饰于螺身,制成带翅海螺。前者如台北故宫博物院所藏带“乾隆年制”梵文海螺、雕七佛海螺,后者如台北故宫博物院所藏带汉、满、蒙、藏四体文款“大清乾隆年制”的镀金镶银翅海螺,这件汉藏合璧的海螺,装饰之繁缛瑰丽,可谓登峰造极。[2]

---

[1] 参见朱家溍选编:《养心殿造办处史料辑览》(第一辑),北京:紫禁城出版社,2003年,第195页。

[2] 参见吴明娣:《汉藏工艺美术交流史》,北京:中国藏学出版社,2007年,第236—240页。

十三、藏传佛教艺术对内地佛经装潢等工艺的影响

清代宫廷的藏传佛教经书装潢，集中体现了清代工艺美术汉藏合璧的艺术特征。在这些佛经中，一部分采用了藏式贝叶夹装样式，如康熙三十八年（1699）制作的《甘珠尔》经，经页版式设计与萨迦寺所藏的元代经书相仿，中心书写文字，两端绘制佛像，经页插图彩绘十分精细。康熙时期制作的藏文佛经《圣妙金光明自在王大乘经》和《圣贤劫大乘经》，是传世清代藏传佛教经书中在装潢上最为不同凡响的作品之一，二者均为泥金写本，形制、尺度之大，为乾隆时期《甘珠尔》所不能及。这类佛经除了显示康熙朝对藏传佛教的格外尊崇外，也体现了这一时期宫廷装潢工艺的辉煌成就。从上下护经板的雕刻，到经文的书写、插图的绘制，集雕刻、绘画、书法、工艺于一体，是中国古代书籍装潢中不可多得的鸿篇巨制。

乾隆时期藏传佛教佛经制作较之康熙朝更为兴盛，装潢更加考究，作风更为奢华，如乾隆泥金写本《甘珠尔》，这部佛经较之康熙时期的《甘珠尔》经，更具有汉藏相融合的艺术特征，将内地的装潢艺术常用的丝织材料与藏族贝叶夹式佛经相结合。在经书外表以丝织经袱包裹，外以丝带缠绕；上下护经板各有内外两层，内层护经板覆以丝织经帘和五彩丝绸，这样使佛经倍加富丽堂皇。乾隆三十八年（1773），皇帝钦命章嘉呼图克图刊印的满文《大藏经》也是采用这种装帧形式。乾隆时期还有很大一部分佛经装潢形式与前述藏传佛教装帧形式有别，更富有创新，采用不同于藏族佛经的新形式，如《文殊师利赞》《长寿佛经》《文殊师利菩萨赞佛法身礼经》《无量寿佛经》等。这类经书在保留了贝叶夹装的基本形制的基础上，吸收了汉族传统装潢盒、匣包装的做法，将贝叶夹装佛经置于用金属、珐琅、玻璃、檀香木、青金石等材料精心制作的盒、匣内，有的盒底部还承以须弥座，盒及底座的装饰加工十分考究，往往镶嵌各类宝石，彩绘、雕刻精细的纹饰，使经书装潢达到了无以复加的奢华程度。如北京故宫博物院所藏的《文殊师利菩萨赞佛法身礼经》，在贝叶经外罩以嵌玻璃彩绘盖盒，玻璃和内衬纸上彩绘八吉祥及蝙蝠纹，这

是典型的藏传佛教纹饰与象征福寿的吉祥图案结合的装饰，底部须弥座以松石、青金石、珊瑚等宝石嵌饰。另有一部分宫廷佛教经书，主要采用汉式装潢，而在局部吸收了藏籍装潢的手法，如《大乘显识经》为汉地传统的经折装，而经书上下有藏式护经板；此外如藏文《金刚经》《七世如来前生祈愿分别大乘经》等[1]，经页的开本一改经页窄长的贝叶经式，而变为与册页尺度相仿佛的内地书页样式，佛经外以黄织金包袱保护，置于金漆盒中。

上述佛经装潢考究，更注重装饰效果。而乾隆时期也刻印了大量适于诵读的佛经。这类经书的装潢，更注重便携实用，但也不失华贵，如乾隆时期的《白伞盖仪轨经》，书页开本如贝叶装形式，层层叠放，上下无夹经板，而仅用黄色丝织经袱包裹。这些不拘一格的经书装潢，均是汉藏艺术融合结出的硕果。清代书籍用料也十分考究，往往采用不同色泽、质地的纸，除常用的白纸，磁青纸的使用也十分普遍，这应该是受到藏族泥金书佛经的影响。

清代建筑装饰也同样受到藏传佛教艺术的影响。清代建筑彩画除明代常见的藏传佛教纹样外，还流行八吉祥、“喷焰摩尼”（火焰三宝珠）纹、祥云宝杵纹、“朗久旺丹”（十相自在图）等。如乾隆年间雍和宫即存有大量受藏传佛教影响的建筑彩画[2]。此外，石雕、砖雕以及园林地面甬路装饰上都可以发现诸如三宝珠、八吉祥、宝杵等纹样，其分布地域甚广，近在京畿，远至河州（临夏）[3]。

对此，吴明娣博士总结道：“清代汉藏艺术的相互影响、相互渗透，在不同的艺术领域及社会各个层面上，均得到了反映，其影响的广度和深度远远超过元、明两代。由汉藏工艺品所体现出来的汉藏文化艺术的融合，有力地说明清代汉藏文化艺术水乳交融，存在着你中有我、我中有你、难分难解的密切联系。”[4]

---

[1] 参见故宫博物院编：《清宫藏传佛教文物》，北京：紫禁城出版社，1998年。

[2] 参见马瑞田：《中国古建彩画》，北京：文物出版社，1996年。

[3] 参见中国艺术研究院《中国建筑艺术史》编写组编：《中国建筑艺术史》，北京：文物出版社，1999年。

[4] 参见吴明娣：《汉藏工艺美术交流史》，北京：中国藏学出版社，2007年，第240—244页。

十四、西藏文学、音乐、歌舞在内地的影响

清代，藏族文艺作品曾被译成汉文传入内地。如康熙四十九年（1710），北京曾刊行蒙古文的七章本《格萨尔王传》。到了20世纪40年代，著名民族史学家、中国近代藏学研究先驱之一的任乃强先生，发表了一系列研究《格萨尔》的文章，一些汉族学者如彭公侯、陈宗祥等也对这部史诗进行了介绍，并译介了国外相关论著。此外，《仓央嘉措情歌》后来也传入内地，引得许多汉族文人学者竞起研究、学习和翻译。

据《大清会典》记载："清高宗平定金川获其乐，列于燕乐之末，及后藏班禅额尔德尼来朝献其乐，亦列于燕乐，是为'番子乐'，其乐金川曰《阿尔萨兰》，曰《大郭庄》，曰《四角鲁班禅》，曰《扎什伦布》。《阿尔萨兰》用司得梨，司柏且尔得勒窝，各一人，司舞三人，为戏狮状。《大郭庄》用司舞十人，每两人相携而舞。《四角鲁班禅》司舞六人，持弓盾。《扎什伦布》用司得梨，司巴注，司苍清，司龙思马尔得勒窝凡六人，司舞番童十人，各执斧一。曰《沙勒蹩舞》，而歌梵曲。"《大郭庄》即今流行于藏川、滇藏族地区的民间歌舞"锅庄"。清人李心衡著《金川琐记》中说："俗喜跳锅庄嘉会……男女纷沓，连臂踏歌。"《四角鲁班禅》和《扎什伦布》的乐舞，是达赖宫廷歌舞队噶尔巴所表演的节目。

19世纪，清朝"每年都通过外国租借地而出口七八百万左右的法郎的麝香"，"法国的香料业消耗了全部这些麝香"[1]。1741年十月，被清朝政府委任总理全藏政务的藏王颇罗鼐曾复函罗马教皇克列门十二世（实际上已在1740年去世，当时颇罗鼐不知此事），答复教皇1738年九月二十四日来信的内容，并随信给教皇"奉送五块金砖、一匹中国锦缎、一百个麝香，若干西藏金

[1] ［法］阿里·玛扎海里：《丝绸之路：中国—波斯文化交流史》，耿昇译，北京：中国藏学出版社，2014年。

纸片”等礼物[1]。

十五、湘西王陈渠珍与藏族姑娘西原的生死绝恋

湘西王陈渠珍著述、任乃强校注的《艽野尘梦》,作为亲身经历的笔记,记述了清末川边、藏边因英俄觊觎,清政府的腐败,封疆大吏之间和清军内部的争权夺利当时的风云诡谲,记载了辛亥革命对西藏和川军的重大影响,以及军中的同盟会员、哥老会成员的哗变实况,不失为一部清末民初川边、西藏情况的重要史料。但作为一部亲历笔记,其中最惊心动魄,也给人留下最深刻印象的,莫过于陈渠珍和藏族姑娘西原在羌塘大草原的九死一生,和这九死一生中迸发的生死绝恋。可以说,西原是另一个文成公主——文成公主从长安出发,终老西藏,葬于山南;西原从林芝出发,西安病逝,葬于凤凰。她们的生命轨迹相反,却在历史上留下同样的真挚、忠贞、庄严、优美的痕迹,为汉藏情缘亲爱和睦的文化交流谱写了一曲动人的乐章。[2]

第四节　藏族和其他民族之间的文化交流

一、藏族与满族的文化交流

(一)藏传佛教寺庙在满族地区广泛建立

从努尔哈赤建立后金政权开始,满族人就大量修建各种寺庙。如果说,努尔哈赤所修的寺庙,还多少带点汉地佛教特点的话,那么从皇太极开始,

[1] 参见伍昆明:《早期传教士进藏活动史》,北京:中国藏学出版社,1992年。

[2] 参见杨玫:《苍茫天路唐蕃古道》,西藏自治区出版资助项目送审打印稿,第67页。

满族人所修的寺庙基本上都是清王朝所支持的藏传佛教格鲁派的黄教寺庙。皇太极在沈阳修建的实胜寺（俗称黄寺）及其东西南北塔及寺，基本上是黄教寺庙。满族入关以后在京城大修寺庙，在保存下来的《乾隆北京城图》中可以看到，当时的北京城寺庙林立，著名的雍和宫、西黄寺、东黄寺、福佑寺、嘛哈噶喇寺、察罕喇嘛庙等尽收眼底。此外，在承德避暑山庄还有著名的外八庙。在我国内蒙古、青海、四川等地，包括今天的蒙古国，也建有大量的寺庙。据不完全统计，清代，北京修建的寺庙有三百多座，内蒙古一千多座，青海、甘肃、四川、新疆等地有六百多座。这些庙宇不仅是佛教建筑，而且是佛教文化的丰富载体，尤其是藏传佛教文化。

在这些满族寺院中，喇嘛由满族人担任，所诵经卷皆是满文，与那些由蒙古人、藏族人担任喇嘛、诵藏文经卷的寺庙形成了对比。这些满族寺院虽然多由皇帝御制修建，但不能不说，这也意味着满族人在对藏传佛教文化的接受上又迈进了一步。据《钦定理藩部则例》记载："东陵隆福寺、西陵永福寺、香山宝谛寺、圆明园正觉寺、功德寺等五庙诵满洲经卷。达喇嘛、副达喇嘛、苏拉喇嘛缺出应于五庙德木齐内按年陈公同遴选升用。热河各庙达喇嘛等选补专条：殊像寺一庙自达喇嘛至德木齐俱系专习满洲经之人。热河满洲兵丁子嗣挑补喇嘛，殊像寺讽诵清字经卷。"乾隆皇帝还积极地在满族地区推行和传播藏传佛教。乾隆二十七年（1762），乾隆帝下旨，由国库拨款，章嘉活佛具体负责，在北京香山仿效雍和宫兴建供奉文殊菩萨的宝相寺，内有佛殿和僧舍，专供满族人出家学习佛法，而且规定满族人必须用满语诵经，所诵经文务必翻译成满文。此后，朝廷又在热河兴建了与香山宝相寺规模形式相同的殊象寺，以满足满族人学法的需要。

由此可知，诵满语经卷的满族寺院有六座，即东陵隆福寺、西陵永福寺、香山宝谛寺、圆明园正觉寺、功德寺及承德殊象寺。在这些寺庙中，从地位最高的大喇嘛到最低的德木齐、格斯贵，都由满族人担任，他们大多是从包衣、兵丁等社会下层人士中挑选而来的。除上述六作满族寺院外，清代《内务府奏销档》中又提到了另外六座寺庙，分别是香山常龄寺、梵香寺、实胜寺、宝相寺、方圆寺和清漪园大报恩延寿寺。因此，今天我们已知的满族寺庙至少有十二座之多。其中，承德一座，东西陵各一座，圆明园两座，清漪园一座，余下六座都在香山。可见，清代香山一带是满族喇嘛寺庙最集中的地方。

据《章嘉国师若必多吉传》记载："有一天，大皇帝询问章嘉国师：'我们满族人自博克多汗居住莫顿的时期起，直到现在，虽然信奉佛教，却没有出家之习惯。如今想在京师西面的山脚下建立一座寺院，内设一所全部由新出家的满族僧人居住的扎仓，你看如何？' 章嘉国师回答说：'博克多汗与格鲁派结成施主与上师的关系以后，在莫顿建有僧团和佛堂，后来迁都北京，历辈先帝和陛下都尊崇佛教，建立了寺院和身、语、意所依止处，成立了僧伽，尽力推广佛教。当今又想创立前所未有之例规，建造佛寺，振兴佛教，自是功德无量，圣恩浩荡。' 圣上闻言，龙颜大悦。于是，按照皇帝的旨意，由国库拨款，修建了一座形式与雍和宫相仿的佛教大寺院，内有佛殿和僧舍。章嘉国师主持了盛大的开光仪式，并担任这些初出家的满族僧人的堪布，给他们传授居士戒和中间戒（即沙弥戒）。皇帝谕令：'在此寺聚诵时全都必须用满语诵经，因此所诵经典，务必译成满文。' 章嘉国师翻译了各种仪轨和修法的书籍。并因为西藏诵经语调不适合满语念诵，于是专门为满语诵经者制定了新的诵经音调。"[1]

（二）以满文翻译藏传佛教经典

由上述记载可知，清代北京香山修建有多座满族寺院，而首座满族寺院正是乾隆皇帝降旨修建的，章嘉国师在其中起了重要作用。从时间上看，这座"形式与雍和宫相仿的佛教大寺院"应该是宝谛寺。宝谛寺当时是香山

[1] 土观·洛桑却吉尼玛：《章嘉国师若必多吉传》，陈庆英、马连龙译，北京：民族出版社，1988 年。

一带最大的满族寺院，有喇嘛二百多人。《日下旧闻考》中说："宝谛寺，乾隆十六年（1751）建，其制仿五台山之菩萨顶。寺前为台，台上建石牌坊，额曰：乃至无有语言文字是菩萨真人。凡十三字。正殿檐额曰：金轮宝界。殿内额曰：天东鹫岭。联曰：地即清凉，白马贝书开震旦；山乃天竺，青鸳兰若近离宫。后殿额曰：法云慈荫。殿内联曰：国满术香，古枝分鹿苑；天高竺梵，晴呗接鱼山。佛楼额曰：万法圆融。皆皇上御书。"[1]这座寺院有正殿、后殿、佛楼及台、石坊等建筑，并仿五台山之菩萨顶，其建筑规模可见一斑。乾隆帝谕旨，寺中必须用满文诵经，这也是首次。因为在此之前，满族人并没有出家当僧人的习惯，也不可能用满语诵经。而后，又是章嘉国师奉命翻译佛经，并制定了新的诵经音调，为佛教在满族人中间传播做出了贡献。

以满文翻译佛经，在清代也是一项重大工程。清太宗皇太极时，曾以满文翻译大乘经典；清世祖康熙时，曾以满、蒙古、拉丁、唐古忒（藏文）四体文字翻译《心经》；雍正初年，京城掌管呼图克图奉敕翻译满、蒙古、藏三体的《甘珠尔》部分经文；乾隆年间，帝命从藏、蒙古、满及汉译各《大藏经》中将诸咒抄出，详加译订，编为《御制满汉蒙古西番合璧大藏全咒》；后又编辑此类四译对照《金刚般若经》《四十二章经》，以及加上梵文的五译对照本《贤劫千佛名经》等。此外，工布查布翻译了五世达赖喇嘛所著《佛说造像量度经解》和《药师七佛供养仪轨如意王经》等经论。从现有史料来看，清朝还曾组织人力，先后翻译过《大藏全咒》《御制首楞严经》《长寿佛经》《般若波罗密多心经》《金刚经》《佛说阿弥陀经》《地藏菩萨本愿经》《大藏经》等。这些佛教经典大都自乾隆年间开始翻译，其中最有影响力的就是满文《大藏经》。我国有汉文《大藏经》、藏文《大藏经》、蒙古文《大藏经》、满文《大藏经》及西夏文《大藏经》。其中，由于满文《大藏经》中保留了一些其他《大藏经》中没有的经典，故而更具特殊价值。

---

［1］（清）于敏中等编纂：《日下旧闻考》，北京：北京古籍出版社，1985年。

满文《大藏经》翻译于乾隆五十五年(1790),现存于北京故宫博物院,为世界上仅存的一部。满文《大藏经》原有一百零八函,新中国成立以前几经周折,有三十二函被盗往海外,现存七十六函,共三万三千七百五十页,包括六百零五种佛经。其中,有《大般若经》《华严经》《金刚经》《楞严经》《涅槃经》《大宝积经》等著名经典,可以说是佛经的集大成之作。乾隆皇帝在《御制清文翻译大藏经序》中说:“为事在人,成事在天。天而不佑,事何能成;人而不为,天何从佑。然而为事又在循理。为不循理之事,天弗佑也。予所举之大事多矣,皆赖昊乾默佑,以致有成,则予之所感贶奉行之忱,固不能以言语形容,而方寸自审,实不知其当何如也。武功之事,向屡言之,若夫订四库全书,及以国语译汉全藏经二事,胥举于癸巳年六旬之后,既而悔之,恐难观其成,越十余载而全书成,兹未逮二十载而所译汉全藏经又毕蒇。夫耳顺古稀,已为人生所艰致,而况八旬哉。兹以六旬后所创为之典,逮八旬而得观国语大藏之全成,非昊乾嘉庇,其孰能与于斯!而予之所以增惕钦承者,更不知其当何如矣。至于国语译大藏,恐人以为惑于祸福之说,则不可不明示其义。夫以祸福趋避教人,非佛之第一义谛也。第一义谛,佛且本无,而况于祸福乎?但众生不可以第一义训之,故以因缘祸福引之,由渐入深而已,然予之意仍并不在此。盖梵经一译而为番,再译而为汉,三译而为蒙古。我皇清主中国百余年,彼三方久属臣仆,而独阙国语之大藏可乎?以汉译国语,俾中外胥习国语,即不解佛之第一义谛,而皆知尊君亲上,去恶从善,不亦可乎!是则朕以国语译大藏之本意,在此不在彼也。兹以耄耋观事,实为大幸。非溺于求福之说,然亦即蒙天福佑。如愿臻成,所为益深畏满怵惕儆戒而已耳。是为序。乾隆五十五年二月初一。”

满文《大藏经》的翻译,在中外翻译史上也可以说是一项罕见的工程。当时,朝廷集结了国内众多既懂佛学,又懂藏文、汉文、满文的高级人才,历时近十年才翻译完成。其工作量之大、困难程度之高。是难以想象的。以至于乾隆在六十岁之际下旨翻译时,“既而悔之,恐难观其成”。据《章嘉国师若必多吉传》记载，章嘉活佛将藏文的楷书和行书的读写方法与正字教给皇帝，皇帝不但记忆力很强，而且还能独立思考，所以传授的每个词语，马上就可掌握其词意。有一天，皇帝说："我已经会读藏文了！"后来，皇帝使用所学的藏文进一步学习了佛经，并校对了藏文佛经的满文译本。"章嘉活佛遵照皇上旨意，率领一部分学者、僧人将《甘珠尔》译为满文。译稿经章嘉活佛逐函校对之后，再呈皇上审阅。皇上仔细推敲，并将那些需要修订的地方一一进行订正"，"不仅仅是看一看，而且对其词意进行了严格推敲和修改。"[1]经过多方面的不懈努力，满文《大藏经》翻译工作终于完成。是年，乾隆皇帝八十岁，他欣然命笔作序，以抒"尊君亲上，去恶从善"之旨。

据有关史料记载，当时在京的许多大喇嘛都参加了《大藏经》的翻译工作，其中包括章嘉国师及其弟子土观活佛等。康熙四十四年（1705），活佛阿旺却丹被封为"灌顶普善广慈大国师"（即章嘉国师二世）以后，历辈章嘉活佛都受封这一称号。三世章嘉国师若必多吉在翻译满文佛经方面做出了极大的贡献。《章嘉国师若必多吉传》中曾记录了他主持翻译《甘珠尔》的过程："文殊大皇帝认为，自己出身的满族人口众多，对佛教获得信仰者也为数不少，但是语言文字与别族不同，以前也没有译为满文之佛教经典，若将佛说《甘珠尔》译成满文，实在是造于后代之善举，遂命章嘉国师将《甘珠尔》译成满文。从学府中成绩优异人员和在京喇嘛中选择通晓语言文字者，与几名学识精深的和尚一起开始翻译经卷。每译完一函，由章嘉国师详加校审，逐卷进呈皇上审阅。皇上在审阅中又更正其中一些有疑惑及不妥之处。皇上悉心审阅后，还要作译记，因此经过多年，始告全部译成。"不仅如此，在乾隆皇帝所撰《御制楞严经序》中，也提到了章嘉国师参与翻译《楞严经》的情况："因命庄亲王董其事，集章嘉国师及傅鼐诸人悉心编校，逐卷进呈，朕必亲加详阅更正；有疑，则质之章嘉国师。盖始事则乾隆壬甲，而译成于癸未，庄亲

[1] 参见王璐、王放：《乾隆皇帝与六世班禅二三事》，《西藏日报》1988年3月5日。

王等请叙而行之。"

章嘉国师一生精通多种语言文字,他一方面通过语言和翻译传播宗教,另一方面也在中原及满族地区传播了西藏文化。从一定意义上说,章嘉国师不仅是一位宗教使者,而且是一位藏满文化交流的使者。在章嘉国师的努力下,藏满两族的交流日益加深。

(三)满族社会生活中的藏传佛教影响

1. 萨满教与藏传佛教

清代,由于满族从上层到下层都长期接触藏传佛教,因此藏传佛教及其文化势必也影响到满族的社会生活,如在宗教信仰、民间祭祀、文学艺术等方面,或多或少可以看到一些藏传佛教的影响。

满族的传统宗教信仰是萨满教,当他们接触藏传佛教后,也将佛教的一些元素融入了萨满教。最具代表性的例子就是满族宗教经典《钦定满洲祭神祭天典礼》,这部著作是乾隆十二年(1747)用满文写成,并于乾隆四十五年(1780)被译成汉文。从严格意义上讲,它是第一部满族萨满教的规范之书,书中所述祭神祭天仪、背灯祭仪、求福仪、堂子立杆大祭仪,以及所祭众多神祇、所录众多神歌,都属于满族的原始信仰萨满教范畴。但是,书中也不时地出现了一些佛教特色,如在众多祭神祭天仪式中,有"浴佛仪"及"浴佛祭词",在众多神祇中出现了佛、菩萨等形象。"浴佛祝辞"中记载:"四月初八浴佛于堂子飨殿内。祝辞:'上天之子,佛及菩萨,大君先师,三军之帅,关圣帝君,某年生小子等,今敬祝者,遇佛诞辰,偕我诸王,敬献于神,祈鉴敬献之心,俾我小子,丰于首而仔于肩,卫于后而护于前,畀以嘉祥兮,齿其儿而发其黄兮,年其增而岁其长兮,根其固而身其康兮,神兮贶我,神兮佑我,永我年而寿我兮。'"这首祝辞是在浴佛时所唱,内容是在四月初八佛诞日,歌祭佛主,祈求保佑。从中可以看出,"佛"在满族祭祀中已经成为一个神祇,可以与萨满教的天神、日神、月神、星神及鄂谟锡玛玛(生育之神)等一起享祭。祭词虽然是典型的萨满神歌形式，但其内容是用以祭祀佛主，使颂佛、浴佛的主题得到了很好的表现，这不能不说是佛教与萨满教在内容与形式上的完美结合。除了在浴佛祭仪中出现佛及菩萨的形象，在《钦定满洲祭神祭天典礼》中的许多祭祀中，也经常出现佛及菩萨的形象，从而形成了萨满教中的“神”与藏传佛教中的“佛”并列的情形。例如，在“堂子立杆大祭仪”中，要“于神幔上悬菩萨像，又次悬关帝神像”。在祭祀鄂谟锡玛玛时，也不忘佛、菩萨与关圣帝君：“上天之子，佛及菩萨，大君先师，三军之帅，关圣帝君，佛立佛多鄂谟锡玛玛之神位”。其实，满族的“立杆大祭”和“柳枝求福之祭”是地道的传统萨满祭祀，所祭“乌鸦”“柳枝”“鄂谟锡玛玛”，与“佛”“菩萨”“关帝”是风马牛不相及的神祇。但在《钦定满洲祭神祭天典礼》中，这些神同时出现了。由此可见，当满族传统的萨满教与外来的佛教接触时，两者并没有产生冲突，反而是在萨满教中融入了一些佛教特色，两种宗教得以和平相处。

如果说《钦定满洲祭神祭天典礼》多少有些宫廷祭祀味道的话，那么在满族民间长期流传的一些神本子，则是满族下层人民祭祀的规范。过去，满族人家每个姓氏都有一本记录本姓祭祀的本子，里面包括祭祀过程、神歌等内容。从流传下来的一些神本子看，满族民间祭祀时也有“神佛共祭”的情况。如在一些满族人家，西墙祖宗板下立一菩萨像的情况经常得见。又如，满族瓜尔佳氏《新注本族祭祀规则》中说：“近年祭日已过，竟将祭猪肉十天半月存放，甚至一两月收存。再不懂事者，留为年用。未审是敬神也，是俭省也。似此殊非尊敬神佛之道。”“神佛之道”被明文写在了满族普通百姓的祭祀规范里。此外，在满族民间祭祀中萨满所唱的神歌里，也可以发现类似情形。如吉林石克特立氏家祭神歌中唱道：“众姓之中的哪一位？石姓子孙，在此祈祷，口中诵唱神歌，祈祷神灵，乞请各位师傅，各位瞒尼善佛。”[1]在祈请舞蹈之神“玛克鸡瞒尼”时唱道：“玛克鸡瞒尼善佛，手提着神铃，光亮如托立

[1] 宋和平译注：《满族萨满神歌译注》，北京：社会科学文献出版社，1993年。

(神镜),摇晃着戏耍着,金色神铃,诵唱着神歌进来了。”[1]

在满族民间祭祀中,似乎“佛”与“神”已经没有什么界限,二者往往相提并论。

2. 其他西藏文化艺术的影响

藏传佛教传入满族地区后,西藏的传统歌舞也随之而至。这些歌舞是随着法会等形式,逐渐传到北京、承德等地的。据藏文史料记载,乾隆年间,皇帝曾下令在京城成立一支表演时轮和胜乐的仪仗队,并从西藏派遣教习歌舞师。于是,从夏鲁寺来的两名舞师,负责教习“噶尔”和神兵驱鬼的“羌姆”(跳神)两种舞蹈。按照章嘉国师的指示,逢年过节及举行法会时,他们都会从府库里拿出准备好的铜鼓、面具、顶髻、骷髅等道具,表演“噶尔”和“羌姆”,并且还先后表演过扎什伦布寺中所跳的“羌姆”和萨迦寺的供养宝帐依怙的“羌姆”。值得注意的是,“噶尔”和“羌姆”是西藏传统的宗教歌舞形式,尤其是“羌姆”,更具有西藏原始苯教和外来佛教相结合的特征。这种歌舞的传入,也传播了藏族传统文化。

在文学方面,藏传佛教文学对满族文学也产生了一定的影响,其中影响较大的是《尸语故事》。这个故事源于印度,原称《僵尸鬼故事二十五则》,大约在2世纪前后传到西藏,经过加工改造以后,成为藏族的《尸语故事》。大约在13世纪末,又出现了蒙古文本的《尸语故事》。满文本的《尸语故事》大约出现在17世纪中后期,即康熙初年。《尸语故事》的主要内容是:印度古代帝王健日王应一个修道人的请求,夜间去火葬场搬一具挂在树上的死尸,附在死尸身上的僵死鬼给他讲了二十四个故事。僵尸鬼根据每个故事的内容,提出一连串的问题,每次聪明的健日王都回答上来了。但由于他违反了背尸时必须沉默的条件,僵尸鬼又可以回到树上,健日王只好重新背,前前后后共背了二十四次,讲了二十四个故事。最后一次的问题难住了健日王,使他沉

[1] 宋和平译注:《满族萨满神歌译注》,北京:社会科学文献出版社,1993年。

默不语。僵尸鬼便讲出了自己生前的经历，揭露了修道人的阴谋，并与健日王一起杀死了修道人，他们也成了好朋友。这个故事传入藏族地区和蒙古族地区后，经过加工、补充及再创作，加重了佛教色彩。康熙年间，故事传入满族地区，满族人根据自己的生活特点，又对其有所改造，使其具有了一定的满族文化色彩。比如，故事中的"背尸"情节变成了"背神"，原来的"卦师""点验大师"变成了"萨满"，同时还加进了一些满族地区的风俗习惯及人名、地名等元素。

此外，在满族的文学作品中，佛教思想、观念、人物、名胜等元素时有出现，最具代表性的就是满文《尼山萨满》传说。这个传说在满族民间影响很大，并有多种手抄本流传，还先后被译成俄、日、英、德、意、朝、汉等文字，在国内外流传。严格地说，《尼山萨满》是一部关于萨满的传说，它叙述了一个女萨满到阴间取回富家子弟灵魂的故事，其中对萨满教仪式、萨满神歌、萨满服饰等方面都做了详尽的描绘。但同时，我们也从中看到了一些佛教色彩。例如，故事的主人公五十岁时仍膝下无子，被认为是"前世作恶，今世无子"，所以，夫妻二人只好"尽行善事，修补庙宇，求神拜佛，到处烧香，扶危济贫，助寡怜孤"，于是感动了上天，让他们得了一子。《尼山萨满》传说中还出现了一些与佛教有关的人和事，如阎罗王、小鬼、十殿阎王、佛、菩萨，以及丰都城、望乡台等。所有这些，都为满族《尼山萨满》传说罩上了一层佛教的神秘面纱。这说明，当时佛教的影响已经渗透到满族社会下层，而且在满族社会的许多方面已经有所表现。[1]

二、藏传佛教在蒙古地区的影响

清康熙年间，朝廷专门组织力量，编译印发了汉、藏文《大藏经》，并命章

[1] 参见赵志忠：《清王朝与西藏》，北京：华文出版社，2001年，第117—127页。

嘉活佛将《甘珠尔》经翻译成蒙古文，刻版印刷。

乾隆皇帝也十分重视藏传佛教经典的翻译工作——以三世章嘉活佛为主，与通晓经籍以及蒙古文、藏文等语言文字的高僧和译者，包括青海佑宁寺高僧松巴·益西班觉、三世土观·洛桑却吉尼玛等一起，耗时十三年，完成了《甘珠尔》未译完的部分，连同《丹珠尔》全部翻译成为蒙古文。章嘉活佛为了统一经籍中名词术语的译法，对蒙古文和藏文两种文字对照的佛学词汇加以厘定，形成了一本辞书《正字贤者之源》，刊布流行。

乾隆时期，三世章嘉还编辑了《五体清文鉴》，编著了蒙古文和藏文对照的《正字学·智者生处》，对翻译蒙古文而言不可缺少。同时，不仅在蒙古地区，有通过藏文学习法相五部大论（论述显教的五部经典著作《般若》《中观》《释量》《戒律》《俱舍》）、四续部、声明、医明、天文历算、诗学、戏剧等，而且在今俄罗斯境内布里亚特共和国等地，也有大量的藏文典籍木刻版流行。在今乌兰巴托的哲布尊丹巴的寺院，珍藏有《甘珠尔》经等大量木刻版；在内蒙古绿城即呼和浩特等蒙古族地区，同样保存着许多藏文典籍的木刻版。希望学习法相等学科的许多蒙古僧人，均前往卫藏、拉卜楞寺和塔尔寺等处求学，然后返回故乡开展讲听。蒙古有自己的文字，但过去各种明处的基础文字仍是藏文。[1]

康熙皇帝曾对四世达赖驻锡过十年之久的锡勒图昭大加修葺，并为其覆盖了象征特权的琉璃瓦，以示这是一所具有特殊意义的寺院，而且为其御制数部藏文经典。因平定噶尔丹叛乱有功，康熙皇帝赐其名“延寿寺”，立汉、满、蒙古、藏四体石刻碑文。咸丰九年（1859），锡勒图昭又经重新修整，遂成为呼和浩特地区规模最大的喇嘛寺院。值得一提的是，锡勒图昭院东白石塔院中，有高达五丈的汉白玉覆钵式佛塔，是为了纪念宗喀巴诞生的燃灯节而

［1］ 参见毛尔盖·桑木旦：《藏族文化发展简史（三）》，佘万志、饶元厚译，《西藏艺术研究》1991 年第 3 期。

建，该塔以雕工精美、造型独特、玲珑剔透而著称。仰望这座酷似工艺品的藏式佛塔，耳闻用藏语念诵的朗朗颂经声，再看那进进出出的尽是身着紫色袈裟的喇嘛，真让人有不知是身处西藏还是内蒙古之感。

乾隆十四年（1749），依照西藏日喀则扎什伦布寺修建的“五当召”建成，一大片顺山势而上的殿堂、僧房，望之仿佛真到了著名的扎什伦布寺。五当召一向以藏传佛教高级学院而著称，是一座国内外知名的学问寺，最多时曾有千余名喇嘛在此修习。他们修习的全部是藏文经典，严格按照藏传佛教的修习程序进行，不少喇嘛在这里学完后，还要到西藏拉萨三大寺进一步深造，方可取得更高学位。五当召供奉的藏文经典多而全，有藏区寺院都有的《甘珠尔》《丹珠尔》，还有纳塘版《大藏经》和《甘珠尔续番藏经》等。仰望佛殿内足有六米高的大书架，以及数不清的珍贵藏文典籍，更让人感受到这座学问寺浓郁的学术氛围。五当召所施行的是与西藏同样的政教合一制度，有自己的庄园、牧场、商店、医院和属民，游离于地方之外，政务上直接由朝廷中央管理，宗教上与西藏有着极为密切的联系。五当召设“显宗学院”“密宗学院”“时轮学院”“菩提学院”四大学院，“大雄宝殿”“洞阔殿”“却伊拉殿”“金刚殿”“密宗殿”等一应俱全，与西藏正规寺院一模一样。走进五当召，当真有身处西藏的感觉，因此也有人称其为“东藏”。

内蒙古也有一座五塔寺，寺院集中了北京、云南等地五塔寺的优点，因此造型最为精美，七米多高的绿色琉璃须弥宝座上，五座玲珑剔透的小塔亭亭玉立，十分引人注目。内蒙古五塔寺建于1732年，是当时掌管呼和浩特藏传佛教事务的副扎萨克大喇嘛阳察尔齐呼毕勒罕报请朝廷批准后建立的，并由朝廷赐名“慈灯寺”。它带有几分印度风格，但更突出的是藏传佛教风格，因为它与藏传佛教有着千丝万缕的联系。内蒙古五塔寺充满了藏传佛教气息，首先是用藏、蒙古、梵、汉四种文字在塔座上雕刻的《金刚经》文，以及代表五界的五种动物和金刚杵图像等；佛龛内雕有千尊佛像和两侧装饰的宝瓶柱，佛龛和座顶四周的白栏板上都刻满了藏传佛教寺院常见的六字真言；通向塔顶的券门门楣上，不但雕刻着藏传佛教寺院中常见的狮、象、金翅鸟、金刚杵等图像，还专门用藏、蒙古、汉三种文字为中座“金刚座舍利塔”刻名；走进券门，可见四大天王像下雕刻着藏传佛教的佛经故事；顶部五座小塔中，除去中央塔座中嵌有佛的足迹外，其他四座小塔的一层都刻着佛、菩萨及菩提树的图像。值得一提的是，在后边的影壁上方，不仅刻有全国唯一一幅用蒙古文注解的古天文图，还刻有象征着藏传佛教宇宙观中心的须弥山图和六道轮回图。1943 年，日本学者长尾雅人在这座造型精美的小寺中，发现了三世松巴堪布·益西班觉的名著《如意宝树史》独一无二的木刻版，从此，这座寺庙在人们的心目中的地位变得格外重要。《如意宝树史》记载了其他史书中少见的关于甘青蒙地区历史的珍贵史料，受到国内外学者的瞩目，被翻译成多种外文版本，流传于海内外。

在内蒙古土默特旗，有一座著名的藏传佛教寺院“美岱召”。因西藏派来一位学法高深的麦达力活佛驻锡管理，故该寺得名“麦达力召”，即“美岱召”。美岱召是土默特首领俺答汗的家庙，各种条件优于一般寺院。进入庙门，首先是大雄宝殿东、西、南三面的藏式白墙和墙上用八思巴文绘制的六字真言图案。进入殿内，是一根根二十米高的通天柱和满墙的藏式壁画，壁画中有宗喀巴成道成佛的故事和一尊尊密宗护法神。再往里走，便是一座覆盖着琉璃瓦的三佛殿，不仅供奉着迦叶（过去）、释迦牟尼（现时）、弥勒（未来）三世佛，而且绘制着莲花生大师和诸多度母、菩萨，以及宗喀巴、贾曹杰和克珠杰师徒三尊像。大殿西侧，是一座藏式小白楼，为美岱召的“乃琼庙”，其功用与拉萨哲蚌寺下的“乃琼庙”一样。美岱召的建成与俺答汗的妻子三娘子有关。据说，当年俺答汗正是听从了妻子的建议，才停止了无休止的征战，通好中原，团结兄弟民族，推崇藏传佛教，使内蒙古进入一个和平发展的新时期。因此，美岱召大殿内绘制了三娘子的大型画像，供后人瞻仰。在她过世后，美岱召还专门为她建了一座安放骨灰的覆钵式檀香木塔，并在殿堂四壁绘满了千尊宗喀巴大师像,以此来缅怀她给内蒙古百姓带来和平安宁的功德。[1]

新疆著名的厄鲁特蒙古高僧咱雅班智达·南喀嘉措,曾经跟随四世班禅、五世达赖学习佛法二十二年,获得拉然巴格西,返回新疆后在卫拉特蒙古四部传法。他在回鹘式蒙古文的基础上,创制了厄鲁特蒙古文,先后翻译了《玛尼全集》《十万宝颂》等二百部藏文名著,还以托忒文翻译了《金刚经》《贤劫经》《四部医典》等,撰写蒙古史诗《江格尔》,成为家喻户晓的著名学者,世代流芳。新疆名刹固尔扎寺的蒙古僧人噶尔丹,是五世达赖的弟子,曾

经在西藏学经多年,并直接从西藏请回了佛像佛经。承德外八庙中的安远庙,就是乾隆皇帝为了安抚远从新疆迁去的蒙古人,特意按照他们家乡的固尔扎寺建造的。

在辽宁阜新蒙古族自治县,有大大小小的藏传佛教寺院三百六十多座,其中得到朝廷赐名的有六七座,喇嘛近二万人,仅最大的瑞应寺就有三千六百多人,还不算没名的小喇嘛。一时间,阜新蒙古地区藏传佛寺林立,香烟缭绕,喇嘛云集,成为东部蒙古族地区的藏传佛教中心,也因此赢得了“东藏”的美称。瑞应寺在历史上之所以闻名,不仅是因为它规模宏大,而且因为其学部齐全、研究气氛浓厚,特别是在医学和历算方面水平最高。历史上该寺培养出了数百名蒙古族医师,还出过如清朝末年的托布丹宁布那样的著名天文历算专家。据说,当年连京城钦天部在推算日月食时,都要请他来,因为他的计算极为准确。

三、藏族文化在土族地区的影响

青海佑宁寺,原称郭隆寺,清雍正时赐名佑宁静寺。它号称“湟北诸寺

[1] 参见王璐:《走出雪域——藏传佛教圣迹录》,西宁:青海人民出版社,2007年,第87—90页。

之母”，历史上青海土族地区互助、大通、乐都一带的寺院大都为佑宁寺的分支属寺，可以说，它是土族藏传佛教信仰的中心。在佑宁寺历代活佛中，藏族占有很大比例，总共产生的三十一位活佛中，有近三分之二是藏族。建于清顺治年间的大通广惠寺，是在土族中很有影响的藏传佛教寺院，僧众多时有三百余人。天祝天堂寺是天祝地区最大的藏传佛教寺院，鼎盛时有僧人八百余众。

土族地区除大小寺院外，大多数村庄都有一所小庙，人们的宗教活动经常以本村小庙为中心。大型宗教活动有跳神、念青苗经、闭斋、背经转山、念长寿经等。在土族地区，常能看见人们认为可以防灾挡雹的“俄博”（嘛呢堆）、“崩康”（意为十万佛）和“苏克斗”（挡雹台）。土族百姓的家中，大都供奉着佛像，大部分人家的场院里有经旗杆和煨桑炉。若遇疾病，人们会前往寺院烧香、磕头、许愿、给布施，或请喇嘛念经，向神佛祈祷。家中有人离世，要请活佛诵经、拜佛、超度。土族也有与藏族一样送子为僧的习俗，连门神都是藏族民间史诗中赫赫有名的格萨尔王，其实全国闻名的格萨尔说唱艺人中还真有好几位土族艺人。不少土族男子除了在当地寺院当喇嘛，也会到塔尔寺等藏族寺院为僧。明清时期河湟地区的藏传佛教寺院中就有相当数量的土族僧人，他们不仅推动了藏传佛教在内地的传播，也促进了藏族文化在土族社会生活中的传播，如三世章嘉活佛、三世松巴堪布等。[1]

四、藏族文化与回族文化的交流

相传17世纪时，克什米尔的“必力”（地位高于阿訇）亚古博游方来到拉萨，见根保乌孜山的东面山坡上有一块灰白色大石，如白毯平铺，方向朝麦加，似天然安排，因此他按照敬礼仪式，每天上山做五次礼拜：清晨做晨礼，午

［1］　参见张宏莉：《藏汉民族对土族宗教信仰的影响》，《青海民族研究》2001年第3期。

时叩晌礼，申时脯礼，黄昏昏礼，拂晓宵礼，天天如此。五世达赖喇嘛在布达拉宫顶从望远镜中常见一人每天五次上山朝拜，实属罕见，感叹不已。后来了解其属伊斯兰教，虽为异教，但诚心可嘉。一日，必力来向五世达赖辞行，说："这里没有我立足之地，若长住，需有教堂和陵墓作依止。"达赖见他心诚礼恭，有意留他，当即派人在离布达拉宫三千米外的洛多桥"射箭赐地"，让射箭手立草坪上向四周五个方向各射一箭，按照五个箭头落地处划圈赐给其久住，这就是拉萨最早的伊斯兰教建堂立庙之处喀偈林卡。喀偈林卡内有大小两个清真寺。后来，又有四川、青海、甘肃、云南以及克什米尔等四面八方的回族人来到拉萨，以经商种菜为生，建房落户，过穆斯林生活。

到了 18 世纪中叶，由四川、青海、甘肃、宁夏、云南等地来的回族人大多居住在河坝林，他们绝大多数有姓氏，并且在那里建立了一个最大的清真寺，建筑群包括牌楼、礼拜殿、邦克楼、浴室、水房、小学和林卡。寺内有一块"咸尊正教"匾，为乾隆三十一年（1766）清军驻拉萨守备哈国祥及把总马国隆等人所制。

五、藏族文化对纳西族的影响

云南西北历史上著名的藏传佛教十三大寺中，有十一座在原丽江纳西族自治县，多数建立于清代。其中，福国寺建立最早，号称丽江喇嘛寺之首；文峰寺则被视为当地最高学府，因此纳西族也出现过获藏传佛教格鲁派最高学位"格西"的高僧，如历史上的阿明喇嘛和近代的圣露活佛。

六、藏族文化对锡伯族的影响

锡伯族原来居住在今内蒙古海拉尔东南扎兰绰罗河流域，后来迁居各地，最后到盛京（今沈阳）为多。他们集资在实胜寺西侧购房，建立太平寺，并从京师请来《甘珠尔》大藏经，由出家喇嘛唪诵，清乾隆十七年（1752）至四十一年（1776）曾两次进行修缮。一部分锡伯族人笃信藏传佛教，因为锡伯族语言文字、风俗习惯与满族大体相同；同时，明时有一部分锡伯族居住在科尔沁草原，受到蒙古人的影响。18 世纪中叶，锡伯族在新疆伊犁建立了一座新的藏传佛教大寺靖远寺，还派人从西藏请来了《甘珠尔》大藏经，该寺遂成为新疆伊犁地区九大藏传佛教寺院中的佼佼者。

第七章

民国时期汉藏文化艺术的交流影响

民国时期,依照历史定制,西藏上层态度虽然有曲折变化,但是在总体上保持了与中央的领属关系。西藏与内地紧密的经济交往,也为政治、文化等各个方面的发展创造了有利的条件,使得汉藏文化艺术交流融合的“鼎盛期”得到延续。

第一节　西藏与内地的经济交往

民国时期,西藏地方与内地的经济交往十分频繁,且以民间私营贸易为主。民间的经济交往虽然也受到政治大环境的制约,但从未间断。当时大的通道有滇藏、川藏、青藏等三条,新疆与西藏的贸易也有季节性的交往。这个时期,西藏的主要商贸中心有拉萨、日喀则、江孜、亚东、噶大克等,内地与西藏贸易的主要中心是青海的西宁和湟源、甘肃的拉卜楞寺、西康[1]的康定、云南的德钦(阿墩子)和中甸等地。

[1] 西康:中国旧省名,简称“康”,设置于1939年,省会设在康定。中华人民共和国成立后,省会迁至雅安。1955年第一届全国人民代表大会第二次会议决议撤销西康省,原西康省所属行政区域分别并入四川省和西藏自治区筹备委员会(今西藏自治区),金沙江以东并入四川省,金沙江以西的昌都地区并入西藏。

一、内地商人在西藏设立商号

20世纪三四十年代，来自内地的一些商人开始在拉萨等地设立商号，坐地经商，以牟取更大的利益。他们起初是由北京的"外管"，即走蒙古大库伦（今马兰巴托）的商人转过来的，据说最早的就是解文会。解文会来藏后，开始是做生意，后来给西藏政府官员柳霞·土丹塔巴当管家，积累了一些钱，于是投资"文发隆""兴记"商号，当了东家。他与一位藏族妇女结了婚，并有儿女，他的儿子也当过柳霞的大管家。蒙古宣布独立后，"兴盛合""广益兴"两家商号也转到拉萨。这一时期在拉萨等地经商的主要是来自北京、青海、四川、云南等地的商人，以及陕西、甘肃、新疆等地的回族商人。北京商人开设的商号主要有"德茂永""文发隆""裕盛永""玉记""兴盛合""广益兴"等。最初北京商人并没有开设铺面，各家商号合在一起，也只有十来个小伙计，吃住都在"果芒康萨"楼上。大家在一起做一些小手工活，如铜器、丝线辫绳等，多为零碎商品，大都批发给街上的小摊贩和回族商人出售。商号的东家和掌柜都是有房产和地产的人，自己住在北京城里，派伙计出来跑生意，直到后来觉得有利可图，才开始自己出马大干。因此到20世纪30年代，他们陆续在八廓街开了六七家稍大一些的商号。1935年，北京商号"文发隆"开市，第一任掌柜是叶茂青，东家是解文会，掌柜叶茂青原名叶增隆，为使这个坐落在八廓东街的小商店能开市大吉，所以店名取了东家和掌柜名字中"文明""兴隆"之义。当时，"文发隆"隔壁还有"兴记""义生昌"几家商号，八廓南街有"喜马伦公司"和"裕盛永"公司。"喜马伦公司"是从"兴记"分出去的，东家是邦达昌，掌柜是梁子质。因为他们在印度颇有名声，所以自己起了"喜马伦公司"的字号。"裕盛永"掌柜叫刘万荣，早年到过西藏，后来一直住在北京。八廓北街"果芒康萨"的楼下是一家叫"德茂永"的商号，东家和掌柜都是张福田，因为他的儿子张奇英也在号上掌权，所以别人不与他合伙，他只好独自经营。往东有家"玉记"，东家和掌柜也是同一个人，名叫张春台。

据北京商号的传人韩修君介绍，当时在拉萨的北京商人实际上没有一个是北京城里的，都是北京郊区的农民。各家掌柜大多住在北京办货，伙计在拉萨坐庄营业。货从天津上船，经香港、加尔各答，到噶伦堡，再用骡马、牦牛、毛驴等驮运到拉萨，一年大致进三次货，约三百多驮。冬货夏办，货物由天津运到拉萨大概要用三个月时间。这些商号为了使绸缎、瓷器等货物安全运抵拉萨，曾历经困难险阻，辗转过海路、陆路，经过香港、新加坡、加尔各答等地，路途坎坷，但这些商品的传播却绵延不断。各个北京商号所经营的货物主要是绸缎、瓷器、玉器、铜器、丝线、小手工艺品等。绸缎是最大宗的商品，一般是从北京“正源兴”绸缎庄进苏杭绸缎，运到西藏后很受欢迎；丝线买的是山东邹县的产品；进瓷器则需要派人去江西景德镇办货。在所有货物中，以花绸缎销路最广，因寺院里做佛衣、供品、神伞、画轴、顶棚等均需要这些货物。1945 年前后，以“兴记”和“文发隆”两家商号生意最为兴隆，因为有柳霞做东家，本钱多，约有一万两藏银，而且本钱不够时，还可以通过关系向西藏地方政府借款。当时噶厦官署的拉恰列空、孜恰列空等从事放账业务，大商人根拉敏、邦达昌等也都放账盈利。云南商人有二十多人，都是经营茶叶生意的，有名的商号叫“云南聪康”，东家姓王，来自云南丽江纳西族，其家族进藏已有五代，曾祖父叫王恕，祖父叫王炳文，父亲叫王汝邦，母亲则是藏族，叫诺布卓玛，系驻藏大臣府种菜的“嘉安班菜园”园主张姓汉人与藏族妇女结婚后所生的女儿。据说这样的“嘉安班后裔”在拉萨有三十多家。在拉萨的商人中，以四川人数量为最多，他们原先都是清朝衙门里的人，或清末赵尔丰、钟颖的部下，大都住在河坝林和鲁布一带，一般从事种菜、做豆腐、理发、开烟馆和甜茶馆等，在日喀则、亚东下司马等地都有他们的足迹。最老的商人是夏洛土丹的爷爷马世元先生，1944 年在他九十七岁时办过一次百岁大寿，相当阔气。当时的内地商人一般与西藏上层中做官兼经商的人士，如邦达昌、嘎雪巴、贵桑子、柳霞、帕拉等，有密切的经济关系。

二、藏族商号与内地经商

民国时期,西藏东部重镇昌都也聚集了一批资本较为雄厚的商号,主要有大金寺的“相子骁登”“相子噶马夺吉”和“相子罗结”,以及滇商“仁和昌”“裕恒号”,此外,还有当地喇嘛寺的八大扎仓所开的商号等。康巴商人的商号“邦达仓”“桑多仓”“恩珠仓”等也很有实力,他们在印度设有“喜玛仓公司”和“大达公司”,控制西藏对印度贸易。当时,西藏的贵族、寺院、政府官员等都参与了经商,掌握了对外商贸的大权。抗日战争全面爆发以后,由于战争时局的发展有赖于经济的支援,因此由西藏地方政府和中央政府有关部门牵头的重大经济活动非常活跃。事实也表明,康藏经济运输线对我国大西南的抗战起了积极的作用。“在抗战期间,国际交通路线被阻,一般云南巨商购、卖外货多取道拉萨,因之拉萨顿时繁荣。多数藏官亦为战时特殊利润所刺激,群起经营商业,如察绒、索康、噶雪巴、宇妥、然萨申裙、夏格巴等,皆直接经营印度与丽江、成都、康定间商业。”[1]随着英帝国主义对西藏侵略步伐的加快,国民政府在当时特定的政治环境下,制定了一些特殊政策,设法发展西藏的经济和干预帝国主义对西藏的超经济掠夺。但是,由于英帝国主义对西藏的政治侵略和经济侵略、掠夺由来已久,加之西藏地方政府上层中一小撮亲英分子的分裂活动猖獗,致使国民政府对西藏经济的扶持和干预措施显得软弱无力,对西藏社会内部的经济运行,没有发挥出应有的作用和达到预期的效果。

总之,民国时期汉藏之间比较紧密的经济贸易交往,也促进了二者之间文化艺术的交流。

[1] 1946年1月4日《西藏与内地商务金融情形及建议报告》,见中国第二历史档案馆藏蒙委员会档案。

第二节　汉文化艺术在藏地的传播及其影响

一、对西藏的文化教育政策及其对汉藏文化交流的影响

（一）在西藏办学

中华民国成立后，即提出筹办蒙藏专门学校。1913年，教育部颁布《蒙藏学校章程》，1914年该学校开始招收预备班五十名学生。1927年南京国民政府成立后，改蒙藏院为蒙藏委员会，学校改名为蒙藏委员会北平蒙藏学校。该校为相关民族地区培养了不少有用人才，国民政府蒙藏委员会的少数民族工作人员，不少都是毕业于该校。1930年，国民政府召开全国教育会议，在会上通过了《蒙藏教育实施计划》；1939年又召开第三次全国教育会议，通过了《推进边疆教育方案》。上述计划和方案虽然在西藏未产生显著影响，但在西藏邻近的藏区都得到了普遍实施。1935年，久留内地的九世班禅在国民政府的支持下，曾经就返藏后如何建设和发展西藏提出了一个建设性计划，其中教育一项提出："饬各宗兴办小学，教授藏文，以养其读书习惯，再进而加授汉文及科学常识，按期选派青年留学内地，以资深造。"[1]后来国民政府令有关部门参照班禅计划，拟定了《西藏建设初步计划》。

国民政府为鼓励藏族儿童、青少年入学接受现代教育，颁布了一些特殊政策。1929年，教育部颁布《待遇蒙藏学生章程》，1939年又对该章程做了修正；1936年，制订了《补助蒙藏回学生升学内地专科以上学校办法》，拨专款对学生进行补助。据统计，从1937年到1942年的六年间，西藏学生进入中央大学、西南联大、西北联大、中央军校、西北大学、中央警校、中央技专、西北技专、蒙藏学校等专科以上学校学习的有五十九人，他们都按规定享受到

---

[1] 中国第二历史档案馆、中国藏学研究中心合编：《九世班禅内地活动及返藏受阻档案选编》，北京：中国藏学出版社，1992年。

国家的专款补助,完成了学业。班禅在一份报告中也谈及,自 1923 年到内地以来,他送到北平、山西等地各类学校学习的藏族青年已不下百人,而且尚有八十余人陆续要到内地来学习。

1934 年,国民政府派专使黄慕松进藏册封、致祭十三世达赖喇嘛期间,黄慕松与噶厦官署决定在拉萨建立拉萨小学,后经留藏办事人员蒋致余多方呼吁奔走,拉萨小学于 1938 年夏末招生开学,这是西藏现代教育史上第一所教授现代知识的学校。1940 年,教育部调蒙藏学校毕业的王信隆任拉萨小学校长,他受过正规教育,通过精心经营,使学校教育质量有所提高。1946 年,校长换为邢肃芝,他原是哲蚌寺汉僧,法名碧松,曾隶属中统。后来,蒙藏委员会拉萨办事处接管小学,并在江孜建第二个小学校。1937 年至 1938 年,顾颉刚在甘肃进行田野研究,考察教育发展,包括卫藏之外最大的藏族寺庙拉卜楞寺。此后不久,在美国接受过教育的人类学家李安宅和夫人于式玉到拉卜楞寺展开他们的研究。1938 年,藏民文化促进会开办拉卜楞小学,有学生一百多人,县政府又开办了另一所小学和拉卜楞附近各地的五个短期班。同是 1938 年,拉卜楞还开办了一所教育部直接管辖的职业中学。1941 年,李安宅到四川时,任职于华西协和大学,并开办华西边疆研究所,1943 年至 1946 年该研究所学者展开田野研究并发表成果。1946 年,国民政府东迁,夏天时成立康藏研究社取代华西边疆研究所,随后研究社出版《康导研究月刊》。1938 年至 1945 年,于式玉劝说五世嘉木样的哥哥黄正清的夫人开办了拉卜楞女子学校,1949 年到 1951 年她在昌都,1952 年在拉萨致力于办小学。1941 年,教育部在康区的重要文化中心德格建立了一所学校,有大约一百名学生。1946 年初,邢肃芝随驻藏办事处主任沈宗濂回南京,受到陈果夫的赏识,由教育部长朱家骅推荐,被任命重返拉萨主持拉萨小学的工作。他竭尽全力经营学校,并得到教育部的支持,教育经费增加到每年十万卢比以上,教员工资猛增三四倍,教职员工也增至二十余人,学生近三百名。学校还礼聘檫珠・阿旺洛桑活佛任藏文教师,以提高藏文授课质量。除原有的藏文、回文、国文三个班级外，学校增设了特别班和幼儿班，特别班的学生都是来自西藏上层人士如边觉、唐麦、夏札、雪贵巴、阿沛等大家族的子女。小学除正常授课和传授文化科学知识，还开展文体活动等，与内地学校一样。

此外，鉴于在西藏办学的困难情况，国民政府教育部特别为设在印度大吉岭和噶伦堡的两所中华小学提供经费补助，让其就近招收住在当地的藏族群众子女入校学习，为他们将来到内地升学创造条件。另外，昌都和江达也曾开办小学各一所。1945 年曾筹办扎什伦布小学，1949 年又拟建日喀则小学，但最终因故未能办成。为了培养西藏人才，西藏驻京办事处也曾在南京试办一所西藏补习学校。在北平和南京，国民政府兴办了国立北平蒙藏学校和中央政治学校附设的南京蒙藏学校。

（二）内地与西藏地方宗教文化的交流和往来

民国时期，政府在重视发展和扶持西藏现代教育的同时，也十分重视内地与西藏地方宗教文化的交流和往来。1918 年 9 月，十三世达赖喇嘛按惯例同意派出三大寺堪布赴北京雍和宫接替原派出堪布的职位。达赖喇嘛在给罗桑巴桑等人的亲笔信札中，也强调此次恢复委派的目的是使雍和宫的经卷教授、宗教前途和"汉藏友谊"不会因前派驻京堪布的故去而中断。罗桑巴桑等人到北京后，蒙藏院对他们十分重视，立即依据惯例核准给予住房、钱粮，令其供职。后来罗桑巴桑又到五台山任堪布，主持宗教事务。自此，西藏宗教上层与内地宗教界的事务往来正常地开展起来。由于藏传佛教在内地的影响和藏族文化的吸引力，因此内地一些有志于学习藏族文化、沟通汉藏文化交流的中青年要求到西藏"游学"和到拉萨三大寺及其他名刹深造。国民政府十分重视这种既能沟通汉藏佛学、又能增进汉藏团结的"游学"之举，不仅支持和鼓励汉地的游学者到西藏，也鼓励西藏的僧侣到内地游学。为此，蒙藏委员会于 1936 年颁布了《补助汉藏僧侣游学规则》。到 1945 年时，公费到西藏三大寺游学的汉僧有二十余名，补助自费僧十余名。对藏传因明学有很深研究的著名学者杨化群，就是那时从重庆北碚缙云山上缙云寺的世界佛学苑汉藏教理学院毕业后，公费入藏游学，在色拉寺嘉绒康村学习藏传佛教逻辑学藏传因明学，并学有所成，而且与藏族女子结为伴侣，20 世纪 80 年代以后（1990 年 5 月）出版了在藏学界颇有影响的《藏传因明学》一书。此外，国民政府还出资补助在三大寺考取“格西”学位的游学汉僧，鼓励他们进取向上，促进汉藏文化交流。而通过私人关系个人前往西藏各大小寺院学经者，更是无从统计，数量远远超过公费游学的部分。

国民政府在试图改善寺院传统的文化教育方面也做了一些探索，在清末对寺院教育改革探索的基础上，也注重提倡对僧侣进行现代科学文化知识和职业化的教育。1931 年，喜饶嘉措大师提出了“在内地及边疆诸省设立佛教学校”的建议，随后蒙藏委员会在北平创立了一所喇嘛职业学校。1932 年冬，世界佛学院汉藏教理院在重庆缙云寺成立，在内地弘扬藏传佛教，产生了较大影响。1940 年，国民政府颁布《改进边疆寺庙教育暂行办法》，对在西藏僧侣教育中加入现代科学文化知识教育内容，起到了一定的推进作用。国民政府也注意布施僧众和捐修寺庙，保护藏族传统文化。蒙藏委员会按惯例于每年藏历新年传召大法会时，由中央拨款汇交驻藏办事处落实布施僧众事宜；中央大员如黄慕松、吴忠信等人进藏，对各大寺及广大僧众的布施也达一定规模。1944 年，拉萨哲蚌寺巴塘康村需要维修，曾派代表来到重庆募捐，恳请中央政府捐助；色拉寺麦巴扎仓僧众大会也曾上书恳请中央政府捐助修建扎仓费用。蒙藏委员会将两个捐助请求上报，经核准：色拉寺麦巴扎仓获得修建费国币七万元，哲蚌寺巴塘康村获得修建费五万元。此外，民间团体及个人为做善事而捐助西藏寺院者也众多。

1928 年，四川成都西陲文化院的张怡荪开始搜集编纂《藏汉词典》的资料，1930 年正式开始编纂工作，1937 年《藏汉词典》第一版在香港出版。实际上，这部词典刚开始只是一个比较简单的术语表，之后逐渐完善。到 1939 年，一部比较成熟的《藏汉译名大词典》出版。1941 年，西陲文化院的研究者以雅舍克的《藏英字典》为依据，将英文条目翻译成汉文，到1945年编成十卷一套的词典资料。1946年，蒙古族格西·曲吉扎巴编定《格西曲扎藏文词典：藏汉对照》，其中的解释部分是由法尊和其他人在重庆汉藏教理院翻译成汉文的。

抗日战争期间，西藏住宿内地人士以及西藏驻京办事处、班禅驻京办事处等有关单位的人员，曾发起组织成立了西藏文化促进会。1948年国民政府召开"行宪国大"时，曾利用藏族代表在京的机会，邀请有关人士于7月4日召开联谊会，出席者有七十余人，如时任蒙藏委员会副委员长喜饶嘉措及计晋美、刘家驹、格桑益西等。

1938年，国民政府教育部在汉藏教理院设立了一个编辑和出版办事处，教育部出资出版了"汉藏合璧教科书"，如法尊的一部藏文文法书及其翻译的《宗喀巴大师传》《密宗道次第广论》等；1940年，出版了法尊的藏文文法新书，修订了其藏语教材和有名的《西藏民族政教史》，这是介绍藏传佛教历史性质的第一部汉文西藏史。

总而言之，民国时期，在扶持与发展西藏的文化教育，以及促进汉藏文化交流、保护与维持宗教文化等诸方面，就政府所制定和采取的政策、措施而言是积极的；而且一直把发展西藏的教育，以及吸引西藏青年到内地学习和保护寺院等，视为改善与发展中央与西藏地方之间关系的重要手段和措施，凡与西藏有关的大小事情，自始至终都不敢过于掉以轻心。但是，由于英美帝国主义企图把西藏从中国分裂出去，他们在西藏政教上层中培植了一小撮势力打着所谓独立的旗号对抗中央政府，使政府的施政方针在西藏难以落实。因此，国民政府在西藏发展文化教育和文化交流方面的政策收效十分有限。

二、时宪历继续传入西藏

早在五世达赖时期编定的《马杨寺汉历心要》，于19世纪中期传到甘肃拉卜楞寺,寺院遂建立喜金刚院,开设时宪历的考修课,每年独立编制时宪历,直到1958年。20世纪初,拉卜楞寺编制的黄历即时宪历传到拉萨。1916年,十三世达赖在拉萨建立"门孜康"(医算院),该院除讲授时轮历,还增设了由汉地传入的时宪历课程。正是由于时宪历的传入,藏区各种历书在预测日食、月食以及计算星宿的运行方位方面比时轮历准确了许多。

三、汉藏绘画艺术更加融合

清末民初,西藏新嘎孜画派许多绘画大师擅长汉地写实画风,如20世纪初的西藏绘画大师班觉杰布,是孜仲来参·益西加措的美术学校中培养出来的,他于热振摄政时期在桑耶寺二楼大殿门厅内绘制了一铺壁画《朝觐图》,画中朝觐的僧俗信众的形象完全是肖像化的写实风格,与内地明清时期的肖像画相似。画中人物有活佛的近侍持香者、读文者、奏乐者等,他们宁静庄重,举止文雅;有热诚急切的高僧,有涵养深厚、贤淑文静的贵族男女,有清朝的驻藏官员、汉族信众、不丹妇女、印度和尼泊尔等国的香客,以及神情热切激动不已的僧众,等等这些人物的种族、性格、阶层等特征在画中表现得真实准确,令观者一目了然,透过人物神情其内心世界也被深入地挖掘出来。

桑耶寺在火灾中幸存的壁画中,有祖拉康内院回廊一周的壁画。其中,《渡江》水浪汹涌、清澈透明,是源自汉地的画法;《辞行》表现了高僧的摆手告别,三信徒中有一个回首动作,都是汉族的绘画方式。

雕塑则比绘画更易写实,如十三世达赖喇嘛的照片和塑像,已经由源自传统的造型定式向写实的方向加以修正,成功表现了既是世间法王又是菩萨之身的是十三世达赖形象,从其与布达拉宫世袭殿塑像《世尊和五世达赖》的对比中,可以发现从传统规范到真实之间的变化。

曾师从近代藏族著名学者根敦群培的藏族绘画大师安多强巴,"沿袭了反叛传统和对新事物不断探求的精神,一生不断实践着绘画写实的可能性……随着上海的月份牌年画也来到了拉萨,他大胆地吸收了'时装美人'的民俗趣味,将之转化成了佛祖和度母的慈爱与美丽……他一直迷恋于用传统工具和材料实践着把照片化的写实搬到壁画上……直接地把照片的直观效果,用近似西方古典油画的描摹方法作用于画面之上"[1],如他绘制的罗布林卡壁画《释迦牟尼说法图》和肖像画《十世班禅大师像》。

通拉泽翁发扬了噶玛噶孜画派风格,曾用汉地风格绘制了一套十六罗汉的组画和水彩的米拉日巴唐卡,著有《藏族绘画史》《十二天宫动物图形》等专著,还热心授徒传艺,在其倡导下八蚌寺成为噶玛噶孜画派嫡传中心和人才培养基地。

扎什伦布寺收藏的织锦唐卡《萨迦班智达贡噶坚赞》[2],下织有汉藏两种文字题款"中华民国浙江杭州都锦生丝织厂织",这是近代汉藏绘画艺术融合的典型。

近现代著名画家张大千,曾对热贡艺术大师夏吾才让产生了很大影响。

夏吾才让出生于1922年,青海省黄南藏族自治州同仁县人,是"绘金"高手。"绘金",即用金粉绘画,是热贡艺术的一个突出特点。夏吾才让认为,绘金技术的关键在于金粉与胶水的调和,调和得好才能表现金的高贵特质,有时还在金上绘金,如金盆等器物上不加别的颜色,用珊瑚之类的硬笔在原画上刻画,兼有刻与画的双重功能,能够表现出画中画的效果。他的绘画技法得益于汉族著名画家张大千。1941年春,张大千与夫人及子女等来到敦煌,准备把沉睡千年的壁画临摹下来,但是他携带的绘画材料远远不够。有人告诉他,只有到青海塔尔寺才能解决。1941年春夏之际,张大千来到青海塔尔寺,立刻被大小金瓦寺的辉煌古建筑和精美的壁画、雕塑艺术所吸引。他在那里住了三个月时间,一方面选购了石青、石绿、朱砂等绘画颜料,另一

[1] 于小冬:《藏传佛教绘画史》,南京:江苏美术出版社,2006年,第302页。

[2] 见书前彩插图53。

方面专门请了喇嘛画匠夏吾才让等五人到敦煌协助他临摹壁画。这也为夏吾才让提供了一次跟张大千学画的好机会。夏吾才让当时只有十九岁，在跟随张大千的近两年时间里，他获益很多："……受到了汉族绘画艺术理论和绘画艺术技巧的熏陶，开阔了艺术视野，丰富了绘画知识，影响了我一生的绘画生涯。张大千是一位很有影响的大画家，却很谦虚，对我们这些披黄袈裟的小画匠看得起，艺术上诚心教我们，口传身教，给我们耐心传授技艺；生活上处处关心我们，表现了一个汉族画家高尚的人格。"[1]

四、玉册、玉印、金印、呈文等对汉藏文化交流的影响

国民政府册封西藏地方领袖人物的玉册、玉印、金印等，以及西藏驻京代表给国民政府的呈文等，也对汉藏之间的文化交流产生了一定影响。如1931年国民政府册封十三世达赖喇嘛之玉册、玉印，国民政府颁给九世班禅之金印，以及西藏驻京代表贡觉仲尼等致民国政府蒙藏院的呈文。

五、边茶贸易及其文化交流

辛亥革命后，印度茶大量侵销西藏，川茶在西藏的市场日渐缩小。而政治上，由于川藏数度发生纠纷，传统的川藏贸易也受到阻碍。这一时期，西藏地区的川茶紧俏，广大藏族民众不愿意饮用"有机油味"的印茶，而滇茶通过滇藏山道和滇、缅等铁道等运至西藏，抵制了印茶在西藏的侵销。据统计，在1929年至1938年的十年间，云南佛海县销藏茶量每年平均超过一万担，即六十三万四千多公斤。在贩运滇茶入藏的商号中，比较著名的有'云南恒盛

[1] 赵清阳：《全国工艺美术大师夏吾才让》，《西藏艺术研究》1995年第4期。

公商号’，该商号于猛海设立茶厂，在拉萨设分号，并与西藏“热振昌”合作，开设了从康定至拉萨的茶叶运销业务，年运茶入藏达一万包。[1]

由于印茶大量入藏，致使输藏边茶数量逐年下降，仅以四川南路边茶为例，1918 年输藏边茶为八百万斤，1928 年为七百万斤，1938 年只有四百万斤。即便如此，由于藏族群众传统上喜爱边茶，印度茶仍不能代替边茶。20 世纪 30 年代，康、青的官僚资本也介入边茶经营：在西康省成立了康藏茶叶股份有限公司，年加工和经销边茶四五百万斤；在青海，军阀马步芳的“兴德海商号”年经销边茶一二百万斤，垄断收购青海的畜产品。由于这些大公司、大茶商影响了中小茶商的经营积极性，加上国民政府金融政策的倒行逆施，边茶生产一直处于衰退之中。

民国时期，“茶引制”改为“对物计征制”。边茶从拉萨市场转运各地，还一度经西藏帕里和噶尔、聂拉木等地销往不丹、拉达克和尼泊尔。印茶则继续在西藏倾销，英、印轻工产品亦随之入藏，对川藏边茶贸易影响较大。加之政局混乱，康藏交通不时受阻，因此，尽管汉藏贸易在一定程度上有所发展，但边茶贸易始终不振，呈衰退趋势。“1939 年以前，边茶最高年产量达六十五万包，到 1949 年下跌二十万包。”[2]

抗战期间，云南和西康的汉藏茶商曾通过海运转口印度往西藏销售边茶；有的茶商还通过滇缅公路，经印度向西藏运销边茶。20 世纪 50 年代前，输藏边茶每年约一千八百多万斤，其中四川边茶约一千二百万斤，云南边茶约二百多万斤，其他则为湖南、湖北、陕西和河南销往西北藏区的边茶。经营边茶的大茶号和大厂家有一百多家，其中一些老字号茶商建于清朝初年，有两三百年的历史。近代经营边茶的陕西、四川、云南、青海和山西的大茶商，都在边茶产区建有制作边茶的茶厂。

[1] 参见陈汎舟、陈一石：《滇藏贸易历史初探》，《西藏研究》1988 年第 4 期。
[2] 刘俊才：《历史上甘孜地区的边茶贸易》，《西南民族学院学报》1985 年第 3 期。

在藏区经销边茶的有寺庙商、官商、贵族商、土司头人和民间私商，拥有资金数万银元到数十万银元不等，其中较大的有大金寺、理塘寺、甘孜寺、昌珠寺、热振寺、拉萨三大寺和察绒仓、帮达仓等，这些大茶商都拥有自己的骡帮运输。从事边茶背运的汉族背夫和包装、驮运的藏族农牧民达三四万人。[1]

六、擅长汉文书画的卓尼杨土司

民国时期，当时《大公报》的著名新闻记者范长江深入西北采访时，见到了卓尼十九代土司杨积庆。那是，杨积庆四十余岁，被甘肃省政府委任为洮岷路保安司令，范长江的笔下，他颇有大局意识："时逢国难当头，日寇发动了侵华战争，他很关心政治时局，忧国忧民，感慨激愤。" 1935 年，中国工农红军第一方面军八千余人，爬雪山过草地，兵分两路，由四川北部向甘肃南部藏区的俄界村进发，俄界村属卓尼土司管辖。甘肃军阀鲁大昌一边重兵把守腊子口，以阻击准备跨越天险的红军，一边命令杨土司的藏兵从后路堵击。然而，杨土司一直与吉鸿昌、范长江、宣侠父等共产党人来往密切，一方面调兵遣将以掩人耳目，另一方面召集迭部各旗总管、头人，抢修达拉沟、尼傲峡栈道，又派人与红军接头开仓放粮。在杨土司的支援下，红军出奇制胜地通过了天险腊子口，粉碎了国民党企图阻止红军北上的阴谋。杨积庆和他的儿子杨丹珠受到汉藏文化的双重影响，尤其擅长汉族字画，据说他们的房间里挂满了汉地书画，有山水，有人物，有楷书，有隶书。[2]

---

[1] 参见吴健礼：《漫话茶文化在青藏高原的传播与发展》，《西藏研究》2001 年第 1 期。

[2] 参见杨玫：《苍茫天路唐蕃古道》，西藏自治区出版资助项目送审打印稿，第 208—209 页。

七、汉地文学艺术在西藏的影响

（一）近代以来汉族文学作品在西藏的影响

近代以来，西藏有一些民间艺人，以说“甲钟”而著称。“甲钟”即“汉族故事”的意思。他们所讲的内容包括《水浒传》《三国演义》《西游记》《聊斋志异》以及《包公案》《薛仁贵征东》等。在原西康地区（今四川甘孜藏族自治州），有一些手工业者，同时也是民间艺人，他们能说全本《水浒传》《三国演义》《七侠五义》等作品。其中“武松打虎”“花和尚鲁智深”“赤壁之战”“空城计”等精彩章节，把原作中的情趣表现得淋漓尽致，为人们所津津乐道。特别是《西游记》，不但在口头上广为流传，而且早就被译成藏文以手抄本形式流传于社会。这种藏文译本不是照原文全译，而是节略性翻译，全书只有三十四回，包括《西游记》的大部分主要故事情节，藏译书名改为《唐僧的故事》[1]。

（二）汉藏文化艺术交流融会的产物《康定情歌》

清末民初，赵尔丰、尹昌衡先后经营康定，20 世纪 30 年代，康定成为当时的西康省省会。历史上漫长的“茶马互市”，赵尔丰管理时的移民，使康定形成了以藏汉民族为主的多民族文化，其历史也是一部中华民族文化交融的历史。20 世纪 20 年代至 40 年代，一些著名学者和艺术家如张大千、丰子恺、吴作人、叶浅予、戴爱莲、任乃强等先后前往康定，也曾对康定文化产生了一定的影响。繁荣的经济必然促进杰出的文化，正是康定独特的历史文化积淀，才孕育了家喻户晓的《康定情歌》。关于《康定情歌》的词曲作者，曾经众说纷纭，有的说是戴爱莲根据雅拉山歌修改而成，有的说是音乐家江定仙改编而定，有的说是宣汉县文人李依若创作……其实，《康定情歌》或许不是哪一

---

［1］ 1981 年由民族出版社据手抄本排印出版。

个人的个人杰作,它来自民间,或许在口口相传中被民间音乐人或文人重新发现,然后经不断丰富和完善,最终形成。

(三)京剧等在西藏的影响

民国时期,内地戏曲在西藏也有所影响。据时任拉萨小学校长邢肃芝(藏名洛桑珍珠)口述《雪域求法记:一个汉人喇嘛的口述史》一书,有三处提到极少数贵族子弟“能当京剧票友,或者读汉文的《三国》和《水浒》”。如:“有的贵族喜欢听唱片,及王人美和周璇的歌曲,有的贵族喜欢听京剧,甚至能唱”;昌都总管詹东的公子“跟阿旺堪布的一个汉人徒弟学会了唱京戏”,那个汉人徒弟是四川的一个女县长的儿子,女县长信佛,皈依阿旺堪布,并请阿旺堪布将自己的儿子收为徒弟,带到西藏学佛。这个徒弟能唱一口京戏,“和詹东十分要好”。[1]

(四)藏戏受到内地戏曲的间接影响

在西藏著名的觉木隆藏戏班,有一个演员是清军后裔,名叫伦登波,原名杨登宝,祖籍四川。他的祖父是最后一次入藏的清军部队中抬轿子的苦力侍从兵。清军撤走后,他流落在泽当并居留下来,以打短工或给人当奴隶为生,生活很是艰苦,后来与一位藏族女子成了家。伦登波的父亲杨东昆,藏名洛桑桑珠,也与江孜一位藏族女子结了婚,生下许多孩子,日子更为艰难。伦登波在家中排行老三,老大是姐姐叫西洛。当时,常住泽当的觉木隆藏戏班著名演员米玛强村,作为慧眼卓识的戏剧艺术家,一眼就看中了伦登波这个带点野性又调皮、机警、有灵气的孩子。在杨东昆的央求下,他同意把十二岁的伦登波和姐姐西洛一起吸收进觉木隆戏班。当年在入藏清军中,就不时有军

---

[1] 参见邢肃芝(洛桑珍珠)口述,张建飞、杨念群笔述:《雪域求法记:一个汉人喇嘛的口述史》,北京:生活·读书·新知三联书店,2003年,第255页。

中组织的自娱性汉族戏班演出；同时，驻藏大臣府和驻藏清军中也有组织汉族戏班演出的情形。1945年，当日本投降的消息传到拉萨，当地民众包括来自内地的商店东家、伙计乃至不同民族的同胞都提灯游行，热烈庆祝抗日战争取得胜利，大家还凑钱借用邦达昌的院子演了两天大戏，其中有京剧《乌龙院》《打面缸》和滇剧《三娘教子》，以及一些小魔术等。[1]因此，伦登波也多少受到影响，在他身上，汉族戏曲表演的元素与藏族的藏戏相结合，成就了他的藏戏表演天赋。伦登波嗓子条件一般，但在演唱方法和风格上得了米玛强村的真传。米玛强村应约去贵族家演唱藏戏时，也经常带伦登波去做伴唱，实际上米玛强村主要在开始时唱一下，后面就陪那些贵族朋友打麻将玩，而主唱的任务往往就落在伦登波的头上。不过这对他来说也成了好事，令他锻炼和提高了自己的唱腔艺术。根据自己的条件，伦登波还有意向喜剧表演艺术方面发展。他的另一位老师叫“藏巴杰乌”洛桑，本来是工布人，胡子长得又长又漂亮。一次演《朗萨雯蚌》中的大头人查钦巴，表演其横蛮之气和目空一切的威风，在说唱和狂笑的时候，长胡子抖动起来，获得观众格外欢迎，还给这位工布演员起了艺术雅号“藏巴杰乌”。藏巴杰乌在平时生活中也好说个笑话，伦登波就专门学老师的喜剧表演技巧。他学什么像什么，很快成了有名的喜剧演员。

伦登波也很能与觉木隆戏师扎西顿珠搭戏，使自己的喜剧表演艺术向更高的水平和境界发展。扎西顿珠饰第一温巴，他饰第二温巴，在表演甲鲁与两温巴之间的逗闹对话时，他的一言一语十分诙谐，一举一动都是笑料，常常令观众笑得流出了眼泪。他在《卓娃桑姆》中饰斯莫朗果，在《朗萨雯蚌》中饰索朗巴结，在《苏吉尼玛》中饰亚玛更迪，在《白玛文巴》中饰岗角彭杰，这几个传统藏剧中有名的丑角，都被演绝、演活、演神了。在拉萨，人们看戏常常慕名而来，特别是对一些“名丑”，若非他演便不看。当伦登波有演出时，有

[1] 参见韩修君口述、向丽萍整理《八廓街内老商号》一文。

时甚至万人空巷，人们蜂拥而至观看他的表演。他还没有出场，在里面先咳嗽了一声，观众就能感受到他的幽默机趣，会心一笑；他一出场，从头到脚都是戏，一直到下场，台下笑声不断。有时候，为了加强演出效果，演员的动作神态可能夸张到极度、过度的地步，但他的表演反而因此让人感觉真实可信，他具有在高兴时“观音菩萨的慈眉善目相”与发怒时“马头明王的狰狞可怖相”之间转瞬变化的本领。

伦登波这位有着汉族血脉的藏戏名丑，完全交融于藏族人民的生活情趣和文化艺术传统之中，并从中提炼和发扬独特的喜剧艺术，奉献给观众，受到藏族人民的尊敬和崇拜，尊他为“我们的摩桶（卓别林）”。

八、工布江达县太昭村大量的汉藏文化交流物证

从唐朝和吐蕃联姻开始，西藏与内地的联系便日益密切，军旅客商来往不断。元朝时，工布江达县城所在地江达村开始设立驿站，当时是著名的茶马古道和唐蕃古道中路、东路的交汇点，商贾云集，来自藏、汉、回、纳西等民族以及尼泊尔等地的商人络绎不绝，藏汉民族和其他民族也就此结下了深厚的民族情谊。清朝时期，这里更是清兵镇守西藏边疆的重要驻地，不少清兵以及汉族和其他民族的商人都把这里当作故乡，与当地姑娘结为连理，生儿育女，终老西藏。六十多岁的丹增，其岳父就是当年的清兵，来自云南，后来与藏族姑娘次达结婚，他不仅自己做起了制衣、制帽、制鞋的生意，还把内地的缝制技术和一些耕作、种养技术传授给了当地的很多人。1912 年，原四川总督赵尔丰的督军尹昌衡（字权硕，号太昭），根据清末治理川边的计划，提出构建西康省的规划，并且用自己的字号为当时的江达重新命名——太昭，拟在江达村设立太昭府，后又改为太昭县。虽然未成事实，但“太昭”一名一直延续到了今天，人们已经习惯地称江达村为“太昭村”。

现在的太昭村，以太昭古城（城内有小八廓街）、唐蕃古道、古桥遗址、茶

马古驿站、宗政府、关帝庙、度母庙、清朝古墓群、行台和万善同归碑等大量的历史遗迹与文物，记录了自唐朝以来西藏和内地的密切联系，以及藏族与汉族及其他民族的融合与情谊，也见证了千年来汉藏文化艺术交流的历史。

第三节　藏文化艺术在内地的传播及其影响

一、藏地僧人在内地传播佛教文化

民国时期，在西藏地方与中央政府之间的政治关系相对疏弛的历史背景下，汉藏之间的文化交流却未因为政治原因中断或迟滞，而是逐渐超越政治关系的隔离和曲折，绵延不断地向纵深方向发展，这也成为双方关系延续的重要渠道和方式。当时的中国正在尝试建立现代社会制度，也在尝试建立与之相适应的宗教文化制度，“使知识分子反思宗教的存在价值，进而对佛教运动起了促进作用。再加上印度、欧洲及日本所形成的世界性佛教运动，亦影响着中国对佛教的重新瞩目，民初佛教运动乃由此而顿呈蓬勃之相”[1]。最有名的莫过于汉地高僧、近代佛教改革先行者太虚大师提出的“教制、教理、教产”佛教三大革命，以及提倡佛教世俗化、人间化的“人间佛教”理论，与藏传佛教有相通之处。

当时的留日归国僧人显荫根据自身在日本学密的体会，结合中国蒙藏佛教的真义，指出入藏学密优于东渡日本，“研究密教而融通汉满蒙藏为一气，以扬我中华佛化之光，而展其救亡之伟力，关系甚大。……故深望中国佛学

[1] 钟琼宁：《民初上海居士佛教的发展（1912—1937）》，《圆光佛学学报》1999 年第 2 期。

家，尤需放开眼界，研究藏蒙之佛教，西藏佛经之丰富，较胜汉典”[1]。于是，汉地僧人更多地选择前往西藏求法。在国民政府的支持下，汉地佛教界人士入藏学法，逐渐成为汉藏佛教文化交流的重要内容之一。太虚大师在佛教改进运动中整理僧伽制度，进行教理、教制、教产改革，特别是针对内地寺僧普遍乏学现象，从藏传佛教修行次第、严格戒律、寺院管理和勤奋的学经制度等方面进行规范，对内地佛教界整齐寺院、重振学经制度、培养博学僧才和建立现代僧侣制度具有有借鉴和学习意义。此外，先后成立的北京佛教藏文学院、菩提协会、汉藏教理院等佛教研究组织，也成为汉藏文化交流的纽带之一。

（一）促进汉藏佛教文化交流的政策措施

国民政府设立了负责管理蒙藏佛教事务和边疆文化研究的专门机构，采取了一系列发展蒙藏教育的措施，在行政框架体系内形成对边疆文化教育发展的长效管理机制。1912 年 7 月，蒙藏事务局成立并附设蒙藏研究会，掌理研究调查蒙藏一切事宜。1914 年 5 月，蒙藏事务局改为蒙藏院，附属蒙藏专门学校一所，蒙藏院喇嘛印务处成为管理蒙藏佛教的最高权力机关。1928 年，行政院下设蒙藏委员会，设立专门附属机构以保障实施各项宗教文化政策，以发展蒙藏社会教育、弥补边疆科学文化之不足为主旨；重视藏传佛教的文化底蕴及其潜在的教育功用，扩大包括寺庙教育在内的各种形式的社会教育、应用教育，增进彼此晓识他者文化的魅力，选择沟通汉藏民族的语言、历史等教材；通过藏传佛教增强民族凝聚力，稳定边疆形势，同时发展佛教教育，成立从事边疆问题的各项研究和考察的文化团体，冀以宗教在边疆民族中的影响，在共同民族国家意识基础和宗教理解中促进双方文化交流的深入发展。

[1] 显荫：《留东随笔》，载《海潮音》（第 7 卷），上海：上海古籍出版社，2003 年，第 708 页。

1913 年，国民政府教育部核定特别资助筹建蒙藏学校，选派和招收青海、西藏等地的藏族学生来内地学习，延请西藏喇嘛教授课程。1931 年，“三民主义”教育实施原则“有关蒙藏教育”条文将中国多民族融合的历史过程作为重点内容写进教材；3 月，教育部着手拨付专款并特派专员负责督办实施蒙藏教育计划。1936 年，教育部提出由政府予以经费补助设立蒙藏地方喇嘛寺庙民众学校六所。次年，教育部拟扩充和办理西康喇嘛寺庙民众学校，“继续设置国立大学西藏文化讲座”。4 月，《国民政府建都南京以来关于蒙藏行政之设施》中规定关于发展边疆蒙藏教育、整理北平蒙藏教育、设立蒙藏政治训练班等相关条例。1939 年 4 月，国民参政会提案政府拟设佛教学校及佛教哲学讲座。[1]在国民参政会第二次会议上，“注意佛教文化案”的建议中包括了保护寺庙、组织佛教学院及在各大学哲学系中设置佛学专门科目等事宜。1940 年 7 月，教育部颁布《改进边疆寺庙教育暂行办法》，规定在边疆各地的喇嘛寺附设民众教育馆或阅书报室，采取电台、讲演等宣传活动组织喇嘛共同参加边疆教育研讨会。[2]

1935 年 12 月，蒙藏委员会特别公布《补助汉藏僧侣游学规则》，对以沟通汉藏文化为目的赴藏或来内地游学的，详细规定游学僧人的资格与条件、规则和待遇等。“经本会核准游学之汉藏僧侣除每人补助往返旅费各两百五十元外，并每年补助汉僧生活费八十元，藏僧生活费一百二十元。”[3]1942 年，该会颁行《蒙藏委员会派遣与补助内地僧侣赴藏游学规则》：“第一条，本会为沟通文化起见，每年年度开始时决定派遣与补助内地僧侣各若干名赴藏游学。……第四条，公费僧之往返旅费及游学期内之生活费由本

[1] 参见张羽新、张双志编纂：《民国藏事史料汇编 · 民国治藏政策法规》（下），北京：学苑出版社，2005 年，第 88 页。

[2] 参见王海燕：《民国时期汉藏佛教界文化交流的历史进程》，《西北民族研究》2009 年第 1 期。

[3] 张羽新、张双志编纂：《民国藏事史料汇编 · 民国治藏政策法规》（下），北京：学苑出版社，2005 年，第 74 页。

会核给。”[1]规则还涉及游学的宗旨、拨付派遣费用补助、游学期限、核准研究情况、游学规章制度和管理等内容。1946 年 11 月，国民政府行政院发布《关于一九二九——九四六年对西藏问题的处理》，其中第四款提到“补助内地僧侣攻取西藏三大寺格西费用，以示提倡而资沟通彼此文化”[2]。1947 年 1 月，蒙藏委员会致函行政院订定西藏建设计划纲领，强调优崇西藏宗教首领，联络康藏寺庙之喇嘛，派遣内地僧侣赴藏学法并加强督导。

资助游学涉及资金、遴选和管理等具体实施方案在内的一系列文件，是国民政府边疆政策的重要组成部分，延续、深入并促进了汉藏僧侣之间的交往。政府支持活动的考核以文化研修素养为重要依据，不附加过多的政治标签，较为有效地推进了彼此的信任和理解，提升了佛教文化的话语地位及其文化交往的主动性。[3]

（二）藏传佛教僧人在内地弘法讲经

随着汉藏文化交流逐步加深，九世班禅、诺那呼图克图等不少西藏高僧前往内地弘法，西藏密宗在内地迅速传播。汉藏佛教界著名僧人在成立组织团体和研究机构，以及创办刊物、开展译经讲法等活动的过程中，主要从佛教与救世、佛教与救国、佛教与文化、佛教与政治、佛教与民族等理论来纠正和引导佛教的发展。九世班禅、诺那呼图克图等宗教人士在内地传法，以其宗教和政治地位表达对国家的拥护，反对侵略，维护祖国统一，对推动汉藏佛教界文化交流，以及改善西藏地方与中央政府的关系起到了典范作用。与此同时，国民政府也注意将宗教作用纳入政府行为决策中，邀请藏族高僧到内地

[1] 见杨嘉铭：《民初游学西藏的汉僧及其贡献》一文。

[2] 张羽新、张双志编纂：《民国藏事史料汇编·民国治藏政策法规》（上），北京：学苑出版社，2005 年，第 222 页。

[3] 参见王海燕：《民国时期汉藏佛教界文化交流的历史进程》，《西北民族研究》2009 年第 1 期。

传教,并选派汉地僧人赴藏求法。民国时期的汉藏文化交流,正是在这样的历史背景下展开的,也体现了“宗教是民族关系的重要中介力量”[1]。其间,先后有九世班禅、喜饶嘉措、白普仁喇嘛、多杰觉拔、诺那呼图克图、贡噶活佛等藏族高僧来到内地释法研经。他们获得国民政府的认可和资助,并在一定意义上被赋予了政治角色,被纳入政府构建民族关系的行动之中,也有助于维护边疆稳定、反对外国侵略、加强中央与西藏地方的关系。

1. 九世班禅弘法

1923 年冬,九世班禅出走内地,经过青海、甘肃、陕西、山西后,于 1925 年 2 月抵达北京,受到政府代表及数万僧俗的欢迎,并驻锡中南海瀛台,向内地信众传授藏密佛法。他先在北京及其附近地区的藏传佛教寺院中,面向蒙古、藏、汉信徒传法,不久后开始向汉族佛教寺院和僧人传法,也正式开始了他在内地的弘法济世生涯与抗日救国历程。九世班禅先后在北京、内蒙古、山西、江苏、上海、浙江、辽宁、陕西、甘肃、青海等地讲经弘法,并筹建蒙藏学院,成为民国时期在内地传播藏传佛教的领袖,有力推动了汉藏佛教之间的交流,同时为反对帝国主义侵略、维护祖国统一、促进民族团结而不懈努力。

班禅大师在边疆和内地从事佛事活动,到各大寺院讲经布施,其活动足迹与弘法历程勾画出藏传佛教与汉地佛教交流和对话的轨迹,学法者、皈依者、聆听者用不同的方式来认识藏传佛教,促使汉地佛教界僧人在大师对于显密学教理的详介中重新审视对藏传佛教的理解,推动和促进了藏密在内地的兴起及初传,掀起内地学习藏传佛教密宗的热潮。班禅大师在内地举办法会,建立佛教学院、佛教学会,介绍藏传佛教等各项活动,是以汉地佛教的发展为背景的,班禅大师所致力的汉藏文化交流在感知、融合和传承中植入彼此的神髓,注重佛教在维护边疆稳定和发展民族国家问题上所发挥的积极

[1] 牟钟鉴主编,中央民族大学宗教研究所编:《宗教与民族》(第一辑),北京:宗教文化出版社,2002 年,第 49 页。

作用。他在内地的活动促进了汉藏民族间的理解和认同，推进了佛教界乃至汉藏文化的交流与对话，在民族国家的观念上促进了文化与政治的联袂与互进。[1]

2. 在内地初传密法的两位藏族高僧

早于九世班禅，还有两位藏族高僧在内地初传密法——多杰觉拔格西和白普仁喇嘛，他们是民国时期汉藏佛教交流史上密法内传的“先行僧”。

多杰觉拔格西曾在汉、满、蒙古、回族各地区传法灌顶和举办法会，他是最早将藏传佛教密宗传布于内地的人，也是密宗在内地弘传初期翻译密宗经典最著名的藏传佛教僧人。于凌波《民国高僧传》中说：“他在西藏数十年，弘法蒙古，十四年来北平，十五年来武汉建密乘学会传译仪轨五十余种，十八年至四川建和平法会，又传译仪轨百数十种；藏密在中国有雏形者，多杰格西上师之赐也。”1925 年，多杰觉拔格西经上海前往杭州，设坛灌顶。1926 年，他受邀前往汉口弘化传法，在汉口督军署译出诸尊仪轨五十一种。1927 年，他驻锡五台山，当时北京大学教授张怡荪、罗庸中欲用科学来实验佛法，他向其说明佛法与科学比较之道理。1931 年，他前往峨眉山朝佛，在成都文殊院设坛传法灌顶，从其学习密法者九百余人。1936 年，多杰觉拔格西回到拉萨，驻锡哲蚌寺，宣传内地佛法的盛行及其对西藏佛教弘传的支持，遂使哲蚌寺出台了欢迎内地僧人前往西藏学法的条例，如免服拉萨三大寺成例规定的三年劳役，颁行关于汉地僧人来西藏学法的宽松的管理方法，为汉地僧侣游学西藏提供了政策和经济上的支持，这与蒙藏委员会支持汉僧游学西藏的有关规定相辅相成，从而促使更多的汉地僧人前往西藏学法。

清末民初，白普仁喇嘛常住北京雍和宫，他多次到江浙、热河举行法会翻译典籍，以其大悲咒、六字大明咒在修法上的灵验及其在《金光明经》研修之

---

[1] 参见王海燕：《民国时期汉藏佛教界文化交流的历史进程》，《西北民族研究》2009 年第 1 期。

威德,“更附合(和)从风,故密法得以在京开发,而传播各地”。法舫法师评论密法在内地传播过程的历史分期时说:“白普仁之金光明法会,为内法的藏密弘传之胚胎时期。”[1]1925年5月,白普仁喇嘛应杭州佛学会之邀,随班禅大师南下讲经。1926年,他参与组建上海藏文学院,旨在培养学习藏文、通晓西藏政教文化的人才,以推进汉藏文化交流,在彼此深入认识与了解的基础上形成边疆和内地一体格局;同年,在苏浙闽皖赣湘等省启建金光明法会,后成立金光明佛学会,并在武昌佛学院举行演讲;6月,在杭州世界佛教居士林修法时举行佛七日会,随后应“赣省之迎请赴庐山修法”[2]。在南方修法讲经期间,白普仁喇嘛提议重修雍和宫,得到南方各省的支持和赞同。[3]

3. 以西康为中心进行弘法活动的两位呼图克图

(1)诺那呼图克图

诺那呼图克图,1865年出生于类乌齐(今西藏昌都)。他七岁入寺院为僧,系统学习了藏传佛教经典,特别是在宁玛派密宗上有极高的造诣;二十四岁“已成为万人敬重、佛学造诣渊博、医术高明的大喇嘛”[4],并掌管类乌齐寺宁玛派的政教事务。1924年,诺那呼图克图从拉萨辗转抵达北京。他粗懂汉语,而且“博览红教经典,深明红教教义,为一般红教中的高僧大德所不及”[5],于是以汉藏双语优势在内地多省弘法,也以此向政府展示了自己的能

[1] 法舫:《一九三〇年代中国佛教的现状》,载张曼涛主编:《现代佛教学术丛刊86:民国佛教篇》,北京:北京图书馆出版社,2005年,第135页。

[2] 见《世界佛教居士林佛七日会及白喇嘛往来之盛况》,载《海潮音》(第7卷),上海:上海古籍出版社,2003年,第88页。

[3] 参见王海燕:《民国时期汉藏佛教界文化交流的历史进程》,《西北民族研究》2009年第1期。

[4] 西藏政协文史资料委员会编:《西藏文史资料选辑(19)》(藏文),北京:民族出版社,1996年,第113页。

[5] 冯有志:《西康史拾遗》(下册),周光钧校订,中国政协甘孜藏族自治州委员会文史资料委员会编印,1994年,第142页。

力和号召力。

1924年冬，四川督办刘湘的驻京代表李公度迎诺那呼图克图入川弘法。诺那“说三皈法十余次，学者千余人。传观想咒语百余次，学者万余人。传弥陀大法数次，学者五百余人。传大灌顶法一次，学者两百五十余人”。[1]1925年12月到1926年4月，诺那在重庆传法开示时谈及学佛过程，他指出不同宗教派别之间、修习中不同佛典之间相依相生的道理，以此探讨佛法与儒家思想的相通之处。1928年12月，诺那呼图克图被任命为蒙藏委员会委员，后又成为立法委员，并陆续在南京、重庆、成都和康定分别建立办事处。1931年“九一八”事变后，诺那呼图克图与九世班禅等藏人成立“康藏旅京同乡抗日救国会”。1933年4月，他应陈济棠之请，由香港抵达广州，为剿匪阵亡将士举行追荐法会。[2]5月，中国佛学会以“集合同志精密研究佛教之学历”为宗旨，推举诺那呼图克图为名誉理事长，后又特推举其为名誉会长。1933年至1935年期间，诺那在上海传法。其弟子在上海“建立诺那精舍，舍址设在新闸路新乐坊，作为修持藏传佛教宁玛派密法的道场。诺那精舍除修持宁玛派密法外，还筹办冬季赈济、施药等慈善事业”[3]。

1935年6月，诺那呼图克图接受国民政府委派，赴西康宣慰。从1924年抵达内地到1935年入康宣慰的十年时间里，诺那呼图克图在北京、重庆、成都、上海、南京、广州、杭州、武汉、庐山等地传授藏传佛教，其皈依弟子和受其佛法者不计其数。

（2）贡噶呼图克图

“第十六个饶迥木猪年（1935），高僧诺那仁波且从汉地来到代泽道（即康

---

[1] 徐少凡：《西康昌都诺那呼图克图传略》，载《海潮音》（第14卷），上海：上海古籍出版社，2003年，第32页。

[2] 参见王海燕：《民国时期汉藏佛教界文化交流的历史进程》，《西北民族研究》2009年第1期。

[3] 吴平：《藏传佛教在近代上海的流传与发展》，《中国藏学》2002年第3期。

定），与喇嘛仁宝齐（指贡噶活佛）会面，并邀请到汉地。诺那的秘书韩大载等汉族弟子多次请求（贡噶活佛）到汉地。”[1]1935年，“贡噶呼图克图受诺那活佛之嘱，由西康东至四川成都弘法。所传经教，均系诺那活佛的原本。……民国二十六年（1937），贡噶呼图克图专程至江西庐山，为诺那活佛的灵骨塔及莲师殿装藏开光。在庐山事毕，复应南京国民政府之请赴南京启建法会，兼为大众灌顶说教”[2]。1936年到1938年，贡噶呼图克图驻锡重庆传法。1940年，他在西康寺院开设显密学塾。1945年3月，“陪都各界佛学人士迎请西康贡噶喇嘛来渝设坛诵经，并发起西康译经院云”[3]。抗战胜利后，贡噶呼图克图历经“成都、重庆、昆明、汉口、长沙、南京、上海、杭州等地，应机说法。三十六年（1947）六月，于江苏无锡传破瓦法时，入坛开顶者数百人……法缘殊胜。继而抵达南京，驻锡玄武湖诺那塔院，传授喜金刚、上药金刚、玄母等法。三十七年（1948）移锡大油坊巷弘化，法会因缘格外殊胜”[4]。1949年后，贡噶活佛又到中央民族学院任教，培养出王尧、胡坦等1949年后中国第一批汉族藏学家，为推动汉藏文化交流和藏学走向世界做出了贡献。

4. 喜饶嘉措大师在内地高校僧人教育机构讲学

喜饶嘉措，出生于今青海循化撒拉族自治县，藏族，幼年时在循化古雷寺出家，后在甘肃拉卜楞寺及拉萨哲蚌寺学经十余年，三十二岁时在拉萨考取拉让巴格西学位（藏传佛教格鲁派最高学位）。1936年冬，喜饶嘉措应国民政府教育部、蒙藏委员会的邀请，自西藏至南京讲学，受国立中央大学、北京大学、清华大学、中山大学和武汉大学之聘，担任西藏文化讲座、汉藏文化讲师。1937年春，大师抵达南京，每礼拜六在中央大学讲学，就佛教文化和西藏文

[1] 木雅·贡布：《贡嘎活佛传略》（藏文），北京：民族出版社，1997年，第57页。

[2] 于凌波：《民国高僧传》（四编），台北：慧明文化出版集团，2002年，第341—342页。

[3] 《一月佛教纪要》，载《海潮音》（第26卷），上海：上海古籍出版社，2003年，第332页。

[4] 于凌波：《民国高僧传》（四编），台北：慧明文化出版集团，2002年，第342页。

化历史“作了一系列关于宗喀巴大师传略、圣道三要、菩提道次第、格鲁派发展史、汉藏文化交流史等报告”[1]。“1937 年 4 月，喜饶嘉措在上海佛教净业社开讲《西藏佛教源流》《道之三要》等，对藏传佛教在上海的流传起了促进作用。”[2]1938 年，喜饶嘉措大师及随员格桑格西、翻译杨质夫等前往汉藏教理院，同太虚法师、法尊法师讲学，讲演西藏各宗宗义。1939 年 5 月，喜饶嘉措大师在国民参政会上提出关于注意佛教文化、增进汉藏感情的提案。1941 年，“以改进边疆教育，促进藏民文化，宣传三民主义，阐明抗建国策”[3]为主旨，国民政府蒙藏委员会与教育部批准于循化古雷寺成立青海喇嘛教义国文讲习所，喜饶嘉措大师任所长。讲习所延请汉藏文老师，设汉文、藏文双语教学模式，借鉴青海寺院教育和汉藏文化教育共同发展的僧人教育形式，是发展蒙藏教育和边疆文化以利抗战建国方略中的重要组成部分，有利于在汉藏文化交流的基础上促进民族团结，也成为西北藏族地区汉藏文化教育发展的典型。1939 年至 1940 年期间受邀到西陲文化院讲经，到重庆汉藏教理院讲经。

抗日战争全面爆发后，喜饶嘉措任国民参政会参议员、蒙藏委员会副委员长等职。他曾在国民参政会上提出发展佛教文化以抗战建国的提案，以抗战建国为主旨，支持佛教文化和边疆教育的发展。抗战期间，大师赴青海各大寺视察之际，写下了《白法螺的声音》等抗日文章，号召佛门僧徒团结起来抗日救国，在蒙藏群众中产生了很大影响。

---

[1] 屈焕：《喜饶嘉措大师生平记略》，载青海省政协文史资料委员会编：《青海文史资料选辑第二十三辑：喜饶嘉措大师》，西宁：青海人民出版社，1994 年，第 169 页。

[2] 吴平：《藏传佛教在近代上海的流传与发展》，《中国藏学》2002 年第 3 期。

[3] 嘎玛·侃本：《大师创办青海喇嘛教义国文讲习所》，载青海省政协文史资料委员会编：《青海文史资料选辑第二十三辑：喜饶嘉措大师》，西宁：青海人民出版社，1994 年，第 139 页。

二、赴藏学法的汉族僧人在内地传播藏传佛教文化

民国时期,不少汉地僧侣在各界的支持下,前往西藏游学求法。他们译经著述,在内地传播藏传佛教文化,为汉藏佛教以及文化之间的交流做出了卓越的贡献。

(一)太虚法师筹建汉藏教理院

1932 年 8 月,以"研究汉藏佛理融洽中华民族发扬汉藏佛教增进世界文化"为宗旨的汉藏教理院,正式创建于重庆北碚缙云山缙云寺,太虚法师任院长。作为中国近现代佛教改革的倡导者,太虚法师筹设汉藏教理院,是在佛教改进运动中推进汉藏文化交流的集中体现。他在《世界佛学苑汉藏教理院缘起》中明言:"汉藏民族血统文化之亲密,自唐以来已然。"太虚法师密切关注佛教与教育、佛教与制度等社会因素,从建立世界佛教的观点出发,强调和重视汉藏佛教的结合,并以此设置教理院的课程、制订培训计划、扩大学院影响等,以建立世界佛教中心之一的"汉藏佛教中心"。

汉藏教理院作为留藏学法的预备学校,是推动汉地僧侣前往西藏的团体支持机构,也是蒙藏委员会考核入藏学法人选的接洽服务机构。学院以佛学、语言学与历史学同步进行的研究方法,和以历史认识汉藏佛教文化彼此影响的观念为基础,进行汉藏教理的综合性研究,翻译出版汉藏典籍;重视学僧的道德训练,采取丛林管理方式,并引入导师制;在研修方面,注重加强同国内其他佛教组织之间的联络,以及同亚洲其他国家佛教团体之间的交流;从而凝聚汉藏佛教之间的沟通和交流焦点,增进彼此的认识,消除隔阂与疑虑。汉藏教理院的毕业者除继续深造或留校任职外,一则在内地创办佛学院等研究组织,出版佛学刊物,讲经传法;一则个人筹资或由蒙藏委员会资助前往西藏游学,进一步学习藏传佛教,翻译藏传佛教经典等。1949 年,汉藏教理院停办,至此,"汉藏教理院普通科共招生七届,毕业五届共一百二十六人,专修

科毕业三届共十九人”[1]。

（二）大勇法师率团赴藏学法

大勇法师，四川巴县人，早年毕业于四川法政专科学校，民国初年曾在四川军政界任职，后依太虚法师出家。他曾在北京向雍和宫的白普仁喇嘛学习藏密，在与白普仁喇嘛和多杰觉拔格西的接触中，开始对藏密产生兴趣。大勇法师认为，西藏密教之盛超过日本，因此“预备学习藏文藏语想到西藏游学”[2]。1924年9月，大勇法师在汤铸新、胡子笏、但怒刚、刘亚休、陶初白等名流居士的支持下，在北京慈因寺成立佛教藏文学院，1925年5月改组为“留藏学法团”。1925年6月，大勇法师率团由北京出发，途经汉口、宜昌、重庆、峨眉、成都、雅安、康定等地，于冬天到达西康，留驻康定。由于川藏纠纷，留藏学法团不得不停驻西康，寻机前往西藏。大勇法师依大格西洁尊者修学藏文经典，“并将宗喀巴大师的《菩提道次第略论》译为汉文”[3]。1927年春，大勇法师率留藏学法团在甘孜“依止札迦大喇嘛，修学密宗，精进不懈，大勇并得札迦大喇嘛传以阿堵黎法位”[4]。

1929年，大勇法师圆寂以后，法尊法师率领留藏学法团的学员继续前行。其中，“严定、观空、密吽三法师，都于民国二十四年（1935）东返，严定、观空皆受聘于汉藏教理院，密吽法师受聘北京法源寺，唯大刚仍滞留西康”；超一法师在汉藏教理院任教，并到南京、上海等地传法，还翻译出版《菩提道次第论颂掇》《集绪学修》等多部经典[5]。朗禅法师于1931年4月抵达拉萨；密

[1] 何洁：《汉藏教理院（1932—1950）研究》，四川师范大学硕士学位论文，2004年。

[2] 见《记留藏学法团》，载《海潮音》（第6卷），上海：上海古籍出版社，2003年，第677页。

[3] 于凌波：《民国高僧传》（四编），台北：慧明文化出版集团，2002年，第344页。

[4] 同上书，第345页。

[5] 参见张曼涛主编：《现代佛教学术丛刊86：民国佛教篇》，北京：北京图书馆出版社，2005年，第365页。

悟、恒演法师于 1935 年入藏驻哲蚌寺,密悟法师考取格西学位;密慧法师留在西康甘孜东谷喇嘛寺学佛,1940 年 6 月抵达拉萨,驻哲蚌寺甲绒康村。

1937 年支持僧人游学的办法颁布以后,内地僧人公费前往西藏游学的人数增多。其中,毕业于汉藏教理院的学僧有 1938 年入藏的碧松法师(驻哲蚌寺)。此外,还有 1944 年第三届普通科毕业的永灯(驻色拉寺)、寂禅(驻色拉寺)、善化(驻色拉寺)、满月(驻哲蚌寺),1937 年由上海转印度在哲蚌寺甲绒康村学法的汉藏教理院事务主任满度,随能海法师入藏学习的永光、永轮、永严、普超、照通、慧光、融通等法师,以及在青海藏文研究社任教的君庇亟美(欧阳鸷)等。其中,法尊法师和能海法师在汉藏佛教文化交流和译经著述方面是典型代表。[1]

(三)法尊法师的贡献

法尊法师是大勇法师留藏学法团的数十名成员之一,可说是最杰出的一位。法尊法师,河北深县人,俗姓温。1920 年春在五台山出家为僧。1921 年冬在北京法源寺从道阶法师受具足戒,后去南京宝华山隆昌律寺学习传戒法。1922 年冬入太虚法师主办的武昌佛学院学习。1924 年,前往大勇法师在北京开办的佛教藏文学院学习。1925 年,随大勇法师留藏学法团进藏,冬天抵达康定,与能海法师不期而遇。1926 年学藏文文法《三十颂》等,并学宗喀巴大师《苾刍学处学处》《菩萨戒品释》《菩提道次第略论》等。1927 年到甘孜,进藏受阻,遂在甘孜扎噶寺学经,如《因明入门》《现观庄严论》《辩了不了义论》等。1930 年春到昌都从安东格西广学显密经论,秋后随安东格西进藏,冬抵拉萨。后因太虚法师办起汉藏教理院,被屡催返回参加教学,于 1933 年冬离藏,取道印度、缅甸,朝拜佛教圣地。1934 年夏到达上海,后到重

[1] 参见王海燕:《民国时期汉藏佛教界文化交流的历史进程》,《西北民族研究》2009 年第 1 期。

庆汉藏教理院任教并兼代院长。1935年,法尊法师为迎请安东格西来内地弘法,再次入藏,返回时带回藏文《大藏经》和宗喀巴师徒的著作。1936年,依止绛则法王学法,“翻译《辨了不了义论》及其《释》,《菩提道次第广论》及《密宗道略论》,在武昌出版”[1]。1937年,法尊法师在汉藏教理院从事教学工作。抗战期间,除讲学外,他还翻译了《入中论善显密意疏》等,编写《藏文课本》等;又为讲授西藏的佛教历史,编写了一部《西藏民族政教史》;特别是依安东格西之嘱,将《大毗婆沙论》两百卷译成藏文,直至1949年夏翻译完成。

法尊法师是民国时期佛教界著名的翻译大师,他两度前往西藏学法,返回内地后在汉藏教理院讲授和翻译佛教经典,而且翻译了大量藏传佛教经典,特别是宗喀巴大师的著作。几十年间,他先后翻译了《菩提道次第广论》《密宗道次第广论》等宗喀巴大师的著作,以及《现观庄严论》《中观四百颂》《隆钦七藏》《缘起赞》等论典,编译了《宗喀巴大师传》《阿底峡尊者传》。因此,他不仅在藏学界享有崇高的地位,而且在整个汉藏文化界产生了巨大影响。“法师第一次把藏传佛教的显密理论,系统地介绍到汉地。……法师译著颇多,有论文、论著、译著、讲记一百二十余部(篇)。根据西藏佛教的特点,法师显密兼通,几乎涉及佛学的各个方面。汉文三藏阙译本,亦有法师首翻弘通。”[2]

法尊法师在翻译的同时,根据自己的研究和领会加以解释,系统详尽地介绍西藏佛教经典,这些成果成为民国时期以来研究西藏佛教的重要参考资料,丰富了国内佛教界的经典文库。在了解西藏佛教和政治的基础上,他还著有《现代西藏》《我去过的西藏》等,描述西藏的风土人情,介绍了西藏在

[1] 法尊:《法尊法师自述》,《法音》1985年第6期。

[2] 释法尊撰,吕铁钢、胡和平编:《法尊法师佛学论文集》,北京:中国佛教文化研究所,1990年,第409页。

地域、行政等方面对于国家的重要性等。[1]

（四）能海法师的贡献

能海法师，原名龚学光，四川绵竹县人，曾二度赴藏。1925 年 10 月，能海法师与永光法师等一行六人到达康定，主要学习藏文、因明、戒律等。1928 年 6 月，他与永光、永轮、永严等法师启程赴藏，于 9 月抵达拉萨。1929 年至 1932 年，在拉萨依止康萨喇嘛习得显密法要。当时康萨与颇章喀齐名，被誉为“西藏之日月二轮”。能海法师进藏之前已是赫赫有名的佛学家，但是他完全以一个学生的态度敬重上师，因此深得上师显密法要。1932 年返回上海，次年前往重庆长安寺、成都文殊佛学院、成都佛学社、大慈寺讲经。后在上海、成都、重庆、五台山、武昌、绵竹、德阳等地讲经说法，弘扬藏密，建立道场，翻译著述。1938 年，在成都南郊近慈寺成立道场，以后数年不断扩建修造宗喀巴大师殿、藏经楼、护摩坛、沙弥堂、译经院等，殿宇重叠，蔚为壮观，成为内地藏传佛教格鲁派密宗根本道场，被称为“护国金刚道场”。“创汉族黄密僧团之先例，此事是我国佛教史上，实堪大书特书者。”[2]1940 年，能海法师得知康萨上师愿来内地传法，于是在成都购置了大量印刷藏经所用的纸张、绸缎等，5 月出发，经康定、雀儿山、德格、昌都，9 月抵达拉萨。由于他求法之心真诚，康萨上师格外喜爱这个汉族弟子，半年内传授了他四百多种大灌顶，以及各种仪轨、金科、护摩、坛场等。后来康萨上师染病，不能来内地传法，就把平生弘法时所用的法衣、钵盂、法螺、宝瓶、铃杵等法器全部传给了他。于是，能海法师携带《宗喀巴三父子全集》等共数十函以及法器返回近慈寺。

能海法师两次入藏学法，首开内地密宗根本道场，培养僧才，注重师承和

[1] 参见王海燕：《民国时期汉藏佛教界文化交流的历史进程》，《西北民族研究》2009 年第 1 期。

[2] 见宗顺：《能海上师传》（油印本）。

佛法的次第,在依戒修行的前提下,教证并重,传授经典。1940年到1949年间,他在四川、山西、重庆、上海、北京等地讲经弘法,参加护国息灾法会,主持寺院的筹建,先后创建近慈寺、吉祥寺,创办道场。能海法师在四川各地寺院之间往来授戒、诵经,并延请蒙古喇嘛兴善格西、扎萨喇嘛来近慈寺讲经作法;同时设立译经院,培养汉藏译经人才,译经院由他主译,比丘助译,系统翻译藏传佛教经典。能海法师加强僧人教育,严格寺院管理和戒律,讲经弘法传授弟子,译介藏文经论,注重讲经和寺院、道场的建立,是佛教界多元推进汉藏佛教文化交流的典范。[1]他培养了清定法师、隆莲法师等许多研习和修持藏密的学养高深的佛学人才,从其学法者达数万人;同时,翻译著述有关藏传佛教之教理教法仪轨等七十余种,并广泛传授戒律和灌顶,使各民族及社会各界更多的僧俗人士接受西藏文化,加强了汉藏人民之间的相互了解,以及汉藏文化之间的交流。

三、西藏文艺作品在内地的影响

清末民初,汉族的知识分子开始对藏族史诗《格萨尔》进行研究和介绍。20世纪40年代,民族史学家、中国近代藏学研究先驱之一的任乃强先生就发表了一系列研究《格萨尔》的文章,包括《〈藏三国〉初步介绍》(1944)、《关于〈藏三国〉》(1945)等。之后,一些汉族学者如韩儒林、刘立千、彭公侯、陈宗祥等,也对这部史诗进行了介绍,并译介了国外的相关论著,如陈宗祥、彭公侯二人就从外文翻译过拉达克本的《格萨尔》。

此外,1930年,于道泉教授将《仓央嘉措情歌》翻译成英文发表,影响所及,引得很多汉族文人学者竞起研究学习,并进行重译。

---

[1] 参见王海燕:《民国时期汉藏佛教界文化交流的历史进程》,《西北民族研究》2009年第1期。

四、东海之滨的“高节祠”

1840年，鸦片战争爆发。翌年，英军攻陷福建厦门，浙江定海、镇海、宁波等重镇也相继失守，前线告急。在这样的危难形势下，四川懋功的大、小金川屯兵和维州左营瓦寺土兵及五屯屯兵共两千名来自邛崃山脚下的藏族子弟，奉朝廷征调，前往浙江驰援东南战场。据《清史稿》记载，此次奉调的藏族士兵分属小金川八角碉屯守备阿木穰、瓦寺土守备哈克里和瓦寺土舍索文茂统辖。1841年11月，两千名藏族远征军在松潘一带集结完毕，日夜兼程赶往东南，踏上了保卫国家的征程。

在反攻宁波的战斗中，阿木穰所率领的藏族士兵为先锋。进攻宁波前，阿木穰曾与屯兵誓言“不战胜即战死”。据《浙江鸦片战争史料》记载：“金川八角碉屯土司阿木穰，在宁波西门拒敌，其部下最为骁勇。”然而，由于战事保密不严，士兵们攻入宁波城后，却被英军引入埋伏圈，阿木穰及其部属数百人壮烈殉国。另一支藏族屯兵由瓦寺土守备哈克里率领，攻夺镇海城东侧的英军据点——招宝山威远城要塞。藏族士兵在哈克里的率领下强入威远城，然而由于英军船坚炮利，腹背受敌，只能且战且退，弹尽粮绝之际更与敌人展开肉搏，最终全体战死于大宝山。宁镇之战失利后，另一支由瓦寺土舍索文茂率领的藏族士兵在陕甘军著名抗英将领朱贵麾下，继续在大宝山抗击英军。朱贵率领包括藏军在内的清兵英勇抵抗，“无不以一当百，自辰至申，饥不得食，誓死格斗”。在大宝山战役中，朱贵父子、索文茂以及部下数百名士兵终因寡不敌众，全部壮烈牺牲。

宁镇战役和大宝山战役这两场鸦片战争中浙东的两次重要战役，沉重打击了英国侵略军的气焰，慈溪县城得以保全。尽管时过境迁，但那些虎虎生威的藏族勇士、当年为国而战的英雄们，却深深地刻在人们的记忆中。当年，浙东父老为纪念英雄的功绩，祭奠为国捐躯的将士，募捐在大宝山附近（今宁波慈城镇妙山村）建立了“高节祠”，俗称朱贵将军庙，即今天的“朱贵祠”。当地士绅民众追思藏族将士保家卫国的功勋，将阿木穰、哈克里等藏族英雄也供奉于“高节祠”内。在这座祠庙的右殿壁上，阿木穰、哈克里的英名至今仍赫然在目。当地民众年年都要为英灵焚香祈祷，长期以来慕名而来的瞻仰者络绎不绝。清代诗人贝青乔为英勇牺牲的将士们写下了流传至今的诗句：“膻碉腥峒郁崖嵬，万里迢遥赴敌来。奋取蝥孤夸捷足，百身轰入一声雷。”[1]

[1] 王璐：《走出雪域——藏传佛教圣迹录》，西宁：青海人民出版社，2007年，第170页。

附录

附录一　当代全国文化艺术援藏实录

西藏作为中国的一个地方行政区域，在文化艺术方面与内地有着互相交流和援助，特别是中央及各地对西藏开展扶持援助的传统悠久。而这一传统自20世纪50年代初开始进入了一个全新的阶段，由于汉藏文化艺术的交流与融合全方位、有计划和更系统地展开，西藏当代文学艺术因此呈现繁荣兴旺的局面。真是亲情泽被雪山之莽原，春机焕发藏人之心葩。

一、和平解放和民主改革时期西藏社会主义文化艺术事业援助建设获得开拓发展

20世纪50年代初至60年代西藏和平解放和民主改革时期，来自进藏部队和历年来陆续进藏从事文化工作的援藏人员，总计在三四百人以上。仅按西藏自治区筹委文教处、自治区文化局和西藏歌舞团、藏剧团、话剧团、秦剧团、豫剧团及拉萨市文工团六个专业文艺团体统计，文化援藏人员也有二百人以上。他们严格贯彻执行党中央、西南局和十八军党委的指示：亲密团结西康、西藏地区的同胞，忠实执行《共同纲领》规定的民族政策和宗教政策，严格执行“三大纪律八项注意”，逐渐赢得广大藏族人民的信任和欢迎。

1950年中国人民解放军进军西藏,1951年西藏和平解放。进军西藏的十八军各师文工队的文艺战士,除了随部队背着背包,沿着川藏崎岖坎坷的山道徒步跋山涉水,还要克服重重困难,不断进行文化宣传,创作和表演短小精悍的文娱节目。文工队的生活条件也十分恶劣,但队员们总以革命乐观主义精神去面对困难,创造条件,完成各项革命文艺任务。如五十三师文工队的涂青华,在进军西藏修筑公路、修建机场及开荒生产中,创作了四乐章《进军修路大合唱》及六乐章《生产大合唱》。二十岁的罗念一利用修筑公路的休息时间,深入民间学习藏族音乐,在此过程中激发灵感,谱写了著名歌曲《叫我们怎么不歌唱》。进藏部队到达拉萨和西藏其他地区以后,分别建立了拉萨、昌都、塔工、丁青、日喀则、江孜等文工队。1953年,十八军文工团进藏后组建西藏军区政治部文工团,孙培生为团长。文工团的文艺战士们一面开荒生产,一面演出宣传,同时学习藏语文,向民间艺人请教,创作演出了不少音乐、舞蹈和戏剧作品。如舞蹈《打通雀儿山》《歌唱二郎山》,歌舞《光荣灯》,小歌剧《新米节》《昌都民间舞》,舞剧《格桑旺姆》,小歌舞《洗衣歌》《中尼友谊舞蹈》《工布舞》《珞巴族刀舞》等。他们在话剧、秧歌剧等文艺形式上也取得了突破性的发展,编导演出了话剧《重见光明》《刘介梅》《雪山朝阳》及以秧歌剧《刘胡兰》。1955年,军区文工团话剧队奉命到北京参加全军文艺汇演,演出了集体创作由孙培生编导的反映西线修路的话剧《彩虹万里》,反响强烈。各地文工队除了文艺宣传工作,还要为农牧民发放农贷,把农贷和种子、生产工具发放到农牧民手中,将宣传工作与解困扶危工作结合在一起,为广大农牧民送去温暖。

1956年,自治区筹委会文教处主要领导陈伟、罗石生和文化科的达瓦、牛庚明、傅伟等人,组织各地文工队人员以及部分新吸收的藏族文艺骨干分子,组成西藏代表团,首次赴北京参加全国少数民族文艺汇演,受到中央领导人的亲切接见和高度赞扬。时任自治区筹委会文教处处长罗石生,完全是把生命投入发展文化事业的工作中来。在极为困难的情况下,他坚持专业和业余文艺活动并举，工作的着重点放在业务培训上，每年都要派人联系内地各艺术院校，争取培训名额，要求各剧团建立业务基训制度，下乡时也注意发现艺术苗子。为配合基训，提高演员的业务水平，罗石生又提出组织演员观摩学习，除了让各剧团互相观摩彩排或首场演出外，又组织中外影片的专场放映。

1954 年，西藏工委组织了由西藏青年爱国联谊会和拉萨第一学校部分能歌善舞的青少年组成的西藏参观团。该团在全国各地参观演出结束后，国家民委将该团部分藏族演员留在中央民族歌舞团学习舞蹈和音乐专业，他们成为后来西藏歌舞团藏族专门艺术人才的主要力量，也是党培养的第一批藏族专门艺术人才。

1958 年，以日喀则、昌都、江孜、塔工、丁青等文工队及中央调来的援藏文艺骨干等为基础，各类艺术人才较为齐全的西藏歌舞团筹建成立。当时该团的领导骨干中除了两位是藏族（乐队副队长强巴贡嘎、舞队副队长强巴丹增），其他都是援藏的文艺干部。1960 年 10 月，西藏歌舞团改建为西藏歌舞剧团（称“总团”），下设歌舞、藏剧、话剧三个分团。1962 年底，三个团都转为独立建制。

这一时期，西藏歌舞团的援藏人员，既为广大农牧民群众和边防部队进行演出，又经常派出招生小组去西藏各地招生，吸收农牧民子女进行系统培训教育。援藏干部为培养藏族艺术人才做出了巨大的贡献。援藏文艺人员王蓉翰受歌舞团党委指派任新学员才旦卓玛的声乐及艺术指导老师，1958 年王蓉翰又专程带领才旦卓玛第一次赴京演出，反响强烈。才旦卓玛后在上海音乐学院王品素教授的精心培育调教下，很快成为在国内外都享有盛誉的著名藏族歌唱家。

西藏秦剧团，其前身是十八军西北西藏工委文工队秦腔演出分队，于 1951 年夏秋分两批进藏。1943 年参加八路军的石铁毛就是演员之一，他于 1951 年调入西藏工委文工队任演员兼分队长并随军入藏，1957 年调日喀则文工队工作，1958 年组建西藏歌舞团时成为创建者之一。当年，在这支从西北进藏的部队及其文工队的面前是三千里风雪高原路，文工队“除了徒步行军，还要演出。在黄河源，他们为当地牧民演出，放下背包，拉起天幕，认真地化妆，唯有乐队配合不好：笛子裂了，琴弦断了，鼓音变了。高山缺氧，演员时常昏倒在地。突然风雨袭来，卷走了天幕”……“张耀民写出剧本《毛主席的门巴》《抢渡通天河》等。为了向群众宣传，他们突击学习藏语，把剧本译成藏文，用汉字标音，死记硬背。张耀民和贾湘云饰演《送礼》中的男女主角，硬是在很短的时间里基本上能用发音不甚准确的藏语演出了。”[1]他们到拉萨后，以多种形式在地台子演出秦腔戏，受到各地赴藏人员及藏族人民的欢迎。同时，为刚进藏的班禅大师演了《游龟山》。1953 年在罗布林卡为达赖喇嘛专场演出。该剧团后发展成常驻格尔木的西藏秦腔二团和常驻日喀则的秦腔一团。1963 年，两团同时调回拉萨，恢复原建制西藏秦剧团。该团在西藏活动的十五年中，还排练演出了《梁秋燕》《朝阳沟》等几十个非本团创作的剧目和大量传统剧目。特别是 1959 年创作演出的《血的控诉》，不仅演遍了西藏各地，还赴内地九个省市演出，最后在北京向中央首长做汇报演出，获赞扬和好评。西藏秦剧团的创始人之一张耀民，系陕西耀县人，历任西藏军区文工团和西藏秦剧团专业编剧和副团长，他创作的秦腔戏和眉户剧，多数为秦剧团保留演出剧目，同时他与马顺池、缪生才、李晓俊、马振华、张志峰等人一起，对组建秦剧团和发展西藏秦腔艺术做出了较为突出的贡献。

西藏豫剧团，原为边筑路边进藏的十八军政治部文工团梆子队，1954 年底抵达拉萨，不久组建为西藏工委豫剧团，在拉萨等地进行了许多演出。1956 年 6 月赴河南开封学戏和招生。1958 年随西藏工委周仁山书记赴阿里慰问演出。1959 年又调往昌都，创作排练了西藏题材大型豫剧《英雄城》和几个小戏。1962 年初调回拉萨，创作演出了西藏题材大型豫剧《哈玛与白玛》等。1964 年赴河南郑州学习《朝阳沟》等新剧目，并演出新创的西藏现代豫

[1] 见马丽华悼念张耀民的文章《西藏又多了一座山》。

剧《高原血泪》,受到好评。

西藏黄梅戏剧团,于1959年11月进藏。由于安徽黄梅戏《天仙配》影响巨大,时任西藏工委书记张国华提出需要成立一个黄梅戏剧团,安徽名演员严凤英等出面支持,抽调一些学员建成剧团。该团来到拉萨后,主要演出了大戏《天仙配》《刘三姐》《打金枝》,中型戏《半把剪刀》,以及小戏《打猪草》《小放牛》等。

西藏川剧团是1960年春抽调四川省绵阳川剧团进藏的,先驻拉萨,后迁址昌都,主要演出了《拾玉镯》《花木兰从军》《大禹治水》《钉板凳》等剧目。

西藏京剧团,由北京一个阵容较强的京剧团组建而成,于1960年5月进藏至拉萨。其中,有著名文武老生兼红净演员李万春,还有李小春、李庆春等,擅长猴戏《大闹天宫》、关公戏《关公挑袍》等;另有著名青衣花旦演员徐东来,与其丈夫小生演员关韵华,配搭善演《武松杀嫂》;此外,还有青衣演员李砚秀、老旦演员徐东祥、丑角演员商思亮等。他们演出了《虹桥赠珠》《古城会》《水淹七军》等许多剧目。

以上三个团主要为部队和进藏的内地干部演出,也有藏族干部及群众来观看,于1963年先后撤销返回内地。这些从内地来的戏曲剧团在西藏开展艺术活动时,处处受到西藏人民的帮助、关怀和支持,每一个剧团都有一部分藏族同志参加具体工作,为戏曲艺术的创作发展和排练演出付出了辛劳和智慧。在大量的演出中,来观看的有一半是藏族观众。为了让藏族观众看懂、看好演出,剧团根据西藏的实际情况采取了许多措施,如以藏族习惯的广场演出形式,让观众围绕而坐,演员只做一定的化妆和穿戴,就地进行扮演。剧团还让演员改掉方言土话,以一部分藏族观众能听懂的普通话来演;他们多排练演出像《三岔口》那样的武打戏,使不通语言的观众容易接受。这些内地戏曲剧团在完成历史使命解散后,一部分艺术骨干被留下参加了藏剧团以及西藏其他艺术团体和机构的工作,这对西藏文化艺术的发展亦产生了更为直接的助益。

1959年3月,在中共中央的领导下,西藏开始实行民主改革,从而揭开了西藏历史的新篇章。西藏开始贯彻“二为”方向和“双百”方针,在绝大多数援藏文艺干部和业务人员的领导、扶助与培养下,一方面,不断吸收进来的一批藏族艺术人才成长起来,充实壮大了民族文艺工作者的队伍;另一方面,又吸收了一批又一批藏族各阶层子女并将其送到内地艺术院校学习艺术专业,仅1960年至1964年,从中央音乐学院,北京舞蹈学校,中央民族学院艺术系、舞蹈班和音乐班,上海音乐学院,天津音乐学院,沈阳音乐学院,湖北艺术学院,四川音乐学院,西安音乐学院等毕业的达八十多人,使西藏民族歌舞人才的队伍不断壮大。西藏歌舞团在不断深入民间、体验生活的基础上,创作演出了一大批反映现实斗争和生活的节目,受到了广大藏族人民和各族各界观众的普遍欢迎和高度评价。1959年西藏实行民主改革后,广大翻身农奴自发地掀起轰轰烈烈的拥军活动,许多藏族妇女经常给子弟兵洗衣服。一次,罗念一看到群众在河边用脚踩着洗衣,这种军民之间的感情一下子打动了他的心,很快编写了《洗衣歌》这首著名的小歌舞,经全军汇演而风靡全国。他还创作了一些获奖作品,如歌曲《美丽的西藏,可爱的家乡》、歌舞曲《支前》、女声小合唱《我们村里的姑娘》等。1958年从四川歌舞团调进西藏歌舞团的舞蹈编导曲荫生,深入民间,以整个心灵和满腔热忱去拥抱西藏这片神奇瑰丽的大地,创作了反映西藏人民由农奴制社会跨进社会主义社会的欢欣情绪的舞蹈《丰收之夜》,该舞蹈被选为1959年全国九省(区)汇演节目,且作为优秀作品留京为国庆十周年献礼,后被收入电影舞蹈集锦《百凤朝阳》。1956年调进西藏歌舞团的何永才,编导了《送别》《在草坪上》《披着袈裟的豺狼》《送公粮》等舞蹈作品。西藏歌舞团的援藏创作人员与新培养起来的藏族创作人员紧密合作,在西藏民主改革至1965年西藏自治区成立期间,以极大的热情创作了一大批在西藏乃至全国以至海外都卓有影响的文艺作品,如歌曲《毛主席的光辉》《在北京的金山上》《逛新城》《想念毛主席》《我们的解放军》《共产党来了苦变甜》《翻身农奴把歌唱》《我的家乡好》等,舞蹈《格巴桑布》《背水姑娘》《送公粮》《向太阳》《翻身乐》《草原战歌》《欢腾的麦场》《弦子》《翻身农奴采新茶》等。

1965年，为庆祝西藏自治区成立，西藏文学、音乐、舞蹈、表演等各方面的人才集中起来组成比较强大的阵容，同时集合了众多援藏艺术家与藏族艺术家以及藏族舞蹈演员的集体智慧和艰苦努力，创作了大型音乐舞蹈史诗《翻身农奴向太阳》，与中央派来庆祝西藏自治区成立的中央民族歌舞团、中央京剧院并列，共同进行了庆祝演出，受到了当时自治区领导的表扬，西藏广大观众也比较满意，中央人民广播电台亦多次进行播放。

西藏话剧艺术事业经历了从无到有、从小到大的发展过程。1958年夏秋，西藏歌舞团内成立了由部分话剧爱好者组成的话剧组，组长为权玉静，成员有程启祥、钟季如、关启芝、高乐珍、李积亮、大洛丹等。为了扩大话剧队伍，又吸收了部分藏族学员专修表演。1959年秋，咸阳的西藏公学招收了大旺堆、索郎绕登、强巴云登、大洛次、桑丹次仁等二十九名藏族学员及一名汉族演员、一名汉族导演。这批西藏话剧学员被送往上海戏剧学院进行培训，学院非常重视，专为西藏班派出最好的老师，并结合这批学员的特点开设藏汉文化、形体、表演、音乐、台词、舞台动作、中国民间舞等课程。第一批藏族学员于1961年夏天顺利毕业，他们排演了由田汉编剧的歌颂藏汉民族团结的大型历史剧《文成公主》，田汉也来校观看演出。同年4月中旬，《文成公主》剧在北京进行汇报演出，党和国家领导人观看了演出并接见了全体演职人员，还勉励大家“要把话剧的种子带到西藏，让它在西藏高原上扎根、发芽、开花、结果”。

1963年，第二批藏族话剧学员来到上海戏剧学院，其中演员三十名、舞美十名（包括绘景、设计、灯光），学员多招自西藏拉萨中学、中央民族学院和西藏公学。同年，话剧团参加了由黄宗江创作、八一电影制片厂摄制的故事片《农奴》的拍摄工作，并取得了极大的成功。该片还参加了在雅加达举办的第三届亚非国际电影节，剧中饰演主角的大旺堆也应邀出席，为西藏第一代话剧演员争得了荣誉。1964年，话剧团在北京演出了由总政话剧团王凝创作的大型话剧《不准出生的人》，这是继《文成公主》之后又一次轰动首都戏剧界的大型演出。同时，话剧团还创作排演了《边寨笛声》《三个卓玛》等剧目。

西藏自治区藏剧团，于1959年开始筹建。当时，一度失散于各地的四十多位觉木隆藏戏艺人被集中起来，于8月成立了拉萨市藏剧队。他们赶排经过修改后的《文成公主》，参加了庆祝新中国成立十周年专业文艺团体的献礼演出，这是藏剧历史上第一次在舞台演出。1959年底，西藏工委决定把拉萨市藏剧队交给西藏歌舞团。1960年初，西藏歌舞剧团成立，藏剧团在其中。来自十八军文工团和其他方面的一批党政骨干和新文艺工作者加入了藏剧团，同时藏剧团吸收了部分新培养的民族文艺干部和民间艺人，扎西顿珠为团长，黄文焕为副团长。后黄文焕调到自治区展览馆工作，胡金安被任命为副团长、书记。20世纪60年代前半期，藏剧团除改编排演了许多传统藏戏，还创作排演了一系列中小型现代藏剧，多数由援藏干部创作或参与创作，如《解放军的恩情》《幸福证》《渔夫班登》《血肉情谊》《阿爸走错了路》等。其中，影响大的剧目有两个。一个是《解放军的恩情》，由黄文焕、尹广兴和阿玛次仁等协作，扎西顿珠导演，运用传统的藏剧形式表现新时代的革命内容，对传统程式做了适当改革，吸收了部分新文艺表现手法，并穿插了许多藏族歌舞和民间艺术表演，在演出中收到很好的效果。另一个是《诺桑与云卓》，由白牡、索郎旺堆、尹广兴、李才生、唐嘉福等藏汉新文艺工作者协作，许多老艺人配合和支持，黄文焕编剧，他们对这个传统剧目做了很好的清理发掘，剔除糟粕，发扬精华，改编成上下两个晚会的剧本。尹广兴等导演对整体表演艺术也做了较大改革和丰富，保留了某些广场演出的特点和特殊结构，基本上形成了藏剧的舞台表演艺术，该剧演出后轰动拉萨。

这一时期进藏的后来属于文联系统的包括军旅作家、艺术家在内共有近百人。西藏和平解放后，一批从内地来的各族文艺工作者，一边深入当地生活，一边发掘和继承优秀的民族文艺，创作了一批诗歌、小说、歌舞、美术、电影、摄影等作品，给西藏高原输入了建设社会主义新文艺的新思想、新经验。这些作家和艺术家不仅以他们的创作实践显示出社会主义文学艺术的强大生命力，而且团结和鼓舞了一批爱好文艺的藏族知识分子参加到新文艺队伍中来。从此，社会主义新的民族文艺在西藏大地上播种并绽放新花。这一时期援藏人员中在文学艺术上做出突出成绩的有：

军旅作家徐怀中创作了长篇小说《我们播种爱情》，在20世纪50年代刚开始时就引起了广大读者的强烈兴趣，不仅由人民文学出版社和中国青年出版社一版再版，还被翻译成英、俄、德、越等语言传至海外。随十八军修路进藏的杨星火，1953年春到昌都白格村体验生活，在对民歌的采录学习中写出了著名歌曲《叫我们怎么不歌唱》的歌词。她牢记张国华将军“在西藏高原要写出好诗，哪座哨所山高，你上哪里；哪里战斗激烈，你上哪里”的话，几乎走遍了西藏千里边防。她跟着战士们上前线，冒着战火硝烟写下许多诗文，成为20世纪50年代和60年代前半期在西藏乃至全国都有较大影响的军旅女诗人。出生于湘西土家族的汪承栋，1956年进藏，1957年至1961年期间主要从事抒情短诗的创作，先后出版了《边疆颂》《雅鲁藏布江》《高原放歌》《拉萨河的性格》四部诗集。1961年至1965年，他集中精力投入叙事诗的创作，先后出版和发表了《昆仑垦荒队》《黑痣英雄》《雪山风暴》和《雪莲花》。曾经在50年代初抗美援朝中担任《人民日报》战地通讯员的叶玉林，浙江桃溪人，1961年秋从华东师大毕业后即进藏。他一头扎进藏北大草原，创作了第一部小说《得得马蹄声》。60年代初期，他创作了一批中短篇小说和散文，如《多嘎的故事》《雪山枪声》《牧场雪浪》《望果节》等。随十八军进藏的肖蒂岩，四川仁寿人，1957年从中央民族学院毕业后任教于拉萨中学，他在教余工暇经常写诗，在他后来出版的第一本诗集《珠穆朗玛交响诗》的一百七十六首诗中，大半写于50年代和60年代前半期。1960年毕业于云南大学中文系的李佳俊，进藏后被分配到西藏人民广播电台当记者。从1962年起，他为国外华侨报纸撰写游记散文，把当时尚处于封闭状态的西藏及其城镇、农牧区和丰富灿烂的文化，情文并茂、别具风采地介绍出来，后结集出版为《西藏游记》。

此外，于20世纪50年代先后进藏的优秀文艺工作者还包括马竞秋、陈茵、陈宗烈等，以及书法家刘振国、画家叶星生、民间文艺工作者冀文正等。

这一时期，西藏各地市文化局及文工团也有不少援藏干部，他们为帮助开拓局面，发展文艺事业做出了自己的贡献。1959年3月，拉萨市军管会成立文教卫生处，管理文化的多数是援藏干部。1960年10月，拉萨市业余歌舞队在市青妇联和城区各个文艺宣传队的基础上成立，1965年改为拉萨市文工队，这就是以后拉萨市歌舞团和拉萨市民族艺术团的前身。团队成立之初有不少援藏干部如廖东凡、高克明等，他们做了很多开拓性、建设性的工作。这一时期西藏各地市文工队都逐渐组建起来，一方面把吸收进来的业余演职人员送到内地艺术院校培训和提高，另一方面吸收农牧民子女并成班地送到内地民族院校预科班乃至艺术系进行学习和培养。

二、20世纪六七十年代西藏文学艺术事业援助建设的曲折发展

"文革"时期，原已进藏的绝大部分文化援藏人员在十分困难的情况下，仍然在力所能及的范围内坚持开展各种文化活动。同时，这一时期，先后仍有数十人从内地来到西藏开展文化援藏工作。

1965年西藏自治区成立以后，原自治区筹委会文教处改为文教厅，1972年又改为文教局，1976年文化与教育分开而设西藏自治区文化局。"文革"期间，文化系统的援藏干部如陈伟、陆一涵、屠庆元、胡玉魁、罗石生、牛庚明、张耀民、常留柱等，在恢复工作的时候一直尽其所能开展各项工作。特别是懂得创作甘苦的张耀民，一方面组织各个文艺团体排演"样板戏"进行宣传演出，另一方面组织文艺创作人员和文化工作人员不断下乡深入群众生活，既了解了藏族人民的生活疾苦，尽量为群众做一些文化服务工作，又体验了

西藏人民的思想感情，搜集、积累种种西藏文艺创作素材。

1976年，西藏歌舞团在调整领导班子的同时，又吸收培养了一批藏族歌舞艺术演职人员和管理干部。此前，仅1969年和1970年从中央民族学院艺术系音乐班和北京舞蹈学校毕业的学生就达四十七人。“文革”期间，西藏歌舞团有领导职务的援藏干部有马倬、徐东祥、何永才、石铁毛、狄耕、常留柱等。1977年底，西藏歌舞团调整后的领导班子及组织机构中有干部二十九人，其中藏族干部十三人，本地回族干部一人，援藏干部十五人。特别是从上海来的常留柱，积极深入生活，努力向民间学习，掌握了各种藏族民歌的演唱技巧，因此他演唱的藏族民歌具有浓郁的民族特色，如用藏语演唱的藏族民歌《格桑拉》《在北京的金山上》和他本人创作的歌曲《我的山歌长翅膀》《我心中的歌献给解放军》等。其中，由他本人作词作曲的《我心中的歌献给解放军》曾风靡全国。其间，他参加过许多重要的演出活动，还随团先后访问尼泊尔、瑞典、芬兰、丹麦、挪威、冰岛等国。此外，糜若如与史贤文的男女二重唱歌曲，在1978年西藏歌舞团出访北欧五国演出中受到国际友人的好评，他们也被中国对外友协评为模范演员。何永才于1976年后编导的舞蹈作品《煤海深情》成为西藏歌舞团的保留节目，其他舞蹈作品如《在草坪上》和《扎西德勒》也先后参加了全国性的少数民族汇演。曲荫生于20世纪70年代编导舞蹈作品《热巴人的新生》《孔雀向阳飞》《边防赞歌》等，1977年被借调至北京参加中国歌剧舞剧院创作的舞剧《文成公主》的排演工作，该剧在新中国成立三十周年的献礼演出中获奖。他还发表了许多舞蹈理论文章，后结集内部印发。黄万璙在70年代除了是一名舞蹈演员，还主要从事西藏民间舞蹈教育，同时开始编导舞蹈作品，如双人舞《怒江战歌》、儿童舞《牧场小哨兵》、女子舞《炒青稞》、小歌舞《盖粮仓》、群舞《孔雀飞在金桥上》等，有的舞蹈曾被选中赴北京演出。

这一时期西藏歌舞团的重要援藏人员还有涂青华、李景忠、何润源、潘光一、葛敏、周明德、杜林、李加平、曹继颖、曾官德、李景维、陈世清、欧阳莉莉、李佐唐、任培基、张克宇等。这些文艺工作者绝大多数自20世纪50年代开始进藏，一直持续到六七十年代，在地广人稀、交通不便的高原地区，他们深入西藏七十几个县以及边防军营哨所进行演出，克服了很多困难。

一度被解散的自治区藏剧团，1972年恢复重建。1975年，藏剧团移植《红灯记》，一方面邀请空政歌剧团导演来团里帮助，另一方面由藏汉创研人员结合新文艺手法改造传统，使《红灯记》具备较浓的藏剧特色，并应邀赴北京演出。这一时期藏剧团的援藏干部有胡金安、刘志群、游青淑、李才生、唐嘉福、宋新科、李素青、周维祥、袁永清、蒋国玺等。

西藏秦剧团在"文革"期间移植排演了样板戏《智取威虎山》，田德昌饰座山雕，陆根才饰杨子荣，白贵平饰政委，都十分成功，在当时产生了较大影响。该团于1975年解散，享有盛名的演员有李晓俊、马振华等。

西藏豫剧团在"文革"中曾经排演样板戏京剧《红灯记》和《杜鹃山》，1976年后学习排演了《蝶恋花》和《春草闯堂》。该团于1981年解散，整整经历了三十个年头，为西藏各地边防部队和藏汉干群演出了数千场次，把各族群众容易接受的豫剧艺术的种子撒进了西藏人民的心里。在拉萨、日喀则、昌都、林芝等地，包括阿里的噶尔昆沙，有不少藏族群众是豫剧的爱好者和忠实观众。西藏豫剧团享有一定声誉的演员有宋香蘅、马向明、王海鹏等。

"文革"期间，西藏话剧团在援藏干部的坚持下，仍完成了一些艺术创作，如李积亮编剧的大型话剧《前哨》，进行了反复修改和排演。1976年后，西藏话剧团重获新生，上演了讽刺喜剧《枫叶红了的时候》和歌颂老一辈革命家丰功伟绩的《万水千山》，以及《于无声处》等剧目。西藏话剧团团长、援藏干部权玉静于1973年恢复工作，张治维为副团长。西藏话剧团的重要援藏干部还有史君铎、卢敬之、李杨、屈乃雪、杨建明、孟绍先等。李佳俊在70年代后期根据先遣连的英雄事迹，创作了大型话剧《冈底斯英雄》。1977年，话剧团招收了第三批藏族学员进入上海戏剧学院学习，学员到校后补习文化课一年，学表演课三年。在学院的精心培养下，这批学员成长进步很快，于1981

年圆满毕业，毕业剧目排演了世界名剧《罗密欧与朱丽叶》和西藏神话剧《吉赛达森》，分别在上海和北京汇报演出，得到了京沪各界和英国皇家艺术剧院的好评。自 1975 年以来，上海戏剧学院为西藏话剧团共培养了编剧四名、导演三名、舞美三名、演员四十九名。另外，中央导训班也为话剧团培养了四名藏族导演。

这一时期，援藏作家叶玉林除坚持写了一些短篇小说和散文，还酝酿孕育了长篇小说《雪山强人》。摄影工作者马竞秋和陈茵拍摄了大量有影响的摄影作品。画家、收藏家叶星生一直没有停止他的收藏活动，包括收集唐卡残片，抢救经板、木碗、古帽、手鼓等。1978 年，他承担了人民大会堂西藏厅大型壁画《扎西德勒图》的设计和绘制工作。在此期间先后援藏的还有诗人、作家马丽华（山东济南人）和画家韩书力（北京人）等。

这一时期西藏各地市文化局及其文工团（歌舞团）的援藏人员也做了不少工作。1971 年，拉萨市革委会文教局恢复组建，援藏干部胡玉魁任局长，其中任职的援藏干部还有贾湘云、廖东凡等。同年，拉萨市委决定以市文化工作队为基础，吸收自治区第一文化工作队全体演员，正式成立拉萨市毛泽东思想文艺宣传队，自此拉萨市这个专业文艺团体基本稳定下来，队长为高克明，队内援藏人员有刘金、徐官珠、梅庆东等。1973 年 11 月，在自治区专业文艺创作调演中，由市队援藏干部参与创作的节目有《一段家常话》《边防少年》《一颗螺丝钉》《草原新歌》等。1976 年 5 月，在自治区专业文艺调演中，市队援藏干部创作了三人舞《边疆把根扎》（在随后参加全国单、双、三舞蹈汇演中获奖）、六弦弹唱《弹起六弦唱新歌》和小歌剧《毕业归来》（在随后参加的全国文艺调演中获奖）。1977 年，拉萨市人民政府文教卫生局重组，其中任职的援藏干部有马光华（回族）等。

三、20世纪80年代以来西藏文学艺术事业援助发展取得丰硕成果

1978 年党的十一届三中全会召开以后,改革开放和民族政策像春风一样又吹到了“世界屋脊”。西藏全力贯彻落实西藏工作座谈会精神和邓小平在全国第四次文代会上的祝词精神,大大鼓舞和激发了西藏各族文艺工作者包括援藏文化工作者的积极性和创造性。随着 20 世纪 80 年代国家社科规划和全国艺术科学规划重大项目——十部“中国民族民间文艺集成志书”编纂出版工程的发起,西藏自治区及各地市都成立了民族文化遗产抢救机构。自治区先后派出有援藏干部参与的调查组,深入民间对民族艺术和宗教艺术进行了普查采录。《中国戏曲志・西藏卷》《中国谚语集成・西藏卷》与《中国民间歌谣集成・西藏卷》分别于 1993 年和 1995 年正式出版,其他八卷集成志书也陆续编纂出版。1979 年,自治区成立了抢救、整理《格萨尔王传》机构,展开了全面搜集、采录、整理、研究和出版工作。1984 年 8 月,全国《格萨尔》民间艺人演唱会在拉萨举办,《格萨尔王传》的演唱、学术研讨、审稿出版等不同类型的会议也先后开展。自治区人民政府主持召开了三次大型国际《格萨尔》学术研讨会,向世界广泛宣传和介绍了中国的研究成果。以后,大量《格萨尔王传》藏汉文版的说唱本出版,如五洲传播音像出版社出版的音像制品《格萨尔故事・赛马称王》。

1994 年,中共中央、国务院召开第三次西藏工作座谈会,江泽民同志在讲话中指出:“既要注意弘扬藏族传统的优秀文化,又要注意吸收其他民族的优秀文化,使传统的优秀文化同现代文化成果结合起来,以利于在西藏更好地发展社会主义新文化。”在此指引下,西藏专业文艺工作者深入社会生活,学习钻研民族文学艺术传统,创作演出了一大批具有浓郁民族风格和强烈时代气息的文学艺术作品和舞台剧节目。为鼓励创作,繁荣文艺,自治区设立了“珠穆朗玛文学艺术奖”“才旦卓玛艺术基金奖”等。1996 年,自治区举办了

规模巨大的“96 全区专业文艺汇演”，十个专业文艺团体演出了十三台晚会，评选出 1993 年至 1996 年期间创作的一批优秀剧、节目。

这一时期，从中央到地方都对西藏艺术人才的培养加大了力度。1979 年至 1997 年，从中央民族学院舞蹈系和音乐系，以及北京舞蹈学院、四川音乐学院附中、上海音乐学院及其附中、上海舞蹈学校、上海戏剧学院等院校毕业的藏族学生有一百四十四人。援藏干部如徐东祥、石铁毛、常留柱、何永才、董春德、叶农等，对西藏歌舞团各方面建设及其业务培训、创作、演出等做出了一定贡献。在艺术创作上获奖的援藏工作者及其作品有：诸有韬的舞美设计，黄万璨编导的舞蹈《夏尔巴的春天》《金色的季节》《央金玛》《珞巴土风舞》等，刘延作词的歌曲《我的家乡好》，张颜丽、黄志龙、马丽华作词的大型主题歌舞《大雁颂》，陈琪林作词的歌曲《珞巴展翅飞翔》《春风在心中荡漾》，赵建民作曲的器乐曲《废墟》、双人舞曲《古老的主题》、舞蹈曲《小草、大地》，刘澜作词的《哈达的祝福》，刘澜、阎振中作词的歌曲《一个伟人的心愿》，等等。

这一时期，西藏话剧团的援藏干部黄志龙创作了大型历史剧《松赞干布》（获奖），反映抗英的电影剧本《圣地》，反映西藏近代历史风云的话剧《十三世达赖喇嘛》，现实题材话剧《老院新情》《草原的女儿》，以及讲述修筑青藏公路的《昆仑魂》等。近年来，他又创作了电视剧和电影剧本《拉萨往事》和《西藏风云》。另一名援藏人员张平创作了话剧《旺堆的哀乐梦》《赞普的子孙》（获奖），歌舞剧《唐白与白宗》，电影剧本《圣地之恋》，电视剧《弯弯的吉祥河》等。李佳俊创作了话剧《亚隆之恋》并获多个奖项。1995 年，文化部援藏干部裴福林创作了话剧《寻迹唐古拉》《经幡下的恋情》（小品）等。西藏话剧团的骄人成绩，是藏汉等各民族大团结的智慧结晶。祖国为西藏培养了一批又一批优秀的话剧艺术人才，从中涌现出著名戏剧表演艺术家大旺堆、多布杰、扎西顿珠，导演普布次仁、顿珠多吉，以及舞台美术家强巴格桑、索朗群培等。

西藏藏剧团自1989年开始有援藏干部(如刘志群)和藏族创研人员一起重新抢救发掘、搜集整理、研究继承藏剧传统技艺,同时实验性地创作排演了几个有一定影响的中小型现代戏。一是《喜搬家》,以传统形式为基础,吸收新艺术手法表演新时代的人物,受到群众欢迎。二是小型歌舞藏剧《怀念》,在藏剧艺坛和西藏文艺舞台上第一次塑造了周恩来总理的形象。三是修改排演了革命历史人物剧《英雄占堆》,更多地吸收和运用了内地戏曲的表演形式和动作。

1980年5月,西藏自治区举行首届业余藏剧汇演。其中,日喀则江孜县文工团的新编历史剧《宗山激战》,其创作人员中有援藏干部时向东;拉萨墨竹工卡县藏剧队的新编现代剧《雪山小英雄》,其创作人员中有援藏干部尚思玉。这些藏剧演出团队分别获得了自治区各种等级的奖励。

1984年,刘志群被任命为藏剧团书记,剧团开始试行体制改革,与文化局艺术处签订了承包责任制奖惩合同。经过一年的奋斗,藏剧团在演出场次、创作剧本、排演剧目、邀请演出等八个方面发生了显著变化,为此《西藏日报》发了长篇报道。1986年拉萨恢复雪顿节,由援藏干部参与编创的大型新编历史藏戏《汤东杰布》首演,受到赴藏参加雪顿节各地藏戏交流和学术讨论会的中国剧协理论研究室主任、著名戏剧理论家曲六乙的好评。同时,在雪顿节期间成立了五省区藏戏研究学会,若干名援藏干部在学会任职。

1986年,西藏民族艺术研究所正式成立,成立以来有多名援藏干部贡献了自己的力量。如徐大猷,70年代末筹建西藏新华印刷厂,自1983年调自治区文化局直至90年代初退休,为筹建西藏民族艺术研究所做出了贡献。再如刘志群,主编《西藏艺术研究》汉文版三十多期,在国内外各种学术期刊和报纸上发表了有关藏戏、藏文化艺术的研究文章一百多篇,参加国际学术研讨会并获优秀论文奖,出版《藏戏与藏俗》《西藏祭祀艺术》《中国藏戏史》《中国藏戏艺术》(主编和撰稿)等,包括其主编和主撰稿的《中国戏曲志·西藏卷》《中国戏曲音乐集成·西藏卷》。

西藏自治区艺术学校自1980年建立以来，先后有援藏教师赖声泽、李伟、魏先达、陈大林、陈永恩等。李伟在1980年至1988年期间，每年夏末秋初，八次与校长阿旺克村一起深入农牧区选拔学员；他手把手细致耐心地因材施教，培养出一批优秀的藏族歌唱演员，如拉萨市歌舞团的格桑曲珍、山南地区文工团的苍决卓玛、日喀则地区文工团的洛桑扎西、林芝地区文工团的普布顿珠、军区文工团的巴桑和西藏歌舞团的普珍等。赖声泽主编《五省区（藏）中师音乐教材》，被列为国家级科研项目。自治区艺校历年来也获得文化部等有关单位的大力援助，如文化部为学校修建教室等先后资助二十五万元，部属院校先后为学校培训青年教师二十多人次。

1979年5月，西藏自治区文联由张耀民牵头开始筹建，他明察暗访，发现招引和发掘吸纳各类人才。1981年10月，西藏自治区文联正式成立。在第一届文联委员和五个协会主席团成员及理事中，援藏干部占百分之六十以上。1989年10月文联第二次代表大会召开，二届文联委员和九个协会主席团成员及理事中，援藏干部仅占百分之三十左右。在文联刚创建的一段时间里，经过全体人员的努力，藏汉族各类人才都做出了卓越的成绩，特别是援藏干部，不仅自身要在文艺工作上有所作为，而且要为培养、扶持和帮助藏族文艺人才做出自己的贡献。

如张治维，1989年当选自治区文联副主席兼副书记，后出任书记，他在工作中不断撰写文艺理论、评论文章，后结集出版。作家叶玉林，调到文联后不仅自己积极创作，而且精心培养藏族作家，每发现有潜力的藏族作者必定亲自了解情况，给予鼓励帮助，同时创办藏族作者、新作者、女作者专号等。他创作了《飞瀑》《神猎》《雪山强人》三部长篇小说，出版《我的山——阿里散记》，此外还创作有若干部中篇小说和三十多部短篇小说，以及一百多篇散文和报告文学、文艺理论、文化杂文等，总计一百多万字，其中十多部（篇）作品获奖。女诗人、作家马丽华，先后出版散文集《追你到高原》，诗集《我的太阳》，长篇纪实散文《藏北游历》《西行阿里》《灵魂像风》及三部合集《走过西藏》等。1998 年出版论著《雪域文化与西藏文学》,1999 年完成纪实文学《十年藏北》《青藏苍茫》等。另外,她策划、编导和撰写了电视专题片《西藏文化系列》《西藏珍藏历史档案》《江河诗篇》等,多部作品获奖。文艺评论家李佳俊,在 1979 年至 1989 年间发表了关于民族文艺理论、文学评论和研究的文章百余篇,评论集《文学,民族的形象》获奖。90 年代以来,他又撰写了大量评论和论文,1996 年结集出版文论集《探索高原民族的奥秘》。

作家金志国 1982 年发表于《西藏文学》的小说《梦,遗落在草原上》,标志着当代西藏新小说的兴起。1992 年,金志国出版《永恒的山——金志国小说选》,后出任《西藏文学》主编。诗人、作家阎振中(摩萨),1982 年与吴雨初、魏志远、洋滔几位诗友一起创立了"雪野诗"派,他的短诗《四季歌》《中国龙》《老牧人之死》和长诗《檀木姑娘》等曾获奖;1988 年以来,他出版了诗集《第三极牧歌》《西藏民间故事》(第三集)和散文集《西藏文化之旅》。诗人于斯(蔡椿芳),出版诗集《冈仁布钦及其他》《降临》《干舞》和中短篇小说集《一幅古老的西藏挂毯》。诗人杨从彪(洋滔),1983 年创办文学杂志《拉萨河》并出版几十期,他发现和培养了一大批少数民族作者、部队作者和"小作家",在刊物上发表诗作一千多首,出版诗集《驭马手》《崛起的珠峰》,近三十首(篇)诗作、报告文学先后获奖。诗人、作家萧蒂岩,出版诗集《珠穆朗玛交响诗》《雪域曦霞》,散文集《人・野人・宇宙人》等。作家李双焰,1985 年以来撰写和发表了长篇小说《游牧部落》三部曲(《母系氏族》《北部汉子》《牧歌悠悠》)。作曲家罗念一,自 1979 年起已有二十多首音乐作品在各种调演和比赛中获奖,其中九首作品获一等奖或最高奖,四川音像出版社、人民音乐出版社等先后出版其作品,如盒带《洗衣歌》以及专辑《美丽的西藏》《罗念一歌曲选》等,四川人民出版社、西藏人民出版社联合出版《洗衣歌——罗念一创作歌曲集》,他也先后于拉萨、成都、北京等地举办个人音乐会。

画家韩书力,1979 年创作人民大会堂西藏厅挂画《喜马拉雅晨曦》,同年凭借国画《毛主席派人来》获奖;1981 年从中央美院回藏完成毕业作品——

连环画《邦锦梅朵》,该画斩获多项国内外大奖。以后,他的作品《殒》和《仓央嘉措情歌画意》应邀参加 1988 年在北京举办的“中青年十人展”,后被法国和德国专家收藏;作品《蚀》、与巴玛扎西合作的《彩云图》、与余友心合作的《冷暖自知》、国画《净水》等也纷纷获奖。1986 年以来,他多次应邀赴中国台北以及巴黎、伦敦等城市开办个展、讲座等。其作品《佛印》曾在由加拿大海外中国书画研究会主办的首届枫叶奖国际水墨大赛中获金奖首奖。

画家刘万年,开创西藏山水画派,先后在中国台北三原色艺术中心、中国美术馆举办画展。1993 年河南美术出版社出版《刘万年画集》。他的六十多幅画作分别被北京、南京、武汉、台北,以及陕西、甘肃等国内各省市美术馆、画院等专业机构收藏,日本、韩国、瑞士、新加坡等国家的专业机构也有收藏其作品。画家、收藏家叶星生,1986 年创作年画《布宫祥云图》,作品问世后受到广大干部群众特别是藏族农牧民的热烈欢迎并被用以悬挂供奉,青、甘、川、藏等地出版社一版再版。他的布画《极地》《藏风》曾赴日本巡展并获奖。1990 年,受上海“中国民间美术博览会”特邀,他携带部分藏品参展,引起极大反响;在 1990 年北京第十一届亚运会艺术节“西藏艺术民间藏品展”和 1999 年“雪域明珠——中国西藏文化展”中,其展品都曾引起轰动。1999 年,他将数千件个人藏品捐献给西藏。画家张鹰,有多幅绘画和摄影作品获奖,同时在西藏民间艺术品的搜集、整理和研究上也有显著成绩,出版《西藏面具》《西藏脱模泥塑》《西藏神舞、戏剧及面具艺术》《人文西藏》等。舞蹈家何永才,总结实践经验,撰写理论文章,其专著《西藏舞蹈概说》后由西藏人民出版社出版。

书法家刘振国,为在西藏普及藏汉文书法,有计划、有步骤地在西藏乃至全国办好展览,为新老书法爱好者创造更多的交流机会,建立和发展书法机构等,都做出了较大的贡献。他多次为毛主席纪念堂书写作品,受到高度评价。摄影家马竞秋,不顾年迈深入现场,拍摄的不少照片成为独家新闻,被国内外报刊采用。摄影家顾绶康,用相机详细记录了西藏的发展和变化。民间文学家冀文正,所写所译的《珞巴族门巴族风情录》《珞巴族门巴族民间故事》《珞巴族门巴族歌谣》《珞巴族门巴族谚语》《拉萨民间歌谣》等先后出版。

这一时期,西藏各地市文化局及其文工团(歌舞团)中的援藏人员逐步减少,而在新设立的林芝地区文化局及文工团中,援藏干部则稍多一些。1994年,中共中央第三次西藏工作座谈会提出,采取“分片负责、对口支援、定期轮换”的援藏办法,援藏干部三年一轮换。其中,任西藏话剧团副团长的裴甫林,在援藏工作期间创作了大型话剧《寻迹唐古拉》、小品《经幡下的恋情》,参与创作了大型话剧《宗山魂》等,获得了国家级奖项。任博物馆副馆长的马宜刚,多次作为主要专家前往古格遗址考古,并参与了第一期三大((布达拉宫、罗布林卡、萨迦寺)维修办的保护设计工作,做出了重要贡献。后任西藏话剧团副团长的周英,充分运用自己在舞台美术方面的业务技能,在西藏拍摄了上万张摄影图片,回北京后举行了西藏摄影展览。

附录二　当代西藏文化艺术在汉藏文艺合作交流中的大发展

西藏当代民族民间文化艺术事业,在汉藏文化艺术全面合作交流融合的空前良好环境中,逐渐形成继承、创新、借鉴和发展,从而日臻繁荣并走向世界的基本趋势,造就和形成了一支以藏族为主的各族文化艺术工作者团结合作的庞大队伍,使西藏文化艺术呈现出有如草原上彩霞般邦锦花绽开、雪山上云锦般杜鹃花怒放的瑰丽兴旺、灿烂繁盛之景象。

一、和平解放时期西藏文化艺术进入发展新天地

1951年5月23日,《中央人民政府和西藏地方政府关于和平解放西藏办法的协议》(简称《十七条协议》)正式签订,宣告西藏和平解放。部队所属

文工团密切配合战斗行动，以歌曲、舞蹈、快板、快书、顺口溜等通俗的艺术形式进行鼓动和宣传，鼓舞了部队的士气，也受到当地僧俗人民载歌载舞的热情欢迎。进藏部队肩负着“一面进军，一面修路”的双重使命，而随军文艺工作者身居第一线，了解动人的英雄事迹，体察军民的真挚感情，虚心地从藏族传统艺术中吸取营养，创作和演出了不少文艺节目，其中内地的曲艺形式如快板、快书、顺口溜、笑话、相声等开始在古老的雪域大地上播撒种子。

十八军政治部文工团和西藏工委文工队的进藏，为西藏带来了社会主义文学艺术的火种。在西藏工委和自治区筹委会的支持下，文化艺术工作设施及专门从事各种文化艺术工作的队伍发展起来，先后成立的艺术团体有西藏军区文工团、塔工文工团、日喀则文工团（班禅文工团）、西藏豫剧团、西藏秦剧团，并从内地抽调大量人员成立了西藏川剧团、西藏京剧团、西藏黄梅戏剧团。在这些团体中，不仅有从内地吸收的一批从艺多年的文艺骨干，还有特别从当地物色的民间艺人和酷爱藏族传统艺术的僧俗官员，如曲艺家洛桑多吉，舞蹈家穷布珍，音乐家雪康·索朗达吉、白玛等，以及藏族青少年学员。这些团体的文艺工作者创作和演出了不少为广大军民所喜爱的以歌颂新社会和建设新西藏为主要表现内容的新文艺作品。如话剧《刘胡兰》《王秀鸾》《白毛女》《血泪仇》《文成公主》，闻名全国的歌舞节目《洗衣歌》《逛新城》《丰收之夜》，以及一批小说、诗歌、散文、舞蹈、歌曲、美术及摄影作品等。在这个过程中，不但有一代又一代的藏族新文艺工作者获得培养和成长起来，也有如诗人擦珠·阿旺洛桑和江洛金·索朗杰布这样的老一辈藏族知识分子，他们努力吸收新文化、新思想，把爱国热情倾注于培养年轻的藏族人才和自己的创作之中。1956年，西藏自治区筹委会成立。西藏工委宣传部组织举行了西藏首次民间音乐舞蹈汇演，参与的音乐舞蹈艺人中有部分是由民间说唱艺人兼的。此次汇演选出了十个优秀节目，参加全国民间音乐舞蹈汇演。20世纪50年代，中国共产党的领导和新文艺的影响，给民间艺人和文艺爱好者带来了新的希望，为西藏文化和文学艺术事业的新生和发展带来了一个全新的天地。

文学创作:20世纪50年代在文坛担当主角的是一批随军进藏的部队文艺工作者。这些内地作家给长期封闭的西藏地区带来了兄弟民族的丰富文化,开拓了社会主义新文艺的道路。在小说创作方面,徐怀中的长篇小说《我们播种爱情》引起广大读者的强烈兴趣,受到叶圣陶的赞誉,多次再版,还被翻译成英、俄、德、越等语言传至海外。这部小说反映了“共产党把生活的激情和创造的种子撒播在建设者的心田,年轻的建设者们从灵魂深处迸发出对社会主义祖国和共产党的火热情感,把爱情的种子撒播在康藏高原的沃土里,浇灌出一簇簇团结之花、幸福之花”。刘克的短篇小说《央金》和《曲嘎波》获得茅盾的高度评价,认为其“笔墨简朴”,而“共产党和人民解放军之万古常青的功德都跃然纸上”。胡奇的儿童文学作品《神火》和柯岗的长篇小说《金桥》等,也都表现出高度的革命英雄主义精神。

诗歌创作:白桦的长篇叙事诗《鹰群》,写红军长征时在藏族地区播下革命火种,藏族人民在党的领导下与反动势力进行不屈不挠的斗争,终于迎来了全国解放的曙光。高平的长篇抒情诗《大雪纷飞》,通过央金姑娘支差路上对情人江卡的思念,控诉了封建农奴制度对人性的摧残,情景交融,催人泪下。土家族诗人汪承栋的长篇叙事诗《黑痣英雄》《雪山风暴》及其短小抒情诗,热情讴歌了藏族人民翻身解放、建设新生活的曲折道路和喜悦心情。杨星火的长篇叙事诗《波梦达娃》,塑造了为保卫祖国边疆英勇斗争的达娃姑娘的感人形象,对祖国的爱和对情人的爱错综交织,谱写出一曲青春的赞歌。她的抒情诗也清新质朴、情意盎然,由她作词的《叫我们怎么不歌唱》,随着罗念一的音乐旋律飞遍了五湖四海,历经几个时代仍在人们心中荡漾。藏族诗人擦珠·阿旺洛桑和江洛金·索朗杰布分别创作了歌颂川藏、青藏公路的《金桥玉带》和歌颂民族团结的《文成公主》等抒情诗,磅礴的革命激情、鲜明的民族特色在抒情诗中闪烁着迷人的光彩。这一时期在创作中反映藏族人民生活的有影响的作家还有苏策、顾工、周良沛、梁上泉、李刚夫等,他们都创作了各具特色的诗歌、散文和小说。

戏剧创作：汪钺等人的话剧《在康布尔草原上》、任萍的歌剧《草原之歌》、田汉的历史剧《文成公主》、陈其通的歌剧《柯山红日》、黄宗江的电影剧本《农奴》等，用时代的眼光回顾过去、认识现在，都具有一定的思想深度和艺术感染力，给观众留下了难忘的印象。

藏戏艺术：1956 年，中央代表团到拉萨祝贺西藏自治区筹备委员会成立，觉木隆藏戏剧团向中央代表团负责人汇报戏班情况，并组织演出藏戏，获得称赞。此后，西藏工委宣传部和自治区筹委会文教处经常组织觉木隆剧团在各种重要场合演出藏戏，又组织部分艺人随西藏文艺代表团赴北京参加全国性文艺汇演。同时，民间藏戏班也在恢复，如山南拉加里日果曲德寺的喇嘛藏戏班、措美县帽交寺藏戏班等。南木林县的甲鲁多吉顿珠，办了一个香巴藏戏训练班，培养了几十名学员，这些学员学成回乡后与一部分老艺人一起，在香河两岸新建了一些香巴戏班。山南乃东县原有几个民间戏班，此时已发展为十一个。1954 年江孜发生水灾，仁布县的江嘎尔娃藏戏队正在江孜演出，服装、面具、道具等演出用品全被大水冲走，西藏工委江孜分工委给予了紧急援助。50 年代中期，拉萨尼木县台仲和伦珠岗两个白面具戏班相继改演蓝面具藏戏。

内地戏曲艺术：这一时期，从内地来的文艺团体在西藏停留时间最久的是西藏秦剧团和西藏豫剧团。西藏秦剧团的前身是西藏工委文工队秦腔演出分队，1951 年底到达拉萨，至 1975 年解散，前后共二十五年。其间，在西藏工委、国家民族事务委员会的支持下，制衣箱、招学员，到 60 年代初已具有雄厚的实力，先后创作、改编并上演了《血的控诉》《英雄乌珠》《白玉楼》等十余个剧目，移植上演了《梁秋燕》《朝阳沟》《杜鹃山》《智取威虎山》等几十个剧目，同时演出了大量传统剧目。其中，创作于 1959 年的《血的控诉》演遍西藏各地，并在内地九省市巡回演出，最后到北京向中央首长做汇报演出，获得广泛好评。

西藏豫剧团的前身是十八军政治部文工团梆子队,1954 年底抵达拉萨。从进藏始,他们先后上演了《朝阳沟》《李双双》《穆桂英挂帅》《蝶恋花》《白毛女》等剧目,还创作了反映西藏生活的《英雄城》《哈玛与白玛》《高原血泪》等剧目。剧团走遍了拉萨、日喀则、昌都、林芝等地区,也曾到达阿里的噶尔昆沙。1964 年,剧团到郑州学习《朝阳沟》返回西藏时,曾沿川藏公路一路巡演,受到沿途藏汉军民的热烈赞扬。

西藏黄梅戏剧团、西藏川剧团和西藏京剧团是 1959 年底 1960 年初先后从内地调进西藏的,1963 年先后撤销返回内地。这些剧团在西藏期间,面向藏族同胞、中国人民解放军驻藏部队等,为满足西藏军民的文化生活及加强汉藏文化交流做了大量工作。同时,他们也处处受到藏族人民的关怀、帮助和支持。几乎每一个剧团都有藏族干部参加工作,尤其在排练藏族题材的剧目时,必定要请藏族同志进行指导。如西藏豫剧团排练《英雄城》《高原血泪》时,专门请拉萨的一位老艺人马先生担任顾问,他不但向演员们介绍西藏的风俗人情,还深入排练现场,指导演员如何演好藏族人物。西藏秦剧团在排练反映藏汉军民携手战斗的《血的控诉》时,不但有藏族同志指导化妆和造型,后来担任全国人大常委会副委员长的阿沛·阿旺晋美还亲自前来观看指导。这些内地剧团解散和返回时,其中一部分艺术骨干被留在了藏剧团和其他艺术团体,这对西藏文化艺术工作的开展,包括藏族戏曲的发展,也起到了一定的推动作用。

话剧艺术:西藏话剧艺术的发展经历了从无到有、从小到大的过程。1958 年夏秋,西藏歌舞团内部成立了一个由话剧爱好者组成的话剧组,组长是权玉静,其成员有程启祥、钟季如、关启芝、高乐珍、李积亮、大洛丹等。为了扩大话剧队伍,又吸收了部分藏族学员被吸收进来专修表演。在此期间,李积亮根据学习情况编排了《踢开绊脚石》,狄耕编排了《驱魔》等话剧。

曲艺:20 世纪 50 年代,西藏一些地方恢复了民间艺人云游说唱和受邀说唱的活动。如拉萨著名的“四大林”之一的功德林寺,按例每年藏历六月和八月，两次邀请拉萨市区著名民间女艺人次仁群宗来寺为僧众表演“喇嘛嘛呢”，僧众非常喜爱她演唱的八大传统藏戏故事的曲目。该寺在沐浴节期间，多次邀请林芝地区民间艺人扎巴来为僧众演唱脍炙人口的藏族英雄史诗“岭仲”（《格萨尔王传》），还邀请觉木隆藏戏班的主要演员阿古登巴等为僧众或在达察活佛的家里说唱各种题材的“仲谐”（即民间故事说唱）和源于印度而扎根雪域的《尸语故事》。1956 年，拉萨市东、西、南、北城区及东郊各乡纷纷组建业余文艺宣传队，能歌善舞的青年男女踊跃参加，在乡间田头、大街小巷用表演说唱的形式向群众介绍中国共产党的主张，宣传党的民族政策。当时，拉萨市爱国青年妇女联谊会从这些宣传队中挑选了十余人，成立青妇联业余文艺宣传队，利用仅有的二胡、笛子和扬琴，配合党的中心工作，自编、自导、自演歌舞说唱节目，其形式活泼、表演精彩，深受人们的欢迎和好评。在功德林寺深受藏族传统文艺特别是说唱艺术熏陶的土登，被西藏和平解放后的新思想、新文化所吸引，毅然离开寺院，参加了拉萨市青妇联及其业余文艺宣传队，从此踏上了为藏族文艺事业奋斗终生的道路。1958 年，该队更名为拉萨市青妇联业余歌舞队。

1956 年冬至 1958 年底，曾在文工团任藏戏指导的洛桑多吉，在北京中央民族学院语文系藏文教研室任教期间，曾选辑藏族民间故事、传说、神话、格言等三十余篇，还从《笑林广记》中选择了部分内容为藏文，供学生课外阅读。1957 年寒假，他向两个藏族班的学生身传口授了传统藏戏《苏吉尼玛》，同时借鉴京剧、评剧等戏曲乐队伴奏的形式，试用竹笛、二胡、六弦、扬琴等民族乐器为之伴奏。在排练《苏吉尼玛》的过程中，他向学生演员传授了“喇嘛嘛呢”说唱艺术的全套技艺。此外，他还利用业余时间潜心学习内地的相声表演技艺。

歌舞：进藏部队文工团创作的《抢渡金沙江》《建筑歌》，以及《进军路上》等舞蹈节目，以浓郁的劳动气氛和强烈的战斗气息极大地鼓舞了广大指战员和藏族支前民工的昂扬斗志。1954 年，拉萨青年联谊会和擅长民族民间舞蹈艺术的青少年重新组建文工团,创编排练了《哈达献给毛主席》《羊卓嘎玛林》《蔚蓝色的天空》《西藏,我们的家乡》《格巴桑布》等舞蹈节目。当年8月新组建的文艺队随西藏参观团赴内地参观,并在北京向中央首长做汇报演出,受到人民群众的欢迎以及党和国家领导人的称赞。

1956年,为祝贺西藏自治区筹委会成立前来的中央代表团,在拉萨等地演出了汉族和其他少数民族的音乐、舞蹈等节目,这对西藏文化艺术事业的发展起到了交流和推动的作用。当时,一批藏族学员被送往内地艺术院校学习。1956年底,在自治区筹委会文教处的主持下,在拉萨举行了首届专业文艺汇演,西藏工委与日喀则、昌都、江孜、塔工等分工委文工团以及拉萨觉木隆藏戏队等参加,涌现出不少思想性强、民族特色浓郁、艺术性较高的音乐、舞蹈、戏曲等节目,促进了西藏文化艺术的发展与繁荣。与此同时,西藏文艺代表团赴北京参加1957年全国民族民间音乐舞蹈汇演,深受人民群众的欢迎,也得到中央领导同志的高度赞扬。藏族舞蹈《格巴桑布》《草原上的热巴》等作品,还参加了在莫斯科举行的第六届世界青年与学生联欢会,《草原上的热巴》获银奖,《格巴桑布》则是西藏第一个儿童舞蹈作品,这是当代西藏文化艺术第一次正式与世界文化艺术会合与交流。

1958年,西藏歌舞团正式成立,标志着党和国家重视和保护西藏民族文化艺术,并以此促进西藏文化艺术的不断发展。

美术:西藏和平解放后,实行宗教信仰自由和尊重民族习俗的政策,各种寺庙和重要的古代建筑、美术工艺品等得到了妥善保护。1954年,罗布林卡进行了大规模的扩建,除了维修已经破损的重要古建筑及其美术品,还新建了一座宏大的新宫"达旦明久颇章",其建筑规模、装饰工艺和壁画等,都超过了罗布林卡原有宫殿。新宫内的经堂、佛殿、议事厅、达赖卧室和沐浴室等,以藏式陈设和风格为主,又有汉式陈设和西式陈设兼备的特点。特别是新宫的壁画,其题材之广泛、形式之多样、艺术之精湛,可算得上是西藏新创作的传统壁画的博览会。

二、民主改革时期西藏文化艺术的变革和发展

1959 年 3 月，西藏实行民主改革，从而揭开了西藏历史的新篇章，西藏文化和文学艺术也获得了天翻地覆的变革与发展。

戏剧：1959 年四五月间，为躲避反动分子胁迫而隐匿于家乡萨迦的扎西顿珠赶回拉萨，向中国人民解放军驻藏军事管制委员会递交了要求把觉木隆戏班改编为人民政府领导下的艺术团体的报告。在拉萨市军管会负责人、副市长王沛生的支持下，他将流散于西藏各地的四十多位觉木隆藏戏艺人寻回，8 月，拉萨市人民政府直接领导的藏戏队成立。从此，藏戏跃入革命文艺队伍的行列，藏戏艺人多年的理想实现了，戏班获得了新生。当年 10 月，藏戏队以《文成公主》参加了庆祝新中国成立十周年的专业文艺团体献礼演出活动。

1960 年初，西藏歌舞剧团成立，下设歌舞、话剧、藏戏三个演出团，原由拉萨市管理的藏戏队成为自治区歌舞剧团领导下的藏戏团。1962 年西藏歌舞剧团建制撤销，分别成立了西藏歌舞团、西藏话剧团和西藏藏剧团。来自十八军和其他方面的一批党政干部和新文艺工作者被调进西藏藏剧团，同时剧团吸收了部分藏族文艺干部和民间艺人，并于 1960 年招收了一批新学员。至 1966 年，藏剧团上演了《文成公主》《朗萨雯蚌》《卓娃桑姆》《诺桑与云卓》四个大型传统戏，以及《苏吉尼玛》《白玛文巴》的片段；创作了现代藏戏《解放军的恩情》《幸福证》《农牧交换》《渔夫班登》《血肉情谊》《阿爸走错了路》《英雄占堆》《炉火重升》等中小型剧目。其中，《解放军的恩情》和《诺桑与云卓》影响较大。

1959 年民主改革的实行，以及之后“稳定发展”的方针，使西藏广大农牧民得以休养生息，安心生产。同时，在基层建立中国共产党组织，发展中国共产党党员，通过普选建立基层政权等措施，也培养了一大批民族干部。这一切不但激起了西藏人民的爱国热忱和生产积极性，也使他们渴望更为丰富的文化生活。因此，不仅是在拉萨成立了西藏藏剧团，藏戏艺术在全区也获得

了发展。如山南著名的扎西雪巴戏班、古老的白面具宾顿巴戏班,曲松县日果曲德寺和日古雪村戏班,日喀则南木林的琼村戏班,以及贡嘎县的岗村、朗杰林、强达、先锋等乡村藏戏队。拉萨的藏戏团体则更为活跃,如贡德林寺戏班、城关区雪巴藏戏队,以及东城区、八廓街、吉日、哲蚌寺等藏戏班等。

话剧艺术:1959年秋,咸阳的西藏公学招收了一批藏族学员和个别汉族演员、导演,成立了话剧队,中央领导决定将这一批西藏话剧学员送往上海戏剧学院进行培训。这批学员于1961年夏天毕业,经推荐排演了歌颂藏汉民族团结的大型历史剧《文成公主》。1961年4月中旬,《文成公主》剧前往北京进行汇报演出。

1963年,第二批藏族话剧学员被送往上海戏剧学院接受培养。同年,话剧团参加了故事片《农奴》的拍摄工作,并取得了极大成功,该片还参加了在雅加达举办的第三届亚非国际电影节。1964年,话剧团在北京演出了大型话剧《不准出生的人》,同时创作排演了《边寨笛声》《三个卓玛》《革命的考验》《祈求者》等剧目。

曲艺:这一时期,西藏古老的说唱艺术也迎来了春天,获得复苏和发展,焕发出新的光彩。西藏各地为了庆祝农奴翻身解放,纷纷自发成立了许多文艺宣传队,宣传党的政策,抒发获得新生的欢欣,拉萨城区各居委会也都重新组建业余宣传队。1959年7月31日,拉萨市区各个市民文艺歌舞队在拉萨市大礼堂举行联合汇报演出。同年9月18日,拉萨市东、西、南、北四个城区和东郊蔡公堂等六十个单位的群众业余演出队举行了汇演。其中,东城区演出队由洛桑多吉学习和借鉴内地相声艺术的形式特点,首先创作、改编和表演了藏语相声《醉酒》《遵守交通规则好》《人民公社喜事多》等节目,受到城乡广大群众的欢迎和称道,洛桑多吉也受到中国相声大师侯宝林的称赞。

1960年9月26日至10月3日,拉萨市举行群众业余文艺汇演,来自各县(区)和市直机关、学校的十个文艺队参加了演出,并对一些歌舞说唱类优秀节目如藏语相声《醉酒》、折嘎《折嘎桑白顿珠》等进行了颁奖。年底,拉萨四个城区的二十多名藏族翻身农奴子女组成了拉萨市业余歌舞队。同年 11 月 26 日至 12 月 29 日,西藏群众业余文艺代表团赴北京参加全国少数民族群众业余艺术观摩演出会,表演了民歌、山歌、独唱、舞蹈和说唱等节目。这一时期,在西藏各地,群众性的说唱如“岭仲”“喇嘛嘛呢”“折嘎”等也十分活跃,广大藏族群众在党的民族政策和宗教政策的阳光照耀下,充分享受着自己的权利,众多民间说唱艺人获得了真正的新生。

歌舞:1959 年西藏实行民主改革,百万农奴翻身解放,前往内地艺术院校学习的学员也一批又一批地返回西藏,这为各种艺术表演团体增添了新生力量。社会主义文艺事业进入了一个崭新的发展阶段。拉萨、昌都、山南、那曲、日喀则、阿里、林芝等六地一市相继成立了歌舞团或文工团,涌现了诸多音乐、舞蹈、戏曲等优秀节目,其中《洗衣歌》《丰收之夜》等在全国具有较大影响,一时间全国上下不管是专业文艺团体还是专业艺术院校甚至业余文艺队伍都在演出藏族舞蹈《洗衣歌》。

1965 年为庆祝西藏自治区成立,西藏歌舞团和西藏军区政治部文工团联合创作演出了大型音乐舞蹈史诗《翻身农奴向太阳》,这是西藏历史上第一个大型歌舞节目,它体现了在党的领导下百万农奴翻身解放、人民欢欣鼓舞的社会气象。同年,拉萨隆重举办了自治区第二届专业文艺汇演。

摄影、美术:随部队进藏和之后陆续进藏的摄影与美术工作者,在西藏实行民主改革后创作了不少作品,如马竞秋、陈茵、陈宗烈等的摄影作品,美术工作者如李焕之、琪加达娃等也创作了许多反映农奴翻身解放和民族风情的版画。同时,藏族的新一代摄影和美术工作者也开始培养。

三、改革开放时期西藏文化艺术的发展与繁荣

20 世纪 80 年代初,自治区开始对西藏民族民间文化艺术遗产进行大规模、系统性的普查、搜集、采录和整理工作。为完成好国家社科规划和全国

艺术科学规划重大项目——十部“中国民族民间文艺集成志书”的编纂任务，自治区先后派出调查组，深入全区城镇、乡村和寺院，对民族民间艺术和宗教艺术包括民间歌曲、戏曲（藏戏、门巴戏）、舞蹈、曲艺、戏曲音乐、曲艺音乐、器乐曲、民间故事、谚语、歌谣等进行了普查采录和全面调查。《中国戏曲志·西藏卷》《中国谚语集成·西藏卷》与《中国民间歌谣集成·西藏卷》分别于1993年和1995年正式出版。《中国民族民间舞蹈集成·西藏卷》《中国民间故事集成·西藏卷》和《中国戏曲音乐集成·西藏卷》分别于2000年与2003年出版。中国民族民间歌曲、器乐曲、曲艺、曲艺音乐四大集成志书的西藏卷也在编纂之中。

1979年，西藏自治区成立了抢救、整理《格萨尔王传》的专门机构，展开相关工作，还于1984年8月在拉萨召开全国《格萨尔》民间艺人演唱会。1978年至1985年，相关机构记录、整理《格萨尔王传》藏文本五十余种；1987年至1990年，其藏文本三十余种先后出版。有关《格萨尔王传》的学术研讨、审稿出版等不同类型会议的召开，包括三次大型国际学术研讨会，使这一长期口头传唱的民间文学成为一部系统完整、有“世界史诗之王”之誉的文学巨著，它也被列入国家“七五”“八五”“九五”重点社科项目。到2000年，《格萨尔王传》已有十八大宗和众多的小宗单行本面世，还有十多种译成汉文出版。

1981年西藏自治区文学艺术界联合会正式成立，共发展会员三百多人。1989年，自治区文艺工作者第二次代表大会召开，原来的五个协会扩建为九个协会，会员发展到九百多人。1999年，西藏文学艺术界联合会第三次代表大会召开，由九个协会发展为十个协会，会员发展到一千五百多人，其中全国会员二百五十多人。一批藏族文学艺术家登上文坛艺苑，形成了以藏族为主的各民族紧密团结合作的文艺工作者队伍。

1994年中央召开第三次西藏工作座谈会以后，西藏的文学艺术创作更加繁荣。1995年至2000年间，西藏文艺界共创作演出新编剧、节目五百六十九个,其中获全国性奖项五十一个、自治区奖项一百二十一个。自治区各专业艺术表演团体五年共演出四千八百八十七场,观众达二百七十九万人次。

文学创作:西藏文艺的繁荣,首先表现为文学队伍的更新与扩大,包括 20 世纪 70 年代以秦文玉、范向东、马丽华为代表的进藏大学生,80 年代以马原、刘伟、李启达、冯良为代表的进藏大学生,以及在西藏生活多年的汉族作家和藏族作家如益西单增、叶玉林、李佳俊、黄志龙、萧蒂岩等,还有西藏当地已经成长起来的藏族年轻作家和藏汉族作家子女如扎西达娃、色波、金志国、李双焰等,各路人马齐集拉萨,盛况空前,蔚为壮观。同时,汉文版《西藏文学》于 20 世纪 70 年代末创刊,也成为这一时期西藏文学发展繁荣的关键新因素。恪守现实主义传统的多产作家益西单增创作了六部长篇小说和一批中短篇小说。他的长篇小说代表作有:《幸存的人》,写曾经的血泪烟火中农奴们的悲惨命运和反抗精神;《迷茫的大地》,写和平解放时期的风云变幻中农奴们的觉醒和西藏人民走向新生活的必然趋势;《雪剑残阳》,写 19 世纪末 20 世纪初西藏人民抗英斗争的波澜起伏和悲壮历程;《菩萨的圣地》,写 20 世纪六七十年代的人生悲剧;《乡野》,写农村在改革开放中发生的复杂深刻而又戏剧性的变化;《庄园异梦》,写一位庄园主的私生子历经新中国成立前直至改革开放后的西藏社会生活的奇特人生。作家叶玉林则以饱满的激情创作了三部长篇小说——1979 年出版的《飞瀑》、1985 年出版的《神猎》和 1987 年出版《雪山强人》。这一时期的文学新人,有遵循现实主义创作道路,又通过广泛接触发现东西方的宗教信仰和思想观念差异,并在其创作中独树一帜的通嘎;反映藏族人在北京的生活经历,在心平气和的娓娓道来中不时夹杂机智幽默的吉米平阶;在创作中往往塑造硬汉形象的李双焰等。

西藏新小说:"西藏新小说" 自 1985 年 6 月《西藏文学》刊登五篇魔幻现实主义风格的作品开始渐成气候。其中,真正成就了自己的魔幻和神秘的是扎西达娃,他于 70 年代末走上文坛,80 年代前期的小说创作还基于现实主义手法,1985 年 1 月发表的《西藏,系在皮绳扣上的魂》是他的创作转折点,此后连续发表《西藏，隐秘岁月》、“虚幻三部曲”和《古宅》《智者的沉默》《黄房子前面》等，90年代发表两部长篇小说《骚动的香巴拉》和《桅杆顶上的坠落者》。他在西藏新小说群体中“一路领先，身旁身后总有一群同路者和追随者……成为一面旗帜”。

20世纪80年代，马原的小说一时闻名西藏乃至全国，他为新时期文学创作的叙事方式拓展出一片新天地。同时，被称为“准学者”的刘伟、“固守唯美抒情”的金志国、“在灰色封闭圈的中心”的色波、具有“恬静之美”的格央、具有“浪漫之美”的维色、具有“端庄之美”的央珍、具有“飘逸之美”的梅卓等作家，都在这一时期创作出自己影响较大的作品。

报告文学：这一时期有影响力的报告文学作品有阎振中的《进藏英雄先遣连》、加央西热的《西藏最后的驮队》等，其中加央西热《西藏最后的驮队》获第三届鲁迅文学奖报告文学奖。

藏文文学：80年代，当代西藏藏文文学的第一部长篇小说——藏族作家班觉的《璁玉》问世；然后，扎西班典的《普通人家的岁月》、旺多的《斋苏府秘闻》、旦巴亚尔杰的《血染雪峰》（后改名为《遥远的黑帐篷》）等长篇小说也相继面世。此外，还有一些出色的作家和作品，如恰白·次旦平措的诗歌《冬之高原》、益西丹增的诗集《劝言珠串》、伦珠朗杰的诗集《蜜蜂乐园》、次多的散文集《母亲的恩情》、伍金多吉的诗歌《高原的风》、平措扎西的中短篇小说集《斯曲和她五个孩子的父亲们》、克珠的《四季农活》、其美多吉的中篇小说《黑风中的雄鹰》以及多杰才让的《江瀑文选·诗歌卷》《江瀑文选·散文卷》等。同时，许多以藏文创作的报告文学、文学评论、相声、小品等作品也纷纷涌现。

其中，藏文诗歌创作从韵味和回文诗体逐渐走向现代诗歌的各种流派，具有代表性的如端智嘉的《青春的浪花》和伍金多吉的《母亲的泪》。前者以激昂的情绪、铿锵的语调、火热的情感、阳刚的气质和自由诗的格式，反映了年轻一代向上奋进、勇挑时代重担的风貌；后者以细腻的感触、深沉的笔调、朴实的语言和真挚的情感，刻画了世上最高尚的母亲无私而伟大的情操。在这场诗歌革命中，还有以“江瀑”为笔名的多杰才让，他更像一只翱翔于蓝天与雪山之间的鹰。

另外，次仁罗布于2009年发表小说《放生羊》，获第五届鲁迅文学奖。

诗歌创作：这一时期的代表诗人有80年代初开始活跃的女诗人马丽华，她于1988年出版诗集《我的太阳》，还有蔡椿芳（于斯）、惟夫、刘志华、贺中、唯色等。1982年，阎振中（摩萨）与吴雨初、魏志远、洋滔等诗人创立了“雪野派”，他们以及老诗人萧蒂岩等都有影响较大的诗作和诗集问世。

散文创作：这一时期出现了一个纪实性文化散文作家群，其中首推马丽华，代表作品有《走过西藏》《雪域文化与西藏文学》《十年藏北》《青藏苍茫》等。此外，金辉、阎振中、廖东凡、杨辉麟、秦文玉、范向东等也都有影响较大的散文集出版。1998年，在第四届全国当代少数民族文学研究奖评选中，西藏自治区的文学评论家李佳俊、马丽华、克珠、维色、旦巴亚尔杰、多杰才让、格央、次仁朗公等获奖。

翻译文学：西藏自治区翻译协会、西藏作家协会文学翻译学会曾联合举行世界文学名著《一千零一夜》的藏译本研讨会。1999年在拉萨市文联“国庆五十周年、西藏民主改革四十周年”主题征文活动中，有三十位藏汉作者的二十八篇作品获奖。2001年，西藏作家协会为庆祝西藏和平解放五十周年，推出“西藏当代作家丛书”第三辑和长篇小说翻译丛书。同年，西藏专题综合性网站“中国西藏网”藏文版正式开通。2007年，由西藏文联与西藏作家协会共同编辑的“西藏文学丛书”在中国藏学出版社出版，丛书共七册，分别是：《雪山赞歌——西藏诗歌散文选》（藏文）、《时代明镜——西藏小说评论选》（藏文）、《心田甘露——西藏民间传说集锦》（藏文）、《夏日无痕——西藏小说选》（汉文）、《西藏吟行——西藏诗歌散文选》（汉文）、《镌刻在西部的忠诚——西藏报告文学选》（汉文）、《西藏文化建设与文艺管理文集》（汉文）。

藏戏艺术：1978年党的十一届三中全会后，中央对西藏工作做出了重要指示，党的民族政策和文艺方针得以恢复，西藏各地的藏戏艺术活动也随之纷纷恢复。1980 年 5 月，为繁荣西藏的文化事业，推动藏戏艺术的发展，自治区举办了首届业余藏戏汇演。参加汇演的藏戏团队和剧目有：拉萨雪巴藏戏队的《卓娃桑姆》、山南曲松县藏戏队的《苏吉尼玛》、日喀则仁布县江嘎尔娃藏戏队的《诺桑法王》、日喀则昂仁县迥巴藏戏队的《诺桑法王》、日喀则江孜县文工团的新编历史剧《宗山激战》和拉萨墨竹工卡县业余藏戏队的新编现代戏《雪山小英雄》。其间，昌都地区文化局和江达县德格藏戏岗托戏班派代表观摩了汇演。这次汇演推动了藏戏艺术在全自治区的发展，如山南地区群众艺术馆对古老的白面具藏戏扎西雪巴进行了抢救，昂仁县迥巴藏戏班培养了一批年轻演员，还有仁布县的江嘎尔娃，拉萨市城关区的直巴，堆龙德庆县的东嘎，山南的乃东、泽当，贡嘎县的朗杰雪，浪卡子县的琼果孜，南木林县的空玛，定日县的雪嘎，江达县的岗托等藏戏团体也都有频繁的演出活动。

这一时期，西藏专业和业余藏戏团体开始创作、演出具有一定艺术水准的新剧目，如墨竹工卡县业余藏戏队的大型现代戏《雪山小英雄》、江孜文工团创作演出的大型历史剧《宗山激战》、自治区藏剧团创作演出的中型现代喜剧《阿妈加巴》及一系列中小型现代藏戏。此外，还有大型历史藏戏《汤东杰布》《八思巴》《文成公主》以及大型现代藏戏《苍决的命运》等。

1986 年 8 月，拉萨恢复举办一年一度的传统雪顿节。西藏民间觉木隆派的传统藏戏《卓娃桑姆》《苏吉尼玛》《白玛文巴》，江嘎尔派的《诺桑法王》，迥巴派的《顿月顿珠》《朗萨雯蚌》，香巴派的《文成公主》《朗萨雯蚌》，以及昌都藏戏《文成公主》等，在雪顿节期间演出。自治区藏剧团为雪顿节创作演出了大型历史藏戏《汤东杰布》和传统戏《白玛文巴》。被邀赴藏参加演出的还有甘南藏戏团创作的名著改编剧《雍努达美》和格萨尔史诗剧《降伏魔国》，以及青海海南州文工团创演的格萨尔史诗歌舞剧《霍岭之部》。8 月 6 日至 11 日，中国各地藏戏情况交流和学术讨论会举行，著名戏剧理论家、时任中国戏剧家协会研究室主任曲六乙做了学术报告。会后，五省区藏戏研究学会成立。

1996年，西藏自治区举行专业文艺调演，自治区藏剧团创演的藏戏综艺晚会获三等奖。1997年，小次旦多吉开始创作新编大型历史藏戏《文成公主》。1998年，扎西多吉带了一个藏戏片段演出队应邀赴蒙古国演出，受到热烈欢迎和好评。1999年，在春节藏历年晚会上演出的由朗嘎编导、格次创作音乐的《吉巴尼玛》获观众最喜爱的节目奖。1999年10月，《中国藏戏艺术》首发式在拉萨举行。进入21世纪后，自治区藏剧团又创作了一些小型藏戏和藏戏节目，在自治区小品比赛和春节藏历年晚会评比中屡次获奖。2004年，新编大型传统藏戏《卓娃桑姆》荣获"文华新剧目奖""文华导演奖""文华音乐奖"和"文华演员表演奖"四项大奖。

2005年，新编大型历史藏戏《文成公主》参加第二届全国少数民族文艺汇演，荣获金奖。同年，大型现代综艺藏戏《万里高原千里春》、堆谐《亚隆江萨》和由白玛卓嘎担任服装设计的《西藏风》时装表演，在春节藏历年晚会上分别获观众最喜爱的戏剧节目奖和最佳服装设计奖。2007年，京剧藏戏《文成公主》荣获中宣部"五个一工程"奖，入选国家舞台艺术精品工程"十大精品剧目"。2008年，藏戏《吉祥奥运》被选中参加北京奥运会开幕式演出。2009年，藏戏《吉祥奥运》荣获自治区宣传部第三届"五个一工程"奖。同年，新编大型现代藏戏《朵雄的春天》在全国地方优秀剧目展演中获最高荣誉奖。

话剧艺术：80年代以后，西藏话剧团创演了大型历史剧《松赞干布》《十三世达赖喇嘛》和《布达拉宫秘史》。《布达拉宫秘史》后来被搬上银幕，参加了1989年电影艺术节，受到一致好评。此剧后改为《布达拉宫风云》，参加1994年第二届西南话剧节并获奖。西藏话剧团后来创演的《旺堆的哀乐梦》《赞普的子孙》《亚隆之恋》《寻迹唐古拉》《扎西岗》《穿越巅峰》《解放！解放！》等大型剧目和一些小品也分别获得自治区及全国性的奖项。西藏话剧团的骄人成绩，是藏汉各民族大团结的智慧结晶。

2006 年 7 月，在拉萨举行的青藏铁路通车庆祝大会上，西藏自治区话剧团创作首演了大型话剧《穿越巅峰》，引起巨大反响。该剧讴歌了青藏铁路建设者在攻克国际高原冻土技术难关、生态环保、尊重藏民族文化传统等方面的业绩，成为一曲真实而动人的交响音画。2007 年，该剧入选纪念中国话剧诞生一百周年暨全国优秀剧目展演二等奖，同年又获得第五届中国戏剧文学奖金奖。

曲艺：20 世纪六七十年代，西藏刚刚复苏的曲艺事业也受到了破坏。1976 年后，西藏的说唱艺术再度活跃起来。拉萨市歌舞团的藏语相声《治穷致富》和折嘎《说不完的喜事》，激励人们打破精神枷锁，坚决走治穷致富的道路。

1981 年 10 月，拉萨举行了自治区首届曲艺调演，藏语相声《治穷致富》、单人折嘎《说不完的喜事》、喇嘛嘛呢《猴鸟的故事》、扎年弹唱《格萨尔王传·门岭之战》、藏语相声《尼玛老师回来了》、四人折嘎《到山南参观》、折嘎《物交会的喜悦》等作品获奖。

1982 年 3 月，拉萨市歌舞团的曲艺队带着双人折嘎《贺喜》、故事说唱《尼曲桑布》、藏语相声《歌舞的海洋》、扎年弹唱《格萨尔王传·门岭之战》等节目前往苏州，参加了全国曲艺优秀节目（南方片）观摩演出且均获奖。

1982 年，在自治区小型节目调演中，区曲艺代表队的相声《尼玛老师回来了》、折嘎《物交会的喜悦》等获奖。1983 年，拉萨市歌舞团参加全国少数民族"乌兰牧骑"式文艺调演时，扎年弹唱《爷爷和孙孙》《好时光》等五个节目获奖。1985 年 9 月至 10 月，自治区举行全区第五届专业文艺汇演，拉萨市歌舞团的相声《四不象》、扎年弹唱《扎年扎西杰布》，日喀则地区文工团的相声《文学的宝库》、女声扎年弹唱，阿里地区文工团的扎年弹唱，以及山南地区文工团的相声《藏族民间谚语》等获奖。

1987 年秋，原中国曲艺家协会理事、西藏曲艺家协会主席、拉萨市歌舞团团长土登随中国西藏音乐艺术团赴英国伦敦参加"国际宫廷音乐艺术节"，他说唱的史诗《格萨尔王传》十八大宗之《霍岭大战》片段和“赞帽”段落倾倒了外国观众，演出获得巨大成功，为祖国和藏族人民赢得了声誉。

1989年雪顿节期间，自治区举办全区首届专业曲艺、戏剧小品比赛。山南队的折嘎《久病成良医》、阿里队的折嘎《三个折嘎》、日喀则队的相声《情挚串连》等节目获雪顿节最佳创作和表演奖；山南队的藏语快板《家乡的变化》、相声《好内法》，拉萨市队的岭仲说唱《宗巴赞帽》、相声《出丑记》、喇嘛嘛呢《猴鸟的故事》、六人折嘎《吉祥的祝词》，山南队的故事表演《心灵的创伤》，昌都队的相声《别字的误会》，西藏军区队的相声《连队的歌声》，阿里队的扎年弹唱《索朗扎巴》，日喀则队的相声《男子汉》，山南队的相声《好办法》等节目也均获奖。

1976年之后，关于《格萨尔》的抢救工作开始在自治区党委和人民政府的高度重视下全面展开。1980年两次举行抢救《格萨尔》的座谈会，后成立抢救领导小组及办公室。1984年8月，西藏、青海、四川、甘肃、云南、内蒙古、新疆七省区英雄史诗《格萨尔》民间艺人演唱会在拉萨举行，与会的说唱艺人近四十人。会中，大家为七十九岁高龄的扎巴老人祝寿，表彰他在抢救工作中做出的巨大贡献。由于充分发挥了艺人们的积极性，《格萨尔》的抢救工作也有了新的起色和发展，在搜集、整理、翻译、出版的基础上，广泛开展研究工作，形成了初具规模的《格萨尔》老、中、青研究队伍，涌现出一大批专家和学者。国内出版的有关《格萨尔》的研究专著和论文集有数十部，发表的论文和文章更是不胜枚举。在抢救、搜集和整理的过程中，大批“岭仲”说唱艺人也同时被发现，他们都能够说唱许多作品，如扎巴老人四十三部、玉梅七十部，桑珠可以说唱十部大宗和十部小宗，等等。

1991年11月，西藏说唱艺人玉梅、桑珠、次仁占堆等被国家民委、文化部、中国社会科学院、中国民间文艺家协会四家单位授予“《格萨尔》说唱家”的称号，已故的扎巴老人被追认“《格萨尔》杰出说唱家”光荣称号。

此外，1993年至1995年，西藏人民出版社出版了相声作品专集《笑林春使》和《笑林春花》等。2000年，自治区专业曲艺、戏剧小品比赛在拉萨举行，参赛的三十四个作品中有十一个获奖。2001年，在全区曲艺小品比赛中，拉萨市民族歌舞团的喇嘛嘛呢《当今社会新闻》获一等奖。2004年，在第二届全国少数民族曲艺展演中，西藏曲艺家协会组织的四个参演作品获奖。2006年，在第四届中国曲艺牡丹奖评奖中，原西藏曲艺家协会主席土登荣获终身成就奖。

歌舞：自党的十一届三中全会召开以后，西藏自治区创作了大量舞蹈作品，包括独舞、双人舞、三人舞、集体舞、歌舞剧、舞剧等。独舞作品有《牧羊姑娘》《热巴普姆》《春》《韵》《珞巴土风舞》《生灵》等。其中，《牧羊姑娘》在1990年全国单、双、三舞蹈比赛中获三等奖，《韵》在1997年第七届全国少数民族舞蹈比赛中获编导一等奖、表演二等奖、音乐优秀奖。双人舞作品有《忏悔的心》《登人与喇叭花》《美》《牧童》《雪莲赞》《情思》等。三人舞作品有《嘎尔巴舞》《金色的季节》《边疆把根扎》等。集体舞作品有《扎西德勒》《高原苹果香》《林卡欢舞》《夏尔巴的春天》《央金玛》《欢乐的羌塘》《春到茶山》《藏东赛鼓》《玫鸯的麦场》《炒青稞》《扎仓拉》《小伙子赛舞》《煤海情深》《草原战歌》等。其中，《林卡欢舞》和《夏尔巴的春天》在1980年全国少数民族文艺汇演中获音乐舞蹈创作一等奖。舞剧有《桔子姑娘》《猎人见米拉热巴》《热巴情》等。其中，《热巴情》于1984年赴北京、天津、成都等城市汇报演出，受到高度称赞。1999年8月，在全国第十届孔雀奖少数民族单、双、三舞蹈大赛中，西藏自治区歌舞团选送的双人舞《珞巴人的刀》获金奖（创作、表演一等奖，音乐三等奖），独舞《天鼓》获创作、表演三等奖。此外，西藏歌舞团还创演了大型藏族音乐组曲《雪域大法会》，大型歌舞晚会《阳光雪域》《德西美朵独唱音乐会》，大型主题歌舞《大雁颂》，大型主题音乐会《回归颂》，大型歌舞表演《吉祥颂》《天上西藏》《多彩的哈达》《和谐颂》《珠穆朗玛》等。

西藏自治区歌舞团以及昌都、山南、日喀则、那曲等地区文工团和拉萨市民族艺术团等艺术表演团体先后赴美国、英国、加拿大、瑞士、日本、法国、德国、丹麦、瑞典、奥地利、比利时等三十多个国家进行访问演出，屡屡产生轰动效应。他们在国际文化交流中正确地宣传了西藏，也学习和借鉴世界文化之精华，促进了西藏文化艺术的创新和发展。

在1993年、1995年、1997年的三届珠穆朗玛文学艺术大奖评选中，西藏自治区有三十二名文学艺术家、近二十部文学艺术作品获奖。

1995年，首届才旦卓玛艺术基金歌曲新作暨声乐演唱大赛拉开序幕。2000年，在第二届才旦卓玛艺术基金歌曲大赛中，自治区二十四首歌曲从近二百首应征歌曲中脱颖而出，分别获得荣誉奖、银奖、铜奖、优秀奖和鼓励奖（金奖空缺）。2005年12月，才旦卓玛率领"祝贺著名藏族歌唱家才旦卓玛从艺五十周年"活动赴湖南文化艺术代表团在韶山举行了"颂歌献给毛主席——才旦卓玛专场文艺晚会"，又在湘潭举行了"《乡情》群雕揭幕文艺晚会——才旦卓玛专场文艺演出"。2006年，《雪域之音：才旦卓玛传》和纪实画册《高原歌魂——著名藏族歌唱家才旦卓玛》正式出版并举行了首发式。

1980年，西藏自治区艺术学校成立，西藏有了自己的人才培养基地，培养了一批又一批专业舞蹈、声乐、藏戏演员和专业编导人才，他们分布在西藏各地的文艺表演团体中，并起到了骨干作用。

1986年，西藏自治区民族艺术研究所成立，它标志着西藏文化艺术的创作研究进入更高层次。民族艺术研究所主办了《西藏艺术研究》藏文版和汉文版，有了自己的理论研究基地、人才和成果，为促进西藏艺术表演、教育、创作以及理论研究起到了积极的推动作用。

摄影、美术：20世纪80年代以来，西藏不仅有一大批来自内地的摄影工作者，如马竞秋、陈宗烈、陈茵、顾绶康、车刚、张鹰、刘丽嘉、杜世华等，成绩突出；而且有一批成长起来的藏族摄影家，如扎西次登、旺久多吉、阿多、才龙、扎西旺堆、阿龙等，他们的作品多获自治区及全国性奖项。1998年4月至7月，"我眼中的西藏"和"藏澳摄影家眼中的澳门"摄影展分别在拉萨和澳门举办。10 月,为庆祝新中国成立五十周年,深圳中国民俗文化村特别推出西藏风情周专项大型庆祝活动,其中有西藏自治区摄协组织的“雪域风采”摄影展。2000 年 6 月,首届澳门、西藏、大连三地摄影联展在大连开幕,其中有来自西藏自治区摄影家的共六十幅作品参展。

改革开放后,西藏的美术创作既有对藏族美术优秀传统的继承和弘扬——在这一方面成绩卓越的有安多强巴、益西喜绕等,又有对其他地方美术创作的借鉴和创新,从而发展并形成了由一批藏汉族青年画家组成的为中外美术界所瞩目的西藏绘画流派,其中的代表画家有韩书力、刘万年、叶星生、罗伦张、张鹰、余友心、次仁多吉、强桑、马阿布、扎西次仁、巴玛扎西、阿旺晋美等。

另外,城市雕塑作为文化事业也开始崛起,诞生了雕塑作品《天下第一道班》《高原之宝》《珠峰国旗》《射箭赛马》《吞米·桑布扎》《宇妥·云丹贡布》等。西藏民间的工艺创作和生产也迎来很大发展,如西藏地毯,在拉萨、日喀则、江孜等地都有制作工厂。特别是江孜卡垫(即江孜地毯),在花色品种上创造了许多具有时代精神的新图案,生产的品种也由过去的八种增加到五十多种。江孜卡垫以“中国西藏地毯”的品牌进入国际市场,远销英国、德国、瑞士、比利时、荷兰等国家。

1998 年,由西藏美协组织,吴作人先生和丹增担任艺术顾问,西藏画家阿旺扎巴、韩书力、于小冬构思创作的大型历史油画《金瓶掣签》圆满完成。西藏美协在马来西亚成功举办了“西藏当代绘画精品展”,著名唐卡《至贵殊灵彩缎展佛》也被上海大世界吉尼斯总部载入《大世界吉尼斯之最》。进入 21 世纪,叶星生的藏品——刻有《大日如来和八大随行弟子》的经书护板在 CCTV 首届民间藏品展(赛宝大会)上荣获金奖。1999 年,“当代西藏绘画作品展”(包括八位藏族青年画家的作品)在北京举行。同年,西藏美协选送了二十四幅作品参加第九届全国美展,西藏美协也获得第三届“全国民族团结先进集体”荣誉称号。“99 中国民间工艺、美术、书法大展”中,西藏自治区画家刘万年获“99 中国百杰画家作品金奖”和“99 中国百杰画家”荣誉。西藏书协和美协在拉萨联合举办了庆祝中华人民共和国五十华诞暨西藏民主改革胜利四十周年、迎接澳门回归祖国“西藏自治区书画佳作邀请展”。为庆祝西藏民主改革四十周年,拉萨市文联举办了书画邀请展。同时,“雪域风情”交响音乐会在北京公演。1999 年 8 月至 9 月,“西藏美术精品展览”在大连举办。10 月,西藏美协和书协联合主办“国庆五十周年暨西藏民主改革四十周年画展”。11 月,罗伦张获中国版画家协会颁发的 80 年代、90 年代优秀版画家“鲁迅版画奖”。2000 年,“靳尚谊、韩书力画展——中国文联代表团越南、尼泊尔成果展”在北京举行,“珠峰连镜海——西藏当代画家彩墨画展”在澳门举行。同年 12 月,韩书力、巴玛扎西应邀参加“第二届深圳国际水墨双年展”。

2004 年 5 月,由李可染艺术基金会主办,西藏自治区文联、西藏美术家协会及西藏书画院协办的“雪域彩练——西藏当代绘画邀请展”在北京、上海、广东、深圳进行巡回展出,引起了学术界和国内外有关人士的极大关注。2006 年 7 月,《青藏铁路全貌图》美术书法摄影展在西藏博物馆开幕。同年,李知宝的唐卡作品《雪山红日》被西藏博物馆收藏。他创作的历史题材重彩壁画《盛世庆典》,反映文成公主与松赞干布联姻庆典的场景,在十二平方米的总面积内绘制了八十多位大小人物。2008 年,洛桑的油画作品《高原幸福路》被西藏博物馆收藏。

从 20 世纪末至 21 世纪初,西藏当代画坛先后有《百杰画家 · 韩书力作品精选》《百家画库 · 中国美术家余友心专集》《百家画库 · 中国美术家巴玛扎西专集》《阿布画集》《李知宝作品集》《刘万年山水画集》和《西藏油画集》等名家绘画作品集出版。

影视:由于技术设备和人才储备的局限,西藏的影视艺术起步较晚,直至 20 世纪 90 年代才开始“显山露水”,但其仅露出冰山一角时,就已令人刮目相看。西藏国际文化影视公司拍摄的十二集大型文化电视系列片“西藏文化系列”之《僧俗之间的克珠》,在 1993 年成都国际电视节上获“金熊猫奖”提名奖,其中六集获 1994 年第三届精神文明建设“五个一工程”电视剧节目奖。西藏戏剧家协会银峰公司及四川电视台联合摄制的由西藏戏剧家执导的电视剧《康巴汉子》,获第五届全国少数民族题材电视艺术“骏马奖”一等奖和四川省 1993 年度优秀广播电视文学节目优秀电视剧一等奖。西藏文化传播公司与中央电视台联合摄制的大型电视系列片《我们西藏》之《八廓南街 16 号》获 1997 年法国真实电影节“真实电影奖”大奖。音乐电视《向往神鹰》(词曲均为西藏艺术家创作)荣膺 1995 年“花城杯”全国音乐电视大赛优秀奖和创意奖。

值得注意的是,西藏一些从事文学、戏剧及其他艺术门类的文艺家勇于走出“圈子”而“触电”,与影视艺术结下不解之缘,他们创作的一些高品位、具有浓郁民族生活气息和艺术感染力的优秀影视作品,引起了影视艺术界的极大关注。如藏戏电视剧《朗萨雯蚌》,是古典艺术与现代技术手段结合的一次成功尝试,令藏戏以电视的形式走出雪域。

21 世纪以来,西藏拍摄的优秀影视作品有《活佛》《茶马古道》等。其中,电视剧《茶马古道》荣获第十届精神文明建设“五个一工程”奖。此外,电视剧《雪域天路》,电视纪录片《新西藏》《当家作主四十年》,电视专题片《壮美天路》,电视风光专题片《雅隆的诱惑》等获自治区“五个一工程”奖。

群众文化:1978 年以后,西藏通过试点,逐渐组建了一批乌兰牧骑式文艺宣传队,其中昌都地区就组建了十一个,并于 1986 年 6 月举行了首届汇演。同时,各地纷纷恢复和新建了许多民间藏戏队,1980 年全区举行了首届业余藏戏汇演,各个地市有名的民间藏戏班都参加了汇演。

20 世纪 80 年代以来,随着自治区和各个地市陆续建立群众艺术馆,全区的群众文化活动有了很大发展。自治区群众艺术馆和各地市群众艺术馆经常举办群众业余文艺比赛,比如自治区群众艺术馆举办了“抗击‘非典’群众文艺比赛”“全区老年文艺比赛”“全区的群众业余文艺大赛”等多个大型活动，在社会上产生了良好反响。西藏图书馆于 1996 年 7 月正式开馆运营，已经办理数万张借书证，接待读者数十万人次。西藏博物馆也于 1999 年 10 月落成开馆，举办了“西藏历史文物展览”“藏族彩色巨型长卷唐卡展”等一系列展览，接待国内外观众数十万人次。同时，少儿蒲公英文艺计划也开始实施，创作演出的一批节目在社会上产生了比较好的影响；在原文化部的关心支持下，经过西藏有关部门的努力，堆龙德庆县国家级农村儿童文化园正式建立，儿童日常文化活动有声有色地开展起来。1999 年，西藏雪莲少儿艺术团成立，创作排练了一批节目，为自治区内外观众演出数百场，并应邀前往美国和欧洲许多国家演出，受到热烈好评。

在群众文化艺术事业基础设施初步完善的前提下，西藏自治区群众艺术馆曾多次派出干部和业务人员深入农牧区、边境县（口岸），举办音乐、舞蹈、美术等培训班，培训群众业余文艺骨干，编写和印发各种文艺辅导材料，赠送乐器、服装和化妆用品，指导各地市举办群众业余文艺汇演。同时，各地市群众艺术馆艰苦创业，群策群力，密切结合一年一度的藏历年和各地市传统物资交流会以及民俗和宗教节日，广泛开展各种群众业余文化活动，并陆续创建了各地市全方位开放的有着现代规格的著名艺术节，比如拉萨市的雪顿节和旅游文化艺术节、山南地区的雅隆文化节、那曲地区的赛马节、日喀则市的珠峰艺术节、昌都地区的康巴艺术节、阿里地区的恰钦艺术节、林芝地区的贡布艺术节和杜鹃花旅游艺术节，等等。特别是近年来，在国家和自治区有关部门的大力支持下，经过群众文化工作者的努力，全区建成日喀则、山南、林芝、阿里边境文化长廊四个，多功能群众文化艺术馆、县文化馆五十余座，乡村文化室四百多个，业余文艺宣传队包括民间藏戏演出队二百五十多个，基层电影放映队六百五十个、放映点九千三百多个。在这些文化设施中，电视、电影、录像放映、娱乐、图书阅览，以及乒乓球、台球、甜茶馆、文艺演出场所等一应俱全。群众文化艺术馆、图书馆、县文化馆、乡村文化室、电影放映队、业余文艺演出队等配套发展，互相促进，相互补充，形成了具有西藏特色的群众文化网络，为丰富群众文化生活，提高民族文化素质，促进西藏社会稳定、经济繁荣和各项事业的发展，发挥了重要作用。

1998年，总投资为二百六十万元的堆龙德庆县国家级农村儿童文化园竣工落成。在第七次全国万里边疆文化长廊建设现场会暨第二次文化援藏会议上，全国各省市文化部门对口援助西藏各地市、单位的援助资金达四百二十六万元。西藏民间文艺家协会组展参加首届中国国际民间艺术博览会获金奖，参展的西藏民间艺术作品有皮制彩色唐卡、布画唐卡、银制藏式酒具、铜制佛像、卡垫、首饰、藏刀等一百八十多件。西藏少儿艺术团应美国沃尔夫·特拉普国际儿童艺术节邀请，赴美国华盛顿、纽约、旧金山、洛杉矶等七城市演出，受到热烈好评。由西藏老龄委和西藏舞蹈家协会共同组织的西藏老年健身舞蹈团赴上海参加由中国老龄委和中国舞蹈家协会联合举办的全国第三届中老年健身舞蹈汇演，选送的四个节目中，堆谐《春天的脚步》、弦子《阿吉索》获“柏鹤”（二等）奖，《北京的金山上》获“丹鹤”（三等）奖，阿里《果谐》获优秀奖。

1999年，《西藏民俗精选本》《笑话集》等民俗类图书出版。西藏民间文艺家协会组织编纂的“中国西藏民间文学三套集成”《中国故事集成·西藏卷》《中国歌谣集成·西藏卷》和《中国谚语集成·西藏卷》，在继承和发扬藏民族优秀传统文化方面取得突破性进展。同时，西藏民间文艺家协会编辑出版的《中国民间文学集成·西藏卷》也被列入国家重点文化工程，并获文化部颁发的编纂成果一等奖，西藏民间文艺家协会获编纂成果集体奖。

参考文献

一、图书及专著

李亦人:《西康综览》,南京:正中书局,1946 年。

《西藏王统记》,王沂暖译,上海:商务印书馆,1949 年。

冯承钧:《瀛涯胜览校注》,北京:中华书局,1955 年。

朱琰:《陶说》,台北:台湾商务印书馆,1958 年。

(北宋)王钦若等编:《册府元龟》,北京:中华书局,1960 年。

《西藏地方历史资料选辑》,北京:生活·读书·新知三联书店,1963 年。

(元)佚名:《元代画塑记》,北京:人民美术出版社,1964 年。

(清)张廷玉等撰:《明史》,北京:中华书局,1974 年。

(后晋)刘昫等撰:《旧唐书》,北京:中华书局,1975 年。

(宋)欧阳修、宋祈撰:《新唐书》,北京:中华书局,1975 年。

(明)宋濂等撰:《元史》,北京:中华书局,1976 年。

(元)脱脱等撰:《宋史》,北京:中华书局,1977 年。

《全唐诗》,北京:中华书局,1979 年。

《辞海》(上),上海:上海辞书出版社,1979 年。

吴丰培主编:《联豫驻藏奏稿》,拉萨:西藏人民出版社,1979 年。

[英]H.E. 黎吉生:《西藏简史》,李有义译,中国社科院民族研究所民族历史研究室、民族学研究室,1979 年内部参考资料。

林一璞、陈万勇、张森水:《林芝人及其文化遗物》,中国科学院青藏高原综合科学考察队编:《西藏古生物》(第一分册),北京:科学出版社,1980 年。

(清)萨囊彻辰:《蒙古源流》,道润梯步译校,呼和浩特:内蒙古人民出版社,1980 年。

苏晋仁、萧鍊子校证:《〈册府元龟〉吐蕃史料校证》,成都:四川民族出版社,1981 年。

(汉)司马迁撰:《史记》,北京:中华书局,1982 年。

(清)松筠、黄沛翘撰:《西招图略·西藏图考》,拉萨:西藏人民出版社,1982 年。

东嘎·洛桑赤列:《论西藏政教合一制度》,陈庆英译,载中央民族学院藏族研究所编:《藏族研究论文集》,1982 年。

《西藏研究》编辑部编:《西藏志·卫藏通志》,拉萨:西藏人民出版社,1982 年。

(清)松筠、黄沛翘撰:《西招图略·西藏图考》,拉萨:西藏人民出版社,1982 年。

贡乔泽登:《略论藏族族源问题》,《青海藏学论文选辑(一)》,1983 年内部印刷。

(唐)慧立、彦悰:《大慈恩寺三藏法师传》,孙毓棠、谢方点校,北京:中华书局,1983 年。

(元)欧阳玄:《过街塔铭》,载(元)熊梦祥:《析津志辑佚》,北京:北京古籍出版社,1983 年。

张其勤原稿,吴丰培增辑:《清代藏事辑要》,拉萨:西藏人民出版社,1983 年。

土观·罗桑却季尼玛:《土观宗派源流》,刘立千译注,拉萨:西藏人民出版社,1984 年,第 194 页。

中国社会科学院考古研究所编:《新中国的考古发现和研究》,北京:文物出版社,1984 年。

[美]P.K. 本尼迪克特:《汉藏语言概论》,乐赛月、罗美珍译,中国社会科学院民族研究所语言室,1984 年。

[法]戴密微:《吐蕃僧诤记》,耿昇译,兰州:甘肃人民出版社,1984 年。

宋兆麟:《清代拉萨古城的复兴》,载《藏族学术讨论会论文集》,拉萨:西藏人民出版社,1984 年。

吴钧:《从〈西番馆来文〉看明朝对藏区的管理》,载《藏族学术讨论会论文集》,拉萨:西藏人民出版社,1984 年。

(明)文震亨:《长物志校注》,陈植校注,杨超伯校订,南京:江苏科学技术出版社,1984 年。

李近春、王承权:《纳西族》,北京:民族出版社,1984 年。

牙含章:《达赖喇嘛传》,北京:人民出版社,1984 年。

(清)常明、杨芳灿等纂修:《四川通志》第 4 册《西域》,成都:巴蜀书社,1984 年。

杨志烈著、朱丙信编:《秦腔入藏史》,拉萨:中国戏剧家协会西藏自治区分会,1984 年。

索南坚赞:《西藏王统记:吐蕃王朝世系明鉴》,刘立千译注,拉萨:西藏人民出版社,1985 年。

张怡荪主编:《藏汉大辞典》,北京:民族出版社,1985 年。

《藏族简史》编写组:《藏族简史》,拉萨:西藏人民出版社,1985 年。

[法]戴密微:《敦煌学近作》,载敦煌文物研究所编辑室编:《敦煌译丛》(第一辑),耿昇译,兰州:甘肃人民出版社,1985 年。

廓诺·迅鲁伯:《青史》,郭和卿译,拉萨:西藏人民出版社,1985 年。

徐国琼:《论〈加岭传奇之部〉产生的历史背景及时代》,载中国社会科学院少数民族文学研究所主编:《格萨尔研究集刊》(第 1 集),北京:中国民间文艺出版社,1985 年。

王辅仁、陈庆英:《蒙藏民族关系史略(十三至十九世纪中叶)》,北京:中国社会科学出版社,1985 年。

《国外藏学研究译文集》(第一辑),拉萨:西藏人民出版社,1985 年。

吴丰培辑:《川藏游踪汇编》,成都:四川民族出版社,1985 年。

齐敬之:《外八庙碑文注释》,北京:紫禁城出版社,1985 年。

故宫博物院编:《故宫珍藏康雍乾瓷器图录》,北京:紫禁城出版社,香港:两木出版社,1985 年。

(清)于敏中等编纂:《日下旧闻考》,北京:北京古籍出版社,1985 年。

达仓宗巴·班觉桑布:《汉藏史集》,陈庆英译,拉萨:西藏人民出版社,1986 年。

多吉杰博整理:《五部遗教》(藏文),北京:民族出版社,1986 年。

王尧、陈践:《吐蕃简牍综录》,北京:文物出版社,1986 年。

吴淑生、田自秉:《中国染织史》,上海:上海人民出版社,1986 年。

浙江省文物考古研究所编:《西湖石窟》,杭州:浙江人民出版社,1986 年。

黄时鉴点校:《通制条格》,杭州:浙江古籍出版社,1986 年。

[意]杜齐:《西藏考古》,向红笳译,拉萨:西藏人民出版社,1987 年。

赵宗福选注:《历代咏藏诗选》,拉萨:西藏人民出版社,1987 年。

王尧、陈践:《敦煌吐蕃文书论文集》,成都:四川民族出版社,1988 年。

范学宗、王纯洁编:《全唐文全唐诗吐蕃史料》,拉萨:西藏人民出版社,1988 年。

黄颢:《敦煌吐蕃佛教的特点》,载苏晋仁等:《藏族史论文集》,成都:四川民族出版社,1988 年。

(唐)陆贽:《陆宣公集》,刘译民校点,杭州:浙江古籍出版社,1988 年。

史金波、白滨、吴峰云编:《西夏文物》,北京:文物出版社,1988 年。

娘·尼玛韦色:《娘氏宗教源流》(藏文),拉萨:西藏藏文古籍出版社,1988 年。

祝启源:《唃厮啰——宋代藏族政权》,西宁:青海人民出版社,1988 年。

甘肃省岷县志编纂委员会办公室编:《岷州志校注》,1988年。

蔡巴·贡噶多吉:《红史》,东嘎·洛桑赤列校注,陈庆英、周润年译,拉萨:西藏人民出版社,1988年。

止贡巴·贡却丹巴然杰:《安多政教史》(青海分册),星全成、尼玛太译,青海:青海民族学院民族研究所语言文学室,1988年。

张羽新:《清政府与喇嘛教》,拉萨:西藏人民出版社,1988年。

土观·洛桑却吉尼玛:《章嘉国师若必多吉传》,陈庆英、马连龙译,北京:民族出版社,1988年。

阿旺贡噶索南:《萨迦世系史》,陈庆英等译注,拉萨:西藏人民出版社,1989年。

邓锐龄:《元明两代中央与西藏地方的关系》,北京:中国藏学出版社,1989年。

王世襄:《明式家具研究》,香港:三联书店,1989年。

贾大泉、陈一石:《四川茶叶史》,成都:巴蜀书社,1989年。

章嘉·若贝多吉:《七世达赖喇嘛传》,蒲文成译,拉萨:西藏人民出版社,1989年。

[意]图齐、[德]海西希:《西藏和蒙古的宗教》,耿昇译,天津:天津古籍出版社,1989年。

拔塞囊:《〈拔协〉(增补本)译注》,佟锦华、黄布凡译注,成都;四川民族出版社,1990年。

洛珠嘉措:《莲花生大师传》,俄东瓦拉译,西宁:青海人民出版社,1990年。

《元典章》,北京:中国书店,1990年。

嘉木央·久麦旺波:《六世班禅洛桑巴丹益希传》,许得存、卓永强译,拉萨:西藏人民出版社,1990年。

罗宗真、秦浩主编:《中华文物鉴赏》,南京:江苏教育出版社,1990年。

释法尊撰，吕铁钢、胡和平编:《法尊法师佛学论文集》，北京：中国佛教文化研究所，1990 年。

（宋）王溥撰:《唐会要》，上海：上海古籍出版社，1991 年。

侯石柱:《西藏考古大纲》，拉萨：西藏人民出版社，1991 年。

马学良主编:《汉藏语概论》（上），北京：北京大学出版社，1991 年。

《南路边茶史料》编辑组:《南路边茶史料》，成都：四川大学出版社，1991 年。

邹启宇主编:《云南佛教艺术》，昆明：云南教育出版社，1991 年。

首都博物馆编:《首都博物馆藏瓷选》，北京：文物出版社，1991 年。

邓之诚:《骨董琐记》，邓柯增订点校，北京：中国书店，1991 年。

王尧、陈践译注:《敦煌本吐蕃历史文书》（增订本），北京：民族出版社，1992 年。

五世达赖喇嘛:《西藏王臣记》，刘立千译，拉萨：西藏人民出版社，1992 年。

［法］石泰安:《川甘青藏走廊古部落》，耿昇译，王尧校，成都：四川民族出版社，1992 年。

陈尚君辑校:《全唐诗补编》（中），北京：中华书局，1992 年。

格桑本、刘励中编:《唐卡艺术》，成都：四川美术出版社，1992 年。

王沛:《河州花儿研究》，兰州：兰州大学出版社，1992 年。

西藏自治区文管会编:《西藏文物集粹》，北京：紫禁城出版社，1992 年。

伍昆明:《早期传教士进藏活动史》，北京：中国藏学出版社，1992 年。

中国第二历史档案馆、中国藏学研究中心合编:《九世班禅内地活动及返藏受阻档案选编》，北京：中国藏学出版社，1992 年。

冀文正搜集整理:《西藏民间故事》（第六集），拉萨：西藏人民出版社，1993 年。

黄颢:《在北京的藏族文物》，北京：民族出版社，1993 年。

耿宝昌:《明清瓷器鉴定》,北京:紫禁城出版社;香港:雨木出版社,1993年。

马希桂主编:《青花名瓷》,台北:艺术图书公司,1993年。

台北故宫博物院编:《海外遗珍·漆器》,台北:台北故宫博物院,1993年。

妙舟法师撰:《蒙藏佛教史》,扬州:江苏广陵古籍刻印社,1993年。

宋和平译注:《满族萨满神歌译注》,北京:社会科学文献出版社,1993年。

松巴堪布·益西班觉:《如意宝树史》,蒲文成、才让译,兰州:甘肃民族出版社,1994年。

王尧:《吐蕃译师管·法成身世事迹考》,载《西藏文史考信集》,北京:中国藏学出版社,1994年。

青海省文物处、青海省考古研究所:《青海文物》,北京:文物出版社,1994年。

觉囊达热那特:《后藏志》,佘万治译,阿旺校订,拉萨:西藏人民出版社,1994年。

[法]海瑟·噶尔美:《早期汉藏艺术》,熊文彬译,北京:中国藏学出版社,1994年。

中国藏学研究中心等编:《元以来西藏地方与中央政府关系档案史料汇编》(第一册),北京:中国藏学出版社,1994年。

中国藏学研究中心等编:《元以来西藏地方与中央政府关系档案史料汇编》(第二册),北京:中国藏学出版社,1994年。

中国藏学研究中心等编:《元以来西藏地方与中央政府关系档案史料汇编》(第四册),北京:中国藏学出版社,1994年。

中国藏学研究中心等编:《元以来西藏地方与中央政府关系档案史料汇编》(第五册),北京:中国藏学出版社,1994年。

马丽华:《走过西藏》,北京:作家出版社,1994年。

冯有志:《西康史拾遗》(下册),周光钧校订,中国政协甘孜藏族自治州委员会文史资料委员会编印,1994 年。

青海省政协文史资料委员会编:《青海文史资料选辑第二十三辑:喜饶嘉措大师》,西宁:青海人民出版社,1994 年。

张云:《丝路文化·吐蕃卷》,杭州:浙江人民出版社,1995 年。

黄玉生等:《西藏地方与中央政府关系史》,拉萨:西藏人民出版社,1995 年

(宋)李焘撰:《续资治通鉴长编》,北京:中华书局,1995 年。

阿旺格桑:《藏族装饰图案艺术》,拉萨:西藏人民出版社,1995 年。

[美]包拟古:《原始汉语与汉藏语》,潘悟云、冯蒸译,北京:中华书局,1995 年。

[英]柯玫瑰:《英国维多利亚和阿尔伯特国立博物馆藏中国清代瓷器》,南宁:广西美术出版社,1995 年。

宿白:《藏传佛教寺院考古》,北京:文物出版社,1996 年,

西藏布达拉宫管理处编:《雪域圣殿——布达拉宫》(画册),北京:中国旅游出版社,1996 年。

王家鹏编:《藏传佛教金铜佛像图典》,北京:文物出版社,1996 年。

杨毅、陈晓苏编:《妙应寺白塔史料》,北京:北京燕山出版社,1996 年。

中国第一历史档案馆、中国藏学研究中心合编:《六世班禅朝觐档案选编》,北京:中国藏学出版社,1996 年。

王家鹏:《藏传佛教金铜佛像图典》,北京:文物出版社,1996 年。

马瑞田:《中国古建彩画》,北京:文物出版社,1996 年。

西藏政协文史资料委员会编:《西藏文史资料选辑(19)》(藏文),北京:民族出版社,1996 年。

陈光国:《青海藏族史》,西宁:青海民族出版社,1997 年。

门拉顿珠、杜玛格西·丹增彭措:《西藏佛教彩绘彩塑艺术:〈如来佛身量明析宝论〉〈彩绘工序明鉴〉》,罗秉芬译注,北京:中国藏学出版社,1997 年。

扎雅·诺丹西绕:《西藏宗教艺术》,谢继胜译,拉萨:西藏人民出版社,1997年。

木雅·贡布:《贡嘎活佛传略》(藏文),北京:民族出版社,1997年。

尚刚:《唐代工艺美术史》,杭州:浙江文艺出版社,1998年。

谢继胜:《风马再考》,载王尧主编:《贤者新宴》(藏学研究丛刊),北京:北京出版社,1998年。

故宫博物院编:《清宫藏传佛教文物》,北京:紫禁城出版社,1998年。

俞敏:《俞敏语言学论文集》,北京:商务印书馆,1999年。

张天锁:《西藏古代科技简史》,郑州:大象出版社;拉萨:西藏人民出版社,1999年。

[法]石泰安:《西藏的文明》,耿昇译,北京:中国藏学出版社,1999年。

薛燕、吴微微编绘:《中国丝绸图案集》,上海:上海书店出版社,1999年。

顾祖成编著:《明清治藏史要》,拉萨:西藏人民出版社,1999年。

中国艺术研究院《中国建筑艺术史》编写组编:《中国建筑艺术史》,北京:文物出版社,1999年。

台北故宫博物院编:《皇权与佛法——藏传佛教法器特展图录》,台北:台北故宫博物院,1999年。

甲央、王明星主编:《宝藏:中国西藏历史文物》(第一册),北京:朝华出版社,2000年。

甲央、王明星主编:《宝藏:中国西藏历史文物》(第二册),北京:朝华出版社,2000年。

甲央、王明星主编:《宝藏:中国西藏历史文物》(第三册),北京:朝华出版社,2000年。

甲央、王明星主编:《宝藏:中国西藏历史文物》(第五册),北京:朝华出版社,2000年。

朱裕平:《元代青花瓷》,上海:文汇出版社,2000年。

叶佩兰:《漫谈明代青花瓷器的纹饰》,载中国古陶瓷研究会编:《中国古陶瓷研究》(第六辑),北京:紫禁城出版社,2000 年。

《北京文物精粹大系》编委会、北京市文物事业管理局编:《北京文物精萃大系·古钟卷》,北京:北京出版社,2000 年。

任乃强:《西康图经》,拉萨:西藏古籍出版社,2000 年。

牙含章:《班禅额尔德尼传》,北京:华文出版社,2000 年。

《清宫造办处活计清档》,载冯先铭:《中国古代陶瓷文献集释》,台北:艺术家出版社,2000 年。

谢继胜:《西夏藏传佛画》,石家庄:河北人民出版社,2001 年。

顾祖成、陈崇凯:《西藏地方与中央政府关系简明教程》,拉萨:西藏人民出版社,2001 年。

石守谦、葛婉章主编:《大汗的世纪:蒙元时代的多元文化与艺术》,台北:台北故宫博物院,2001 年。

中国历史博物馆、西藏博物馆编:《金色宝藏——西藏历史文物选萃》,北京:中国藏学出版社,2001 年。

苏发祥:《清代治藏政策研究》,北京:民族出版社,2001 年。

赵志忠:《清王朝与西藏》,北京:华文出版社,2001 年。

宗者拉杰主编:《中国藏族文化艺术彩绘大观图说明镜》,北京:民族出版社,2002 年。

谢继胜:《西夏藏传绘画:黑水城出土西夏唐卡研究》,石家庄:河北教育出版社,2002 年。

《北京文物精粹大系》编委会、北京市文物事业管理局编:《北京文物精萃大系·石雕卷》,北京:北京出版社,2002 年。

黄明信:《西藏的天文历算》,西宁:青海人民出版社,2002 年。

黄春和:《白塔寺》,北京:华文出版社,2002 年。

牟钟鉴主编,中央民族大学宗教研究所编:《宗教与民族》(第一辑),北京:宗教文化出版社,2002 年。

于凌波:《民国高僧传》(四编),台北:慧明文化出版集团,2002 年。

熊文彬:《元代藏汉艺术交流》,石家庄:河北教育出版社,2003 年。

国家文物局主编:《2002 中国重要考古发现》,北京:文物出版社,2003 年。

朱家溍选编:《养心殿造办处史料辑览》(第一辑),北京:紫禁城出版社,2003 年。

承德市文物局编:《中国·承德避暑山庄 300 年特展图录》,北京:中国旅游出版社,2003 年。

邢肃芝(洛桑珍珠)口述,张建飞、杨念群笔述:《雪域求法记:一个汉人喇嘛的口述史》,北京:生活·读书·新知三联书店,2003 年。

《海潮音》(第 6 卷),上海:上海古籍出版社,2003 年。

《海潮音》(第 7 卷),上海:上海古籍出版社,2003 年。

《海潮音》(第 14 卷),上海:上海古籍出版社,2003 年。

《海潮音》(第 26 卷),上海:上海古籍出版社,2003 年。

黄春和:《藏传佛像艺术鉴赏》,北京:华文出版社,2004 年。

朱家溍:《明清室内陈设》,北京:紫禁城出版社,2004 年。

吴健礼:《漫话古代汉藏文化联系》,拉萨:西藏人民出版社,2005 年。

张羽新、张双志编纂:《民国藏事史料汇编·民国治藏政策法规》(上),北京:学苑出版社,2005 年。

张羽新、张双志编纂:《民国藏事史料汇编·民国治藏政策法规》(下),北京:学苑出版社,2005 年。

法舫:《一九三〇年代中国佛教的现状》,载张曼涛主编:《现代佛教学术丛刊 86:民国佛教篇》,北京:北京图书馆出版社,2005 年。

张曼涛主编:《现代佛教学术丛刊 86:民国佛教篇》,北京:北京图书馆出版社,2005 年。

于小冬:《藏传佛教绘画史》,南京:江苏美术出版社,2006 年。

张云:《西藏历史问题研究》,北京:中国藏学出版社,2006 年。

宫蒲光、洛松次仁主编:《建筑与工艺美术》,北京:中国藏学出版社,2006 年。

管维良:《中国铜镜史》,重庆:重庆出版社,2006 年。

(清)周蔼联撰:《西藏纪游》,张江华点校,北京:中国藏学出版社,2006 年。

(清)丹增班觉:《多仁班智达传》,成都:四川民族出版社,2006 年。

吴明娣:《汉藏工艺美术交流史》,北京:中国藏学出版社,2007 年。

(唐)杜佑撰:《通典》,杭州:浙江古籍出版社,2007 年。

王璐:《走出雪域——藏传佛教圣迹录》,西宁:青海人民出版社,2007 年。

蒲文成、王心岳:《汉藏民族关系史》,兰州:甘肃人民出版社,2008 年。

岑麒祥、岑运强:《语言学史概要》,北京:世界图书出版公司北京公司,2008 年。

索穷:《拉萨老城区八廓游》,北京:中国藏学出版社,2008 年。

吴健礼:《古代汉藏文化联系》,拉萨:西藏人民出版社,2009 年。

《中华通鉴 · 西藏卷》,北京:中国藏学出版社,2013 年。

(宋)计有功辑撰:《唐诗纪事》,上海:上海古籍出版社,2013 年。

刘琳等校点:《宋会要辑稿》,上海:上海古籍出版社,2014 年。

[法]阿里 · 玛扎海里:《丝绸之路:中国—波斯文化交流史》,耿昇译,北京:中国藏学出版社,2014 年。

杨玫:《苍茫天路唐蕃古道》,西藏自治区出版资助项目送审打印稿。

恰白 · 次旦平措:《根敦群培著作集》(三),内部资料。

《萨班全集》(第三卷),拉萨铅印本。

宗顺:《能海上师传》(油印本)。

二、期刊、报纸及其他

萌竹:《青海花儿新论》,《西北通讯》1947 年第 8 期。

黄河水库考古队甘肃分队:《临夏大何庄、秦魏家两处齐家文化遗址发掘简报》,《考古》1960 年第 3 期。

宿白:《元大都〈圣旨特建释迦舍利灵通之塔碑文〉校注》,《考古》1963 年第 1 期。

戴尔俭:《西藏聂拉木县发现的石器》,《考古》1972 年第 1 期。

宋源:《〈拉萨图〉简介》,《西藏研究》1975 年第 9 期。

青海省文物管理处考古队等:《青海乐都柳湾原始社会墓葬第一次发掘的初步收获》,《文物》1976 年第 1 期。

端居:《齐家文化是马家窑文化的继续和发展》,《考古》1976 年第 6 期。

安志敏:《海拉尔的中石器遗存——兼论细石器的起源和传统》,《考古学报》1978 年第 3 期。

安志敏、尹泽生、李炳元:《藏北申扎、双湖的旧石器和细石器》,《考古》1979 年第 6 期。

陈炳应:《西夏的诗歌、谚语所反映的社会历史问题》,《西北师大学报(社会科学版)》1980 年第 2 期。

王尧:《唐蕃会盟碑疏释》,《历史研究》1980 年第 4 期。

一丁:《从近年新发现看西藏的原始文化》,《化石》1981 年第 2 期。

王尧:《南宋少帝赵显遗事考辨》,《西藏研究》1981 年第 3 期。

黄颢:《略述北京地区的西藏文物》,《西藏研究》1982 年第 1 期。

江道元:《西藏卡若文化的居住建筑初探》,《西藏研究》1982 年第 3 期。

袁义达、徐玖、张志、杜若甫:《华北汉族 Kell、Kidd、Diego、Duffy、Lutheran 和 Xg 血型系统的分布》,《遗传学报》1982 年第 5 期。

吴梓林:《古粟考》,《史前研究》1983 年创刊号。

萧蒂岩节录注释:《元明汉族史家笔下的八思巴》,《西藏研究》1983 年第

1 期。

和志武:《略论纳西族的东巴教和东巴文化》,《世界宗教研究》1983 年第 1 期。

李昆声:《云南原始文化族系试探》,《云南社会科学》1983 年第 4 期。

吴丰培:《唐代吐蕃名相禄东赞后裔五世仕唐考》,《西藏研究》1983 年第 4 期。

袁义达、杜若甫:《中国十七个民族间的遗传距离的初步研究》,《遗传学报》1983 年第 5 期。

童恩正:《试谈古代四川与东南亚文明的关系》,《文物》1983 年第 9 期。

张振标:《藏族的体质特征》,《人类学报》1985 年第 3 期。

[匈]西瑟尔·卡尔梅:《七世纪至十一世纪西藏服装》,胡文和译,《西藏研究》1985 年第 3 期。

刘俊才:《历史上甘孜地区的边茶贸易》,《西南民族学院学报》1985 年第 3 期。

法尊:《法尊法师自述》,《法音》1985 年第 6 期。

北京市文物研究所:《元铁可父子墓和张弘纲墓》,《考古学报》1986 年第 1 期。

旦增伦珠:《[法]达维·耐尔和她的〈古老的西藏面对新生的中国〉》,《西藏研究》1987 年第 1 期。

贾兰坡:《中国细石器的特征和它的传统、起源与分布》,《古脊椎动物与古人类》1987 年第 2 期。

刁文庆、蔡西林:《土族民间节日集会与群众文化》,《青海民族学院学报》1987 年第 3 期。

李炳太:《藏民族属我国北方人群》,《中国民族》1987 年第 4 期。

陈一石:《明代茶马互市政策研究》,《中国藏学》1988 年第 3 期。

贾大泉:《汉藏茶马贸易》,《中国藏学》1988 年第 4 期。

陈汎舟、陈一石:《滇藏贸易历史初探》,《西藏研究》1988 年第 4 期。

冯汉镛:《川藏线是西南最早国际通道考》,《中国藏学》1989 年第 1 期。

刘慕燕:《寻访十世班禅灵童及关吉玉主持坐床典礼档案史料选》,《民国档案》1989 年第 2 期。

王尧:《藏汉佛典对勘释读之一〈般若波罗密多心经〉》,《西藏研究》1989 年第 3 期。

吴均:《论明代河洮岷的地位及其三杰》,《青海民族学院学报》1989 年第 4 期。

毛尔盖·桑木旦:《藏族文化发展简史(二)》,佘万治、饶元厚译,《西藏艺术研究》1991 年第 2 期。

杨嘉铭:《甘孜藏区封建农奴制度下的政教关系》,《西藏研究》1991 年第 3 期。

嘉措顿珠:《布达拉宫志》,《西藏研究》1991 年第 3 期。

王尧、陈践:《青海吐蕃简牍考释》,《西藏研究》1991 年第 3 期。

嘉措顿珠:《布达拉宫志》,《西藏研究》1991 年第 3 期。

王家鹏:《中正殿与清宫藏传佛教》,《故宫博物院院刊》1991 年第 3 期。

毛尔盖·桑木旦:《藏族文化发展简史(三)》,佘万志、饶元厚译,《西藏艺术研究》1991 年第 3 期。

尼玛泽仁:《敦煌艺术宝库中的藏族壁画》,《中国西藏》1991 年夏季号。

陈保前:《瓷碗在西藏的传播》,《雪域文化》1991 年冬季号。

唐晋中:《中藏医脉诊比较研究》,《西藏研究》1992 年第 1 期。

阿旺次仁:《简述藏族天文历算中的汉藏文化交流》,《西藏研究》1993 年第 2 期。

王树村:《北京藏传佛教艺术点滴》,《雪域文化》1993 年春季号。

顾吉辰:《孔子思想在吐蕃》,《西藏研究》1993 年第 4 期。

姜安:《藏传佛教在海内外》,《西藏研究》1993 年第 4 期。

[日]冲木克己:《大乘无分别修习义·序文——关于 Pelliot996 的研究》,日本《花园大学研究纪要》1993 年第 25 期。

赵宏:《故宫博物院藏藏蒙瓷器》,《故宫博物院院刊》1994 年第 1 期。

陈耀东:《夏鲁寺——元官式建筑在西藏地区的珍遗》,《文物》1994 年第 5 期。

欧朝贵:《清代驻藏大臣的衙门》,《中国西藏》1994 年第 5 期。

李德成:《清净化城塔与〈清净化城塔记〉》,《中国西藏》1994 年第 5 期。

尹伟先:《青藏高原的麝香与麝香贸易》,《西藏研究》1995 年第 1 期。

熊文彬:《白居寺壁画风格的渊源与形成》,《中国藏学》1995 年第 1 期。

许广智:《联豫在西藏推行近代化改革的历史作用及评价》,《西藏研究》1995 年第 1 期。

谈士杰:《藏传佛教在岷州》,《西北民族研究》1995 年第 2 期。

吴吉远:《川藏贸易重镇——清代打箭炉城的产生和发展》,《西藏研究》1995 年第 2 期。

王湘云:《清朝皇室、章嘉活佛与喇嘛庙》,《西藏研究》1995 年第 2 期。

王家鹏:《清宫藏有关"金瓶掣签"文物》,《文物》1995 年第 3 期。

杨嘉铭、琪梅旺姆:《藏族茶文化概论》,《中国藏学》1995 年第 4 期。

杨德华:《元代藏族宰相桑哥理财的政绩》,《中国藏学》1995 年第 4 期。

张书敏:《从承德外八庙的乾隆御制诗看清政府的民族、宗教政策》,《西藏研究》1995 年第 4 期。

赵清阳:《全国工艺美术大师夏吾才让》,《西藏艺术研究》1995 年第 4 期。

龙西江:《论藏汉民族的共同渊源》,《新华文摘》1995 年第 10 期。

马丽华:《乾隆旧事:清朝中央政府和西藏地方关系的一段史实》,《西藏日报》1995 年 10 月 8 日。

温玉成:《泉州发现的喇嘛教造像及其意义》,《中国文物报》1995 年 12 月 3 日。

吴安其:《汉藏语同源问题研究》,《民族语文》1996 年第 2 期。

[法]阿梅·海勒:《九世纪汉藏和盟的丹玛札佛教造像》,张岩译,《西藏艺术研究》1996 年第 2 期。

张云:《吐蕃的起源及其与中原的文化联系》,《甘肃民族研究》1996 年第 3、4 期。

张德新:《北京雍和宫的"照佛"》,《中国西藏》1996 年第 5 期。

周润年:《十三世纪藏传佛教噶玛噶举派的高僧——噶玛拔希》,《西藏研究》1997 年第 2 期。

江维祝:《〈唐蕃会盟碑〉所提历史人物考》,《西藏研究》1997 年第 2 期。

泽旺夺吉:《藏传佛教与茶》,《西藏民俗》1997 年第 3 期。

陈崇凯:《元明藏族传统文化的繁荣及对其他少数民族的影响》,《西藏民族学院学报》(社会科学版)1997 年第 3 期。

扎扎:《嘉木样世系与章嘉世系关系史述略》,《甘肃民族研究》1997 年第 3 期。

扎西次仁:《康熙万岁牌和乾隆皇帝像供奉布达拉宫考》,《中国西藏》1997 年第 4 期。

汤惠生:《青海玉树地区唐代佛教摩崖考述》,《中国藏学》1998 年第 1 期。

徐杰舜:《唐文化的民族学解读》,《西北民族研究》1998 年第 2 期。

朱丽霞:《论元代藏传佛教在内地的传播》,《西北民族研究》1998 年第 2 期。

吴逢箴:《禄东赞后裔论惟明仕唐事迹考》,《西藏民族学院学报》(社会科学版)1998 年第 2、3 期。

张庆有:《从布达拉曼荼罗文化的形成和发展看藏汉文化之交融》,《西藏艺术研究》1998 年第 4 期。

赖天兵:《杭州飞来峰元代石刻造像艺术》,《中国藏学》1998 年第 4 期。

陈楠:《明代藏传佛教对内地的影响》,《中国藏学》1998 年第 4 期。

孙机:《中国梵钟》,《考古与文物》1998 年第 5 期。

王璐、王放:《乾隆皇帝与六世班禅二三事》,《西藏日报》1988 年 3 月 5 日。

孙亚芳:《紫檀木座珐琅塔》,《中国文物报》1998 年 4 月 12 日。

陈崇凯、唐水江:《〈黄帝源流考〉及刘赞廷补注标点简评》,《西藏地方志》1999 年第 2 期。

琼布・洛珠坚赞:《世间本教源流》,多杰南杰译注,《中国藏学》1999 年第 2 期。

何峰:《江河源文化的优秀代表史诗〈格萨尔〉是中华民族精神的折射》,《西北民族学院学报》1999 年第 2 期。

陈崇凯:《藏传佛教地区的关帝崇拜与关帝庙考述》,《西北民族研究》1999 年第 2 期。

钟琼宁:《民初上海居士佛教的发展(1912—1937)》,《圆光佛学学报》1999 年第 2 期。

芈一之:《从姓氏、"论"姓谈汉藏关系》,《青海民族研究》1999 年第 3 期。

北京大学赛克勒考古与艺术博物馆:《元卵白釉印花太禧盘》,《中国文物报》1999 年 5 月 30 日。

曹学文:《藏传佛教在炳灵寺的传播、发展及衰落》,《西藏研究》2000 年第 1 期。

尕让・杭秀东珠、尕让・尚玛杰:《白象大师三罗喇嘛及其历史功绩》,《西北民族学院学报》2000 年第 1 期。

张庆有:《从台北故宫博物院收藏的三件立体坛城珍品看汉藏佛教艺术双向交流》,《西藏艺术研究》2000 年第 1 期。

熊文彬:《元朝宫廷的"西天梵相"及其艺术作品》(上),《中国藏学》2000 年第 2 期。

熊文彬:《元朝宫廷的"西天梵相"及其艺术作品》(下),《中国藏学》

2000 年第 3 期。

先巴:《唐五代河西佛教与藏传佛教后弘期“下路弘法”》,《青海民族研究》(社会科学版)2000 年第 4 期。

罗文华:《清宫六品佛楼模式的形成》,《故宫博物院院刊》2000 年第 4 期。

孙机:《织御容》,《中国文物报》2000 年 10 月 15 日。

韩官却加:《格鲁派在青海蒙古民族中早期传播及其作用》,《青海民族研究》2001 年第 1 期。

吴健礼:《漫话茶文化在青藏高原的传播与发展》,《西藏研究》2001 年第 1 期。

李清凌:《藏传佛教与宋夏金时期西北的民族关系》,《西北民族学院学报》(哲学社会科学版)2001 年第 2 期。

李清凌:《藏传佛教与中国传统文化的关系》,《中国藏学》2001 年第 3 期。

张宏莉:《藏汉民族对土族宗教信仰的影响》,《青海民族研究》2001 年第 3 期。

任志录、刘婉香:《高丽镂孔镶嵌青瓷枕》,《中国文物报》2002 年 1 月 9 日。

才让:《从〈五部遗教〉看禅宗在吐蕃的传播和影响》,《西藏研究》2002 年第 1 期。

王启龙:《藏传佛教对元代经济的影响》,《中国藏学》2002 年第 1 期。

吴平:《藏传佛教在近代上海的流传与发展》,《中国藏学》2002 年第 3 期。

孙悟湖:《元代汉地佛教与藏传佛教之交流略述》,《西藏研究》2002 年第 4 期。

格勒:《略论藏族古代文化与中华民族文化的历史渊源关系》,《中国藏学》2002 年第 4 期。

罗哲文:《罗布林卡:藏汉合璧的雪域园林》,《中国西藏》2002 年第 4 期。

张小平:《拉萨的“张大人”花及其他》,《中国西藏》2002 年第 4 期。

张君奇:《青海名刹瞿昙寺》,《古建园林技术》2003 年第 3 期。

龙西江:《再论藏汉民族的共同渊源》,《西藏研究》2004 年第 1 期。

张亚莎:《吐蕃时期的禅宗传承》,《西藏民族学院学报》(哲学社会科学版)2004 年第 1 期。

刘伟:《清宫旧藏藏传佛教风格瓷器与帝王宗教信仰》,《中国藏学》2004 年第 1 期。

孙林:《汉藏史学的交流以及敦煌学术传统与吐蕃史学的关系》,《西藏民族学院学报》(哲学社会科学版)2004 年第 4 期。

陈楠:《明代大慈法王释迦也失在北京活动考述》,《中央民族大学学报》2004 年第 4 期。

马浩德:《雕梁画栋塔尔寺》,《中国西藏》2004 年第 5 期。

何洁:《汉藏教理院(1932—1950)研究》,四川师范大学硕士学位论文,2004 年。

索南才让:《走出雪域的藏式佛塔》,《西藏艺术研究》2006 年第 1 期。

程德美:《瞿昙寺:深山里的小故宫》,《中国西藏》2007 年第 3 期。

杨鸿姣:《明代藏传佛教八吉祥纹样在汉地的传播及其风格演变》,《西藏艺术研究》2008 年第 1 期。

陈菲、孙闻:《藏族源于中华大地上三大原始民族系统的融合》,《西藏日报》2008 年 4 月 25 日。

熊文彬:《从文献看元大都的皇家藏传佛教寺院及其艺术活动》,《中国藏学》2008 年第 3 期。

王海燕:《民国时期汉藏佛教界文化交流的历史进程》,《西北民族研究》2009 年第 1 期。

沈卫荣:《汉藏交融与民族认同》,《读书》2010 年第 1 期。

康·格桑益希:《藏传噶玛噶孜画派唐卡对汉地青绿山水技艺的吸纳》,《西藏大学学报》(社会科学版)2010 年第 1 期。

史鉴:《探索古蜀文化在青藏高原的足迹》,《西藏日报》2010 年 1 月 7 日。

吴健礼:《古代黄河长江流域与青藏高原绘画文化的联系》,《西藏日报》2010 年 5 月 20 日。

霍巍:《一方古织物和一座古城堡》,《中国西藏》2011 年第 1 期。

赵书彬:《昔歌今传:沿着文成公主的足迹》,《西藏日报》2011 年 9 月 28 日。

石硕:《历史上藏人向中原地区的流动及与西藏社会发展的关联》,《光明日报》2012 年 3 月 26 日。

温玉成:《唐密在吐蕃康巴地区的传布》,《中国西藏》2012 年第 2 期。

毛继增:《藏汉音乐文化的交流和影响》(油印)。

韩修君口述、向丽萍整理:《八廓街内老商号》。

杨嘉铭:《民初游学西藏的汉僧及其贡献》

马丽华:《西藏又多了一座山》。